Roman Nies

Von Baltistan zum Hindukusch

Ein Reisebericht aus Pakistan

Bibliografische Information der Deutschen Nationalbibliothek:
Die Deutsche Nationalbibliothek verzeichnet diese Publikation in der Deutschen Nationalbibliografie; detaillierte bibliografische Daten sind im Internet über http://dnb.d-nb.de abrufbar.

Impressum:
Korrektorat: Sabrina Neidlinger
Copyright © 2018 GRIN & Travel
Ein Imprint der GRIN Verlag, Open Publishing GmbH

Inhalt

Vorwort 2

1. Kapitel: Ein Mann der Berge 12
2. Kapitel: In Islamabad 65
3. Kapitel: Reisen im Norden 95
4. Kapitel: Unter Achttausendern 132
5. Kapitel: Die große Expedition 175
6. Kapitel: In Baltistan zu Hause 265
7. Kapitel: Der Mordsberg 351
8. Kapitel: Gilgit Agency 401
9. Kapitel: Die Frauen von Hunza 471
10. Kapitel: Großer Sport in Shandur 550
11. Kapitel: Am Khyber Pass 630
12. Kapitel: In Peschawar 711

Vorwort

„Wie? Nach Pakistan? Du bist verrückt!" So oder so ähnlich bekam ich es zu hören, wenn ich mein diesmaliges Reiseziel angab. Und das war ärgerlich. Weniger weil es eine falsche Einschätzung der Gefährlichkeit des Vorhabens offenbarte - denn das Land ist für Reisende nicht viel gefährlicher als andere Länder in Südasien -, sondern weil es hinlänglich bekannt sein durfte, dass es gerade Bergsteiger in dieses Land zog, ein Land, das oben im Norden zu einem großen Teil aus Bergen besteht, die höher als die höchsten Berge Deutschlands sind. Mein vordringliches Ziel, weshalb ich nach Pakistan kam, war ja das Bergsteigen. Warum sollte also ein Bergsteiger verrückt sein, wenn es ihn zur „Mutter" aller Bergländer hinzog?

Aber auch wenn es anfangs nicht um Politik gehen soll, bleibt es vielleicht nicht dabei. Wenn man eine Reise tut, weiß man ohnehin nicht sicher, was kommt. Ich wusste nicht viel mehr, als dass ein Teil der Gegend im Norden des Landes, das ich besuchen würde, das Bergland des Karakorum, Hindukusch und Himalaja, ein Bestandteil des alten Kaschmirs war und dass der andere Teil Indien zugefallen war, sehr zum Missfallen der Pakistaner. Kaschmir war immer noch ein Krisenherd wegen der unterschiedlichen Meinungen darüber, wie es mit dem geteilten Kaschmir weitergehen sollte. Und nicht selten genug gerieten Touristen zwischen die Fronten der Pakistaner, Inder und Kaschmiris, obwohl sie ihre Meinungen dazu gar nicht kundgetan hatten. Wenn greifbare Argumente den Kombattanten ausgehen, greifen sie zu den Waffen, und wenn ihnen die potentiellen Opfer ausgehen, greifen sie auf Unbeteiligte zurück. So ist es immer, wenn die Sitten verrohen.

Ich wollte aber nicht im indischen Teil Kaschmirs unterwegs sein, der ein Pulverfass mit trockenem Pulver zu sein schien, auf den die Pakistaner Anspruch anmeldeten, sondern in dem Teil, auf den umgekehrt die Inder ein schielendes Auge geworfen hatten, daran aber wenigstens keine kriegerischen Aktivitäten knüpften. Dieser Teil war eine der fünf Provinzen Pakistans, die „Northern Province". Sie hatte einen Sonderstatus, weil aus Sicht der pakistanischen Regierung das Schicksal Gesamtkaschmirs noch geklärt werden musste – natürlich in ihrem Sinne. Die Bevölkerung hatte dazu allerdings ihre eigenen Gedanken, wie ich noch im Verlauf der Reise feststellen sollte. Und das gleiche, was man zu der politischen Situation in Kaschmir sagen konnte, traf auch für den Hindukusch zu, das Gebirgsland, an dem Pakistan und Afghanistan Anteil hatten. Hüben wie drüben lebten Paschtunen, die weder richtig Pakistaner noch Afghanen sein wollten. Sie lebten in verschiedenen Stammesgemeinschaften und Clans, die sich zum Teil bekämpften. Dazu kamen die Taliban, al-Qaida und die pakistanische Armee mit ihren Einmischungen.

Ohne detailliertes, politisches Hintergrundwissen trat ich meine Reise an. Aber irgendwann dämmerte es mir, dass auch die Nordprovinz ein Pulverfass war, wenn auch noch mit feuchtem Pulver. Die Sonderbehandlung, die ihr die Zentralregierung angedeihen lässt, ist nämlich ausgeprägt stiefmütterlich und birgt die Gefahr, dass sich im Norden des Landes immer mehr Unzufriedenheit breitmacht und dass Tendenzen der Loslösung, die aufgekommen sind, weiter gefördert werden, man könnte auch sagen - man ihnen mehr „Zündstoff" gibt. Und so hört man die Einheimischen von einem vereinten, unabhängigen Kaschmir oder von einem selbständigen Balawaristan reden. So wird die Nordprovinz von den Autonomisten genannt.

In Baltistan, dem östlichen Teil davon, der an Indiens Ladakh angrenzt, erinnert man sich an die kulturelle, völkische und sprachliche Verbundenheit mit Ladakh. Im westlichen Teil des

Vorwort

Nordens, der zur „Northwestern Frontier Province" gehört, stellen eher die im Grenzgebiet zu Afghanistan lebenden Stämme ein Gefährdungspotential dar, oder die Ausbildungscamps der islamistischen Terroristen.

In dieser Weltgegend wollte ich zwei oder drei Exkursionen unternehmen. Diese Naturräume wollte ich besuchen. Ich habe zwar auf vielen Reisen erfahren, wie sehr der Mensch, sobald er in diesen Naturräumen siedelt, auch und erst recht ein Bestandteil der Natur wird, aber inwieweit sich das bemerkbar macht, ist bei Reiseantritt ungewiss. Man lässt sich überraschen. Und weil der Mensch immer die Hauptrolle bei jeder Reise spielt, kann es auch geschehen, dass er Übergewicht gewinnt und nachhaltiger erlebt wird als die Natur um ihn herum. Berge sind groß, aber der Mensch ist doch größer. Jeder Mensch hat mehr Bedeutung als der höchste Berg. Und deshalb können Reisen zum Ziel führen, auch wenn man das ursprüngliche Ziel nicht erreicht.

Wer aus dem Westen kommt und meint, einmal geschwind im Hindukusch oder im Karakorum spazieren gehen zu können, ohne dass ihn die Landespolitik etwas anzugehen habe, wird sich vielleicht unversehens in einer Situation wiederfinden, die sehr politisch ist, oder zumindest von der Politik mitbestimmt wurde. Vielleicht gerät er in eine Demonstration gegen die Besatzungspolitik der pakistanischen Armee; vielleicht halten ihn die vielen Straßensperren davon ab, seinen Bestimmungsort zu erreichen; seltener gerät er in einen Schusswechsel; oder er wird verhaftet, weil er eine Brücke ihrer eigenwilligen Konstruktion wegen fotografiert hat; ganz bestimmt wird er Leidtragender der schlechten Straßenverhältnisse und der rückständigen Infrastruktur, die auch Ausdruck von viel zu wenig „zementierter" Politik sind. Und wenn er auch nur irgend nachfragt und ein belangloses Gespräch mit Einheimischen führen will, wird er sich ganz fix in ein politisches Gespräch verwickelt haben. Dem zumindest kann sich der Alleinreisende nicht entziehen.

Nur wer sich einer generalstabsmäßig vorbereiteten Expedition anschließt, wird vielleicht von alledem nichts mitkriegen. Er steigt aus dem Flugzeug in das nächste Flugzeug oder den gecharterten Bus, schläft vor sich hin, unterhält sich allenfalls mit den anderen Expeditionsteilnehmern über die gemeinsamen Ziele und schwupp ist er auf dem Berg und - mehr oder weniger schnell – wieder herunter.

Es stimmt, die Berge sind nach wie vor unpolitisch. Vielleicht macht auch das ihren Reiz aus. Aber in Pakistan stimmt auch das nicht ganz. Für die Grenzgebiete zu Indien im Osten und Afghanistan im Westen braucht man Sondergenehmigungen. Die Pakistaner und Inder haben es fertig gebracht, ein paar Berggipfel, Gletscher und Pässe mit Krieg zu überziehen. Und die Bewohner des Hindukusch, einem Gebiet, das auf dem Staatsgebiet Afghanistans und Pakistans liegt, sind wohl oder übel das kriegerischste Volk, das es überhaupt gibt.

Da der Local Guide, der einheimische Führer, auch nur ein Fachidiot ist und wie das andere touristisch eingespannte Personal auch nur das Wohl und die Vermeidung des Wehe der mit harten Dollars bezahlenden Gäste im Sinn hat, wird er von sich aus nicht davon anfangen, von etwas zu berichten, was er selber auch schon lange nicht mehr richtig mitbekommt. Seit die Bevölkerung verstanden hat, dass Politik eventuell etwas mit Verbesserung der Lebensverhältnisse zu tun haben kann, so wenigstens behaupten es die anreisenden Politiker und Agitatoren immer wieder, ist sie auf einmal politisch interessierter geworden. Wenn man die Berichte früherer Reisender liest, muss man annehmen, dass sich das Bewusstsein und die Selbstreflektion der Leute gewandelt hat. Die früheren

Vorwort

Reisenden, die ich meine, waren Einzelreisende. Damals standen die hohen Gipfel des Himalaja und Karakorum noch unberührt.

Den Luxus des Alleinreisens leistete auch ich mir. Ich trat die Reise an, ohne zu wissen, dass ich eine politische Mission zu erfüllen hätte. Mein Sendungsbewusstsein musste erst noch – nach der Versendung gleichsam – geweckt werden. Aber das besorgten die Einheimischen selber. Ich war ihr zunächst unfreiwilliges, dann dankbares Opfer. Alles was ich tun musste, war selber zum Fragenstellen überzugehen, zuzuhören und zu dokumentieren. Insofern wurde ich zum Ausführenden. Nur das habe ich zu verantworten.

Ich dachte, ich wäre für mein Vorhaben genügend gerüstet, das ja voraussichtlich eher in einer physischen Herausforderung bestehen würde. Mein Agent in Islamabad, der mir die Sondergenehmigung für die Expedition in das Sperrgebiet um den K2 zu besorgen hatte, konnte die Abmachung nicht einhalten, weil es noch einmal spät und viel in den Bergen des Karakorum geschneit hatte. Einen späteren Termin konnte er für mein Unternehmen nicht anbieten, weil es Probleme mit der Kommunikation gab. Seine Mailbox funktionierte nicht. Seine letzte Nachricht, ehe ich umdisponierte, war, dass er sich auch noch um einen geeigneten Bergführer zu kümmern hätte.

Dann fand ich einen anderen Agenten, der eigens für die Zusage einen Bergführer aus seinem Dorf überredet hatte, obwohl der bereits für eine andere Expedition einer anderen Agentur angeheuert hatte. Mithilfe dieses „local experienced guide" würde ich noch die entsprechende Ausrüstung besorgen und mir im Gebiet zu Beginn der Expedition noch die erforderliche Zahl an Trägern zusammenstellen müssen.

Geplant war eine dreiwöchige Expedition ins Karakorum, von Askole aus, der letzten Siedlung, über den Baltorogletscher ins

Vorwort

Grenzgebiet mit China und Indien und wieder über den Gondogoro La Pass zurück ins bewohnte Hushe Tal. Dahin, wo auch mein Guide und sein Agent zu Hause waren. Es kam also relativ kurzfristig zu meinem Entschluss, den ich auch nicht mehr wegen einer kurz vor Abreise aufkommenden Erkrankung rückgängig machte. Diese Expedition, dachte ich, wäre eine der spektakulärsten, was die Naturansichten anbelangt, die man auf diesem Planeten machen kann.

Abgesehen von dieser ins Karakorum führenden Expedition, die ich ohne die Unterstützung durch Einheimische, von deren menschlicher Natur ich noch keine Vorstellung hatte, nicht durchführen konnte, hatte ich noch einen Erkundungsgang auf der Nord- und Südseite des Nanga Parbat geplant. Dieses Gebiet liegt südwestlich vom Karakorum im Himalaja. Auf Satellitenbildern erkennt man jedoch keine Grenzen. Das eine Gebirge geht in das andere über und kümmert sich weder darum, in welche Richtung die Wasser abfließen, noch welche Namen sich der Mensch ausgedacht hat.

Anschließend würde ich noch das sagenhafte Hunza Tal besichtigen. Sollten dann noch ein paar Tage übrigbleiben, wollte ich die beiden interessantesten Städte Pakistans besichtigen: Lahore und Peschawar, die beide verkehrsmäßig günstig ebenfalls im Norden des Landes lagen. Damit sollten meinen Erwartungen mehr als Genüge getan sein. Ich war es gewohnt, das durchzuführen, was ich geplant hatte. Doch dieses Mal sollte es ganz anders kommen.

Ich hatte auch gehofft, mit der einheimischen Bevölkerung so weit in Kontakt zu kommen, dass ich etwas über diese Menschen und ihre Kultur, vielleicht auch etwas über ihre Ansichten und Absichten erfahren würde. Dies erforderte jedoch schon eine zunehmend über das Mindestmaß hinausgehende Beschäftigung und ein näheres Hinzutreten und Bekanntwerden. Das ist einer der Gründe, weshalb man bevorzugt allein reist, um sich und den Einheimischen uneingeschränkt und andauernd die Gelegenheit zu geben, sich miteinander zu beschäftigen. Man nimmt als Reisender möglichst „wenig" von zu Hause mit, um möglichst „viel" im Reiseland „mitnehmen" zu können. Dass ich mich dann aber in Tat und Wahrheit wirklich mehr mit den Menschen und dem, was sie bewegte, was sie dachten und fühlten, auseinandersetzen würde, als mit Bergen, Gletschern und vereisten Pässen, war nicht abzusehen. Hätte ich nur meine montan-terrestrischen Unternehmungen durchgeführt, hätte es wohl auch bei weitem nicht so viel zu berichten gegeben, jedenfalls nicht von dem, was für die Menschen dieses Landes lebenswichtig und aktuell ist.

Die Berge bleiben, man kann sie notfalls auch im nächsten Jahr besteigen. Sie bleiben unverändert einladend oder abweisend. Die Menschen sind wie der Wind, der den Bergen nichts anhaben kann. Sie verändern sich und sind morgen nicht mehr da. Dafür andere. Aber was kümmern mich die anderen, die ich nicht kennen werde? Das Besondere am Menschsein sind die Begegnungen mit anderen Menschen, sie verändern den Menschen am meisten. Das ist auch das Besondere beim Reisen. Die Begegnung mit sich selber ist immer gegeben. Aber man erlebt sich selber auch intensiver, wenn man sich in Raum und Zeit fortbewegt.

Hatam, mein Guide, sagte, er glaube nicht, dass ich nach Pakistan zurückkehren würde. Er schaute mich dabei forschend an, als er es sagte, und hatte zugleich ein wissendes Lächeln. Da war er sich meiner Sache sicherer als ich. Er wusste nichts davon, dass ich ein wandernder Abenteurer war, keiner, der es lange an einem Ort aushielt, solange er wusste, dass es noch andere Orte gab, mit anderen Erlebnissen und anderen Menschen. Zumindest hatte ich ihm nichts davon gesagt. Aber er hatte erfahren, dass ich gut zu Fuß und flink die Passhöhen hinaufgegangen war, und vielleicht hatte ihn mein ständiges Blicken zum Horizont eine gewisse Rastlosigkeit vermuten lassen. Hilfreich ist es, wenn man trotz Rastlosigkeit zielbewusst und zielorientiert ist. Und zwar so: wenn ein Ziel erreicht ist, steuert man das nächste an. Sich immer neue Ziele setzen, nie stillstehen und sich nie zufrieden geben mit dem erreichten Status, nicht ausruhen, nicht anhalten, das alles klingt eher nach Untugend. Aber Beine hochlegen ist es noch mehr. Wenn überhaupt die Beine geschont werden mussten, dann nur, damit sie nachher wieder fest austreten konnten, nicht der Muße wegen. Nein, niemals!

Wenn der Weg das Ziel sein sollte, wie es gerade vernünftige Bergsteiger gerne sagen, dann durfte er zwar einen konkreten Anfang haben, aber kein festes Ende. Meine Expedition war nur eine Rundreise über die Berge. Wenn sie wieder am Anfangspunkt ankam, würde ich nicht in die Hände klatschen und so tun, als sei der Weg abgeschlossen, wenngleich die Expedition ihr Ende gefunden hatte. Ich würde die Erinnerung, die Erfahrung und die Eindrücke immer weiter mit mir nehmen. Es war kein Häkchen auf einer Liste zu machen, genauso wenig waren Begegnungen und Menschen für mich „erledigt". Ein formuliertes Ziel ist nur Etappe, immer nur Durchgang zu dem, was noch kommt. Das ist das eigentliche „Bergesteigen", das Nächste liegt über dem Letzten, man steigt höher, bildlich gesprochen, auf eine andere Ebene. Vor allem kann kein Ziel Selbstzweck sein, nichts sein, was den Menschen so sehr vereinnahmen kann, dass es ihn völlig gefangen und ihm seine Freiheit nimmt. Es wäre ja dann die Freiheit, weiter zu gehen und höher zu steigen – oder auch herunter. Man muss immer frei sein für das Hoch und Runter.

Vorwort

Das Ziel „Ich muss auf den Berg, koste es, was es wolle!" hat manchem schon das Leben gekostet und vorher schon den Verstand. Da hat sich ein Rollentausch vollzogen, nun bestimmt der Berg, ein totes Stück Fels, - in Wirklichkeit der Wahn des Menschen -, was der Mensch zu tun hat. Und der Mensch und alles, was sich dagegen noch wehren könnte und von Vernunft geleitet wird, gehorcht.

Irdische Ziele können nicht absolut sein und deshalb muss man sie auch nicht unbedingt erreichen, sollte man meinen. Damit bin ich eigentlich schon mittendrin in meiner Geschichte, denn das eine Ziel geriet in den Hintergrund des Interesses gegenüber einem nicht weniger spektakulären. Kluge Bergsteiger sind solche, die gelernt haben, dass kein Berg der Welt es wert ist, sich das Leben zu nehmen oder es sich zu verderben, was dem erstgenannten kaum nach-, aber sehr nahe steht. Und so verhält es sich mit jedem vorläufigen Reiseziel. Aber ich will mich bei dieser Aussage doch lieber auf mich beschränken.

Hatam behandelte mich nicht einfach nur wie einen vorübergehenden Kunden, der eine bestimmte Zeit lang sein Chef sein würde. Nach der geschäftlichen gab es auch eine freundschaftliche Beziehung. Das lag hauptsächlich an ihm, denn er war es, der entschieden hatte, über Gebühr hinaus seine Zeit zur Verfügung zu stellen. Er lud mich ein, als wir alles Geschäftliche hinter uns gelassen hatten und das Vertragsverhältnis beendet war, sein Dorf, sein Zuhause, seine Familie zu besuchen. Er hatte sie ja selber seit einiger Zeit nicht mehr gesehen. Da nimmt man keine Fremden mit, es sei denn sie sind Trophäen. Aber das war ich nicht.

Er musste mein Interesse an Land und Leuten bemerkt haben und dachte wohl, mir damit einen Gefallen zu tun. Es spielte für ihn eine Rolle, nicht nur jemand zu sein, der den „Zieljägern" behilflich war, ihre Ziele zu sichern. Er wusste als Mann der

Berge, dass zwischenmenschliche Erfahrungen und Erlebnisse viel wichtiger waren als die physischen und ego-psychischen Darbietungen. Er spürte es nicht nur, er wusste es.

Zunächst verhieß mein Erscheinen am Flughafen nur Geschäft. Die Bedenken wegen meiner mangelnden Gesundheit lösten bei Hatam und Hanif, meinem Agenten, sichtbare Besorgnis aus. Die alsbaldige Weiterreise in die Berge, nach Erledigung der Formalitäten bei den zuständigen Behörden, bedeutete eine vierundzwanzigstündige Busreise auf schlechten Straßen, hinauf in klare, aber dünne Luft und das war einem weiteren Verweilen in der staubigen, nordpakistanischen Tiefebene mit ihrem Lärm und Schmutz in den Städten vorzuziehen.

1. Kapitel: Ein Mann der Berge

Rast am Konkordiaplatz auf 4500 Metern Höhe

Vor meiner Abreise in die Berge traf ich wie vereinbart Abbas Malik, den Manager von Adventure Travels. Er holte mich von meinem Hotel im Stadtbezirk G 7 ab und wollte mich in die vornehme Blue Area mitnehmen. Ich schlug ihm vor, lieber in dem pittoresken Bereich des Sitara Market zu bleiben, dessen geschäftiges Treiben schon gleich nach der Ankunft meine Neugier geweckt hatte. Diese Gegend war mehr für die durchschnittlichen Belange der einheimischen unteren Mittelklassebevölkerung, die ungefähr die Hälfte der Bewohner in Pakistans Städten ausmachte, eingerichtet. Ein Laden reihte sich an den anderen. Es gab Krämerläden, in denen es alles zu kaufen gab, was in dieser orientalischen Welt zwischen Rückständigkeit und Fortschritt zu gebrauchen war. Bekleidungsgeschäfte, in denen erkennbar mehr nach der

1. Kapitel: Ein Mann der Berge

schlichten Landestracht als moderne westliche Kleidung verkauft wurde, Lebensmittelläden mit halbwegs modern anmutendem Warenangebot, Gemüse- und Obststände der alten Art neben und auf dem Gehsteig; eine erstaunliche Anzahl von kleinen Apotheken, die Naturmedizin und Chemie der Industriebetriebe feilboten – hier hatte ich mich schon sehr preiswert bedient; Schneidereien, in denen durchweg alte Männer hinter Singer-Nähmaschinen saßen; eine Fahrzeugreparaturwerkstatt neben einer Metzgerei, die beide sehr unordentlich aussahen; in den Stockwerken darüber gab es verschiedene Büros, vermutlich mit Verrichtungen und Funktionen, die es in westlichen Ländern nicht gab; ein paar eher unscheinbare Hotels lugten vorzugsweise in den Nebengassen hervor. In dem ansehnlichsten war ich selbst untergebracht. Es führte den inspirierten Namen „Asia Hotel". Ich war dort natürlich der einzige ausländische Gast. Ich sah auch sonst im Stadtteil keine Touristen. Erst in der moderneren Blue Zone sah ich vereinzelt welche.

Was es aber zuhauf im Sitara Market gab, waren die Buden der Straßenhändler, die irgendeine dampfende oder Fliegen-verträgliche Speise verkauften oder eben – ganz unabhängig von ihrem Zustand – nicht verkauften, was mir sehr bedenklich erschien, denn frisch gegart bedarf es nicht der Konsultation der unweit gelegenen Apotheken. An jeder Ecke gab es zudem noch kleinere Cafés oder Restaurants, die in Pakistan „Hotel" genannt werden und zu jeder Tageszeit Besucher haben. Sie trinken meist nur einen Tee oder Kaffee. Nur zur Mittagszeit füllen sich die Hotels mit Leuten, die jeden Tag hier ihr preiswertes Essen bekommen. In Südasien gibt es keine Vesperbrote.

In eines dieser Restaurants gingen wir, nachdem wir uns lange genug durch die geschäftige Männerwelt in den Gassen gedrängt hatten. Es unterschied sich von den anderen nur darin, dass es

1. Kapitel: Ein Mann der Berge

zwei große Topfpalmen im Eingangsbereich stehen hatte. Ein seltener Anblick im Sitara Market. Sonst sah es genauso wenig einladend aus wie die Umgebung.

Malik wusste ja nicht, ob ich diese klimatischen Verhältnisse kannte. Und so entschuldigte er sich, dass es nichts geworden war mit einer weitergehenden Inanspruchnahme seiner Stadtführungsdienste und auch dafür, dass es so schwül-heiß war. Ein Umstand, den hier sicherlich niemand wirklich behelligte. Die zahlreichen, lästigen Fliegen ließ er unerwähnt, ebenso das unsaubere, schmierige Ambiente. Das war wohl zu sehr Bestandteil seines Lebens.

Ich hätte noch Glück gehabt, erklärte er mir, da es vergleichsweise kühl in Islamabad war, nachdem es in den letzten Tagen einige Male geregnet hatte, und der Himmel immer noch bedeckt war, sodass die Sonne nicht prall hindurchscheinen konnte. Eigentlich ein Grund mehr, schnell ins Gebirge zu flüchten. Ich hatte meine Berghose und Bergstiefel mangels Luftfrachtfreimenge immer noch an. Er sei froh darüber, sagte Malik, nachdem er der Bedienung eine Bestellung zugerufen hatte, dass ich bei Siachen Travels einen Partner gefunden habe. Er kannte das Unternehmen allerdings nicht. Vielleicht war das bei der Vielzahl von Agenturen, die es gab, und in Anbetracht ihres kurzfristigen Daseins auch nicht verwunderlich.

Was mich mehr verwunderte, war sein Interesse gewesen, sich mit mir zu treffen. Er war ein viel beschäftigter Mann, der Manager eines einigermaßen gut gehenden, angesehenen Unternehmens. Er hatte den Vorschlag gemacht, dass wir uns in Islambad zu einem „Chat" treffen sollten.

Als ich mich gerade nach der kitschigen, mit Plastikblumen umkränzten Uhr an der Wand umgesehen hatte, stellte er die

1. Kapitel: Ein Mann der Berge

etwas überraschende Frage, ob ich den ersten Schock der Umstellung schon überwunden hätte. Er lachte, als er mein Gesicht dazu sah, und erläuterte, was er von vielen Travelern erfahren hatte. Sie kommen aus Europa oder Amerika, einer völlig anderen Welt und betreten ohne Vorwarnung dieses rückständige Land. Es würde bei den meisten eine Weile dauern, bis sie das verdaut hätten. Und nicht wenige würden nie damit zurechtkommen.

„Ich war schon oft in Indien!" brachte ich hervor. Indien, entgegnete er, sei nicht ganz so schlimm, er kenne Indien.

„Du wirst sehen", sagte er, „im Vergleich zu Baltistan geht es hier noch zivilisiert zu, aber", er machte eine Pause, in der seine Augen im Lokal umherschweiften, „es wird dir in den Bergen trotzdem besser gefallen als hier!" Ich bestätigte, dass ich ja wegen der Berge und der Bergmenschen gekommen sei, nicht wegen der Städte. Er sagte mir, er sei zwar ein Mensch der Stadt. Aber eigentlich sei er auch ein Mann der Berge. Wenn er könnte, würde er viel lieber seine Geschäfte von Skardu aus machen, wo er ein Büro hatte. Oft genug habe er seine Zeit mit den Leuten im Karakorum und Hindukusch verbracht, um seine Tourismusprogramme zu installieren, aber auch um der Einheimischen und der Erhaltung ihrer natürlichen Umwelt willen. Das war eines der Gesprächsthemen, wegen derer wir uns treffen wollten.

Ich bat ihn vorerst, den Ventilator eine Stufe niedriger stellen zu lassen. Er blies viel üble, stickige Luft her und verursachte zu viel Lärm. Er befahl dem Personal, für Abhilfe zu sorgen. Man konnte sehen, dass er seinen Landsleuten gewohnheitsmäßig Anordnungen gab, von denen er erwartete, dass sie befolgt wurden. Er gehörte einer anderen Klasse Mensch an als das Personal eines Hotels. Er befolgte nur allseits anerkannte Spielregeln.

1. Kapitel: Ein Mann der Berge

Malik hatte auch ein anderes Erscheinungsbild als die anderen Leute, die im Lokal saßen. Er war westlich gekleidet. Er verzichtete auf die überaus bequeme, traditionelle Bekleidung des pakistanischen Mannes mit einer luftigen Baumwollhose und einem darüber hängenden, nachthemdartigen Gewand, das an den Seiten geschlitzt ist und bei vielen noch die Ergänzung durch eine schmucklose, ärmellose Jacke erfährt. Diese Kombination nennt man Shalwar Kameez. Hemd und Hose von Malik saßen zwar locker, waren aber von modischem Schnitt. Hier in Sitara kaufte man solch teure Sachen nicht. Die gab es nur in der Blue Area, wo die Mittel- und Oberklasse ihre Geschäfte abwickelten, oder in den neuen Shopping Malls der vornehmeren Bezirke.

Malik schaute mich prüfend an. Es war nicht zu erkennen, ob er sah, was er erwartet hatte. Er kannte mich nur von der elektronischen Post. Malik war groß, Anfang 40, trug kurze, schwarze Haare und war glattrasiert. Er sah attraktiv aus und hatte einen klugen Blick. Es war wohl die rastlose Lebensart mit dem fordernden Beruf, die ihn ansatzweise etwas füllig werden ließ. Er machte einen gepflegten Eindruck. Er schien nicht sonderlich gestresst. Und doch schien er nicht gänzlich frei zu sein von der Last noch unbewältigter Aufgaben. Er war schnell im Denken und im Reden. Ich schloss daraus, dass er weniger zu der gemütlichen Sorte von Geschäftsleuten gehörte, sondern eher zur rastlosen, die immer neuen Verpflichtungen nachgeht und einfach weitermachen muss, weil dem Weitermachen eine eigene Lebensqualität zukommt. Sein Gesamteindruck war durchaus sympathisch. Aber das war nach unserem bereits vergangenen Meinungsaustausch auch nicht anders zu erwarten gewesen.

Die Bedienung brachte unsere Getränke. Grüner Tee. Malik schob mir eines davon zu. Er fragte mich, ohne sich weiter mit Nebensächlichkeiten aufzuhalten - dazu war seine Zeit zu

1. Kapitel: Ein Mann der Berge

kostbar -, warum ich mich für die Umwelt so sehr interessierte. Wir wollten ja die Unterhaltung fortsetzen, die wir per E-Mail angefangen hatten. Seine bisherigen Kunden aus dem Westen hatten ihn nicht auf dieses Thema angesprochen, obwohl die meisten nach Pakistan gekommen waren, um die Natur zu erleben.

Seine Frage traf mich noch unvorbereitet. Etwas zu hochgestochen - weil ich immer einen Vorrat an allzweckdienlichen Sprüchen parat habe - sagte ich, dass man seine Verantwortung für diese und die kommenden Generationen wahrnehmen müsse. Dabei erinnerte ich mich gerade, dass er es ja gewesen war, der die Diskussion um die Verhältnisse im heutigen Pakistan angefangen hatte.

Er hatte in einer Mail beiläufig erwähnt, dass man versuche, sein Geschäft zu zerstören, und es ihm deshalb nicht immer möglich war, den Kontakt mit seinen Kunden aufrechtzuerhalten. Deshalb war es nicht zu einem Geschäft mit ihm gekommen. Als Begründung gab er an, dass er Kritik an den herrschenden Verhältnissen geübt habe, übers Internet könne er keine Einzelheiten preisgeben, da seine Post gelesen würde. Es hatte mich folgende Nachricht von Malik erreicht:

„Bitte nehmen Sie zur Kenntnis, dass wir die letzten Monate unvollständige Kommunikation hatten und alle unsere Klienten Schwierigkeiten hatten, uns zu erreichen, weil jemand vom Internet Service Provider der Regierung (COMSATS) unsere ganze Geschäftspost ohne unser Wissen gestohlen hat. Das ist heute festgestellt worden. Ungefähr 500 Geschäfts-E-Mails und Anfragen wurden an die Konkurrenz verloren, wegen der großen Korruption in dieser Abteilung. Da wir eine Beschwerde eingereicht haben, wird dieser e-mail- Diebstahl hoffentlich eingestellt und normale Kommunikation wird ab übermorgen wieder möglich sein."

1. Kapitel: Ein Mann der Berge

Diese Mitteilung war aus mehrfacher Sicht außergewöhnlich. Geschäftsleute berichten gewöhnlich nicht gegenüber Geschäftspartnern, dass es irgendetwas gibt, was das Geschäft einseitig gefährden könnte. Ich hatte noch nachgefragt, was das Hauptproblem sein könnte. Und er hatte Andeutungen über Korruption gemacht und das Beispiel gebracht, wie er sich für die Erhaltung der natürlichen Umwelt in der Bergregion stark gemacht hatte, denn die hatte stark unter den Abholzungen durch die Holzmafia gelitten. Ich hatte ihn gebeten, mir darüber mehr Informationen zukommen zu lassen, da ich ebenfalls ein großes Interesse an der Erhaltung der Natur hätte. Was mich umso mehr interessierte, war seine eigene Sichtweise. Ein Bewusstsein für Naturschutz steckt in Südasien noch in den Kinderschuhen.

Malik war sich nicht sicher, ob wir darüber online reden sollten, und meinte, da ich sowieso nach Pakistan kommen würde, könnten wir alles Weitere dort besprechen. Malik hatte meine Neugier geweckt. Er schien jemand zu sein, der mehr wusste als andere. Es war unwahrscheinlich, dass er nur etwas über Abholzungen wusste.

Ob es hier denn sicher sei, fragte ich Malik. Dabei deutete ich auf die anderen Gäste im Café. Die jungen Männer waren sicherlich kein Problem. Die drei älteren Graubärte in der Ecke, in deren Nähe zu setzen mich Malik, als wir gekommen waren, gehindert hatte, saßen rauchend und wortreich zusammen. Dann aber wurden sie mitunter sprachlos, wenn sie neugierig zu mir herüberschauten, als sei ich sonst der Gegenstand ihrer Unterhaltung. Ich war mir über ihre Gestik und Körpersprache nicht sicher. Malik gab mir jedoch ohne ein Anzeichen von Selbstzweifeln zu verstehen, dass wir reden könnten. Die da, sagte er, könnten kein Englisch. Außerdem hatten wir den brummenden Ventilator. Zusätzlich plärrte aus einem nahen Lautsprecher Urdumusik.

Ich hatte ihm gesagt, dass ich zwar noch nie in Pakistan, aber schon mehrfach in Indien gewesen war, wo die Verhältnisse ähnlich waren, besonders im Punjab, das ja über die Grenze reichte. Hüben wie drüben wohnten Pandschabis, nur waren die einen Muslime, die anderen Hindus. Ansonsten hatte ich wenig über Pakistan gelesen. Immerhin wusste ich, dass das Land, das 1947 als Abspaltung von British India unabhängig geworden war, große Ziele ausgerufen hatte, die mit der Begeisterung für eine selbständige, islamische Gesellschaft in einem rein islamischen Staat auch schnell und nachhaltig erreicht werden sollten. Das hatte man zumindest erwartet. Aber es war ganz anders gekommen. Warum hatte das Land, das mit dem Anspruch, das ideale, islamische Land zu werden, ins Licht der politischen Welt getreten war, nicht die vorausgesagte Entwicklung gemacht? Lag es an den Leuten, über die sich Malik beklagte? Das wollte ich nicht glauben. Pakistaner sind keine schlechteren Leute als andere. Das sagte ich auch Malik.

„In Indien hatte ich den starken Eindruck, dass diese von der Natur so reich begabten Menschen in einer unglückseligen, benachteiligenden Gesellschaftsordnung leben. Ich meine das Kastensystem, das religiös begründet ist. Die Menschen sind im Kopf nicht frei und im Herz nicht unbeschwert. Es gibt keinen Willen, die Dinge zu ändern. Aber in Pakistan...", ich überlegte kurz, ob ich aus meiner Aussage eine Frage machen sollte, „...in Pakistan haben sie den Islam, von dem geglaubt wird, dass er die Menschen zum Guten anleitet." Ich wartete eine Weile, um Malik Gelegenheit zu geben, etwas dazu zu sagen, aber er wollte nur zuhören.

„Das sagen sie auch in Ländern wie Iran und Afghanistan. Aber ich kann nicht erkennen, dass sich die Dinge wirklich

1. Kapitel: Ein Mann der Berge

verbessern. Es bleibt sich gleich. Was denkst du?" Malik lehnte sich zurück, er machte einen etwas reservierten, um nicht zu sagen geistesabwesenden Eindruck. Ich verschärfte die Brisanz meiner Frage noch durch eine Unterstellung.

„Warum braucht man in diesen Ländern seltsame Theorien – immer sind die Anderen schuld –, um das Ausbleiben von Fortuna zu erklären?"

„Korruption, Neid und Missgunst sind die Ursachen!" sagte Malik. Ich hatte zu befürchten, dass ihn das Thema vielleicht doch langweilen würde, wie es mit allem Ungemach ist, das schon lange Bestand hat und nicht angegangen werden kann. Ich würde mir Mühe geben müssen, ein für ihn auf jeden Fall leidiges Thema zum ernsthaften Gesprächsgegenstand zu machen. Aber ich unterschätzte ihn, er war nur dabei, mich einer Prüfung, einer Art Seh- und Hörtest zu unterziehen.

„Das sind nur die Auswirkungen", sagte ich, „aber was sind die tiefer liegenden Ursachen für diese Fehlleistungen? Was sind die Wurzeln?"

„Du kommst aus einem sehr reichen Land!"

„Ja, aber es war nicht immer sehr reich." Ich war mir nicht ganz sicher, was er meinte.

„Ich weiß. Du kommst aus einem Land, das damals, als Pakistan selbständig wurde, zerstört war, viele Millionen Menschen, Menschen, die ein Land braucht, waren tot. Aber weißt du was, ihr hattet das Know-how, es besser zu machen. Und ihr hattet den Willen dazu. Sicher. Was dann geschah, war das Ergebnis von harter Arbeit, hingebungsvoller Arbeit mit der Idee, dass man sowieso für sein Leben arbeiten muss. In diesem Land sind zu wenig Leute bereit, hart und gewissenhaft zu arbeiten."

1. Kapitel: Ein Mann der Berge

Mir war es nicht ganz recht, dass er den Gedankenaustausch woanders hingeführt hatte, als ich es wollte. Ich hatte daran gedacht, dass ein stark traditioneller Glaube an die Überlegenheit der islamischen Kultur die Menschen in ihren Bemühungen einschränken könnte. Keine wahre Religion kann sich mit einem tatenlosen Glauben begnügen. Aber Malik schätzte den Einfluss rein säkularer Kräfte offenbar stärker ein. Er war in seiner Lebens- und Arbeitsphilosophie erstaunlich verwestlicht. Warum das so war, erfuhr ich schnell. Malik hatte eine sehr pragmatische Vorstellungswelt.

„Der Mensch ist auf der Welt, um sich seinen Lebensunterhalt zu verdienen, um für seine Familie zu sorgen und vielleicht noch für seine Mitbürger. Das ist die Philosophie der einfachen Menschen und ich glaube nicht, dass es eine schlechte Philosophie ist." Er redete mit Überzeugung, denn er hatte lange darüber nachgedacht. Er war ein Asiate, der sich Zeit nahm, über die wichtigen Dinge des Lebens, neben denen des Business, nachzudenken. Kam das von seiner europäischen Bildung?

„Und in Pakistan ist das auch so?" fragte ich.

„Es gibt auch in Pakistan viele einfache Menschen, die diesem Prinzip folgen, aber es gibt auch zu viele Blutsauger."

„Aber die gibt es doch in jedem Land! Warum ist Pakistan eines der ärmsten Länder der Welt? An Leuten wie dir kann es ja nicht liegen!"

Das sagte ich nicht, um ihm zu schmeicheln. Ich wollte ihn dazu bringen, dass er sagte, was er dachte. Er bestellte gerade einen Kaffee, obwohl die Tasse Tee noch unberührt vor ihm stand.

Ich fragte Malik, was ihm durch den Kopf ginge, wenn er die Armut in diesem Land sah. Er war ja in Großbritannien aufgewachsen.

1. Kapitel: Ein Mann der Berge

„Ich versuche, nicht darüber nachzudenken", sagte er und presste die Lippen zusammen und wiederholte: „Ich versuche, nicht darüber nachzudenken. Nicht mehr."

„Als Sicherheitsvorkehrung, damit man nicht gemütskrank wird?"

„Man muss selber das tun, was man tun muss. Was ich tue, macht niemanden arm. Im Gegenteil, ich versuche den Landsleuten im Norden zu helfen, indem ich beim Aufbau ihrer Infrastruktur helfe. Und viele Landsleute, denen es sonst schlechter gehen würde, arbeiten für mich als Führer oder Träger."

„Aber sie bleiben arm!"

„Was ist Armut? Manchmal denke ich, dass die Reichen die wirklich Armen sind. Schlimm ist nur, dass man den Mittellosen die Möglichkeit versperrt, in die Welt hinauszugehen und etwas Anderes aus ihrem Leben zu machen. Ich sage ja nicht, dass sie es machen sollen. Aber sie müssten die Möglichkeit dazu haben. Es geht nicht um materiellen Reichtum, sondern um die Mittel, die man zum Leben braucht, zu einem freien Leben. Die Reichen sind nicht wirklich frei. Man sieht das ja gerade an denen, die von unten nach oben kommen."

„Was passiert mit ihnen?"

„Die wenigen aus den armen Schichten, die es nach oben schaffen, werden schnell in die Gebräuche der Etablierten eingewiesen, sie werden in Clubs eingeführt, tragen die gleiche Mode, bis sie soweit sind, dass eine freundliche Geste gegenüber denen, die unten sind, als unschicklich zu gelten hat, das ist nämlich unter der Würde der herrschenden Klasse. Ich halte mich nicht an diese Gepflogenheiten."

1. Kapitel: Ein Mann der Berge

„In jedem Land gibt es Kreise, die sich als herrschende Klasse auffassen." Ich dachte daran, dass das Klassendenken ja gerade in Großbritannien mächtig war und besonders im ehemaligen Empire immer wieder demonstriert wurde. Was Wunder, dass es sich bewahrt hatte. Malik beschrieb die Situation weiter:

„Die Kinder der Reichen haben alle Möglichkeiten, die Kinder der Armen dürfen ihren Vätern nacheifern. Und sie sollen die Reichen in ihre Regierungsämter wählen und ihre niederen Dienste klaglos verrichten. Wann immer etwas für die Armen getan wird, dann ist es, um sie noch weiter anzutreiben, ein nützliches Glied der Gesellschaft zu sein, nämlich das Glied, das alles durch seine Arbeit zusammenhält. Es wäre dumm, wenn man für die Armen keine Krankenhäuser baute, denn man muss ihr Arbeitspotential erhalten. Und trotzdem macht man es nicht, eben weil man dumm ist – und zu geldgierig. Die Geldgier ist ja immer eine Dummheit. Im Norden kommt auf 6.000 Einwohner ein Arzt. Das zeigt, wie dumm die Herrschenden sind..."

„...oder ihre Gier ist größer als ihr Verstand. Gibt es keine politischen Parteien, die etwas dagegen tun oder eine andere Vision haben. Es gibt ja auch anständige Reiche. Aber sie sind wohl immer in der Opposition!?"

„Sie sind unbedeutend. Wann immer hier jemand für die Armen aufsteht, um ernsthaft etwas zu ändern, wird er des Marxismus verdächtigt."

„Und der war ja bekanntlich ein Atheist. Für Muslime kann es ja nichts Schlimmeres geben, als sich von Atheisten regieren zu lassen!" Malik widersprach dem nicht. Er sagte: „Was wir brauchen, ist nicht, die Armut an sich einfach nur statistisch zu reduzieren. Vielmehr müssen wir die politischen und gesellschaftlichen Voraussetzungen dafür schaffen, dass die

1. Kapitel: Ein Mann der Berge

Unterprivilegierten endlich ... nicht mehr unterprivilegiert sind..."

„Sie sollen hinausgehen können in die weite Welt..."

„Ich sagte das nur so. Für einen Pakistaner ist Pakistan die weite Welt. Ein junger Mann aus Skardu sollte in Karachi studieren gehen können, wenn er die schulischen Voraussetzungen erfüllt hat. Am Geld sollte das nicht scheitern."

„Verhältnisse wie im Westen!"

Malik lachte. „Im Westen ist nicht alles schlecht! Es geht darum, den Menschen ihre Würde zu geben."

„Das hat nicht nur etwas mit Armut, sondern auch mit Erziehung zu tun."

„Unterbeschäftigung und Armut, das sind die großen Probleme in unserem Land. Deshalb kommt es übrigens zu vielen Selbsttötungen. Aber das beunruhigt die Offiziellen nicht sonderlich, wir haben einen Überfluss an Menschen..."

„Das könnte Anlass geben, sich zu beunruhigen...ich meine den Überfluss an Menschen!"

„Die offiziellen Zahlen der Wirtschaft versprechen ein Wachstum, das heißt nichts Anderes, als dass der Wohlstand der Reichen gesichert wird."

„Wie hoch ist der Anteil der Armen wirklich, wenn die offiziellen Zahlen unzuverlässig sind? Wer durch das Land reist, sieht das ja. Aber leider habe ich keine Zeit mir andere Gebiete des Landes anzusehen."

„In diesem Land ist mindestens ein Viertel der Bevölkerung so arm, dass es ihm an ausreichender Versorgung mit den lebensnotwendigen Dingen fehlt. Das sind schon 40 Millionen Menschen."

„Und in den Bergregionen?"

„In der Northern Province dürfte das für die Hälfte der Bevölkerung gelten!"

Es hätte mich interessiert, die Sichtweise der Betroffenen dazu zu hören. Würde es ihr Stolz oder ihre Bescheidenheit zulassen, zuzugeben, dass sie zu dieser armen Bevölkerungsschicht gehörten? Malik klärte mich weiter auf. Er hatte sich auch mit dem Zahlenmaterial beschäftigt. Ich konnte es mir nicht merken. Ich musste nachschlagen. Man konnte sagen, dass rund 1.000 Rupien monatlich die Armutsgrenze markieren, also 150 Dollar. Davon konnte man 2.300 Kalorien pro Kopf berechnen. Die Weltbank und das United Nations Development Programm widersprachen da der pakistanischen Regierung. Nach ihrer Auffassung wäre ein Drittel der Bevölkerung, immerhin 50 Millionen Menschen unter der Armutsgrenze von 1.800 Rupien. Und dem Drittel darüber ging es vermutlich auch nicht viel besser!

„Hier in Islamabad gibt es keine Armen", sagte Malik und forderte mich auf, mich umzusehen. Die Hauptstadt hatte auch eine Vorzeigefunktion. Für den Rest des Landes war allerdings das Schlimmste zu befürchten.

„Pakistan ist wohl noch ein Agrarstaat! Wie sieht es aus mit der industriellen Entwicklung?", fragte ich, als ob ich einer Erklärung für die Missstände auf der Spur wäre.

In Pakistan wird in der Landwirtschaft erst allmählich die Handarbeit durch Maschinenarbeit ersetzt. Die Textilindustrie ist in Pakistan der wichtigste Industriezweig. Auch dort will man die Handarbeit reduzieren. Pakistan hat versucht, westliche Betriebe zu finden, die ihre Produktion mit den billigen Lohnarbeitern des Landes verrichten würden. Der Westen befürchtet aber, dass die Produktivität dieser Arbeiter zu gering

1. Kapitel: Ein Mann der Berge

sei. Jedoch nicht immer. Die Fußbälle bei der Fußballweltmeisterschaft 2014 waren in Pakistan handgefertigt, wahrscheinlich sogar von Kinderhänden. Malik hatte seine eigenen Erfahrungen. Ein japanischer Fabrikbesitzer sagte ihm einmal, er wolle nicht, dass man einen Arbeiter an eine Fertigungsmaschine stellte, wenn er nicht einmal die Betriebsanleitung lesen konnte. Man braucht also nicht nur begabte Arbeiter, sondern auch gebildete.

„Aber die Armut in Pakistan hat doch sicherlich auch etwas mit der Überbevölkerung zu tun, oder nicht?" fragte ich erneut.

„Ja, nur ein Drittel der 160 Millionen ist beschäftigt."

„Und die anderen?"

„Suchen Arbeit, sofern sie jugendliche und erwachsene Männer sind. Zia ul Haq sagte zur hohen Geburtenrate: Ihr gebärt Kinder und Gott wird auf sie aufpassen." Ein herzliches Willkommen zur Bevölkerungsexplosion! Das war die Crux, zu wenige Leute verdienten und zu viele hingen von ihnen ab.

„Es kann sein, dass wir mehr Autos auf den Straßen herumfahren haben und mehr Leute als zuvor Zugang zum Internet haben, aber immer noch haben die meisten Pakistaner keinen Zugang zu sauberem Trinkwasser. Regierung, Armee und Bürokratie, sie haben die Hauptschuld, dass nichts klappt, was in einem modernen Staat funktionieren muss. Wir brauchen eine Gesellschaft mit weniger Armen, weniger Selbstmördern, mit weniger Leuten, die sich mit Kriminalität beschäftigen. Und vielleicht brauchen wir auch weniger von diesen Reichen, die die kostbaren nationalen Ressourcen verschwenden."

Die pakistanische Tageszeitung „Dawn" schrieb am 29.06.2014:

„Ein Fabrikarbeiter in Lahore tötete seine drei kleinen Töchter, da er überzeugt war, nicht in der Lage zu sein, ihnen mit seinem mageren Einkommen ein ehrenwertes Leben gewähren zu können, so sehr er sich auch anstrengen würde. Er verschonte nicht einmal seine jüngste Tochter, dreijährig, die ihn darum bat. Ein schockierter Polizist erschoss ihn im Gefängnis, er sagte, dieses Tier hätte kein Recht zu leben. Unlängst tötete eine fünfzigjährige Frau in Karachi sich selbst, indem sie ein Pestizid trank, lange nachdem ihr Mann verstorben war und es feststand, dass ihre zwei Söhne keine Arbeit finden konnten und Drogen genommen hatten. Der Polizeibericht von Rawalpindi besagt, dass mehr als 40% der Jugendlichen Selbstmord begingen, wenn es ihnen nicht gelungen war, einen Job zu finden."

Ich fragte Malik, ob er glaubte, dass das Heer der Armen noch größer werden würde oder ob vielleicht wie in Indien der Mittelstand anwachsen würde.

„Der große Gatsby hat einmal gesagt: eines ist sicher, die Reichen werden immer reicher. Die meisten hierzulande hoffen auf das Wirtschaftswachstum. Es wird steigen und für die Armen wird auch etwas abfallen. Aber es wird nicht mehr sein als ein Tropfen auf dem heißen Stein. Die Liberalisierung des Marktes macht ja doch nur die Unternehmer reicher."

„Was wird am dringendsten gebraucht?"

„Was die Armen brauchen, ist eine Verbesserung der Gesundheitsfürsorge und der Bildungsmöglichkeiten, sie brauchen Sanitäranlagen und vor allem Trinkwasser. In den Städten muss außerdem die Wohnsituation verbessert werden und die Preise für Grundnahrungsmittel müssen niedrig gehalten werden. Ein effizientes, kostengünstiges Transportsystem ist auch nötig ... und sicher sollte es auch sein. Und dann gibt es das Problem mit den großen Familien. Wer gibt dem Nachwuchs Arbeit? Und dennoch haben wir Kinderarbeit, weil sonst die Armen nicht überleben können. Aber die Armen haben keine politische Vertretung, sie haben keine Stimme, die gehört wird. Und deshalb haben wir ungesunden, unterernährten, schlecht gebildeten Nachwuchs mit einem niedrigen IQ. Das hemmt die Produktivität, fördert die Kriminalität und erhöht den Druck, fortzuziehen."

Der Zustandsbericht eines der ärmsten Staaten auf diesem Planeten weist in die Zukunft, denn es war zu befürchten, dass viele Staaten in eine solche Überlebenskrise hineinrutschen würden. Zum Vergleich: in Südkorea, dessen Bevölkerung sich nur verdoppelt hat gegenüber der Vervierfachung Pakistans, ist die Wirtschaftskraft seit 1950 pro Kopf um das zwanzigfache gewachsen, die Pakistans aber gesunken.

Ich bat Malik, mir zu erläutern, wie er als einer der Wenigen zu der Erkenntnis gekommen war, dass Wohlstand nicht wichtiger war, als überall willkommen geheißen zu werden.

„Ich bin in England aufgewachsen und habe dort graduiert. Deshalb sehe ich die Dinge mit westlichen Augen. Das hat mir geholfen, ein Pionier in der Tourismusindustrie zu werden. Das war vor vierundzwanzig Jahren. Damals gab es noch keinen Tourismus. Aber hier liegen die Dinge anders als in Europa. Wenn die Leute hier so dächten und arbeiteten wie Europäer, wäre dieses Land eines der reichsten in der Welt. Aber das wird niemals geschehen, wegen des Denkens der meisten Leute hier. Wir haben 120 Angestellte angeheuert und wieder entlassen (er sagte „hired and fired") in den letzten 19 Jahren und ich habe niemals eine einzige Person gefunden, die ihre Arbeit hingebungsvoll gemacht hätte."

Als er das sagte, war deutlich Zorn, ja Verachtung, wenn auch unterdrückt, herauszuhören. Aber seine Stimme blieb gleichmäßig laut. Ich hatte nicht den Eindruck, dass er zu Übertreibungen neigte.

1. Kapitel: Ein Mann der Berge

„Zweifellos könnte das Land viel reicher sein. So viele Möglichkeiten liegen brach. Hat die Regierung kein Interesse an der Förderung des Tourismus?" fragte ich.

„Sie verfolgen ihre eigenen Interessen. Allmählich erkennt man, dass man mit Tourismus noch mehr Geld in die eigenen Taschen scheffeln kann. Aber zunächst hat die Tourism Development Corporation nichts getan, um wirklich etwas zu bewegen. Und viel hat sich auch nicht geändert. Nicht einmal Broschüren wurden die letzten zehn Jahre neu aufgelegt."

„Dabei ist doch der Tourismus in Pakistan wie eine goldene Gans."

Malik lachte, vermutlich im Voraus über das, was er sagte und was ich erst später wirklich begreifen können würde.

„Das Geld liegt vor allem in den Bergregionen auf der Straße, sobald man sie hergerichtet hat. Ja, man verpasst die goldene Gelegenheit im Unverstand, und ohne es zu bedauern. Ich habe jetzt erst wieder eine E-Mail erhalten von einem Tour Operator, den ich dir auch als zuverlässig empfohlen habe. Drei Bergsteiger-Expeditionen wurden die Genehmigungen versagt, ohne jeden ersichtlichen Grund. Sie müssen dafür bereits Tausende von Dollar verplant und für die Vorbereitungen geopfert haben, aber jetzt haben sie keine Genehmigung für die Besteigung!"

„Das wird kein Beitrag sein, mehr Vertrauen in das Land zu ...!"

„...dieses Land ist sehr reich an Ressourcen und Manpower, dazu die natürliche Schönheit... aber jeder plündert, was er kann, ohne über die Konsequenzen nachzudenken, ohne jegliche Gedanken an die Zukunft. Die Unternehmen stellen ihren Betrieb ein, weil es zu viel Korruption in den Behörden gibt, auf allen Ebenen..." Seine Stimme klang kurz erbost, bekam einen spöttischen Unterton und fuhr dann wieder bedächtiger fort:

1. Kapitel: Ein Mann der Berge

„Nachdem die Unternehmer ihre Schmiergelder bezahlt haben, machen sie Verluste, dann sind sie schließlich pleite. Sie müssen also trotzdem ihren Betrieb schließen. Andere machen ihn aus dem gleichen Grund erst gar nicht auf."

Ich vermied zu fragen, wie er es so lange geschafft hatte, sich über Wasser zu halten. Harte Arbeit konnte erfolgreich sein, trotz aller widriger Verhältnisse, und war doch nur beschränkt ergiebig.

„Der einzige Weg, Profit zu machen, ist, das Geld anzulegen, irgendetwas zu kaufen, was man teuer wiederverkaufen kann. Aber Hunderttausende werden arbeitslos, jeden Monat, überall im Land. Das hat zu einem drastischen Anstieg der Straßenkriminalität geführt, die es vor zehn Jahren noch nicht gegeben hat..." Er hielt kurz inne „...das sollte dich aber nicht beunruhigen. Die meisten Leute sind gegenüber Touristen freundlich und es ist ziemlich sicher, in Gegenden wie Skardu, Hunza oder Chitral zu reisen. "

Ich hatte aufgepasst, er hatte nicht Gilgit gesagt, das Herz der Nordregion.

„Trotzdem solltest du es vermeiden, dich an der Grenze zu Afghanistan aufzuhalten, und wenn du nach Peschawar willst, bleibe in der Geschäftszone. Fast die Hälfte der Leute in Peschawar sind Afghanen, weil sie sich seit den siebziger Jahren, seit der russischen Besatzung von Afghanistan, dort angesiedelt haben."

Ich dachte, dass ich nicht die Zeit haben würde, Peschawar einen Besuch abzustatten.

„Du sprachst als einen der Hauptgründe für die Probleme im Land die Korruption an!"

„Korruption und Feudalismus."

1. Kapitel: Ein Mann der Berge

„Kannst du das erläutern?"

Er fragte mich, ob ich noch etwas zu Trinken haben wollte. Er empfahl mir den Kaffee. Er sei hier besser als in den Kaffeehäusern, in denen die reichen Leute verkehrten. Die hätten es nur noch nicht gemerkt. Aber selbst, wenn sie es wüssten, würden sie sich dennoch nicht herablassen, hierher zu kommen. Hörte ich da Hohn heraus, für die, die eher seiner Gesellschaftsklasse entsprachen? Aber zur Oberschicht gehörten ja sicherlich auch die Schmiergeldempfänger. Deren Methoden des Broterwerbs entsprachen nicht seinem Berufsethos.

„Die meisten Politiker sind Großgrundbesitzer und Feudalherren. Sie wünschen, einen festen Griff um ihre Leute zu haben, indem sie sie ökonomisch abhängig halten und unterdrücken."

„Wie machen sie das?"

„Ein Weg ist, dass sie ihnen die Möglichkeit der Bildung wegnehmen. Ich würde dir empfehlen, die Biographie von der Rebellenprinzessin Abida Sultan zu lesen."

„Ich werde zusehen, dass ich das Buch bekomme. Aber warum sind die Leute so korrupt?" Ich war mir bewusst, dass das eine primitive Frage war. Das musste für die Antwort noch lange nicht gelten.

„Korruption ist so tief verwurzelt, dass sie die moralischen Werte aller Menschen verdorben hat. Wenn es beispielsweise einen Autounfall gibt, streiten sich die Leute herum und versuchen, sich irgendwie zu einigen, denn wenn sie die Polizei rufen, wird der Polizist sie beide ausnehmen und maßregeln, jedenfalls wenn es sich um gewöhnliche Leute handelt. Wenn aber ein einflussreicher Mann einen Unfall verschuldet, wird er sicher die Polizei rufen. Die wird den armen Mann, der am Unfall beteiligt ist, durchprügeln (er sagte: „beat the hell out of the poor man"). Und so wird er es sich nicht trauen, Schadenersatz geltend zu machen, selbst wenn er unschuldig ist. Da Korruption zyklisch rotiert, ersetzt jeder, der davon betroffen wird, seine Verluste, indem er von anderen stiehlt. Das genau ist auch in der Tourismusindustrie geschehen. Unsere eigenen Beschäftigten haben uns das Geschäft weggestohlen, sie haben Geld weggenommen und auf diese Weise werden alle Unternehmen in Pakistan fürchterlich in Mitleidenschaft gezogen.

Außerdem fühlen sich die Leute nicht schuldig. Sie schämen sich nicht einmal, wenn sie andere bestohlen haben. Es wird einfach als günstige Gelegenheit betrachtet, für alle. Diejenigen, die eine gewisse Bildung und Erziehung genossen haben, bleiben auf der Strecke, weil sie Andere nicht bestehlen. Und sie werden für ihre Ehrlichkeit und Würde offen belacht. Ja, man macht sich über die dummen Verlierer lustig."

„Das heißt, du hast das auch schon oft erlebt. Korruption scheint ein weit verbreitetes Phänomen in Pakistan zu sein. Warum ist das so? Ich habe es immer noch nicht verstanden!"

„Weil man damit zum Ziel kommt. Korruption ist leider in unserer Gesellschaft tief verwurzelt. Es ist Tradition. Wenn beispielsweise ein Bittsteller zu einem Beamten geht und der ihm sagt, dass sich da nichts machen lässt, gibt er ihm zur Antwort: Das weiß ich, deshalb komme ich ja zu Ihnen!" Er lachte über seinen eigenen Witz, den er bestimmt nicht zum ersten Mal erzählt hatte.

„Regeln und Bestimmungen können umgangen werden, es gibt immer eine Ausnahme zur Regel. Wenn eine mit einem Amt beauftragte Person dies nicht akzeptieren kann, wird sie schnell als Baifaz bezeichnet."

„Baifaz?"

„Ein unnützer Kerl. Nein, Selbstdisziplin wird bei uns im Land nicht großgeschrieben."

Malik hatte Fahrt aufgenommen. Es war klar ersichtlich, dass er sich Frust von der Seele redete. Wie schwer musste es für ihn sein, in diesem Land zu leben? Ich wunderte mich nicht mehr, dass er jemandem aus dem Westen solche Geschichten über sein Land und seine Leute erzählte. Jeder ist versucht, sich selber in einem guten Licht darzustellen. Wie tief musste bei ihm der über Jahre gewachsene Frust sitzen, dass sich nichts zum Besseren ändern würde, wenn er es einem Fremden, der nach Pakistan kam, um eine eher unbeschwerte Zeit zu erleben, gleich erzählte! Ich hatte vorher keinen Orientalen kennengelernt, der nicht viel lieber die Vorzüge seiner Heimat geschildert hätte. Lieber übertrieb man dabei maßlos und bediente sich im Lager der Legenden- und Märchenerzähler, als Missstände herauszustreichen und die unangenehmen Dinge beim Namen zu nennen. Der Stolz des Orientalen ist sagenhaft.

„Da gibt es z.B. diese Aufschriften auf Autos MNA oder MPA oder Nazim oder Press", fuhr er fort, „oder die grünen Nummernschilder, sie sollen alle die Verkehrspolizei von einem fern halten, wenn man zu schnell gefahren ist. Die Tatsache, dass man Ausnahmen erfährt, wird als Attribut eines höheren, sozialen Status betrachtet."

„Darauf kann man ja auch stolz sein!"

„Stolz? Die Leute gehen erniedrigend miteinander um."

Ich fand nicht, dass das ein Widerspruch war. Stolz fordert Erniedrigung heraus und Menschen, die erniedrigt werden, reagieren mit Stolz.

„Aber wir sind nicht im Westen. Es ist hier verboten, Feuerwaffen zu besitzen, aber nur, wenn man nicht zu den Privilegierten gehört. Die bekommen von den Behörden etwas

1. Kapitel: Ein Mann der Berge

genehmigt, was nach den herrschenden Gesetzen gar nicht möglich ist. Je größer der Spielraum der Behörden ist, desto eher unterliegen sie der Gefahr der Korruption. Deshalb gibt es so viel Korruption. Aber es gibt noch mehr Ausnahmen von der Regel. Beamte dürfen bei uns eigentlich keine Nebenämter ausüben, die mit ihrem Auftrag kollidieren. Doch dieses Gebot wird sehr häufig durch Ausnahmeregelungen außer Kraft gesetzt. Dass dies verheerende Folgen für das Verhalten der Zivilbevölkerung hat, darf angenommen werden. Ausnahmen von der Regel, das ist ein Lieblingsspiel der Pakistaner! Ein Premierminister wurde wegen Landesverrat gehängt und zwei andere wurden zweimal gewählt und wieder entlassen, weil sie gegen die Verfassung verstießen. Aber bei Musharraf macht man eine Ausnahme und auch bei den kollaborierenden Armeegenerälen. Letzten Endes wird das Land von Erlassen des Präsidenten regiert, wo gesetzliche Bestimmungen erforderlich wären. Es gab einmal einen Fall eines Studenten, der in einer Ambulanz starb, weil der Verkehr stockte. Er war aufgehalten worden, um dem Präsidenten die Vorfahrt zu lassen. VIPs bekommen immer Vorfahrtsrecht."

Alle Wege führen zu Allah, sagen die Muslime. Da gab es den Fall des Federal Minister of Law, Justice, and Human Rights, Wasir Zafar. Sein Ministerium hatte einen Fond für die Erdbebenopfer eingerichtet. Nun hatte sich herausgestellt, dass von 590 Hilfsersuchen 560 zufälligerweise von seiner Heimstatt Jaranwala herkamen. Das war sein eigener Wahlkreis. Der Witz war, dass der Präsident die Korruption im Jahr zuvor für erledigt erklärt hatte.

Oder der Fall des Pandschab Chief Ministers, dessen Sohn 550 acres Land zugesprochen worden waren, von dem Land, das man den Bauern im Bezirk Rahimyar Khan weggenommen hatte. Sie hatten seit Generationen von diesem Land gelebt und hätten es

1. Kapitel: Ein Mann der Berge

gerne behalten. Sie durften es sich nicht einmal zurückkaufen. Der Ministersohn hatte ja seine Hand darauf. Jedermann konnte theoretisch Land erwerben, aber jedermann war in Pakistan immer ein bestimmter Jemand.

„Aber was ist deiner Meinung nach der Grund für dieses Verhalten? In diesem Land gibt es doch nur Muslime!"

Damit wollte ich darauf hinaus, dass damit die Voraussetzungen gegeben waren, dass sich das Land positiv entwickelte. So zumindest war es immer proklamiert worden. „Lasst uns in einem eigenen Staat leben", hatten die Pakistaner 1947 prophetisiert, „dann werden wir die ideale Gesellschaft schaffen." Aber Malik verstand es genau andersherum, als wollte ich sagen, da alle Muslime sind, ist es kein Wunder, dass nichts wirklich gelingt. Er sagte:

„Man kann die Religion nicht für alles verantwortlich machen. Wenn man ständig Regeln bricht, wird man irgendwann zu einem gewohnheitsmäßigen Gesetzesbrecher. Auf Dauer lohnt sich das nicht, aber das Land wird ruiniert." Mit anderen Worten, Malik wusste es auch nicht.

„Ich kann mir sogar vorstellen", sagte ich, „dass es recht aufwendig ist, dauernd nach dem rechten Mann für die rechte Sache am rechten Ort und zur rechten Zeit Ausschau halten zu müssen. Das kostet den Einzelnen Mühen und viel Zeit. Das summiert sich für eine Gesellschaft, die handlungsunfähig und uneffektiv wird. Man sollte doch lieber gleich den kurzen Weg der Gesetzlichkeit gehen."

„Genau das habe ich meinen Landsleuten schon oft gesagt. Hier macht man sich oft lustig über den Verfall der Moral in westlichen Ländern und den Mangel an Familiensinn, weil es hier Tradition ist, in funktionierenden Großfamilien zu leben. Dabei übersieht man ganz, dass es im Westen Institutionen gibt,

1. Kapitel: Ein Mann der Berge

die der Wohlfahrt gerade der Schwachen und Benachteiligten dienen. Humanitäre Werte sind im Westen schon in Administration und Gesetz anerkannt und umgesetzt. Dafür werden soziale Einrichtungen geschaffen und steuerlich begünstigt. Doch davon sind wir hier noch weit weg. In Artikel 19 unserer Verfassung heißt es, dass jeder Bürger die Freiheit der Rede hat; die Pressefreiheit wird gewährt, unter der Bedingung, dass gesetzliche Beschränkungen Vorrang haben, wenn sie im Interesse der Verherrlichung des Islam sind oder, wie es in dem Artikel heißt, für Integrität, Sicherheit oder Verteidigung des Landes und der öffentlichen Ordnung dienen, oder der Moral. Das sind schon wieder unglaublich viele Ausnahmen, die man nach Belieben auslegen kann."

Auffällig ist, dass es in Pakistan die völlige Freiheit gibt, andere Religionen zu verunglimpfen. Nur der Islam wird geschützt.

Der Islam ist die Staatsreligion Pakistans. So steht es in Artikel 2 der Verfassung. Das widerspricht gewissermaßen Artikel 25, nach dem alle vor dem Gesetz gleich sind und den gleichen gesetzlichen Schutz genießen. Und die regierende Praxis widerspricht Artikel 25. Nicht-Muslime müssen mit dieser institutionalisierten religiösen Bevorzugung auskommen. Christen, Hindus, Ahmedis und Sikhs werden also nicht genauso behandelt wie ein Muslim. Ich fragte Malik:

„Wie verhält sich ein muslimischer Richter, wenn ein Christ oder Hindu vor ihm steht? Wird er dann anders behandelt als ein Muslim?" Ich stellte die Frage, in der Hoffnung auf britische Rechtsanwendung.

„Das kommt darauf an. Ein Muslim wird schwerlich der Gotteslästerung angeklagt. Ich denke, dass sich im Allgemeinen unsere Richter an die Vorgaben halten. Aber da beginnen schon die Schwierigkeiten. Da gibt es zum Beispiel die Hudood

Ordinances. Dieses islamische Recht besteht neben dem britischen Recht."

Nach Artikel 41 der Verfasung ist eine Person nicht qualifiziert, Präsident zu werden, wenn sie nicht Muslem ist. Aber das kann man verstehen. Pakistan ist ja ein islamischer Staat.

„Was ich aus alledem lerne", sagte ich, „ist, dass es wichtig ist, wichtig zu sein. Für Mächtige wird immer eine Ausnahme gemacht, ich denke zur Zeit Akbars war das nicht anders. Aber Pakistan wollte ein moderner Staat werden, oder nicht?"

„Das ist richtig. Aber das ist ja gerade das Dilemma. Man hält an Dingen fest, die im einundzwanzigsten Jahrhundert fehl am Platz sind."

„Malik, du wirst nicht daran denken, dass es der Islam ist, der überholt ist? Der Islam ist doch, wie alle Moslems wissen, zeitlos."

„Aber die Welt ist es erst recht!" Das war, fand ich, eine kluge Bemerkung. Er verhinderte, dass er mir widersprechen musste, wozu ich geradezu eingeladen hatte.

„Die Gesetze in Pakistan sind für das Volk gemacht. Und das in einem doppelten Sinn, zur Maßregelung des Volkes und zum Nutzen der Mächtigen. Wie im Restaurant, ist es auch im Gerichtssaal!" Ich schaute ihn fragend an.

„Ehrengäste sitzen ganz vorne im Saal und zahlen nichts. Wer noch Geld braucht, ist noch nicht so weit wie der, der gar keines mehr braucht." Ich überlegte einen Augenblick, ob das der Korruptionsthese widersprach. Aber man konnte sich auch von Machtfaktoren korrumpieren lassen!

Ich sprach Malik darauf an, dass er offensichtlich schon sehr viele negative Erfahrungen mit den Mächtigen des Landes gemacht hatte. Ob er mir dazu Beispiele geben könnte. Ich wollte

1. Kapitel: Ein Mann der Berge

verstehen, mit was für Menschen ich es in diesem Land zu tun hatte. Noch hatte ich meine Expedition nicht genehmigt bekommen. Auf diese Aufforderung schien Malik nur gewartet zu haben.

„Du willst Beispiele? Ich kann dir so viele Beispiele geben, dass wir morgen noch hier sitzen. Als ich damals anfing, entlegene Bergregionen für den Tourismus zu erkunden, war ich besorgt über die Auswirkungen des Tourismus auf das fragile Ökosystem und die lokale Bevölkerung. Deshalb habe ich jedes Mal, wenn ich ein Gebiet für den Tourismus erschlossen habe, eine detaillierte Umweltstudie gemacht, die ich der Regierung übergeben habe. Jedoch gab es damals kein Ministerium für Umwelt. Als die World Conversation Union meine langjährige freiwillige Arbeit sahen, schlugen sie mir vor, Mitglied zu werden. Ich sollte mit ihnen zusammenarbeiten. Es gab verschiedene globale und regionale Umweltangelegenheiten und Projekte, bei denen ich seitdem mit ihnen zusammengearbeitet habe. Ich wurde jedoch allmählich darauf aufmerksam, dass man mich ausspionierte."

„Wie geschah das?"

„Ich wurde verfolgt und beobachtet. Meine Telefonanrufe wurden blockiert oder aufgezeichnet..."

„Wer hat das getan?"

„Geheimdienstleute. Es ging noch weiter. Ich wurde mitten in der Nacht angerufen. Ich wurde bedroht. Ich wusste nicht, warum sie mich bedrohten. Bald darauf installierte ich einen Anrufbeantworter. Aber dann... jeden Abend, wenn ich ausging, gingen mir Leuten hinterher. Schließlich wurde ich drei Mal angegriffen."

„Wirklich?"

1. Kapitel: Ein Mann der Berge

Malik hatte sich im Lauf seines Berichtes etwas hineingesteigert. Aber gerade jetzt senkte er seine Stimme wieder. Als wollte er sich disziplinieren oder die Sache wieder herunterspielen.

„Ja, sie waren bewaffnet."

„Wie? Wurdest du verletzt?"

„Es war nicht so schlimm. Wahrscheinlich wollte man mir nur Angst machen. Es war abends, an verschiedenen Orten in Islamabad; andere Leute kamen mir zu Hilfe. Es gab immer nur ein kurzes Handgemenge."

„Hast du Anzeige erstattet?"

„Ja, man wollte mich einschüchtern."

„Und was sagten die Behörden?"

„Man ist einfach darüber hinweggegangen. Schließlich habe ich herausgefunden, dass mehrere Minister in der Regierung in einen Fall von illegalem Holzschlag und Diebstahl von größerem Ausmaß verwickelt waren. Es ging um Primärwald. Da meine Feldarbeit den Leuten in den örtlichen Kommunen ein anderes Bewusstsein gebracht hatte, wehrten sie sich, als die Holzmafia versuchte, in ihre Wälder einzudringen. Doch die Holzmagnaten sind sehr mächtig… und korrupt… sie haben ihre Interessen durchgesetzt. Das hat zu großen Verwüstungen des alpinen Regenwaldes geführt. Du wirst nun komplett verödete Hügel sehen, wenn du nach Gilgit fährst. Dort gab es dichten Wald, gerade einmal vor einer Dekade. Und du wirst am Wegesrand auf dem Karakorum Highway das illegal geschlagene Holz gestapelt sehen."

„Und die Polizei?"

1. Kapitel: Ein Mann der Berge

„Machtlos… oder sie stecken mit der Mafia unter einer Decke, spätestens dann, wenn die sich mit Geld das Stillhalten der Leute erkaufen. Die Polizei ist korrupt. Und die Politiker sind es auch."

Was die Stapel von geschlagenem Holz anbelangte, konnte ich das später bestätigt sehen. Entlang des Indus bis hinauf nach Chilas, wo es noch einzelne Flecken bewaldeter Höhen gab, herrschte tatsächlich eine markante Kargheit der Landschaft vor, die weiter oben im Norden noch deutlicher das Bild beherrschte, mit Ausnahme der Flussoasen, die reich bewaldet waren. Ich konnte aber nicht abschätzen, ob die nackten Höhenzüge und Täler nicht schon seit langem so aussahen. Schließlich hatte man auch schon in früheren Jahrhunderten hier gelebt und Holz gefällt, mit einem Umweltbewusstsein, welches jedenfalls nicht sicherstellen konnte, dass es zu einer Wiederaufforstung kam. Die Holzlager waren beeindruckend groß. Die Bäume, die gefällt worden waren, mussten riesig gewesen sein und mussten aus Seitentälern stammen. Entlang des Indus gab es längst nichts mehr zum Abholzen.

Das nördliche Bergland Pakistans ist natürlich für die Entwicklung des Landes von größter Wichtigkeit. Von hier bekommt der Indus sein Wasser. Von diesem Wasser hängt der Großteil der Agrikultur und der Stromgewinnung ab. Für den Wasserhaushalt spielt aber die natürliche Vegetation und vor allem der Wald eine wichtige Rolle: Über die letzten fünfzig Jahre wurde der Wald in diesem Gebiet rigoros ausgebeutet, ohne über die Folgen nachzudenken. Der Druck, den die wachsende Bevölkerung auf die natürliche Umwelt ausübte, sowie der Ausbau des Karakorum Highways, für den auch viel Holz benötigt wurde, taten ein Übriges. Deshalb steht es im neuen Jahrtausend nicht gut um den Wald in den Bergen des Nordens.

1. Kapitel: Ein Mann der Berge

Da ist es schon wieder ein Glück, dass viele Dörfer sehr abgelegen und nur schwer zugänglich sind. Hinzu kommen die Höhe und die ohnehin schon ausbalancierte Haushaltung in einer kargen Umwelt. Das beschränkt das Interesse der Auswärtigen an der Region, erschwert aber auch jede Art der Entwicklung. Von Seiten des Staates soll sich ja Entwicklung immer lohnen. Der Status eines kolonialen Gebietes, über den die Nordgebiete anscheinend nicht hinauskamen, mit einer ethnisch und religiös anderen Bevölkerung als im Rest Pakistans, steigerte die Begeisterung der Regierungen für eine Förderung nicht sonderlich. Jedenfalls ist es schwieriger als sonst wo in Pakistan, die Entwicklung unter Berücksichtigung der besonderen Umweltverhältnisse und der sozialen Komponenten voranzutreiben. Davon war auch Malik überzeugt. Er sagte:

„Die Verwaltung der Nordgebiete hat mit Hilfe ausländischer Förderer aus Norwegen, der Schweiz und der World Conversation Union eine Strategie entwickelt, um mit all den Problemen, die sich im Zusammenspiel von Wasserhaushalt, Agrikultur, Forstbetrieb, Biodiversität, Boden, Nutzviehhaltung, Energiewirtschaft, Besiedlung und dem privaten Sektor ergeben, fertig zu werden. Man hat wenigstens etwas auf dem Papier stehen. Ob es umgesetzt wird, ist eine ganz andere Frage."

Er klärte mich weiter über die Macht- und Nutzverhältnisse des Berglandes auf. Allmählich verstand ich, warum er sich als Mann der Berge bezeichnete. Der jahrelange Kampf gegen den Unverstand der Umweltausbeuter hatte ihn zu einem Verbündeten der Bergleute gemacht, obwohl sie eine andere Muttersprache hatten. Aber nicht nur das, er hatte eine Aufgabe gefunden, die ihn band. Vielleicht war nicht zuletzt sein Engagement daran schuld, dass er noch im Lande war.

Die Wälder gehörten eigentlich den Kommunen und wurden zur Unterscheidung von den staatlichen Wäldern als Private Forest

1. Kapitel: Ein Mann der Berge

bezeichnet. Trotzdem wurden sie vom Northern Area Forest Department, NAFD, verwaltet. Mit dem Ergebnis, dass die Wälder kommerziell ausgebeutet wurden, ohne dass man an die Wiederaufforstung dachte. Das galt natürlich auch für die staatlichen Waldgebiete, die fast wie zum Hohn „Protected" Forest hießen. Jetzt wo der Schaden schon da war, sollten verstärkt die Kommunen in das Management mit eingebunden werden. Privatleute, Dorfgemeinschaften und Staat sollten nicht mehr nebeneinanderher wirtschaften.

Es gab die sogenannten geschützten Gebiete in Astore, im Diamir Distrikt, das ist die Gegend um den Nanga Parbat; in Skardu, der Hauptstadt Baltistans; im Gilgit- und im Ghizer Distrikt. In vielen Gebieten, wo es einst Wald gab, wuchs jetzt nur noch Futter für die Ziegen, Dornengesträuch und Weiden mit verkrüppeltem Wacholder. Das sind die Anzeigerpflanzen für das Biotop, das durch die menschliche Schädigung entstanden ist. Es zeigt die Unvernunft und Raffgier der Menschen an, oder den bloßen Drang zum Überleben. Es zeigt an, wo einst ein intakter Lebensraum Wald gestanden hat.

Die Nutztiere wurden aber leider nicht nur auf die Weiden getrieben, sondern auch in die Wälder. Den Kommunen wurde dieses Recht zugestanden, sogar die staatlichen Wälder waren für sie nutzbar. Selbst wenn Bäume gefällt wurden und die Pflanzendecke durch natürlichen Nachwuchs wieder geschlossen werden könnte, nahm man darauf keine Rücksicht. Das wird als Hauptgrund für das Verschwinden der Wälder gesehen. In einem Protected Forest sind alle Aktivitäten erlaubt, außer denen, die ausdrücklich verboten sind. Dazu gehören jedenfalls nicht das Weiden von Vieh, die Gewinnung von totem, absterbendem und herumliegendem Holz. Insgesamt gibt es im Norden Pakistans 60.000 Hektar Protected Forest und ebensoviel Private Forest.

1. Kapitel: Ein Mann der Berge

Das sind meist Nadelwälder. Weitere 300.000 Hektar sind Wälder, in denen mehr Gesträuch überwiegt.

Aber auch diese Wälder werden weiter abgeholzt. Alle Täler wurden längst ihrer natürlichen Vegetation beraubt; nur vereinzelt wurden dort Versuche der Wiederaufforstung unternommen. Da es nur eine kurze Phase des Wachstums gibt, weil der Winter spät geht und früh kommt und in der Höhe das Wachstum sowieso eingeschränkt ist, wächst nur schwer etwas nach. Der Monsun streift das Gebiet nur kurz, bis in die hinteren Regionen gelangt er gar nicht. Deshalb muss das Wasser der Flüsse durch arbeitsintensive Bewässerungsanlagen abgezweigt werden. Nur im Winter und Frühling gibt es nennenswerte Niederschläge, meist in Form von Schnee. Das ist von Vorteil, weil der Schnee langsam abschmilzt. Noch besser ist, dass die Berge so hoch sind, sodass auch noch bis im Sommer Schnee liegt, der dann als Schmelzwasser ins Tal rauscht, wenn dort im Hochsommer schon seit Wochen Tag für Tag die Sonne herunterbrennt. Sogar in 3.000 Metern Höhe kann es 30 Grad Celsius haben, in der Sonne über 50 Grad. Die Niederschläge machen hingegen nicht mehr als 350mm, meist aber zwischen 80 und 200mm aus. Das gibt vor allem dem Hindukusch und Baltistan das Ansehen einer wüsten Gebirgsregion.

Wer nur der Botanik wegen nach Nordpakistan kommt, muss schon ein Spezialist auf seinem Gebiet sein. Nur wegen der Wälder, so schön sie auch sind, wo sie noch stehen, kommen keine Touristen. Die einzigen vorzeigbaren, zusammenhängenden Waldstücke in der Nordprovinz, ein Gebiet, das so groß wie Belgien ist, sind um den Nanga Parbat herum.

Einen besonders guten Eindruck von der verschwindenden Pracht der Nadelwälder bekommt man auf der „Märchenwiese", so genannt nach der ersten deutschen Expedition in den

1. Kapitel: Ein Mann der Berge

dreißiger Jahren, die den Nanga Parbat zum „deutschen Berg" machte und manche Geländemerkmale einfach eindeutschte. Bei Gilgit gibt es noch den ansehnlichen Naltar Forst. Sonst sind nur noch im Ghizer und Skardu Distrikt einige größere Flecken Naturwald vorhanden. Mit den Waldgebieten in Mitteleuropa sind sie aber nicht zu vergleichen.

1. Kapitel: Ein Mann der Berge

Ich hatte, als ich in dem kleinen Cafe im Sitara Market von Islamabad vor Malik, dem Manager eines Touristikunternehmens, saß, keine Vorstellung von den Wäldern in Pakistan und den Umweltproblemen. Aber jetzt da mich Malik aufklärte, musste ich unweigerlich an die Diskussionen um den angestrebten sanften Tourismus in den europäischen Alpen denken. Ich fragte Malik, ob er denke, dass die Wälder in der Bergregion überleben könnten, wenn man so spät auf die Folgen der Ausbeutung aufmerksam gemacht worden war.

„Ich hoffe nicht, dass es zu spät ist. Aber die Aussichten stehen schlecht. Ein natürlicher, regenerierter Waldbestand ist ja schon für das Leben der einheimischen Landbevölkerung notwendig. Sie brauchen das Holz zum Verfeuern und als Baumaterial. Die Wälder beherbergen Futter für das Vieh und Medizin, die sehr wirksam und vor allem kostenlos ist..."

„Warum sind die Fachmänner von der Forstverwaltung nicht von sich aus in der Lage die richtigen Maßnahmen zu treffen?" Ich befürchtete, wiederum das Wort Korruption zu hören.

„Das Forest Department hat ursprünglich versucht, die Gewinnung von Nutzholz mit Arbeitsentwürfen, die eine Art von Ernteplanung beinhalteten, zu regulieren. Dieses Holz wurde an Vertragspartner verkauft, denen das NAFD auch die Genehmigungen zum Abtransport des Holzes ausgestellt hat. Aber bei diesen Entwürfen wurden die Erfordernisse des Waldbaus und des Umweltschutzes nicht berücksichtigt. Und was das Kuriose ist: die Wiederaufforstung wurde den Vertragspartnern auferlegt, die das aber gar nicht kümmerte. Zwar wurden an die einflussreichsten Vertreter der Kommunen Kontrakte verkauft, doch diese gaben sie mit Gewinn an kommerzielle Unternehmer weiter. Und weil das Geschäft so gut und die Nachfrage so groß war, hat das NAFD den Zeitraum des

1. Kapitel: Ein Mann der Berge

Holzeinschlags verlängert. Es gab aber nur Wenige, die davon profitierten. Auf Kosten von Vielen. Die Regierung hat natürlich auch Holz zurückbehalten, für die eigene Verwendung, aber genug, dass damit nicht nur die Regierungsbauten errichtet werden konnten, sondern für die Beamten auch noch einige Geschäfte nebenbei mit dem Syndikatholz liefen."

„Haben sich die Landleute nicht dagegen gewehrt? Sie haben ja wieder den Kürzeren gezogen!"

„Sie haben natürlich dagegen protestiert. Ihnen wurden auch Versprechungen gemacht, dass man sie an dem Gewinn beteiligen würde. Aber das geschah meistens nicht, weil es angeblich keine Gewinne gab. Das ist nicht einmal gelogen! Wenn jeder, der an einem Geschäft beteiligt ist, sich etwas in die eigene Tasche steckt, bleibt zum Schluss tatsächlich nichts mehr übrig. Du musst eines bedenken, die Leute in der Stadt haben eine andere Nationalität als die Leute in den Bergen. Das sind Stammesleute mit ihrer eigenen Geschichte, ihrer eigenen Tradition. Sie haben ihre eigene Sprache und sind nur deshalb Pakistaner, weil die pakistanische Armee damals das Gebiet besetzt hat. Die Pandschabis schauen auf diese Leute herab. Sie sagen, sie seien unterentwickelt, man könne sie ausbeuten..." Das sagte der Pandschabi und es hörte sich nicht so an, als sei er gerade so gut auf seine Stammesleute zu sprechen.

„Dabei ist es umgekehrt mit dem Herabschauen, zumal geographisch. Werden die Einheimischen dann wenigstens bei der Verbesserung der Infrastruktur und beim Holzabbau beschäftigt?"

„Zum Teil ja, aber die Holzgesellschaften bringen ihr eigenes Personal mit. Das sind Spezialisten. Sie kommen nicht von der Northern Area."

Dass die Abholzungen die Erosion beschleunigen und das Klima verändern, weiß man eigentlich in der Welt schon lange. Aber in Ländern der Dritten Welt dauert es etwas länger, bis sich wissenschaftliche Erkenntnisse durchsetzen. Die Öffentlichkeit in Pakistan wurde erstmals 1992 auf die Zusammenhänge von Abholzung und Überschwemmungen aufmerksam, als es eine riesige Wasserflut gab, die man auf die Abholzungen zurückführte. Man verhängte einen Bann auf die kommerzielle Holzgewinnung. Dafür nahm der illegale Holzeinschlag zu. Es änderte sich gar nichts, außer dass vielleicht die bestechlichen Beamten noch reicher wurden. Das NAFD hatte einfach seinen Anteil an der Holzgewinnung erhöht und dadurch die Verluste ausgeglichen, weil es diese Anteile weiter veräußerte. Das heißt, der Raubbau hat nicht abgenommen!

Pakistaner sind einfallsreich, wenn es darum geht Auswege zu finden. Und den tieferen Grund dafür wusste Malik, als er sagte, dass jeder nur an sich dachte. An sich und seine Bereicherung.

Die Northern Areas werden vom Ministerium für Kaschmir- und Northern-Angelegenheiten verwaltet. Der Minister ist zugleich der Chief Executive für die Northern Areas. Die Minister der Vergangenheit haben ihren Einfluss meist dazu benutzt, das kommerzielle Fällen zu forcieren und den Abtransport zu genehmigen, egal ob das Holz mit oder ohne Genehmigung gefällt worden war.

„Was ist zu tun, deiner Meinung nach, um zu retten, was zu retten ist?"

„Es wird planlos gehandelt und so weitergemacht wie bisher. Es geht immer noch mehr um Abbau als um Wiederaufforstung. Ich glaube, es ist unbedingt notwendig, dass man die Leute weiter aufklärt. Das tue ich seit vielen Jahren. Aber es ist ein aussichtsloser Kampf. Und dann müssen Fachleute her, die etwas von der Erneuerung der Natur verstehen. Diese müssen hauptverantwortlich in die Planungen miteinbezogen und mit Vollmachten ausgerüstet werden. Das Aufsichtspersonal muss besser ausgebildet werden. Man muss einfach mehr auf die Leute hören, denen es um die Erhaltung der Natur geht, nicht ums Geld verdienen."

Ich bemerkte eine gewisse Verzagtheit und Unwilligkeit bei seinen Ausführungen seit meiner letzten Frage. Wie oft musste er schon darüber Auskunft gegeben haben, was man tun musste, wie oft hatte man nicht danach gefragt, geändert hatte sich nichts.

„Fühlst du dich nicht langsam als Don Quichotte?"

„Wie?"

„Es ist ein Kampf gegen Windmühlen! Ein aussichtsloser Kampf!"

„Nicht mehr! Ich habe mich wieder mehr meinen eigenen Geschäften gewidmet."

Resignation? Er beobachtete jetzt alles nur noch aus der Ferne? Nicht ganz, er verbesserte sich: „Ich besuche weiterhin die Leute in den Bergen und sage auch immer meinen Leuten, wie sie sich verhalten sollen. Aber das Tourismusgeschäft ist nach Nine-Eleven hart geworden. Und ich habe kaum noch Zeit."

Er ließ etwas Gebäck holen, das etwas zu fettig für meinen Geschmack war.

Ich konnte mir mittlerweile gut vorstellen, dass er ein eifriger Fürsprecher für die Belange des Umweltschutzes war. Am Anfang war ich etwas skeptisch gewesen. Aber jetzt wusste ich, er war kompetent und, was in diesem Zusammenhang vielleicht noch wichtiger war, auch ohne Furcht. Dieser Mann war nicht durch ein paar Drohungen von seinem Vorhaben abzubringen. Er würde seine Wege mit Bestimmtheit gehen, wenn er von ihnen überzeugt war.

Ich fragte ihn, ob Umweltschutz nur ein Problem in der Nordregion war. Er lachte. Im Flachland war nicht mehr viel mit Umweltschutz zu machen. Nur dass sich die Leute schon an die Verhältnisse gewöhnt hätten. Und trotzdem gäbe es auch in diesen Tagen noch Schreckensmeldungen, doch die würden auch weniger, bis es einfach nichts mehr zu melden geben würde.

Man hatte auch die Städte Pakistans abgeholzt. Zu Zeiten des britischen Raj gab es breite Alleen mit schattenspendenen Bäumen. Wen man heute die Städte besuchte, war nicht mehr viel davon zu sehen. Die Zerstörung des Charmes der Stadt Lahore war in vollem Gange. Während des Monsuns wurzeln Pipalpflanzen auf Ziegeldächern und Sämlinge wachsen sogar aus Vogelkot. Anstatt diesen Beistand der Natur zu nutzen, wird Lahore in eine Wüste verwandelt, in der es noch heißer wird, noch schmutziger, noch hässlicher und immer weniger lebenswert für Millionen Bewohner, die sich gegen diese Maßnahmen nicht wehren können. Lahore hat wegen der Gebäude ein historisches Flair, aber nach der Farbe grün sucht man in der Innenstadt vergeblich!

Korruption und einseitige Interessen bestimmten die Richtung der Stadtentwicklung gerade in Lahore, der geschichtsträchtigsten alle Städte. Die Verantwortlichen waren weder qualifiziert noch wirklich interessiert, sich für die Interessen der Bewohner einzusetzen. Und so war es auch auf nationaler Ebene.

Malik erzählte mir etwas von einem heiligen Schrein der Hindus im Kahoon Tal, der zerstört würde, wenn die Zementfabriken dort gebaut würden.

1. Kapitel: Ein Mann der Berge

„Dabei könnte man das leicht vermeiden, wenn man wollte. Aber was viele nicht wissen, es wird alles noch schlimmer. In fünfzig Jahren werden einige Probleme, die wir jetzt noch angehen, bedeutungslos sein, weil es dann größere gibt." Ich zögerte einen Augenblick, ob ich die nächste Frage wirklich stellen wollte.

„Was sind das für Probleme?"

„Es geht um Wasser, Landwirtschaft und eine saubere Umwelt und vor allem die klimatische Bedrohung. Dabei sind wir in Pakistan vielleicht noch gut dran. Wir haben viele, landwirtschaftlich nutzbare Flächen und immer noch genug Wasser. Aber wir gefährden das alles, wenn wir nicht langfristig planen. Neulich wurde die Straße zwischen Chakwal und Talagang verbreitert. Dabei war die Straße breit genug. Beinahe fünftausend Bäume wurden gefällt. Einige waren fünfzig Jahre alt, wunderbare Shisham und andere einheimische Gewächse. Alle umgehauen (er benutzte das Wort, das man auch fürs Köpfen nimmt) – im Namen des Fortschritts! Dieses Land sieht vielen Härten entgegen. Ich will hoffen, dass die Leute zur Besinnung kommen."

„Es ist ein Land der Muslime!" Ich machte erneut den Versuch einen anderen Gedanken in die „Umweltbetrachtung" mit einzubringen.

„Muslime? Wir sind die Leute, die ihr Essen neben einem Haufen Dreck zu sich nehmen. Wir reinigen unsere Häuser und werfen den Müll über die Mauern, dabei denken wir, wir haben unsere Pflicht getan. Wir stecken unsere Häuser und Läden in Brand in religiöser Wut, um zu protestieren gegen die Cartoons von unserem Propheten, aber wir ignorieren die Fakten, dass wir die Rechte vieler Menschen wegnehmen, die nichts damit zu tun haben. Wir machen diejenigen zu Helden, die nichts für die

Leute, die Hilfe brauchen, getan haben. Das sind Leute, die die Welt gegen uns aufhetzen."

„Die Islamisten?", irgendwie hoffte ich, er bestätigte es. Denn dann hatte man einen relativ überschaubaren Kreis von Verdächtigen. Meine Reise könnte dazu beitragen, mich weiter aufzuklären, wie hoch der Anteil der radikalen Moslems an der Gesamtbevölkerung war. Malik war schon mal ein einflussreicher Intellektueller, der nicht zu denen gehörte, die auf Kriegskurs mit dem Westen waren.

Aber was hatte die Zerstörung der Umwelt mit dieser Art Zerstörung der Umwelt, die vielleicht sogar noch unmittelbarer an der natürlichen Denkweise der Menschen war, zu tun? Konnte das, was der Geist des Menschen an zerstörerischen Aktivitäten entwickelte, nicht auf so unterschiedlichen Gebieten wirken? Wer so wie die Islamisten eine gesamtheitliche Philosophie proklamierte, musste sich den Vorwurf gefallen lassen, weder die richtigen Antworten für eine friedliche Koexistenz der Menschen zu haben, noch für den richtigen Umgang mit der Umwelt. Malik fragte mich, ob ich schon etwas von al-Zarqawi, einem der Führer von al-Qaida, gehört hätte. Er wartete die Antwort gar nicht ab.

„Der Tod von al-Zarqawi hat viele Fragen an die Oberfläche gebracht. Eine ist, ob dies der natürliche Kreislauf ist, dem die Muslime zum Opfer fallen müssen. Sobald sie mit ihrer Religion ernst machen, werden sie zu Helden, was aber niemandem wirklich weiterhilft. Ganz im Gegenteil. Das Statement seiner Gefolgsleute, das letzte Woche veröffentlicht wurde, lautete, dass sein Tod gerächt würde. Ist Rache und Vergeltung die einzige Gabe, die wir den Kindern dieser Welt vermachen können? Ich hoffe nicht!"

1. Kapitel: Ein Mann der Berge

Er blickte mich fragend an. Dazu hatte ich nichts zu sagen. Er fuhr fort.

„Ich wünsche nicht, aber die Wahrheit steht dagegen. Die drängende Frage, die wir uns weiter fragen sollten, ist die: Ist es das, was wir als ein Erbe behalten wollen, für unsere Kinder, wodurch sie verdammt sind als 'Fundamentalisten' schief angeschaut zu werden? Es ist ärgerlich für uns moderate Muslime, dass wir für die Fehler Anderer einstehen müssen. Es ist höchste Zeit, dass wir uns darüber klar werden, wo wir stehen."

„Und wo stehen die aufrechten Pakistaner?"

„Wo sind die aufrechten Pakistaner, müsste die Frage lauten. Eines ist klar. Es darf nicht so weit kommen, dass religiöse Fanatiker unsere Politik bestimmen. Wer sind diese Leute, die uns vorschreiben wollen, wie wir zu denken, wie wir zu funktionieren haben? Sie wollen uns diktieren, wie das Paradies ist, diese Narren!"

Maliks offenes Eingeständnis über seine Denkweise und das politische Bekenntnis, erinnerten mich daran, dass man seine E-Mails gesperrt und kontrolliert hatte. Wir saßen in der Öffentlichkeit eines Teehauses in der Hauptstadt und es war nicht einmal ausgeschlossen, dass wir beobachtet wurden. Einen kurzen Moment gab mir das zu denken. Ich beschloss, meine Antwort und meine Nachfragen zu der von ihm gerade angesprochenen Thematik auf einen späteren Zeitpunkt zu verschieben und das Gespräch wieder auf seinen eigenen, auch den Behörden bekannten Werdegang zu lenken.

„Ich frage mich, ob Viele so denken wie du!"

„Oh ja! Viele denken so wie ich!"

1. Kapitel: Ein Mann der Berge

„Aber ich könnte mir vorstellen, dass man vorsichtig sein muss, solche Dinge in der Öffentlichkeit zu bekennen. Und deshalb hast du dich zurückgezogen, weil keiner auf dich gehört hat."

„Zu jener Zeit, als ich für den Umweltschutz und die Rechte der lokalen Bevölkerung kämpfte, war ich sehr populär im elitären Kreis von Pakistan..." Er sagte das ganz ohne sichtbare Zeichen von Stolz oder Einbildung. Das würde ich erfreulicherweise noch öfters an Pakistanern vermissen. Wenn sie groß von einer Sache oder sogar ihrer eigenen Sache sprechen, ist das beinahe eine natürliche Sache der Welt, die man einfach nur zur Kenntnis nehmen soll, auf Beifallsbekundungen warten sie nicht. Das scheint sie von ihren östlichen Nachbarn deutlich zu unterscheiden.

„...Und alle Topdiplomaten und Botschafter kannten mich. Einmal hat die Deutsche Botschaft eingeladen zu einer Gesprächsrunde mit mir über Umweltfragen, in ihrem Botschaftsauditorium. Sie war sehr gut besucht von Topdiplomaten...", ich überlegte kurz, was wohl einen „Top"-Diplomaten von einem Nur-Diplomaten unterschied, sodass man auch davon wissen konnte, wahrscheinlich eine Frage der Popularität, „...und UN-Offiziellen. Am Ende meiner Präsentation dauerte die Frage-Antwort-Session eine und eine halbe Stunde, normal dauert sie nur fünf oder zehn Minuten...", und er sagte das – eigentlich unwichtige Details –, als ob er mir nur pflichtgemäß berichten wollte, „...Jedoch viele der Diplomaten und UN-Offiziellen waren in Südamerika gewesen, wo im Amazonasregenwald ähnliche Abholzungen stattgefunden hatten. Einer fragte mich, ob ich jemals belästigt worden wäre, wegen meiner Umweltarbeit. Als ich kurz darauf einging, wurden mir erneut viele Fragen gestellt. Danach geschah etwas Seltsames."

1. Kapitel: Ein Mann der Berge

Er hielt inne. Ich glaube, er machte das bewusst, um mich noch neugieriger zu machen. Dann sagte er:

„Gleich nach der Präsentation hörten die Attacken gegen mich auf. Dafür wurde meine Firma belästigt. Und zwar durch offizielle Kanäle, über viele Jahre. Und dann kam heraus, dass der Tourismusminister höchstpersönlich ein Bestandteil der Holzmafia war. Er war Truckfahrer gewesen, der für einen Holzhändler gearbeitet hatte, aber innerhalb weniger Jahre verdiente er so viel von illegalem Holzhandel und Holzdiebstahl, dass er sich an Wahlen beteiligen konnte...", ob Malik meine hochgezogenen Augenbrauen störten? Ich strengte mich an, weniger kritisch zu blicken, „... bei uns ist es üblich, Stimmen zu kaufen! Und so wurde er Minister."

In der Tat eine außergewöhnliche Karriere. Dann bot das Land doch einige Aufstiegsmöglichkeiten, sogar solche, die in Mitteleuropa ausgeschlossen waren.

„Und jetzt?", fragte ich und presste die Lippen zusammen als Zeichen meiner Anteilnahme.

„Ich bin normalerweise sehr beschäftigt mit meiner eigenen Arbeit. Da ich wie ein Europäer arbeite, ist wenig Zeit übrig, meine Nase herumzuführen und die Gerüchte der Stadt einzufangen. Ich habe trotzdem meine Umweltarbeit fortgesetzt und die Regierung aufgefordert, etwas Solides zu tun, um die Umwelt zu retten. Irgendwann hat die Regierung dann doch noch das Ministerium für Umwelt geschaffen. Ich dachte, dass sich nun all meine harte Arbeit doch noch bezahlt machen würde, da es nun ein ganzes Ministerium zum Schutz der Umwelt gab. Ich unterstützte die Sache und führte Gespräche mit internationalen Umweltschutzorganisationen, bei einigen bin ich beinahe 15 Jahre Mitglied gewesen. Ich wollte, dass sie das Umweltministerium auch finanziell unterstützen, denn

1. Kapitel: Ein Mann der Berge

Pakistan ist ein armes Land, das wenig Geld für Umweltschutz ausgibt. Und sie haben auch tatsächlich große Mengen von Mitteln, Millionen Dollar gegeben..."

„...an das Umweltministerium!"

„Ja!" Ich wusste, es kam noch was.

Dieses Umweltministerium wurde auf einmal interessant für die Premierministerin Benazir Bhuto. Sie ernannte ihren Mann Zardari, und damit einen der korruptesten Politiker überhaupt, zum Umweltminister. Er sorgte dafür, dass 90% der Gelder, die für das Ministerium bestimmt waren, in die eigene Tasche gingen.

Ich wollte von Malik wissen, wie es in Pakistan um die Demokratie stand.

„Hat die Demokratie in diesem Land überhaupt eine Chance, wo der Islamismus eine so überragende Rolle spielt?"

„Es gibt viele Pakistaner, die nicht damit einverstanden sind, wenn man die Politik nicht von fundamentalistischen Ansätzen freihält. Aber die Mullahs sind zu mächtig. Keiner kann gegen sie regieren, sie haben großen Einfluss auf das ungebildete Volk."

„Klingt das, was die Mullahs sagen, so überzeugend?" Ich hatte eine Antwort, aber ich wollte seine hören. Sie unterschied sich nicht wesentlich von der meinen.

„Das Volk ist arm. Es glaubt lieber an die Versprechungen, dass mit der Einführung eines alle Bereiche beherrschenden Islam alle Probleme verschwinden."

„Und was glaubst du?"

„Ich glaube, dass ich meine religiösen Überzeugungen aus meinem Beruf als Manager einer Tourismusagentur

1. Kapitel: Ein Mann der Berge

heraushalten und dennoch zur Zufriedenheit meiner Kunden arbeiten kann."

„Ich verstehe, deine Arbeit als Umweltschützer hat darunter auch nicht gelitten, dass du die Religion herausgehalten hast."

„Dieses Land hatte nur schlechte Regierungen. Aber jedes Volk bekommt die Regierung, die es verdient. Es gibt hier keine Demokratie. Das Militär herrscht und die Mullahs."

Und die waren sich nicht immer einig. Und zwischen beide geriet das Volk. Die Demokratie spielte allein wegen ihrer weitgehenden Abwesenheit in der Geschichte des Landes eine Hauptrolle.

Erst unter Zulfikar Ali Bhutto wurde ab 1971 eine teilweise Demokratisierung eingeführt und in der Verfassung festgelegt. Dazu wurde zwar das Militär aus politischen Schlüsselpositionen gedrängt, blieb aber dennoch ein großer Machtfaktor. Der Islam wurde Staatsreligion und Grundlage einer Art „Islamischen Sozialismus". Die schrittweise „Islamisierung" der Gesellschaft brachte unter anderem rigorose Kleidungsvorschriften und das Alkoholverbot. Den religiösen Führern, der Ulama, genügte das nicht. Es kam unter Bhutto zur Unterdrückung der Opposition, was zu Unruhen führte. 1977 beschuldigte man Bhutto des Wahlbetrugs. Es kam im ganzen Land zu Demonstrationen, Verhaftungen, Hunderten von Toten und mehreren zehntausend Verletzten.

Die Stunde von General Muhammad Zia-ul-Haq hatte geschlagen. 1976 war Zia-ul-Haq von Zulfiqar Ali Bhutto zum Stabschef der Armee befördert worden. Der dankte es ihm, indem er ein Jahr später putschte. Er versprach aber Neuwahlen. Als abzusehen war, dass Bhutto gewinnen würde, machte er ihm den Prozess wegen angeblichen Hochverrats und ließ ihn hängen. In den achtziger Jahren wollte der General dann doch wählen lassen.

1. Kapitel: Ein Mann der Berge

Das machte er clever, denn die Stimme für ihn wurde gleichgesetzt mit der Stimme für den Islam.

Der Tyrann konnte nur durch höhere Macht abgelöst werden. „Folgerichtig" stürzte er 1988 mit einem Flugzeug ab. Wer die höhere Macht war, ist ungewiss. Viele vermuten, dass sie in der damaligen Sowjetunion oder in den USA zu suchen ist. Al-Haq herrschte despotischer als alle bisherigen Militärregierungen. Er berief sich mit Vorliebe auf den Koran. Der selbsternannte Streiter für den sunnitischen Islam glaubte mit der Errichtung eines Nizam-e-Islam, einer islamischen Gesellschaftsordnung, Pakistans Probleme lösen zu können. So wurde auch schrittweise die Scharia als oberstes Rechtsinstitut eingeführt. Die Koranschulen und Madressahs wurden staatlich gefördert und gewannen an Bedeutung. Ihre Schüler, die Taliban, erfuhren hier ihre Ausbildung als Kämpfer für den Dschihad, dazu gehörten auch afghanische Flüchtlinge, die seit dem Beginn des Krieges mit der Sowjetunion 1978 ins Land gekommen waren. Der Fundamentalismus erfuhr einen Aufschwung. Da es aber verschiedene Denkrichtungen im Islam gibt, sind die religiösen Gruppierungen uneinheitlich. Sie bekämpfen sich teilweise nicht nur in der Rede, sondern auch gewaltsam.

Die Überbetonung des Sunnismus stieß natürlich auch auf Ablehnung durch die schiitischen Bevölkerungsteile, die es vor allem in der Nordprovinz gibt, und vertiefte die Spaltung in der pakistanischen Gesellschaft. Insgesamt stieg die Armut im Lande. Dafür bereicherten sich einige Wenige.

Nachfolger ul-Haqs war die Tochter Zulfikar Ali Bhuttos, Benazir Bhutto, die aus dem Exil nach Pakistan zurückgekehrt war. Sie war die erste weibliche Regierungschefin eines islamischen Staates. Sie wurde aber schon 2 Jahre später mit dem Vorwurf der Korruption und des Amtsmissbrauchs abgesetzt. Mohammad

1. Kapitel: Ein Mann der Berge

Mian Nawaz Sharif von der Islamischen Demokratischen Allianz gewann die Neuwahlen.

Präsident Ishaq Khan entließ ihn 1993. Der wehrte sich zwar dagegen und rief das Oberste Gericht an, aber die Folge davon war nur, dass beide zurücktraten. Bei der Neuwahl gewann abermals Benazir Bhutto.

Unter ihrer Regierung nahm der Einfluss islamistischer Aktivisten in den neunziger Jahren zu. Seither kam es vermehrt zu Übergriffen gegen religiöse Minderheiten und zu ihrer staatlich geförderten Diskriminierung. Die Strafgesetzgebung wurde weiter islamisiert, was eine Verschärfung mit sich brachte.

1994 rief die religiös-konservative Opposition unter Ex-Regierungschef Nawaz Sharif zu Gewalttätigkeiten gegen die Regierung Benazir Bhuttos auf, um sie aus dem Amt zu vertreiben. Die Versprechungen von Bhutto, für bessere Lebensbedingungen der armen Landbevölkerung zu sorgen, waren nicht in die Tat umgesetzt worden. Die Großgrundbesitzer hatten sich erfolgreich geweigert, Land abzugeben. 1995 versuchten islamistische Fanatiker, durch Geiselnahmen und Besetzung öffentlicher Gebäude die Umsetzung der Scharia zu erzwingen. Es gab religiöse Unruhen zwischen Sunniten und Schiiten und viele Tote.

Bhutto wurde 1996 wiederum wegen der Korruption ihrer Minister abgesetzt. Präsident Leghari ernannte den achtzigjährigen Mairaj Khalid zum Übergangs-Premier.

Nach den Neuwahlen 1997 übernahm Mian Nawaz Sharif. Er versuchte durch Änderung der Verfassung, seine Macht zu erweitern, was ihn in Konflikt mit dem obersten Richter brachte. Er löste den Konflikt mit der Absetzung des Richters.

1. Kapitel: Ein Mann der Berge

Eine weitere Verfassungsänderung sollte 1998 die Scharia zum alleinigen Rechtssystem machen. Im Senat fehlte jedoch die erforderliche Zweidrittelmehrheit bei der Abstimmung. Scharia und britisches Recht bestehen daher weiter nebeneinander. Dafür bekamen ab 1999 die an Afghanistan angrenzenden Provinzen die Scharia als alleinige Rechtssprechung. Angeblich wurden zur Bekämpfung der gestiegenen Kriminalität im Grenzgebiet härtere Gesetze erforderlich.

Noch im gleichen Jahr putschte wiederum ein Armeegeneral. Pervez Musharraf regiert bis heute. Diese Kurzdarstellung der Geschichte der Machthaber zeigt, dass Pakistan eigentlich keine Entwicklung zu einem demokratischen Rechtsstaat gemacht hat. Was an demokratischer Gesinnung ans Werk gehen will, wird immer wieder von islamistischen Tendenzen zurückgedrängt. Es scheint so, als gäbe es da zwei Weltanschauungen, die ganz und gar nicht zueinander passten. Ob es integre Politiker in diesem Land gibt, muss ebenfalls unbekannt bleiben, da immer nur sehr umstrittene Politiker die Macht hatten und sie mit umstrittenen Methoden ergriffen, ausübten und auch wieder loswurden. Ich gestand Malik, dass ich kein großes Interesse an machtpolitischen Fragen hätte, allerdings fiel mir das leicht, da es in meinem Land keine wirklichen Unterschiede in den Auswirkungen der Politik der jeweiligen Machthaber hatte. Malik lachte. Das gleiche könnte er eigentlich auch sagen. Aber dafür war das Leidensniveau in seinem Land sicherlich größer.

„Bei allem, was du mir über die Politik des Landes gesagt hast, hast du kein einziges Mal den Umweltschutz erwähnt. Ich habe sehr viel Papier überall herumliegen sehen. Die Landschaft ist voll davon. Anscheinend haltet ihr nicht viel von eurer Presse, wenn ihr die Zeitungen alle wegwerft. Immerhin scheint doch viel gelesen zu werden."

1. Kapitel: Ein Mann der Berge

Auch diesbezüglich hatte sich Malik schon an das Umweltministerium gewendet. Ihm ging es dabei aber um den illegalen Holzeinschlag. Eine Expertenkommission hatte bemerkt, dass die Einwirkungen auf den Wasserhaushalt, die Regenfälle und die Drainage beträchtlich sind. Als ich am Ende meiner Reise nach Lahore kam, hatte dort ein sintflutartiger Regenfall halb Pandschab unter Wasser gesetzt. Auch die Strassen Lahores waren überflutet. Die Zeitung meldete 23 Tote. Um mein Hotel herum, abseits aller touristischen Pfade, war noch am Abend ein Fortkommen schwierig. Nach hundert Metern Waten im Wasser gab ich auf und begnügte mich mit einem einheimischen Restaurant, das vermutlich noch nie einen Touristen gesehen hatte.

Länder, die in der Vergangenheit mehr Fortschritte als Pakistan gemacht haben und noch mehr Fortschritte zukünftig machen wollen, haben erkannt, dass es nicht auf Kosten der Umwelt geht. In Pakistan war man noch nicht so weit. Es gab auch keine Parteien, die sich Natur- und Umweltschutz auf ihre Fahnen schrieben.

Für Malik war es keine Erfindung des Westens, keine Modeerscheinung und kein Luxus, sondern eine Dringlichkeit. Doch dieses Verständnis fehlte der Bevölkerung. Versäumte Maßnahmen verursachen Folgekosten. Die Reichen denken in Bruttosozialprodukt und nicht in Lebensqualität für die Armen oder für zukünftige Generationen. Sie stecken in Statistiken, betrachten die Anzahl der Autos, den verbrauchten Strom und das Pro-Kopf-Einkommen als Indikatoren, ob es aufwärts geht mit dem Land. Das ist auch das, was international zählt und Ansehen einbringt. Man will sitzen im Rat der Ratlosen! Malik meinte:

„Bei uns wird immer noch applaudiert, wenn wieder ein Industriebetrieb seine Pforten geöffnet hat, ganz gleich, was sie produzieren und wie sie es tun. Sie dürfen das Land, Wasser, Luft verschmutzen. Es gibt keine Einschränkungen, wie es in zivilisierten Ländern der Fall ist. Unsere Planer hetzen hinter Vorstellungen her, die im letzten Jahrhundert schon begraben worden sind. Während man in der Welt großes Interesse für alternative Energiegewinnung entwickelt, befürwortet man hier Nuklearenergie und den Bau von riesigen Staudämmen, was weltweit für riskant gehalten wird."

Tatsächlich wurden nicht nur der Indus, sondern auch seine Nebenflüsse gestaut. Am Swat River wurde der Munda Damm gebaut, am Jhelum der Mangla Damm, am Indus Diamar-Basha, Akhori, Kalabagh und Kuramtungi. Pakistan braucht Reservoirs, heißt es, um unkultiviertes Land zu bebauen. Wenn man den geplanten Damm in Skardu so groß machte wie geplant, wäre die gesamte Baltikultur in Gefahr. Aber es gab viel naheliegendere Gefahren.

Malik fragte mich, ob ich noch etwas trinken wollte. Dann bestellte er noch einen Kaffee und für mich einen Tee. Dann fuhr er fort.

„Ihr im Westen denkt, dass man die Leute nur informieren muss, dann läuft es. Das funktioniert vielleicht im Westen. Aber hier? Die Wenigen, die etwas tun wollen, müssen resignieren angesichts der Inkompetenz der Machthaber und Entscheidungsträger oder sie fügen sich ein in die Reihen derer, die sich selbst bereichern. Wir, die wir gebildet und interessiert genug sind, um das zu bemerken, haben aufgehört, diesen Dingen zu viel Aufmerksamkeit zu schenken, die uns so viel Unannehmlichkeit bereiten. Wir nehmen lieber die Unannehmlichkeiten in Kauf, als den Kampf gegen sie aufzunehmen, weil uns das noch unangenehmer ist.

1. Kapitel: Ein Mann der Berge

Zu früheren Zeiten schöpften die Leute ihr Haushaltswasser aus den Bächen, die von Margalla Hill zur Stadt verlaufen. Jetzt sind sie so verschmutzt, dass nicht einmal die Hunde daraus trinken. Die Stadtverwaltung hat das nicht interessiert. Wir haben auch auf die zunehmende Verunreinigung am Rawal Damm hingewiesen, da sich immer mehr Leute in der Gegend angesiedelt haben. Immer mehr reiche Leute eilen herbei, um sich das letzte Stück Land unter den Nagel zu reißen und Häuser hinzustellen, obwohl es dort keine Abwasserleitungen gibt. Wir haben darauf hingewiesen, dass die gesamte Gegend ökologisch überbelastet wird, weil die Leute ihren Müll einfach entsorgen, wie und wo sie wollen. Hinzu kommt, dass entlang des Korang und Soan, die in den Rawal- und Simlysee fließen, von einer Putenfarm Chemikalien und Tierkadaver deponiert werden. Niemanden hat das interessiert. Es wurden stattdessen nur noch mehr Putenfarmen in der Umgebung der Seen, die auch als Wasserreservoirs dienen, angelegt, ohne dass es Auflagen gab, wie der Dreck entsorgt werden muss. Es ist wie zum Hohn.

Die Situation auf dem Land ist sogar noch schlechter als in den Städten. Die Regierung ist überfordert, für so viele Menschen sowohl sauberes Wasser bereitzustellen, als auch die Umweltverschmutzung zu reduzieren. Viele Menschen sterben, weil sie verunreinigtes Wasser trinken. Die Politiker sind zu sehr mit wichtigeren Dingen beschäftigt."

„Mit Golf spielen?" Malik lachte. Dieser Witz wurde auch schon in Pakistan verstanden.

„Malik, du hättest vielleicht selbst in die Politik gehen sollen."

„Das hätte keinen Erfolg!"

„Warum nicht?"

„Weil die Leute angelogen werden wollen. Politiker, die nicht der Wahrheit verpflichtet sind, können nur erfolgreich sein, wenn sie von ihresgleichen gewählt werden und von denen, die Lüge nicht von Wahrheit unterscheiden können."

„Aber das ist wohl eine Charakterfrage."

„Wie soll sich ein Charakter wirklich entwickeln, wenn er nicht geschult wird?"

„Das ist eine sehr interessante Frage. Bildung fördert Charakter. Und wenn es eine gute Bildung ist, ist es auch ein guter Charakter. Diese Politiker ohne Charakter, sie haben dich trotzdem allem Anschein nach ernst genommen. Das ist irgendwie doch noch ein gutes Zeichen, weil es zeigt, dass Andere damit rechnen, dass Recht und Ordnung doch noch mächtig werden könnten. Man muss mit ihnen rechnen. Wie ging es mit deinen Geschäften weiter?"

Die Politik der Regierung führte zu einer Art Kalaschnikov-Kultur, einer Kultur des Terrors und der Unterdrückung. Wiederum waren Minister dieser Regierung Mitglieder der Holzmafia. Sie hatten versucht, Malik zu erpressen und seine Angestellten zu bestechen. Sie wollten ihm das Geschäft wegnehmen und an eine Firma vermitteln, die dem ehemaligen Tourismusminister gehörte. Einen Teil seiner Geschäfte verlor er an die Konkurrenz.

„Und nun versuchen sie es mit anderen Methoden. Erst gestern hatte ich einen Wortwechsel mit dem Chef der Comsat, das ist der Internet Provider in Pakistan. Ich beschwere mich darüber, dass viele meiner E-Mails verloren gegangen sind. Er versicherte mir, dass es in Ordnung gebracht werden würde. Auch der Telefonanschluß wird immer wieder unterbrochen. Das kann kein Zufall sein."

Ich war nicht wenig betroffen von dem, was mir Malik in den letzten zwei Stunden vertraulich mitgeteilt hatte. Ich war nur Zuhörer und ich war in der komfortablen Lage, dieses Land nach

1. Kapitel: Ein Mann der Berge

meinen touristischen Unternehmungen, die man auch als Lustwandeln bezeichnen konnte, verlassen zu können.

Wir sprachen noch kurz über mein Vorhaben. Er sagte, ich sollte ihn in seinem Büro besuchen, wenn ich wieder aus den Bergen zurück wäre, dann sollte ich ihm berichten, wie es gewesen war. Ich bedankte mich für seine offenen Worte und schlug vor, diese Unterhaltung fortzusetzen, da ich sicher sei, dass er mir noch viel Interessantes aus seiner Tätigkeit und wegen seiner Eigenschaft als „VIPCAC" – „very important person in combat against corruption" - berichten wollte.

Er sagte „You are welcome!" und gab mir seine Hand. Er hatte dabei einen vergnügten Gesichtsausdruck.

Eines musste er mir noch mitgeben: Ich würde mit Sicherheit mit Leuten des pakistanischen Geheimdienstes zu tun bekommen, ohne es zu wissen. Aber von ihnen drohte mir keine Gefahr.

Das schienen doch eher abenteuerliche Aussichten. Das Reisen im Norden, versicherte er mir, sei für mich sicher. Reisende aus dem Westen hätten jedenfalls von den Sicherheitsbehörden nichts zu befürchten, da es sich die Regierung, die stark finanziell vom Westen abhängig war, nicht leisten könnte, in die Schlagzeilen zu geraten.

Ob das die örtlich operierenden Stellen immer so beherzigen würden, war eine andere Frage. Für den Nordwesten und die Gegend um Peschawar wollte er keine Aussagen machen. Dort seien die Verhältnisse ganz anders. Zwar sei das Reisen auch dort im Allgemeinen sicher. Aber man sollte sich dort besser auf bloße touristische Unternehmungen beschränken und sich keinesfalls als Freund der Amerikaner darstellen.

2. Kapitel: In Islamabad

König Faisal Moschee, eine der größten der Welt

Den restlichen Tag verbrachte ich damit, die Regierungshauptstadt zu erkunden. Es war auffällig, dass der Zustand der Vororte, wie ich schon auf der Fahrt vom Flughafen gesehen hatte, rückständig und vernachlässigt war im Vergleich zu der schachbrettartig angelegten, mit ihren breiten Straßen und Alleen, halbwegs modern anmutenden Hauptstadt, die erst in den sechziger Jahren gegründet worden war. Das verhieß für den Rest des Landes nichts Besseres. Ich gewann sehr schnell den Eindruck, dass Pakistan ein noch ärmeres Land war als das Nachbarland Indien, das ich in zahlreichen Reisen kennengelernt hatte.

Wenn man sieht, wie heruntergekommen alles ist, dann hat man immer auch daran zu denken, dass es immer einige Reiche im Lande gibt, die in schmucken Villen wohnen, die das mit zu verantworten haben. Und nicht selten stehen diese Villen auch im Ausland. Trotzdem kann man sich fragen, was das Gros der Normalbürger dazu beigetragen hat, dass die Lebensverhältnisse

2. Kapitel: In Islamabad

so sind, wie sie sind. Der Franzose steckt sein Vermögen in die Wohnlichkeit seiner Häuser, das Interieur ist dabei wichtiger als die Fassade, der Deutsche fühlt sich nicht wohl, wenn das Äußere nicht herausgeputzt ist. Aber beide haben gemein, dass sie die Mittel dazu haben.

Pakistanische Städte sind abstoßend hässlich, unordentlich, schmutzig, chaotisch; die Wohnungen der meisten Menschen sind aufgeräumt und schlicht und beweisen, dass die Mittel fehlen, sie wohnlicher zu gestalten.

Natürlich kann man davor die Augen verschließen, weil man andere Dinge sehen will: der vergangene Zauber der Städte, den es vielleicht auch nur in der Vorstellung gab; irgendwelche atmosphärischen Wirklichkeiten, die sich nicht jedem erschließen und vielleicht am allerwenigsten den Einheimischen; Ideen, die man selber hineinprojiziert, die es nur auf dem Papier gibt. Der Reisende kann immer alles toll und großartig finden, da er ja schnell wieder weiterreist und damit auch das, was ihm gar nicht gefällt, schnell hinter sich lassen kann, bevor es ihm auffällt. Für mich ist es schwer, diese Dinge zu übersehen. Bevor ich mich an einem Ort wohl fühlen kann, muss er sauber sein. Dieser Begriff ist maßstäblich aus der Natur entlehnt. Man könnte auch sagen der Vernunft, wenn man das, was ein Vogel instinktiv richtig macht, beim Menschen als Vernunft bezeichnen möchte. Der Vogel wirft den Kot aus seinem Nest. Bei den Menschen sucht man diese Vernunft oft vergeblich. Das macht viele Menschen so unangenehm – sie tragen so viel Mist mit sich herum, der entsorgt gehört, aber leider schon festgewachsen ist.

Islamabad, etwas höher gelegen als die frühere Amtshauptstadt Lahore, hätte alle Veranlassung gehabt, sauber und wohnlich zu werden, denn dazu wurde die Stadt entworfen. Aber auch hier war deutlich zu sehen, wie respektlos die Menschen mit ihrer Umwelt umgehen. Weggeworfener Unrat, an der Straßenseite deponierter Müll, Leute, die ungeniert ausspeien, ihr Geschäft am Straßenrand verrichten oder in einer Gebäudeecke... ich erspare dem Leser weitere Einzelheiten. Es war jedenfalls unübersehbar, dass es sich die Einheimischen zur Gewohnheit gemacht hatten, keine Rücksichten auf ihre Umwelt zu nehmen. Gegenden, die einst noch idyllische Refugien waren, wie beispielsweise im Seengebiet oder die nahen Hügel von Murree, waren längst nicht mehr nur verunreinigt durch Picknicker, ganze Haushalte schienen hier zu entsorgen. Eine Frage der Erziehung, mehr noch als eine Frage der schlechten Organisation und des Mangels an finanziellen Mitteln.

Hatte Muhammad Sauberkeit verboten? Ganz im Gegenteil! Das ist der Widersinn. Der gläubige Muslim wäscht sich mehrmals am Tag. Nicht um sauber zu werden, sondern weil es die religiöse Vorschrift fordert. Ein Formalismus. Dass aber neben ihm alles im Dreck erstarrt und erstickt, kümmert ihn nicht. Die tägliche religiöse Übung soll man nicht gleichsetzen mit etwas nur Weltlichem? Die Waschungen sind Ausdruck geistigen Bemühens um Reinheit im Glauben. Oder sollen es sein. Nur welcher Glaube kann lebensfähig sein, wenn er nicht auf die gelebte Wirklichkeit ausstrahlt? Ein Glaube mag glaubhaft sein, besser ist es, wenn er außerdem eine konsequente Auswirkung auf die Lebensweise hat, damit erkennbar ist, wozu er taugt. Eine Religion mag metaphysisch veranlagt sein, aber sie wurzelt doch immer auch im Diesseits. Sie ist mit allem, was sie hat, auch mit dem Hier und Jetzt, verbunden, denn sie lebt im Menschen und der ist in der Welt.

Es muss ein Zusammenhang bestehen, wie Menschen miteinander umgehen und wie sie mit ihrer Umwelt umgehen. Eigentlich kann sich nur der Mensch Kraft seines Willens außerhalb der Schöpfung stellen. Wenn er das tut, schadet er ihr. Sorglosigkeit oder Ichbezogenheit auf der einen Seite fördert

2. Kapitel: In Islamabad

auch auf der anderen Seite nicht die Ausprägung von Rücksichtnahme und Überdenken. Ein ganzer Mensch will die Natur erhalten und sich Mitmenschlichkeit bewahren. Wie kann sich ohne diese Grundlage irgendetwas zum Guten entwickeln? Man sollte idealerweise bei der Behandlung der Umwelt ganz ähnliche Maßstäbe anlegen wie bei der Körperhygiene. Wer den Zustand des eigenen Außen und Innen hoch bewertet, sollte auch die nächste und weitere Umgebung miteinbeziehen. Manchmal ist der Wunsch nach Perfektionismus unerträglich, aber der Mangel am guten Willen, höhere Ziele anzustreben, die allen zugute kommen – und deshalb auch „höhere Ziele" genannt werden, ist meist noch unerträglicher. Oft wird nicht einmal Mindestanforderungen im menschlichen Zusammenleben genügt. Eine andere Frage ist, wie man den Mangel an Perfektionismus zur Sprache bringt, wenn man ihn nicht einfach – wie die Einheimischen – als Kismet hinnimmt.

Sauberkeit ist nicht eine Frage des menschlichen Feingeistes, sondern hauptsächlich eine Frage der Kultur, der Erziehung und der Einsicht. Zur Kultur gehört die Einstellung zur Umwelt. Kann ein Mensch mit sich und seinen Kräften menschenwürdig umgehen oder betrachtet er die Welt als sein stilles Kämmerlein, in dem er meint, tun zu können, was er will, ohne es verantworten zu müssen? Wenn er sich als Produkt des Zufalls sieht, kann ihn die Frage nach der Würdigkeit seines Tuns nicht sehr beunruhigen. Derjenige, dem wie einem Muslim oder wie einem Christen jedoch die Eigenverantwortlichkeit des Tuns so folgenschwer vor die Augen gestellt ist, kann sich auf Gleichgültigkeitsargumente nicht berufen. Er muss sich ständig darum bemühen, die Verhältnisse in seinem eigenen Leben und um ihn herum zu verbessern. Und er kann nicht in einem unbeobachteten Augenblick den Müll an den Straßenrand kippen, denn er weiß, es reicht nicht aus, nur den Dreck vor der eigenen Haustür wegzukehren.

2. Kapitel: In Islamabad

Zeitungsmeldung vom 04.07.2014, „The News International":

„Nun vermeiden Wanderer, Trekker und Piknickliebhaber oft die landschaftlich schönen Rawal Dam und Daman-e-koh zu besuchen, diese Stätten sind nun der favorisierte Platz für Mörder und Vergewaltiger. Die gewundene gemütliche Fahrt nach Muree wurde entstellt durch den schweren Verkehr. Die bewaldeten Murree Hügel wurden grausam ausgelöscht."

Kaum hatte mich Malik verlassen, setzte ich mich ins Taxi und fuhr in die Blue Zone. Der Taxifahrer hatte den Auftrag, mich zur nächsten Buchhandlung zu bringen. Natürlich verstand er „bookshop" nicht, aber ich hatte die Straßenbezeichnung. Der Laden stellte sich als überraschend groß heraus. Er hatte eine reichliche Auswahl an Büchern über Pakistan und reichlich Besucher.

Ich beschloss, anschließend noch eine Besichtigungstour durch die Commercial Zone zu machen. Erstaunt nahm ich zur Kenntnis, dass es Burger King und Pizza Hut auch schon in Pakistan gab. Es gab keine Zweifel, Pakistan war, zumindest was Islamabad betraf, aber vermutlich galt dies zunächst einmal für alle Großstädte, auf dem Weg zu einem modernen Staat nach westlichem Vorbild. Damit will ich jedoch keineswegs behaupten, dass es diesen Weg mit aller Entschiedenheit und bis zum Ende gehen wird. Aber der Anfang war gemacht. Es würde davon abhängen, wie viele Menschen die Armutsgrenze überschreiten und zu einem Mittelstandsleben finden würden.

Ich hatte diese Entwicklung über Jahrzehnte in Indien verfolgen können. Zunächst verbesserten sich die Lebensumstände der Bevölkerungsmassen nur langsam, aber dann wurde sichtbar, dass der Mittelstand wohlhabender wurde und vor allem immer mehr Menschen in den Mittelstand vorrückten.

2. Kapitel: In Islamabad

Abgesehen von den infrastrukturellen Veränderungen, die Verbesserungen und Modernisierungsmaßnahmen betreffen – im Falle der Zunahme des Verkehrs allerdings auch Verschlechterungen mit sich bringen –, bekommt man selber auf eine sehr angenehme Art zu spüren, dass es die Leute zu mehr Wohlstand gebracht haben. Wenn man nach Jahren wieder Einladungen bei Freunden und Bekannten annimmt, stellt man fest, dass sie in eine größere, moderner ausgestattete Wohnung umgezogen sind oder zumindest Anschluss an fließendes Wasser haben. Oder es steht auch nur ein Kühlschrank in der Küche, wo es vorher keinen gab. Über Geräte der Unterhaltungselektronik möchte ich schweigen. Sie sind verzichtbar, das meinen auch die Betreiber der in Indien so beliebten Lichtspieltheater. Auch in Pakistan sind sie beliebt. Doch hier hat die Religion ein gehöriges Wort mitzureden, welche Filme gezeigt werden und welche nicht.

Das gilt auch für die übrigen Auswirkungen des Kapitalismus. Schon in Malaysia und Indonesien, anderen Staaten mit dem Islam als Staatsreligion, war mir die entschiedene Hinwendung zum Kapitalismus oder besser gesagt zur Marktwirtschaft, aufgefallen. Ein herausragendes Zeichen dafür sind die Konsumtempel, die überall gebaut werden und bei der Bevölkerung auch gut ankommen. Kaum eine Stadt, die etwas auf sich hält, die sich nicht eine Shopping Mall hinstellen lässt.

In Islamabad sind diese Lädensammelhäuser air-conditioned, American gestylt und vergleichbar einer geschlossenen Anstalt, denn nicht jeder kommt hinein und die Eingänge werden von einer Art Hauspolizei bewacht. Sie sind zwar in privater Hand, aber werden wie ein autonomes Gebiet verwaltet und kontrolliert, ganz im Gegensatz zu den Märkten, die eine Vielzahl von Unterhaltern haben.

2. Kapitel: In Islamabad

Man könnte in diesen Malls beinahe vergessen, in welchem Land man sich befindet. Die Sauberkeit ist beinahe schon wieder befremdend in dieser Umgebung. Da gibt es moderne, saubere, blitzblanke Toiletten, Rolltreppen und ein glitzerndes und glamouröses Ambiente, das alleine ausreichen würde, Besucher anzuziehen, wenn es nicht noch mehr darum ginge, die Auslagen in den Schaufenstern und das Warenangebot in den Läden zu begutachten. Das tun viele noch mit Zurückhaltung. Sie lassen sich noch vom Äußeren beeindrucken, ohne daran Kaufabsichten zu knüpfen. Aber das gibt sich. Schnell werden die neureichen Mittelständler sich hier ebenso sicher bewegen wie die Oberklasse, die schon mehr Zeit hatten, Erfahrungen zu sammeln, früher noch durch Auslandsbesuche, im Westen oder auch nur in den Golfstaaten. Der Konsument passt sich überall schnell an.

Unverzichtbar sind die Security Guards. Sie verweisen alle des Platzes, die dem Bild des potentiellen Käufers nicht entsprechen. Draußen gibt es genügend davon: die Armen, Heimlosen, aber auch die Ängstlichen und manchmal auch die politischen Aktivisten, die ihr Forum brauchen. Auch kann kein Straßenladenbesitzer oder Straßenverkaufsständler hier seine Waren anpreisen. Er gehört in eine andere Welt.

Auch diese andere Welt, die Bazarwelt, hat ihre Berechtigung – noch. Noch lange, glaube ich. Im Bazar können der Begum und der Fabrikarbeiter anonym Schulter an Schulter stehen. Leute mit unterschiedlichem sozialem Hintergrund treffen sich im Bazar, teilen oft die gleiche Holzbank, wenn sie sich zum Essen oder Trinken niedergelassen haben oder weil sie kurz einen Chaat oder Cgai zu sich nehmen. Sie hören dabei die Konversation des Anderen, einen Witz, eine politische Bemerkung, einen Dialekt. Sogar Besitzlose können daran teilhaben.

2. Kapitel: In Islamabad

Aber es gibt auch die andere Seite. Nicht alles ist Gold, was im Bazarbezirk glänzt. Und nicht überall tanzen die Sonnenstrahlen bis in die Häuserecken. Frauen werden sexuell belästigt. Da wird die Anonymität in den dunklen Gassen plötzlich zu einer schmutzigen Intimität. Leider auch ein Grund, warum die Frauen zu Hause bleiben. Frauen bevorzugen deshalb die Sicherheit in der Mall. Dort gibt es keine zwielichtigen Nischen, dunklen Nebengassen und finsteren Hauseingänge. In der Mall können sie sich frei bewegen mit oder ohne Familienangehörige. Die Segnung der Zivilisation wird verkostbar!

Außerdem können sie hier sogar eine Anstellung finden. Als Verkäuferinnen, Büroangestellte oder sogar Sicherheitspersonal, denn auch Frauen müssen durchsucht werden können. Diese berufstätigen Frauen gehören der Mittel-, meist der unteren Mittelklasse an. Sie sind aber selber nicht Kundinnen in den Malls. Sie kommen mit öffentlichen Verkehrsmitteln, gekleidet in den Chadar oder die Burqa, die vielleicht gerade noch die Zehen und Fingerspitzen sichtbar sein lässt. Dann ziehen sie die Uniform an, wie es ihnen vom Arbeitgeber vorgeschrieben ist, sodass sie akzeptabel gekleidet sind für ihre Kundinnen. Die wollen eher nicht an das dürftige, traditionelle und eben auch rückständige Leben da draußen erinnert werden.

Man fragt sich, ob man darüber froh sein muss, wenn immer mehr solcher Malls gebaut werden, damit immer mehr Menschen in eine westliche Kultur hineinversetzt und ihren eigenen Wertevorstellungen abspenstig gemacht werden. Man könnte die Hoffnung hegen, dass sie dann damit auch dem fundamentalistischen Islam verloren gehen. Und genau das ist der Vorwurf, den die Fundamentalisten den Westhörigen machen, die sie „Stooges" nennen, „Strohmänner" für die Interessen des Westens, der natürlich plant, den Islam zu vernichten. So glauben sie. Die reichen Pakistanerinnen, die in den Malls shoppen gehen, sind keine Strohfrauen. Sie leben ihr Leben weitgehend ohne politische Schlussfolgerungen wie andere Frauen, die gerade bei ihrer Lieblingsbeschäftigung sind, auch.

Dass diejenigen Frauen, die genauso angezogen wie sie hineingegangen sind, auch wieder herauskommen, sich von Frauen bedienen lassen, die eine andere Rolle spielen müssen, wenn sie wieder das Gebäude verlassen, verstärkt natürlich eher noch das Gefühl für Klassenunterschiede. Die Mall dient der Käuferelite? Sie hilft der Isolierung der Käuferelite nicht ab, weil es zu rein geschäftlichen Kontakten kommt. Die Elite kommt aus klimatisierten Häusern, sie fährt in klimatisierten Privatwägen zu klimatisierten Büros und klimatisierten Malls, wo sie einkauft, essen geht und Freunde trifft. Dann kehrt sie wieder in ihre Wohnungen zurück. Sie hat also kaum Berührungspunkte mit dem Rest der Bevölkerung, der in einer anderen Lebensrealität lebt. Sie kennt diesen Teil der Bevölkerung nur in einem Arbeitgeber-Arbeitnehmer-Verhältnis, ganz ähnlich wie in einem Feudalsystem. Gerade das, hatte Malik mir versichert, sei das alles beherrschende System auf dem Lande.

Architektonisch und organisatorisch polarisiert und isoliert die Mall und trägt dazu bei, die Lücke zwischen den Gesellschaftsschichten offen zu halten. Die städtische Elite der Frauen ist die Hauptklientel der Malls. Sie sind einflussreich, oft gebildet, manchmal sogar ersichtlich menschenfreundlich. Auch etwas, so scheint es, das man sich mit zunehmendem Wohlstand leisten kann oder dann erst recht ablehnt. Man hat immer die Wahl. Sie haben zuweilen sogar Mitgefühl für ihre Geschlechtsgenossinnen, es wäre nämlich ein Irrtum zu glauben, dass pakistanische Elitefrauen alle Freiheiten haben, die eine westliche Frau hat. Selbst wenn sie Zugang zu den Top-

2. Kapitel: In Islamabad

Regierungs- und Verwaltungskreisen haben, ja sogar wenn sie selber Bestandteil sind. Zu Hause herrscht ein Anderer.

Aber warum setzen sie sich nicht ein für die Verbesserung der Bedingungen in den Bazars, wo es keine sauberen öffentlichen Toiletten gibt, wo Frauen belästig werden, wo es unerträgliche Zeichen der Armut und des Schmutzes gibt? Die Besitzer der Malls legen ihre eigenen Maßstäbe an, was in ihren Häusern zu gelten hat. Sie wissen, sie können von einem Konsens mit ihren Kunden ausgehen. Die Malls müssen sich erst noch etablieren. Die Bazars sind eine kulturelle Institution, die in Jahrhunderten gewachsen ist und die Kultur des Landes und die gesellschaftlichen Verhältnisse widerspiegelt. Irgendwann werden sie vielleicht verschwinden. Und dann sind die modernen Malls beherrschend. Dann werden sie Zeugnis davon ablegen, wie das Land soziologisch und ökonomisch Fortschritte gemacht hat, denn dann werden sie die von allen genutzten Verkaufshallen sein. Oder doch nicht?

Am Abend aß ich in einem Hotelrestaurant in der Blue Zone, das ein üppiges Buffet anbot. Ich traf dort auf eine Gruppe junger Studenten, die mit ihrem Tutor hier dinierten, als Abschluss des Studienjahres. Der Tutor schien kaum älter als die Studenten. Ich lud ihn und zwei Studenten, die an meinem Tisch gesessen hatten, noch zu einem Nachtrunk an der Hotelbar ein, mit dem Wunsch mich mit ihnen zu unterhalten. Zunächst zeigten sie sich zurückhaltend, doch dann begannen sie mich auszufragen. Ich gab ihnen den Vortritt, da sie dann ihrerseits eher bereit sein würden, mir Auskunft zu geben. Da war etwas von echter Wissbegier, wie es sich für Studenten gehörte. Pakistaner haben selten Gelegenheit, mit Ausländern zu reden. Aber irgendwann war auch ich an der Reihe. Ich wollte mehr über die Menschen in Islamabad erfahren. Es stellte sich heraus, dass nur der Tutor aus Islamabad war.

Ich wollte wissen, ob sich die Bewohner von Islamabad von den Bewohnern der anderen Städte unterschieden. Der Tutor schien sich auf die Frage zu freuen.

„Wir nehmen die Dinge leicht. Wir sind nicht so verklemmt wie Andere. Wir gehen früh zu Bett, weil wir tagsüber genug ordentliche Arbeit geleistet haben."

Hörte ich da subtilen Witz heraus? Seine Studenten, die zuhörten, verzogen kaum eine Miene. Sie waren beide noch keine zwanzig. Alle drei waren bartlos, schlank, westlich gekleidet. Das hieß hier für junge Leute, wenn sie keine Jeans anhatten, unscheinbare Allzweckhose, helles Hemd oder doch T-Shirt. Nur in ihrer Freizeit kleideten sie sich noch legerer. Zahir Shah, der Dozent für Computer Science und Informatics.

„In Lahore arbeitet man bis in die Nacht hinein. Wir mögen Lahoris nicht. Sie sind zu ernst. Und in mancher Hinsicht sind sie rückständig. Und wenn uns jemand fragt, warum wir so sind,

2. Kapitel: In Islamabad

wie wir sind, geben wir keine großen Erklärungen." Er brachte das mit großer Selbstverständlichkeit heraus.

„Weil ihr weiter seid als die Leute anderswo?"

„Vielleicht, wir haben einen Anspruch, die Dinge weiter zu verbessern. Ja, wir sind noch lange nicht am Ende, die Entwicklung hat erst angefangen. Andere beneiden uns um unseren Fortschrittsgeist." Er sagte tatsächlich „spirit of development"!

„Gibt es das, Neid? Eine Antwort darauf wäre ja, dass man danach strebt, das zu bekommen, was andere haben. Andere Städte sind älter, sie haben vielleicht mehr Tradition! Sie haben doch auch etwas zu bieten!"

„Vielleicht. Vielleicht redet man dort auch mehr über die Vergangenheit, als über die Zukunft. Islambad ist eine junge Stadt, aber sie ist schon alt genug, dass die meisten hier geboren sind. Andere kommen mit ihrer Kultur, aber ich halte dagegen, dass wir auch Kultur haben, eine andere eben, eine moderne."

„Eine westliche?"

„Was meinen sie mit westlich? Wir haben einen eigenen Stil. Nur weil wir fortschrittlich sind, heißt das nicht, dass wir westlich sind."

Ich fragte ihn, was die Vorzüge dieser Stadt wären.

„Islamabad bietet mehr Sicherheit als andere Städte. Man kann nachts noch durch die Straßen gehen, in Karachi würde ich ihnen das nicht zumuten wollen. Oder können sie das von irgendeiner Stadt des Westens sagen? Wie ist das in Deutschland? Ist es sicher auf den Straßen?"

Zahir Shah schaute mich herausfordernd an. Ich hätte ihm sagen können, dass ich nach allem, was ich bisher gehört hatte, nicht

2. Kapitel: In Islamabad

so recht daran glauben mochte, dass die Meinung von Zahir Shah repräsentativ war. Er lebte auf der Sonnenseite und las wissenschaftliche Zeitschriften, vermutlich nicht die Lokalseite der Tageszeitung. Und im europäischen Ausland war er nicht. Ich wich mit meiner Antwort aus und sagte, dass ich mir sehr gut vorstellen könnte, dass Islamabad sicherer war als andere Städte in Pakistan und dass es schön wäre, wenn andere Städte nachziehen würden. Ich fragte ihn, ob es noch ein Merkmal gäbe, das Islamabad als Stadt der Zukunft von anderen unterscheiden würde.

„Oh es gibt viele Dinge, zum Beispiel die Sauberkeit? Islamabad ist die sauberste aller Städte in Pakistan." Ich zuckte kurz zusammen, als er das sagte. Saad und Javed, seine Studenten nickten beide, als er das sagte. Sie gehörten der oberen Mittelklasse an und würden es vielleicht einmal in die Oberklasse schaffen.

„Wie gesagt, es wäre schön, wenn andere Städte in der Lage wären, nachzuziehen!"

Ich beschloss, das Hygieneproblem, das ich bereits kennengelernt hatte und das schon von Malik erwähnt worden war, anzusprechen. Zuvor lobte ich das Buffet und das gute pakistanische Essen.

„Schauen Sie, wenn die Leute in Pakistan den Ratschlägen des Gesundheitsministeriums und der WHO folgen würden, dann würden 75% der Menschen in diesem Land des Hungers sterben. Sie sind damit aufgewachsen chat-samosa, dahi barey, pakorey, golakanda zu essen und shakar-cola, skanjbeen und satoo zu trinken. Wir haben nie Einwände gehabt gegen die Hygienestandards der rehri wallahs, obwohl wir ihnen zusehen, wie sie die benutzten Teller und Löffel in einem Kanister

2. Kapitel: In Islamabad

Wasser, den sie neben ihre Schiebewagen stellen, eintauchen. Bestimmt haben Sie das schon gesehen!"

„Ich glaube ja. Ich bin allerdings noch nicht lange in der Stadt."

Zeitungsmeldung aus „Dawn" vom 11.08.2014

„KARACHI: 17 Personen wurden Donnerstag Nacht wegen Verdacht auf Lebensmittelvergiftung ins Jinnah Hospital eingeliefert, einige bewusstlos. Sechs der Patienten sind Kinder. Es heißt, dass sie Lassi getrunken haben und dieser die Vergiftung hervorgerufen haben muss. Es ist jedoch unklar, ob ihnen der Lassi angeboten wurde, oder ob sie ihn selber zubereitet haben."

Angesichts der überzeugenden Argumente zu den lukullischen Besonderheiten der Hauptstadt, musste ich einlenken.

„Ich gebe zu, dass man sich an das Essen gewöhnen kann. Aber an die Luftverschmutzung eher nicht. Das ist so wie mit dem Rauchen. Früher oder später schadet es."

„Das ist richtig", sagte der Tutor, „aber Islamabad ist eine grüne Stadt."

„Ja, aber das Grün wird immer mehr zugebaut, die Entwicklung geht weiter." Ich beschloss, nichts davon zu sagen, dass ich bei einem sehr gut informierten Mann in die Schule gegangen war, der sich sicherlich viel besser auskannte, als die jungen Männer, die am Anfang ihres hoffungsvollen Berufswegs standen. Ihre Computer würden keinen Schmutz vertragen. Ihr Arbeitsplatz würde in einem sauberen, voll klimatisierten Büro stehen. Zahir gab mir Recht. Er sagte, die Zunahme des Straßenverkehrs würde sich nicht verhindern lassen. Aber man sei sich des Problems bewusst und schaue genau, wie man es im Westen lösen würde. Man habe jetzt schon Zweitakter verboten. Man wolle ein grüneres Pandschab haben.

Tatsächlich hatte ich hier keine dieser Zweitakt-Rikschafahrer gesehen. In den anderen Städten gab es sie noch.

„Von Islamabad gehen also viele Ideen aus!", lobte ich.

„Ja, man ist sehr besorgt über die Verschmutzung der Luft und den Lärm, für den die Rikschas verantwortlich sind."

„Aber was machen die Rikschafahrer, wenn ihnen ihr Arbeitsgerät weggenommen wird?"

„In Lahore zögert man noch. Aber man muss Opfer bringen, wenn man den Fortschritt will. Die Fahrer sehen ihren Lebensunterhalt gefährdet. Sie können sich keine Viertakter leisten. In Ferozpur haben sie die Straße blockiert. Aber die Polizei hat sie her gedroschen."

„Ja, die Polizei ist immer auf der Seite der Stärkeren!" endlich glänzte ich mit meinem neuen Wissen.

„Ist das in Ihrem Land so?", fragte Javed, wohl wissend, wie ich die Frage verstehen würde. Ich musste nicht antworten, denn Zahir wusste über die Blockierer, dass man einige verhaftet hatte und er ergänzte: „Man will sie wegen Terrorismus anklagen."

„Während man den richtigen Terroristen Ausbildungszentren in den Bergen schenkt", sagte ich und blickte die beiden Studenten an, die freundlich zurück lächelten. Ihre Väter kamen aus der oberen Mittelklasse und hatten mit Rikschafahrern nichts zu tun, da sie ihre eigenen Automobile benutzten.

„Was geschieht mit den Familien der Rikschafahrer? Sie sind doch auf die Einkünfte ihrer Ernährer angewiesen? Man kann doch sicherlich auch Viertaktrikschas bauen. Warum besorgt die Regierung ihnen nicht Viertaktrikschas?"

Zahir lachte.

2. Kapitel: In Islamabad

„Die Regierung hat kein Geld. In Pakistan muss jeder Unternehmer selber wissen, mit was er sein Geld verdient. Das ist in ihrem Land auch nicht anders, oder?"

Der eine Student warf ein, dass man im Westen das soziale Netz hatte, das alle auffängt, die mit ihren Unternehmungen scheiterten. Er fügte ganz ohne Scheu hinzu, dass die westliche Gesellschaftsordnung ebenso Müßiggang fördern würde. Dieses Thema gefiel mir nicht. Warum sollte ich eine Politik wie in Pakistan, die die sozial Schwachen allesamt sich selbst überließ, mit Argumenten bestätigen. Im Islam gab es das Gebot des Almosengebens, aber auch die Geisteshaltung, dass alles Schicksal und schon lange von Allah vorherbestimmt war. Das lähmte sicherlich den Unternehmungsgeist. Hingegen hatte man im Westen die christlichen Werte, dass Arbeit ehrt und Gott denen hilft, die sich selbst helfen. Da aber das Christentum im Westen auf dem Rückzug war, war zu befürchten, dass auch seine Werte mit verschwinden würden. Der Tutor muss meinen Unmut bemerkt haben. Er schaltete sich ein, indem er wiederum auf die Vorzüge der Hauptstädter hinwies.

„Wir sind Leute, die sehr sozial eingestellt sind. Aber das hat doch mehr etwas mit Eigeninitiative zu tun, weil man dann individuell auf entsprechende Situationen reagieren kann. Wir drängen uns aber eben nicht mit unserer Hilfestellung anderen auf. Wir sind bereit, wenn man uns fragt, Anderen zu helfen. Als das große Erdbeben war, sind viele Leute hinaufgefahren ins Erdbebengebiet und haben auf privater Basis geholfen. Auch wir von der Universität haben einen Trupp zusammengestellt. Die Vorlesungen wurden ausgesetzt."

Saad wandte ein, dass die Lahoris das auch gemacht hätten. Der Tutor antwortete ihm kurz auf Urdu.

2. Kapitel: In Islamabad

Ich erfuhr, dass es da sogar ein paar Industrielle gegeben hätte, die, wie Zahir es ausdrückte, „das Geschäftemachen verstehen und die letzten Summen gewöhnlich unter dem Tisch zum Verhandlungspartner schieben. Sie nutzten ihre Fähigkeiten und Beziehungen dazu, die Erdbebenopfer zu unterstützen." Er machte eine Pause, als ob er prüfte, ob mir das Thema zusagte, dann redete er weiter:

„Es geht ja häufig genug um ein Stück Land, das den Besitzer wechseln soll, Häuser, die abgerissen werden müssen, Erdarbeiten für eine neue Straße, also verwandte Gebiete zu den Arbeiten, die nach Erdbeben zu verrichten sind. Da müssen beispielsweise Straßen wieder befahrbar gemacht oder Trümmer weggeräumt werden."

„Sie reden, als würden sie diese Industriellen kennen!" Das hatte ich nur geraten.

„Ja! Woher wissen Sie das? In der Tat, mein Onkel Wazir ist Vorstandsmitglied der Industrial Association of Peschawar, einer Vereinigung von Geschäftsleuten. Sie haben sich im Erdbebengebiet engagiert. Mein Onkel sagte, es wäre ihm schwer gefallen, ein Geschäft zu machen, das der Company mehrere Millionen eingebracht hätte, wenn unterdessen die Leute dort kein Dach über dem Kopf hätten."

„Das ist sehr lobenswert. Sind das Einzelfälle? Ich kann mir denken, dass die meisten gar nicht in der Lage sind zu helfen."

„Aber nein! Es sind sehr viele, die so wie mein Onkel geholfen haben. Da gibt es eine große Solidarität im Land, wenn so etwas passiert. Pakistan ist ein sehr philanthropisches Land. Sehr viele Menschen erbringen freiwillig Dienstleistungen für die Allgemeinheit. Pakistaner geben jedes Jahr 700 Millionen Dollar für gemeinnützige Zwecke." Wie schön, wenn die Menschen doch nicht immer den Erwartungen und Klischees entsprechen.

2. Kapitel: In Islamabad

„Das ist erstaunlich, wenn man bedenkt, dass die Menschen nicht viel haben."

Da es in Pakistan die im Islam vorgeschriebene Almosensteuer gab, war mir nicht ganz klar, ob die Gaben der Besteuerten so sehr auf Freiwilligkeit beruhten. Für mich blieb die Frage, warum es bei dieser Opferbereitschaft mit dem Land nicht aufwärts ging. Mir klang noch in den Ohren, was Malik gesagt hatte. Hier hatte ich es mit Optimisten zu tun und hatte innerhalb eines Tages die ganze Bandbreite von Meinungen und Sichtweisen über die aktuelle Lage der Nation.

Es gab 100 Millionen mehr oder weniger bedürftige Menschen im Land. Da waren 700 Millionen Dollar nicht existenzsichernd. Dass man die Summe beziffern konnte, hing damit zusammen, dass man die „Zakat" – die Almosensteuer – auf die National Bank einzuzahlen hatte.

„Wichtiger als Dollars", sagte ich, „ist die Moral. Wenn die stimmt, dann gibt sich das Andere. Die Moral baut auf und wird zum Selbstläufer."

Die Frage war auch, wofür dieses Geld benutzt wurde. Die Muslime glauben, dass Vermehrung und Wachstum die unvermeidlichen Resultate der Einrichtung dieses Pfeilers des Islams seien. Muhammad versprach auch denjenigen, die Zakat zahlen, von Furcht und Trauer frei zu werden. Die „Armensteuer" ist jedoch nach dem Koran keine freiwillige Gabe, sondern Pflichtgabe. Muhammad gab auch an, wem das Geld zustand, nämlich auch den „Kämpfern auf dem Wege Allahs" und „Menschen, deren Herzen dem Islam zugeneigt sind". Verwaltete der Staat darüber, konnte dieses Geld also ebenso dem Verteidigungshaushalt zufließen, bekamen es die Amire, die Feudalherren, denen die Almosen zur Verteilung zuflossen, konnten sie es sogar an Islamisten weitergeben, wenn sie davon überzeugt waren, dass ihre Herzen dem Islam zugeneigt waren. Und genau das musste man bei Islamisten nicht anzweifeln. Und so dürfte manche Kalaschnikow mit dem Geld beschafft worden sein, das ein friedliebender Muslim als Zakat gegeben hat.

Das alles schien meine Gastgeber nichts anzugehen. Es galt ja auch, die guten Seiten des Landes und der Bevölkerung hervorzuheben.

„Wie viel Geld kam insgesamt zusammen?", wollte ich wissen.

„Über den President's Relief Fund 100 Millionen Dollar und weitere 100 Millionen Dollar über die NGOs. Ungefähr genauso viel kam aus dem Ausland. Fünfzehntausend Lastwagenladungen mit Hilfsgütern kamen täglich. Noch wichtiger war aber das persönliche Engagement der Freiwilligen. Nach dem Erdbeben war die öffentliche Reaktion überwältigend. Organisierte Hilfe und Freiwillige strömten in die betroffenen Gebiete. Sie kamen vom ganzen Land. Studenten und Professoren gingen zusammen. Die einen, weil es ein Gebot der Humanität war, die anderen folgten dem Ruf der Religion oder sie gingen, weil sie es allein nicht zu Hause aushielten. Das gab eine positive Gruppendynamik..."

„Worin bestand die Hilfe konkret?"

„Die Leute halfen beim Transport und der Verteilung der Hilfsgüter, sie kümmerten sich um die Opfer und unterstützen die Bergungsarbeiten. Das hat einen Geist der Zusammengehörigkeit erzeugt, wie man es schon lange nicht mehr erlebt hat. Unsere Studenten haben Websites eingerichtet zu dem Zwecke, Mittel zu erheben („fundraising platforms"), Highschool-Netzwerke wurden genutzt und medizinisches Training angeboten."

Javed bemerkte in verständlicher Übertreibung: „Es gab Staus, die tausend Kilometer lang waren von Karachi bis ins

2. Kapitel: In Islamabad

Erdbebengebiet." Mit freundlichem Ton hob ich hervor, dass das einen guten erzieherischen Effekt haben konnte, wenn man Geld und Zeit opferte, damit Anderen geholfen wurde. „Die jungen Leute lernen, wie man sich für Andere einsetzt. Es heißt doch, in diesem Land sei die Korruption ein großes Problem, was nichts Anderes ist als Selbstsucht."

„Es stärkt auch das Nationalbewusstsein!", sagte der Tutor, ohne auf den Vorwurf der Korruption einzugehen. Sollten die Geschäftemacher und Geier zu Hause geblieben sein?

„So gesehen, kann man Naturkatastrophen auch etwas Gutes abgewinnen", sagte ich.

Ich verwies auf einen anderen Schauplatz: „Diese Hilfsbereitschaft hat man immer bei solchen Katastrophen. Beim Tsunami gab es auch Helfer aus allen Nationen und die Anteilnahme weltweit war riesig, besonders der Westen hat sich ganz stark eingesetzt, obwohl die Länder, die verwüstet wurden, keine christlichen Länder waren. Auch beim Anschlag auf das World Trade Center in New York war die Anteilnahme weltweit groß."

Das war freilich keine Naturkatastrophe. Ich passte auf, ob mein Gegenüber eine Reaktion zeigte. Zahir nickte. Aber er war in Gedanken schon wieder oder immer noch bei Pakistan. Er sagte etwas, was er auch zu den beiden anderen Studenten sagte:

„Die nationale Einheit bekam bei diesem Erdbeben einen neuen Schub." Und seine Studenten pflichteten ihm durch Kopfnicken bei. Einen Schub wohin?

2. Kapitel: In Islamabad

Am nächsten Morgen holte mich Hatam, mein Bergführer für die große Bergfahrt, mit einem Taxi ab. Es ging zum Busbahnhof außerhalb der Stadt. Es war sehr früh am Morgen, aber der Verkehr in den Vorstädten war so chaotisch wie immer, hinzu kam jetzt auch noch das organisierte Durcheinander um die Verkehrsdrehscheibe des nördlichen Teils von Pakistan herum. Kein einziger der zahlreichen Busse, die am Busbahnhof herumstanden, war halbwegs modern. Hätte man die Tausenden von wartenden, zu- und absteigenden Passagiere weggedacht, dann hätte man annehmen müssen, dass man sich auf einem großen Schrottplatz oder Busfriedhof befand – mit einer Ausnahme.

Beim Herumlaufen gelangte ich an eine Ecke, wo es mehr nach einem Automuseum für zeitgenössische Kunst aussah. Da standen nebeneinander zwei Dutzend Busse, wie sie noch vor einigen Jahren mehrheitlich in Pakistan Dienst getan hatten. Busse älterer Bauart, nach dem Stil der fünfziger Jahre, dazu die Besonderheit, über und über mit farbigen Motiven bemalt zu sein. Bei Lastkraftwagen besteht dieses Brauchtum noch immer. Die meisten Busse, die ich sah, waren aber schmucklos und von moderner Bauart. Zerbeult, heruntergewirtschaftet, ihrem Aussehen nach dem Straßenzustand angepasst, sahen sie alle aus, rostig eher selten. Das musste daran liegen, dass Rost Zeit braucht, sich zu bilden, in Pakistan aber die Busse einem hohen Verschleiß unterliegen. Der Zustand der Straßen, die Behandlung durch Fahrer und Fahrgäste und schließlich auch durch andere Verkehrsteilnehmer setzte dem Inneren und Äußeren der Busse sehr zu.

Der öffentliche Transport in Pakistan ist voller Wunder. Ein Bericht über den Norden Pakistans wäre unvollständig, ohne den Modus der Fortbewegung zu berücksichtigen.

2. Kapitel: In Islamabad

Gerade für den Großraum Islamabad stellt der Verkehr ein großes Problem dar. Zwar wurde die Stadt großzügig geplant, es wurden breite Straßen gebaut und Vieles, was anfangs noch eher schlicht gehalten war, wurde einem internationalen Standard angenähert. Der öffentliche Transport gehörte nicht dazu. Er ist veraltet und trägt Zeichen der Verwüstung. Bei der Regierung der Stadt hat man dies schon längst erkannt und oft genug angekündigt, eine Verbesserung herbeizuführen, aber geändert hat sich nichts, weil es andere Prioritäten gibt, solange das Transportsystem noch irgendwie funktioniert, das allerdings mehr zum Leidwesen der Pendler. Da die meisten Büros und Verwaltungsgebäude in Islamabad sind, gibt es tausende, die zwischen Rawalpindi, der Schwesterstadt Islamabads, und der Hauptstadt pendeln. Selbst Schüler und Studenten zieht es nach Islamabad.

Seit es die Islamabad Traffic Police gibt, die man öfters an den Straßen Kontrollen durchführen sieht, werden die Busse wenigstens nicht mehr überladen und halten zumindest innerhalb der Stadtgrenzen die vorgeschriebene Geschwindigkeit ein, denn Pakistaner sind geborene Rennfahrer. Radios und Kassettenrekorder wurden aus den Bussen entfernt. Ebenso zusätzliche Sitze. Man will sich ganz aufs Fortbewegen konzentrieren. Aber indem man etwas wegtut, tut man zur Sicherheit nicht viel dazu. Wegtun kostet nichts, dazutun schon.

Leider gibt es im Gebiet der Hauptstadt keine Eisenbahnen oder Metros. Der Verkehr konzentriert sich auf die Straßen. Wenn man ältere Einwohner fragt, behaupten sie, dass es früher in den siebziger Jahren besser war. Es gab saubere Wagen, korrektes Personal und die Züge waren pünktlich. Busse hielten nur da, wo es vorgesehen war, und man vermied es, sie voll zu stopfen und unmenschliche Bedingungen zu schaffen.

2. Kapitel: In Islamabad

Aber damals gab es auch viel weniger Menschen, die sich viel weniger bewegen mussten. Die Gesellschaft war ländlicher und hatte ihre Wurzeln im Vorgestern. Es gab weniger Straßen. Diese waren schmaler und die Transportmöglichkeiten limitiert. Aber die Ordnung wurde eingehalten und Regeln befolgt. So erzählte mir ein älterer Reisender. „Damals wurde man bestraft, wenn am Fahrrad das Licht nicht mehr funktionierte. Heute kümmert sich niemand darum, ob jemand mit oder ohne Licht fährt", sagte man mir. Die Nachtfahrt auf dem Karakorum Highway war teilweise gespenstisch, weil man nie wusste, ob das Licht, das auf einen zukam, das rechte oder linke Auge eines Lkws war.

Die Bevölkerung ist gewachsen, aber sie ist nicht wohlhabender geworden. Also spart man auch an der Sicherheit, genauso wie die Regierung bei der Instandhaltung der Straßen spart. Ein Menschenleben gilt nicht für sehr wertvoll, wenn es nicht zur eigenen Sippe gehört. Früher reiste sogar der Landadel mit den Bussen. Das war standesgemäß. Heute tut er sich das nicht mehr an und fährt lieber mit dem eigenen Auto oder mit dem einzigen Busunternehmer von hohem Rang, Daewoo. Oder man nimmt gleich das Flugzeug. Der Rest der Gesellschaft nimmt den Bus.

Ein Haufen von Automobilen, die die Straßen verstopfen, ist kein Zeichen von Fortschritt, das hatte schon Malik bemerkt. Die vielen überdimensionierten Werbetafeln entlang der Straßen, die anmahnen, die Freuden einer Konsumentenkultur zu beachten, zu der die meisten Pakistaner nie einen Zugang haben werden, sind auch kein Emblem des Fortschritts. Zementierte und aus den Hügeln herausgesprengte Straßen durch den letzten Flecken Wildnis sind auch kein Zeichen von Fortschritt. Fortschritt wäre aber schon darin zu sehen, dass man die schlimmsten Auswüchse der Globalisierung nicht unüberdacht übernimmt. Leider verstehen Dritte-Welt-Länder unter

2. Kapitel: In Islamabad

Entwicklung nur, den Industrienationen hinterherzuhetzen, bis man den gleichen Standard hat. Ob sich das die Welt leisten kann? Sie sollte sich das nicht leisten, denn daran wird sie sich zu Grunde entwickeln. Pakistan ist ein Beispiel dafür, wie der Selbstverwirklichungswahn einer Nation zum Rückschritt der Nation entwickelt wird.

Die Entwicklung eines Landes muss natürlich fortgesetzt werden, solange das Land auch wirklich unterentwickelt ist. Wichtiger als das „Dass" ist aber das „Wie", denn das darf nicht auf Kosten der Umwelt und der natürlichen Ressourcen geschehen. Eine Flucht in die Berge, die sich der Wohlhabende wenigstens zeitweise leistet, ist auch keine Dauerlösung.

Für Touristen ist zumindest innerhalb der Stadt das Taxi das günstigste Fortbewegungsmittel, aber selbstredend nur dann, wenn es einen an sein Ziel bringt. Das ist keineswegs sicher. Ich habe oft Taxis in der Landeshauptstadt Pakistans benutzt. Aber selten ging es ohne meine navigatorische Unterstützung. Kaum ein Taxifahrer spricht Englisch. Sie sind immer sehr zuversichtlich, was das Fahrtziel anbelangt. Und das ist sehr erstaunlich, wenn man dann miterlebt, wie wenig sie sich in ihrer Stadt auskennen. Ich habe keine Ahnung, wo Islamabader oder Lahoris gewöhnlich hinfahren. Es scheint jedenfalls nicht da zu sein, wo westliche Touristen gewöhnlich hinfahren.

Dass Islamabad keine Weltstadt ist, erkennt man auch daran, wie sie für den Tourismus gerüstet ist. Es gibt im Stadtgebiet verstreut Büros von Stadt, Provinz und Land, die unter anderem auch Informationen bereithalten und dennoch kaum der Bezeichnung eines „Tourist Office" gerecht werden, obwohl sie sich so nennen. Es fehlt dazu an Ausstattung und Kompetenz. Und wenn es nach den Taxifahrern geht, fehlt es auch an ihrer Existenz.

Was Islamabad auch noch fehlt, ist ein eigener Bahnhof. Diese Tatsache in Kombination mit einem limitierten Taxifahrer lehrte mich, wie verbesserungswürdig die Infrastruktur der Landeshauptstadt ist. Ich hatte gegen Ende meines Aufenthalts in diesem Land den Expresszug von Lahore nach Islamabad genommen. Islamabad stand auch auf den Waggons und auf meinem Ticket. Islamabad hatte ich auch zu dem Schalterbeamten gesagt, der mir das Ticket verkaufte. Dennoch hielt der Zug an einer Endstation namens Rawalpindi. Ein schöner, überraschend sauberer Bahnhof, der aber nicht zum Verweilen genutzt wird, denn man muss ja sogleich weiter. Die Vielzahl der Taxis auf dem Bahnhofsvorplatz ist verständlich, denn nach Islamabad haben es die meisten Leute meist eiliger als nach anderen Zielorten. So ist das mit den Hauptstädten. Es bleibt also keine Zeit, um die nächste Busstation anzuvisieren. Man nimmt das billige Taxi.

Ich war kaum aus dem Schatten des Bahnhofvordaches hervorgetreten, da kam mir ein freundlicher, kurz gewachsener, bulliger Fahrer mit schwarzem Schnauzbart entgegen, streckte die Hand aus, um mein Gepäck in Empfang zu nehmen und sagte ohne Anzeichen von Unsicherheit „Islamabad? Yes!"

Das war praktisch und entgegenkommend, die Frage zu stellen und zugleich zu beantworten. Es war Mittag und sehr heiß, keine Anstalten meinerseits, um großartig zu feilschen. Der Fahrer schien vertrauenswürdig zu sein. Ich treffe die Taxiwahl meist nach Sympathiemerkmalen. Mein Fahrer mit dem ansehnlichen Schnauzbart, der ihn wie der Held eines Schauspiels, das in einem Schulhof gespielt wurde, aussehen ließ, konnte nicht viel älter als 25 Jahre sein. Damit war er vermutlich nicht viel älter als sein Fahrzeug, ein kleines, verschiedentlich angebeultes Etwas, dem man die Zugehörigkeit zur Gattung der Automobile

2. Kapitel: In Islamabad

gerade noch abzunehmen bereit war, vorausgesetzt es bewegte sich auch.

Das tat es tatsächlich, wenn auch nicht weit, weil wir nach einem kurzen Gedrängel im Gassengewirr Rawalpindis an eine Tankstelle fuhren. Ich hatte mich im Auto versucht zu vergewissern, dass mein Fahrer das Fahrtziel „Tourist Office, Islamabad" verstanden hatte. Die Gestik verhieß eindeutige Zustimmung. „No problem!" Das hieß wohl, er war mit dem Ziel einverstanden. Das hatte er gelernt zu sagen und dazu eine gekonnte Handbewegung, die klar das bedenkenlose Wegwischen von Zweifeln anzeigte. Wenn jemand in Südasien „no problem" sagt, meint er meistens, was er sagt, aber es ist dennoch angemessen, sich darauf einzustellen, dass die Einschätzung reiner Zweckoptimismus war. Und manchmal wäre er völlig unbegründet.

Als wir dann die blechnahe Auseinandersetzung mit den übrigen Verkehrsteilnehmern der geschäftigen Stadt wiederaufnahmen, fragte ich noch einmal den Fahrer, ob er wüsste, wo er mich hinzutransportieren habe. Ich stellte ihm noch ein paar andere Fragen, was aber keinen Sinn machte, weil sein Englisch praktisch gar nicht vorhanden war.

Es war sein Beruf, Pakistaner zu befördern. Touristen waren eine zusätzliche Einnahmequelle, für die man einen eigenen Tarif veranschlagen konnte und aus Gastfreundschaft würde man darauf verzichten, mehr als das Dreifache draufzuschlagen, was nur einige wenige unverschämte Ausbeuter machten. Bildung wurde nicht verlangt, nur ein gültiger Führerschein, eine Fahrzeugzulassung und eine Prüfung, die im Wesentlichen darin bestand, die Gebühren in der richtigen Höhe zu zahlen.

Mit zunehmender Fahrtdauer stiegen meine Zweifel über den Fahrer. Sie wurden auch nicht geringer als er, nachdem wir die

2. Kapitel: In Islamabad

Stadt auf einer der großen Straßen bereits verlassen hatten, links an den Straßenrand fuhr und zwei Taxikollegen fragte, wo das Tourist Office in Islamabad zu finden sei. Die fuchtelten mit weit ausholenden Handbewegungen in der Luft und vor dem Schnauzbart von Babur herum. So hieß mein Driver. Wie der große Eroberer der Mogulen, der die Geographie des Landes ziemlich sorgfältig und nachhaltig erkundete.

Ich hatte nicht den Eindruck, dass die Kollegen Baburs wussten, wohin ich wollte. Der Fahrer hatte erstmals einen unaufgeklärten Gesichtsausdruck, als er wieder einstieg. Meine Erfahrungen auf vielen Reisen in den Orient sagten mir, dass ich mich nunmehr auf einer Suchmission befinden würde.

In Islamabad angekommen stellte sich heraus, dass Babur überhaupt keine Vorstellung hatte, wo er mich absetzen würde. Nach erfolgloser Konsultation eines weiteren Taxikollegen, dieses Mal aus Islamabad, schlug ich vor, in der Blue Zone am Crown Plaza Hotel, das ich bereits kannte, nachzufragen.

An der Rezeption wusste auch niemand, wo das besagte Artefakt war. Im Hotel stiegen seltener Touristen ab als Geschäftsleute. Sie hatten mit einem „Tourist Office" noch nie etwas zu tun gehabt. Ich bat um Nachschau im Telefonbuch. Die brachte, wie sich herausstellte, nur einen Touristagenten ans Telefon. Man bedeutete mir, dass er wüsste, wo das Tourist Office wäre. Ich fragte nach, ob er das wirklich wüsste, ich wollte nicht etwa zu diesem Touristagenten. Ich sprach selber mit ihm und instruierte ihn, er möchte es meinem Taxifahrer am Telefon sagen. Ich rief also den Taxifahrer herzu, mit der nach europäischen Denkweisen unvermeidlich nun folgenden Anweisung, die der Rezeptionist übersetzte, er solle sich unmittelbar von seinem Landsmann am Telefon den Weg zum Tourist Office erklären lassen. Was dann gesprochen wurde, habe ich nicht verstanden. Aber der Taxifahrer war unbeholfen

2. Kapitel: In Islamabad

oder blöde genug, sich von dem Agenten aufschwatzen zu lassen, ihm doch diesen potentiellen Kunden direkt vor die Haustür zu fahren.

Unterwegs wechselte Babur zu häufig die Straßenseite, was einen Polizisten dazu bewegte, ihn anzuhalten. Mein Fahrer musste aussteigen, die Papiere vorzeigen. Ich verstand, dass ihn der Polizist anzeigen wollte, denn er zückte einen Block und redete so, wie es lautmalerisch dazu passte. Jetzt begann mein Fahrer herumzujammern, dabei machte er einen devoten Katzbuckel, was gar nicht zu seiner bisherigen Selbstdarstellung eines RwalpindiStreetHeroes passte. Er schien um Gnade zu flehen. Sein Gehabe war unmissverständlich. Der Polizist verstand keinen Spaß und ich sah es ihm an, dass er genau wusste, was für einen Lügner er vor sich hatte. Er mochte meinen galanten Fahrer überhaupt nicht. Der deutete immer wieder zu mir und sagte dabei etwas, was mir verdächtig danach klang, dass ich ihn angewiesen hätte, so zu fahren, wie er gefahren war. Ich brauche gar kein Urdu zu lernen. Ich verstehe die Leute auch so. Ich hatte den starken Eindruck, dass der Polizist viel intelligenter war als mein Fahrer, vor allem aber war er viel klüger, als mein Fahrer es annahm. Ich sah ihm an, dass er Babur kein Wort glaubte.

Die Tatsache, dass ich mich nicht ungeduldig in die Diskussion einmischte, konnte man schlecht zugunsten des Beschuldigten verwenden. Trotzdem ließ der Polizist von ihm ab, vermutlich weil ihm das Gewinsel auf die Nerven ging. Er wies Babur an, weiterzufahren. Seinen Block hatte er weggesteckt, was deutlich genug zeigte, dass er es bei einer Ermahnung beließ. Doch mein Taxiheld meinte, mir den Bären von der Anzeige und einer hohen Geldstrafe aufbinden zu können. Er war jetzt in Klage-Fahrt geraten. Das verscherzte ihm, ob der frechen Lügen, den Rest an Sympathien, die ich für ihn noch gehabt hatte. Entwicklungshilfe

- gern, aber so pfeife ich drauf! Einer seiner Ahnen war vielleicht Straßenräuber gewesen. Nein, sicher sogar!

Als wir das Wohngebiet in einem anderen Stadtteil erreichten und ich an den dem gehobenen Mittelstand zugehörenden Häusern längst erkannt hatte, dass hier kein Tourist Office angesiedelt sein konnte, schwante mir Ungemach. In mir regte sich nämlich ein mit einem Knüppel bewaffneter Vertreiber der Gemütsruhe. Ich brachte dann auch gegenüber dem Agenten meinen Unmut über diesen zumindest kommunikativen Unfug, den er sich gegenüber dem Taxifahrer auf meine Kosten geleistet hatte zum Ausdruck.

Ich wurde auch gegenüber dem Taxifahrer deutlich, bestimmt was die Betonung der Worte, die ich für seine tumben Ohren sprach, anbetraf. Das muss bei ihm eine geschäftsschädigende Verweigerungshaltung ausgelöst haben. Wir waren wieder auf der Strecke, als er sich in einen Sinnenrausch von ungehörigem Ausmaß hineinsteigerte. Nicht nur, dass er in unsinnigem Durcheinander von Urdu und englischen Wortgebilden schimpfte, er verlor bald vollends die Kontrolle, nachdem ich ihm auf seine Forderung nach einer zusätzlichen Zahlung gesagt hatte, dass er froh sein könnte, wenn ich ihm das bei Fahrantritt ausgehandelte Fahrgeld geben würde. Er gab mir sogar einen Schups, was mich dermaßen überraschte, dass ich unverzüglich die einzig passende Reaktion folgen ließ – nicht etwa ein Faustschlag. Ich sagte ihm in ruhigem Ton, er solle mich in die Blue Zone zurückfahren und dort absetzen. Das wiederum schien er nicht erwartet zu haben. Ich würdigte ihm keiner weiteren Aufmerksamkeit.

In der Blue Zone angekommen stieg ich aus, gab ihm das verabredete Geld und bedankte mich für die äußerst instruktive und unterhaltsame Stadtrundfahrt. Ich würde mich freuen, ihm,

2. Kapitel: In Islamabad

was die geographische Lage des Tourist Office anbelangte, weitergeholfen zu haben, weil er jetzt wusste, wo es nicht war.

Vielleicht waren zu viele anständige Leute um ihn herum, jedenfalls war er wieder ganz devot und bat mich um ein kleines Aufgeld. Ich lehnte ab, er wiederholte sich und mimte den braven Taxifahrer. Aber ich blieb hart, die Odyssee war beendet.

3. Kapitel: Reisen im Norden

Die üblichen Weghindernisse im Bergland

Wer im Norden von Pakistan auf Reisen ist, kommt am Karakorum Highway, auch KKH genannt, nicht vorbei. Er ist die große Verbindungsstraße vom Süden durchs Gebirgsland bis nach China. Er verläuft ungefähr da, wo früher die Seidenstraße von Kashgar, einer Stadt in der chinesischen Xinjiang-Provinz, bis nach Pakistan reichte, heute sind es bis Havelian knapp 1300 Kilometer. Dabei durchkreuzt die Straße auch das Gebiet der geologischen Kollisionszone des asiatischen mit dem indischen Kontinent.

Am 30. Juni 2006 wurde von China und Pakistan ein Memorandum unterzeichnet, den KKH, den die Pakistaner jetzt schon als achtes Weltwunder, die Chinesen als Grosse Strasse der chinesisch-pakistanischen Freundschaft bezeichnen, weiter

3. Kapitel: Reisen im Norden

auszubauen. Die Straße soll nach den Angaben der SASAC, die mit der Aufgabe betraut wurde, von zehn Metern auf dreißig Meter erweitert werden.

Das wird eine unvorstellbare Titanenarbeit. Denn die Straße verläuft durch felsige Schluchten. Jeder Meter Breite, den man gewinnen will, muss aus dem Fels gesprengt werden. Als Ergebnis hat man eine Verkehrsader, die mindestens das Dreifache an Verkehr fassen und natürlich im Bedarfsfall große Mengen an Truppen in Krisengebiete in Kaschmir transportieren kann. Eine Verbreiterung der Straße bringt es auf jeden Fall mit sich, dass man weniger anfällig ist für klimatische Härten und Erdrutsche. Für China ist es wichtig, einen Anschluss zu finden an den Großhafen von Gwadar in Baluchistan.

Bereits 100 Jahre vor Christus verband der Handel von Seide den Osten mit dem Westen. Erstaunlich, was so eine Naturfaser, die aus dem Hinterteil eines kleinen Tieres kommt, in der Weltgeschichte bewirkt hat. Die Seidenstraße spielte eine herausragende Rolle bis ins 15. Jahrhundert, bis die Seefahrt fortgeschritten genug war, einen neuen Transportweg stellen zu können.

Die Seidenstraße wurde von Eroberern, Forschern, Jägern, Plünderern, Abenteurern und Missionaren benutzt. Alexander der Grosse, Dschingis Khan, Tamerlan und Marco Polo waren unter den VIPs. Drei Weltreligionen wurden über die Seidenstraße in der Region verbreitet. Sie sind hier immer noch vorhanden, vor allem der Islam und der Buddhismus, nur das Christentum hat sich nicht durchsetzen können. Das dürfte damit zusammenhängen, dass der Islam und der Buddhismus frühzeitig in Hochkulturen eingebunden waren oder sogar Staatsreligion wurden und die Ausbreitung anderer Religionen nicht zuließen.

3. Kapitel: Reisen im Norden

Die alte Route wurde erst 1966 nach einer Vereinbarung zwischen China und Pakistan durch die jetzige Straße ersetzt, die jedoch erst 1986 fertig wurde. Das heißt, fertig ist sie nie ganz, es muss ständig an ihr gearbeitet werden, denn auch die Berge und Gletscher arbeiten. Gerade hier, wo mehrere tektonische Platten sich gegeneinander verschieben, ist der Untergrund immer in Bewegung. Insgesamt kamen angeblich 810 Pakistaner und eine unbekannte, jedenfalls viel höhere Zahl von Chinesen beim Bau der Straße ums Leben, die meisten bei Erdrutschen oder Abstürzen. Genaueres wird man erfahren, wenn der Ex-Brigadier Muhammad Mumtaz Khalid, der die Arbeiten für die pakistanische Frontier Works Organization als Chefingenieur beaufsichtigte, seine Memoiren, an denen er gerade schreibt, fertiggestellt hat.

Aber leider fordert der KKH immer weiter seine Opfer und das hängt mit dem zusammen, was schon ein chinesischer Reisender im 4. Jahrhundert in sein Tagebuch hineinschrieb:

„Der Weg ist sehr abgründig und Tiefenangst begleitet jeden, der ihn entlanggeht." Damals arbeiteten sich die Seiden-, Jade- und Gewürzkarawanen auf schmalen Wegen voran. Heute sind es Lastenkonvois und Busse, die sich wegen ihrer platzbeanspruchenden Breiten auch nicht sicherer fühlen können. Heute wie damals kommen die gefährlichen Stellen nicht vereinzelt vor. Sie erstrecken sich über viele Hundert Kilometer. Was die Fahrer und ihre Schutzengel hier leisten müssen, ist nur mit dem vergleichbar, was die Baumeister vorher im wahrsten Sinne des Wortes „zu Wege" brachten.

An den Aussichten hat sich nichts geändert, die gleichen Berge und Gletscher versperren den Zugang und wollen ob ihrer Schönheiten bestaunt werden. Doch darauf können sich die Fahrer nicht einlassen. Zu sehr müssen sie sich auf die Straße konzentrieren. Da sind sie gegenüber den Reisenden früherer

3. Kapitel: Reisen im Norden

Zeiten klar im Nachteil. Die bewegten sich gemächlich und konnten sich jeden Schritt überlegen. Die Langsamkeit des Reisens beherrschte sie. Und nur so lernten sie die Gegend auch richtig kennen. Wer reist im Flug, der wird nicht klug. Andererseits ist es besser, demütig zu reiten als hochmütig zu gehen.

Die ganze Wegstrecke bis zur pakistanisch-chinesischen Grenze am Khunjerab Pass könnte man in 48 Stunden zurücklegen, wenn nicht Autopannen, Unfälle, Felsblockaden, Landerosion, Gletscherverschiebungen oder vielleicht auch die Gastfreundschaft der Menschen oder einfach nur die Schönheit der Natur für eine unvorhergesehene Verzögerung und einen mehr oder weniger freiwilligen Aufenthalt sorgen würden. Eile ohne Weile ist Unbesonnenheit, Weile ohne Eile ist Trägheit, Weile mit Eile ist besonnene Geschäftigkeit, Eile mit Weile ist tätige Umsicht.

Wenn man den Indus hinauffährt, gelangt man, sobald man das felsige Bergland erreicht hat, in schroffe Schluchten und wüste Talweiten. Der Karakorum Highway führt meist seine Trasse zwischen fünfzig und hundert Metern über dem Indus dahin. Der Indus ist kein still dahinfließender Strom, denn man sieht ihm seine Herkunft an. Seine Zuflüsse sind wilde Bergflüsse oder Bäche, die zu Tal rauschen, von Gletscherablösungen oder Regenfällen beschleunigt und von Erdrutschen selten gehemmt. Die Straße musste oft in den Fels gesprengt werden und wird meist von einem Steilabfall zum Fluss hin begrenzt. Der Indus ist eine graue, trübe Brühe, kalt, schäumend und abweisend. Und er ist polyglott, denn sein Rauschen lässt deutlich vernehmen: komm' mir nicht zu nahe!

Bei Thakot, ungefähr 220 Kilometer nordwestlich von Islamabad, schon im Gebirgsland, trifft die Straße erstmals auf den Indus. Hier beginnt der eigentliche Karakorum Highway, der dann 330 Kilometer bis ins Herz der Nordregion nach Gilgit führt, immer am Indus entlang, bis auf die letzten dreißig Kilometer, wo von Norden die vereinigten Wasser des Hunza River und des Gilgit River in den Indus münden. Da biegt er vom Osten kommend nach Süden ab. Von hier folgt der KKH dem Hunza River, der noch einmal 250 Kilometer weiter nördlich vom Khunjerab River gespeist wird, der am gleichnamigen Pass und am Ende des pakistanischen Teils des Karakorum Highways die Grenze zu China kreuzt.

Der gesamte Karakorum Highway hat bis nach Kashgar in der chinesischen Provinz Xinjiang eine Länge von 1200 Kilometern, die Hälfte davon entfällt auf den pakistanischen Teil. Der KKH ist die höchstgelegene geteerte Straße der Welt. Der Khunjerab Pass ist zugleich die höchstgelegene überfahrbare internationale Grenze, auf 4700 Metern Höhe.

Der KKH ist aber - was ich schnell und nachdrücklicher, als mir lieb war, erfahren sollte - auch eine der gefährlichsten Straßen der Welt. Die Trasse zu bauen, war äußerst mühselig, deshalb begnügte man sich ausgerechnet da mit einer zwar schmalen, aber weniger aufwändigen Bauweise, wo man die Straße mit großen Anstrengungen in die Bergwand verlegen musste und sie deshalb immer abgründig ist.

Da, wo der Indus schön ist, ist er auch wild, und da, wo er wild ist, ist er schön. Man möchte anhalten, aber gerade da ist er auch gefährlich, die Wände scheinen über einem zusammen zu stürzen, der Untergrund ist nicht sicher. Er gibt immer wieder nach. Man kann nie voraussagen, wo. Der KKH birgt also auch viele Überraschungen. Solche, auf die man fast immer gerne verzichtet.

Bis ungefähr fünfzig Kilometer vor Gilgit bleibt die Flusslandschaft wüst, felsig, gefährlich turbulent. Der Indus hat

3. Kapitel: Reisen im Norden

sich sichtbar mit Urgewalt in den steinigen Untergrund gefressen und schabt seinen Weg durch die Felswände.

Dann erst öffnet sich das Tal, die Landschaft wird etwas freundlicher entlang des Hunza River. Hier hat man an der Straße einen Gedenkstein errichtet, der darüber Auskunft gibt, dass gerade hier von Südwesten der Himalaja mit dem östlich und nordöstlich anschließenden Karakorum und dem westlichen Hindukusch zusammenstößt. Und genau hier macht der Indus überraschend seine merkwürdigste Biegung. Er kommt von Osten, die neue Richtung ist Süden, dann noch einmal Westen, nur um das große Nanga-Parbat-Massiv zu umfließen, und dann hält ihn nichts mehr von seinem Süd-Drang, bis er in das arabische Meer fließt, 1500 Kilometer weiter südlich. Die Pforte, durch die er Baltistan verlässt, ist eng, kaum dass man einen Durchlass sähe, wenn da nicht der reißende Strom wäre. Auch hier folgt die Straße nach Skardu dem Flusslauf, auch hier ist sie in den Fels gemeißelt, noch schmaler, noch gefährlicher, noch haarsträubender, noch mehr dem Steinschlag ausgesetzt und der Unterspülung.

Der Indus River

3. Kapitel: Reisen im Norden

Wer den KKH nach Norden vor hat, zielt meist auf Gilgit. Gilgit liegt auf dem breitesten Flachland im Umkreis von 500 Kilometern, deutlich sichtbar aus dem Weltall, wenn man das ganze Gebirge im Sichtfenster hat. Wo der Hunza in den Indus fließt, beginnt eine Strecke, die bis ins Hunzafürstentum ein Naturwunder der freundlicheren Art darbietet. Es sind große Flussoasen, die sich dank der hingebungsvollen Landarbeit vieler Generationen in den breiten Talauen erhalten haben. Grüne Flachen mit Kornfeldern und Fruchthainen. Manche nennen es ein Paradies und man weiß, warum, wenn man es einmal mit eigenen Augen erlebt und den KKH bis dahin überstanden hat.

Die Strecke davor hält einen Vergleich mit den kargen, wüsten Hochebenen Tibets wohl aus. Ob das immer so war, lässt sich schwer sagen. Man kann aber hier auf der Fahrt in den Norden schon erkennen, dass es natürliche Begrenzungen für eine Forstwirtschaft gibt. Das Klima wäre noch nicht einmal so lebensfeindlich, wenn es nicht den ständig durch das Industal fegenden Wind gäbe. Es ist im Sommer unerträglich heiß, im Winter bitterkalt. Jenseits von Gilgit, wenn man ins nördlicher gelegene Hunzagebiet kommt, wird es wieder erträglicher.

Große Gebietsteile der Nordregion, neben den großen Flüssen mit ihren Niederungen, liegen hoch, es gibt dort ausgedehnte Gletscher, Schnee bis in die Täler und bis spät ins Frühjahr, weit hinunter, alpine Matten, die von den zahlreichen Herden der Hirten abgegrast werden. Die Bevölkerung verfeuert Baumholz und läuft dafür kilometerweit; oft werden die Esel als Tragtiere für das Brennholz benutzt.

Der Bedarf an Holz in den Kommunen ist vielerorts größer als die Regenerationskapazität des Waldes. Auch Brücken und Gebäude werden mit dem Holz der Wälder gebaut. Wo soll da etwas Nennenswertes nachwachsen?

3. Kapitel: Reisen im Norden

Hinzu kommt Erosion, was sehr häufig zu beobachten ist, wie sich jeder Reisende vergewissern kann, wenn wieder einmal unmittelbar vor oder nach ihm eine Gesteinslawine herunterkommt. Zwar sind die Niederschläge oft gering, dafür die Hänge und Schluchten steil.

Ich verschlief einen guten Part des nächtlichen Streckenabschnittes unserer Reise nach Skardu, einer Busreise mit ein paar Pausen zum Austreten, zur Gebetsstunde und zum Einnehmen von Speisen und einer Fahrtzeit von mehr als 22 Stunden.

Ich weiß nicht, wie gefährlich die Reise zu früheren Zeiten war, entlang der Seidenstraße, als der Karakorum Highway noch nicht gebaut war. Vielleicht gab es hie und da die Gefahr von Überfällen durch Räuberbanden? Na und! Die gibt es heute auch noch! Vor allem im unteren Teilstück bis Chilas kommt es immer wieder vor, dass Banden, die mit Schnellfeuergewehren ausgerüstet sind, Busse überfallen. Sie freuen sich besonders, wenn sie auf reiche Touristen treffen, die viele Bardollars bei sich tragen.

Meistens kann nicht schneller als fünfzig oder sechzig Stundenkilometer gefahren werden, das kommt einem mit Recht halsbrecherisch schnell vor. Aber wegen der schwierigen Wegstrecken, Kurven, engen Übergänge über Schluchten und Flüsse, Brücken und Schlaglochbarrieren wird die Fahrt immer wieder verlangsamt oder zum Halt gezwungen. Der KKH ist eine leicht zugängliche Einnahmequelle für Wegelagerer. Deshalb haben sogar Einheimische eine eigene Karakorum-Highway-Polizei gefordert, weil die Räuber natürlich auch Geschäftsleute nicht unbehelligt lassen und Touristen abschrecken, die ihre Geldsäcke in den Tourismusressorts leeren sollten, nicht für Banditen. Sogar Konvois wurden schon überfallen. Wenn der vorderste Wagen überfallen wird, geht das so schnell, dass die

3. Kapitel: Reisen im Norden

hinteren nicht zu Hilfe kommen können. Ist es der hinterste, bekommen die andern es gar nicht erst mit. Die Wegstrecken sind kurvenreich und schlecht zu überblicken.

Der KKH ist zwar 1284 Kilometer lang, aber die meisten Überfälle finden zwischen Mansehra und Sust border checkpoint statt. Mittlerweile gibt es aber auch zwischen Gilgit und Hunza Valley Überfälle, was früher die ruhigste Wegstrecke war. Auch hier wurden erst vor kurzem Touristen überfallen und ein LKW-Fahrer getötet. Vor Mord schrecken diese modernen Wegelagerer nicht zurück. Bei einem Bus in Kohistan wurden drei Passagiere umgebracht und viele weitere schwer verletzt. So etwas wie eine Motorhighway Police gab es bereits zwischen Karachi und Hyderabad. Ihre Abwesenheit am KKH ermutigte die Banden, immer dreister zu werden. Aber wen jede Wolke schreckt, der wird nicht weit reisen.

Es ist vorstellbar, dass man sich früher, als man noch zu Fuß oder auf Pferderücken das Gebirge bereiste – nicht zu Schiff, denn der Indus ist nicht schiffbar – an manchen Abgründen nur mit Widerwillen vorbeidrückte und abends bei einem Tee freute, noch am Leben zu sein. Aber gut, heute ist das auch nicht anders, nur dass man bei der Abgründe verachtenden Raserei viel öfter die Kontrolle über das Gefährt verliert und der Reisende beinahe den Verstand, wenn nicht gleich das Leben.

Was für ein Abenteuer für einen Marco Polo, das große Gebirge zu durchqueren! Oder doch nicht! Er konnte sich alle Zeit der Welt nehmen und damals gab es keinen Hass auf die Europäer, die damals den Kapitalismus und Imperialismus noch nicht an solchen Völkern wie den Südasiatischen ausprobiert hatten. Marco Polo hatte es leicht! Welch ein absurdes Abenteuer heute dagegen!

3. Kapitel: Reisen im Norden

Ich halte es für absurd. Was ist absurd? Misstönend, unrein klingend? Ist es nicht komisch, dass man mit Mitteln, die im Zeitalter der Moderne das Leben erleichtern und verschnellern - geteerte Straßen und Automobile -, nichts Anderes erreicht, als das Leben leichter und schneller zu verlieren? So krachend und metallen klingend wie die Fortschrittssymbole über die Piste poltern, schießen sie dann auch übers Ziel hinaus in einen Abgrund, der verstümmelt und tötet, schlicht. Zu viel Rastlosigkeit, zu viel rascher Fortschrittsglaube. Das Eilen ist auch den Begierigen ein Harren. Eile geht dem Unglück entgegen. Wer Eile hat, reitet auf einem Esel, obwohl er ein Pferd gesattelt hat.

Aber diese Widersprüche nehmen Besitz von einem, sobald man sich ihnen ausliefert. Man hat nur noch abzuwägen, ob die Unwägbarkeiten eines Unfalls in Kauf genommen werden sollen, um überhaupt ans Ziel der Reise gelangen zu können, oder ob man Abstand nimmt und sich besser kalkulierbaren Risiken aussetzt, zum Beispiel eines Hotellifts in einem 5-Sterne-Hotel. Das Angebot an Transportmöglichkeiten des mittlerweile einundzwanzigsten Jahrhunderts soll genutzt werden. Aber das setzt voraus, dass der erforderliche technische Aufwand auch in Fragen der Sicherheit betrieben wird.

In Pakistan kann davon keine Rede sein und man fragt sich, ob es nicht besser wäre, wenn man sich in diesem Land nicht doch lieber nach Altväters Sitte fortbewegen würde. Das klingt vielleicht gehässig und ist sicher nicht praktikabel, aber ich wurde das Gefühl nicht los, dass in dieser Angelegenheit Pakistan ein fundamentales Defizit hat. Das Transportsystem in Pakistan ist lebensbedrohlich und im Norden, in den Gebirgsregionen, ist es ein Dauerlieferant für Friedhöfe und Krankenhäuser. Und weil es jeder Beschreibung spottet, muss man es sich selber anschauen, um sich davon eine Vorstellung machen zu können. Es ist absurd, weil es nicht in Gleichklang zu bringen ist mit dem gesunden Menschenverstand und seinem reichen Schatz an Überlebensstrategien, und es ist komisch, wenn auch gar nicht witzig, weil es alle Merkmale einer überzeichneten Wirklichkeitswahrnehmung hat. Und es ist irrational, weil es für all das, was geschieht, keine wirkliche Erklärung im Diesseits geben kann.

Der Pakistaner unterstreicht dies nur, wenn er zu allen Phänomenen nur „Inch` Allah!" sagt. Das erläutert er stets mit seiner Schicksalsgläubigkeit. Wenn Allah will, dass der Bus wegen defekter Bremsen tatsächlich – warum denn eigentlich! - auf ein Hindernis fährt, dann geschieht es eben. Und wenn Allah es nicht will – haben wir Recht gehabt, so zu rasen. Das „Inch` Allah" ist nicht bequem. Es ist in Wahrheit wie ein Fluch, der sich seiner Aussprecher bemächtigt, bis er sie zu Grunde gerichtet hat. Und das tut er oft und zuverlässig. Und dann ist das Gejammere groß. Gerade in den „Inch` Allah"-Ländern gibt es eine grandiose Klagekultur. Warum kann man dann die letzte Konsequenz, die man heraufbeschworen hat, nicht auch noch klaglos und gleichmütig hinnehmen?

Je länger ich mich dem Transportsystem Pakistans hingab, desto mehr fürchtete ich es. Es trat keine Gewöhnung ein. Das zeigt mir umso deutlicher, dass es im Übermaß irrational ist, im Unterschied etwa zum Bergsteigen, das sich gerade darin auszeichnet, Unwägbarkeiten möglichst auszuschließen. Kein Bergsteiger würde mit einem angefaulten Strick oder einem rostigen Karabiner losziehen. Aber hier gab es kaum ein Fahrzeug, Lkw, Bus, Jeep, sonstige Vehikel, die den TÜV ohne erhebliche Beanstandungen überstanden hätten. Gäbe es in Pakistan einen TÜV, würden schlagartig 99% aller Fahrzeuge von der Straße verschwinden. Wenn das mit der Korrumpierbarkeit der Beamten stimmte, wären sie allerdings 2

3. Kapitel: Reisen im Norden

Tage später alle wieder auf der Straße. Dementsprechend ist die Teilnahme am Verkehr auf Pakistans Straßen auch viel gefährlicher als das Bergsteigen.

Ich hatte an 5 verschiedenen Fahrzeugen eine Reifenpanne, eine Motorgeistaufgabe während der Fahrt, einen heftigen Zusammenstoß, einen leichten Zusammenstoß und einen nicht anspringenden Motor, was unter Umständen vielleicht das Beste ist, was ein Motor machen kann - einfach nicht anspringen, sehr ungefährlich, sehr sicher!

Der heftige Zusammenstoß hätte schlimm ausgehen können. Er hatte das Potential, sich einzureihen in die Endlosliste der in den Indus abgestürzten Busse. Das einzige Flugzeug, das ich besteigen wollte, blieb wegen eines technischen Schadens am Boden. Immer noch besser als wegen eines technischen Schadens herunterzukommen. Heruntergekommen sehen sie alle aus, auch die Flugzeuge.

Mittlerweile, habe ich den Verdacht, betrachten es viele Pakistaner im Norden als reinen Sport, vergleichbar dem Polospiel, wenn sie auf engen Straßen aufeinander zurasen.

Im Polo will man vor dem Anderen am Ball sein und so jagt man hart an der Steinmauer, die das Spielfeld umfriedet, entlang und bedrängt sich gegenseitig ohne Rücksicht auf Verluste. Das inspiriert Kriegernaturen. Ähnliches Kampfverhalten habe ich auf Mexikos Straßen erlebt, mit dem nicht unerheblichen Unterschied, dass dort die Gegend flach war, ein Abdrängen oder Abrutschen vom Straßenrand, häufig praktizierter Freizeitspaß, blieb ohne Folgen, wenn man einmal davon absieht, dass Vieh oder menschliche Fußgänger nicht selten tief betroffen auf der Strecke blieben. Ich sah, dass die Leute sehr findig darin waren, Fahrzeuge aus dem Straßengraben herauszuziehen. In Pakistans

3. Kapitel: Reisen im Norden

wildem Norden war das nicht möglich, weil der Straßengraben der Indus oder sonst irgendein reißender Strom war.

Hier in den Bergen nahmen die Fahrer keine Rücksicht darauf, dass sie ihr Fuhrwerk unmittelbar an einem Abyssus chauffierten. Die Pakistaner lieben es, den Faden, an dem ihr Leben hängt, haarscharf zu spalten. Das ist eigentlich unglaublich, aber anders lässt sich ihre Fahrweise nicht deuten. Mein Bergführer Hatam tat das Seinige, um mich weiter von der Schicksalsergebenheit der Nordmänner zu überzeugen. Er fragte mich doch tatsächlich: Warum nehmen die Bushfahrer auf dem KKH so viele Drogen?

Schon die Fragestellung empfand ich als beunruhigend. Hatam schaute mich an mit dem für solche Fragesteller typischen, voreilig triumphierenden Blick in den Augen.

„Vermutlich", sagte ich, „weil es dann weniger wehtut, wenn sie sich verfahren!"

Die richtige Antwort lautete: „Weil sie dann die Straße größer sehen!"

Es wurde Zeit, dass die Straße verbreitert wurde!

Ich habe das Kulturvolk der Sindh im Süden unter Verdacht, dass sie viel gemäßigter sind im Umgang mit ihren Fortbewegungsmitteln als ihre Vettern im Norden. Anders könnte ich mir nicht erklären, dass Pakistan in der Unfallstatistik nur an vierter Stelle weltweit steht. Es gibt nur oder immerhin drei Länder, wo es noch häufiger zu Unfällen kommt, und das sind alles afrikanische Staaten. Dass Nigeria, der Spitzenreiter, auch ein „Inch` Allah"-Land ist, verblüfft jedoch nicht. Während in entwickelten Industriestaaten ca. 5 Todesfälle pro 10.000 Fahrzeugen registriert werden, sind es in Pakistan 21 Mal so viele. Das weiß ich aus einem Bericht, in dem es nüchtern heißt: „Es ist ersichtlich, dass die Todesrate für

3. Kapitel: Reisen im Norden

Pakistan mit 105 pro Zehntausend die vierthöchste aller Länder ist und es scheint daher naheliegend, dass Verkehrsunfälle ein besonders schweres Problem in Pakistan darstellen."

Das scheint mir nicht so, denn schwere Probleme sind nur deshalb schwer, weil sie nicht leicht zu lösen sind. In Pakistan würde einfach langsames und vorsichtigeres Fahren helfen. Weiter heißt es in dem Bericht, dass die Zahl der Todesfälle pro 1 Million Fahrkilometern 16 Mal höher sei als in Großbritannien.

Man führte einen Test mit einer Anzahl Busfahrer durch, um festzustellen, warum es zu so vielen Unfällen kam. Man hätte sich den Test eigentlich sparen können. Ich hätte ihnen gleich sagen können, dass sie alle zu schnell fahren. Aber die, die den Test machten, waren Pakistaner. Wie können sie das wissen? Wie konnten sie als Außenstehende wissen, was der Balken in ihren Augen war?

Man führte den Test durch, anschließend unterwies man die Fahrer, was sie alles falsch gemacht hatten. Dann machte man den Test erneut und stellte fest, inwieweit die Unterweisung gefruchtet hatte. Bei der Teststrecke gab es eine Geschwindigkeitsbegrenzung. Ich habe diese Schilder oft am Straßenrand stehen sehen. Ich habe aber nie beobachtet, dass sie dazu führten, dass die Fahrer ihre Bedeutung wahrnahmen, geschweige denn umsetzten. Der Test bestätigte dies.

Stoppsignale gibt es im Gebirge selten. Vielleicht führt das dazu, dass die Fahrer ihre Bedeutung nicht kennen, zumal "Stop" englisch ist. Die Zeiten, wo man englischen Befehlen Folge leisten musste, waren die nicht vorbei?

Laut Test schon. Beim Überholen wurden folgende Fehler laut Test und laut meinen eigenen Beobachtungen gemacht: nicht geblinkt, zu dicht aufgefahren - sowohl auf den Vordermann als auch auf den Gegenverkehr -, Überholverbot missachtet,

3. Kapitel: Reisen im Norden

Rückspiegel nicht benutzt – klar, wo kein Spiegel, da kein Kläger!

Dass Bremsen, Lenkung und Gänge nicht vorschriftsmäßig funktionieren oder gleich überhaupt nicht funktionieren, gehört eher zu den überraschenden Ergebnissen des Tests. Im Bericht heißt es auch vorwurfsvoll zur Achtsamkeit des Fahrers „Observation inadequat" oder „falsche Position". Nun ja, wenn man mich fragt, haben sie alle eine falsche Position. **Alle Vehikel gehören in eine Werkstatt und die Werkstatt gehört versiegelt. Und die Fahrer gehören auf die Felder, wo sie mit Bullenkarren hantieren können. Ich könnte den Pakistanern genau sagen, wo sie ihre Positionen einnehmen sollten.**

Hier nun verbirgt sich eine Überraschung für alle Existenzialisten. Es gibt eine Berufsgruppe in Pakistan, die seit Jahren beweist, dass ein höheres Wesen existiert, das Anteil nimmt an den Geschicken der Menschen. Der Deismus ist widerlegt! Außerhalb von Pakistan hat das keiner bemerkt. Aber es verdient, bemerkt zu werden. Bemerkenswert ist auch, dass nicht bemerkt wurde, dass es sich um einen Gottesbeweis handelt. Der Berufsstand, von dem ich rede, ist sich zwar selber durchaus bewusst, dass das, was er ausübt, im Falle, dass es gelingt, von der wohlwollenden Aktivität Gottes, den sie Allah nennen, völlig abhängt. Er redet aber dennoch nicht davon, weil er davon ausgeht, dass Allah bei jeder Tagesarbeit seine Güte fließen lässt, oder auch nicht. Das stets dazu passende geflügelte Wort lautet „Inch` Allah", was zu deutsch etwa mit „so Gott will" übersetzt werden kann und genauer gesagt bedeutet, wenn Gott will, geht alles gut, wenn nicht, dann war das Schicksal und man konnte sowieso nichts dagegen tun. Es entspricht alles dem Ratschlag Allahs. Es ist der Berufsstand der Transporteure in Person der Fahrzeugführer, insbesondere derer, die stets in Eile und dabei auch noch rastlos sind oder es sich zumindest vorstellen. Sie fordern unablässig das Schicksal heraus – in unseren Augen, nach ihrem Glauben tun sie das keinesfalls! Sie bringen es allenfalls in Erfahrung, aber nicht mit einer ausgeprägten Neugier, es entspricht ja der Alltagserfahrung, die ihnen nicht einmal das Zugeständnis über die Lippen gleiten lässt, „heute haben wir wieder einmal Glück gehabt".

Und sie haben Recht, denn so viel Glück kann man gar nicht haben. Es ist nicht gerechtfertigt, hier von Glück zu reden. Es passieren viele Unfälle in den Bergen. Das haben wir schon anhand der Statistik festgestellt. Nein, das haben wir *nicht* wirklich festgestellt. Und Tests zeigen auch nur, wie oft in Tests zu schnell gefahren worden ist. Was sich aber wirklich auf Pakistans Straßen abspielt, weiß man nur, wenn man dabei war. Und dann weiß man, dass sehr wenige Unfälle passieren, im Vergleich zu den für Unfälle günstigen Verhältnissen, die es in den Bergen Pakistans reichlich gibt.

Das qualifiziert den Motorsport als Volkssport Nummer 1. Und man glaubt es, sobald man nur einmal zusieht, mit was für einem Können dieser Sport ausgeübt wird. Ein erheblicher Prozentsatz der Fahrer, wie ich bei mindestens zwei Dutzend von ihnen über Stunden beobachten konnte, ist entweder verrückt oder sehr begabt oder, was ich eher glaube, beides. Das ist nicht einfach so dahergeredet.

Ich will das erläutern. Wären die Fahrer nicht begabt, wären sie bei dem von ihnen praktizierten Fahrstil schon längst von einer der Bergstraßen abgestürzt, in irgend eine Schlucht gefallen, von einem Fluss verschluckt, von einem Felsen erschlagen... Warum sollten sie dann verrückt sein? Sie halten sich für die guten Fahrer, die sie sind, sie haben das Fahrzeug und die Strecke, wie sie selbst behaupten, jederzeit im Griff!

3. Kapitel: Reisen im Norden

Sie sind dennoch verrückt, weil sie sich mit einem stets nachweislich schlecht gewarteten Fahrzeug, sei es Pkw, Jeep, Bus, Lkw, mit bis auf die Profiltiefe Null abgefahrenen Reifen und vollbesetzt, weil sie sonst gar nicht erst abfahren, zusätzlich oft noch überladen mit auf dem Dach verzurrtem Gepäck und Dachsitzern auf eine Reise mit unsicherem Ausgang machen. Und das bekümmert sie nicht im Geringsten! Doch damit nicht genug, dieser schwankende Kahn der Landstraße, leck und gebrechlich, wird dann auch noch mit geteilter Aufmerksamkeit durch die riffgesäumten Fluten und trügerischen Untiefen – seien es Schlaglöcher oder Geröllfelder – gesteuert, immer leicht schleudernd mit unberechenbarem Bremsverhalten, jedenfalls immer mit überhöhter Geschwindigkeit, gänzlich unabhängig von der Straßenbeschaffenheit, oder besser gesagt Beschaffenheit des Untergrundes, unbeeindruckt von der Streckenführung, von Steilheit, Gefälle, Kurvenwinkel und dafür mit Geringschätzung gegenüber den ungenügend untermauerten Straßenrändern, den erodierenden Überhängen, den klaffenden Steilabfällen und brüchigen Klippen. **Wenn die Abgründe gähnen – dann gähnt man eben zurück.**

Die schlechten Straßen sind immerhin vorhanden, wenn auch nur zum Teil, stückweise, unfertig zusammengeschustert. Der Mensch baut unermüdlich – manchmal auch ab; die Natur baut ebenfalls ab, dieser Prozess ist im Gebirge tagtäglich zu verfolgen. Und weil die Fahrer unter diesen Voraussetzungen so fahren, wie sie fahren, können sie nur verrückt sein. Ihre Fähigkeiten mögen noch so außergewöhnlich sein. Wie in den Bergen Pakistans gefahren wird, spottet jeder Verantwortung. Würde man einen Rallyefahrer hinter das Steuer eines Jeeps setzen und gegen einen hiesigen Jungfahrer antreten lassen, gäbe es unzählige Strecken, auf denen schon bei der ersten gefährlichen Kurve der vernunftbegabte Familienvater vom Gas gehen und weit zurückfallen würde.

3. Kapitel: Reisen im Norden

Es gibt in der Nordprovinz und in der Nordwestprovinz, insoweit sie im Gebirge liegen, ausschließlich Strecken, die gefährlich sind, weil sie zumindest durch die Fahrweise gefährlich sind, die irgendwie mit dem Untergrund verwachsen zu sein scheint. Oder in den Menschen wurzelt, die aus dem Boden herausgewachsen sind. Aus Staub ist der Mensch gemacht, aber auch wenn er wieder zu Staub zurückkehrt, muss es nicht über Gebühr dahingehen, wo er hergekommen ist.

Viele Strecken wären auch für Fahrzeuge mit Schritttempo riskant, da sie steinschlag- oder erosionsgefährdet sind. Sie sind teils nur notdürftig befestigt, steinschlagfreudig – alles Aussagen, die ich persönlich bestätigen kann. Und gerade da, wo sich dem Berg keine Trasse in ausreichender Breite abgewinnen ließ, ist sie künstlich und hoffentlich auch kunstreich untermauert. Das bricht auch hin und wieder weg.

Wann immer wir über solche Stellen fuhren, fragte ich mich unvermeidlich, ob sie hielt oder nicht. Ich bin jedoch überzeugt, dass ich stets der Einzige im Gefährt war, der sich solchen Überlegungen hingab. Wer schlicht denkt, hat tausendmal Recht und dann kostet es ihn das Leben.

Zu allem Überfluss kommen im Gebirge auch 180-Grad-Kurven, deren enge Fahrbahnführung den Wendekreis eines Jeeps überfordert. Solche Straßen würde man bei uns gar nicht bauen. In so einem Fall fährt man, ich meine der Pakistaner, in die Kurve hinein, hält an, fährt ein Stück zurück mit einem entsprechenden Lenkradeinschlag, um dann wieder vorwärts zu fahren und eventuell, wenn es noch nicht herum reicht, wieder zurückzukurven. Das hört sich an wie Einparken, bei welchem man allenfalls Gefahr läuft, gegen ein anderes Auto zu stoßen. **Hier hat man aber keine Stoßstange vor sich, sondern – nichts. Und in dieses Nichts kann man vorstoßen.**

3. Kapitel: Reisen im Norden

Wenn man das zu heftig macht, stürzt man ab, denn 180-Grad-Kurven werden meistens da gebaut, wo man wenig Platz hat, am Berg eben oder entlang eines Flusses. Immer da, wo die Landschaft senkrecht ist. Meistens fahren die Fahrer bis einen Meter oder noch weniger an den Fahrbahnrand, bzw. an die Senkrechte, bis sie zurückstoßen. Aber wehe, sie bekommen den Rückwärtsgang nicht zu fassen. Da knackt es im Gestänge und man sieht es dem Fahrer an, dass er auf eine Eingebung oder ein Zeichen des Getriebes lauscht, dann gibt er vorsichtig Gas und das Vehikel bockt wiederum, noch ein letztes Mal, wie man deutlich sehen kann, ein Stück nach vorne, denn jetzt steht es direkt am Abgrund. Er hat nur noch einen Versuch und der muss ihn fündig machen! Wenn alle Stricke reißen, findet man so den Tod. Ich vergaß zu sagen, dass die Fahrer kaltblütige Menschen sind.

Ich habe das mehrmals miterlebt und bin nur beim ersten Mal wie gebannt und fasziniert sitzen geblieben, dann aber ausgestiegen und erst nach der Kurve wieder eingestiegen. Das oben beschriebene Manöver war aber noch steigerungsfähig. Man ist ja im Gebirge und das bedeutet Steilheit des Geländes und Steilheit der Straße. Man muss also, wenn man das Fahrzeug um die Kurve herumkriegen will, nicht nur den richtigen Gang erwischen, sondern auch noch rechtzeitig Bremsen und Gas geben, weil sonst das Fahrzeug weiterrollt, immer zu auf die seilfreie Vertikale. Um dieses Problem zu lösen, steigt ein Beifahrer aus, nimmt einen Stein und legt ihn hinter oder vor das Rad, je nachdem wohin das Rad gerade nicht rollen soll. Ich weiß, wie man das macht, denn ich habe mich an diesen bewährten Vorsorgemaßnahmen beteiligt. Nie habe ich so gerne Steine geschleppt! Trotz alledem war es ziemlich nervenzerfetzend zu erleben, wie die Jeeps herumlaviert wurden, immer kurz vor dem Absturz, eine Sekunde vor der

3. Kapitel: Reisen im Norden

Ewigkeit! Ich wollte nicht in der Haut des Fahrers stecken. Er vermutlich auch nicht immer!

Dass auch die Nebenstrecken gefährlich sind, sieht man an folgenden Zeitungsmeldungen, aus denen außerdem hervorgeht, dass es in der Nähe von Chitral innerhalb von drei Monaten zu drei schweren Unfällen kam. Auffällig ist, dass die Namen der Frauen nicht erwähnt werden. Frauen haben im Islam nur Wert in Verbindung mit einem Mann.

„CHITRAL: Mai 17: Nicht weniger als 13 Passagiere wurden schwer verletzt in einem Verkehrsunfall wegen überhöhter Geschwindigkeit. Der Fahrer wurde angezeigt. Ein Bus war auf dem Weg von Chitral nach Drosh. Bei Broze versuchte der Fahrer rücksichtslos, ein anderes Fahrzeug zu überholen. Infolge davon kam es zu einem Zusammenstoß. Die Verletzten wurden ins Chitral Hospital gebracht. Es handelt sich um Nasirullah, Sohn des Muhammad Iqbal, 16 Jahre alt, wohnhaft in Gahriat, Said Umar, Sohn des Umar, 30 Jahre alt, wohnhaft in Dir, Gul Pari, 40 Jahre alt, von Chumurkon, Zaheer Khan, Sohn des Namakeen Khan (Flying coach Driver), 35 Jahre alt von Ayun, die Frau des Sher Bahader, 40 Jahre alt von Bumborate, die Frau des Said Amir, 50 Jahre alt von Bumborate, Mohammad Noor, 55 Jahre alt von Nooristan (Afghanistan), Azeem Khan, Sohn des Azam Khan, 55 Jahre alt von Chekdam Drosh, die Frau des Israr Ahmad, 26 Jahre alt von Drosh und die Frau des Mohammed Noor, 40 Jahre alt von Dameel."

„CHITRAL 27 Juni: Eine Person starb, eine weitere wurde schwer verletzt bei einem Verkehrsunfall in der Nähe von Drosh. Der verletzte wurde zum Tehsil Headquarters Hospital in Drosh gebracht. Sein Zustand ist kritisch. Ein Jeep hatte Sand vom Shishi kooh valley nach Drosh transportiert. Als er die Shishi Brücke auf der Hauptstraße nach Chitral erreichte, geriet er außer Kontrolle und fiel in eine tiefe Schlucht. Mahmud ul

3. Kapitel: Reisen im Norden

Hassan, Sohn des in Dadkhandori Drosh wohnhaften Zahir Shah, war sofort tot."

„CHITRAL, 27 Juli: Vier Personen wurden schwer verletzt, als ihr Jeep in eine tiefe Schlucht fiel in Rumboor Kalsh Valley. Zu den Verletzten gehören Zoran Khan, Sahib Zada, Fazal Din."

Ich möchte ein paar Fahrstrecken vorstellen, die Touristen im Norden Pakistans bevorzugt kennenlernen können. Dabei stelle ich eine persönliche Rangliste auf. Ich bin mir nicht sicher, ob sich am Schwierigkeitsgrad der Bewältigung in den nächsten Jahren sehr viel ändern wird. Mit Ausnahme des KKH, der verbreitert werden soll.

Die Strecke Islamabad - Gilgit, die sicherlich meist befahrene und bekannteste Strecke in der Nordprovinz, habe ich dreimal befahren, einmal hoch und zweimal runter. Das war zweimal zu viel, denn man soll das Schicksal nicht herausfordern. Jeder, der von Pakistan in den Norden oder in die zentralasiatischen Staaten gelangen will, benutzt diese Route. Sie wird auch nachts befahren, was zusätzliche Gefahren birgt, wenn man unvermittelt mit einem Straßenabbruch konfrontiert wird oder ein liegen gebliebenes, nicht ausreichend beleuchtetes Fahrzeug als Hindernis auftaucht.

Die Fahrtzeit nach Gilgit beträgt ca. 18. Stunden, verteilt auf zwei Fahrer, wobei der Schlaf des einen auf der durchrüttelnden Strecke nicht sehr tief sein kann. Das kann man daran erkennen, dass er sich die meiste Zeit mit dem Fahrer und anderen Reisenden unterhält. Die Fahrt herunter ist riskanter, weil sie in einem größeren Tempo durchgeführt wird.

Die lange Fahrtzeit mit wenigen Unterbrechungen verlangt ein ständiges Konzentrieren auf die Strecke. Es ist zwar von Vorteil, wenn man die Strecke schon ein paar Mal gefahren ist, da sie sich aber ständig verändert, wäre es gefährlich, sie aus bloßer

3. Kapitel: Reisen im Norden

Gewohnheit bewältigen zu wollen. Natürlich blieb uns schon auf der ersten Fahrt eine Panne nicht versagt. Der rechte Hinterreifen war platt und musste auf freier Strecke repariert werden. Zum Glück hatte sich der Plattfuß schleichend bemerkbar gemacht. Man sieht oft unterwegs solche Zwischenstopps, bei denen die Fahrzeuge eine Panne haben oder einfach nur mit anderen zusammengestoßen sind.

Auch der KKH ist meistens gerade so breit, dass zwei Busse aneinander vorbeifahren können, oft genug reicht es aber nicht einmal dazu und man muss an einer geeigneten Stelle sein Tempo zügeln. Für mich bedeutete die Fahrt das Industal hinauf den ersten Vorgeschmack auf die riskante Fahrweise der Pakistaner.

Es kam jedoch noch schlimmer auf der zweiten Etappe, denn mein Bus brachte mich direkt nach Skardu, der Hauptstadt Baltistans. Und das bedeutete, dass ich, anstatt dem KKH weiter nach Norden zu folgen, mit dem Indus nach rechts abbog. Man überquert dazu 30 km vor Gilgit auf der Alam Brücke den Hunza River, der ein wenig weiter unten in den Indus mündet. Dann geht es in einer engen Felsschlucht noch einmal über 100 Kilometer, ehe sich das Tal in 2600 Metern Höhe bei Skardu öffnet. Hier ist als Reisender nicht mehr an Schlaf zu denken. Die Straße ist noch enger, hat noch mehr Kurven, die stets herausfordernd sind, besonders bei Gegenverkehr. Immer geht es am Rand des Steilabfalls vorbei. Wer dann auch noch links sitzt, bekommt manche Tiefblicke, auf die er lieber verzichten würde. Es ist immer von Vorteil, auf der Bergseite zu fahren.

Ich sah zwei zerschellte Busse unten liegen. Immerhin war auch dies eine geteerte Straße. Hatam ließ mich wissen, dass sie auch im Winter befahren wurde, wenn ringsum meterhoch Schnee lag. Schneeketten? Eigneten sich nur fürs Schritttempo! Es gab auf jeden Fall auch hier noch eine Steigerung. Als ich schon wieder bei Tageslicht hier unterwegs war, nahm ich mir vor, für die Rückfahrt von Skardu nach Gilgit ein Taxi ernsthaft in Erwägung zu ziehen.

Manche Menschen geben viel Geld aus, um einen Nervenkitzel zu haben. Sie stürzen sich am Gummiseil von Brücken herunter, springen mit Fallschirmen von Türmen und Felsvorsprüngen in die Tiefe, schwimmen im Wildwasser, klettern an Wasserfällen oder geben sich anderen Nervenkitzeln hin, die nur mit einigem Aufwand erhältlich sind. Dabei kann man schon für wenige Dollar ein Erlebnis in den Bergen und auf den Straßen Pakistans haben, das sich einem tief ins Gedächtnis einprägt und kaum Wünsche für Lebensmüde offenlässt. Und welche Quelle der Inspiration zugleich! Was einem alles durch den Kopf geht! Man denkt sogar über den Sinn des Lebens nach, weil man spürt, wie sehr man daran hängt, und weil man sieht, wie wenig Andere daran zu hängen scheinen. Ein Widerspruch, der gelebt sein will. Man sollte dennoch immer mehr Geld ausgeben für das bloße Überleben als für das Risiko, das Leben zu riskieren.

Die Strecke zwischen dem Hunzagebiet und Gilgit nimmt in meiner persönlichen Rangliste nur deshalb einen bevorzugten Rang ein, weil ich es hier mit einem besonderen Fahrer zu tun hatte. Eigentlich ist gerade dieser Streckenabschnitt des KKH der ungefährlichste, weil man es mit einer breiten Straße zu tun hat und die Trasse meistens durch die breite Flussebene des Hunza River oder wenig darüber führt.

Diese Abwechslung in den Umweltverhältnissen scheinen aber die Fahrer sehr gerne dankbar anzunehmen, denn nun meinen sie, Gas geben zu können, was das Zeug hält. Hunza liegt auf 2400 Metern und somit 800 Meter höher als Gilgit. Die Fahrt bergab wirkt zusätzlich beschleunigend. Es ist geradezu halsbrecherisch, wie mein Kleinbus hinunterfegte und dabei langsamere Fahrzeuge überholte. Es kam vor, dass er sogar

3. Kapitel: Reisen im Norden

überholende Busse überholte. Dazu war eigentlich kein Platz, aber mein Fahrer wusste, ihn sich zu beschaffen unter Einbezugnahme der Fahrbahnbegrenzung und natürlichen Ausbuchtungen. Er brachte mich dazu, im Bus lautstark mein Missfallen kundzutun. Das hatte bisher noch keiner geschafft. Das war eine Weltneuheit. Und zwar mehrmals. Und wenn ich schwören würde, würde ich schwören, dass ich selber ein verwegener Fahrer bin – wenn es die Verhältnisse erlauben und keine Gefahr droht. Hier erlaubten es die Verhältnisse nicht und die Gefahr hatte sich zu einer Wand verdichtet. Ich versichere, der Spruch, wer tugendhaft sein Leben zugebracht, sagt einst mit Freuden gute Nacht, stimmt nicht.

Ich musste mich zu meinen Unmutsäußerungen nicht anstrengen, es kam ungezwungen aus mir heraus. Das alles beunruhigte meine Mitfahrer nicht. Und der Fahrer fühlte sich eher angespornt.

Ganz ähnliche Erfahrungen machte ich zwischen Gilgit und Gupis, das Ghizertal hinauf. Aber da ging es wieder bergauf, was die Geschwindigkeit verminderte, dafür aber den Überholvorgang verlängerte und so auch manche problematische Situation heraufbeschwor, die aber Fahrer und Reisende mit stoischem Gleichmut auf sich zukommen und vorübergehen sahen. Können so viele beherrschte Männer irren? Als Historiker sage ich ja. Denn alle Herrschaft hat einmal ein End`. Viele beherrschte Männer in einem Wirtshaus, kommen auch nicht nüchtern heraus. **Herrschaft ohne Verstand hat nicht lange Bestand**.

Die beiden vorderen Plätze meiner Rangfolge nehmen Jeepfahrten ein. Von Skardu ging es vier Stunden zuerst harmlos durch das Shigar Tal und dann durch die Schlucht des Baraldo River nach Askole. In Shigar endet auch die geteerte Straße und es beginnt eine Staubpiste. Die Strecke entlang dem Baraldo enthält das Teilstück, das häufiges Rangieren auf engstem Raum und in Hanglage erforderlich machte. Ich reduzierte mein persönliches Risiko, indem ich rechtzeitig den Jeep verließ und Steine schleppte.

Die Hinfahrt erledigte ein junger Kerl, der mir nicht den sichersten Eindruck machte. Kurz vor Askole geht es noch einmal steil nach oben. Die Abgründe sind hier nicht mehr ganz so frappierend, dafür ist der Berg steil genug, um einen vollbeladenen Jeep mit abgefahrenen Reifen zum Scheitern zu bringen. Wir waren alle bis auf den Fahrer ausgestiegen, aber die Räder vermochten keinen Halt im lockeren Untergrund zu finden. Es blieb nichts Anderes übrig, als einen Teil der Ladung auszuladen und auf Esel umzuladen. Ich hatte mich aber bereits auf den Weg gemacht und erreichte zu Fuß Askole. Erst eine Stunde später trafen die Anderen ein. Man spart meist viel Zeit, wenn man nicht zu Fuß geht und sich der trügerischen Schnelligkeit eines fahrbaren Untersatzes anvertraut. Aber manchmal hat man so viel Zeit gespart, dass keine übrig bleibt. Dann ist man tot und hat alle Zeit der Welt – verspielt. Kurz ist die Zeit – schnell ist der Tod. Auf Eilen folgt Irrtum und Reue.

3. Kapitel: Reisen im Norden

Shigar Valley

Der Spitzenreiter meiner Hitliste der „Most thrilling drives", der am meisten beunruhigenden Fahrten im Bergland Pakistans, ist die Jeepfahrt von der Raikot Bridge nach Jheel. Das ist eine relativ kurze Strecke, unter 2 Stunden. Aber die hat es in sich, es geht steil nach oben und immer am Abgrund vorbei. Hundert oder zweihundert Meter tiefer rauscht der Raikot Gah, das Gletscherwasser des Nanga Parbat. Die Piste ist zudem gerade so breit, dass ein Fahrzeug fahren kann, nur eines, wohlgemerkt. Und oft nur im Schritttempo, da ein kleiner Fehler den sofortigen Absturz zur Folge hat. Die Fahrspur ist stellenweise mit der Gesamtbreite des ebenen Raumes nahezu identisch. Es gibt Ausweichbuchten alle hundert Meter, was bedeuten kann, dass ein Fahrzeug ein bedenkliches Stück rückwärtsfahren muss.

Man könnte einwenden, was treibt einen dazu, diese Fahrt zu unternehmen, zumal die meiste Zeit nicht viel schneller gefahren wird, als ein Wanderer läuft? Wäre es nicht besser, zu laufen?

3. Kapitel: Reisen im Norden

Das Klima ist jedoch zwischen Raikot Bridge und Jheel höllisch. Da gibt es keinen Schatten, da wächst nichts. Die meiste Zeit im Sommer ist es tagsüber trocken und heiß. Jeder, der hier die Strecke zu Fuß nehmen möchte, muss unbedingt in guter körperlicher Verfassung sein. Er kommt dann erschöpft am Ziel an und benötigt mindestens einen weiteren Tag der Anreise, denn er muss von Jheel aus ohnehin zu Fuß weiter.

Ich hatte mir den Jeep an der Raikot Bridge samt Fahrer gemietet. Man hat keine andere Wahl, als einen Angehörigen vom Stamme der Shin zu akzeptieren, die hier ein Monopol auf die Beförderung haben. Das haben sie sich erkämpft. Dafür bekommt man einen todesmutigen Fahrer.

Erstmals war klar auszumachen, dass ein Fahrer in Pakistans Hochland, hier ein auffallend junger Mann, der einen strengen, unfreundlichen Eindruck machte, hoch konzentriert zur Sache ging, sobald wir ein paar hundert Meter höher waren und das Abenteuer begann. Aber sein Äußeres wirkte beruhigend, denn vorsichtige und aufmerksame Fahrweise waren Grundvoraussetzung zum Überleben. Es war schon vier Jahre her, als der letzte Jeep drei Touristen mit dem Fahrer in den Tod gerissen hatte.

Ich brauchte lange, bis ich begriff, was eigentlich vor sich ging. Ich versuchte, die Situation gedanklich in den Griff zu bekommen. Und das war der Fehler, sonst hätte ich schon viel früher, die angesichts der haarsträubenden Fahrstrecke fälligen Sicherheitsvorkehrungen getroffen. Sie bestanden darin, dass ich mich auf den leicht erhöhten Rücksitz des offenen Jeeps setzte und bergseitig die Füße über Bord hängen ließ, sodass ich mich beim leisesten Verdacht auf eine unvorhergesehene Neigung des Fahrzeugs zum Abgrund hin, die nicht mehr behebbar sein würde, nach draußen begeben würde. Ich war sehr aufmerksam und kann nur jedem raten, der die gleiche Strecke befährt, das

3. Kapitel: Reisen im Norden

Gleiche zu tun. Ich bezweifle aber, dass jeder wirklich begreift, auf was er sich da einlässt.

Auf der Rückfahrt ein paar Tage später, fragte ein alter Mann mit Spitzhacke, ob er mitfahren dürfte. Ich gestattete es. Als er dann aber damit anfing, ein lebhaftes Gespräch mit meinem Fahrer zu beginnen, fackelte ich nicht lange und untersagte es ihm. Ich versuchte, es ihm zu erklären, aber es blieb unklar, ob er es verstand. Ich galt nun vielleicht als unfreundlicher Westler und respektloser Christ, aber mein Überleben war mir wichtiger.

Wir fuhren ein Stück weiter, worauf er erneut anfing. Er hatte es *nicht* verstanden! Ich wiederholte die Worte, die ja immerhin nicht meine letzten sein sollten. Jede Ablenkung meines Fahrers war absolut nicht tolerierbar. Mochte sein, dass das die Einheimischen mit ihrer Schicksalverbundenheit anders sahen.

Wir waren beinahe unten, als uns ein Jeep entgegenkam, in dem eine Familie Pakistaner drinsaß. Offenbar Pandschabis und gut betucht, wie man an dem guten Tuch, das sie trugen, unschwer wahrnehmen konnte. Mann und Frau Anfang vierzig, Junge und ein Mädchen im Kindesalter, alle gut gelaunt. Noch! Ob sie die Fahrt durchstehen würden? Ich hätte abgeraten, sie weiter fortzusetzen. Nicht dass man mit einem Absturz rechnen musste, aber können die Kinder das psychisch verkraften?

Auf diesem Bergweg nähert man sich dem Nanga Parbat von der Nordseite her. Die meisten Touristen, die den Nanga Parbat besuchen, nehmen diesen Weg, weil man vom KKH nur einen halben Tag benötigt bis zur Aussichtslodge. Dazu kommen die Bergsteiger, die den Berg auf dem früheren Normalweg besteigen wollen.

In manchen Reiseberichten findet man die Anfahrt als „haarsträubend" wieder, andere erwähnen sie gar nicht. Die Besteigung eines Achttausenders ist ja auch eine große Sache.

3. Kapitel: Reisen im Norden

Besonders der Nanga Parbat, als so genannter Killerberg, ist nur unter erheblichen Risiken zu besteigen. Immer wieder fordern unvorhersehbare Lawinen ihre Opfer. Unter diesen Gesichtspunkten ist es verständlich, dass eineinhalb Stunden Anfahrt auf einer Hochstraße schnell der Vergessenheit anheimgegeben werden. Und dennoch war es vielleicht auch gerade für die Gipfelaspiranten, die von Lawinen verschont geblieben sind, das gefährlichste Stück ihrer Reise von der Raikot Bridge bis zum Dorf Jheel. Am Berg sichert man sich an einem Seil. Im Jeep sitzt man in der Falle. Die Bremsen müssen funktionieren und der Fahrer darf kein Selbstmordattentäter sein. Beinahe ein bisschen viel an Voraussetzungen!

Verschweigen möchte ich nicht, dass ich mit Kleinbussen noch tiefer in das Karakorum hineingefahren bin, von Skardu nach Khaplu und zurück. Das waren die angenehmsten Fahrten überhaupt. Aber gerade hier rammte uns ein Jeep. Glücklicherweise geschah es an einer Stelle, die etwas breiter war, bevor sie zum Fluss hin steil abfiel. Fünfzig Schritte weiter hinten oder vorne wäre der Jeep, der flussseitig fuhr, womöglich in die Fluten gestürzt.

Ich war gerade eingenickt. Ich saß rechts, also auf der Seite des Gegenverkehrs - ein Wort, das bald in erschreckender Weise seine eigentliche Bedeutung offenbarte. Und schon geschah es - plötzlich ließ es einen lauten Schlag und unser Kleinbus landete schräg über die Hinterachse schleudernd über einer Bodenwelle am Straßenrand. Alles stieg aus. Sofort schrien sich die beiden Fahrer an und beschuldigten sich gegenseitig und wild herumfuchtelnd.

Ich nahm verdutzt zur Kenntnis, dass genau an der Stelle, wo ich gesessen hatte, eine tiefe Furche in der blechernen Seite unseres Busses aufgetaucht war. Hier war der Jeep, dessen Vorderteil ziemlich lädiert aussah, aufgestoßen. Der Aufprall musste etwa

3. Kapitel: Reisen im Norden

da gewesen sein, wo mein rechtes Knie jenseits des dünnen Blechs mit der knappen Isolierung aus Schaumstoff, gewesen wäre, wenn ich nicht der Bequemlichkeit halber die Beine hochgelegt hätte. Wieder drinnen sah ich neben meinem Sitz die Beule und das Futter, das herauslugte.

Unser rechtes Hinterrad wurde ausgetauscht. Der Jeep musste stehenbleiben. Die Lenkungssäule war gebrochen. Ein Rad zerstört. Verletzt war glücklicherweise niemand. Man einigte sich unter Zuspruch der Fahrgäste, dass beide gleich Schuld hatten, weil sie beide zu weit in der Mitte gefahren waren. Das war witzig, denn weiter außen konnten beide eben nicht fahren, ohne mit dem Rad über den Straßenrand hinauszugelangen, an der Felswand zu schrammen oder in den Fluss abzutauchen.

Meine Ursachenforschung hatte etwas Anderes zu sagen: sie waren beide zu schnell gefahren. Ich war nur der Einzige, der das wahrzunehmen überhaupt noch in der Lage war. Auch mich fragte man nach meiner Meinung, vielleicht aus Neugier, wie das ein Ungläubiger beurteilte. Die Leute hier fahren zu schnell, sagte ich ohne Pathos. Man nickte zustimmend, als ob ich etwas herausgefunden hätte, an das niemand gedacht hätte. Ein westlich gekleideter Balti aus Khaplu erinnerte mich ganz frohgemut, was ich noch gesagt hatte, kurz bevor ich eingenickt war. Es war das letzte, was ich gesagt hatte und es hätte ebenso gut das letzte überhaupt sein können. Wir hatten uns über die Fahrweise der Busfahrer unterhalten und ich hatte noch mit lauter Stimme, halb vom Sitz erhoben, aber eben doch in für die meisten unverständlichem Englisch gesagt: „Wer die Meinung hat, dass wir zu schnell unterwegs sind, soll es jetzt sagen oder für immer schweigen!" Theatralische Auftritte sind selten mein Fall, ich gehe daher davon aus, dass mich eine prophetische Vorahnung dazu getrieben hatte. Dann hatte ich mich hingesetzt und zu dem Balti und Hatam gesagt: „Es ist nur eine Frage der

3. Kapitel: Reisen im Norden

Zeit, wann wir für immer schweigen, wenn wir so weiterfahren!"

Es war kaum 5 Minuten später, als der Unfall geschah. „Nein", sagte ich zu Hatam, „das war nicht prophetisch, das war nüchterne Kalkulation. Die meisten zutreffenden Voraussagen gehen auf eine saubere Rechnung zurück."

Noch ein Wort zu den Brücken, die in Pakistans Norden sehr zahlreich vorhanden sind, denn jeder Fluss muss mehrmals an jeder geeigneten und zusätzlich an vielen weniger geeigneten Stellen überquerbar gemacht sein, glauben die Hochländer, die ja von reißenden Flüssen und Sturzbächen umgeben sind.

Die Bewohner im Norden Pakistans lieben Brücken und manchmal kam es mir so vor, dass sie einfach damit anfangen, eine Brücke zu bauen, wenn ihnen danach zumute ist oder wenn sie einfach nichts Besseres zu tun haben. Was gibt es Besseres, als eine Brücke zu bauen? Und wenn sie fertig ist, ist sie schön anzusehen und befriedigt das Auge. Selbst wenn man nicht gezwungen ist, sie zu überqueren. Ja selbst, wenn sie nicht sicher gebaut ist, denn dann geht man über die Brücke, die ein paar Schritte weiter weg den Fluss oder die Schlucht überspannt.

Was die Armee beim Rückzug in die Luft sprengt, muss zudem etwas Nützliches und Wichtiges sein. Aber etliche Brücken kann man stehen lassen, weil sie sowieso nicht geeignet sind, sie zu überqueren. Gut, vielleicht muss man dennoch nicht unbedingt neben einer befahrbaren Brücke noch einen Fußgängerüberweg bauen. Zugegeben, meistens ist der letztere der Ältere, was doch schon Einiges erklärt. Viele Brücken sehen nicht sehr vertrauensbildend aus. Aber das ist auch nicht ihre Aufgabe. Sie sollen ja nur halten. Aber das ist die Gretchenfrage und eine andere ist, wie man hinüberkommen soll. Von hüben nach

3. Kapitel: Reisen im Norden

drüben? Wenn es so einfach wäre! Hier galt: Je mehr die Brücke wankt, desto rascher muss man drübergehen. Andererseits, wer auf einer alten Brücke rennt, ist wie einer, der eine Frau nimmt, die er nicht kennt. Ich habe festgestellt, dass der Spruch, der für Bergsteiger so wichtig ist: zu sagen, dass man übern Berg ist, auch für die Brücken richtig ist. Wichtig ist, dass man rüberkommt. Und zwar am besten zu Fuß. Ja, auch die beste Brücke tritt man mit Füßen. Aber es sind alles gute Brücken, denn die schlechten sind schon weggespült und zusammengebrochen.

Die Konstruktionen sind pittoresk, kühn – manchmal auch tolldreist, und scheinen stets belastbarer, als der schmale Übergang Ladung zu fassen verspricht. Und oft stimmen Schein und Sein auch tatsächlich überein. Nun ja, ich bin kein Statiker. Die meisten dieser Hängebrücken sind mit Holzbohlen belegt. Fährt man drüber, dann schwingen sie erst begrüßerisch und bocken dann freudig erregt wie ein junges Pferd, das seinen Reiter gern abwirft.

Nein, ich glaube, all diese Brücken sind sicher, eine ganze Zeit. Wären sie das nicht, würde man eine neue Brücke bauen. Gleich daneben, die alte würde man für die Inder stehen lassen, möglicherweise. Für Touristen besteht keine Gefahr, solange sie nicht abgebrannt sind, ich meine die Touristen. Denn dann können sie den Brückenzoll nicht bezahlen, der hie und da erhoben wird. Drüben angekommen wird er dann sagen: „Das war ein billiges Vergnügen. Es hätte mich viel teurer zu stehen kommen können." Aber nicht die Brücken sind das Problem, sondern die Fahrzeuge, die sie befahren und noch mehr die Fahrzeugführer.

Manchmal sind auch die Brückenwärter das Problem. Dabei handelt es sich um Sicherheitsbeauftragte vom pakistanischen Geheimdienst, um Polizisten der örtlichen Distriktverwaltung,

3. Kapitel: Reisen im Norden

um Grenzranger, um Tribal Police Einheiten oder - und das ist meistens der Fall, einfach um Angehörige der pakistanischen Armee. Einheimische stehen selten an den Brücken, die meisten sind Pandschabis, die sich in der Gegend noch unwohler fühlen als westliche Reisende, die immerhin freiwillig hergekommen sind.

Man steigt aus, geht in ein Häuschen, wo man seinen Pass vorzeigen muss und sich anschließend in zwei Bücher einträgt, als wolle man in ein Hotel einchecken. Als Zweck der Brückenüberschreitung, die einem vorkommt wie eine Grenzüberschreitung nahe an metaphysischer Tragweite, kann man getrost Tourist oder Mountaineer angeben. Das wird nämlich akzeptiert. Da das Ganze aber oft feierlich zugeht, kommt man sich beinahe vor wie bei einem Staatsakt. Man hält dann noch ein kurzes Schwätzchen mit den meist freundlichen Soldaten. Oft ist auch ein Offizier dabei, der ein paar Worte Englisch kann. Man soll es aber vermeiden, dabei die Regierung oder gar die Maßnahme der Bewachung ihrer Brücken zu kritisieren oder die faktische Überlegenheit der indischen Truppen zu preisen. Dass die Leute dort nur tatenlos herumstehen und zur Abwechslung auch einmal einem Fahrzeug oder erlesenen Passagieren die Weiterfahrt verbieten, sollte man nicht als Ermutigung auffassen, sich der Kontrolle zu widersetzen oder auf den Bildungsvorsprung der UNO-Soldaten gegenüber den pakistanischen hinzuweisen.

Man könnte nun annehmen, dass man in Anbetracht der Verhältnisse zu Lande eben im einundzwanzigsten Jahrhundert auf den Luftweg umsatteln könnte. Das ist in der Tat eine Alternative. Aber sie ist auch mit Risiken verbunden.

Um Zeit zu sparen, gedachte ich meine Rückreise von Gilgit nach Islamabad mit dem Flugzeug anzutreten. Ich war von Shandur zurückgekehrt und ging flugs in das Airline-Büro, um einen Flug

3. Kapitel: Reisen im Norden

nach Islamabad zu ergattern. Der Officer hatte mir geraten, einen Tag vor Abflug gegen Mittag bei ihm vorzusprechen. Die Maschine war zwar stets Tage und Wochen vorher ausgebucht, aber es gäbe immer wieder welche, die nicht rechtzeitig erschienen, um ihre Tickets in Empfang zu nehmen. Dann könnte ich rechtzeitig noch auf den „Zug" aufspringen.

Doch der Ground Flight Captain sagte mir, dass am heutigen Tag überhaupt keine Maschine fliegen würde und morgen die Passagiere für den heutigen Flug den Vorrang bekommen würden vor denen, die sich für morgen angemeldet hätten. Einen Moment überlegte ich, was mit den Passagieren von übermorgen passieren würde, wenn...

Auf meine Nachfrage erklärte er mir, der Flug sei gestrichen, weil es technische Probleme mit der Maschine gäbe. Ich wusste, dass hier nur zweimotorige Propellermaschinen im Einsatz waren. Zwei Tage später erfuhr ich aus der Zeitung, dass es eine Fokker war, eine von insgesamt neun, die im Flugverkehr mit den Bergen benutzt wurden. Eine dieser Fokker war nämlich mit allen 45 Passagieren und Besatzungsmitgliedern abgestürzt, als sie von Multan aus Richtung Lahore startete.

Die PIA hatte bereits vor zwei Jahren versucht, von der Regierung neue Flugzeuge für die alten aus den sechziger Jahren stammenden Fokker zu bekommen. In der Zeitung war zu lesen, „beinahe alle Fluggäste haben ihre Geschichten zu erzählen über zusammenbrechende Stühle oder wacklige Gepäckablagefächer, die Skepsis aufkommen ließen über andere, kritischere Komponenten der Flugzeuge, Berichte über Beinahe-Zusammenstösse in der Luft, über unterbezahlte, überarbeitete Luftverkehrskontrolleure sind nicht weniger besorgniserregend" und es sei klar, dass man über die Ursache des Absturzes lange nichts hören würde, um die Angehörigen mit ihren

Rekompensationsansprüchen hinzuhalten, bis das öffentliche Interesse nachgelassen hätte.

Die Presse war sich einig, dass die Regierung schuld war. Wieder einmal hatte die Politik dazu beigetragen, dass ein Unglück passierte, war die einhellige Meinung. Profit geht über Wohlfahrt! Die Einstellungen und Prioritäten der verantwortlichen Leute, die Entscheidungen treffen, die sehr leicht den Normalbürger gefährden können, ist das Ergebnis der Indifferenz gegenüber dem Schicksal Anderer. Die pakistanische Tageszeitung „International News" schrieb etwas ganz Erstaunliches, wohl weil es dem allgemeinen Gedankengut der Gebildeten in diesem Land entsprach. Ich hatte keine zwei Tage nach Ankunft in diesem Land dafür gebraucht, um zu ebendieser Erkenntnis zu kommen: „Ganz offensichtlich ist die Sicherheit von Leuten, die mit Zügen, Bussen oder gebrechlichen Flugzeugen reisen keine Angelegenheit von großer Bedeutung".

Ja, das ist ganz offensichtlich. Aber ich habe eine Neuigkeit für die „International News", nicht nur die Politiker und Entscheidungsträger in diesem Land sind darauf geeicht, Sicherheit nicht großzuschreiben. Der einheimische Reisende ist von genau dem gleichen Schlag. Und mir fällt nicht ein, warum er sich deshalb über abstürzende Flugzeuge, zusammenbrechende Busse und entgleisende Züge sorgen müsste. Über ein abgestürztes Flugzeug mit einigen hochgestellten Persönlichkeiten an Bord - es waren zwei Richter, der Vizekanzler der Zakaria Universität Multan und zwei Brigadegeneräle waren unter den Opfern an Bord -, macht man ein Gezeter, dass es für die internationalen Nachrichten reicht, aber über die grundsätzliche Bereitschaft, im täglichen Straßenverkehr jedes nur des Weges daherkommende Risiko anzusteuern, verliert man kein Wort.

3. Kapitel: Reisen im Norden

Das Leben hat keine große Bedeutung in diesem Land. „Inch' Allah" lebt es sich, „Inch Allah" stirbt es sich. Auf Leute, die bei Polizeikontrollen einfach weiterfahren, wird geschossen, wie gerade wieder auf einen jugendlichen Mopedfahrer in Lahore, der dabei starb. Das war nur eine knappe Zeitungsmeldung wert. Und wahrscheinlich auch nur, um die Bevölkerung zu mehr Ordnungshörigkeit zu ermahnen. Über so etwas regt sich längst keiner mehr auf. Der Junge hätte ja auch halten können. Vielleicht hatte er Drogen bei sich, dann nimmt er jetzt keine mehr. Vielleicht hatte er einfach keine Lust zu halten. Vielleicht hatte er den Polizisten missverstanden und geglaubt, er könne weiterfahren. Vielleicht hat er zu spät die Bremse betätigt, eigentlich wollte er ja halten. Vielleicht hatte er auch keine Lust, unbedingt weiterzuleben.

Kamila Hyat von „The News" drückte es so aus: „Die abgestumpfte Stille, mit welcher Tod, Unheil und Verzweiflung in diesem Land betrachtet werden, ist jeden Tag sichtbar. Presseberichte von täglichen Folterungen und Brutalität werden nicht kommentiert, Nachrichten über Nachlässigkeiten in öffentlicher Gesundheitsfürsorge sind Routine. Das gleiche gilt für Hinrichtungen, den Tod von Fabrikarbeitern und das endlose Sterben, das direkt oder indirekt durch Armut verursacht wird."

Warum also im Flugverkehr mehr Vorsicht walten lassen? Und ihr Fazit lautete: „Dass diese Geschichten über das Leiden und Sterben Anderer niemanden mehr wirklich Anteil nehmen lassen, ist nun fest eingedrungen in unserer Gesellschaft, wo Selbstsucht, Habsucht und Inkompetenz oft einsam zu herrschen scheinen."

Die Geschichten lassen niemanden mehr Anteil nehmen? Oder ist es nicht viel schlimmer, dass Leiden und Sterben niemanden Anteil mehr nehmen lassen? Das fragte ich Kamila über ihre Internetadresse. Ich bekam keine Antwort.

3. Kapitel: Reisen im Norden

Das Flugzeug, das abstürzte, war 43 Jahre alt. Es war somit eines der ältesten aktiven Verkehrsflugzeuge der Welt. Die Verantwortlichen werden nicht zur Verantwortung gezogen.

Fokker hatte 186 schwere Unfälle seit 1955, dabei gingen 160 Flugzeuge verloren. Dieser Flugzeugtyp wurde seit 1986 nicht mehr hergestellt. Pak International Airlines hat eine lange Geschichte mit Fokker-Unfällen. 1981 raste eine Fokker in Gilgit über die Landebahn hinaus. 1989 verschwand eine Fokker mitsamt Passagieren, insgesamt 54 Menschen im Himalaja und wurde niemals gefunden!

Ein paar Jahre später flog ich doch noch von Islamabad nach Skardu. Mit einer Boing.

4. Kapitel: Unter Achttausendern

Indus bei Skardu

Das breite Tal des Indus bei Skardu war beeindruckend. Das war es schon die letzten paar tausend Jahre und länger und ist es immer noch im Augenblick, da ich es schreibe. Links und rechts des Indus erstreckte sich ein Sandmeer, das mich an die innere Mongolei erinnerte. Erst dahinter erstreckte sich ein beruhigend weitflächiger Grüngürtel, die fruchtbaren Oasen der Obstpflanzer und Getreideanbauer, der dann hart und abrupt an den Felssteigen der alles umgebenden Berghänge endete. Diese unwirtlichen Steinwüsten hatten dennoch eine warme Farbgebung aufzuweisen, abgesehen von den grellen Lichtspiegelungen aller Farbtöne zwischen gelb und dunkelbraun, mit Bevorzugung der weichen Pastelltöne von beige beginnend und dann dort, wo es gerade wieder kompositorisch für das Gesamtbild passend erschien, orange und ocker. Nur vereinzelt schimmerte es rotbraun in der Ferne.

Dazu überwölbte alles ein hellblauer bis dunkelblauer Tibethimmel und gab den im Norden gelegenen prominenten

Nachbarbergen und den dahinter stehenden, schneegekrönten, in der Sonne brillierenden höheren Bergspitzen der eigentlichen Vorhut des Karakorumbergmeeres einen majestätischen Rahmen. Was für eine Welt!

Die Menschen sind arm, hier im Herzen Baltistans, nach kapitalistischen Maßstäben gemessen. Aber sie sind dennoch reich an Naturerfahrung, gesegnet von den Ansichten der Natureindrücke.

Ich fragte mich, was es sonst noch gab, über das Bekannte hinaus, was man noch nicht entdeckt hatte als Fremder, der gerade erst angekommen war, aber ahnte bald eine Vorstellung von großen Dingen bekommen zu können. Die gewaltige Bergszenerie war noch eindrücklicher von halber Höhe zu besichtigen, wenn man einem der zahllosen Hirtenpfade hinauf gefolgt war. Aus meinen Gipfelerfahrungen weiß ich ohnehin, dass man von oben schon wieder herabblickt auf die verkleinerte Welt, obwohl sich der Horizont erweitert und man in einen Rausch der Selbsterhebung gelangen kann, von dem ja bekanntlich viele beim Abstieg einen jähen Absturz erleiden.

Wenn man aber auf halber Höhe steht, beeindrucken die Tief- und Hochblicke. Dort erhält man vielleicht die am meisten Ehrfurcht gebietenden Ausblicke. Aber das ist landschaftsabhängig. Für das Industal bei Skardu traf zu, dass alle Ansichten eindrucksvoll an die Größe der Schöpfung gemahnten und an die große Aufgabe des Menschen, in dieser Naturlandschaft zu bestehen oder sich zurückzuziehen. Hier oben war ein starkes Volk. Ich würde mich eine kleine Zeit lang aufhalten und wieder gehen und dabei versuchen, stark zu sein.

Direkt an einen Felsklotz von gigantischen Ausmaßen angeschmiegt liegt Skardu an der breitesten Stelle des Tals, das einen Durchmesser von 15 Kilometern hat. Der Indus fließt jenseits um den mitten im Tal sonst von allen Anhängseln befreiten Felsen herum. Die Stadt versteckt sich vor ihm. Sie sieht auch nicht, dass gerade dort, hinter dem Felsen, der Shigar River, einer der Hauptzuflüsse des Indus in Baltistan, von den Schneebergen im Norden kommend, in den Indus mündet. Wer also auf dem Indus flussabwärts oder vom Shigar Tal kommend, das weite Tal durchreist, bemerkt von Skardu gar nichts, obwohl es die größte aller Siedlungen weit und breit ist. Es hat sich versteckt. Weiter unten, etwa in Chilas, das 150 Kilometer entfernt am Indus liegt, würde man den Reisenden fragen, wie ihm Skardu gefallen habe. Und er würde antworten müssen, dass es die Stadt nicht mehr gäbe, sie sei verschluckt vom Sandmeer.

Und doch beherrscht die Bazarstadt mit ihren weithin, eben nur auf der Südseite des Tals sichtbaren Minaretten die Blickrichtung als Mitte und Kontrapunkt in der sonst von der Natur bewältigten Szenerie, wenn man sich auf der besiedelten Uferseite nur weit genug auf einen Aussichtsplatz zu bewegt hat. Sobald man über die Baumgipfel der Obstbäume hinwegblickt, vorher aber auch nicht.

Am Indusufer

4. Kapitel: Unter Achttausendern

Beinahe alle Expeditionen, die einen Anspruch auf Ernsthaftigkeit haben, werden in Skardu im 15 Kilometer vor der Stadt befindlichen Pioneerhotel untergebracht. Ich sollte mich daher nicht wundern, dass Hatam mich hier einquartierte. Für die Hotelbediensteten war er ein bekannter Wiederkehrer, wie ich an den freundschaftlichen Umarmungen erkennen konnte. Es gab auch gleich viel zu besprechen, ganz nebenbei bekam ich mein Zimmer zugewiesen. Als Einzelreisender hätte ich eine Absage bekommen, da es ein Hotel war, das von Gruppen beansprucht und für diese auch freigehalten wurde. Aber schon bei seinem nächsten Einsatz würde Hatam wieder eine reguläre Gruppe, zahlreich und zahlungsreich, heranschaffen. Das Hotel hatte keinen besonderen Komfort, abgesehen von gut funktionierenden Duschen, die für von ihrer Expedition zurückkehrende Bergsteiger ebenso ersehnt sein mussten wie das üppige und schmackhafte Essen.

Das Ambiente war dennoch exklusiv, denn da gab es ja die Expeditionen. Bei meiner Anwesenheit eine spanische neunköpfige Gasherbrum-II-Expedition und einen Tag später stieß eine nur vierköpfige italienische K2-Expedition hinzu. Der Leiter der spanischen Expedition, ein sehr kleingewachsener Mittvierziger, hatte bereits einige Achttausender bestiegen und hoffte, wenigstens drei seiner Kameraden zum Gipfelziel zu bringen. Die italienische Expedition wurde von einer Alpinistin geführt, die nach Hatam in ihrem Land sehr berühmt sein sollte. Sie hatte nur sehr kompetente Teilnehmer, wie ich aus Gesprächen mitbekam. Klein ist nicht immer oho. In dem Fall stimmte es.

In diesem Dunstkreis ernst zu nehmender Gipfelaspiranten glichen meine Ambitionen einem Hauch, der nicht wirklich wahrgenommen werden konnte. Und genau das geschah. Weil man ihn nicht so wahrnahm, wie er war, hatte man offenbar

4. Kapitel: Unter Achttausendern

eine falsche Wahrnehmung. Wohl hatte auch Hatam hinter dem Berg gehalten, was wir vorhatten, schon aus eigenem Interesse, nehme ich an, da er ja ein fähiger Bergführer war, der vorhatte, bald selber Expeditionen bis zum Gipfel eines Achttausenders zu begleiten. Im Übrigen mangelte es auch an der Verständigungsmöglichkeit. Von den Spaniern konnte nur der Expeditionsarzt einigermaßen Englisch und Felipe, der die Expedition nur zum Basislager und darüber hinaus allenfalls zum Hochlager begleiten würde.

Eine der ersten Fragen, wenn man sich trifft, ist natürlich, was macht ihr? Sie sagten Gasherbrum II, und ich wusste, das war einer der Achttausender. Ich sagte Gondogoro, und sie wussten nicht, was das für ein Berg war.

Witzigerweise ist der Gondogoro ein Berg, der niedriger ist als der gleichnamige Pass und noch unter 6.000 Metern bleibt. Bergsteiger wissen jedoch, dass nicht die Höhe allein entscheidend ist für eine respektable Performance, denn im Gebiet des Gasherbrum stehen nicht nur weitere drei Achttausender, sondern es gibt auch mit „Tower" bezeichnete Berggipfel, die schon am Namen erkennen lassen, wie steil es hinaufgeht, wenn es denn überhaupt geht.

Ich wollte auch nicht unbedingt den guten Eindruck, den die Spanier hatten, als sie mit anscheinend anerkennendem Kopfnicken mein Reiseziel zur Kenntnis nahmen, vertiefen. Ich verschwieg weitere Einzelheiten meiner anspruchsvollen Expedition. Sie nahmen mich freundlich in ihren Kreis auf und ich konnte mich nicht ganz des Eindrucks erwehren, sie zollten mir Respekt, denn **Einzelgänger gehören in Bergsteigerkreisen zu den ganz Großen, jedenfalls solange sie noch unter den Aufrechten weilen. Das meine ich durchaus nur im Sinne der Senkrechten. Abgestürzte Bergsteiger sind ja nachhaltig horizontal immer die**

Angeschmierten. Zu Recht, denn die Lebenden sind ihnen haushoch überlegen.

Irgendwie amüsierte mich dieses Insidergehabe schon. Man wird sehr ernst genommen, wenn man ernst zu nehmen ist. Ist man nur ein Trekker oder Bergwanderer, gehört man einer subkulturellen Kategorie, einer niedrigeren Kaste an und wird weiter freundlich, aber doch mit Zurückhaltung behandelt. Kein Grund zur Klage, der Mensch ist so.

Bei meiner nächsten Beantragung einer Expedition bei der pakistanischen Genehmigungsbehörde wurde ich von den österreichischen Teilnehmern einer Gasherbrum-Expedition weitaus weniger freundlich behandelt. Ich hatte sie freundlich gegrüßt, als sie im Wartezimmer saßen, nicht einfach so in den Raum hinein. Kein Einziger hatte es für notwendig gefunden, zurückzugrüßen. Die Blicke verrieten, dass sie wohl der Meinung waren, dass Trekker hier beim Mountaineering Bureau nichts verloren hatten. Ich musste ebenfalls warten, bis ich aufgerufen wurde, war aber schon vorher gefragt worden, wozu ich die Genehmigung brauchte. Voller Stolz erzählten sie sich untereinander ihre letzten Unternehmungen, für die meisten war es der erste Achttausenderversuch; und sie würdigten mich, den „Wanderer" keines Wortes. Ein bisschen zu viel Stolz, vielleicht, oder einfach nur Abgehobenheit. Sie werden es dieses Mal nicht schaffen, dachte ich, denn das ist besser für die Bewahrung des letzten Restes an Demut. Nach meiner Heimreise fand ich übers Internet, dass die Expedition gescheitert war. Die meisten waren wegen schlechtem Wetter nicht einmal auf die Höhe gekommen, auf die ich bei meiner „Wanderung" gekommen war.

Die italienischen Koryphäen hatte ich an meinem Tisch sitzen, vielmehr ich saß an ihrem, als wir am nächsten Abend im Garten der Hotelanlage ein Barbecue hatten. Wegen mir hätte es kein

4. Kapitel: Unter Achttausendern

Barbecue gegeben. Da ich mit Bergsteigerlegenden nicht aufwarten konnte, gab ich den Anderen das Recht des ersten Wortes. Aber da kam nichts. Ich sprach dann wenigstens den Liaison Offizier an, einen Major der pakistanischen Armee. Das war der teure Aufpasser der Regierung. Dass sich die vier Italiener nicht in das Gespräch einmischten, war nicht unbedingt zu erwarten, was ich aber merkwürdig fand, war, dass sie sich untereinander auch nicht unterhielten. Es war andererseits auch nicht zu übersehen, dass sie uns zuhörten. Die Augen der Frau hatten etwas Entschlossenes, Kraftvolles, schamlos Direktes, als sie mich immer wieder anschaute.

Am 26. Juli würde sie, Nives Meroi, als sechste Frau überhaupt auf dem Gipfel des K2 stehen und auch wieder heil herunterkommen. Aber das konnte ich zu dem Zeitpunkt nicht wissen.

Sie war 45 Jahre alt und als Bergsteiger hätte ich schon einmal etwas von ihr hören sollen, da sie in der Tat eine der größten Berühmtheiten in der Szene war. Der von ihr angestrebte Gipfel des K2 wurde ihr achter Achttausender. Nur die Österreicherin Gerlinde Kaltenbrunner hat einen Achttausender mehr, jetzt im Frühjahr. Bald schon würde sich alles ganz schnell wieder ändern. Im Jahre 2003 hatte Nives nacheinander 3 Achttausender Pakistans, GI , GII und Broad Peak, bestiegen. Und das in nur 20 Tagen. Da wird klar, wo das harte, männliche Äußere hergekommen ist.

Auf die Frage, warum es gerade dieser gefährliche Gipfel sein muss, sagte sie mir, dass sie es schon 1994 und 2004 probiert habe und außerdem habe sie vor, alle 14 Achttausender zu besteigen. Es kam mir einen Augenblick vor, als sagte sie das nur deshalb, weil ich das nicht hören wollte und sie wusste, dass ich das nicht hören wollte.

4. Kapitel: Unter Achttausendern

Ich glaubte, sie würde den einen oder anderen der anderen Achttausender noch schaffen. Sie hatte im Frühjahr neben ihren hausfraulichen Pflichten auch noch ganz nebenbei den Dhaulagiri, auch einen Achttausender in Nepal, bestiegen. Später war nachzulesen, dass sie mit ihrem Begleiter und Mann Romano den Gipfel erreicht hatte. Es gibt ein Gipfelfoto von ihr, dass sie kniend zeigt.

Für Manche ist Bergsteigen vielleicht doch wie eine Ersatzreligion. Ihr ganzes Leben richten sie danach ein. So wie Andere zur Kirche pilgern, steigen sie auf einen Berggipfel, das Allerheiligste. Und beim Herabsteigen stellt sich die Befriedigung ein, die ein Katholik haben möchte, wenn er die heilige Kommunion empfangen hat oder aus dem Beichtstuhl kommt, oder die ein Muslim haben möchte, wenn er seine Umrundungen der Kaaba abgeschlossen hat. Oder ein Hindu, wenn er wieder aus der Höhle von Amarnath heraussteigt. Bergsteigen als Religion, die manchmal das Leben kosten kann, so wie die anderen auch. Aber eigentlich kosten sie ja immer das Leben.

Nicht von ungefähr glauben die Bergvölker rund um den Globus, dass auf den Bergen die Götter hausen. Selbst Mose begegnete Gott auf einem Berg, aber der Vergleich hinkt, denn Bergsteiger suchen oft eher ihren eigenen Götzen zu befriedigen. Und das ist oft das Ego, das man aus irgendeinem Grunde bestätigen muss. Das Dumme ist nur, dass es immer wieder die Bestätigung braucht, und da es nicht höher hinausgeht, muss man auf andere Berge steigen oder auf denselben Berg im Winter oder auf einer schwierigeren Route oder mit anderen Mitteln, in einem anderen Stil, mit kleinerer Mannschaft und im Extremfall solo.

Die Italienerin hatte ihr Team schon auf vier Mann/Frau reduziert. Mit dabei waren Roberto Alloi und Mario Cedolin. Das ist wenig im Vergleich zu den großen Expeditionen früherer

4. Kapitel: Unter Achttausendern

Tage. Es waren Italiener, die 1953 den K2 zuerst bestiegen. Das war eine generalstabsmäßig vorbereitete und durchgeführte Materialschlacht gewesen. Ganz anders führten das Romano und Nives Meroi seit Jahren vor. Sie kletterten immer leicht und schnell, sie benötigten auch den Ballast von zusätzlichem Sauerstoff nicht und nahmen auch die Dienste von Höhenträgern nicht in Anspruch. Das Zweierteam war einmalig und es ergänzte sich ideal. Das, was Romano an körperlichen Vorzügen hatte, glich Nives damit aus, dass sie furchtlos und beherrscht war. Sie beherrschte sich selbst, eine seltene Gabe bei Menschen. Wenn sie aber vorhanden ist, lässt sie immer große Taten zu.

Nives sagte einmal, Frauen sind den Männern gegenüber benachteiligt, weil sie körperlich einfach nicht so stark sind. „Aber wir gleichen das vielleicht damit aus, dass wir Schwierigkeiten besser bewältigen können." Und auf die Frage, ob es nie Streit zwischen ihr und ihrem Mann gebe, sagte sie, den höchstgelegenen Streit hätten sie auf 7300 Metern Höhe auf dem Nanga Parbat ausgetragen. Weiter oben fehle dann aber doch der Atem zum Streiten.

Aber im Grunde konnte die Streitkultur nicht schlecht sein, wenn sie auf sieben gemeinsame Achttausender geführt hatte. Sie hatte die interessante Ansicht, dass sie die Geschichten derer aufgreifen würde, die oben auf dem Berg blieben. Aber was machte sie damit? Es waren keine Geschichten, die sie zur Umkehr bewegten.

Das gleiche Kommunikationshindernis wie mit den Italienern gab es mit dem Señor Commandante der spanischen Expedition. Ihm fehlte diese konzentrierte Entschlossenheit dem äußeren Anschein nach. Er machte einen lockeren Eindruck, er war sich seiner Sache sicher. Er schien vergnügt. Er hatte Einsatzreserven, die ihn des Zieles gewiss machten. Und auch er erreichte seinen Achttausendergipfel.

4. Kapitel: Unter Achttausendern

Mit dem Liaison Officer der Italiener, Hussain, hatte ich eine interessante Unterhaltung. Er hatte auf dem Siachengletscher gedient und manche Schießerei miterlebt. Nur im Winter hätten die Waffen geschwiegen, wenn die große Kälte alles zufror. Ich sagte ihm, dass ich das nicht verstünde. Das verstand er wiederum nicht. Es sei doch klar, wegen der großen Kälte hätte man selber mit dem Überleben zu kämpfen gehabt.

„Das heißt also, wenn es darum geht, die Grundbedürfnisse zu sichern, die einfachsten Lebensbedingungen zu erhalten, führt man keinen Krieg. Aber in einem Krieg zerstört man doch gerade das beim Gegner und bei sich selber auch! Krieg ist unlogisch und selbstzerstörerisch."

Das war nicht unbedingt eine neue Erkenntnis. Der Captain Hussain wollte nicht wirklich darauf eingehen. Zu Recht belehrte er mich, dass es beim Höhenbergsteigen auch wechselweise darum ging, Leben zu erhalten und aufs Spiel zu setzen. War es deshalb Krieg? Krieg mit der Natur vielleicht? Krieg mit der Natur des eigenen Herzens? Es war sicherlich immer auch eine geistige Auseinandersetzung.

„Daran können sie die strategische Bedeutung von Kaschmir erkennen, dass beide, Indien und Pakistan, ihre Truppen hier stationieren, obwohl es im Winter bis zu 50 Grad unter dem Gefrierpunkt haben kann. Keiner gibt klein bei. Schon die Briten haben damals die Bedeutung dieser Region erkannt und deshalb können beide nicht nachgeben." Richtig, wir waren ja in Kaschmir.

„Das hört sich so an, als ob Sie Verständnis für die Haltung der Inder hätten!"

„Vom militärischen Standpunkt auf jeden Fall. Auch für China und Russland und Amerika ist wichtig, was hier geschieht."

4. Kapitel: Unter Achttausendern

Wenn Captain Hussain patriotisch gesinnt war, dann zeigte er es nicht übermäßig.

„Kann ich daraus ableiten, dass es für die Soldaten nachvollziehbar ist, auf dem Siachen stationiert zu sein?" Hussain lachte. Er mochte denken, ich sei naiv. Aber wohl überwog seine Freude, dass ich mich überhaupt für ein Thema interessierte, mit dem er sich einige der wichtigsten Jahre seines Lebens intensiv beschäftigt hatte. Er sagte:

„Nicht nur das. Im Sommer war es großartig auf dem Siachen. Aber auch nur, wenn es ruhig war. Die Ruhe wurde nicht nur von den Indern gestört, sondern auch von den Bergen."

Ich wusste, er meinte die Lawinen. Im Ersten Weltkrieg gab es allein in den Dolomiten zigtausende Lawinenopfer.

Hussain klärte mich auf: „Pakistan importiert eine Unmenge von Waren über den KKH von China, von der Stecknadel bis zur Cruise Missile. Und deshalb braucht Pakistan die Nordprovinz. Sie ist ein natürlicher Puffer. Und deshalb müsse es auch die Line of Control verteidigen."

Das war eine Art Waffenstillstandslinie. Diese Linie teilte Kaschmir so, dass 9 Millionen Kaschmiris in Indien lebten, mit zwei Dritteln des Gebietes, das mit „Jammu & Kaschmir" bezeichnet wird. Der von Pakistan verwaltete Teil, der sinnigerweise „Azad Kaschmir", freies Kaschmir genannt wird, hat nur eine Bevölkerung von drei Millionen.

Im Mai 1999 spitzte sich der Dauerkonflikt um Kaschmir dramatisch zu: Indien verdächtigte Pakistan, muslimische Rebellen ins indische Kaschmir geschickt zu haben, um dort Stützpunkte zu errichten. Die indische Luftwaffe flog zum ersten Mal seit zwanzig Jahren wieder Angriffe gegen diese Stützpunkte und gegen die Rebellen, wo immer sie sie auch vermuteten. Und das war nicht zuletzt auch auf pakistanischem Staatsgebiet.

4. Kapitel: Unter Achttausendern

Natürlich wies Islamabad diese Unterstellungen zurück, aber möglicherweise nicht wie ein Mann, denn ohne Zweifel gab es auch genügend Sympathisanten für die Rebellen. Sie wollten ja nichts Anderes als die Regierung: die Rückgewinnung Kaschmirs. Man protestierte gegen die Luftangriffe über pakistanischem Boden, es soll auch zum Einsatz von Chemiewaffen gekommen sein. Pakistan drohte mit Verteidigungsmaßnahmen.

Gespräche im Juni 1999 zwischen den Außenministern der beiden Länder wurden ergebnislos abgebrochen. Nach Angaben des indischen Außenministeriums wurden 510 Eindringlinge getötet, darunter 270 pakistanische Soldaten. Die Sache geriet außer Kontrolle und drohte, weiter zu eskalieren, denn Pakistan drohte mit dem Einsatz von Atomwaffen. Den Indern gelang es, den strategisch wichtigen Tiger-Berg zu erobern. Von ihm aus konnte die wirtschaftlich wichtige Straße zwischen Srinagar und Leh beschossen werden. Schließlich gab Pakistan dem internationalen Druck nach und ordnete insbesondere auf Drängen der USA einen Truppenrückzug an.

Das war ein schwerer Imageverlust für die Armee, zumal sie doppelt so viele Verluste zu beklagen hatte wie die Inder, die sie der Regierung ebenso verübelte wie die fundamentalistischen Hardliner.

Später gab es einen weiteren Tiefpunkt der bilateralen Beziehungen, nachdem ein Aufklärungsflugzeug der pakistanischen Marine durch indische Kampfjets abgeschossen worden war. Beide Seiten behaupteten eine Grenzverletzung.

„Sehen Sie, das indische Militär errichtet entlang der 1700 Meilen Grenze neue Militärbasen und Garnisonen. Die indische Luftwaffe hatte in Awantipora bei Srinagar 900 acres Land gekauft. Sieben Dörfer sollen verlegt werden. In Jammu und

4. Kapitel: Unter Achttausendern

Kaschmir wurde auf ähnliche Weise für die gleichen Zwecke Land besetzt. Kaschmir ist wichtig für die IAF, um ihre Lufthoheit im Himalaja zu festigen. Auch die indische Eisenbahn hat ihr Streckennetz ausgebaut, um Militär schneller transportieren zu können. Pakistan hat keine solchen Errungenschaften." Das klang melancholisch, aber nicht revisionistisch.

„Das sieht so aus, als wollten die Inder nie mehr weg. Vielleicht sollte sich Pakistan damit abfinden. Im Interesse des Restes der Menschheit. Ich würde es begrüßen, wenn Pakistan Kaschmir als Provinz von Indien anerkennen würde, denn dann wäre ein durchgängiger Grenzverkehr wieder möglich und man könnte mit dem Bus von Pakistan nach Kaschmir fahren. Das wäre auch für das Land wichtig, denn es könnte wieder wirtschaftlich aufblühen. Und den Leuten ginge es besser." Ich getraute mich, das zu sagen, denn Hussain schien ein weitsichtiger Mensch zu sein. Dass er kein Fanatiker war, hatte ich bereits festgestellt.

„Es waren aber die Inder, die Kaschmir die Isolation gebracht haben. Früher haben Kaschmiris ihre Früchte auf dem Markt in Rawalpindi verkauft. Jetzt müssen sie nach Delhi, aber das ist viel weiter."

Ich glaubte nicht, dass wir noch etwas tun konnten, um den Kaschmirkonflikt beizulegen. Ich wollte einen anderen Kriegsschauplatz eröffnen.

„Der pakistanischen Armee wird oft vorgeworfen, dass sie die Demokratie behindert, was sagen Sie dazu?"

„Das müssen Sie in einer unserer Tageszeitungen gelesen haben. Die Presse mag die Armee nicht sonderlich. Sehen Sie, die Menschen in Pakistan brauchen die Armee, denn sie sind nicht fit für die Demokratie, sie sind unregierbar, sie sind Analphabeten und sie sind korrupt...", er sagte tatsächlich das

4. Kapitel: Unter Achttausendern

Zauberwort, „...Es sind eher die Entscheidungen der Politiker, die Pakistan ruinieren. Ayub war der erste, der behauptet hat, dass es die Aufgabe der Armee wäre, Pakistan vor den eigenen Leuten zu schützen, bis sie fähig wären zur Selbstregierung. Demokratie auf Abruf sozusagen. Die Uniform ist die zweite Haut von Pakistans Demokratie."

Aha, wenn sie diese Uniform auszogen, stand die Demokratie nackt da.

„Schauen sie, die Armee ist nicht nur zur Verteidigung der Demokratie in Pakistan notwendig. Sie verteidigt auch die Demokratien des Westens!"

„Wie meinen Sie das?"

„Nicht hier in Baltistan, aber an der Grenze zu Afghanistan sind schon tausende junger pakistanischer Soldaten umgekommen (nach Presseberichten waren es 700), weil der Westen das so will. Sie stehen dort im Kampf gegen den Terrorismus und bringen dabei die einheimische Bevölkerung gegen sich auf, die nicht so gebildet ist, dass sie den Parolen der Taliban gewachsen ist. Sie glauben das, was man ihnen sagt, wenn es nur so formuliert wird, dass Allah und der Prophet darin vorkommen."

„Die pakistanische Armee kämpft gegen die eigene Bevölkerung?"

„Es sind die afghanischen Stämme, gegen die sie kämpfen. Diese Stämme sind sowohl auf unserem Hoheitsgebiet anzutreffen als auch auf der anderen Seite der Grenze. Sie kennen keine Grenze. Wir haben zu Indien eine klare Abgrenzung. Wenn Sie nach Wagah gehen, sehen Sie einen Zaun. Er ist nicht so stark wie der, den es zwischen dem Osten und Westen Deutschlands gab..."!

„Wird aber hoffentlich auch eines Tages eingerissen!"

4. Kapitel: Unter Achttausendern

Er lachte: „Sagen Sie das nicht zu laut. Es gibt viele Leute, radikale Moslems, die zuerst Kaschmir befreien wollen, und dann ganz Indien!"

„Befreien von was? In Indien gibt es 700 Millionen Hindus, von was will man sie befreien. Von ihren Götzen?"

„Ganz genau. Aber es gibt dort nicht nur Hindus. Es gibt dort auch mehr Muslime als in Pakistan! Haben sie das gewusst?"

„Wenn also Pakistan gegen die Glaubensbrüder an der Grenze zu Afghanistan kämpft, warum sollte es dann Krieg mit Indien führen? Das wäre ein Zweifrontenkrieg. Und erobern kann man Indien nicht."

„Die jetzige Regierung will keinen Krieg führen. Seien Sie unbesorgt!"

Pakistan hatte einen Pakt mit den USA geschlossen. Das wusste jeder im Land. Die Pakistaner unterstützten die USA beim Kampf gegen den Terrorismus, dafür bekamen sie eine ungenannte wirtschaftliche Handreichung. Oder viele Dollars. Nicht zuletzt deshalb, vielleicht nur deshalb, gab es einen gewissen wirtschaftlichen Aufschwung im Land.

Im Westen und in Indien war man sich einig, dass es ein globales Netzwerk militanter Terrororganisationen gab, die von Pakistan aus operierten. Wenn das stimmte, dann war es nicht unwahrscheinlich, dass mir eines der Clubmitglieder in Peschawar oder Lahore über den Weg laufen würde. Tatsächlich kam man bei der Fahrt von Islamabad zum KKH nahe an dem Haus vorbei, worin der meist gesuchte Terrorist der Welt einen Unterschlupf mitsamt seiner Familie gefunden hatte. Aber das konnte ich damals nicht wissen. Das Vertrauen der US-Regierung in die pakistanische Regierung war jedenfalls gerade so groß, dass man sie nicht davon unterrichtete, als man ein

4. Kapitel: Unter Achttausendern

Sonderkommando mit Kampfhubschraubern in einer Nacht-und-Nebel-Aktion dorthin schickte.

Ich sagte Hussain, dass es die Terroristen waren, die die Muslime zum Objekt der Verdächtigungen und der Angst machten, denn die Attentäter mordeten im Namen des Islam. Die Muslime sollten ihren Ärger daher auf die richten, die an den Schuldzuweisungen und Verdächtigungen des Westens die Hauptschuld hatten. Doch statt sich von diesem religiösen Terrorismus zu distanzieren, tanzten die Menschen in islamischen Ländern auf der Straße, wenn wieder einmal ein Attentat im Westen gelungen ist. So bildete man kein Vertrauen! Außerdem waren es islamische Gemeinden, in denen militante Theorien gebrütet wurden und in denen sich die Verschwörer trafen. Dort hätte man Einfluss auf sie nehmen wollen. Die Trainingscamps waren in muslimischen Ländern. Und in aller Welt, auch in Pakistan, durften Imame von der Kanzel predigen, was sie wollten und das war oft genug pro-Islamismus oder sogar Hass gegen den Westen und die Ungläubigen.

Ich erläuterte dem Offizier, zivilisierte Gesellschaften hätten zu allen Zeiten Terroranschläge gegen Zivilisten, die sich nicht verteidigen konnten, abgelehnt. Im Islam war Gewalt hingegen schon immer ein legitimes Mittel, um islamische Rechte durchzusetzen, und dabei ging es meist um die Behauptung der wahren Religion und der wahren Gesellschaftsordnung. Man erkenne also einen zivilisierten Staat auch daran, wie er auf Meinungsverschiedenheiten und Widerstände reagiert. Auch wenn man die Terroristen als Armee ansehen möchte, waren ihre Angriffe verbrecherisch wie alle Angriffe einer Armee gegen Zivilisten.

Ich fragte mich, ob man bei der Auswahl der Liaison Offiziere darauf achtete, dass es sich um gebildete oder studierte Männer handelte, die eine für aus dem Westen stammende Bergsteiger eher konforme Betrachtungsweise aufzuweisen hatten. Alles andere würde zu Spannungen führen, die die Einnahmequelle Tourismus gefährden könnten.

Später erfuhr ich, dass es in Pakistan ebenfalls Trainingscamps der Terroristen gab, in den unzugänglichen Bergregionen der North Western Frontier Province. Pakistan war zwar nicht Afghanistan. Aber die Northwestern Frontier Province war ohne Weiteres mit dem Osten Afghanistans zu vergleichen. Ein wesentlicher Unterschied bestand darin, dass die Armee der Verbündeten im Osten Afghanistans operierte, aber nicht im Westen Pakistans. Wo waren Terroristen also sicherer? Eine Grenze gab es nur auf der Landkarte. Für Terroristen gab es grundsätzlich keine. Es gab wohl kaum eine Grenze, die so wenig von den Anwohnern akzeptiert wurde wie diese.

„Und trotzdem stehen die Soldaten des Westens in muslimischen Ländern! Und das nicht nur wegen einiger muslimischer Terroristen. Aber sie werden sagen, es ist ein Akt der Selbstverteidigung."

Wir ließen es dabei bewenden. Es gab vielleicht doch noch einen anderen Kriegsschauplatz, der nicht dem militärischen, sondern mehr dem kulturellen Bereich zuzuordnen war. Doch darüber zu diskutieren, stand mir noch bevor.

Hatam, der eher unpolitisch war, weil das Leben viel zu viel zu bieten hatte, als dass man mit Politik die Zeit vergeuden musste, machte sich derweil Gedanken ob unserer Flexibilität, was die Ziele anbelangte. Er war noch jung, wenn schon ein „experienced guide" mit dem Fernziel, einmal Mountainguide zu werden und eine Expedition auf einen Achttausender zu begleiten. Nicht nur bis ins Lager 1, so wie bisher, sondern ganz hinauf. Ihm gefiel es in der Gesellschaft der

Hochexpeditionisten. Das war mit Sicherheit eine sinnvollere Beschäftigung, als Terroranschläge durchzuführen. Auch später sollte ich sehen, wie er sich im Lager der Hochambitionierten herumtrieb, wohingegen ich mir Mühe gab, die Helden der Höhe nicht mit meiner Anwesenheit zu belästigen. Ich war ja nur ein „Trekker", auch wenn ich den höchsten Berg der Welt, gemessen vom Erdmittelpunkt, schon bestiegen hatte.

Aber hier zählte das nicht. Hatam suchte die Gesellschaft der ganz Großen, wollte er doch auch einer von ihnen werden. Als die Italiener an meinem Tisch sich zum Buffet begaben, kam er plötzlich zu mir herüber, setzte sich neben mich auf den Platz, der sowieso frei geblieben war, und fragte mich, wie ich mich fühlte und ob ich bereit wäre, das zu tun, was die anderen Europäer, die sich im Garten befanden, auch tun würden. Ich fragte ihn, was er damit meinte. Er sagte einfach „einen hohen Berg zu besteigen", als wollte er damit seine Sehnsucht ausdrücken. Ich sagte ihm leidenschaftslos, dass uns dazu lediglich die notwendige Ausrüstung fehlte. Und außerdem: „Aber wenn ein Achttausender im Preis mit inbegriffen ist, dann lass es uns versuchen!"

Hatam war schon oft über den Gondogoro La gestiegen. Oben hatte er dann zurückgeblickt und die ganzen Achttausender des Karakorum vor sich gesehen. Unerreichbar auch für ihn. Und die Berichte der Landsleute, die bei den großen Expeditionen mit dabei waren, hatte er mit einer gewissen Wehmut verfolgt. Er selber konnte es sich nicht heraussuchen, bei welchen Expeditionen er mitmachte, das bestimmten die zwei, drei Companies, für die er arbeitete. Die Ironie lag gerade darin, dass meine Expedition die erste war, die er sich selber ausgesucht hatte. Sein Arbeitgeber war ein Freund aus dem gleichen Dorf. Ihm hätte es vorerst genügt, ein kleines Stück auf dem Weg nach oben auf einen „hohen Berg" zurückzulegen und „dabei" zu sein,

4. Kapitel: Unter Achttausendern

dort wo die großen Schicksalsberge des Karakorum standen, denn die hohen Berge, die fingen dort erst bei 7.000 Metern an. Um den Scherz zu einem Ende zu bringen, sagte ich.

„Ich werde mir das Ganze erst einmal aus der Nähe anschauen. Und dann sehe ich weiter, ob ich noch einmal zurückkehre und höher hinauf will. Bis dahin musst du dich gedulden."
Inzwischen waren die Italiener vom Essenfassen zurück. Hatam fragte sie doch tatsächlich, ob sie mich bei ihrer Expedition mitnehmen würden, natürlich im Scherz. Die Gefragten wussten nicht recht, ob das ernst gemeint war, weshalb sie erst nichts entgegneten. Dann sprach mich die Frau an, ob ich deshalb meine eigene Tour aufgeben wollte. Und nun kam ich doch selber ins Zögern. Ich beließ es deshalb bei einem „Nein!", verkniff mir aber das „ein ander` Mal". Später, nachdem ich leicht auf den höchsten Punkt unserer Reise geklettert war, noch vor meiner keuchenden Mannschaft, würde mein Führer mir abends im Zelt sagen, ich wäre auch ein Mann, der einen Achttausender besteigen könnte. Er hatte meine Stamina verfolgt. Aber woher wollte er das beurteilen können?

4. Kapitel: Unter Achttausendern

Träger, die verdächtig europid aussehen

Hatams Lust auf eine größere Expedition war ungleich größer als bei mir. Er versicherte mir, dass ich mir darüber keine Gedanken machen müsste, wie er so schnell an die erforderlichen Träger und all das Zeug kommen würde, das es brauchte. Er würde die Ausrüstung für die Expedition ganz alleine besorgen. Er habe dies schon öfter gemacht. Und es sei auch kein Problem, da wir eine „kleine" Expedition waren. Das war noch der Nachtrag zu seiner Petition.

Für mich war das Unternehmen „Gondogoro La" völlig ausreichend. Alles, was es dazu brauchte, war in Skardu erhältlich, bis auf die Träger. Die mussten wir unterwegs anheuern. Aber auch das war kein Problem. Hatam kannte jeden pakistanischen Hinz und Kunz, auf den es irgendwie ankommen konnte.

Während er die Besorgungen erledigte, machte ich eine Akklimatisationstour zum Satpara See. So wird der zum Stausee werdende Gletschersee, 10 KM südlich von Skardu und 600

4. Kapitel: Unter Achttausendern

Meter höher gelegen, genannt. Man war gerade dabei, eine Staumauer zu bauen. Dazu hatte man vorher die Straße verbreitern und befestigen müssen. Das war natürlich die größte Baustelle in Baltistan.

Ich nahm mir in Skardu ein altes Taxi mit einem jungen Fahrer, weil ich keinen alten Fahrer mit einem neuen Fahrzeug entdeckte. Schon bei der Anfahrt, steil wie anderswo auch, blieb die Metallkiste stehen. Der Fahrer öffnete die Motorhaube und bekam das Problem in den Griff, denn danach ging es anstandslos weiter. Der natürliche, blaue See, der bei tiefblauem Himmel und Windstille nicht anders daliegen konnte als ein riesiger, plank polierter, dunkler Saphir, war eingerahmt von baumlosen Berghöhen, die ihre ursprüngliche Bedeutung, das Juwel vor unwürdigen Blicken zu schützen, verloren hatten. Zu viele Ausflügler, Urlaubsreisende mit ihren schnöden Befindlichkeiten, meist Pandschabis, die sich mit ihren Autos bis hierher gewagt hatten, steuerten dieses abgelegene Refugium an. Für sie war es nahe am K2. Für sie war ein Trek zum Baltorogletscher in die unmittelbare Nachbarschaft der Eisriesen des Karakorum nicht machbar. Ja, es gab Menschen, für die auch eine „kleine" Expedition nicht im Bereich des Möglichen lag! Sie mussten sich mit dem begnügen, was auf Straßen und Wegen noch zu erreichen war. Dabei ahnten sie nicht, dass die Fahrt entlang des Indus bis Skardu das größte Abenteuer überhaupt war. Das war der Witz dabei.

Schnell waren sie wieder weg. Bei Manchen schon deshalb, weil sie mit den Naturschönheiten nicht viel anfangen konnten und sich ihr Aktionsradius auf die befahrbaren Wege beschränkte oder weil der geschäftstüchtige Familienvorstand ohnehin nur für einen Kurzurlaub zu haben war. Es gab aber auch Bergfreunde, wie man sie auf der ganzen Welt antrifft, die ihre Ausflüge genossen. So einen traf ich auch.

4. Kapitel: Unter Achttausendern

Früher besuchten nur Hirten mit ihren Herden diese Stätte, sie passten in das Bild, damals als der Mensch sich der Natur anpasste. Heute wird umgekehrt die Natur dem menschlichen Willen angepasst. Am südlichen Seeende, wo sich der Zufluss von den Bergen in vielen Seitenarmen in den See ergoss und ein richtiges Delta bildete, gab es eine großflächige Niederung mit viel Buschwerk und Weidegrund. Dort lief ich hin, entlang am Seeufer, in dem sich nur wenige Bäumchen spiegelten. Ein paar Jungen, Einheimische, wie man an der dürftigen Kleidung ersehen konnte, streunten dort umher, auf der Suche nach unterhaltsamen Spielchen. Und am Ufer gab es ein paar Fischer. Weiter weg saßen ihre Frauen unter einer schattenspendenden Baumgruppe zusammen. Ihre farbenprächtigen Kostüme zeigten an, dass es sich ebenfalls um Ausflügler handelte. Eine Gruppe von Anglern winkte mich zu sich. Gefangen hatten sie noch nichts. Früher sei es hier besser gewesen, gaben sie mir Auskunft. Es handelte sich bei meinem Gesprächspartner um einen Bauarbeiter vom Staudamm, der frei hatte. Er sprach leidlich Englisch. Ich setzte mich zu ihm hin ins Gras, die Angel hatte er schon aus der Hand gelegt. Manchmal wird sogar Angeln langweilig. Er sagte ja selber, dass er die Ruhe und Abgeschiedenheit genieße. Das war nicht unbedingt das, was ich von einem Angehörigen eines 160 Millionen Volkes, das sich in den Städten und Dörfern zusammendrängt, erwartet hätte. Warum aber eigentlich nicht?

Außerdem, sagte er, sei es nicht so heiß wie anderswo und die Luft sei so rein. Das stimmte allerdings. Die Luft war geradezu von einer wunderbaren Reinheit und Klarheit. Der Lärm von der Baustelle war weit weg. Es war angenehm warm unter der Strahlkraft der Höhensonne. Aber da war ja noch das kühle Gletscherwasser, in dem man sich jederzeit abkühlen konnte. Ich hatte bereits wegen der zahlreichen Überquerungen der Wasserläufe bis hierher die Schuhe ausgezogen und streckte wie

4. Kapitel: Unter Achttausendern

mein Gesprächspartner die Füße ins Wasser. Das war kaum der Grund, warum kein Fisch anbiss, denn an den Zehen zupften kleine Fische. Die großen, meinte Ibrahim, seien schon weggefischt. Er musste es ja wissen.

Am See, unweit des Taleingangs, befand sich ein kleines Häuschen mit einem Kiosk. Dort traf ich auf eine Reisegesellschaft weniger betuchter Leute. Ich war am Seeufer entlanggegangen und hatte mich im letzten Abschnitt durch hohes Gras und Gesträuch gekämpft. Deshalb trat ich unvermittelt direkt zwischen diese Gruppe von Menschen, bei der es sich ganz offenkundig um eine einzige Familie handelte. Ein bärtiger Alter mit drei älteren Frauen, der Familienvorstand mit Frauen oder mit Frau und deren Schwestern - das weiß man ja bei einer muslimischen Großfamilie nie so richtig-, seinen eigenen Schwestern, seinen zwei erwachsenen Söhnen und deren Frauen und dazu die Kinder der Kindeskinder. Die jungen Frauen und Mädchen bedeckten sofort ihr Gesicht, als ich auftauchte. Eine war so verblüfft, dass sie es vergaß, wurde aber sogleich von dem Alten zurechtgewiesen, wie ich an den Reaktionen sehen konnte. Der Alte blickte mich nur unfreundlich an, als ich ihn grüßte. Was ging wohl in ihm vor? Vielleicht „lassen uns diese Touristen aus dem Westen nicht einmal das letzte Stück in unserem Land außerhalb unserer Wohnungen?" Die Familienmitglieder gingen mir aus dem Weg und achteten darauf, dass sie sich von mir fernhielten. Ich bemerkte, dass eines und noch ein zweites der größeren Mädchen hin und wieder nach mir in jugendlicher Neugier herüberschielten. Was hatte man über die Männer aus dem Westen nicht alles Schlimme schon gehört!

So freundlich wie vorher die angelnden Bauarbeiter gewesen waren, so abweisend waren jetzt diese Leute. Was erwartete mich in den abgelegenen Tälern Baltistans? Der Unterschied war

4. Kapitel: Unter Achttausendern

eine halbe Gesellschaftsschicht, wenn man nach den Kleidern gehen konnte. Ich nahm an, dass diese Leute Städter waren. Hatam würde mir später erklären, dass es keine Baltis waren, da sich die Frauen hierzulande nicht immer bedeckten.

Im Bazar in Skardu

Unten in Skardu nahm kaum jemand von mir Notiz. Man war in den Sommermonaten den Anblick von Trekkern und Bergsteigern gewohnt. Die Leute von Skardu waren geschäftig und hatten ihr Einkommen. Je mehr man aber in die Seitentäler des Indus vorstieß, desto weniger vermögend waren die Leute. Das Bild der Landschaften, Dörfer und Städte des Westens vor Augen konnte ein Vergleich tatsächlich deprimierend sein. In Baltistan gibt es hohe Berge, aber auch tiefe Täler. Sie atmen gesunde Bergluft, aber zu Essen gibt es nicht immer die beste Kost. Die Baltis sind nie ganz über den Berg, was ihre gesicherten Einkünfte anbelangt. Hinter den Bergen leben sie, da

4. Kapitel: Unter Achttausendern

wo sonst keiner unter den gleichen Bedingungen leben will. Sie sind von hinter dem Berg und haben kaum die Kraft, dahinter hervorzukommen. In den Bergen gibt es reiche Mineralienvorkommen und Goldadern, man hat sie nur noch nicht gefunden! Die Berge sind kahl und den Menschen sieht man es an! Jeder hat seine Berge, das heißt seine schweren Zeiten, in denen es Schwierigkeiten zu überwinden gibt, aber die Baltis haben viele und viele hohe Berge. Sie haben Achttausender an Problemen, Sorgen und Unzulänglichkeiten. Jeder, der sich den Luxus gönnt und eine Achttausender Expedition ausrüstet, sollte auch die Bevölkerung nicht ganz vergessen. Hat man für sie eine Verantwortung? Mit jedem Menschen, den man trifft, teilt man das Los, ob man will oder nicht. Wer jegliche Mitverantwortung ablehnt, sollte zu Hause bleiben. Und wenn man nur für die Erlaubnis, diese Gegend besuchen zu können, etwas abgibt. Ich war froh, dass Hanif, Hatam und meine Träger alle aus dieser Gegend stammten. Alle meine Ausgaben blieben in Baltistan und dienten mit Sicherheit nicht einer der Terrororganisationen, wie es die EU mit ihren Geldern teilweise im Nahen Osten macht.

Die Problemberge der Baltis waren viel höher als die Achttausender des Karakorum. Es gab Wenige, die diese Berge in Angriff nahmen. Hatam hatte mich einmal in meinem Vorwärtsdrang bremsen wollen, er hatte gesagt, dass man den Bergen am meisten Respekt entgegenbringt, wenn man langsam geht. Weil das viele Bergsteiger nicht beachten, kommen sie auch in Schwierigkeiten. Aber es gab eben auch diese Berge, die keiner wirklich sehen wollte und dennoch behandelt wurden, als sei man ihnen Respekt schuldig. Da gab es keinen, der es eilig hatte, sie in Angriff zu nehmen.

In Reiseberichten in diese Gegend werden zuweilen die Armut, das Elend, die Rückständigkeit und der schlechte

Gesundheitszustand der Menschen beschrieben. Das entspricht bis auf das Letztgenannte der subjektiven Bewertung. Armutsbegriffe und Rückständigkeit sind relativ zu sehen. Arm oder rückständig zu sein, macht niemandem etwas aus, solange man es nicht selbst so empfindet. Nach unseren Begriffen ist in Baltistan niemand reich. Aber wenn es den Menschen genügt, so schlicht zu leben, wie sie es tun, sind sie nicht wirklich arm und vielleicht sogar reich an einer vernünftigen Lebenssicht und an innerer Ruhe.

Reich vielleicht auch an Werten wie Genügsamkeit, Achtung vor der Natur und den Mitmenschen, die sich in Gastfreundschaft äußert, wenn die Angst nicht doch zu groß ist. Hie und da gibt es auch Misstrauen, das die Gastfreundschaft einschränkt. Je moderner und fortschrittsorientierter ein Land ist, desto ichbezogener scheint die Bevölkerung dort zu sein.

Wenn einmal die Rastlosigkeit des Menschen im Wirtschaftsaufschwung zur Moderne ins Rollen gekommen ist, kann man sich nicht mehr mit dem Stehenbleiben und Verweilen oder dem Rückbesinnen abgeben. Und das eigene Hemd ist einem immer nah, wenn es so oft gewechselt werden muss, dass man gar nicht erst an das Hemd eines Anderen einen Gedanken verschwenden muss.

Im Grunde beneiden ja gerade diejenigen, die den langen beschwerlichen Weg nach Baltistan auf sich nehmen, die Einheimischen darum, in dieser Gegend fernab von Zivilisationsstress leben zu können, morgens mit dem Vieh auf die Weide zu ziehen und abends wieder nach Hause. Den Abend dann im Kreise der Familie und von Freunden zu verbringen, auf das Tageswerk mit der Überzeugung zurückblicken zu können, dass man es erfüllt hat. Wenn einem die Infektionskrankheit „moderne Industriegesellschaft" noch nicht angesteckt hat, lässt es sich beschaulich leben, vorausgesetzt man hat noch eine

4. Kapitel: Unter Achttausendern

dieser Nischen, in der das möglich ist und: man will es. Die jüngere Generation will es nicht. Sie will den wirtschaftlichen Aufschwung, der den Glauben mit sich bringt, der Wohlstand würde sich dann ebenfalls anheben. Es handelt sich jedoch in der Regel nur um einen wirtschaftlichen Wohlstand, der noch dazu das Risiko birgt, dass er sich irgendwann einmal erschöpft. Aber das Risiko nimmt man bereitwillig in Kauf. Eine große Errungenschaft der modernen Industriegesellschaft kann man keinem Volk der Erde abraten. Es ist das Gesundheitswesen.

Rückständig will in Baltistan niemand sein. Und die Leute würden lieber heute eine Shopping Mall in Khaplu oder Skardu haben als gar nicht. Sie sind vorerst zufrieden mit ihren Marktflecken, aber sie sind determiniert, den Anschluss an den Rest des Landes zu finden. Die Baltis sind auch keine anderen Menschen. Ich habe zwar überall in Baltistan eine sehr einfache und schlichte Lebensweise sehen können, die sich kaum von derjenigen vergangener Jahrhunderte unterscheidet. Die Feldarbeit wird mit den gleichen Geräten und überwiegend in Handarbeit verrichtet. Aber es gibt die Genossenschaften, die Dorfgemeinschaften, die den Ertrag gemeinsam vermarkten. Und das geschieht zum Teil mit moderneren Mitteln. In Lumpen geht man nicht in Baltistan und es gibt auch keine Hungersnot. Das stimmt bis auf Ausnahmen. Diese Leut` waren von Neid und großen Ausgaben befreit. Leute, die aßen, wenn sie hatten, nicht wenn sie wollten. Leute, die niemand kannte, die doch die Lasten der Anderen trugen. **Kleinlaute Leute in kleinen Häusern, die niemand kennen wollte, die ihre Hühner behielten und auch ihre Töchter.**

Die kleinen Leute in Baltistan schlafen sicher und sie schlafen hungrig. Und sie mucksen nicht. Sie sind demütig, weil ihr Hochmut nicht weit reichen würde. Ihr Korn steht dünn, weil sie dünn gesät haben. Ihr Zorn reicht nicht weit, weil er nicht fruchtet. Die Leute von Askole haben aber eines allen anderen Menschen voraus. Sie wohnen vor dem Thronsaal der Bergriesen. Das macht sie demütig, weil sie wissen, dass ihre Sicht durch die Berge beschränkt ist.

Mir fiel auf, dass ausgerechnet in Askole die Bevölkerung ärmlicher zu leben schien als andernorts. Askole ist der letzte bewohnte Ort, bevor man zu Fuß zum Gebiet des Baltorogletschers geht. In Askole beginnen alle großen Expeditionen zu den Achttausendern des Karakorums. Und gerade hier passte die Beschreibung einiger Reisenden, denen es ein Anliegen war, auf die Rückständigkeit der Gegend hinzuweisen. Ein Journalist aus Österreich hatte sogar von einem Abstieg des Menschen ins Tierreich geredet. Vielleicht hat er ein grundsätzliches Problem im Umgang mit Menschen, die nicht sein Niveau haben. Ein Mensch kann überhaupt nur insoweit Tier werden, wie er seinen Abstieg ins Tierreich selber will. Arm und hungrig zu sein, hat nichts mit einem solchen Abstieg zu tun. Tiere sind nicht arm. Und hungrig sind sie meistens nicht lang.

Die Armut springt einem überall ins Gesicht. Sie hat viel Demut, aber zu wenig List, ist also dem Menschen zuzuschreiben. Der Mensch braucht Demut und List, aber keine Armut. Paupertas est ingeniosa? Warum sieht man davon so wenig? Ich glaube eher, dass Armut nicht erfinderisch, sondern stumpfsinnig macht. **Armut ist nicht gut, denn sie bricht den Mut.** Armut hat das unansehnliche Kleid eines Esels und die Stimme eines Pfaus. Der schreit ziemlich schräg und unverständlich. Und Armut hat zu Recht Scham, denn irgendwer ist schuld daran. Und das eigentlich Schlimme ist ja, dass man ihr abhelfen könnte. So auch in Askole und all den Dörfern der Umgebung. Ich weiß nicht, ob es Scham ist, die die Bewohner hinter ihren Türen verschwinden lässt, wenn man durch die Gassen geht. Die

4. Kapitel: Unter Achttausendern

Reichen müssten sich mehr als die Armen schämen. Die Armut hat in Baltistan nicht Viele zu Herren gemacht, vielleicht aber Einige mehr zu Radikalen. Und vielleicht haben die Reichen die Armen noch ärmer gemacht. Es heißt, Armut in Ehren ist besser als Reichtum in Schanden. Aber ich konnte nichts entdecken, was laut und klar Ehrwürdigkeit verkündete. Da war die Schande auffälliger, dass es die Menschen nicht fertiggebracht hatten, aus der Armut herauszukommen. Und dass ihnen niemand dabei half. Baltistan ist aber gerade ein Beispiel, wie sehr die Politik und vielleicht auch die Schicksalsgläubigkeit der Menschen darüber mitbestimmen, was aus den Menschen wird. Manchmal ist Armut auch der Behäbigkeit Lohn. Und diese kann verordnet sein. Dann wird sie zur Untugend und zum bösen Ratgeber und ein treuer Knecht, der sich nicht kündigen lasen will. Und bei der Gastfreundlichkeit der Baltis geht er nicht freiwillig. Man muss ihn schon zwingen. Aber wie? Man bleibt also in schlechter Gesellschaft und die verdirbt ja bekanntlich die Sitten. Ein leerer Sack steht ja auch nicht gern aufrecht. Und so krümmt sich der Rücken unter den Lasten und der leere Bauch hat nichts zur Stützung zu tun. Und schon neigt der Arme zu gekrümmten Wegen. Das nennt man dann Teufelskreis.

Richtig ist, dass die Lebensverhältnisse der Leute in Askole im dritten Jahrtausend alles andere als zufriedenstellend sind. Die hygienischen und gesundheitlichen Verhältnisse spotten in der Tat jeder Beschreibung. Und das ist die größte Armut, die man an den Tag legen kann. Verbesserungen sind dringend notwendig. In einem gewissen Widerspruch zu diesen eher lebensfeindlichen Umständen stehen die körperlichen Leistungen der Träger, die nur auf eine starke Physis zurückzuführen sind. Zwar sind die meisten Träger nicht aus Askole. Aber viele erwachsene Männer Askoles verdingen sich ebenfalls als Träger. Wie weit muss es dann mit ihrer

4. Kapitel: Unter Achttausendern

Mangelernährung bestellt sein, die man geneigt ist, unterstellen zu müssen?

Meine eigenen Träger waren aus der Umgebung, der Koch aus Skardu. Sie waren jung, schlank und kräftig, zwei von ihnen hatten einen Schnupfen, der sie aber nicht zu beeinträchtigen schien. Ich fragte auch Hatam, ob es eine erkleckliche Zahl Träger gab, die auf der Expedition wegen Schwäche zurückgeschickt würden, oder solche, die wegen Krankheit ausfallen würden. Er erklärte, dass Touristen öfter krank wurden. Damit waren aber Magen-Darm-Erkrankungen gemeint. Erscheinungen der Höhenkrankheit hatten nichts mit dem allgemeinen Gesundheitszustand oder der körperlichen Leistungsfähigkeit zu tun und kamen bei Trekkern und Trägern vor. Die Träger hatten jedoch den Vorteil, dass sie die Höhe von Kindesbeinen an schon gewohnt waren. Sie waren bis zu einer Höhe von nahezu dreitausend Metern bereits akklimatisiert, quasi per Geburt.

Ein Träger würde sich wegen des Lohns und mindestens genauso oft wegen der Ehre erst dann eine Schwäche eingestehen, wenn er zusammenbrach. Aber auch das kam, behauptete Hatam, selten vor. Natürlich! Die Baltis sollen ja auch besonders leistungsfähige Männer sein. Ein beträchtlicher Teil der Träger war aber vom Stamme der Hunza. In Berichten von Expeditionsteilnehmern kann man vereinzelt lesen, dass die Hunza noch stärker seien als die Baltis. Solche Urteile sind nicht selten einfach nur Sympathiebekundungen. Man mag die unabhängigen, im Allgemeinen zugänglicheren Hunza, die vielleicht auch die europäischsten der Bergvölker hierzulande waren. Auf sie, heißt es, kann man sich immer verlassen. Ich konnte nach dem bloßen Augenschein keine Unterschiede bei der Leistungsfähigkeit feststellen und ich beobachtete Hunderte von Trägern bei der Arbeit. Auch war die Größe der Träger kein

4. Kapitel: Unter Achttausendern

Hinweis auf ihre Eignung. Das gilt übrigens auch für die Sherpa, die stark untersetzt sind und dennoch über immense Körperkräfte verfügen. Auch die Baltis und Hunza sind nicht sehr groß gewachsen.

Was mir auch schon in anderen Hochgebirgsregionen der Welt über den Gesundheitszustand der Bevölkerung aufgefallen war, bestätigte sich auch hier. Vor allem Kinder litten unter unbehandelten Erkältungskrankheiten. Im Erwachsenenalter schienen sie aber weitgehend immun gegen leichte Infekte. Das schließe ich daraus, dass sie doch überwiegend dürftig gekleidet sind und dennoch nicht erkranken. Das Leben in den Bergen härtet ab.

Mit der Leistungsbereitschaft mancher Träger gab es jedoch eine Einschränkung. Hatam erklärte, dass es bei Expeditionen über den Gondogoro La in der Vergangenheit immer wieder vorgekommen sei, dass die Träger, einmal am Konkordiaplatz angekommen, mehr Geld forderten oder ihre sofortige Rückkehr in Aussicht stellten. Gerade deshalb sei es wichtig, dass man die richtigen Guides habe, die die richtige Auswahl der Träger treffen. Je umfangreicher aber eine Expedition war, nicht selten gingen Reisegruppen von zehn Mitgliedern über den Pass, die dann mindestens fünfzig Träger benötigten, desto schwieriger war das. War da ein gewisses berechnendes, hinterhältiges Element im Charakter der Leute? Wenn es das gab, ich erfuhr nichts davon.

Ich las in einem Bericht aus den siebziger Jahren, die Baltis blickten finster, verschlagen, gewaltbereit. Das kann ich nicht bestätigen. Statt verschlagen geschäftsbereit, statt gewaltbereit hilfsbereit und statt finster eher skeptisch, neugierig, aufgeweckt; der Gegensatz ignorant allenfalls bei der Stadtbevölkerung; oft genug einfach nur freundlich oder sogar heiter, wie ich auch durch Bildmaterial belegen kann.

4. Kapitel: Unter Achttausendern

Die Jugend ist manchmal auch frech, spitzbübisch, fordernd, nie lauernd, bedrängend oder aufdringlich. Einfache Leute, sagt man, weil sie ihr Leben vereinfacht leben. Sie besitzen nicht viel und sind deshalb schnell reich zu machen. Eine kleine Gabe kann sie ganz ergriffen machen, ein Geschenk kann sie strahlen lassen. Es ist in der Tat ein großer Vorteil, wenn man mit wenig sehr zufrieden sein kann. Dann muss das Leben aber auch mit solchen Geschenken kommen!

Da waren drei Mädchen, die mir nachstellten. Vielleicht 9 bis 12 Jahre alt. Sie bettelten. Ihr Wortschatz beschränkte sich auf „pen" und „rupee". Das wiederholten sie monoton mit immer dem gleichen erwartungsfrohen Gesichtsausdruck. Ich spielte fangen mit ihnen. Das gefiel ihnen. Als ob sie dieses Spiel noch nicht kannten. Als ich am Dorfkiosk angekommen war, kaufte ich eine Packung Kekse, zwanzig Pfennig. Ich hielt es ihnen hin, gerade noch, dass ich die nun schon gierigen Augen blicken sah, schwupp war es mir aus der Hand gerissen und alle drei rannten weg wie ein Rudel Wildhunde, das einem Geier endlich ein Stück Fleisch weggerissen hat. Übertrieben? Natürlich, maßlos, aber das war mein erster Gedanke. Ich stellte mir vor, wie sie sich jetzt in einem dunklen Eck im Dorf verkriechen würden, um sich über ihre Trophäe herzumachen, oder nach Hause rannten, um ihren Triumph den Anderen vorzuführen.

Die eigentliche Tragödie ist, dass wir es sind, die den Menschen dort bewusst machen, dass es Vieles gibt, was bei ihnen Begehrlichkeiten wecken könnte und es auch tut. Aber man kann das Eine nicht ohne das Andere haben. Das Eine ist das, was Zivilisation und Fortschritt wirklich ausmacht, gute Ernährung, funktionierende medizinische Versorgung, Sicherung der Grundbedürfnisse. Keinem Menschen sollte man diese Dinge vorenthalten. Aber das Andere, Wohlstand und Moderne mit allen Begleiterscheinungen, muss man meist teuer erkaufen und

4. Kapitel: Unter Achttausendern

erkennt zu spät, dass man darauf verzichten könnte. Ob man davor die Menschen bewahren kann?

Die Menschen in Baltistan machen einen hilfsbedürftigen Eindruck. Zivilisation kann man auch daran erkennen, wie es den Kindern geht. Ob man in Nepals Dörfern ist, bei den Maasai oder den Orang Asli in Malaysia, die Dreck verschmierten Gesichter, die verschnupften Nasen und ausgemergelten Körper sprechen Bände. Das Schlimmste ist aber, wenn Menschen keine Perspektiven haben.

Man kann auch Schwarzmalerei betreiben und vieles zu düstern prognostizieren. Aber Fakten lassen sich nicht bestreiten. Und die sind oft ernüchternd. Da scheint es ein relativ häufiges Phänomen zu geben. Es gibt bei den Baltis Fälle von Inzucht, die so häufig sind, dass sie auffallen. Und das ist ein Warnzeichen für den möglichen Untergang eines Volksstammes. Die Natur lässt sich nicht austricksen. Zwar ist Inzucht von Seiten des Staates und der Religion verboten und wird auch insoweit vermieden, aber biologisch verhindert man sie nicht nachdringlich, denn die Gene von fernen Verwandten werden durch häufig wiederholte Heiraten im erweiterten Verwandtenkreis schnell zu solchen von nahen. Die Bevölkerung in den Dörfern ist alteingesessen, nicht sonderlich mobil und klein. Da ist es nur eine Frage der Zeit, wann sich die Gesichter alle gleichen.

Der Islam erlaubt zwar einem Mann vier Frauen, doch dieser Permit wird von den Baltis sehr selten gebraucht. Diese zusätzliche Quelle von Erbgleichheit scheidet also weitgehend aus. In dem Dörfchen Haiderabad besuchte ich die einzige Schulklasse und stellte fest, dass sich die Gesichter der Mädchen und Buben glichen. Der Lehrer bestätigte, dass es hier viele Geschwister gab, aber jeweils nur 2 oder 3. Dazu aber jede Menge Vettern und Cousinen.

4. Kapitel: Unter Achttausendern

Ich fragte Hatam etwas umständlich, ob ich recht gesehen habe, dass es in Baltistan auffällig viele Zwerge gab. Das waren Menschen, die zwar wohlproportioniert waren, aber deutlich kleiner als der Rest der Bevölkerung. Er hatte dafür keine Erklärung oder er gab sie mir nicht. Aus der Vererbungslehre weiß ich, dass dem ebenfalls Inzucht zugrundeliegen kann. Mit der Zunahme der Bevölkerung und der wachsenden Mobilität, die unvermeidlich wird, wird dieses Problem sich mindern. Adam und Evas unmittelbare Nachfahren mussten sich auch durch Inzucht vermehren, aber da die heutige Weltbevölkerung eine große, genetische Vielfalt aufweist, ist anzunehmen, dass die Urelatern selber über eine große, genetische Ambivalenz verfügten. Daher wirkte sich Inzucht vor Jahrtausenden nicht so schädlich aus, der Erbpool und die Variabilität der Individuen waren größer. Anschaulich ist der Verlust der genetischen Vielfalt und der damit verbundene Niedergang der Lebenstüchtigkeit bei der Aufspaltung der Rassen aller Haustiere. Aus einer Wildform gingen alle Rassen hervor, die aber nur eine reduzierte Fähigkeit haben, in ihrer Umwelt bestehen zu können. Man sieht ihnen auch an, dass sie extreme Ausprägungen sind. Wenn die Rassen sich weiter untereinander durch Inzucht vermehren, wird eine weitere Reduktion auffällig. Das nennt man Sackgassenentwicklung. Die Idee, auf einer einsamen Insel mit der Menschheit noch mal von vorne anzufangen, geht in die Irre. Welche reduzierten Herrenmenschen sollte man dazu nehmen? Auch schon deshalb ist Rassismus ein Widerspruch in sich.

4. Kapitel: Unter Achttausendern

Askole liegt gewissermaßen am Ende der Zivilisation und am Beginn der Wüstenei. Denn hier endet das, was man großzügig noch als Fahrweg bezeichnen könnte. Es geht nur noch zu Fuß auf Bergwegen und Steigen weiter, meist am Fluss entlang, dort, wo es eng wird, auf einer aus dem Felsen herausgeschlagenen Trasse. Und wenn es sein muss, wird der Fluss entweder in einem Rollkasten überquert, wozu man die Hilfe eines Mitreisenden benötigt, der einen an einem Flaschenzug über das Gewässer zieht, oder auf Hängebrücken. Bald nach Askole, nach der ersten Felszunge, wird das Grün deutlich weniger, die Obstbäume verschwinden ebenso wie die Felder, was jetzt noch kommt, ist allenfalls Vegetation, die für die Ziegenherden eine Reise wert ist. Deshalb trifft man talaufwärts auch nur noch Hirten, oder Angehörige von Expeditionen, dies aber nicht zu knapp, schubweise, in Gruppen oder im Gänsemarsch, alle paar Kilometer, wie sie von oben herunterkommen. Man wird selber kaum einen überholen, der in die gleiche Richtung geht. Jedenfalls nicht, wenn man hinauf unterwegs ist.

Schon bei Askole, wo der Talgrund noch weit ist, auf einer Höhe von 3000 Metern, bekommt man einen ersten Eindruck von der Schönheit und Majestät der Landschaft im oberen Baltistan. Die umliegenden Berge haben schneebedeckte Gipfel und die meisten sind namenlos. Ich hatte sie vom Zeltplatz schon am Vorabend im rosablassen Licht der untergehenden Sonne bewundert. Man sagte mir, es seien Fünf- und Sechstausender-Gipfel. Ein Blick auf die Karte bestätigte es. Ich fragte Hatam, doch er konnte mir keinen Gipfel nennen. Wozu auch hätte er sich nach Namen erkundigen sollen? Es gab zu viele von ihnen. Und dieses Interesse der Touristen aus dem Westen nach Namensgebung für einen unbrauchbaren Platz nicht wesentlich näher zur Sonne war ohnehin unverständlich und nicht ernst zu nehmen. Die auffallend merkwürdigen Namen für die Alpengipfel gehen vielleicht auch auf eine gewisse Unlust zurück, sich als Taufpate zu betätigen.

Ich unternahm vom Zeltplatz aus einen kleinen Spaziergang mit dem Guide der spanischen Expedition und ihrem Liaison Officer. Da gab es einen besonders markanten Gipfel, welcher auch der höchste zu sein schien. Er lugte vom Zeltplatz gerade noch hinter der Felskante der unserem Weg talaufwärts vorgelagerten Bergflanke hervor. Aber weder der Guide noch der Liaison Officer hatten einen Namen für ihn. Sie sagten, es sei ein namenloser Gipfel.

„Wie kommt es, dass ein so formschöner Gipfel keinen Namen hat?"

Der Guide sagte, er habe keinen Namen, sei aber 6200 Meter hoch. Der Liaison Officer bemerkte, ich könnte ihm ja einen Namen geben. Ich sagte, das hätte nur einen Sinn, wenn er als Liaison Officer und der Guide dies Anderen zur Kenntnis bringen würden.

„Wie soll der Berg heißen?"

„Ich schlage vor Roman Peak!" Das war ziemlich eitel. Aber das war einfacher, als sich mit einer Erstbesteigung einen Namen zu machen. Es war hinterlistig, aber besser, als bei einem Achttausenderbesteigungsversuch auf der Strecke zu bleiben.

„Das ist ein guter Name! Wann immer wir gefragt werden, wie dieser Berg heißt, nennen wir ihn Roman Peak."

Damit war eine Namensgebung vollzogen und ich war zum Paten eines Berges geworden, der jedenfalls schon ein paar Tausend Jahre so dagestanden hatte, wie er jetzt dastand, lange bevor überhaupt irgendjemand daran denken konnte, dass der Namensgeber im 21. Jahrhundert mit einer bedeutsamen Laune auf den Plan treten würde.

4. Kapitel: Unter Achttausendern

„Und ihr seid sicher, dass ihm die Bauern hier noch keinen Namen gegeben haben?"

Das löste zu meiner Überraschung Erheiterung aus.

„Die Leute geben nur ihren Familienangehörigen Namen und den Dingen, die für sie wichtig sind. Es kommt nicht auf den Namen an, sondern auf den Berg!"

Das war eine sehr feinsinnige Bemerkung, wie ich fand. Die Einheimischen leben in den Bergen, aber nicht von den Bergen. Sie gaben wohl nur den Dingen einen Namen, die sie erreichen oder berühren konnten, Flüssen, Tälern, Wäldern, Lichtungen, Schluchten, Pässen - und Bergen nur, wenn sie flach genug waren. Was man gering schätzt, bekommt keinen Namen? Oder was man fürchtet? Die Acht- und Siebentausender haben auch nur zum Teil einheimische Namen, aber sie stehen fern der Siedlungen, sie können niemandem schaden. Hingegen die Berge direkt hinter den Dörfern: sie bleiben namenlos!

Diese Darstellung erschien mir etwas stark neuzeitlich und kulturspezifisch, genauer gesagt islamisch. Die Baltis hatten mehr oder weniger deutliche Einflüsse von Tibet und die gaben den Bergen sehr wohl Namen, glaubten sie doch - zumindest ursprünglich - die Wohnstätte der Götter zu sein. Hatam konnte mir dazu wenig sagen.

Ich kam aus einem fernen Land und würde wieder dahin verschwinden und maßte mir an, Namensgeber für einen Berg zu sein. Was für ein Unfug! Die Ideen, die Bildung, die im Westen zählen, hier verschwindet ihre Bedeutung wie die Wolken an den Bergspitzen in der Mittagssonne. Die Bildung, die hier zählte, war aus der Naturschule gezogen. Aber offenbar reichte das nicht mehr. Rechte Bildung bessert Herz und Verstand. Daran gab es im Westen genauso einen Mangel wie im Osten. **Aber auch wer sich Bildung hat erworben, ist am Ende**

doch gestorben. Es bleibt der Wunsch, klug und gesund zu sterben. Der altmodische Spruch „rechte Zucht und rechte Lehr, gibt rechtes Brot und rechte Ehr`" hat vielleicht bei altmodischen Gesellschaften noch eine Daseinsberechtigung. Mit der rechten Lehre dürften die Bewohner Nordpakistans aber ihre Schwierigkeiten haben, da doch alles dem Islam untergeordnet war, einer Weltanschauung, die in der Wüste geboren vor grauer Zeit, einem primitiven Volk zu einem gehörigen Aufschwung verholfen hatte. Aber hier und heute?

Hier hatte nur Bestand und Wert, was den Charakter des Dauerhaften hatte. In diesem Landstrich schien es keine modernen oder wissenschaftlich gelehrten Menschen zu geben, nach unserer Vorstellung. Aber konnte man nicht sogar auf allen Gebieten der Wissenschaften rückständig und dennoch ein moderner Mensch sein?! Überhaupt ist es der Mensch aus dem Westen, der solche zum Tagesverlauf oder für das Schicksal der Familie belanglosen Dinge wissen will und Sachverhalte meint, aufklären zu müssen, die niemandem wirklich nutzen. Andererseits ist es der Mensch aus dem Westen, der es irgendwie geschafft hat, Fortschritte zu erzielen, die allen Menschen zu Gute kommen können. Die Welt orientiert sich an den Errungenschaften aus dem Westen.

Ich nahm mir vor, künftig Fragen nach den Namen von Bergen, die mich meinem Reiseziel nicht näherbringen würden, zu vermeiden. Dieses Verhalten muss wohl dafür verantwortlich sein, dass es immer noch tausende hohe Berge im Norden Pakistans gibt, die keinen Namen besitzen. Die Einheimischen kümmert es nicht und die Touristen und Bergsteiger respektieren diese methodische Vorgehensweise. Sie gehen zum K2 oder K7 und machen dabei Geschichten, die mit der Geschichte des Berges verbunden werden. Sie machen so den Bergen einen Namen.

4. Kapitel: Unter Achttausendern

Am Abend ging ich nochmals durch die Gassen von Askole. Diese Siedlung gab es schon lange. Am Dorfplatz gab es eine schlichte Art Lokal, einen Open-Air-Friseur, zwei kleine Läden und am Hügel weiter oben zwei, drei moderne Gebäude in dem Sinn, dass sie verputzte, gemauerte Wände und gepflasterte Höfe hatten, und elektrischen Strom. Eines davon war die Schule, das andere ein Verwaltungsgebäude, in dessen Hof die Getreideernte verwogen und verladen wurde. Der bewohnte Teil war eine Ansammlung von dicht beieinanderstehenden ein oder zweistöckigen Häusern und Hütten. Sie hatten alle, wie im Norden Pakistans allgemein üblich, bewohnte Flachdächer, auf denen die Ernte zum Trocknen ausgebreitet, Wäsche ausgelegt oder Vieh untergebracht war oder auch einfach nur die Kinder spielten. Die oberen Stockwerke waren zum Teil auf einer oder zwei Seiten offen. Die Bauweise verriet, dass man keine Architekten oder Baumeister aus den Städten verdingt hatte. Man hatte einfach die passende Zahl Steine und Felsbrocken zusammengetragen, mit Lehm zugeschmiert und mit Holzkonstruktionen verstärkt. Holz lag als Feuerholz meist auf den Dächern, in Pferchen oder Ställen, die kaum vom Wohnbereich zu unterscheiden waren, sonst gab es ja auch keinen Platz. Meine Blicke durch offene Türen, die nicht alle in Angeln hingen und Öffnungen, die nicht immer Fensterglas aufzuweisen hatten und wohl auch nicht ohne Weiteres verschließbar waren, änderten nichts daran, dass vieles im Dunklen blieb. Es waren die Wohngemächer ja ohnehin und ganz unzweifelhaft keine erleuchteten Bereiche. Die Männer trafen sich zu ihren Gemeinschaftssitzungen andernorts, zum Beispiel im Dorflokal, oder sie saßen davor, bis die Sonne unterging und oft darüber hinaus, meist zusammen mit den Trägern, die zumindest zum Sommerhalbjahr jeden Abend im Ort waren. Es gab genug zu erzählen. Viele Trägergruppen, die am Morgen nicht mit der letzten Expedition weggezogen waren, warteten auf den nächsten Tag. Sie schliefen unter Decken im Freien und saßen am Lagerfeuer, bis es verlosch.

Die Frauen aber hatten ihre Feldarbeiten zu verrichten. Ich sah auch hier nur Kinder und Frauen auf dem Feld. Am Abend kümmerten sich die Frauen um das Vieh und um das leibliche Wohl der Familie. Dann zählte nur noch die Nachtruhe, keine Zeit für Entertainment oder Bildung. Die Kinder waren teils neugierig, teils scheu, teils aufdringlich und sogar frech – so ähnlich wie anderswo.

Die Jungen würden, wenn sie größer wurden, mit zunehmendem Verstand und Wissbegier verstehen lernen, dass sie Frechheit und übermäßige Zurückhaltung nicht weiterbringen würden. Die Mädchen würden leider alles verlieren und ihr Wunsch, die Welt zu erkunden, sollte er jemals geweckt worden sein, würde in ihren familiären Verpflichtungen begraben.

Das Vieh, Ziegen, ein paar Rinder, jede Menge Hühner mit eitlen Gockeln, einige wenige Hunde, denn sie waren zu nichts zu gebrauchen, einige Katzen, die sich wegen des Ungeziefers auch nicht zum Spielen eigneten, spazierten frei im Dorf herum und liefen – bis auf die Katzen - selbständig nach Hause, sobald es dunkel wurde. Ich glaube nicht, dass in dieser Dorfgemeinschaft irgend jemand seine Hütte verschloss. Es legte wohl keiner Wert darauf, seine Habseligkeiten zu schützen. Was an Werten vorhanden war, trug man bei sich, oder, im Falle des Viehs, wusste, wo es hingehörte. Bei aller Idylle, abgesehen von den Kindern, machten die Leute auf mich keinen fröhlichen Eindruck. Sie schienen mir gegenüber so interessiert zu sein wie gegenüber ihren Bergen. Man nimmt zur Kenntnis, dass sie am nächsten Morgen noch da sind. Die Frauen waren zugewandt und abgewandt wie gewohnt. Niemand lud mich in seine Hütte ein. Aber dieses Dorf hatte die Besonderheit, dass es Ausgangspunkt vieler Expeditionen war, die ihren Lärm hier

4. Kapitel: Unter Achttausendern

veranstalteten, viel Staub aufwirbelten - was nicht weiter schlimm war - und nichts von Bedeutung zurückließen.

Die meisten Träger stammten von außerhalb. Sie brachten noch die neuesten Nachrichten mit. Askole war ein gut informiertes Dorf. Vielleicht hemmte gerade das auch ein wenig die Entwicklung. Die Expeditionen kamen immer wieder, also gab es auch immer wieder Arbeit jenseits der Feldarbeit.

Die Touristen hinterließen diesen Eindruck von Exklusivität und Wohlstand, einem unsinnigen Wohlstand, der es mit sich brachte, in eine Wüstenei nur um des Vergnügens willen zu ziehen. Es waren Ungläubige der wahren Wertigkeiten, Menschen aus einer anderen Welt, wo man nicht ums Überleben kämpfen musste. Ich glaube aber, dass die Leute von Askole ebenso wenig daran dachten, dass die Touristen Ungläubige waren, wie umgekehrt die Expeditionsteilnehmer, dass die Einheimischen Muslime waren. Vielleicht trog auch der Eindruck, dass die Askoler unfreundlich waren. Ich suchte keine Einladung. Hatam übernachtete bei einem Freund in dessen Hütte. Er fragte mich, ob ich mitgehen wollte. Ich verneinte, denn das war kein Vorzug. Ich dachte an das Ungeziefer in den Hütten. Ein schnell ins Auge fallendes Merkmal des Dorfes war der unbeschreibliche Schmutz, der sich in, auf und zwischen den Behausungen angesammelt hatte. Nicht nur das Vieh sorgte für eine entsprechende Ausstattung, die Menschen schienen keinerlei Vorkehrungen zu treffen, wenigstens einem Mindestmaß an Hygiene und Sauberkeit Geltung verschaffen zu wollen. Der ständig durchs Tal fegende Wind, der Staub von den nahen Feldern und den sandigen Flussniederungen überall hintrug, tat das Übrige.

Die Anordnung der Häuser schien ohne Plan, aneinandergelehnt, übereinandergestapelt, wärmebewahrend im Winter, kühlend im Sommer. Die Gassen endeten in Reisighaufen oder an einem

Windschutz, einer Mauer, die kein Hindernis für Tiere darstellte. Sie liefen doch überall herum, gerade die Ziegen, die so gute Kletterer waren. Das Dorf war weder schön, noch idyllisch, ganz anders als viele Dörfer, die ich unten im Shigar Tal gesehen hatte. Dort konnte man sogar den Gebäuden Wohnlichkeit nicht absprechen, obwohl sie aus dem gleichen Material gebaut waren wie hier.

Warum musste gerade hier, wo allabendlich Zelte von den reichen Westlern aufgestellt werden, der Gegensatz so groß gemacht sein? Es schien so, als habe die Nachbarschaft nichts eingebracht, was die Situation der Dörfler verbessert hätte. Die Männer suchten keine Freunde und auch keine Spendengeber. Und die Frauen waren hier so unzugänglich wie anderswo. Im wahrsten Sinne des Wortes unnahbar.

Ordnung und eine Vorstellung von Schönheit kann man allenfalls draußen auf den Feldern erkennen. Überall, wo Nebenflüsschen und Bäche zu Tal fließen, sind Wasserläufe abgezweigt worden, um die Felder zu bewässern, die im Frühsommer noch in einem zarten Grün stehen. Das gibt hübsche Muster der Zweckmäßigkeit. Landwirtschaftskünstler sind die Baltis. Wer in diesem rauhen Umfeld leben kann, der kann eine Menge. Umso unverständlicher sind mir die Unordnung und der Schmutz in den Dörfern.

Die Wachstumsperiode ist nicht lange auf 3000 Metern Höhe, der Boden ist ausgedörrt und steinig, jeder Fleck, der fruchtbar gemacht werden kann, ist ein Segen, den die Leute zum Überleben brauchen. Die Felder werden terrassenförmig angelegt als Verwirklichung denkbarer Anbaugelegenheit, in Stein gehauen, und dann auch versteinert, wenn man nicht aufpasst und sich fortwährend müht. Man fragt sich aber, ob das Holz, das von weit herangeschleppt wird, genug nachwächst für die wachsende Bevölkerung. Das Gras für das Vieh wächst

4. Kapitel: Unter Achttausendern

schneller nach. Der Acker muss schwächer sein als der Bauer, wenn er nachgibt. Aber hier war manchmal auch der Bauer schwächer. Manches Feld lag brach und Steine gab es überall. Wer den Acker pflegt, den pflegt der Acker. So steinig und rauh mancher Acker aussah, so auch der Landmann. Andererseits, wer vom Acker und vom Vieh lebt, der lebt wohl, solange er selber Mensch bleibt. Landarbeit macht mürbe, heißt es. Demgegenüber musste die Arbeit der Hirten entspannend sein. Aber für diese Arbeit gab es genügend Kinder. Und die fehlten dann in der Schule.

5. Kapitel: Die große Expedition

Am nächsten Morgen brach ich zusammen mit den Spaniern auf, während unser Personal die Zelte abbaute und die Guides noch aus der wartenden Menge der Träger, die aus nah und fern nach Askole gekommen waren, um einen Auftrag zu ergattern, ihre Auswahl trafen. Ich hatte meine Mannschaft schon am Vorabend zusammen. Hatam hatte aus dem großen Pool nur solche Leute herausgesucht, die er schon als zuverlässig kannte. Da wir eine kleine Expedition hatten, hatte er die freie Wahl. Wie sich zeigen sollte, war seine Wahl gut. Ganz wie zu erwarten war.

Wenn die Gäste eine Stunde vor den Trägern aufbrachen, würden sie ungefähr zur gleichen Zeit wie diese das Tagesziel bzw. den ersten Rastplatz erreichen. Der Pfad folgte dem Braldotal, meist auf der linken Seite des Flusses. Bald kam ein Steilstück, das in die Felsflanke hineinführte und ein wenig Klettern erforderte.

Ein alter Mann hatte dort gerade seine vier Esel hochgetrieben. Es kam mir so vor, als fänden sie diesen Hochgang ungemütlich. Sie blieben nämlich alle paar Schritte stehen und rührten sich nicht vom Fleck. Die lautstarken Sprüche ihres Treibers waren sicherlich keine freundlichen Aufforderungen, weil sie von Schlägen mit einem Strick, der wie eine Peitsche benutzt wurde, begleitet wurden. Diese gewaltsame Kombination brachte die Esel immer ein Stück weiter, man musste nur aufpassen, dass man nicht dabei zwischen die Eselbäuche und die Felswand gedrückt oder gar zur Flussseite abgedrängt wurde, was nicht ungefährlich war. Da nicht nur der Absturz drohte, sondern auch eine anschließende wilde Flussfahrt in einem reißerischen Strom mit eiskaltem Gletscherwasser. Die Chancen standen gut, die Temperaturunterschiede gar nicht mehr wahrnehmen zu können.

5. Kapitel: Die große Expedition

Meist ging es aber durch Geröllhalden auf einer klar erkennbaren Spur. Später nach Überschreitung einer Hängebrücke ging es über eine trockene, heiße Hochebene, um dann, wieder am Fluss entlang, in das unwegsame Moränengebiet des Biafogletschers an schattenspendenden Bäumchen vorbei zu dem ersten Rastplatz in Korophon zu gelangen. Hier gab es Gras für das Vieh, Gletscherwasser und viele blühende Sträucher. Und einen Armeeposten, idyllisch gelegen inmitten von Steinbrech, zartrosa Primeln, Enzian, Glockenblumen und Edelweiß. Weiter ging der Weg zwischen großen Felsblöcken und bald wieder unten am Flussufer, weil weiter oben, wo der Pfad verlaufen war, ein Stück vom Berg weggebrochen war. Das konnte hier jederzeit passieren. Ich wurde mehrmals auf der Reise Zeuge von Geröllabgängen und Felsstürzen von Zentnerschwere bis mehrere Güterwagonladungen.

Das Besondere an den Wanderungen durch diese Gegenden, die doch so menschenabweisend sind, liegt vielleicht daran, dass sie beim Menschen Empfindungen hervorrufen, die ihn bekannt machen mit dem Bestandteil seiner Natur, der auch ein Bestandteil der Umgebung ist. Der Mensch mag sich ein Stück weit von der Natur emanzipiert haben, aber ganz schnell wird er wieder auf sie zurückgeworfen. Uns trennen nicht Jahrtausende vom Steinzeitmenschen, der in Höhlen hauste, sondern nur die Umstände. Niemand kann nur kommen und schauen und ungerührt wieder abreisen. Niemand kann unberührt von der Wildheit und Schroffheit, von der Entrücktheit und Weltabgeschiedenheit bleiben. Schönheit und Wildheit gehören in diesen Naturlandschaften zusammen. Aber es bleibt auch nicht dabei, diese nur verwundert zur Kenntnis zu nehmen, denn sie rühren ja etwas in uns an, das wir nicht abschütteln können. Es ist eine Art Seelenverwandtschaft. Wir denken in Begriffen nur, weil wir sie in uns gefunden haben oder wissen, dass sie von uns stammen. Vieles, was der Mensch als schön bezeichnet, ist nur von kurzer Dauer. Die Schönheit der Berge bleibt. Diese Schönheit trügt auch nicht. Es gibt keinen Schleier, der so groß ist, sie zu verbergen. Der Schneeschleier verbirgt nicht, er offenbart eine andere Seite. Die Bergschönheit ist stumm und macht stumm. Sie wird im Alter nicht gebrechlich. Sie bleibt das Erbgut für nachfolgende Generationen. Sie zieht mehr als zehn Ochsen, sie zieht ganze Karawanen, Jahr um Jahr.

Es ist ähnlich wie mit dem Wetter, das Stimmung macht. Berge machen auch Stimmung, je gewaltiger sie sind, je Ehrfurcht erheischender, desto mehr. Sie haben ein Eigenleben, weil sie den Menschen so beeindrucken, dass er das über sie denkt. Er kann nicht anders. Er lässt einen Teil seines Lebens dort, wo er sich abmüht, seinen Weg zu machen. Und je mehr er sich dabei abmüht, desto mehr lässt er von seinem Leben dort. Die Naturkräfte verändern das Gelände äußerlich und physisch, der Mensch aber verändert es innerlich und metaphysisch, nur so, dass er, wenn er wiederkommt, davon wieder einen neuen Eindruck bekommt. So gesehen könnte man meinen, die Naturlandschaften haben ein Eigenleben, weil der Mensch eines hat. Wer sonst sollte sich darüber auch Gedanken machen. Man sitzt vielleicht zur Rast auf einem Stein und wenn man sich nicht mit einem Mitreisenden unterhält, dann hält man innere Zwiesprache mit sich und resümiert, was einen hierhergebracht hat und was so besonders an dem Ort sein soll. Mag sein, dass man nicht tiefschürfenden Überlegungen nachgeht, aber das Unterbewußtsein regt sich doch und jeder nimmt einen Erfahrungsschatz mit, der ihn zu einer anderen Person werden lässt.

Wer eine Entdeckungsreise in die Wildnis der Berge macht, kommt immer verändert zurück. Die Extreme erleben die Bergsteiger, weil sie nicht nur horizontal, sondern auch in einer

5. Kapitel: Die große Expedition

anderen Dimension das Land erkennen. Wer als Betrachter draußen ist, zu Hause auf dem Sofa hocken bleibt, hat nur Unverständnis für die verantwortungslosen Abenteurer. Sobald er aber selber Augenzeuge vor Ort wird, hat er längst sich seinem eigenen Innenleben hingegeben und erlebt mit, auf seine ureigene Art, dass man jetzt so leben muss, ganz selbstverständlich und folgerichtig. Man verausgabt sich am Berg und auf der Strecke, beim Klettern über Felsbrocken, beim Stolpern durch Geröllfelder, beim mühseligen Stapfen durch Sand oder Schnee. Aber es ist auch immer eine innere Reise. Hitze und Kälte liegen nahe beieinander wie Tag und Nacht, aber wie viele Gedanken liegen beieinander und entdecken sich gegenseitig! Und bei all den Anstrengungen, so sinnlos sie auch für den Betrachter sein mögen, wird man doch stärker, wird nicht zum Gegner der Natur, sondern mehr zu einem gefühlten und gedachten Bestandteil, und sie wird Geist vom Menschengeist, gewiss nur in der Vorstellung, aber das reicht, denn alles ist Vorstellung. Wie sonst könnte man etwas feststellen, außer in der Vorstellung. Man zieht Motivation, Kraft und Ideengut aus der Vorstellung. Das ist das Paradoxe. Der Bauer arbeitet bis zur körperlichen Erschöpfung auf dem Feld und fühlt sich dann am zufriedensten; er macht sich erdverbunden und empfindet es als Genugtuung. Nicht anders ergeht es dem, der sich mit der Natur eins macht. Nein, man kann nicht steril durch die Landschaft wandern. Man wird beeindruckt und beteiligt. Man gibt und nimmt. Alles ist im Wandel und im Handel.

Man fühle sich so klein in der Natur, sagen manche. Nur, wenn man nichts von ihr nimmt. Ich sage, man fühlt sich ganz groß, wenn man die Natur richtig anpackt, sie sich richtig anpacken lässt. Wenn man in ihr ist, sich als Bestandteil ihrer versteht, ist man so groß oder klein, wie man sie gerade wahrnimmt. Ich meine das nicht esoterisch, sondern praktisch. Solche

Vorstellungen können dazu verhelfen, den Dingen ihr rechtes Maß und ihre Bedeutung zu geben. Wir sind eben nicht einfach ein Auswurf einer Laune der Natur, sondern Schöpfung. Nicht Ergebnis eines ungerichteten Zufalls, sondern wohlbedacht. Wie kann dann verwundern, dass wir uns mit der Natur verbunden fühlen, aus deren Mitte wir nicht einfach nur geboren sind, sondern wir sind die Natur, personifizierte Variante ihrer Daseinsmöglichkeiten. Wir sind die erlesenste Ausprägung und die fragwürdigste, die einzige, die Fragen stellt. Das aber zu Recht.

Great Trango 6287m

Die von Titanenhand gemeißelten Granitwände der Trangotürme oder des Paiju im ersten Morgenlicht zu erblicken, kann zu einer Offenbarung werden, wie groß der Raum ist, den der Beobachter einnimmt. Nur er, von weit hergekommen, erlebt dieses Naturschauspiel, wie der Berg im wärmenden Lichtschein zu erwachen scheint, seine Schroffheit, die bedrohliche Riesenform

5. Kapitel: Die große Expedition

im Nachtschatten allmählich ablegt und ein freundlicheres Gesicht aufsetzt. Das Dunkel des Himmels erhellt sich bläulich. Es gibt keine Farbe, die dem Firmament, das alles königlich beherrschend überspannt, besser anstehen würde. Der Himmel ist blau, weil ihm das am besten steht, die Wälder sind grün, weil sie das am besten kleidet. Alles nur Zufall? Welch ein Unsinn. Seit wann hat der Zufall Geschmack? Hinter jedem Geschmack steckt ein Genießer.

Was sich am meisten erdseitig hinaufwagt, sind die braunen Berggipfel mit ihrer schneeweißen Spitze, sodass man manchmal bei Bewölkung nicht weiß, ob man Wolken sieht oder ihren Niederschlag. Diese Höhen zeigen durch ihre Unerreichbarkeit, dass sie würdig sind, der Ort zu sein, wo Himmel und Erde ineinander übergehen zu scheinen. Ich sage Unerreichbarkeit, weil man das Leben dransetzen muss, doch einmal für kurze Zeit oben stehen zu können. Auch das ist dem Menschen möglich, aber auch nur wieder, weil er heranreicht an das irdisch Mögliche als der Erde fähigste Kreatur. Es ist eine Gratwanderung, alles Können und Wollen zusammenzufassen und auf ein hohes Ziel zu bündeln und doch nicht abzustürzen.

Das Bergsteigen ist gerade auch deshalb so anziehend und faszinierend, weil hier der Mensch spürt, wie er seiner eigenen Natur alles abverlangen kann, um dem Naturgenuss, dem gedachten Einswerden mit der Natur, weitgehend nahe zu kommen, es ist existenzerweiternd und existenzgefährdend. Schnell wird aus dem Genuss ein Verdruss, wie ja vorher schon viel Mühe war, ehe man zum Genuss kommen konnte.

Andere drücken es aus als ein Leben am Rande des Möglichen oder der Beginn zu leben, wo man knapp dabei ist, das Leben zu verlieren. Das muss sich unverständlich anhören für die, die immer auf der bequemen und sicheren Seite des Lebens stehen. Sie denken gar nicht daran, sich einem Risiko auszusetzen, es sei denn, man kann dabei einen hohen Geldbetrag gewinnen, mit dem man sich dann das Leben noch bequemer und sicherer einrichten kann. Wer aber einmal eintaucht in eine Welt, in der das Jenseitige ins Diesseitige hineinreicht, jedenfalls in der Vorstellung, erlebt andere relevante Wirklichkeiten, die den Blick vielleicht für andere Lebenswichtigkeiten erweitern.

Man kann sich auch einfach nur an der berauschenden Schönheit der Bergwelt des Karakorum weiden. Die Seele das später bewältigen lassen, einstweilen die Eindrücke nur aufnehmend. Leicht kann man später darauf zurückgreifen oder von den unzähligen Bildern schöpfen, die man gespeichert hat. Es ist schon seltsam, dass Massen von Menschen unten im schmucklosen Tiefland des Pandschab ihrer täglichen Unrast nachgehen und dabei sicherlich nicht ihr Potential der Gefühls- und Gedankenwelt ausschöpfen. Sie sind dort mehr soziale Wesen, so wie Ameisen in ihrem Staat.

In den Bergen darf man auch ein wenig asozial sein. Hier oben im Karakorum gibt es eine von diesen Menschenmassen weit abgeschiedene und auch gemiedene Bergwelt mit gewaltigen Naturansichten für Ästheten und unbewältigten Wirklichkeiten für Künstler, Denker und die Abenteurer und Entdecker unter ihnen ganz besonders. Ein weiter Raum, der weitgehend ungenutzt daliegt, denn was sind schon die Züge der Trekker und Bergsteiger auf ihren festen Routen!

Natürlich ist es ein praktisches Problem, welches die Mehrheit der Menschen davon abhält, eine ansehnlichere Wohngegend zu wählen. Es sind gerade die Weglosigkeit, Entferntheit von jeder Leichtigkeit des Broterwerbs und die schlichte Unerschließbarkeit, die das Besondere erhält und für künftige Generationen erlebbar macht. Die Natur hat ein Geschenk gemacht. Wenn es aber gemein gemacht wird, frei zugänglich für jeden, wird der Wert gemindert.

5. Kapitel: Die große Expedition

Ich fragte Hatam, warum es keine „Facilities" auf dem Weg zum Baltorogletscher gab, dabei fand sich in Jula schon ein Kiosk, der erste Vorposten von Kommerz im sonst unerschlossenen Baltorogletschergebiet. Noch gab es dort nur Zigaretten, Kekse und Mineralwasser in Plastikflaschen. Das Land gehörte den Dorfleuten, sie könnten Geschäfte machen. Ich glaube nicht, dass ich ihn auf eine Idee gebracht habe. Man stelle sich vor, man würde im Karakorum das Gleiche anstellen wie in den Alpen! Irgendwann macht man es vielleicht auch. Die Berge würden so schön bleiben wie vorher, die Landschaft würde aber ihren Reiz einbüßen, wenn sie durch Straßen und Gasthäuser erschlossen werden würde. Dazu ist momentan kein Geld da und die einhundert Expeditionen und Reisegruppen, die in den Sommermonaten das Baltorotal hinaufziehen, sind zu wenige, um den Kohl fett zu machen. Die meisten sind ehedem bestens ausgerüstet.

Im Pakistanischen Bergverein, ich weigere mich, ihn „Alpenverein" zu nennen, sagte man mir, dass im laufenden Jahr erst dreißig Anträge auf Genehmigungen vorlägen, davon entfiel mehr als die Hälfte auf Kleingruppen bis zu 4 Teilnehmer. Pro Teilnehmer muss man mit 6 Personen einheimischem Begleitpersonal für eine mittlere Tour rechnen. Bei einer Länge der Strecke von Askole bis zum Konkordiaplatz von 70 Kilometern, der hin und zurück 15 Tage in Anspruch nimmt, und einem Zeitraum ab Ende Juni bis Mitte September, in dem man die Tour machen kann, verteilt sich der „critical impact", den die Natur erleiden muss. Ebenso der „social impact". Abgesehen davon gibt es ja Expeditionen, die in einem der Seitentäler oberhalb des Konkordiaplatzes verschwinden und nicht mehr auf dem gleichen Weg zurückkommen. So auch meine Tour über den Gondogoro La-Pass.

Man sagte mir, das Stagnieren der Besucherzahlen hinge mit den Anschlägen in New York zusammen. Wir, die wir physisch in der Lage sind oder uns in die Lage versetzen, durch entsprechende Vorbereitungen, diese Touren bewältigen zu können, tun uns leicht zu sagen, das Karakorum möge so unzugänglich und hinterberglerisch bleiben, wie es ist, damit es in all seiner seltenen Pracht erhalten bleibt. Gegenüber denen, die auch einmal in das Gebiet mit der höchsten Konzentration an höchsten Bergen der Welt vorstoßen möchten, aber einen limitierten Aktionsradius haben, ist diese Einstellung nicht sehr gütig. Und was kommt überhaupt für die Einheimischen dabei heraus? In den Alpen wurde die Agrarwirtschaft von der Tourismusindustrie verdrängt. Die Menschen haben ihr ein gesichertes Einkommen.

Soll man es bedauern, dass 150 Millionen Pakistaner nichts von den verborgenen Schätzen ihres Landes wissen und auch nicht die finanziellen Mittel haben, sie zu besichtigen? Oder soll man es gutheißen? Diese Frage ist vergleichbar mit der Frage, ob die Maasai ihre Primitivität zum Spaß für die Touristen bewahren oder doch lieber an der Entwicklung ihres Landes teilnehmen sollen, damit sie nicht im eigenen Land zu wunderlichen Schauobjekten verkommen. Das Abwägen des Für und Wider des Massentourismus ist ein unergiebiger Sport, denn bestimmte Entwicklungen sind unaufhaltsam. Klüger ist es, aus dem, was gegeben ist, das Beste zu machen. Der Mensch wird früher oder später alles grundlegend verändern müssen, sonst kann er nicht überleben.

Ich schreibe dies zu einer Zeit, in der man endlich eingesehen hat, dass der Mensch nun auch das Klima auf diesem Planeten macht. Noch vor wenigen Jahren haben das „Fachleute" bestritten, obwohl man schon seit Jahrtausenden festgestellt hat, was einem schon seit Jahrtausenden die Vernunft sagt, wenn

5. Kapitel: Die große Expedition

man z.B. abholzt, kommt es zu Erosion und Versteppung oder gar Verwüstung. Zum einen, weil sich die Erde nicht mehr halten kann, zum anderen, weil sich das Wasser nicht mehr halten kann. Das begreifen die Kinder bereits im Kindergarten. Aber es braucht Fachleute, die das bestätigen. Und dann ist niemand bereit, bis auf wenige Idealisten, die Konsequenzen zu ziehen, weil sich jeder selbst der Nächste ist.

Die Art und Weise, wie der Mensch sich bzw. seine Gesellschaft fortentwickelt, scheint irgendwie dem Planeten nicht besonders gut zu bekommen. Bei allem, was zweifellos gut ist an den Errungenschaften unserer Zivilisation, es gibt genug, was grundlegend verkehrt sein muss. Und gewiss gehört die Überbevölkerung dazu. In der Natur gibt es dazu ein Regulativ. Es wird „von Natur aus" nicht mehr Nachwuchs produziert, als Lebensraum zur Verfügung steht. Wenn die Kaschmirkohlmeise unter dem harten Winter zu leiden hatte, brütete sie im nächsten Frühling mehr Eier aus. Der Mensch hat den Kontakt mit der Natur und seinem Lebensraum verloren, weil er sich einen künstlichen Lebensraum mit künstlichen Bedürfnissen schafft. Das ist also Wurzel allen Übels, Verlust der Natürlichkeit in Kombination mit dem Egoismus.

Der Karakorum ist ein Gebiet, wo die Menschen noch am natürlichsten Leben. Es gibt nur sehr wenige Fernsehgeräte und andere Artefakte der so genannten modernen Zivilisation. Hier sind die Geburtenraten niedrig, allerdings war auch immer die Kindersterblichkeit hoch. Unten in der Tiefebene des Sindh oder Pandschab vermehren sich die Menschen und unterliegen zugleich dem Haschen nach den Segnungen der modernen Industriegesellschaften. Überproduktion von Industriegütern, ihr angeblich bedürfnisbefriedigender Gebrauch und Überbevölkerung stehen in einem merkwürdigen Zusammenhang. Und natürlich geht die Überproduktion immer auf Kosten der naturgegebenen Umwelt. Aber möglicherweise liegen die Ursachen für den Verlust der Natur noch tiefer, noch tiefer im Menschen.

Wer sich mit all dem nicht beschäftigen und den Spuren der menschlichen Zivilisation im 21. Jahrhundert aus dem Weg gehen möchte, der ist im Karakorum am richtigen Platz. Er könnte auch in die Wüste Gobi, in die Antarktis oder ins Innere des Amazonasgebiets gehen. Aber nirgendwo hat er solch gewaltige Naturdenkmäler um sich herum, denn im Karakorum kommt die dritte Dimension sehr nachhaltig vor seinen Augen zur Geltung – und unter seine Beine. Der Baltorotrek zum Konkordiaplatz, sicherlich eine der beeindruckendsten Örtlichkeiten der Erde, beginnt auf 3.000 Metern Höhe und erreicht eine Höhe von 4.650 Metern. Er ist also mit der entsprechenden Akklimatisation keine schwere Trekkingstrecke. Und auch der weitere Aufstieg zu den Basislagern der Achttausender ist zu bewältigen. Das K2 Basecamp liegt auf 5.135 Metern, das Broad Peak Basecamp auf 5.000 Metern, die Gasherbrum I und II Basecamps auf 5.100 Metern. Die dazugehörigen Berge sind 8.611, 8.047, 8.068 und 8.035 Meter hoch. Ihre Gipfel sind auf einer Länge von 30 Kilometern auf einer Linie aufgereiht. Schon die alten Römer sagten „Mons cum monte non miscetur", gleich Große machen selten Gemeinschaft. Hier schon.

In der unmittelbaren Umgebung gibt es viele Berge, die über siebentausend Meter hoch sind, der Konkordiaplatz, wo mehrere Gletscher aus allen Himmelsrichtungen zusammenlaufen, deshalb „Konkordia", ist umgeben von ihnen. Die höchsten sind Gasherbrum III und IV, die über 7.900 Meter hoch sind. Im Südosten steht die Chogolisa mit 7.665 Metern. An der Flanke dieses Berges ist 1957 der berühmte Bezwinger des Nanga Parbat Herrmann Buhl abgestürzt. Im Südwesten befindet sich der

5. Kapitel: Die große Expedition

„Schöne Berg", der Masherbrum mit 7.821 Metern, schwerer zu besteigen als mancher Achttausender. Ihn hat man schon auf der vorletzten Tagesetappe auf dem Anmarschweg passiert.

Gasherbrumgruppe, 8068m

Der Baltorotrek führt einen noch an anderen berühmten Berggipfeln vorbei, die weniger durch ihre absolute Höhe beeindrucken als über ihre Form. Es sind steile Granitzacken, die jeden Höhenbergsteiger unruhig werden lassen, wenn er sie nur sieht, die Cathedral Towers, die Trango Towers und der Muztagh Tower. Wer sich dort oben aufhält, muss sich auf klimatische Gegensätze gefasst machen, die ihm einiges abverlangen. Als ob das Klettern in der Senkrechte nicht hart genug wäre. Die Nächte können sehr kalt sein, was bei einer Höhe von über 4.000 Metern und sternklarer Nacht nicht überrascht. Dass es aber tagsüber auch noch auf 3.500 Metern Höhe über dreißig Grad im Schatten geben kann, ist ungewöhnlich. Hat man keinen Schatten, darf man sich auf 50 Grad gefasst machen. Sobald man

5. Kapitel: Die große Expedition

im Schatten eines Berges ist, sinken die Temperaturen schlagartig. Der ständige Wechsel zwischen Jacke an und aus ist aufwändig, aber notwendig, denn wer sich eine Erkältung einfängt, gefährdet die ganze Tour. In der dünnen Luft wirken sich Krankheiten stärker aus.

Problematisch ist der fehlende Schatten auf einem Großteil der Strecke. Schon auf der ersten Etappe, als ich mich an einem Gletscherbächlein niederbeugte, um mein Gesicht abzukühlen, färbte sich plötzlich das Wasser rot. Mein Nasenbluten wurde von dem Expeditionsarzt der spanischen Exedition als hitzebedingt erklärt. Ich hatte es am nächsten Tag wieder. Alle Spanier hatten große Regenschirme als Sonnenschirme bei sich. Das war klug vorausgeplant. Der Tipp mit den Sonnen-Regen-Schirmen ist heiß. Ich gebe ihn immer wieder weiter. Ein Zelt zum Schutz vor der Sonne aufzustellen, nützt nichts, da es sich zu schnell aufheizt. Man stellt es deshalb erst auf, wenn die Sonne hinter dem Berggipfel verschwindet. Der einzige Ausweg, dem unter Umständen lebensbedrohlichen Sonnenniederschlag zu entgehen, besteht darin, zum Flussufer hinunter zu steigen und sich mit dem Wasser abzukühlen. Doch das geht nur da, wo Wasser ist. Entlang der Strecke ist es manchmal aufgrund der Steilheit des Geländes gar nicht möglich, zum Ufer zu gelangen. Es sind schon Träger ins Wasser gefallen und ertrunken. Das Wasser des Braldo ist schnellfließend und vor allem eiskalt. Wer hier nicht schnell Land gewinnt, hat verloren.

Kurz vor Jula ist einer der im Karakorum verbreiteten Hängeseilzüge über den Zufluss des Braldo, den Dumordo, angebracht. Man ist so in der Lage, sich an ein Stahlseil hängend und auf seinem kleinen Untersatz festklammernd, den Fluss zu überqueren. Aber man muss sich über 40 Meter festhalten. Wenn das nicht zügig geschieht oder zu viel Gewicht mitgeschleppt wurde, lassen schon einmal die Kräfte nach.

5. Kapitel: Die große Expedition

Jedenfalls sagte mir Hatam, dass an dieser Stelle erst im letzten Jahr zwei Träger umgekommen waren. Der fahrbare Untersatz war auf der anderen Seite und konnte nicht hinübergezogen werden. Da der Fluss wenig Wasser führte, glaubten die unerfahrenen Träger ihn durchwaten zu können. Sie stürzten aber und wurden weggerissen. Beide ertranken. Kaum einer der Träger kann schwimmen, aber in diesem reißenden, eiskalten Fluss würde es vermutlich nichts nützen.

Wenn man im Talgrund sich immer weiter aufsteigend dem Baltorogletscher nähert, ist man ständig von diesen hohen Bergen mit ihren schroffen, noch unbestiegenen Flanken umgeben. Dann geht man 50 Kilometer über den Gletscher, wenn man ihm bis über Konkordia hinaus folgt. Nur bei den Zuflüssen, die ihrerseits zunehmend vergletschert sind, tut sich ein Blick in Seitentäler auf, zum Beispiel bei den Trango-, Dunge-, Biali- Muztagh- Biangegletschern nach Norden und nach Süden den Lilgo-, Mandu-, Yermanendu-, Biarchedigletschern, doch dort sieht man auch nur einen Gipfel nach dem anderen, eine abweisende Wand, die sich fortsetzt mit der nächsten. Der Mensch kann hier nichts Anderes sein als Durchreisender, Besucher, seine Lebensmittel hat er mitzunehmen, so weit sie reichen, so weit ist sein Radius. Und wenn er Glück hat, ist ihm das Wetter wohlgesonnen.

Man ahnt, hinter diesen Wänden und Gipfeln liegen weitere Gipfel und Wände, es gibt keinen Horizont, man befindet sich in einem beängstigenden Gletscher- und Bergmeer, eine überdimensionierte aufgepeitschte, eingefrorene See. Ein Blick auf die Karte gibt einem Recht. Jenseits der Achttausenderlinie, die vom Konkordiaplatz aus zu sehen ist, liegt die abgelegenste der chinesischen Provinzen, noch einmal eine andere Welt. Menschenleer bis über viele Horizonte. Und wendet man sich vom Konkordiaplatz nach Südwesten, hinter dem Chogolisa da

5. Kapitel: Die große Expedition

hin, wo der größte aller Gletscher überhaupt, der Siachengletscher, fließt, ist man doch wieder ganz nahe den Errungenschaften der Zivilisation, dort stehen Kanonen von der pakistanischen und der indischen Armee zum Austausch von nachbarschaftlichen Beziehungen bereit. Mitten im Niemandsland. Ein umkämpftes Gebiet. Die Parteien kämpfen im Winter aber mehr mit der Witterung, sie werden von Kälte angegriffen, von Schneefällen zermürbt und von Lawinen verschüttet. Es bedarf großer Anstrengungen auch für eine moderne Armee, zu überleben in dieser Mitte der Fels- und Eiswelt. Keiner der beiden Gegner steht dort wegen der Schönheit der Landschaft, auch nicht wegen strategischer militärischer Bedeutung, sondern aus Prinzip! Gut für die Natur, dass dort Ruhe herrscht. Die Berge widersetzen sich dieser Art von Besetzung nicht. Sie sind noch da, wenn die Soldaten wieder weg sind.

Träger vor Muztagh Tower (7284 m)

Ich empfand diese Landschaft als befremdend, menschenleer, überhaupt lebensleer, mit dem kalten reißenden Gletscherwasser und den steilen hohen Bergflanken, dem riesigen Raum dazwischen. Selbst die ausgetretenen Pfade, die

5. Kapitel: Die große Expedition

hie und da im Nichts zu verschwinden schienen, sodass man nach der Fortsetzung suchen musste, selbst die aufgeschichteten Steinstufen und Steinmänner, schienen nur darauf angelegt, einen weiter hinein in die Bergwelt zu locken wie in einem Traum oder doch in einem real erlebten Märchen, wo man von der vertrauten Welt in das Jenseitige geführt wird, in ein fremdes Reich, ein Reich der Eis- und Bergriesen. Es könnte ebenso gut ein ferner Planet des Nichtlebendigen sein, den man auf einer Zeitreise zurück durch ferne Zeiten betreten hat. Und nun hat man sich dem Zentrum der Vergänglichkeit oder dem Gegensatz, der Ewigkeit, zu nähern, damit man endlich seine Bestimmung und den Höchstgrad an Verwirrung erreicht.

Vielleicht ist es auch eine Sisyphosreise, der Stein, der immer wieder vom Berg rollt, ist der Pfad, der immer weiterführt, um die nächste Biegung, über den nächsten Pass in den nächsten Gletscher. Und man muss immer weiter, sofern man nicht in eine Gletscherspalte fällt oder einfach zugeschneit wird und sich zu den anderen Millionen Seelen gesellt, die hier irgendwann den gleichen Weg angetreten haben und das stille Reich der Unterwelt bevölkern, vereist und versteinert. Ein festgefrorenes Reich, seit abertausend Jahren still und regungslos. Heimat ist etwas Anderes. Denn, ist die Heimat auch an Naturansichten arm, ist sie doch warm und herzlich. Hier gab es nichts Herzliches, es sei denn, man brachte es mit.

Diese Welt, so überwältigend sie auch ist durch ihre wilde Schönheit und befremdliche Majestät, ist unfertig. Zu viel Raum, der fruchtlos bleibt, der gar nicht beachtet wird. Welch eine Verschwendung! Die Trekker und Bergsteiger leisten Pionierarbeit. Sie beachten das alles, was sie sehen, und machen sich sogar über einzelne Gletscherspalten Gedanken, auch wenn diese nicht freundlich sind, dafür respektvoll und mit gelegentlicher Anerkennung der ästhetischen Form. Aber nicht alles können sie als Herausforderung sehen und sich darauf einstellen, sie anzunehmen.

Sogar die Berge müssen warten. Die vielen namenlosen Zacken und Schluchten! Kein Mensch will sich hier häuslich einrichten. Ihre Zelte bringen sie mit und hoffen, sie nicht lange an der gleichen Stelle aufstellen zu müssen. Eigentlich wollen gerade diejenigen, die am höchsten hinaus wollen, ganz schnell wieder verschwinden. Das wäre ihr Erfolg. Manchmal ist es sogar ihre besondere Herausforderung, das was sie tun, möglichst schnell zu tun. Das Verweilen birgt Gefahren, denn es ist eine gefährliche Gegend. Die Eile ist aber noch gefährlicher. Nicht nur wegen der Höhenkrankheit, die jeder bekommt, der es zu eilig hat. Das ist absolut unvermeidlich und manchmal sogar todsicher. Wer will, kann ohne Weiteres an der Eile sterben, er muss nur, so schnell er kann, nach oben. Vielleicht ist es gar nicht der Sauerstoffmangel als erste aller Ursachen. Vielleicht ist es einfach der Respekt, den man den Bergen zollen muss. Wer zu schnell ist, hat keine Zeit für Respekt. Und deshalb muss er leiden.

Es ist aber auch eine wundervolle Gegend, wenn man die Wahl hat, jederzeit wieder weiterziehen zu können. Wie sich unsere Begeisterung doch schlagartig ändert, wenn wir existenzielle Bedrohungen spüren! Solange es uns gut geht, sind wir Schwärmer. Da stehen wir gedankenverloren am Flussufer und loben die Aussicht! Geraten wir in die Fluten, geht es nur noch darum, so schnell wie möglich wieder heraus zu kommen! Unsere Schwärmereien sind eben nichts für die Ewigkeit!

Wir sind wankelmütig, weil wir auch schnelllebig sein müssen. Wir zweifeln an unseren relativen Einfällen, zu Recht, zweifellos! Es ist ein relatives Recht! Nicht sehr fest verankert. Wir sind sehr inkonsequent. Erfriert einer seine Zehen, reduziert sich sein Enthusiasmus. So haben wir nicht gewettet! Wie schwächlich, dass man wegen einer Magenverstimmung sein Projekt aufgeben muss! Wie dümmlich, dass eine Luxation das Ende der Expedition bedeutet!

Der Mensch ist ein edles Wesen, gerade eben und jetzt schon wieder kriecht er auf allen vieren und fühlt sich sterbenselend, kein Gedanke mehr, hochtrabende Verse zu schmieden! Er sinkt herab zu einem Haufen Grundbedürfnisse, wenn es daran elementar mangelt. Und er lässt sich von einem weniger raffinierten Wesen, einem Esel oder Kamel zu Tale tragen, mit Hoffnung auf Besserung und sonst keiner Hoffnung.

Meine Mannschaft vor Masherbrum

Und nicht selten scheitert er bereits an der dünnen Luft. Ein paar Prozent weniger Sauerstoff, das ist nur eines der Elemente, die der Berg zu Hauf lagert, und schon macht er schlapp, er fängt an zu halluzinieren, gerade weil sein hochkomplexes Denkorgan zugleich sein empfindlichstes Instrument ist. Und auch das ist

5. Kapitel: Die große Expedition

ein Witz, so hochfliegende Pläne und Gedanken, so folgenschwere Entschlüsse, so abhängig von ein bisschen Sauerstoffversorgung, erdacht in einem Organ, das in Sekundenschnelle schlappmacht, aber vorher noch sein Denken auf das Notwendigste reduziert, nämlich dahin lenkt, wo es um nichts Hohes mehr geht, sondern nur noch um die bloße Erhaltung des Atems. Kein Zweifel, wer sich das ausgedacht hat, hat Humor und scheint zu wissen, dass nichts wirklich wichtig ist, was hinter diesen Menschenstirnen ausgeheckt wird. Also kann nur das, was hineinkommt, noch bedeutsam sein. Erkenntnisse sind am Ende doch sehr viel wichtiger als Erfindungen. Das müssen aber schon Erkenntnisse sein, die das bloße Denken über das materielle Sein übersteigen. Leben ist etwas Anderes als Materie, es wird allenfalls gelebt in einer materiellen Abbildung und das auch nur zum Teil. Leben ist ein Phänomen. Und das kommt daher, weil auch Geist ein Phänomen ist. Materie ist dabei etwas, was in beiden auftaucht, aber gewiss nicht das Wichtigste oder etwa die Grundlage ist.

Das haben die Eremiten der Berge und im gesamten Himalaja die Mönche der Religionen erkannt. Ich behaupte nicht, dass sie noch viel mehr Erkenntnisse errungen haben, aber diese anscheinend ganz bestimmt. Also es gibt Wichtigeres, als Berge erklimmen und dabei vielleicht sogar noch auf der Strecke zu bleiben. Aber es kann gut sein, dass man Wichtigeres beim Berge erklimmen aufsammelt!

Mit dem Denkorgan hat der Mensch auch geplant, in die ungewissen Höhen und Weiten vorzudringen; mit ihm hat er die hehren Gedanken über die Beschreitung neuer Himmelsfelder ausgeheckt, doch schnell kreisen sie um Abstieg auf der ganzen Linie und Linderung des Leidens um jeden Preis. Solange noch genug Luft zum normalen Funktionieren da ist. Wenn nicht, fängt sein wertvollstes Teil an, sich merkwürdig zu verhalten

5. Kapitel: Die große Expedition

und alles in Frage zu stellen, an was es eben noch geglaubt hat. Ich rate dem eigenen Hirn, mir gerade so weit über den Weg zu trauen, wie es keine Sauerstoffmangelerscheinungen hat. Wenn es diesen Rat nicht befolgt, begibt es sich in existentielle Gefahr. Das Hirn wird mir später danken, wenn es wieder richtig tickt.

Kämen wir zum Höhenrausch. Er zeichnet sich aus durch eine beschwingte Stimmung, die alles erleichtert und doch nicht ausreicht, um völlig abzuheben. Man traut sich plötzlich Dinge zu, die vorher noch die Vorsicht verweigerte. Man reizt dabei die Fähigkeiten aus und manchmal überreizt man auch, was unter Umständen fatal enden kann. Mir scheint, dass die Denkfähigkeit einfach schon deshalb eingeschränkt ist, weil sich bereits ein Sauerstoffmangel bemerkbar gemacht hat. Und das fördert nie die Denkleistung. Ein bisschen Freude und Fröhlichkeit über einen Gipfelerfolg tut gut, zu viel davon nicht mehr. Maß halten!

Bergsteigen ist eine gute Übung fürs Leben, weil man ständig gehalten ist, wichtige Entscheidungen zu treffen, die gut überlegt sein wollen. Beides zugleich können nicht viele! Das muss man noch dazu sehr gewissenhaft machen. Manchmal unter großem Druck von Zeit und anderen Umständen. Da hat sich längst schon die Spreu vom Weizen getrennt. Wer nicht merkt, dass er Streu ist, wird vom Berg geweht.

Bergsteigen kann eine Charakterschulung sein. Weniger, um den Charakter zu verbessern, als ihm Gelegenheit zu geben, fester zu werden. Wer soziale Integrationsfähigkeiten hat, wird sie sehr gut einsetzen können. Wer nervlich belastbar ist, wird dies am Berg und auf dem Gletscher unter Beweis stellen können, zu allseitigem Nutzen. Wer Egoist ist, wird entlarvt. Wer einen krankhaften Ehrgeiz hat, wird keine Freunde finden.

Was meinen Guide anbelangte, konnte ich sicher sein, dass er kein schlechter Kerl war, denn überall, wo er hinkam, wurde er

5. Kapitel: Die große Expedition

freudig begrüßt und oft umarmt. Man sah es den Leuten an, dass sie es ernst meinten, wenn sie lachten. Als es am Ende unseres Treks zum Bezahlen der Träger kam und ich das nötige Kleingeld nicht mehr hatte (ich hatte zu große Scheine), legte er mir Geld aus. Zwischenzeitlich hatte er mich in sein Dorf eingeladen. Ich sollte sein Gast sein. Das war ich zwei Tage lang. Später im Pioneer Hotel wollte ich ihm seine Auslagen zurückzahlen. Er sagte, ich bräuchte das nur, wenn ich wollte. Es sei in Ordnung, wie ich entscheiden würde. Aber er wusste, wie ich entscheiden würde.

Auch während der Expedition hatte er, wie meine Träger auch, stets gute Laune, die sich immer noch vermehrte, wenn wir ein Lager zusammen mit anderen Gruppen, die hinauf oder herunter unterwegs waren, aufschlugen. Es war diesen Menschen natürlich wichtig, sich mit ihren Kollegen auszutauschen. Außerdem, wer wusste schon, ob es nicht das letzte Mal war. Für mich war das Gedränge in den größeren Lagern manchmal zu groß, zumal es stets die Verständigungsschwierigkeiten gab. Nur die Führer sprachen Englisch und das auch nicht immer sonderlich gut.

Das Braldotal und der Baltorogletscher sind lebensfeindliche und lebensfremde Gebiete, die erst seit der Erforschung der Europäer regelmäßig Durchzüge von Menschen erfahren. Und natürlich sind da die Rastplätze, die pro Expedition als Basislager bis zu 6 oder 8 Wochen Bestand haben, aber durchgehend bis zu drei Monate besetzt sein können. Das bedeutet genügend Lärm. Aber der ist unerheblich, denn oft peitscht ein Sturm durchs Lager oder das Schneegestöber verschluckt jeden Ton. Und ein paar Schritte weg, hinter dem nächsten Felsen hört man auch bei schönem Wetter nichts mehr. Das Tal bis zum Gletscher ist auch weitgehend unfruchtbar, ein paar Ziegen können im Sommer unterhalten werden. Immerhin.

5. Kapitel: Die große Expedition

Ich sah sogar Schmetterlinge bis zu einer Höhe von 3.600 Metern Höhe, einzelne, wenige, die das ganze Tal für sich hatten und sich nur vor den paar Lerchen in Acht nehmen mussten. Trotzdem war man für diese Lebenszeichen dankbar. Weiter oben fehlten sie jedoch völlig. Und da ist es wichtig, menschliche Gesellschaft, vor allem kompetente Gesellschaft zu haben. Wenn man da Abstriche bei der kommunikativen Interaktion hat, halb so schlimm...

Ich fühlte mich sicher, weil ich nie an ein Limit gehen musste, von dem ich gewusst hätte. Aber wahrscheinlich ist, dass es viele gab, von denen ich nichts wusste. Vielleicht eine Gletscherspalte, über die ich unwissend hinwegstapfte. Die Brücke hielt, aber irgendwann könnte sie durchbrechen und erst dann würde man sagen, klar, sie hat das Gewicht nicht ausgehalten. Vermutlich gibt es streng naturgesetzmäßige Ursachen, mathematisch bestimmbar, physikalisch richtig. Aber sicher bin ich mir da auch nicht. Und wer sagt denn, dass die Mathematik nicht auch nur ein Instrument der Vorsehung ist? Ein raffiniertes, das den Rechnern die Illusion gibt, es läge nur an den rechten Zahlenverhältnissen. Vermutlich war ich zu oft in den Bergen, um daran zu glauben, woran die flachländischen Mathematiker glauben. Ihre Religion ist die Illusion. Und meine? Ich will hoch hinauf, deshalb stelle ich mich den Realitäten!

Ich fühlte mich sicher, obwohl gerade der Übergang ins Hushe Tal über den Gondogoro es im wahrsten Sinne des Wortes in sich hat, er ist ja vergletschert. Wenn man immer wüsste, wo er es überall in sich hat, würde man sich gar nicht mehr getrauen, auf ihm herumzustapfen. Also ist es manchmal gut, nichts zu wissen. Wenn es nicht gut ist, ist es gleich sehr verderblich. Sind das die Dinge, die man nicht genau berechnet hat? Das Problem dürfte eher sein, dass sich das Meiste nicht genau berechnen lässt!

5. Kapitel: Die große Expedition

Ich fühle mich sicher, solange nichts passiert. Da geht es mir in der Höhe der Berge nicht anders als in den Tiefen des Amazonasurwaldes oder in der Steppe Ostafrikas. Ich hebe mir die Alarmierung meines Blutkreislaufs für dann auf, wenn ich die Notwendigkeit ganz eindeutig erkennen kann. Das spart die Abnützung der Nerven. Ich fühle mich also immer sicher, obwohl es draußen nicht wirklich bestimmbar ist, ob es sicher ist. Nicht ganz, es gibt schon zu Hauf ein komisches Gefühl, wenn man sich brenzligen Situationen aussetzt, die man lang und breit überdenken kann. Tut man es aber zu nachhaltig, ist die Situation vorbei und man hat nichts davon gehabt. Das ist immer das Problem dabei. Man will ja nichts verpassen. Wenn ich nicht über die Schneebrücke rübergehe, erfahre ich nicht, was auf der anderen Seite ist, ähnlich wie bei einem Zebrastreifen in Stockholm. Er zeigt an, wo man große Chancen für ein gewaltsames Ableben hat. Wer schon einmal dort war, weiß, wie ich das meine. Zebrastreifen scheinen in Stockholm keinerlei Bedeutung zu haben, außer vielleicht Ortsunkundige zu beseitigen. Die Risiken des Reisens - bei der notwendigen Sorgfalt und Geschicklichkeit kann man sie auf ein vertretbares Minimum verringern. Der Vergleich hinkt, weil die Schneebrücken im Karakorum sicherlich gastfreundlicher sind. Manchmal brechen sie erst auf der Rückreise durch. Auch ein Grund, eine andere Route zurück zu wählen.

Aber meistens fühle ich mich sicher. Die Lawinen fallen alle weit über mir, das Gestein wartet, bis ich vorbei bin. Ich turne nicht übermütig zwischen Felsblöcken und überschreite mit Bedacht enge Stellen. Ein Fehltritt bedeutet für mich nicht, dass ich keine weiteren Tageslöhne erziele auf dieser Tour, sondern dass meine, von mir bezahlte, nicht zu wiederholende Tour beendet ist! Weit weg von meinem Hausarzt und jedem pakistanischen Hospital. Zum Glück auch weit genug entfernt von dem bewaffneten Grenzschutzpersonal der pakistanischen Armee,

5. Kapitel: Die große Expedition

wenn man einmal von den kleinen Armeeposten in Korophon und Bardumal absieht. Die Posten dort sind nur gefährlich, wenn sie die Langeweile wahnsinnig macht. Es muss ihnen langweilig sein, denn würde man Bergfreunde hierher beordern, würden sie andauernd ihre Posten verlassen, um auf irgendeinen Berg zu steigen und sei es nur wegen der guten Aussicht und mit der Erklärung, man könne so einen besseren Überblick bewahren. Wenn man in den Bergen nichts tut, wird man wahnsinnig. Und wenn man in den Bergen nichts tut, was wenigstens annähernd so unterhaltsam ist wie Bergsteigen, wird man auch wahnsinnig.

Das Nasenbluten beschäftigte mich auch noch am nächsten Abend. Mein spanischer Freund holte den spanischen Expeditionsarzt, der ziemlich grob mit mir umging. Beinahe hätte ich den Arzt gewechselt! Vielleicht mochte er Einzelgänger nicht. Aber ich tat ihm wohl unrecht. Unser Ziel war der Konkordiaplatz und das K2 Basislager. Und dann würden wir nach Süden zum Gondogoro abschweifen. Daher würden wir nicht mitbekommen, was sich in den Basislagern der anderen Achttausender zutrug, die noch einmal eine Tagesreise von unserem letzten gemeinsamen Standpunkt entfernt waren. Aber wir erfuhren es, wenn auch mit Verspätung. Und der spanische Arzt Jorge E. würde eine rühmliche, wenn auch erfolglose Rolle spielen.

5. Kapitel: Die große Expedition

Broad Peak, 8051 m (links) und Gasherbrum IV (7925 m)

Am Broad Peak war eine österreichische Expedition. Markus K. war ihr Führer. Am 5.7. waren er, Sepp B. and Peter R. vom Lager drei zum Gipfel aufgebrochen. Peter schaffte es zum Gipfel, die beiden Anderen biwakierten unter einem Überhang in 7.900m Höhe. Sie wollten hier über Nacht ausharren, um am nächsten Morgen einen Gipfelversuch durchzuführen. Das versuchten sie auch. Sepp gelang es. Er erreichte den Gipfel um 3 Uhr nachmittags, Markus eine halbe Stunde später. Sie begannen eine Stunde später mit dem Abstieg. Aber dann verschlechterte sich die Verfassung von Markus sehr schnell. Sie kamen nur langsam vorwärts und waren noch in der Nähe des Vorgipfels, als die Nacht kam. Markus starb in den Armen seines Kameraden morgens um 6 Uhr. Er war zu Tode erschöpft und dehydriert. Er hatte den Point of no Return verpasst, vielleicht willentlich. Sein Schutz- und Warnengel hatte aufgegeben und seine Komptetenz nicht überschritten.

Sepp traf auf eine im Aufsteigen befindliche Gruppe von überwiegend polnischen Bergsteigern. Er wurde von dem Slowaken Pjotr P. zum Lager 3 gebracht. Das kostete ihn seine eigene Chance, den Gipfel zu erreichen. Die Polen funkten ins

5. Kapitel: Die große Expedition

Basislager, was vorgefallen war, worauf Jorge E. sich sofort aufmachte und ganz alleine hochstieg. Total erschöpft kam er nach 21 Stunden auf 7.200m bei Sepp an. Der war mittlerweile ebenfalls dehydriert und hatte Frostschäden erlitten. Jorge half ihm den Berg hinunter. Ein Hubschrauber brachte ihn nach Skardu.

Von alledem bekam ich nichts mit. Hinter der nächsten Biegung ist schon wieder eine ganz andere Welt. In den Wüsten der Erde bedeutet an einem bestimmten Ort zu sein, dutzende von Kilometer um sich herum zu haben, die auch „da" sind. In den Schluchten des Karakorum und auf den Schneehängen der Berge ist „da" gerade einmal so weit, wie man spucken kann, bei Schneegestöber, nur so weit, wie man die Hand vor Augen hält. Manche Teams kämpfen sich nach oben und wieder herunter und können oft nicht einmal genau sagen, wo das vermisste Expeditionsmitglied verlorengegangen ist. Der bekannteste Fall hat zu jahrzehntelangen Streitigkeiten unter den Expeditionsteilnehmern über die Schuldfrage geführt. Es war am Nanga Parbat als der Bruder Günther aus dem Windschatten des Reinhold Messner spurlos verschwand.

Auf einem ganz ungefährlichen Kurs befand ich mich selber aber auch nicht, wie ich noch später erfahren sollte. Jedenfalls bekam ich nichts von den Tragödien mit, die sich in nur theoretischer Sichtweite abspielten. Bei der Überschreitung des Gondogoro La hat man Blick auf die Ost- und Südostflanken und Grate der Achttausender. Man meint sogar, von oben auf sie herabzuschauen. Aber die Entfernung ist zu groß, um Einzelheiten entdecken zu können. Die sind auch nur vom Basislager aus mit einem guten Fernrohr auszumachen. Daher sieht immer alles so befriedet aus, wenn der Wind stillsteht und der Himmel blau ist. Aber das blieb dann doch nicht so. Und wenn sich die Wetterverhältnisse ändern, dann hat man gleich

5. Kapitel: Die große Expedition

sehr viel mit sich selber zu tun, und zwar um so mehr, je höher man sich befindet. Ein Schneefall von einem Meter würde einen vor kaum überwindliche Probleme stellen. So schlimm kam es nicht. Zumindest nicht für uns, die wir die Nase nicht so keck in die Höhe streckten. Und auch nicht in den Wind, denn kurz nach diesem ersten Unfall am Broad Peak gab es in Gipfelhöhe stürmische Tage.

Auch der K2 war betroffen. Mehrere Teams berichteten schlechte Wetterverhältnisse.

Ein Expeditionsmitglied Jose V. von der spanischen Expedition unter Carlos P. fiel in eine 20 Meter tiefe Gletscherspalte. Zwei Holländer hörten ihn rufen und zogen ihn raus. Jorge flickte ihn zusammen. Er würde sich gewünscht haben, nur Nasenbluter zu behandeln! Ein anderes Expeditionsmitglied, Isabel, wurde von einem Stein getroffen und schwer verletzt. Nur das deutsche Amical Team hatte es fertig gebracht, 9 Teammitglieder unversehrt auf den G II zu bringen, dazu die zwei Führer und zwei Höhenträger - und wieder herunter. Der GII, muss man wissen, ist der „leichteste" der Achttausender im Karakorum. Aber man muss auch wissen, dass es im Grunde keine leichten Achttausender gibt! Bei jedem Besteigungsversuch gibt es unkalkulierbare Risiken. Ich sagte es ja bereits, Rechnen ist nicht alles!

Doch der Wind nahm weiter zu, vor allem der Jetstream umtoste den K2. Über 7.000 Metern Höhe schneite es. Der Teamleiter der kanadischen Expedition, Maxime, drückte seine Besorgnis wegen der zunehmenden Zahl von Lawinen und Steinschlägen aus. Sein Partner Martio hatte eine Lungenentzündung bekommen. Das veranlasste ihn, die Expedition abzubrechen. Ihr Freund, der Franzose Hugues, bedauerte es, weil nun auch deren hervorragender Koch, ihre Ausrüstung und tragbare Duschen mit die Abreise antraten. Oben am Berg waren nur noch 2 Russen

5. Kapitel: Die große Expedition

des sibirischen Teams, die sich nicht vom Wetter abschrecken ließen.

Ich misstraue Wetter ohne blauen Himmel grundsätzlich. Schon vom ersten Tag an fielen gelegentlich Schneeflocken vom grauen Himmel und der Wind blies forsch. Doch schon einige Minuten später war der Himmel wieder strahlend blau. Man konnte auch nicht sehen, was sich hinter der Riesenwand der Sechstausender, die im Süden so nah vor der Nase standen, dass man eine Genickstarre bekam, wenn man zu lange nach oben schaute, zusammenbraute.

Entweder es war zu heiß oder zu windig, und ungemütlich wurde es oft. Man wusste nie, wann es aufhört und wann es weniger wurde. Allerdings hatte ich das Riesenglück in ein Wetterfenster hineinzugeraten, das mir gerade am Konkordiaplatz einen ungetrübten Ringsumblick erlaubte auf einen der großartigsten Ausblicke, die man überhapt auf diesem Planeten haben konnte. Später würde mir ein ehemaliger DDR-Nationalmannschaftsbergsteiger erklären, dass er die gleiche Tour wie ich gemacht hätte – und keinen einzigen hohen Berg gesehen hätte, weil alles in Wolken verhüllt war.

Wind hat man aber in diesem Kreuzungs-Knotenpunkt der Gletscherriesen mehr als genug. Beim Aufstieg auf einen hohen Berg nimmt man den Wind in Kauf, weil man weiß, dass man sich ohne Weiteres von ihm entfernen kann, wenn man wieder abwärts geht. Ein Berg bei schlechtem Wetter ist kein guter Berg, er zieht nicht nach oben, er ist nasskalt, dunkel, abweisend, ungastlich, gefährlich. Das Gleiche gilt für einen Geltscher oder eine Schlucht. Der Karakorum ist ein unermessliches Labyrinth aus Bergfluchten und Winkeln und Sackgassen ohne Hinweisschilder. Einen Weg hinauf und hinüber zu finden, bedeutet nicht, ihn zur Not auch wieder

5. Kapitel: Die große Expedition

zurückgehen zu können. Man müsste Markierungsfähnchen nehmen, um sicherzugehen.

Und das wäre auch keine Gewähr. Das machte auch Hermann Buhl, bevor er abstürzte. Er, einer der damals wohl leistungsfähigsten Bergsteiger der Welt, hatte mit Kurt Diemberger 1957 die 7.400 Meter hohe Chogolisa bestiegen, dann überraschte sie ein Schlechtwettereinbruch. Bei schlechter Sicht war Buhl zu weit über eine Wächte gestiegen und abgestürzt.

Man muss in den Hauptrichtungen bleiben, wenn man sichergehen will, dass man sich nicht in dieser Bergwelt verläuft und mental verrennt. Die Vielfalt der Aussichten ist schier unendlich. Es ist ein Rausch der Augensinnlichkeit. Allerdings haben die Augen Sehschwierigkeiten, zu viel Licht blendet sie bis auf den Sehnerv. Sie sind für andere Sphären gebaut. Und Nebel und Dunkelheit durchdringen sie nicht.

Jede Weltregion hat ihren eigenen Charakter. Aber hier im Karakorum, wo die Erdkruste und darüber noch das Eis am dicksten sind, kann man sich endgültiger Eindrücke nicht erwehren. Man denkt in Steigerungsformen und Absolutismen. Man kommt dabei auf verschlungene Irrwege und faltenreiche Rätselwelten.

Man sollte stets Vorsicht walten lassen, wenn man die eigene, sichere Welt verlässt. Aber nur wer wagt, gewinnt! Die richtige Mischung macht`s. Maximale Vorsicht bei gewinnendem Wagnis. Kontrollierte Verwegenheit, aber möglichst ohne Magenverstimmung. Es ist verwegen, einen Fuß in eine Gletscherspalte zu setzen. Sie ist wie der Rachen eines Eisbärs. Wer wenig wagt, dem gelingt wenig, wer zu viel wagt, dem gelingt nichts. Wagen macht gewinnen, verzagen zerrinnen. Andererseits lieber furchtsame Vorsicht, als dummdreiste

5. Kapitel: Die große Expedition

Vermessenheit. Lieber mit der Vorsicht übertreiben als mit der Vermessenheit! Rechte Vorsicht geht sogar dem Zufall aus dem Wege, jedoch, wenn sie zu viel will, stößt sie an jeden Dreckbatzen, der auf dem Weg liegt.

Das Bergsteigen setzt meinem Hochdrang schnell natürliche Grenzen. Aber auch hier konnte ich es wieder nicht lassen und begab mich auf einigen Etappen in einen Wettlauf mit den Portern. Besonders bei der Rückreise talabwärts, als ich zwei Tagesetappen auf einmal nahm. Hin und wieder gebe ich mich dieser Unsitte hin, der Unruhe mit raumgreifenden Schritten Raum zu schaffen. Das wurde mir aber nicht nachgetragen, weil das den Trägern ermöglichte, sich bald wieder für die nächste Expedition anwerben zu lassen. Man sollte sich aber nie Aufgaben stellen, die einen so sehr verausgaben, dass man gerade noch auf eigenen Beinen zum Ausgangspunkt der Expedition zurückkehrt. Denn da fehlen einem die Reserven. Ich hatte diese Erfahrung schon einmal am Ruwenzori gemacht. Erste Devise des Bergsteigens ist: immer auf eigenen Beinen herunterkommen!

Die Schneebergwelt ist beeindruckend. Und trotzdem: nach einigen Tagen fehlte mir schon wieder das Grün. Gerade wie es den Beduinen in ihrer Wüste geht, denn sie fühlen sich auch nur wohl in ihren Oasen. Das Blau des Himmels tut der Seele gut, das Grün jedoch nicht minder. Die großen Expeditionen hatten auch diese Belastungen zu tragen, denn sie hielten sich ja wochenlang fernab von allem Grün. Grün bedeutet Leben. Weiter oben gab es nur noch Moose und Flechten und die fossilen Zeugen aus einer Zeit, wo hier mehr Leben war, das absterben konnte. Wann das war? Das scheint so lange her zu sein, dass sich die Menschen nicht mehr erinnern. Es gibt nur das kollektive Erinnern der Menschen an die Urgewalt der Sintflut, die in der Tat das Wasser mit den Fischen über die Berge spülte.

5. Kapitel: Die große Expedition

Die Berge sind alt und doch nicht so alt, dass die Geologen sagen könnten, sie wären dabei gewesen und hätten die Uhr gestellt. Sie sind ja in Bewegung, jedenfalls ein Teil von ihnen. Sie unterliegen der Erosion. Wind und Wetter tragen einen Teil ihrer Masse ab, Felszacken brechen ab, von Eis gesprengt. Geröll geht zu Tal und auch Lawinen reißen Gestein mit sich. Wie man jetzt wieder bei unserem Klimawandel beobachten kann, stimmt eben doch nicht, was Geologen zum großen Zeiger ihrer Zeitbestimmung machten, wenn sie sagten, wie es heute ist, so war es auch früher. Als sie das sagten, waren die Verhältnisse moderat. Wenn ein Fluss im Jahr zehntausend Tonnen Sediment wegbrachte, bedeutete es, dass sich der Berg, von dem er das Sediment hatte, in einem Jahr um zehntausend Tonnen verkleinerte. Heute sind die Verhältnisse weniger moderat und morgen vielleicht katastrophal. Wollten sie auf ihrem Spruch bestehen, hätte Geologen dann vielleicht zu behaupten, dass der Fluss schon immer jährlich einhunderttausend Tonnen Sediment wegtrug, mit der Folge, dass er damit rechnerisch nicht vor einhunderttausend Jahren, sondern vor nur zehntausend Jahren angefangen hat mit seiner Arbeit.

Die Verhältnisse sind eben nicht immer gleich, sondern können sich kataklytmisch schlagartig ändern. Die Geologen verweisen auf ein relativ junges Alter der Karakorumberge, weil sie noch unverwittert aussehen, dabei wird jeder, der im Karakorum wandert, tagtäglich Zeuge von Verwitterungsvorgängen. Immer wieder werden die Pfade um die neu entstandenen Hindernisse herumgeführt und Lagerplätze müssen wegen Steinschlag- oder Lawinengefahr verlegt werden. Mit relativ jung meint man statt 50 Millionen Jahren vielleicht nur 20 Millionen Jahre, als ob in zwanzig Millionen Jahren ein Berg nicht auch so sehr verwittern müsste, dass man ihm hinterher ansieht, dass er sehr verwittert ist! Geologen müssen einfältig sein. Sie haben es aber auch schwer, denn sie wollen, dass die Geologie eine exakte, ernst zu

5. Kapitel: Die große Expedition

nehmende Wissenschaft ist. Sie wollen mithalten im Wettlauf der Wissenschaften, der die Menschheit weiter nach irgendwo bringt.

Wenn man sieht, wie viel Material die Flüsse abtransportieren, fragt man sich, ob die Berge nicht noch viel jünger sein müssen, weil sie sonst ursprünglich viel höher gewesen sein müssten. Doch das ist nicht möglich. Die Schwerkraft setzt hier Grenzen. Berge können nicht viel höher sein auf der Erde als der Everest. Berge sind eigentlich eine Besonderheit im Gesicht der Erde. Die Normalität ist relativ flach. Wenn man sieht, wie schnell die Berge sich abflachen, indem sie sich den Erosionsprozessen hingeben, können sie nach einer einfachen Rechnung bei Weitem nicht so alt sein, wie es die Geologen behaupten, auch wenn sie ursprünglich zehn Kilometer hoch gewesen wären. Geheimnisvolle Berge! Rätselhafte Geologen?

Die Berge sind auch deshalb in unserer Wahrnehmung etwas Besonderes, weil sie zu den wenigen Orten gehören, die immer abenteuerlich und zeitlos bleiben. Vielleicht schmilzt die Erderwärmung das Eis weg, aber der Fels wird bleiben. Nun ja, solange er nicht herunterfällt!

Die meisten Höhenbergsteiger, die man fragt, warum sie das tun, was sie tun, scheinen mit ihren Gedanken doch zu sehr um den Gipfel zu kreisen. Selbst der Weg dahin, den manche als ausreichendes Ziel angeben, führt ja zum Gipfel. Philosophisch reden wenige, aber vermutlich nur deshalb, weil sie nicht damit rechnen, mehr als nur Triviales sagen zu müssen, um den Fragesteller zufrieden zu stellen. Er ist ja ein Außenstehender und Untengebliebener, sonst würde er solche Fragen nicht stellen.

Wie unbedeutend doch diese Gipfelversuche der Menschen sind, wenn es nicht die eigenen sind! Für den Bergsteiger hat es existenzielle Gründe, seine Existenz aufs Spiel zu setzen. Übrigens riskiert er sein Leben nicht, weil er einen Berg besteigt, sondern weil er sich der Gefahr aussetzt, eine falsche Entscheidung zu treffen. Die trifft er, wenn er eine Situation falsch eingeschätzt hat. Und erst dann sollte ein Bergsteiger für sein Tun kritisiert werden. Ich vertrete die Auffassung, dass es keine verrückten Bergsteiger gibt und dass kein Bergsteiger für das, was er sich selber antut, getadelt werden sollte, solange er wieder heil herunterkommt, weil er sich offensichtlich richtig eingeschätzt hat. Tadel kann man sich aufheben für die, die Schaden nehmen.

In den Bergen werden die Sinne schärfer, wachen vielleicht aus einem Schlaf auf, in den sie durch den häufigen Nichtgebrauch hineingewogen worden sind. Manche Bergsteiger berichten davon, dass sie, wenn sie ein oder zwei Tage in den Bergen sind, das Gefühl haben, als stünde die Zeit still. Fernab der Zivilisation und ihrer Hast von Tag zu Tag, konzentriert man sich aus praktischen Gründen nicht auf Dinge, die man weit hinter sich gelassen hat. Es gibt ja auch nichts um einen herum, was anders wäre, als es vor tausend Jahren war und vielleicht auch in tausend Jahren so sein wird. Hier geht es immer um das Wesentliche. Berge ersteigen ist nichts Unwesentliches? Das sichere Hochsteigen und das unversehrte Herunterkommen ganz bestimmt.

Die Natur scheint auch nur unlebendig. Die Steine sind tot, aber nicht ohne Bewegung. Was zwischen ihnen haust, ist lebendiger. Man hört es atmen. Vielleicht ist es nur die Zeit, mit ihren langen Atemzügen. Es ist nur der Mensch, der Veränderung, Plan und wegen seinen Limitierungen die größte Not, die er hat, die Zeitnot, einführt. Nur der Mensch, der einen Lärm macht, den diese Weltgegend nicht braucht. Kein Fluss verlangt danach, überquert zu werden oder eine Brücke über sich gespannt zu haben.

Der Eindruck, dass die Zeit stillsteht, kommt eben daher, dass hier die Merkmale unserer Lebensvorgänge fehlen. Wir bewegen uns außerhalb unseres üblichen Lebensrahmens. Wir sind nicht mehr in der Welt da draußen, die wir kennen. Wenn man sich lange genug in den Bergen aufhalten würde, ohne Kontakt zur Außenwelt, würde man die Welt wieder ganz anders wahrnehmen. Man würde sicher die Fähigkeit erwerben, die wichtigen wieder von den unwichtigen Dingen zu unterscheiden. Vielleicht sagen deshalb viele, die in trockene Frotteetücher gewickelt sind, dass Extrembergsteiger spinnen. Dabei ist ihre Norm Gefängnis. Es bestünde aber auch die Gefahr, dass man das, was einem vorher persönlich wichtig war, verlieren würde, wenn man es denen gleichtun würde, die etwas wagen. Das wäre ein Schlag, den die Eitelkeiten, die man mit sich herumträgt, verbieten. Es gehörte schon ein großes Maß an Freiheit dazu, sich gegen die Welt da draußen mit all ihren Verpflichtungen zu entscheiden. Man muss nur aufpassen, dass man Freiheit nicht mit Verantwortungslosigkeit verwechselt. Bergsteiger nehmen eine Auszeit von den Unfreiheiten der Welt, manchmal aber auch von dem Schrank der Verantwortungen, in dem alle Tassen drin sein sollten.

5. Kapitel: Die große Expedition

Gasherbrumgruppe vom Gondogoro La Pass

Hatam erzählte mir an einem dieser Abende die Geschichte von der Dänin, die er im Hushe Tal auffand. Das Hushe Tal betraten wir als erstes, nachdem wir über den Gondogoro La Pass die Eiswelt hinter uns gelassen haben würden. Dort gibt es wieder die ersten Dörfer, ähnlich, die aufgeräumter und wohlhabender sind wie von der Art Askoles. Die Dänin war 19 Jahre alt und in einem schlechten physischen und psychischen Zustand. Einsam oder verlassen und „desperate", wie Hatam sagte, also „verzweifelt". Sie war wohl mittellos umhergeirrt und ihr Bedarf zu sprechen, beschränkte sich auf das Notwendigste. Sie hatte nicht eine Gruppe verlassen, sondern war wohl von einer Reisebegleitung verlassen worden. Vielleicht hatte sie sich mit ihrem Freund zerstritten. So ganz genau hat das auch Hatam nicht herausbekommen. Er nahm sie mit nach Hause, gab ihr Unterkunft und Speisung, bis sie wieder einigermaßen in Ordnung war. Dann setzte er sie in den Bus nach Skardu.

In derselben Zeit verschwand in Chilas eine deutsche Journalistin. Hatam beliebte es, an der Stelle eine andere Geschichte vom Nanga Parbat einzufügen. Erst dann kam er auf die Journalistin zurück. Sie hätte zu einer Verabredung in

5. Kapitel: Die große Expedition

Peschawar erscheinen müssen. Nur deshalb wurde sie vermisst. Es wurde auch behauptet, dass sie viel Bargeld bei sich hatte. Sie war in Chilas ermordet worden, aber der Mörder wurde gefasst. Er hatte einen Fehler gemacht. Er verkaufte die Tasche in Gilgit. Zudem war er in Gilgit bekannt. Die Tasche war auf der Liste der verschwundenen Gegenstände, die veröffentlicht worden war. Der Händler, der sie kaufte, konnte sich erinnern, wer die Tasche an ihn verkauft hatte. Die Händler in Gilgit bekommen nicht jeden Tag Taschen dieser Art, die aus dem Westen stammen, zum Kauf angeboten. Dass sie ermordet worden war, hatte man erst entdeckt, nachdem man ihre Uhr am Ufer des Indus gefunden hatte. Die Uhr war ebenfalls auf der Liste der verschwundenen Gegenstände. Offensichtlich hatte sie der Täter da hingelegt, um den Anschein zu erwecken, das Opfer sei ertrunken. Eine nicht allzu scharfsinnige Schlussfolgerung. Ich fragte natürlich nach, ob man denn in Pakistan seine Uhr ablegt, wenn man an die Sache des Ertrinkens herangeht. Aber immerhin konnte jeder, der ein Bad in einem reißenden Strom zu nehmen bereit ist, auch damit rechnen, dass die Uhr dabei Schaden nehmen würde. Und deshalb würde er sie ablegen. Wenn man schon selber vor die Fische geht, soll wenigstens die Uhr etwas davon haben.

An der Stelle kam Hatam in der Geschichte vor. Als die Polizei noch nach dem Täter suchte, stellte sie umfassende Nachforschungen an. Hier war ja kein Sunni oder Schiite oder Ismailite im Religionszwist gemeuchelt worden. Hier lag der Fall anders. Hier musste man bei den Ermittlungen nicht selber mit Gefahren rechnen. Man konnte frei und unverkrampft ermitteln, niemand würde drohen, niemand würde Offerten machen und Bestechungsgeld anbieten oder die Ermittlungen erschweren. Endlich einmal ein „normaler" Mordfall! Bei ihren Recherchen kamen sie auch nach Khaplu und hörten dort, dass in einem Dorf in der Nähe ein Fremdenführer eine blonde, weiße Frau bei sich

5. Kapitel: Die große Expedition

hielt. So oft kommt das in der Gegend nicht vor. Vielleicht sagt man auch, „aber die Frau ist bei Hatam gewesen, also ist ihr in der Zeit nichts passiert". Ja, sehr wahrscheinlich sagte man das, denn Hatam war überall bekannt und überall beliebt. Aber was kümmerte das den gründlichen und gewissenhaften Ermittlungsdrang der Polizei von Gilgit und der Kriminologen von Rawalpindi? Plötzlich stand die Polizei in Hatams Haus. Sie nahmen ihn zum Polizeirevier mit, wo er eingehend vernommen wurde.

„Viele Leute wussten", sagte Hatam, „ich hatte eine weiße Frau bei mir. Und jetzt wussten sie auch, dass die Frau weg war, gerade so wie die Deutsche!" Deutsche oder Dänen waren gleich. Zu seinem Glück hatte Hatam die Adresse und Handynummer der Dänin. Trotzdem kam die Polizei später noch mal. Die Dänin lebte noch und konnte die Angaben Hatams bestätigen. Aber vielleicht hatte er ja auch die Deutsche gekannt. Wer einmal eine Touristin mit nach Hause nimmt...

„Jetzt wird mir klar", sagte ich zu Hatam, „warum wir überall auf der Strecke an den Straßensperren angehalten werden. Die Posten sehen dich und schauen nach, ob du wieder eine weiße Frau bei dir hast!"

Wie es der Zufall so wollte, würden wir auf einer Jeepfahrt nach Kaphlu Tage später eine alleinreisende Engländerin auflesen. Und die war auch blond. Ich passte auf, ob uns die Polizisten an den Schlagbäumen durchwinken würden. Aber da wir mit offenem Verdeck fuhren, sahen sie das blonde Haar der weißen Frau. Wir mussten alle aussteigen. Einmal waren wir schon durchgefahren, als es sich der Polizist doch noch anders überlegte. Er hatte die Frau erst verspätet gesehen.

Was Hatam dazu bewogen hatte, von seiner Geschichte abzugehen, war etwas, das folgenreicher war, als die Geschichte

5. Kapitel: Die große Expedition

mit der Frau. Er war ja Fremdenführer. Das hieß aber nicht, dass er allüberall seine Fremden hinführen durfte. Da gab es Claims und abgesteckte Gebiete wie bei den Goldgräbern in Alaska.

„Die Leute von Chilas sind Shin und die mögen die Baltis nicht sonderlich. Sie halten sich für etwas Besseres". So sagte er. Sie ließen nicht zu, dass Fremde wie die Baltis Kunden an den Nanga Parbat führten. Sie wollten selber Geld verdienen. Also auch hier normales kapitalistisches Gehabe unter Abwesenheit islamischer Einheitsgedanken. Aber was Wunder? Die Shin waren noch weniger verwandt mit den Baltis wie die Deutschen mit den Griechen. Was ich nicht bedachte, war außerdem, dass die Baltis Schiiten waren, die Shin aber Sunniten. Das letzte Mal, als Hatam am Nanga Parbat war, hatte man ihn zusammengeschlagen. Das nahm mich nicht sonderlich für die Shin ein, denn Hatam war ein absolut friedliebender Mensch. Das letzte, was er verdient hätte, waren Schläge. Der Nanga Parbat war mein nächstes Ziel. Hatam hatte mir nach dem Ende unseres Gondogoro La-Unternehmens auch angeboten, mich dorthin zu begleiten. Aber ich bemerkte keine große Enttäuschung, als ich ihm sagte, dass ich ihm die Gelegenheit nicht verbauen wollte, eine andere Expedition zu führen, die ihm mehr einbrachte, denn am Nanga Parbat wäre ich nur wenige Tage unterwegs. Abgesehen davon wusste ich, dass ich das nicht nur alleine durchführen konnte, sondern auch wollte. Es war Zeit, einmal wieder einen Alleingang zu machen. Ich würde am Nanga Parbat allenfalls einen Träger brauchen. So kam es dann auch und es stellte sich heraus, dass auch der nicht notwendig gewesen wäre.

Hatam erzählte mir die Geschichte vom Schneeleoparden. In einem Dorf namens Frano in der Nähe von Skardu war er in den Viehkral eingedrungen und hatte sich bedient. So hatte es angefangen. Hatam lachte und schlug sich auf die Schenkel, als

5. Kapitel: Die große Expedition

er von der großen Furcht der Leute sprach. In diesem Dorf hätten sie immer ein großes Mundwerk, aber das habe sich schlagartig geschlossen, dafür seien die Augen immer größer geworden. So spöttisch kannte ich Hatam noch gar nicht. Der Leopard schnappte sich als erstes ein Kalb. Die Hausfrau hatte den Lärm vernommen und war herbeigeeilt und hatte das Tor verschlossen. Diese großartige Neuigkeit vom Fang eines Schneeleoparden, den auch die Bewohner Baltistans nur selten, wenn überhaupt, zu Gesicht bekommen, verbreitete sich wie ein Lauffeuer. Von überall her strömten die Leute zusammen. Aber die Euphorie wurde bald abgelöst von Angst und Schrecken, denn der Leopard hatte einen Partner und der war auf der Suche nach seinem Konterpart im Dorf fündig geworden. Die Versammlung löste sich, wie man sich denken kann, schlagartig wieder auf und die Leute verriegelten ihre Türen von innen.

Das war die Stunde des Ghanche Deputy Commissioner Fida Hussain und des District Field Officers Anwar Ali, deren Namen ich hier erwähne, weil sie es verdient haben. Sie fingen mit Hilfe ihrer Leute den eingesperrten Leoparden ein und…. verkauften sein Fell an den Meistbietenden, hätte ich gedacht. Aber nein, sie ließen ihn außerhalb des Dorfes wieder laufen. Aus Dankbarkeit soll der Besuch aus den Schneeregionen des Karakorum mittlerweile neben zwei Büffeln auch drei Pferde und 30 Schafe und Ziegen getötet haben. Hatam fand das witzig.

„Die Baltis lieben die Natur?"

„Ja, sonst wären sie nicht hier."

„Und sie lieben die Berge?" Immerhin waren die Berge Bestandteil der Natur.

„Ja, wenn sie ihnen nicht auf den Kopf fallen!"

„Du gehst gerne in die Berge?"

5. Kapitel: Die große Expedition

„Ja."

„Warum?"

„Die Luft ist gut und ich denke nicht an Sorgen!" Ich fragte mich, ob der Spruch authentisch war oder ob er ihn von Touristen gehört hatte. Das ist immer das Problem, wenn man Naturvölker besucht und sich nach irgendetwas erkundigt. Hört man von ihnen das, was man ihrer Meinung nach zu hören wünscht? Hört man das, was Bestandteil des Verzivilisierungs- oder Verwestlichungsprozesses ist? Hört man das, was sie vom letzten Besucher gehört haben? Angenommen man würde auf die Frage nach der Begeisterung der Einheimischen für die Berge zu hören bekommen: „Nein, wir lieben sie nicht. Sie sind gefährlich und sie stehen im Wege." Und sie würden daraufhin erfahren, dass deshalb, weil sie möglicherweise zu ängstlich und unzuverlässig wären, andere Führer und andere Träger den Vorzug bei der Expedition bekommen, die die Frage anders beantwortet haben. Wäre es nicht naheliegend, dass sie sich deren Antworten beim nächsten Mal zu eigen machen würden?

„Die Luft ist gut? Na, manchmal ist sie ganz schön staubig", sagte ich. Ich dachte dabei an den feinen Staub auf den Wegen, der schon bei leichtem Wind in die Luft wirbelte.

„Ja, aber in den Städten ist sie schmutzig. Die Berge hören irgendwann auf, staubig zu sein, wenn der Wind sich legt, die Städte nicht. Sie werden immer schmutziger."

„Du hast Recht, und wenn die Berge aufhören, staubig zu werden, findet man schon Gold!"

„Ja, es gibt viele Mineralien und Edelsteine in den Bergen. Aber wir haben keine Zeit, sie zu suchen."

„Ich meinte anderes Gold. Schau dir den Morgen an, wenn die Sonne hinter den Bergspitzen hervorkommt. Und wie sie dann alles in ihr klares Licht taucht und wie die Bergflanken leuchten und der Schnee auf den Spitzen funkelt. Das ist das Gold, von dem ich rede!"

Das gefiel Hatam. Er meinte, ich würde denken wie ein Balti. Er würde sich freuen über solche Kunden. Ich versicherte ihm, dass diese Berglandschaft einmalig schön sei und dass er stolz darauf sein könnte, hierher zu gehören. Das müsste für vieles entschädigen, was die armen Baltis entbehrten. Das übersetzte er auch gerne den Trägern. Ich wollte, dass sie wussten, wie sehr ich es schätzte, hier zu sein, und dass sie meiner Meinung nach in einer großartigen Gegend zu Hause waren. Manchmal genügen wenige Worte der Anerkennung, um viel Freude und Genugtuung hervorzurufen. Und das alles kostet nicht viel und spart vielleicht enorme Kosten. Man stelle sich vor, dass die Expeditionsleitung die Träger schlecht behandelt oder beleidigt und infolge davon legen die Träger einen Generalstreik ein, bei dem andere Expeditionen, die mit großem Aufwand vorbereitet wurden, nicht zur Durchführung gelangen.

„Du gehst also wegen dem Gold in die Berge?", fragte mich Hatam.

„So könnte man es sehen, ja! An die Berge scheint die Sonne zuerst, während es in den Tälern noch dunkel ist."

„Deshalb also stehen die Bergsteiger immer so früh auf, wenn sie auf einen hohen Berg steigen wollen!"

„In den Bergen wird es als erstes auch wieder spannend. Wenn es unten in der Tiefebene langweilig wird, geh` in die Berge!"

Hatam lachte, er gab zu, dass die Leute hier meistens eher umgekehrt dachten. Nur in den Städten sei etwas los. Aber ich hätte Recht. Ich sagte: „Bergauf, bergab ist besser, als müßig in seinen vier Pfählen."

5. Kapitel: Die große Expedition

Er sagte mir, was die Träger zu ihrem Oberträger sagten, wenn er sie zu sehr antrieb. Sachte hinauf, gebremst hinab, in der Ebene freien Lauf – doch wo gab es schon in den Bergen Ebenen! – aber im Lager beim Essenfassen dann ganz schnell!

„Die Bergluft ist gesund, aber nur wenn sie in ausreichendem Maße vorhanden ist. In der Höhe gibt es auch die gefährlichen Sonnenstrahlen, die Krebs erzeugen können. Sterben die Baltis früher als die Flachländer?"

Es war nicht so, dass ich keine alten Menschen gesehen hätte, aber ich bezweifelte, dass die vielen Kinder alle ein biblisches Alter erreichen würden. Doch das hing eher mit anderen Ursachen zusammen. Hatam wusste es nicht, auch wenn er sagte, dass er daran glaube, dass die Sonnenstrahlen nicht schädlich waren, wie es immer behauptet wurde. Als Mann aus dem Westen sollte man sich aber bedecken. Er selber trug auf der Tour meist einen Turban, manchmal eine Schildkappe. Seine Kleiderordnung huldigte vielen Moden und spontanen Einfällen.

„Wusstest du, dass bergauf gehen wie ein Gebet ist?" fragte mich Hatam. Ich sah es ihm an, dass er fest damit rechnete, mich jetzt belehren zu können.

„Ich weiß, dass viele Berge weltweit von frommen Pilgern bestiegen werden."

„Das meine ich nicht. Wenn man bergauf geht, geht man doch leicht vorgebeugt wie beim Beten!"

„Dann verstehe ich, dass Muslime nicht so gerne auf Bergen gehen, sie beugen sich ja soweit ab, dass die Stirn den Boden berührt! Aber ich denke, dass beim Bergsteigen viele sehr nachdenklich werden und an einen Punkt gelangen, wo sie vielleicht tatsächlich mit dem Beten anfangen. So gesehen macht Bergluft frei und still."

5. Kapitel: Die große Expedition

„Die Anstrengung macht still!" So gesehen war Hatam nicht sehr angestrengt. Die Träger mit ihren bis zu 30 Kilogramm Gepäck hatten die frische Luft notwendiger. In Wahrheit waren die Beter unter den Bergsteigern die Minderheit. In den Gehpausen saßen die Träger zusammen, brauten sich einen Tee, mittags wurde eine Suppe gekocht oder gar feste Speise in Form von Brot, das man schnell backte, zu sich genommen. Nur die wenigsten sah man hinter den Büschen etwas abseits ihrer täglichen Verpflichtung als Muslime nachkommen. Bei mir war kein Frommer dabei. Nur Hatam sah ich einige Male zum Beten verschwinden. Es wäre unfair, ihm zu unterstellen, dass er das machte, um Eindruck zu schinden. Obwohl ich nicht ganz frei war von dieser Verdächtigung. Naheligender ist die vergleichweise leicht zu erfüllende Gebetspflicht als kleine Gegenleistung für das Vorbeikommen am Höllenfeuer zu betrachten.

Die meisten verbeugten sich vor dem Berg, weil sie es mussten, aber nicht vor dem, der die Berge gemacht hatte. Das waren die Pragmatiker, denn: Wer will auf des Berges Rücken, der muss sich bücken.

Und dann fragte ich Hatam, ob es nicht so war, dass die einheimischen Bergleute nur deshalb bis in die höchsten Regionen vorstießen, weil es diese Fremden so wollten. Wer so hart für seinen Lebensunterhalt arbeiten muss wie die Baltis, findet an den lebensfeindlichen, unfruchtbaren Höhen doch gar kein Gefallen. Natürlich glaubte ich, dass mir das Hatam bestätigen würde. Er stritt dies aber ab und sagte lapidar, dass den Leuten die Berge gefallen würden, sonst wären sie schon vor Jahrhunderten woanders hingezogen.

„Aber die Berge sind kalt und eisig und gefährlich, Lawinen, Steinschlag..."

5. Kapitel: Die große Expedition

„Ja, ja, die Berge sind kalt und eisig und gefährlich, aber wir sind gerne hier und du bist ja auch hier, richtig?"

Dabei hieß es doch immer, es seien die Europäer gewesen, die die Hochregionen erkundet und für die Welt entdeckt hätten. Sie hatten spannende Bücher darüber geschrieben und sie hatten die Schönheit der Landschaft gepriesen und trotz der Gefahren hervorgehoben. Das war der Verdienst der Pioniere unter den Bergsteigern. Sie hatten herausgefunden, dass nicht alles, was nicht den Bauch füllt und keinen unmittelbaren Nutzen für das Wohlergehen des Menschen hat, keine Beachtung verdient. Aber hatte man das diejenigen gefragt, die trotz der Härten eines Lebens, das meistens darauf achten muss, etwas zu finden, was den Bauch füllt, den Wert der Naturlandschaften für das Gemüt und die Seele trotzdem kannten? Auch wenn sie es vielleicht nicht zu Papier gebracht hatten? Wären das nicht viel wertvollere Erkenntnisse? Der Reisende gibt ja nur seine unmaßgeblichen Momentaufnahmen zum Besten und wenn er gerade mit Fieber im Bett liegt, noch nicht einmal das. Aber die Einheimischen, was könnten sie für Eindrücke vermitteln! Leider haben sie das in den wenigsten Fällen. Sie sind zu reich an Erfahrungen. Wo da anfangen? Wo da enden? Wer gab den fremden „Emporkömmlingen" überhaupt das Recht, so zu tun, als wenn sie die Entdecker der Welt wären. Oftmals ist es nur eine eitle, hochnäsige Einbildung. Auch etwas, das sich oft gut verkaufen lässt, während der stille Genießer schweigt.

„Sagst nur du das oder sagen das die Anderen deiner Landsleute auch?"

„Die Leute lieben die Berge, sonst wären sie nicht hier!"

Ganz so einfach war es auch wieder nicht. Wenn man heute in einem Dorf wie Askole geboren wurde, wo sollte man morgen dann hinlaufen?

5. Kapitel: Die große Expedition

Wir bezogen auch die Träger in die Unterhaltung mit ein. Ich meinte, ich müsste sie irgendwie aufmuntern. Ich lobte ihre Kraft und Geschicklichkeit. Das völlig zu Recht. Und auch das kostete mich nichts. Sie bräuchten kein Fitnessstudio, sagte ich, da sie das beste Training hätten und sogar dafür bezahlt würden.

Ich glaube, dass sie keine zivilisationsgeschädigten Hauptstädter waren, die in ein Fitnessstudio gehen mussten, weil es gerade „in" war. Sie hätten aber liebend gerne auf das Training verzichtet und dafür mehr Geld verdient. Trotzdem traf ich keinen Träger, der schlecht gelaunt war. Sie verdienten auch nicht schlecht, gemessen an ihren sonstigen Möglichkeiten das Jahr über.

Viele der jungen Kerle waren schon verheiratet. Hohe Berge und junge Weiber, ob das auf die Dauer so gut tat den Leibern? Wenn da die Ernährung nicht stimmte, würde die einseitige Belastung zu schnellen Abnutzungen führen. Ich glaube nicht, dass Männerleiber dafür gebaut sind, 30-Kilogramm-Lasten tagelang, Woche für Woche, den Berg hochzuschleppen. Die Träger versicherten mir, dass es nicht zu schwer sei. **Je schwerer die Last, desto mehr freut man sich auf Rast.** Wehe, wenn dann der Koch sein Handwerk nicht verstand!

Über ihre Frauen wollten die Träger nicht sprechen. Das war anscheinend ein Tabuthema.

Hatam fragte mich am ersten Abend, ob mir die Landschaft nicht gefiele. Ich stellte die Gegenfrage, wie er auf diese Idee kam, sie gefiele mir gut. Er sagte, weil ich so rennen würde. Ich sagte, das sei mein normales Gehtempo. Er sagte, er wünschte, ich möchte langsamer gehen, dass er mitkäme. Das war nur ein Scherz, er war ja viel trainierter als ich. Er wollte nur nicht, dass ich zu schnell an Höhe gewinnen würde. Zu viele scheiterten, weil sie Fitness mit Akklimatisation verwechselten. Ich sagte

5. Kapitel: Die große Expedition

ihm, das entspräche meinem natürlichen Vorwärtsdrang. „Up slow, down no, straight go!" Und oben würde die Rast umso süßer schmecken, wenn der Anstieg schwer war.

„Weißt du, was mir an Bergen so gefällt?", fragte mich Hatam.

„Dass ihre Schönheit nicht vergeht, im Unterschied zu der der Frauen!", das hätte er hoffentlich in Anwesenheit des schönen Geschlechts nicht gesagt. Hatam lachte und übersetzte das den Anderen. Aber er hatte noch ein Argument. Ihm gefielen die Berge, weil sie sich nicht vor seinen Blicken verbargen.

Ihr Schleier war ja der Schnee im Winter und im Monsun. Die ganz hohen Berge waren sogar immer verschleiert. So wie die ganz schönen Frauen?

Und die Bergspitzen verhüllen sich oft in Wolken. Aber wenn sie dann zu sehen sind, sieht sie jeder!

„Was ist es dann, was dir so gefällt?"

„Dass sie ganz alleine stehen und allem standhalten! Menschen kommen zusammen und bringen doch nichts zu Wege, was hält!" Das war eine feine Beobachtung. Und als ich etwas nachbohrte, beklagte er doch wieder nur die Armut im Lande. Seine Kunden liebte er, sie brachten Kunde aus einem anderen Land und das Geld, das ihm und seinen Leuten weiterhalf.

„Vielleicht haben wir deshalb keine so hohen Berge. Die größten Berge haben auch die größten Täler und der größte Verstand macht oft die größten Fehler."

Hatam fragte mich auch, ob ich nicht auch Lust hätte, auf einen der hohen Berge zu klettern. Ich sagte ihm, dass für mich ein Berg schon hoch ist, wenn er für mich hoch ist. Dazu musste er keine 8.000 Meter messen. Außerdem sei der Aufwand zu groß.

5. Kapitel: Die große Expedition

„Das Bergsteigen macht mir weniger Sorgen als das Herabfallen. Eines steht fest, wenn man oben steht, sieht man den schönen Berg nicht mehr. Will man seine Schönheit rühmen, kann man das nur von unten! Außerdem kann man auch nicht höher steigen als bis zur Spitze. Was mich am Berge Hochsteigen am meisten stört, ist ungelogen, dass man wieder herunter muss. Das ist doch sehr ärgerlich. Nach dem bergauf kommt das bergab, nicht unbedingt das Grab. Deshalb steigt der Bedachte stets sehr sachte herab. Oder noch besser, er bleibt gleich ganz unten."

Gelegentlich versuchten die Träger, mich umgekehrt in ihre Unterhaltung mit einzubeziehen. Einmal fragte man mich, was der Gipfel der Dehydrierung wäre. Das war nicht exotisch, sondern eine typische Trägerfrage. Dass es für Wassermangel und Austrocknung in Bergsteigerkreisen, zu denen sie nun mal eben dazugehörten, einen eigenen Ausdruck gab, hatte sich schon zumindest bei den Guides rumgesprochen („peak of dehydration"). Unwissend sagte ich „K2", weil man wohl am meisten Probleme mit der Dehydrierung auf dem Gipfel des K2 bekommen würde, wo es regelmäßig so kalt würde, dass alle Getränke, die man mit sich führte, gefroren wären, so dass man keine Flüssigkeit mehr dem Körper zuführen konnte. Das musste zu einer lebensgefährlichen Eindickung des Blutes führen, ganz abgesehen vom starken Leistungsabfall, der zum Zustand der Erschöpfung und damit ebenfalls zum Tode führen konnte.

Die richtige Antwort der Träger lautete aber, eine Milchkuh, die Milchpulver gibt. Die nächste Frage lautete, was der Höhepunkt der Mode sei. Ein Dhoti mit Zip! Der Dhoti war die Bekleidung der Tiefländer, die unten genau so offen war wie ein Rock. Das Spiel trieben sie mit mir noch eine Weile, wobei ich versuchte, vorauseilend witzige Antworten zu geben.

5. Kapitel: Die große Expedition

Der Gipfel der Verschwiegenheit? Auf den K2 steigen und niemandem etwas davon sagen? Nein, eine unbedruckte Visitenkarte. Die fanden das witzig.

Der Gipfel der Dummheit? Auf den K2 steigen und niemandem etwas davon sagen? Wieder falsch. Wenn ich mich recht erinnere, sagten sie etwas mit „bei einer Glastür durchs Schlüsselloch schauen".

Gipfel der Ehrlichkeit? Zuzugeben, dass es nutzlos ist, auf den K2 zu steigen? Nein, eine schwangere Frau, die für zwei bezahlt. Immerhin, Tugenden schienen eine gewisse Rolle im Leben der Träger zu spielen. Das also war der Sinn für Humor der Leute. Ich fand ihn kindisch und harmlos.

Dafür schienen die jungen Männer noch unverdorben. Ich hatte in Skardu noch einen kleinen Handspiegel gekauft. Das einzige Exemplar, das zur Auswahl stand, hatte auf der Rückseite das Konterfei einer japanisch aussehenden, hübschen Dame. Jeden Morgen rasierte ich mich unter Zuhilfenahme des Spiegels, den ich irgendwohin hängte. Der Spiegel wurde auch herumgereicht. Das Bild mit dem hübschgesichtigen Mädchen fand überhaupt keine Beachtung.

Die Träger waren hilfsbereit und folgsam. Allerdings wollen die Baltis geführt werden. Sie sind es von ihrer Kultur gewohnt, in einer Hierarchie eingegliedert zu sein und autoritätshörig sein zu müssen. Wer seinen Verpflichtungen in der Gesellschaft nicht nachkommt, verdient keinen Respekt. Und was nicht weniger schlimm ist, die Arbeitsleistung sinkt mit der Bereitschaft, seine Aufgaben wahrzunehmen. Genügsam sind sie alle. Meine Männer waren freundlich, aufgeschlossen, allerdings waren sie ziemlich sprachlos, denn ihre Schulbildung umfasste jedenfalls nicht das Englische. Meine Rede richtete sich meistens an Hatam. Das machte mich abhängiger von ihm, als mir lieb war.

5. Kapitel: Die große Expedition

Die Zukunft meiner Träger würde so aussehen, dass sie im Sommer hoffen durften, als Träger Verwendung zu finden. Im günstigsten Fall wären sie 80 Tage im Einsatz, wahrscheinlicher für junge, starke Kerle waren 60 Tage, bei einem Lohn von 10 Dollar am Tag waren das 600 Dollar für drei Monate. Dazu gab es ein Zubrot, das je nach Lust und Laune des Expeditionsleiters ausfiel. Sie waren also gezwungen, sich für den Rest des Jahres nicht auf die faule Haut zu legen. Manchmal hatten sie Glück und die „Tips" fielen üppig aus.

Hatam erzählte mir von einem berühmten italienischen Bergsteiger, dessen Namen ich nicht nenne. Seine Expedition war reichlich gesponsert worden. Da er viel Geld übrig hatte, verteilte er es an die Träger. Das waren dann hundert bis zweihundert Dollar extra. Und einmal habe ein etwas betagter Japaner an seine Träger tausend Dollar gezahlt. Er war Industrieller, der mit der Besonderheit aufwarten konnte, ein Herz für sozial Schwächere zu haben. Bei der Großzügigkeit kann immer auch die Erleichterung und Dankbarkeit eine Rolle spielen, die Expedition trotz der Probleme gut überstanden zu haben oder einfach noch einmal mit dem Leben davongekommen zu sein. Was spielten dann ein paar tausend Dollar eine Rolle?

Aber da gab es auch andere Geschichten. Hatam erzählt mir auch von einem anderen Japaner, der ihn beauftragt hatte, einen Hubschrauber zu organisieren, der ihn zum Konkordiaplatz bringen sollte. Hatam hatte ihm abgeraten, das würde ein paar tausend Dollar kosten, zu Fuß ginge es wesentlich günstiger. Dazu hatte der Japaner aber keine Lust, vielleicht auch keine Zeit. Der Hubschrauber legt die Strecke von Skardu aus in weniger als einer Stunde zurück, mit Jeep und zu Fuß braucht man 9 Tage mindestens.

Hatam gelang es, die pakistanische Luftwaffe zu einem Einsatz zu überreden. Der kostete zehntausend Dollar. Der Japaner war

5. Kapitel: Die große Expedition

zufrieden. Er konnte aber nur eine Stunde am Konkordiaplatz bleiben. Ohne Akklimatisierung kann man sich nicht ohne gesundheitliche Risiken in dieser Höhe von über 4.000 Metern aufhalten. Das ist auch der Grund, warum man allein zwei Ruhetage zur Höhenanpassung auf dem Landweg einlegt.

Inzwischen gibt es immer wieder einmal VIPs oder Moderatoren von Fernsehsendungen, die sich ebenfalls den langen Anmarschweg aus Zeitgründen einsparen und direkt fliegen. Sicherlich sieht man dann die Berge mit anderen Augen, wenn man eben noch im staubigen Skardu, nach einem Flug über die Berge am Konkordiaplatz steht. Das ist ein Ort im hintersten Erdwinkel. Man muss es sich verdient haben, dort zu stehen. Der Weg ist lang, beschwerlich und nicht ungefährlich. Es ist ein besonderer Ort, wie jeder, der dort steht, bekennt. Ein Thronsaal der Berge. Die Berge sind die Throne und jeder kann sich draufsetzen. Man darf nur nicht zu lange oben bleiben. Denn irgendwann wird es Niederschläge geben und die Flüsse steigen. Dann werden manche Pfade unzugänglich. Man muss dann in die Höhe ausweichen, was einen gefährlichen Umweg bedeutet.

Wer direkt einfliegt, kommt völlig unvorbereitet. Man braucht die Langsamkeit des Landwegs als Vorbereitung, sonst erschließt sich einem das nicht, was man nur sieht, anstatt es zu schauen. Die Vogelperspektive bietet ihre eigenen Eindrücke, aber das wahre Leben ist irdisch. Wer fliegt, macht die Welt kleiner, als sie ist. Und macht die Dinge in der Welt auch kleiner. Das ist nichts für die, die das Große suchen.

Man muss nichts weiter als laufen, um dahin zu gelangen, wo das Große wartet. Man braucht nur die Beine. Die Lebensgeister kommen zurück und bringen die Abenteuerlust mit, wenn man nur lange genug gelaufen ist. Es ist dennoch kein besonders ausgefallenes Unternehmen zum Konkordiaplatz. Es ist ganz verständlich, dass man an diesem einzigartigen Ort gewesen sein möchte. Es ist nur unverständlich, warum so wenige auf die Idee kommen. Vielleicht haben sie auch nur Angst vor den Extremen. Vor Erfahrungen, die sie nicht verkraften, vor dem Erkennen der eigenen Vergänglichkeit in einer Umgebung, die viel langlebiger ist als man selbst.

Man kann aber auch befreiende Erfahrungen haben. Das Gefühl der Freiheit, endlich etwas tun zu können, für das man geschaffen ist, die Welt zu erkunden, für sich persönlich, und dabei sich selbst kennenlernen, ein notwendig und aufregend erscheinender Ausflug ins Ungewisse. Sich die Freiheit nehmen, ein Abenteuer zu wagen, dessen ungewisser Ausgang einen auf jeden Fall bereichern würde, so oder so – immer vorausgesetzt, man übersteht alles heil. Das Schöne am Bergsteigen ist, dass man nicht unbedingt ganz nach oben muss, es reicht, wieder heil herunter zu kommen und der Erfolg ist perfekt.

Solche Gedanken lagen meinen Trägern fern. Sie waren mehr an praktischen Dingen interessiert. Sie haben den Luxus, dass der Trek in die Berge ihr Alltag ist. Einer wie der andere. Das war der Nachteil meiner Expedition. Ich wollte sie ohne Begleitung machen, um möglichst wenig Ballast aus meiner Welt mitzubringen. Um gezwungen zu sein, mich mit den Einheimischen abzugeben, die wenigstens zu dieser Gegend dazu gehörten.

Dabei ist es aber schon wieder zu selbstverständlich für sie, das zu machen, was sie machen und hier zu sein, wo sie immer sind. Ich musste meine Gedanken ohne Austausch vor mich hinspinnen. Ich musste mir selber Fragen ausdenken, um mich dann an Antworten zu versuchen. Ich brauchte der Versuchung nicht nachgeben, Andere daran teilhaben zu lassen, weil ich keine Ansprechpartner habe.

5. Kapitel: Die große Expedition

Hatam war kein Philosoph. Keiner der Einheimischen neigt anscheinend zu großen Denkanstrengungen, die nichts mit der praktischen Seite des Lebens zu tun haben. Literaten bringen die Träger nicht hervor, auch wenn sie viele Worte machen, wenn sie abends am Feuer sitzen und auf das Essen warten, das sie selber zubereiten. Sie scherzen und lachen. Sie sind zufrieden mit sich und der Welt, an jedem Abend, wenn das Tagwerk vollbracht ist, wenn sie noch gesund und auf dem Weg sind. Geschichten aus vergangenen Tagen, auch Erlebnisse, die sie auf den Expeditionen hatten.

Meine Expedition hatte nur ein Zelt, da ich das, was die Träger für sich zusammenbauen, nicht als solches bezeichnen kann. Sie hatten eine Zeltplane, die sie mehr oder weniger fest mit dem Untergrund verankerten. Man stelle sich vor, wir überqueren einen 5.700 Meter hohen vereisten Pass mit wenigstens 4 Übernachtungen auf Gletschereis. Ich stellte diesbezüglich Hatam zur Rede und befürchtete, wieder das allseits beliebte „Inch`Allah" zu hören zu bekommen. Er sagte nur, ich solle mir keine Sorgen machen. Wenn ich ihn richtig verstand, rechnete er fest mit gutem Wetter. Man konnte sich ausmalen, was passieren würde, wenn es einen Schneesturm geben würde. Ganz schnell wäre die Zeltplane weggeweht. Zum Glück war aber für solche Notfälle mein Zelt groß genug. Am Gondogoro La waren wir dann ohnehin nur noch zu viert, weil wir zwei Träger wieder nach Hause schickten. Aber das Zelt hatte Qualität made in Pakistan. Hatam sagte, dass mit einem Schneesturm am Pass zu dieser Zeit nicht zu rechnen wäre. So oder so würden die Kräfte ausreichen, entweder das Hushe Tal zu erreichen, oder umzukehren zum Konkordiaplatz. Aus all meinen Erfahrungen weiß ich, dass es unsinnig ist, anzunehmen, dass es nicht jederzeit solche Wetterverhältnisse geben kann, die einen zwingen, ein Biwak zu errichten. Immer das Tal erreichen zu können, nur weil es nahe ist, ist eine Mär. Es stellte sich allerdings heraus, dass dieses Mal das Wetter stabil blieb.

Abstieg vom Gondogoro La

Die meisten Männer der anderen Expedition, die mit uns zusammen am Konkordiaplatz biwakierten, sah ich nicht beim Beten. Aber es gab welche, die sich morgens oder abends, seltener mittags, abseits begaben. Sie zogen ihre Schuhe aus und rezitieren ihre Koranverse. Das ging stumm, nur die Lippen bewegten sich. Es war jedes Mal das gleiche Prozedere.

Hatam fragte mich auch einmal, was ich vom Islam hielte. Ich sagte ihm, dass die Frage nicht leicht zu beantworten sei, da der Islam in den letzten Jahren ein ungünstiges Bild im Westen projiziert hätte. Was er selber davon halte, fragte ich. Was er sagte, war nicht sehr informativ. Ich gewann den Eindruck, dass es ihm genügte, von mir zu hören, dass ich kein Feind der Muslime war.

5. Kapitel: Die große Expedition

Um vom Thema abzukommen, sagte ich Hatam, dass ich ein entschiedener Feind von unzureichender Kleidung sei. Die Bekleidung meiner Träger war schlicht, nur Hatam war gut ausgerüstet. Ich hatte Hatam schon in Skardu gebeten, dafür zu sorgen, dass er nur Männer aussuchte, die die entsprechende Bekleidung für eine Hochtour besaßen. Immerhin überquerten wir einen vereisten Pass in großer Höhe, der die beachtliche Steigung von bis zu 50 Grad hatte. Dazu wurden Fixseile, Eispickel und Steigeisen benötigt. Es war klar, dass Hatam besser wusste, was man zur Durchführung der Tour benötigte, obwohl er die Tour in diesem Jahr noch nicht gemacht hatte und die augenblicklichen Verhältnisse nicht kannte. Das änderte sich aber sehr schnell nach den ersten Etappen. In diesem Jahr war überhaupt noch niemand über den Pass gekommen. Aber uns war zuerst eine Gruppe einer Umweltschutzorganisation entgegengekommen, dann einen Tag später eine Gruppe Franzosen, die umgedreht hatte. Zu große Schneemassen und schlechtes Wetter. Wie sich herausstellen sollte, würde ich der Erste sein, der in diesem Jahr die Passhöhe erreichen würde. Ich hatte es so gemacht wie auf den Etappen vorher, dass ich meinen Trägern und selbst Hatam weit vorausgeeilt war. Kaum, dass ich eine halbe Stunde, noch vor Sonnenaufgang, oben angekommen war, kam mir ein Amerikaner von der Husheseite aus entgegen. Er war ein K2-Aspirant.

Hatam hatte mir aber gesagt, dass ein Team von Trägern aus Hushe bereits damit angefangen hatte, Seile zumindest am steilsten Stück anzubringen, sogenannte Fixseile, die auch über das Jahr liegen bleiben, aber immer wieder auch einmal von Lawinen verschüttet werden, weshalb die Route, die auch von den 8.000er-Aspiranten begangen wird, immer wieder nachgerüstet werden muss. Bisher war es wegen der Schneemassen aber sinnlos gewesen.

5. Kapitel: Die große Expedition

Ich stellte bei einem Ausrüstungscheck fest, dass meine Träger und auch Hatam keine Steigeisen dabei hatten. Ich stellte Hatam zur Rede, der lächelte mich nur freundlich an und sagte, sie bräuchten das nicht. Wenigstens hatten sie neben ihren Laufsandalen auch noch festere Schuhe im Gepäck. Sie hatten Jacken, aber insgesamt war ihre Ausrüstung nach europäischen Maßstäben dürftig. Ich machte mir jedoch keine Sorgen, weil sie erfahrene Träger waren und mir Hatam versicherte, dass alles seine Ordnung hätte. Die Physis der Leute war stark genug, sodass sie auch eine Schlechtwetterperiode überstehen würde, deshalb hatte Hatam auch eine Auswahl an Trägern getroffen, die das mit berücksichtigte. Mein Sicherheitsbedürfnis hatte dafür gesorgt, dass ich auf meteorologische Widerwärtigkeiten eingestellt war.

Eines machte mir auf der Tour zu schaffen. Ich hatte nicht damit gerechnet, dass es an der rechten Verpflegung hapern würde. Einmal stellte ich Hatam zur Rede, weil ich die außerordentlich unhygienische Essenszubereitung unseres Kochs beobachtet hatte. Er und Hatam bereiteten das Essen für alle zu. Doch Hatam war nicht überrascht. Er versicherte mir, dass er Vorkehrungen getroffen hätte. Vor Abmarsch habe er alle ausdrücklich angewiesen, wie es bei uns im Lager zugehen sollte. Die Hände wurden also gewaschen. Da sie aber auch für andere Dinge benutzt wurden, ließ es sich nicht vermeiden, dass Keime in die Pfanne gelangten. Das Essen war wenig bekömmlich und noch weniger nahrhaft. Für die Baltis reichte es aus. Mitteleuropäer haben andere Essgewohnheiten.

Die Gedanken im Zelt, wenn es um einen herum still wird, haben oft mit der eigenen Existenz und ihrer Bewahrung zu tun. Das umso mehr, je kälter es draußen wird und je höher man gestiegen ist. Solange man gesund und munter ist, bleibt die Zuversicht, dass alles gut geht. Fühlt man sich unwohl, kommen

5. Kapitel: Die große Expedition

schnell Zweifel, die von der Überlegung herrühren, dass sich geringe Unpässlichkeiten unter diesen Umständen ausweiten können zu einer ernsten Krisis. Schließlich ist ärztliche Versorgung fern. Und auch die Expeditionsärzte, die sich irgendwann an irgendeinem Basislager aufhielten, wenn sie nicht selber mit aufgestiegen waren, hatten kein Hospital bei sich. Man sollte solche Zweifel auch nicht leichtfertig beiseiteschieben. Hatam wusste von einigen Vorfällen zu berichten, wo sich Kunden in Gefahr begaben, weil sie nicht wahrhaben wollten, dass sie sich unnötig einer Gefahr aussetzten.

Für manche ist Bergsteigen eine Religion, weil sie sich eine Art Erlösung von ihren weltlichen, diesseitigen Problemen erhoffen, eine Befreiung ihrer beschränkten Existenz, eine Anhebung ihrer Bewusstseinsstufe in eine höhere Welt, einen Zugang zum Jenseits. Das mag auch stimmen. Jedenfalls so sehr, wie es bei anderen Religionen auch stimmt. Der Träger, der sich morgens zum Gebet in den Schnee kniet, mag ähnliche Erfahrungen machen wie ein Bergsteiger, der seine persönliche Kathedrale hochsteigt. Er spürt eine, wenn auch nur vermeintliche, Verbundenheit mit etwas Höherem, bildlich gesprochen, denn der Berg ist ja tatsächlich etwas Höheres. Der Mensch will ihm sozusagen noch eine Krone aufsetzen, die er selber ist. Und dann nimmt der Berg sie ihm wieder beim Abstieg. Von Anderen lässt er sich gar nicht krönen. Auch Berge haben ihre Eigentümlichkeiten.

Für das jeweilige Individuum ist so manches von vermeintlich fundamentaler Wichtigkeit. Dass Berge Berge sind, ist schon beachtlich, aber mehr sind sie eben auch wieder nicht! Manche Bergsteiger sind so versessen auf ihre esoterischen Erkenntnisse, dass man ihnen die Nüchternheit der Einheimischen wünscht. Aber wahrscheinlich macht auch das den Reiz des Bergsteigens aus. Die Gipfel als Throne anzusehen, auf die man sich anmaßt, sich zu setzen, wenn auch nur für Augenblicke, anstatt sie als Thron von imaginären Göttern zu betrachten, die immer dort sitzen würden, wenn sie nicht von den Menschen vertrieben würden. Seit das immer mehr geschieht, scheint es den Einheimischen aber nicht schlechter zu gehen. Die Sherpas in Nepal vollziehen ihre heidnischen Götzenrituale und die Bergsteiger, die sie hinaufbegleiten, machen dabei mit. Die Sherpas haben alles Recht dazu, aber was bewegt die Bergsteiger dazu? Man will den Sherpas den Gefallen tun, ihre Bräuche zu respektieren. Aber welcher vernünftige Mensch würde nicht verstehen, dass eine Vorspiegelung eines Glaubens bei Göttern weniger gut ankommt als ein ehrliches Bemühen, Andere zu respektieren und umgekehrt Andere dazu zu bringen, dass sie auch den eigenen Glauben respektieren. Und wenn es nur der Glaube an die eigene Stärke ist. Nichts leichter als das, festzustellen, dass das eigene Vermögen – ohne den Segen der Götter – doch nicht ausreicht. Was ist das für ein Unsinn, dass man, nur damit die Expedition nicht gefährdet ist, um die Steinmahle der Sherpas herumtanzt und ein falsches Zeugnis seiner selbst ablegt, wo es doch beim Aufstieg auf einen hohen Berg gerade darauf ankommt, ein Zeugnis seiner Selbst abzulegen, seiner hoffentlich vorhandenen Stärken, doch nicht der Schwächen. Unaufrichtigkeit und profitgierige Berechnung sind solche Schwächen, die das Bergleben nicht brauchen.

In Nepal kann man immer wieder beobachten, wie sehr sich die in der westlichen Kultur großgewordenen Bergsteiger von ihrem vorgeschobenen Toleranzgedanken vereinnahmen lassen, nur um die Psyche der Sherpas nicht aus dem Gleichgewicht zu bringen. Da wird ständig etwas vorgeheuchelt, was gar nicht da ist, der Glaube an Gunst und drohende Missgunst der Berggötter. Anstatt dass man aufrichtig gegenüber den Sherpas ist und mit offenen Karten spielt. Man nimmt sie nicht richtig ernst, obwohl

5. Kapitel: Die große Expedition

man so tut, man achtet ihre Religion nicht, obwohl man scheinbar darauf eingeht. Ausnutzung und Verdummung der Helfer, ohne die man sein Vorhaben nicht durchführen kann. Viel mehr ist das nicht.

Dies ist im Karakorum zum Glück nicht notwendig. Im Karakorum sind die Einheimischen Moslems, da gibt es keine Rituale, die Götter missgelaunt stimmen könnten, wenn nicht jeder Expeditionsteilnehmer daran teilnimmt. Die Träger führen zwar auch ihren Bock mit, den sie dann schlachten. Aber niemand ist gezwungen, am blutigen Fest teilzunehmen. Eigentlich kann man sich den Luxus sinnstiftender Gedanken über das Jenseitige nur erlauben, wenn man weiß, worüber man denkt. Alles andere ist Fabulieren, das niemanden wirklich weiterbringt.

Wer die Hilfe von Göttern braucht, sollte sich gar nicht erst so weit ins Ungewisse vorwagen, denn ihre Hilfe ist ebenfalls ungewiss. Am K2 muss man sich der rauhen Realität stellen. Die ist zuweilen tödlich, Jahr für Jahr aufs Neue.

Das Höhenbergsteigen erzeugt den Wunsch nach Wiederholung. Das mag daran liegen, dass man niemals so sehr spürt, dass man lebt, wie wenn man gerade am Limit war. Man sehnt sich auch nach der Wiederholung der Erleichterung, der berechtigten Freude, alles überstanden zu haben.

5. Kapitel: Die große Expedition

Der höchste und respektabelste Berg im Karakorum ist natürlich der K2. Den K2 nannte schon Younghusband den namenlosen Berg, weil man ihn von keinem bewohnten Ort aus sehen kann. Tatsächlich gibt es bis wenige Kilometer vor dem Everest noch einen bewohnten Ort. Sowohl von der Nordseite her, wie von der Südseite. Man stellt seine Zelte erst im Basislager auf. In Südamerika kann man bei einigen der berühmten Berge sogar bis zur letzten Berghütte hochfahren. Und die liegt vielleicht sogar auf 5.000 Metern. Dennoch ist dann eine Besteigung riskant, weil man nicht die erforderliche Höhenanpassung hat. Man spielt dabei mit Gesundheit und Leben.

Die Bezeichnung „K2" stammt von dem britischen Vermessungsbeamten Montgomerie, der im 19. Jahrhundert aus 200 Kilometer Entfernung eine Ansammlung hoher Gipfel im Karakorum in Augenschein nahm und durchnummerierte. Der vermeintlich höchste, weil er näher war, wurde zu K1. Den kannten die Einheimischen im nahen Hushe Tal schon als „Masherbrum", wegen seiner mächtigen „Schneewand". Die K3 bis K5, die von keinem bewohnten Ort aus zu sehen sind, bekamen die Baltinamen „Gasherbrum" oder „leuchtende Wand" und wurden dann durchnummeriert. Der nördlichste Gipfel blieb aber vorerst namenlos. Die Baltis nannten ihn dann „Chogori", „großer Berg".

5. Kapitel: Die große Expedition

Vor dem Masherbrum, K1, 7821 m

Als ich nach der Tour im ersten Hotel in Hushe war, hatte ich eine interessante Gesprächspartnerin, die Frau von einem Kanadier, der gerade am GII sein Gipfelglück versuchte. Sie war ihrem Mann nachgereist und befand sich jetzt auf dem Weg zum Basislager, würde dort zwei Wochen bleiben und wieder zurückreisen. Wir waren im Foyer vor dem Fernseher gesessen. Ich hatte gerade die Deutsche Welle eingeschaltet, als sie dazukam und ich fragte, ob ich umschalten sollte. Da es mir anzusehen war, dass ich schon einige Zeit in der Höhensonne verbracht hatte und nicht mehr ganz taufrisch war, fragte sie mich, wo ich herkam. Ich erfuhr, dass ihr Mann auf einen der Achttausender aus war. Ich bemerkte, dass sie darüber besorgt war, und sprach sie direkt darauf an. Sie bestätigte.

Wir kamen ins Gespräch, und als ich etwas darüber sagte, dass man bei so einem Unternehmen das Risiko einkalkulierte, erwiderte sie mit einem leicht gereizten Unterton:

5. Kapitel: Die große Expedition

„Man kann es nicht kalkulieren." Sie betonte dabei das „nicht". Damit war mir schlagartig klar, dass sie etwas gegen das Extrembergsteigen hatte.

Die Tatsache, dass ich kein Extrembergsteiger war wie ihr Mann, schien sie zu ermutigen, mir ihr Herz auszuschütten. Offenkundig plagten die Frau bereits jetzt Angstvorstellungen.

„Wussten Sie, dass jeder siebente Bergsteiger am K2 dort sein Leben verliert?" Ich glaubte nicht, dass ein eingehenderes Studium der Materie, den Ängsten ihre Schärfe nahm.

„Ich denke, eher einer von sieben, die oben waren, das ist ein Unterschied!"

„Es ist wie Russisch Roulette!", stellte sie ostentativ fest. Sie strich sich durch ihre blonden Haare, die erkennbar gefärbt waren. Dann steckte sie sich eine Zigarette an. Sie war attraktiv, vermutlich Ende Dreißig, aber sie erweckte den Anschein, dass ihr Gesicht schon ein paar tiefere Falten hatte, die es älter wirken ließen, als sie tatsächlich war. Sie lehnte sich in ihrem Sessel zurück, als wollte sie es sich bequem machen. Beugte sich aber gleich wieder nach vorne. Sie war nervös. Irgendwie machte sie einen hilflosen, verlorenen oder geistesabwesenden Eindruck.

Deshalb machte ich ihr das Angebot, zu einem Spaziergang nach draußen zu gehen. Ich wollte mir das Nachbardorf etwas genauer ansehen und dabei vielleicht noch ein paar kleine Einkäufe machen. Ich hatte dort neben den Läden auch eine kleine Moschee inmitten großer Kastanienbäume gesehen. Solche Orte zogen mich an. Sie willigte gern ein, mitzukommen.

„Sie scheinen nicht so begeistert zu sein über das, was ihr Mann macht", fragte ich, mittlerweile mit der Vorstellung, ich würde schon wissen, was ich die Frau fragen konnte. Sie erzählte mir dann, dass ihr dieser Mangel an Enthusiasmus seit 7 Jahren,

5. Kapitel: Die große Expedition

solange sie ihren Mann kannte, zu schaffen macht. Er brach jedes Jahr zu mindestens einer dieser großen Expeditionen auf. Sie hatte schon wiederholt versucht, ihren Mann zu überreden, mit den großen Sachen aufzuhören. Zur Gefahr, die er sich aussetzte, kam auch noch die lange Abwesenheitszeit dazu. Sie habe eben als Lehrerin auch nur in den Sommerferien Gelegenheit, ihn zu begleiten.

„Warum geben Sie sich mit weniger zufrieden? Sie sind doch auch ein Mann?", fragte sie mich beinahe vorwurfsvoll, dabei hatte ich es ihr eigentlich schon erklärt.

„In der Zeit, in der ihr Mann nach Pakistan reist, um einen Achttausender zu besteigen oder es auch nur zu versuchen, reise ich in drei verschiedene Länder und viele Gegenden, sehe viele, Landschaften, treffe viele Menschen und habe eine Vielzahl von aufregenden Abenteuern. Während Ihr Extrembergsteiger wochenlang in seinen Zelten nicht gerade bequem, aber oft genug langweilig herumsitzt und auf besseres Wetter hofft, bin ich unterwegs und reise und erlebe etwas. Und wenn ich einmal nichts erlebe, dann reise ich eben weiter. Für die Kosten gilt das Gleiche wie für die Zeit. Für die Kosten einer großen Himalaja-Expedition kann ich viele kleine Berge besteigen und viele Reisen machen, so einfach ist das!"

Sie entgegnete darauf nichts. Ich brauchte mich nicht zu rechtfertigen. Das half ihr persönlich nicht weiter. Was hätte ich ihr schon sagen können, was sie nicht schon wusste.

„Ich lese all diese Dinge", sagte sie schließlich. „Wenn alles gut gegangen ist, lese ich die Expeditionsberichte. Das beruhigt mich. Aber ich begnüge mich damit. Ich muss nicht dabei sein, abgesehen davon, dass mir die Voraussetzungen dazu fehlen. Das ist nichts für Frauen. Ich verstehe nicht, warum sich Frauen so beweisen müssen. Wenn Männer das machen, nun gut... nein, eigentlich verstehe ich das auch nicht."

„Sie machen es für sich, sie fühlen sich danach besser."

Sie lachte heraus, nicht amüsiert, eher vorwurfsvoll spöttisch. „Sie sollten sich bei ihren Frauen gut genug fühlen, meinen sie nicht?"

War das jetzt eine Fangfrage? Sollte ich meine Geschlechtsgenossen verraten oder mich um Kopf und Kragen reden? Ich blieb stehen und tat so als, betrachtete ich die Aussicht, was ich auch schon die ganze Zeit während des Laufens getan hatte, dann sagte ich:

„Die Frauen sind das Beste. Aber man muss sich dessen vergewissern, immer wieder, indem man sie verlässt." Ich hatte eine kleine Sprechpause gemacht, nur um zu sehen, wie sie reagierte. Dann fuhr ich fort. „Ich meine natürlich nur vorübergehend. Ortswechsel tun gut, Partnerwechsel nicht. Lieber Ortswechsel. Nein, im Ernst, ein Mann muss auch einmal allein sein, damit er wieder gesellschaftsfähig wird. Männer, die sich immer nur vergesellschaften, führen meist Kriege, randalieren in Fußballstadien usw. **Bergsteiger sind friedliebend und ungefährlich, Extrembergsteiger sind extrem ungefährlich."**

Das schien sie etwas zu versöhnen, sie klang jetzt wieder freundlicher und gelöster, als sie mir widersprach. Dabei lachte sie wieder kurz und ein wenig respektlos auf, als dächte sie bei sich: der will mir wieder was erzählen.

„Von wegen! Wenn es um ihre fixen Ideen geht, können Bergsteiger sehr fixiert und eigen sein, dann kommen auch negative Eigenschaften nach oben, glauben Sie mir das. Bei Ihnen ist das vielleicht nicht so. Aber ich definiere Frieden und Krieg nicht nur danach, ob Kugeln fliegen. Das hat doch mehr

5. Kapitel: Die große Expedition

damit zu tun, wie man miteinander umgeht. Ich habe viele Abende in Gesprächsrunden von Bergsteigern verbracht. Sie erzählen tolle Dinge. Oh ja, das kann verdammt spannend sein, wenn sie wieder um Haaresbreite an einer Katastrophe vorbeigeschrammt sind. Und manchmal ist es auch tödlich. Stundenlang kann man ihnen zuhören, nun ja, außer wenn sie sich über Material unterhalten. Aber wenn man dann einmal eine Zwischenfrage stellt, wie: Nun habe ich so viel Positives über diese Freizeitbeschäftigung gehört, aber ist der Preis, den so viele von euch bezahlen müssen, nicht zu hoch?"

„Was bekommt man dann zur Antwort?"

„Dann sind die meisten sprachlos oder werden nachdenklich oder geben ausweichende Antworten. Sie ziehen sich einfach zurück."

„Sie verdrängen. Ich hätte eher gedacht, dass man über diese Dinge offen redet. Es ist ja kein Geheimnis, was passieren kann..."

„... passieren wird..."

Ich bemerkte, dass ich die Rolle des Verteidigers der Höhenbergsteiger übernommen hatte. Vermutlich, weil ich bei ihr um Verständnis für diese individualistischen Grenzgänger werben wollte. Ich war selber schon in große Höhen gestiegen und zwei Mal in eine Gletscherspalte gestürzt. Ich wusste jedenfalls zum Teil aus eigener Anschauung und Überlegung, was einen antrieb, sich Extremen freiwillig auszusetzen. Aber im Vergleich zu dem, was ihr Mann machte, war ich ein Amateur. Und sie wusste doch viel besser Bescheid über seine Motive als ich. Es war also eigentlich ein fruchtloses Unterfangen. Was konnte ich ihr schon sagen? Ich versuchte es trotzdem.

„Andererseits, wer beschäftigt sich schon mit seinem möglichen Tod. Der ist ja sowieso immer möglich. Warum soll man sich mit unangenehmen Dingen beschäftigen? Das kann man immer noch, wenn sie da sind."

„Wenn der Tod da ist, ist es zu spät zum Reden, das ist es doch gerade!"

„Nichts langweilt Andere so, vermute ich, wie wenn man über seinen eigenen Tod redet."

„Ja, ja, ich sehe schon, ich habe hier auch einen Bergsteiger vor mir."

„Nein, nein, ich möchte schon erfahren, wie sie darüber denken, sagen Sie es mir."

„Ich meine nur, dass diese ganze Bande ein Haufen Egomanen ist. Die Leidtragenden, wenn etwas passiert, sind ja immer die Hinterbliebenen. Wer sich einen Bergsteiger aussucht, um mit ihm sein Leben zu verbringen, ist selbst schuld, wenn dieses gemeinsame Leben eben nur ein paar Jahre dauert."

„Sie sehen das ziemlich pessimistisch!"

„Richtig, mitunter muss man die Dinge auch einmal pessimistisch und hart an der Realität betrachten. Ich habe sehr viele Daten darüber gesammelt und mit vielen Leuten gesprochen. Ich kann ihnen sagen, dass es sehr viele Todesfälle unter den Extrembergsteigern und Extremkletterern gibt. Jeder elfte, der vom Gipfel des K2 den Abstieg beginnt, erreicht das Basislager nicht mehr. Auf jeden fünften, der den Gipfel erreicht, kommt ein Toter. Was sind das für Aussichten? Übertreibt man da nicht mit der Risikobereitschaft?"

„Das Problem ist, dass jeder denkt, für ihn selbst gelten eigene Gesetzmäßigkeiten und eigene Statistiken. Und das ist nicht einmal unrichtig. Ich weiß von mindestens zwei Extremkletterern, die bei großen Herausforderungen zur Minimierung der Risiken große Anstrengungen unternommen

5. Kapitel: Die große Expedition

haben und erfolgreich waren, dann aber bei der Trainingsroutine abgestürzt sind und sich sämtliche Knochen gebrochen haben. Ein guter Bergsteiger weiß, was er kann. Wenn er konzentriert zur Sache geht, wird er die richtigen Entscheidungen treffen. Das weiß er und deshalb wagt er es, sich schwierigen Situationen auszusetzen..."

„Er weiß, was er kann. Das Problem ist eher, dass er nicht weiß, was er nicht kann. Weiß das auch die Schneewächte, die abbricht, die Lawine, die auf ihn zurollt, der Fels, der auf ihn fällt? Offensichtlich nicht, sonst hätten wir nicht diese Experten, die bald tote Experten sind, mit verzweifelten Familienangehörigen."

„Jeder Mensch ist mit einem beachtlichen Quantum an Grundglauben ausgestattet, dass er etwas Besonderes ist, dass er schon Glück haben wird, dass schon alles irgendwie gut gehen wird... und woher weiß er es? Weil er es schon oft genug erlebt hat! Und das ist, wie ich meine, auch eine erstaunliche Sache, die sich bei Extrembergsteigern so häufig herausstellt. Er hat es oft erlebt! Warum eigentlich? Wenn Sie so oft den Höhenmenschen zugehört haben, können Sie sicherlich auch bestätigen, dass sie viele Geschichten über Beinaheunfälle und unglaubliche Zufälle, die sie vor einem Unglück bewahrt haben, erzählt haben, Abend füllende Vorträge... Ist das nicht auffällig? Und ist es nicht genau das, was der Hoffnung, dass man immer mit heiler Haut davonkommt, Berechtigung gibt?"

„Berechtigung? Das scheint mir nicht das richtige Wort zu sein. Kein Mensch hat eine Berechtigung, an seine Unverletzlichkeit zu glauben."

„Mit Berechtigung meine ich nicht Rechtfertigung, sondern nur eine Art Gewohnheitsrecht!"

5. Kapitel: Die große Expedition

„Ich bin mir nicht sicher, ob ich verstanden habe, auf was du hinauswillst." Auf die folgende Aussage hatte ich hingearbeitet:

„Ich will Folgendes behaupten: eigentlich müsste viel mehr schiefgehen. Der Optimismus der Extremisten nährt sich aus der erlebten Tatsache, dass viel weniger schiefgeht, als schiefgehen müsste. Also ist jeder etwas Besonderes."

„Willst du mir im Ernst sagen, dass jeder etwas Besonderes ist, der Berge steigt?"

„Jeder, der auf Berge steigt, solange er das tut, auf Berge zu steigen, auf eine Art und Weise, die ihn immer wieder in extreme Situationen bringt, aus denen er dann ohne Schaden hervorgeht. Und jeder, der nicht auf Berge steigt, aber andere Dinge macht, die ihn in vergleichbare Situationen bringen." Ich dachte, als ich das sagte, an das motorisierte Reisen auf Pakistans Straßen.

„Aber warum geht nichts schief, was schiefgehen müsste?"

„Das ist genau die Frage, die sich jeder stellen müsste. Du wirst mir glauben, dass auch ich schon sehr viel am Berg erlebt habe, was mir völlig unverständlich im Hergang und den Folgen geblieben ist. Ich möchte aber noch eine Stufe tiefer gehen, denn der Bergsport ist nicht allein den Extremisten vorbehalten. Du prangerst den kalkulierten Leichtsinn der Extremisten an. Aber sie sind eine Art Elite. Ein leider viel zu hoher Prozentsatz von ihnen geht zugrunde. Aber die vielen Bergsteiger und Bergwanderer, die zur Masse der Normalen gehören, die aus ähnlichen und aus ganz anderen Gründen verunglücken, steuern einen zahlenmäßig viel höheren Anteil an den Opfern bei. Bei ihnen gilt genau das Gleiche, nämlich es ist eigentlich höchst verblüffend, wie wenig passiert. Natürlich gibt es auch die Fälle, wo jemand zum ersten Mal in die Berge geht und vom Blitz erschlagen wird. Aber das sind Einzelfälle. Und da weiß man

5. Kapitel: Die große Expedition

auch nicht, wie oft dieser Mensch vorher schon im Flachland Glück gehabt hat. Keine Einzelfälle, sondern massenhaftes Vorkommen haben die Ereignisse, die von einem Ausbleiben eines Unglücks handeln, mit dem ohne Weiteres zu rechnen gewesen wäre."

Als ich so redete, merkte ich zunächst ihre Neugierde, dann fiel aber eine Mimik auf ihr Gesicht, die eine gewisse Verärgerung anzudeuten schien. Sie mochte nicht, wenn man sie im Ungewissen ließ oder auf die Folter spannte. Ich fuhr fort.

„Die Menschen beschweren sich immer darüber, wenn etwas passiert. Wenn nichts Schlimmes passiert, nehmen sie es einfach ungerührt hin und gehen davon aus, dass das der Normalfall wäre. Und wenn dann doch die wahre Normalität eintrifft, sind sie fassungslos. Meistens kommt dann die populäre Frage nach dem Warum. Da fahren Jugendliche Woche für Woche viel zu schnell und stark übermüdet oder auch alkoholisiert oder alles zusammen nach den Discobesuchen nach Hause. Was ist dabei so unbegreiflich, dass es beim hundertsten Mal nicht gut geht? Die Antwort müsste doch eigentlich lauten: Warum nicht früher? Warum nicht öfter?"

„Ist das nicht herzlos, so zu fragen?"

„Ob man das mit oder ohne Herz fragt, bleibt sich in der Sache gleich. Wenn ich mit dem Auto gegen die Wand fahre und dabei meinen Körper zerschmettere, macht die Frage nach dem Warum noch Sinn? Menschliche Körper verhalten sich so, sie sind nicht anders konstruiert. Wenn ich die Südwand des Nanga Parbat hochklettere, wo täglich Lawinen heruntergehen, muss ich dann nicht damit rechnen, dass mich eine aus der Wand reißt? Was soll da die Frage nach dem Warum? Die Antwort ist erschöpfend, wenn man sagt, weil sich der Bergsteiger nicht genug festgehalten hat und dem Druck nicht standhalten konnte."

„So habe ich das noch gar nicht gesehen. Aber die Frage nach dem Warum ist mehr metaphysischer Natur."

„Ja, das ist ja gerade das Interessante, dass dann gerade Leute, die mit Metaphysik nicht viel am Hut haben, weil sie down-to-earth sind, plötzlich so metaphysisch werden. Dann muss man ihnen antworten, dass sie auch bereit sein müssen, metaphysische Antworten zu bekommen."

„Und die wären!"

„Dass das Leben vielleicht doch einen höheren Sinn hat, als es nur körperlich zu leben. Und dass man deshalb sorgsam mit seinem zerbrechlichen Körper umgehen muss."

„Das ist ein sehr guter Satz." Mir wurde bewusst, dass sie zum Fragesteller geworden war. Ich wollte aber mehr an ihren Erfahrungen teilhaben. Deshalb fragte ich sie:

„Du bist jetzt deinem Mann hinterhergereist. Ist das besser, als zu Hause zu bleiben?"

„Natürlich. Aber das geht ja nicht immer. Es ist nur so, dass ich ihm nahe sein will. Mehr steckt nicht dahinter." Sie musste meinen inquisitorischen Blick bemerkt haben. Ich sagte:

„Tatsache ist, dass er aber eine geraume Zeit dem Berg näher sein will als seiner Frau oder überhaupt Frauen!"

Sie lachte.

„Das, was du zuerst gesagt hast, trifft zu, das, was du zuletzt gesagt hast, trifft gewiss nicht zu. Es gibt sogar Bergsteiger, die zu ihren Frauen sagen, ich darf dich nicht zu sehr lieben, sonst wird der Berg eifersüchtig. Das ist natürlich gefährlich. Da sieht man, dass die Männer schon insgeheim Abschied genommen

5. Kapitel: Die große Expedition

haben von ihrer Frau, und manchmal ist es dann ja auch ein Abschied für immer. Der Berg hat ihn zu sich geholt und gibt ihn nicht mehr her."

„Daran denkt man aber nicht, wenn man zu Hause sitzt. Sind Bergsteiger treu?"

„Nur den Bergen, leider, sonst sind sie wie andere Männer auch. Aber vielleicht macht sie das auch attraktiv. Aber wenn man zu Hause wartet, denkt man an etwas Anderes. Da ist es mehr wie im Krieg. Da hofft man auch auf die Rückkehr des Soldaten."

„Die Berge als Feind, der tötet, ohne selber getötet werden zu können. Ein wahrlich unverwüstlicher Feind."

„Jeder ist sich selber der größte Feind! Es gab Zeiten, da bin ich nicht ans Telefon gegangen, wenn er wieder in den Bergen war, aus Angst, es könnten schlechte Nachrichten kommen. Es ist immer wieder die gleiche schlimme Erfahrung. Man wird zurückgeworfen auf Urinstinkte, als wenn es ums eigene Leben geht und das tut es ja auch. Zwar lebt man, aber ins Ungewisse. Es ist beklemmend. Und das tut einem der Mann immer wieder an. Ich kann mich nicht daran gewöhnen. Die normalen Dinge im Leben fallen dann mitunter schwer. Wer mit einem Extrembergsteiger verheiratet ist, ist mit einem extremen Egoisten verheiratet."

Warum tun Männer ihren Familien das an? Es gibt eine verhängnisvolle Entwicklung der Höhenbergsteigerei, immer höher geht es nicht mehr, immer schneller allemal, mit immer weniger Aufwand auch. Die Parameter für ein Gelingen einer Expedition werden so lange verändert, bis es wieder eine Herausforderung ist.

Hinterher ist man immer schlauer. Wenn die Helden der Höhe ihr Ziel erreichen, verehrt man sie, kommen sie bei ihren Unternehmungen um, waren sie Helden gewesen, denn dann sind sie wieder zu Normalsterblichen oder besser gesagt zu Normalleichen geschrumpft. Zwei dieser Titanen und Superstars, die nicht nur durch ihre alpinistischen Großtaten, sondern auch durch ihre außerordentliche körperliche Fitness ihre Konkurrenten weit hinter sich ließen, waren der Amerikaner Alex Lowe und der Russe Anatoli Boukreev. Lowe starb in einer Lawine an einem Achttausender, der Shishapangma, Boukreev kam ebenfalls in einer Lawine an einem Achttausender um, an der Annapurna, nachdem er im gleichen Jahr schon 4 Achttausender bestiegen hatte. Das war also einer zu viel. Immer dieses Mehr-Wollen, bis man nicht mehr genug kriegen kann, weil man tot ist.

Lowe hatte einmal gesagt: „Meine Familie ist das Lohnendste in meinem Leben. Ich denke, im Leben ist es etwas, was von dir verlangt, einige deiner Wünsche aufzugeben, dass du den größten Nutzen und das größte Glück davon haben kannst. Ich würde das Klettern aufgeben, wenn ich sonst die Beziehung zu meiner Familie aufgeben müsste. Denn die ist das wirkliche große Abenteuer." Manchmal ist es leicht, schöne Worte zu reden, und schwer, danach zu tun.

Lowes Worte hören sich so an, als wüsste er, was recht ist, ohne dass sich das Wissen so richtig festgesetzt hat. Einige Wünsche „some desires" will er aufgeben? Oder doch das ganze Klettern? Wir können ihn nicht mehr fragen, aber vielleicht hat ihm gerade diese Unentschiedenheit das Leben gekostet.

Bei Boukreev findet sich eine beängstigende Anzahl von Achttausendergipfelerfolgen in den letzten Lebensjahren. 15 in sechs Jahren. Seine Spezialität waren Speed-Aufstiege und Alleingänge. Während der Katastrophe am Everest 1996, als 8 Menschen an einem Tag ums Leben kamen, war es Boukreev, der drei rettete, als er sie im Schneesturm auf 8.000 Metern Höhe suchte und barg, während die übrigen Überlebenden entkräftet

5. Kapitel: Die große Expedition

in den Zelten lagen. Das war eine unglaubliche Leistung. Aber sich selbst konnte er sich dann an der Annapurna nicht retten. Die Naturgewalten sind größer als die menschlichen Kräfte. Mensch, bedenke, dass du sterblich bist! Denn manchmal vergisst er es und dann ist es meistens tödlich.

Anatoli Boukreev hatte aus seinem letzten Hochlager an seine Frau Folgendes geschrieben: „Liebe Maria, liebe Kinder…Wir hoffen, es in ein paar Tagen zur Spitze zu schaffen, aber momentan sind wir in Sicherheit, also macht euch keine Sorgen. Ich liebe Euch alle sehr."

Er war zu optimistisch geworden. Aber was hat sein Optimismus mit der Lawine zu tun? Wenn er die Annapurna bestiegen hätte, wäre das sein fünfter Achttausender in einem Jahr gewesen. Warum reichen für einen Spitzenathleten nicht drei? Hätte er sich mit drei begnügt, wäre er beim fünften definitiv nicht von einer Lawine begraben worden. Aber es hätte ihn auch schon bei der ersten erwischen können. Wer sich das halbe Jahr in solch gefährlichen Höhen auf solch gefährlichen Bergen herumtreibt, braucht sich nicht wundern, wenn er eines der Naturereignisse, die in den Bergen regelmäßig vorkommen, hautnah miterlebt. Stellt sich dann für die Hinterbliebenen wirklich noch die Frage nach dem Warum?

Warum riskiert man das Glück der Familie, das man kennt und nicht missen möchte, nur um immer wieder ein zweifellos berauschendes und intensives, aber zu ich-zentriertes Naturerlebnis zu haben. Ich erinnere mich an die Gedanken an Heim und Familie, die man hat, wenn man in einer für einen selber großen psychischen Anspannung unter dem Eindruck der Naturgewalten steht und weiß, dass man nicht so schnell davon loskommt. Die Gedanken ans Zuhause sind sehnsüchtig und wehmütig, beinahe zärtlich. Es geht um Zuneigung und Geborgenheit. Und doch obsiegt das Andere: die wilde Lust aufs

5. Kapitel: Die große Expedition

Abenteuer in einer Sache, die einem gegenüber keinerlei Sympathien oder Gefühle hat. Eine Art Liebe zu den Bergen, die man sicherlich besser als Leidenschaft bezeichnet, bleibt unerwidert. Wenn man von Menschen nicht geliebt wird, meidet man sie. Von Bergen erfährt man keine Liebe und dennoch sind und bleiben sie attraktiv und begehrenswert. So sehr kann einen die Leidenschaft packen, dass man die Lieben und Geliebten zu Hause hinter sich lässt.

Aber nicht nur Männer verfallen dem Reiz der Berge. Die beste Bergsteigerin der neunziger Jahre, Alison Hargreaves, Mutter von zwei Kindern, ließ ihr Leben am K2. Zu ihrem Vermächtnis gehört diese Erkenntnis: „Es frisst mich innerlich auf – ich will meine Kinder und ich will auf den K2. Ich fühle mich, als würde ich entzweigerissen."

Sie entschied sich für den K2 und wurde von ihren Kindern für immer weggerissen.

„Hast du selber nie daran gedacht, Berge zu besteigen?" fragte ich June.

„Es ist schon verrückt, wenn Männer das so tun, wie sie es manchmal tun. Leider gibt es auch Frauen, die beweisen wollen, dass sie bessere Männer sind. Dabei sagen sie, sie wollen sich nur selber etwas beweisen. Es gibt sogar Berufsbergsteigerinnen. Ich frage mich, was sie noch von Männern unterscheidet. Warum müssen Frauen den Männern alles nachmachen? Was beweisen sie damit wirklich?" Sie blickte mich herausfordernd an.

Ich zuckte mit den Schultern.

„Ich weiß es nicht!"

„Dabei haben Frauen es viel schwerer. Meist habe sie es ja doch mit Männern zu tun, die sie nicht als gleichberechtigte Partner

5. Kapitel: Die große Expedition

betrachten, sondern als Frauen. Stell dir vor, eine Frau und drei Männer in 7.000 Metern Höhe. Ob da immer rational vorgegangen wird? Und weil sie es schwerer haben, neigen sie zu halsbrecherischen Alleingängen. Das auch deshalb, weil ja dadurch für die Sponsoren der Marktwert des Bergsteigers gesteigert wird."

„Vielleicht will die Frau auch nur der traditionellen Enge entkommen, den herkömmlichen Aufgaben als brave Ehefrau und Mutter..."

„Ja, es ist eine Flucht in die Natur und aus der Natur."

„Kann eine Bergsteigerin eine gute Mutter sein?", wollte ich von ihr wissen.

„Um Mutter zu sein, muss man wohl bei den Kindern sein, also zu Hause. Aber Heldinnen sind keine Mütter. Zu Hause gibt es keine Abenteuer."

Der Alpinismus ist keine Chance auf Selbstbefreiung, aber vielleicht die Chance, frei zu werden von der fixen Idee, unfrei zu sein. Wer kannte das nicht: schon manches Mal eine Tour mit großer Erleichterung, dass alles gut gegangen ist, zu Ende gebracht zu haben. Man freut sich dann wieder auf das Althergebrachte und Normale. Dann wird auf einmal die vermeintliche „Unfreiheit" eine Befreiung von den Ängsten am Berg. Aber warum mussten dann gerade Mütter vergessen, wie großartig die häuslichen Aufgaben waren?

„Ich denke, dass für viele Frauen vielleicht auch die Anerkennung ihrer Leistung eine Rolle spielt", sagte ich.

„Ist für dich die Anerkennung deiner Leistung nicht wichtig?"

„Ich bin zu weit entfernt von wirklich beachtlichen Leistungen, als dass diese Frage sehr relevant wäre. Es gibt mindestens zehntausend Bergsteiger, die zu größeren Leistungen fähig sind."

„Ja, das ist dieses typische Wettberwerbsdenken der Männer und leider mittlerweile auch der Frauen. Es zählt nur, was wirklich herausragt. Immerhin scheinst du nicht die Idee zu haben, mit... mit einem Rucksack voller Gebetsfahnen auf den K2 zu steigen."

„Das reizt mich nicht wirklich. Ich denke, dass es dieses Wettbewerbsdenken tatsächlich gibt. Aber eher innerhalb von Gruppierungen. In der Breite der Sportler nicht so sehr. Da geht es um einen selbst. Ja, die Profis die haben den Druck von der Öffentlichkeit, sie werden verglichen mit den anderen. Da müssen dann drei Nordwände an einem Tag bestiegen werden oder zwei Achttausender in 8 Wochen, was weiß ich. Vielleicht sollte man Besteigungsgenehmigungen nur noch erteilen, wenn die Begründung wenigstens überzeugend klingt und keine Spur von Größenwahn oder Überambitionismus bezeugt."

Der K2 war bei den Extremisten unter den Bergsportlern immer wieder ein Lieblingskandidat. Gerade für Frauen war er aber ein unwirtlicher Berg. Alle Frauen, die den Berg bestiegen, waren umgekommen, wenn auch nur drei während der Besteigung. Die Polin Wanda Rutkiewicz war 1986 die erste Frau, die den K2 bestieg. Sie wurde 1992 am Kandschengdschonga vermisst. Dann die Französin Liliane Barrard, sie stürzte beim Abstieg ab. Die nächste war Julie Tullis, die den Gipfel, dann aber das Basislager nicht mehr lebendig erreichte. Sie war gestürzt und war dann in einem Sturm an Erschöpfung in über 7.000 Metern Höhe gestorben. 1992 ereichte Chantal Mauduit den Gipfel. Am Tag danach wurde sie schneeblind und musste den Berg hinunter eskortiert werden. Sie überlebte das K2-Abenteuer und kam in einer Lawine am Dhaulagiri um. Alison Hargreaves erwischte es 1995 beim Abstieg vom K2. Es hatte einen Sturm gegeben, wie er in der Gegend noch nie beobachtet worden war. Ein paar Tage

5. Kapitel: Die große Expedition

vorher hatte sie noch die Absicht gehabt, nach Hause umzukehren. Frauen sollten schon gar nicht so hoch hinauf wollen, hatte sie gesagt. Dabei flogen sie schon im Orbit! Frauen werden früher oder später immer auch da sein, wo Männer hingekommen sind.

„Vielleicht sollten sie gerade den K2 in Ruhe lassen", schlug June vor. „Fünf Frauen waren oben, aber alle sind tot. Das heißt, nein, vor zwei Jahren war noch eine Spanierin oben. Aber die lebt noch, fragt sich, wie lange."

Sie meinte die Baskin Edurne Pasaban. Was wir zu dem Zeitpunkt nicht ahnen konnten, die Italienerin Nives Meroi würde am 26.7. und die Japanerin Yuka Komatsu, gerade einmal 23 Jahre alt, am 1. August diesen Jahres ebenfalls auf dem Gipfel stehen und wieder heil herunterkommen. Dieses Jahr war ein gutes Jahr.

„Glaubst du, dass Berge spirituell sind?", fragte ich sie, denn in Bergsteigerkreisen gab es immer wieder diese Bemühungen, das überhöhte Tun zu vergeistigen, um es damit zu rechtfertigen.

„Ach, die, die es behaupten, suchen nur ein Alibi. Sie wollen ihr schlichtes Tun immer groß darstellen, die Einen tun es philosophisch, die Anderen spirituell."

Einem Karakorumerforscher des 19. Jahrhunderts, Alister Crowley, sagte man eine besondere Affinität zum K2 nach. Er war ein spiritueller Vertreter der besonderen Sorte. Er gab sich selbst die Zahl 666 und betrachtete sich als Sohn des Fürsten der Finsternis. Man sagte, er sei Hexenmeister und Satansanbeter. Es gibt Leute, die meinen, einen Zusammenhang sehen zu müssen mit den Frauen, die den K2 bestiegen haben, und dieser Zahl 666. Lilliane Barrard starb zusammen mit Julli Tulis 1986 am K2, als Wanda Rutkiewicz den Gipfel erreichte, aber 6 Jahre später, 1992, starb, gerade als es Chantal Mauduit, die nächste

Frau auf den K2 schaffte. Sie starb ebenfalls 6 Jahre später, 1998. Edurne Pasaban ist die sechste Frau, die den Gipfel erreichte, natürlich 6 Jahre später. Das war 2004. Aber das sind Zahlenspiele. Der Mensch ist seines Unglücks eigener Schmied.

Als ich mich am nächsten Morgen von June verabschiedete, gab sie mir den Rat mit auf den Weg, nicht einer der zehntausend besten Bergsteiger werden zu wollen, sondern so bescheiden zu bleiben, wie ich war. Nun ja, wenn die wirklich wüsste!

Meine diesjährige Expedition zwischen den höchsten Bergen der Welt verlief spektakulär genug. Was brauchte es mehr dazu als großartige, unvergessliche Aussichten. Aber ich will nicht zu viel davon schwärmen. Einerseits ist es nicht schlecht, wenn der Fremdenverkehr in der Gegend noch etwas weiter zunimmt. Das kommt den Einheimischen zugute. Aber wenn es dann zu viel wird, dauert es auch nicht mehr lange und man baut eine geteerte Straße zum Konkordiaplatz. Das halte ich für übertrieben. Es waren ja auch schon Pläne im Gespräch, in das obere Khumbutal bis in Sichtweite des Everest eine Höhenstraße anzulegen. Eine schlimme Vorstellung.

Zum Naturerlebnis gehörten nicht nur die Landschaftsansichten, sondern auch die „Ansichten" der Menschen. Hätte ich sie doch besser verstanden! Ich versuchte, mit meinen Trägern immer wieder abends eine Unterhaltung in Gang zu bringen. Es war erstaunlich, wie gesprächig sie untereinander waren. Besonders Hatam konnte offenbar stundenlang ohne Unterbrechung erzählen. Sie hatten genug Gesprächsstoff. Zu viel Reden behindert das Denken. Denken ist aber notwendig für die Wissenschaften und den Fortschritt. Andererseits, die Mönche im Himalaja taten nichts Anderes, als zu meditieren. Das hatte die Menschheit auch nicht wirklich fortgebracht. Es gibt die Mythologie, dass Bergsteigen große spirituelle Energien freisetzt. Es gibt aber auch die Mythologie, das Nichtstun und

5. Kapitel: Die große Expedition

auf einem Gebetsteppich zu sitzen, spirituell hochwertig ist. Beides hat die Menschheit nicht entscheidend weitergebracht. Eine Mutter, die sich um ihr Kind kümmert, das bringt die Menschheit weiter.

Wenn ich nach dem Thema der Unterhaltung meiner Mannschaft fragte, bekam ich oft ausweichende Antworten. Hatam hatte wohl in der Vergangenheit die Erfahrung gemacht, dass die Dinge, die die Dorfleute in Baltistan beschäftigten, für die Besucher aus dem Westen nicht sehr interessant waren. Also war er meist kurz angebunden. Die Haltung mir gegenüber schwankte ständig zwischen großem Interesse, von mir etwas zu erfahren, und Separationsbestrebungen. Neugier und unergründlicher Wissensdurst waren hierzulande unter Leuten, die sich noch nicht gut kannten, womöglich eine eher suspekte Verhaltensweise. Eine Einstellung, die leider auch nicht ihren eigenen Interessen, Fortschritte erzielen zu wollen, entgegenkommt. Wer hier zu stur und hartnäckig ist, erntet Ablehnung. Ich war aber auch nicht wirklich davon überzeugt, dass mir meine schlichten, so jungen Träger, die noch weitgehend unbeschriebene Blätter eines dünnen Lebensbuches waren, vieles offenbaren konnten. Hatam wurde aber im Laufe der Zeit mitteilsamer. Vielleicht hatte das doch etwas mit Gewöhnung und Vertrauensbildung zu tun.

Ich würde mich von den Trägern trennen, sobald wir wieder im ersten, von Vierrad angetriebenen Vehikeln erreichbaren Dorf angekommen waren. Jetzt bestand nämlich für sie wieder die Möglichkeit, für die nächste Tour angeheuert zu werden. Natürlich kann man den Gondogoro La von zwei Seiten angehen. Die meisten steigen aber von der Nordseite auf und nach Hushe hinunter. So fällt die Akklimatisierung leichter.

Ich setzte mich, solange Hatam nicht angekommen war, in einen kleinen Gasthof. Er hatte ein paar Holztische und Holzstühle, eine Art Theke und unmittelbar dahinter einen Küchenbereich mit Lehmofen. Es gab Lampen an der Decke, die dann aber später, als es dunkel geworden war, kein Licht spendeten, weshalb man eine Petroleumlampe auf meinen Tisch stellte. Ich bestellte eine Kanne Tee, vermutlich Schwarztee, vielleicht auch mit weiteren Zusätzen. Ein paar Buben mit dreckigen Gesichtern und flachen Wollkappen schauten mir aus sicherer Entfernung zu. Hier trafen sich die Männer des Dorfes und der Umgebung, um sich nach getaner Arbeit oder auch nach dem Nachmittagsschlaf zu unterhalten. Und das obwohl kein Alkohol floss! In Germanien undenkbar. Bierbäuche sind in Pakistan undenkbar. Die Pakistaner, umso mehr die Baltis, sind gertenschlank meistenteils. Bei der kargen Speise, der harten Arbeit, der erzwungenen Mobilität ist das unvermeidlich. Dazu noch ein Wort. Die meisten Baltis sind ausdauernde Läufer. Von Kindesbeinen an sind sie es gewohnt, weite Strecken über Stock und Stein, bei jedem Wetter, zu laufen, tausend Meter den Berg hinauf und herunter und wieder hinauf und hinunter. In den Krankenhäusern werden deshalb auch andere Krankheiten als bei uns behandelt. Bei uns sind es die typischen Zivilisationskrankheiten, die auf falsche Lebensführung, dazu gehören auch zu wenig Bewegung, falsche Ernährung, Überernährung, zurückzuführen sind. Hierzulande war es Unterernährung und körperliche Überforderung.

Als Hatam mit den Portern kam, verabschiedete ich mich von ihnen, dazu gab es ein ordentliches Trinkgeld. Sie würden sich schnell wieder bei der nächsten Expedition bewerben. Hatam dachte, dass ich nach dem Gewaltmarsch hungrig sein müsste. Aber was gab es hier zu essen? Hatam hatte beschlossen, mich einzuladen. Er hatte an ein Festessen zum Abschluss gedacht. Und deshalb musste ein Huhn unter das Beil. Gerade eben hatte es noch vor meinen Augen gegackert und war durchs Lokal gelaufen. Es hatte sehr lange gelebt, wie ich beim Essen

5. Kapitel: Die große Expedition

feststellte. Und es kämpfte immer noch. Hatam fragte mich, wie es schmeckte. Ich sagte: „It was high time to slaughter the poor oldie."

Als ich nach Messer und Gabel verlangte, musste man im Dorf suchen gehen. Meine Kulturzurschaustellung sollte in Plastik erfolgen. Ich bekam ein Messer aus der Küche. Man legte mir allen Ernstes ein Schlachtmesser quer über den Teller. Mit ihm war wohl schon old cock in die ewigen Gackergründe abgegurgelt worden. Es hätte aber auch dem Hals eines Kalbes gutgetan. Ich lachte spontan. Die Leute waren erfrischend unkompliziert.

Wenig später brachte man mir, wiederum von irgendwo außerhalb aus dem unergründlichen Fundus des Bergortes, dessen Armut ich tagsüber mit Grausen zur Kenntnis genommen hätte, ein Taschenmesser mit reichlich stumpfer Klinge. Zur Unterstützung der Zersetzung der Hühnchenteile, die sich als sehr nachtragend ob ihres von mir initiierten Aggregatszustandes und daher anhänglich verhielten, kaufte ich eine Dose der einheimischen Cola namens „Great Taste", um „Bel"- so hieß das Huhn – mit Belzebub, so könnte der arabische Schriftzug auf der Dose gedeutet werden - auszutreiben. Bel war stärker. Ich spürte es.

Hatam bot mir an, einen Freund zu besuchen, bei dem er auch übernachten würde. Er hatte überall seine Freunde. Es handelte sich um eine Trägerfamilie. Mehrere Familienmitglieder, insgesamt drei Generationen, hatten schon ihre Dienste Expeditionen angeboten.

Der Vater und seine drei Söhne waren alle im Erdbebengebiet vor einem Jahr im Einsatz gewesen. Da die Straßen unpassierbar waren und die Städte Trümmerwüsten, war es notwendig geworden, alles zu Fuß zu transportieren. Die Träger aus

5. Kapitel: Die große Expedition

Baltistan und Hunza waren in der Lage, dreißig oder sogar vierzig Kilogramm schwere Lasten zu schleppen. Egal, wie schwierig die Verhältnisse waren. Eine effektivere Transportmöglichkeit gibt es nicht als diese Fußarbeiter. Sie wurden zu Hunderten und Tausenden rekrutiert. Die Regierung und NGOs bezahlten sie. Es war damals das schlimmste Erdbeben in Kaschmir überhaupt. Im Schnee und Nebel des Winters waren selbst die von der Armee verwendeten Mulis überfordert. Helikopter konnten nicht mehr eingesetzt werden. Jetzt erwiesen sich die Träger, die die härtesten klimatischen Bedingungen gewohnt waren, als Retter in der Not, denn die vielen privaten Helfer hatten das Gelände verlassen und waren nach Hause zurückgekehrt. Sie stammten aus subtropischen Gebieten. Der Winter überforderte sie. Außerdem hatten sie viel geleistet und waren nun erschöpft. Hinzu kam in dieser schwierigen Situation, dass die privaten Unternehmen und NGOs kein Geld mehr hatten. Dank der unermüdlichen, hart arbeitenden Karakorumträger konnte man diese schwierige Situation jedoch meistern und den Winter überstehen. Wer das Rückgrat einer Hochgebirgsexpedition ist, kann auch eine Stütze bei einer Naturkatastrophe sein. Es blieb zu wünschen, dass sich die Regierung daran erinnerte.

Die drei Söhne waren alle schon auf solchen Expeditionen eingesetzt worden, die beiden Älteren waren Höhenträger. Sie hatten den Expeditionsteilnehmern die Lasten in die Hochlager getragen, allerdings nur bis 6.500 Meter Höhe. Da ich bei dieser Familie einen deutlichen mongoliden Einschlag, wie bei Hatam, erkennen konnte, sprach ich sie darauf an. Hatam erklärte, dass sie vor sechshundert Jahren über die Hochpässe aus Tibet hierher ins Karakorum gekommen seien. Meine unüberlegte Frage, ob man das so in der Schule gesagt bekomme, beantwortete Hatam damit, dass das alle Baltis hier wüssten. Wenn das stimmte, dann war es von Generation zu Generation

5. Kapitel: Die große Expedition

überliefertes Wissen. Das Hushe Tal lag allerdings aufreizend nahe an China und Ladakh, das auch unter dem Namen „Little Tibet" bekannt ist. Zwei, drei Pässe und schon war man in China, ein Pass und schon in Ladakh, noch mal zwei Pässe – Tibet.

„Warum seid ihr nicht weiter nach Süden gegangen?"

„Vielleicht sind wir das ja."

„Du meinst, ihr seid die Zurückgebliebenen?"

„Unten im Süden ist es zu warm!", sagte einer der Söhne und alle lachten, bis auf mich, ich lachte mit Verspätung, denn er hatte es auf Balti gesagt. Ich musste auf die Übersetzung warten.

„Wann wurdet ihr Muslime?", fragte ich.

„Im sechzehnten Jahrhundert während der Mogulherrschaft Pakistans. Aber ursprünglich waren wir Buddhisten wie die Tibeter."

„Habt ihr keinen Draht mehr zu dieser Religion?"

Nein, sie wussten nicht einmal genau, was Buddhisten glaubten. Wozu auch. Die Deutschen wussten ja auch nichts mehr über Thor und Wotan. Dabei hatten Hatams Vorfahren, bevor sie zum Islam übertraten, sogar noch Klöster und Standbilder gebaut. Hatam wollte mir am nächsten Tag eines zeigen. Es kam dann aber doch nicht dazu. Es war jedenfalls nichts, womit er hätte prahlen wollen, sonst hätte er darauf bestanden, es mir vorzuführen. Sich mit seinen Freunden im Dorf besprechen, die er im Sommer nicht sehr häufig sah, war ihm wichtiger. Und ich finde es auch interessanter, die Gesichter der Leute zu studieren, die noch leben, wenn ich auch nicht ihre Sprache verstehe, als das steinerne Gesicht eines Buddha, der doch aussieht wie tausend andere und längst tot ist, auch im Denken und Glauben der Menschen.

5. Kapitel: Die große Expedition

Das stellte ich immer wieder bei Muslimen fest. Sie haben eine ausgeprägte Gleichgültigkeit gegenüber anderen Kulturkreisen. Nur die Abendländer scheinen sich wirklich für alles zu interessieren. Was treibt sie eigentlich an? Die Muslime interpretieren diese Neugier als die von Leuten, die noch nicht die Wahrheit gefunden haben. Ich glaube das nicht. Ich neige dazu, eher für richtig zu halten, dass man, gerade wenn man die Wahrheit kennt, viel duldsamer und unverkrampfter mit der Geschichte der Menschen und ihren Errungenschaften umgehen kann. Und je mehr Fakten man kennt, desto besser fügt sich alles Andere in das Gesamtbild. Das ist so klar, dass man sich nur fragt, warum, die, die die Wahrheit haben, so intolerant sein müssen. Vielleicht ist es nur ihr Selbst-be-Trug. Die Wahrheit macht frei. Die Unwahrheit bindet zu allem, was keinen Wert hat.

Auch die Sherpas waren einst aus Tibet nach Süden gegangen und hatten sich dann im Khumbutal in Nepal niedergelassen. Aber anders als die Sherpas, die Händler geworden sind, blieben die Baltis überwiegend ein Bauern- und Hirtenvolk. Wenn sie nun in das vom Erdbeben heimgesuchte Gebiet gingen, halfen sie Menschen, denen es vorher wirtschaftlich besser ging. Sie wussten, sie würden nach ihrem Einsatz wieder zurückgehen in das ärmere Land, auch wenn Hatam mir versicherte, dass es in den letzten zehn Jahren doch in mancher Hinsicht bergauf gegangen ist. Einen Einsatz im Auftrag der Regierung haben die Baltiträger schon einmal angenommen. In der Siachen und Kargilregion wurden sie nicht nur als Träger, sondern auch als Bergführer benötigt. Dort kämpfte die Armee gegen die Inder. Die Posten sind noch immer bezogen, auch wenn es augenblicklich stiller ist. Außerdem kennen die Baltis die Armee auch von den Expeditionen, bei denen immer ein Liaison Officer dabei ist, wenn es hoch hinausgehen soll.

5. Kapitel: Die große Expedition

Ich ließ Hatam nachfragen, ob es etwas gab, was sie zu erzählen wussten. Sie sagten, sie wollten nicht darüber reden. Ich dachte, es sei nicht passend, zu fragen, warum. Ich spekulierte, dass die Baltis nicht sehr kameradschaftlich von den Soldaten, die meist aus dem Sindh oder dem Pandschab stammten, behandelt wurden. Über etwas Unehrenhaftes redet man am besten nicht. Dass die Bewohner des Tieflandes die hellhäutigeren Bergleute von oben herab behandelten oder mit Geringschätzung bedachten, konnte ich immer wieder feststellen. Das war eigentlich ein Witz von den Flachländern, die sich vor den Bergen und den Bergbewohnern schon immer gefürchtet haben. Wer in den Bergen wohnt, ist ihnen nicht ganz geheuer. Aber den Alpenbewohnern bei uns geht es ja manchmal ganz ähnlich.

Ich fragte, ob sie aus ihrer Tätigkeit als Porter etwas erzählen wollten. Rasul, das Familienoberhaupt lächelte. Er unterhielt sich mit Hatam, der ihm kopfnickend in seiner verpflichtenden Art zusprach. Es war erkennbar, dass er vor Rasul Respekt hatte. Was für Erlebnisse ich meinte, fragte er mich zurück.

Ich präzisierte, Vorfälle, während er seine Tätigkeit als Träger ausführte. Er schien nicht sehr geneigt zu sein. Man stelle sich vor, ein Freund bringt einen Fremden mit zu Besuch, man unterhält sich mit dem Freund und plötzlich fragt der Fremde einen, ob es besondere Vorfälle aus seinem Berufsleben zu erzählen gibt.

Rasul bevorzugte andere Gesprächsthemen. Aber von Hatam bekam ich eine seiner Geschichten doch. Besonders in Erinnerung war Rasul eine Expedition aus dem Ende der siebziger Jahre geblieben. Damals war er noch sehr jung. Es war die erste oder zweite Expedition, die er als Träger mitmachte. Er war einer jener Träger, die spät angefangen hatten. Ein Freund hatte ihn dazu überredet und nun musste er nur noch seinen Vater davon überzeugen. Er hatte damals noch zwei Brüder, die

5. Kapitel: Die große Expedition

älter waren als er. Sie hätten ihn immer an der kurzen Leine gehalten, daher wollte er gerne weg. Er lieferte dann auch das Geld, das er verdiente, seinem Vater ab. Als Hatam mir erzählte, wurde er schließlich doch von Rasul unterbrochen. Er wollte wohl seine Geschichte doch selber erzählen. Ich hatte den leisen Verdacht, dass er auf seiner langjährigen Trägertätigkeit vielleicht doch genug Englisch aufgeschnappt hatte.

An die erste oder zweite Expedition konnte er sich noch gut erinnern. Es war eine Expedition zum K2 von australischen und italienischen Bergsteigern. Ich fragte nach Namen. Es hörte sich so an, als ob Messner dabei gewesen wäre, dazu sagte er noch „Shower", „Sandro" und eine Frau, die Expeditionsärztin, die ihm besonders in Erinnerung geblieben war, obwohl sie nicht lange dabei war. Insgesamt waren es acht Teilnehmer. Er fragte einen der Teilnehmer, warum er den K2 besteigen wollte. Der sagte ihm, weil er ein Künstler sei und ein Kunstwerk verrichten müsste. Hatam benutzte das Wort „artist". Ich fragte zurück, was Rasul darunter verstünde. Es gab ein Hin und Her, dann hieß es, es ginge dabei jedenfalls um etwas Großes, was Menschen schaffen, damit es andere Menschen anschauen und sich daran freuen können. Ein Teppich sei ein Gebrauchsgegenstand, wenn er aber ein Kunstwerk sei, dann würde man sich nicht draufsetzen, weil man es dann nicht mehr sehen könnte. Man würde es an die Wand hängen oder in ein Museum.

Rasul begann, mich zu interessieren. Er sprach mich plötzlich direkt an. Er hatte sein ganzes Englisch in den letzten beinahe dreißig Jahren auf seinen Reisen als Koch und Träger gelernt. Das eröffnete er mir. Ich fragte ihn gleich, ob das Bergsteigen für ihn eine Kunst sei. Er lächelte und sagte, 25 Kilogramm von Askole bis zum K2-Basecamp zu schleppen, das sei eine Kunst oder zehn Bergsteiger aus Italien acht Wochen lang mit dem

5. Kapitel: Die große Expedition

Kochen zufrieden zu stellen, das sei eine Kunst, vom Bergsteigen verstehe er nichts. Aber für die Träger sei diese Kunst auch eine Einnahmequelle.

„Zum Glück kann man Berge nicht ins Museum verfrachten!", sagte ich.

„Die Berge sind das Museum!", sagte er. Ich nickte und sagte: „Ja, die ganze Natur ist ein Museum!" Darauf sagte er:

„Ja, aber dieses Museum haben nicht die Menschen geschaffen!"

„Aber die Bergsteiger, die kommen, sind auch auf Kunstwerke aus, die sie in der Natur finden. Und Erlebnisse sind manchmal wie Kunstwerke."

Was war denn so Besonderes an der von ihm erwähnten ersten Expedition? Dass sich die Frau den Fuß brach, noch ehe sie im Basislager ankamen. Damit hatte die Expedition keinen Arzt mehr, man habe sie dann den ganzen Weg wieder heruntertragen müssen. Plötzlich lachte Rasul. Er sagte, dieses Erlebnis wäre wohl eher nicht als Kunstwerk anzusehen, sondern einfach nur ein dummes Missgeschick. Das löste auch bei den Anderen Erheiterung aus. Doch dann wurde er wieder ernster und sagte, was anschließend noch geschah, war wohl auch kein Kunstwerk. Einige Tage später stürzte ein Träger in eine Eisspalte. Er hatte sich gegen die Warnung vom Lager entfernt. Die Träger hätten sich dann zunächst geweigert, weiterzugehen.

Ich versuchte, alles herauszubringen, was für mich eine stimmige Geschichte ergab, aber irgendwann hatte ich das Gefühl, dass ich mit meinen ständigen Nachfragen aufhören sollte. Was ich hörte und was mir Hatam erläuterte, war nicht ganz klar. Ich musste mir meinen Reim daraus machen.

5. Kapitel: Die große Expedition

Gasherbrumgruppe

Ich fragte Hatam, ob auch auf unserem Hochweg über den Gondogoro La Menschen zu Schaden gekommen waren. Erst jetzt war ich auf diese Frage gekommen. Dass Hatam von sich aus nichts dazu gesagt hatte, wurde mir jetzt klar. Er berichtete mir, ohne Theatralik, als sei es nichts Besonderes, dass beinahe jedes Jahr Menschen auf diesem Weg umkamen. Das hatte ich nicht gewusst. Meine Vorkenntnisse schienen von geschönten Berichten zu stammen.

Der Pass war naturgemäß nicht ungefährlich, erstens handelte es sich um einen Eishang, der steil war und, wie das bei Gletschern eben ist, Spalten hatte, die immer eine Gefahr darstellen. Dazu kamen überhängende Seracs, das sind überdimensionierte Eiszapfen, die irgendwann einmal losbrechen und dann meist eine Lawine auslösen, abgesehen von den Eisblöcken, die sie zu Tal befördern. Aber Schreckensmeldungen hatte ich keine darüber vernommen. Man muss allerdings auch sagen, dass es wenig Literatur über die Berge Pakistans gibt. Über jeden Alpengipfel gibt es eine eigene Bibliographie und Hunderte von Routen werden in hunderten Büchern und Internetseiten beschrieben. Den Gondogoro La

5. Kapitel: Die große Expedition

kennt in Berchtesgaden oder Cortina d'Àmpezzo niemand. Läge er in den Alpen, wäre er vermutlich die meiste Zeit gesperrt wegen Lawinengefahr und unsicheren Schneeverhältnissen.

Hatam war in dem Jahr vor oder nach 9/11, er wusste es nicht mehr genau, mit einer Expedition am Gasherbrum, als eine andere Expedition von Bergsteigern sich auf den Rückweg über den Gondogoro La machte. Sie hatten erfolglos versucht, den K2 zu besteigen. Ein Teil der Mannschaft wählte den leichteren Abstieg über den Baltorogletscher. Diese Route wird häufig als Rückweg gewählt. Aber Schwierigkeiten und Gefahren richten sich nicht nach der Höhe des Geländes. Sie entziehen sich oft genug einer objektiven Beurteilung. Man muss aber immer dann auf das Schlimmste gefasst sein, wenn man im Hochgebirge ist und die Wetterverhältnisse ungünstig sind.

Über den Gondogoro La machten sich ein Amerikaner und eine Amerikanerin. Dabei muss es sich, wie ich später herausfand, um Heidi Hawkins gehandelt haben. Bei ihnen waren dreißig Träger. Im Ali Camp, dem letzten Lager, bevor man mitten in der Nacht mit dem letzten Aufstieg über den Pass beginnt, hatte die Gruppe bereits einen Tag gewartet, weil es geschneit hatte. Sie brachen dann in der nächsten Nacht auf, als plötzlich ein Serac abbrach und die Trümmer, die den Hang herunterfielen, vier Träger verschütteten. Nur einen konnte man lebend bergen, aber er verstarb später in Skardu an seinen Verletzungen. Er hatte die Bergsteigerin angelächelt und auf die Frage, warum er lächelte, gesagt: „Du weißt, der Tod kennt weder Ort noch Zeit. Er findet dich überall." Man hatte einen Hubschrauber angefordert, aber der konnte wegen schlechtem Wetter nicht fliegen. Die überlebenden Träger wollten ihre Last liegen lassen und einfach zurücklaufen. Die besondere Tragik war, dass einer der verunglückten Träger eigentlich dafür vorgesehen war, mit den anderen Trägern, die den einfacheren Rückweg über den

Baltorogletscher nehmen sollten, zurückzugehen. Er war taub und hatte mit wilden Gesten protestiert. Warum, wusste im Nachhinein niemand mehr zu sagen. Man hatte ihn mitgenommen. Er war einziger Ernährer eine Familie mit neun Kindern. Heidi selber hatte Glück, sie wurde den Hang hinuntergefegt, verschüttet und verlor das Bewusstsein. Dennoch überlebte sie, dank ihrer Träger.

Doch damit waren die Schwierigkeiten nicht vorüber. Ihr Liaison Officer überbrachte ihnen die Nachricht, dass sie sich nicht als Amerikaner ausgeben sollten, da Bin Laden ein Kopfgeld von 10.000 Pfund auf jeden Amerikaner ausgelobt hatte. Auf dem Karakorum Highway wurden sie von der pakistanischen Armee instruiert, nur bei Nacht zu reisen und sich zu verkleiden. Heidi trug den Shalwar Kameez und eine Dopatta, der traditionelle Schal der pakistanischen Frauen. Man sagte ihr, sie solle sich als Kanadierin ausgeben.

„Der Reiz für mich", sagte sie einmal, „ist diese einzigartige physische und mentale Isolation, die man auf einem hohen Gipfel verspürt. Ich genieße das wirklich!"

Es gibt noch eine viel größere Isolation, die ganz dicht danebenliegt, die des Todes!

Da gab es eine Spanierin, erzählte Rasul, die in den Trango Towers ums Leben kam. Sie war in eine Gletscherspalte gestürzt, nachdem sie sich vom Lager entfernt hatte. Ihr spanischer Freund habe hier gesessen und geweint und wollte gar nicht mehr nach Hause. Hatam erzählte von einer Gruppe von Briten, die auf dem Rückweg vom Gasherbrum II über den Gondogoro La wollten. Mit ihnen hatte er zwei Tage im Ali Camp verbracht. Trotzdem hatten sie nicht mehr die Energie aufgebracht, den Pass zu überschreiten. Er erinnerte sich, wie er einem die Trinkflasche an den Mund gehalten hätte, weil er selbst dazu

5. Kapitel: Die große Expedition

nicht mehr in der Lage war. Mitglieder einer anderen Expedition kamen zu Hilfe. Mit der Hilfe von Trägern, die nach Askole zurücklaufen, nachdem sie ihre Lasten in die Basislager gebracht haben, wurde er evakuiert. Der Vorteil, auf dem gleichen Weg wieder zurückzukehren, lag auf der Hand: bei entgegenkommenden Expeditionen war häufig auch ein Arzt dabei. Im Hushe Tal gab es keine Ärzte.

Ich hatte die schwere und lange Tour mit beschädigten Kniegelenken angetreten und durfte mich von Etappe zu Etappe steigern, sodass ich vom Ali Camp aus als Letzter mit dem Aufstieg auf den Gondogoro La beginnen konnte und dennoch die vor mir gestartete italienische Reisegruppe überholte und viel zu früh bei nächtlicher Eiseskälte oben ankam. Manche sagen, glückliche Fügung, Andere nennen es treffender Bewahrung.

6. Kapitel: In Baltistan zu Hause

Die Bevölkerung Baltistans ist ein homogenes Gemisch von tibetanischem, indogermanischem und indischem Volk. Das hat schon Jampal Gyathso, der tibetanische Gelehrte und die Autorität für die Volkssagen des berühmten Königs Gesar, schriftlich festgelegt, als er die Baltis als tibetanische Einwanderer aus dem Norden und Osten beschrieb. Fortschreitende gesellschaftliche Veränderungen führten zur Bildung einer ethnischen Mischung, aus der die Mangole hervorgingen, die heute die Mehrheit der Bevölkerung in Baltistan stellen. Die zweitstärkste ethnische Gruppe sind die Brokpa, die es auch im benachbarten Ladakh gibt. Sie sind ebenfalls den Tibetanern zuzuordnen. Interessanterweise wanderte vor dem dritten Jahrhundert das indogermanische Volk der Mon aus Nordindien in diese Region ein. Die Mon stellen heute die drittstärkste Bevölkerungsgruppe in Baltistan. Da alle Völker mit dem 12. Jahrhundert beginnend im Einheitsglauben des Islam kulturell miteinander verbunden wurden, ist die Durchmischung immer weiter fortgeschritten. Viele der Feste, die im buddhistischen Ladakh noch gefeiert werden, sind in Baltistan dem Vergessen anheimgefallen. Allen Bevölkerungsgruppen ist das Balti als Sprache gemein, es ist ein tibetanischer Dialekt und dem Ladakhi sehr ähnlich, wie folgende Aufstellung zeigt. Sie zeigt auch, dass es eine gemeinsame kulturelle Vergangenheit gab, denn es handelt sich um Wörter aus dem täglichen Leben.

6. Kapitel: In Baltistan zu Hause

Balti	Ladakhi	Deutsch
mGo	mGo	Kopf
Mik	Mig	Auge
Laqpa	Lagpa	Hand/Arm
Karfo	Karpo	weiß
Naqpo	Nagpo	Schwarz
Marpho	Marpo	Rot
Shing	Shing	Holz
Chu	Chu	Wasser
Kha	Kha	Mund
Chharpha	Chharpa	Regen
Khnam	nam	Himmel
Sa	Sa	Boden/Erde
bZo	Zo	Eine Yak-Rind Kreuzung
Da	Da	Pfeil
gju	gju	Bogen
Kangma	Kangpa	Bein/Fuß
Api	Abi	Großmutter
Ashe	Ache	Ältere Schwester
Bang	Balang	Kuh
Byango	Chamo	Huhn

6. Kapitel: In Baltistan zu Hause

Balti	Ladakhi	Deutsch
Ong	Yong	Kommen
Mendoq	Metoq	Blume
Nang-Khangma	Nang-Khangpa	Haus
Shoq-shoq	Shugti	Papier
Garba	Gra	Schmied
Shingkhan	Shingkan	Zimmermann
Bras	Das	Reis
Bakhmo	Paghma	Braut
Nene	Ane	Tante
Khlang	Langto	Bulle/Ochse
Stare	Stari	Achse
Khshol	Shol	Pflug
Baqphe	Paghphe	Mehl
Skarchen	Skarchhen	Stern
Namkhor	Namkhor	wolkig

Die sprachliche und kulturelle Gemeinsamkeit geht sogar so weit, dass ganze Sätze gleich sind.

6. Kapitel: In Baltistan zu Hause

Balti und Ladakhi	Deutsch
Diring ngima tonmo yod	Heute ist es ein warmer Tag
Ringmo thagpa gnis khyong	Bringe zwei lange Seile
Ra lug kun tshwa kher	Bringe die Ziegen und Schafe zum Grasen.
Kushu chuli yod na zo	Iss Äpfel/Aprikosen, wenn es welche gibt.
Ralgri phali yod na khyong	Bringe Schwert und Schild, wenn es welche gibt.

Das Überleben hing davon ab, dass es das gab, was man braucht, vor allem genug zu essen und genügend warme Tage, damit die Nahrungsmittel nachwachsen. Das ist auch heute noch so. Schwert und Schild mögen bei der Eroberung und Konsolidierung des Landes eine Rolle gespielt haben. Heute nicht mehr. Die Tibetaner sind ein friedliebendes Volk. Die Indogermanen müssen es erst noch werden. Oder liegt es an den Religionen? Jene sind Buddhisten, die anderen Muslime. An der pakistanisch-indischen Grenze stehen sich Indogermanen gegenüber.

Baltistan formte zusammen mit Ladakh, bekannt unter dem Namen Ladakh Wazarat, auch ein Königreich unter der Dogra Dynasty von 1830 bis 1948. Skardu wurde zur Winterresidenz und Leh, die Hauptstadt des heutigen Ladakh, die Sommerresidenz. Damals gab es regen Handel zwischen Baltistan und Ladakh. Heute versperren pakistanische und indische Truppen diese Möglichkeit. Mitten durch das Gebiet läuft die Staatsgrenze und die von der UN eingerichtete Line of Control. Diese Abgrenzung hat natürlich zur Verarmung der Gegenden beigetragen. Erst 1982 war die Straße von Gilgit nach Skardu gebaut worden. Davor gab es nur die Pfade über die Hochpässe und die Flugverbindung. Die Frage für viele Baltis ist nun, ob sie diese kulturelle, sprachliche und völkische Beziehung zu Ladakh bewahren und pflegen wollen oder ob ihnen politische Überlegungen und religiöse Verbundenheiten wichtiger sind.

In Khaplu sollte ich bald jemanden treffen, der mich der Beantwortung diese Frage näherbringen würde. Es waren erst zwei Generationen, die Baltistan von Ladakh trennten. In dieser Zeit hatten Pakistans indogermanische Muslime und die indogermanischen Inder diese Region immer wieder mit Krieg überzogen und durch das eine Land eine Grenze gezogen und in zwei Lager gespalten. Ganz ähnlich wie in Deutschland, wo zwei Weltanschauungen 40 Jahre lang die Differenz machten. Es war dieser Krieg, der die Menschen daran hinderte, sich frei zu bewegen und miteinander Handel zu treiben. Früher reisten die Händler nach Srinagar, Leh, Kargil, Shimla, Tibet, Hotan und Yarkand. Mit der Schließung der Grenze war Zentral-Baltistan plötzlich von der Außenwelt abgeschottet. Ökonomisch war man nun ganz von Pakistan abhängig. Viele Menschen entlang der Grenze wurden zwangsumgesiedelt. Der Tourismus wurde eingeschränkt.

Der politische Status Baltistans bleibt weiter ungewiss, weshalb es nicht Wenige in Islamabad gibt, die nicht geneigt sind, ein Land wirtschaftlich zu unterstützen, von dem man nicht sicher weiß, ob es nicht in Zukunft gar nicht mehr zu Pakistan zugehörig ist. Es könnte an den Erzfeind Indien fallen oder selbständig werden. Langfristige Projekte werden daher zurückgestellt. Das Pro-Kopf-Einkommen in Baltistan ist ein Viertel des Landesdurchschnitts. Und der ist schon

6. Kapitel: In Baltistan zu Hause

beklagenswert niedrig. Die meisten Baltis leben von der Landwirtschaft, die traditionell wenig abwirft, da es nur wenig anbaufähige Fläche und kurze Sommer gibt, dafür lange, harte Winter. Dazu gibt es die Nutzviehhaltung. Das Bildungsniveau ist noch immer niedrig. Weniger als 20% der männlichen Bevölkerung können lesen und schreiben, von der weiblichen ganz zu schweigen...

Geld, das in den Sommermonaten verdient wird, wird im Winter ausgegeben für Brennstoff und Nahrungsmittel. 30% des Einkommens werden für den Kauf von Brennholz und brennbarem Öl verwendet. Es gibt keine Industrie, keine Manufakturen, noch nicht einmal gut ausgebaute Straßen. Der Handel wird damit zusätzlich behindert und die Waren verteuert.

Es mangelt an grundsätzlichen Dingen, die man jedem menschlichen Wesen garantieren sollte, Zugang zu sauberem Wasser, ein Mindestmaß an Bildungsmöglichkeiten und ausreichende medizinische Versorgung. All das ist in Baltistan Mangelware.

Die Armee verhält sich auch nicht gerade rücksichtsvoll. Wenn Baltistan nicht gerade Kriegsgebiet ist, ist es Sperrgebiet oder zumindest Krisengebiet. Die Armee nimmt sich aus der Umgebung, was sie braucht. Sie besorgt sich Brenn- und Bauholz, sie jagt Wildtiere und das eine oder andere Schaf verschwindet auch von der Weide. Berichte von Übergriffen auf die Zivilbevölkerung, die ich gelesen habe, dürften allerdings die Ausnahme sein. Überall, wo das Militär zu Gange ist, wird gehobelt und fallen Späne. Deshalb sollte man sie auch immer in der Kaserne lassen. Wehe, wenn sie losgelassen! Schlimmer ist, dass Geschäftsleute, die selber keine Baltis sind, zuziehen, sobald sie irgendwo ein Geschäft wittern, und sich im Land sesshaft machen. Mit ihren Ressourcen an Mitteln und ihrem

6. Kapitel: In Baltistan zu Hause

Know-how bestimmen sie schnell den Handel, für die Baltis fällt dabei wenig ab. Da Baltistan ein Teil des von Pakistan kontrollierten früheren Staates Jammu und Kaschmir ist, können die Baltis noch nicht an Landeswahlen oder Provinzwahlen teilnehmen, obwohl über sie bestimmt wird. Es scheint, als praktiziere die Regierung in Islamabad genau das gleiche politische Konzept wie die ehemaligen Kolonialherren. Divide and rule, teile und herrsche, die provinziellen Kräfte werden zersplittert, um umso leichter zentral über sie herrschen zu können. Leider verlieren die Baltis ihre kulturelle Identität, das geht auf Kosten der kulturellen Vielfalt der Völkerwelt. Muslime kümmert das allerdings wenig, denn ideologisch gibt es nur eine Kultur, die des Islam, und es gibt auch nur ein Volk, das sich in der Ummah einig ist.

Am nächsten Morgen wandten wir uns wieder einer fortschrittlicheren Fortbewegungsart zu. Dieses Mal ging es bergab, mit weniger Gepäck.

In dem gemieteten Jeep saß ich also mit Hatam und dem jungen Fahrer alleine. Unterwegs kamen wir an eine Kreuzung, an der neben der Straße eine blonde Frau im Trekkerlook saß. Sie stand sogleich auf, als sie uns kommen sah. Es war offenkundig, dass sie hoffte, mitgenommen zu werden. Die Sonne stand hoch und heiß und Schatten war rar. Ich glaubte, dass der Fahrer unbekümmert weiterfahren wollte, denn erst als ich sagte, er solle anhalten, reagierte er. Ich stand im Jeep bei geöffneter Dachluke, da eine schnelle Fahrt ohnehin nicht möglich war, um eine bessere Aussicht zu haben. Es war heiß und die Sonne stach. Die Frau, die keinen Schatten gefunden hatte, hatte schon ein hochrotes Gesicht. Sie fragte, ob wir weiter nach Khaplu fahren würden. Ich bestätigte. Bevor wir nach Saling, in Hatams Dorf, gehen würden, wollte er mir das Fort von Khaplu zeigen. Wir luden Helen, die Trekkerin, ein, mitzugehen. Sie hatte das

6. Kapitel: In Baltistan zu Hause

gleiche Reiseziel und sah jetzt ihr Transportprobleme gelöst. Allerdings verlangte Hatam 1.000 Rupien von ihr. Ich war mir nicht sicher, ob das im Scherz gesagt war oder nicht. Ich war ja der Mieter des Jeeps. Sie sagte „No" und machte den Vorschlag auf 500 Rupien herunterzugehen. Ich sagte ihr, sie könne sich beruhigt zu mir nach hinten setzen.

Sie war eine jener Engländerinnen, die sich nicht anstrengte, anderes Englisch als das bei ihr zu Hause gesprochene zu benutzen, weil sie davon ausging, dass die ganze Welt dieses Englisch sprach. Sie lebte in Italien, wenn sie nicht gerade auf Reisen war, und das war sie nach eigenem Bekunden häufig. Sie durfte die 40-Jahrfeier schon hinter sich gelassen haben. Sie war eine dieser Frauen, die man immer wieder abseits der Touristenpfade antrifft, weil sie das besondere Erlebnis suchen und meist auch finden, wie man ja auch an dem Beispiel der dänischen Touristin sehen konnte. An die musste ich unwillkürlich denken. Es ist gut, selbstbewusst zu sein, aber in einem rauhen, unterentwickelten Land sollte man sich gegen jeden dahergelaufenen Wegelagerer auch behaupten und sein Reisegeld zusammenhalten können, sonst gibt man manchen Leuten eine Einladung, die sie ungern ausschlagen.

Helen hatte im Hushe Tal einen Trek mit einem Porter und einem Guide gemacht, hatte vorher mit einer Reisegruppe und einer Trekking Company Fairy Meadow am Nanga Parbat besucht und war dann nach zwei Tagen im Hunza Tal auf eigene Faust von Skardu aus hierhergekommen, da sie kein so großes Interesse für Lahore hatte, das sie aus einer früheren Reise ehedem schon kannte. Sie würde ihre Reisegruppe vor der Abreise noch treffen. Dazu musste sie einen Flug von Skardu nach Islamabad buchen, weshalb sie spätestens morgen in Skardu zurück sein musste.

6. Kapitel: In Baltistan zu Hause

Ich fragte sie, ob es nicht gefährlich sei, so allein als Frau zu reisen, da die Pakistaner ja aus Angst vor den bösen Absichten der Männer ihre Frauen in die Häuser verbannten. Also müsste es ja auch böse Absichten von Männern geben, sonst wäre die Sorge unbegründet. Sie sagte, dass sie viele Frauen auf den Feldern arbeiten gesehen habe und es fiel ihr nicht ein, warum es hier gefährlicher sein sollte als anderswo. Meine Frage, sagte ich, stellte ich nicht infolge eigener Anschauung, aber ich hätte Warnungen an alleinreisende Frauen im Lonely Planet gelesen, ein Reisewerk, das bekannt dafür ist, die Erfahrungen vieler Reisender zu berücksichtigen. Sie winkte ab, was da immer so alles geschrieben stünde, würde sie wenig belasten.

Man kann Konversation charmanter beginnen, als ich es tat. Aber es war nun mal das, was ich von ihr erfahren wollte. Wir fuhren also gemeinsam nach Khaplu zum Fort, das entweder 170 Jahre alt war, wie Manche sagten, oder schon 600 Jahre. Sehr geschichtsbewusst sind die Leute hierzulande jedenfalls nicht.

Der Besuch lohnte sich, denn man bekam ein kleines Fort zu sehen, das in einer ausgezeichneten Lage das Tal überblickt. Dieses Fort, das eher einem kleinen Palastgebäude gleicht, hat eine Vielzahl kleiner und vor allem niedriger Gemächer mit wenig Licht. Jedoch auf engen Treppen steigt man hinauf zum Highlight: ein begehbares Dach, das einem Ausblicke gewährt, die auch wieder das Gefühl vermitteln mögen, man befände sich nicht am Rande der bewohnten Welt, wie es ein Blick auf die Landkarte nahelegt, sondern in der Mitte eines kleinen Fürstentums und eines besonderen Volkes, das so zäh ist, dass es sich in dieser Region behaupten kann. Hier könnte Rudyard Kiplings „The man who would be King" gespielt haben. Und jeder, der das Dach betrat, konnte sich gerade als König fühlen. Um das Fort herum lag Khaplu, dessen Häuser aber nur hie und da zu sehen waren, denn die Stadt liegt vollständig in einem

6. Kapitel: In Baltistan zu Hause

einzigen Obstbaumgarten, um die Stadt herum sind die rotbraunen Steilwände, und hinter denen die Bergspitzen. Nach Norden zu fällt die Stadt zum Shyok Flusstal, das auch wieder von steilen Felsschluchten umrahmt ist, allmählich ab, sodass sich das Sichtfeld weitet und bis zu den Schneegipfeln des Karakorum reicht. Es muss inspirierend sein, auf dieser Terrasse ein Atelier einzurichten oder eine Bücherei, der man Monat für Monat ein neues Werk hinzufügt, eines über Geschichte, eines über die Berge, einen Gedichtband, ein philosophisches Werk und eines über die Absurditäten und Abenteuer, die die erleben, die sich bis hierher verirren. Vielleicht aber auch nur einen Band über den Obstanbau in Baltistan. Hier würde man in Ruhe arbeiten können. Und das Schönste war, man erfuhr nichts von der großen weiten Welt. Man hatte seine eigene große weite Welt direkt vor der Haustür. Und weiter brauchte man nichts. Hoffentlich dachten die Bewohner genauso. Mein Reisebegleiter und Führer würde mir das schon bald bekennen. Wenn ich Aga Khan wäre, der auch hier für die Restauration des Forts seine Fühler ausgestreckt hatte, würde ich das Fort kaufen und zu meiner eigenen Residenz herrichten. Es ist eine Oase der Ruhe und ein Hort der Zurückgezogenheit. Wir waren die Einzigen, die das Fort besichtigten. Wir waren auch die Einzigen, die heute als Touristen in Khaplu auftauchten.

6. Kapitel: In Baltistan zu Hause

Shyok Valley bei Kaphlu

Ich wurde unsanft mit der Realität konfrontiert, in Form eines Querbalkens, der mir in der Dunkelheit gegen den Kopf stieß, als ich wieder hinabstieg. Daher also die Konstruktion, um den, der hoch erhobenen Hauptes vom Dach kam, wieder zu zwingen, seinen Kopf zu senken!

Wir setzten Helen in Khaplu bei dem besten, nämlich einzigen Hotel vor Ort ab, das diesen Namen auch verdient hatte. Hatam lud sie zum Tee ein, daraus wurde dann ein Nachmittagstee mit Verlängerung zum Dinner.

Hatam hatte von vorneherein geplant, mich zu seiner Familie in sein Dorf Saling mitzunehmen. Das machte er oft mit Kunden so, am Ende der Reise ließ er sie noch einmal die Gastfreundschaft der Baltis kennenlernen. Das verursachte zwar Kosten und Mühen, aber er liebte es, nach einer erfolgreichen Tour mit seinen zufriedenen Kunden im Kreis seiner Familie und Freunde zu sein, und wusste, dass das den Kunden auch gefallen würde.

6. Kapitel: In Baltistan zu Hause

Am Ende würden sie der Agentur, die Hatam eingestellt hatte, auch wahrheitsgemäß berichten, was für ein guter Gastgeber und Guide Hatam war. Das sicherte ihm eine gute Meinung bei den Agenturen und brachte ihm und seinen Kunden eine gute Zeit über die eigentliche Tour hinaus.

Saling hatte eine einzigartige Lage. Jeder, der seinen Terminkalender so vollgepackt und die Zeit knapp bemessen hat, dass er dieser Einladung nicht folgen kann, hat viel verpasst. Saling war der Höhepunkt der Reise, der Gondogoro Pass ist nur der höchste geographische Punkt. Man könnte sogar mit einigem Recht die landschaftliche Schönheit Salings über alles bisher Gesehene rühmen. Vielleicht hatte man ja schlechtes Wetter am Konkordiaplatz und auf dem Pass gehabt. Oder man schätzt die Ästhetik der Gesteins- und Eisberge eher gering ein. Dazu neigt man vielleicht auch nach drei Wochen, in denen man nichts Anderes gesehen hat.

Ich glaube, dass die Aussichten dort dennoch unvergleichlich sind. Nichtsdestotrotz gibt es auch eine Welt diesseits der hohen Berge, wo die Wildheit der Landschaft durch die zurückhaltenden Eingriffe des Menschen so weit gezügelt worden ist, dass man von einer Kulturlandschaft redet. Und wenn man ein Ranking der beeindruckendsten und schönsten Landschaften Baltistans macht, müsste Saling ganz oben stehen. Es gibt hier wenig Kulturland, aber das Wenige passt zu dem Viel an unzähmbarer Natur und fügt sich wie das Grün, das es hervorgebracht hat, harmonisch in das Gesamtbild der Landschaft ein. Dazu gehören auch die Dörfer, die aus den Fruchthainen gerade noch herauslugen. Wenn man jemals Zweifel hat, dass das, was Menschen bauen, auch Bestandteil der Natur sein kann und Artefakt bleiben muss, dann soll man sich die Dörfer Baltistans ansehen. Hier hat der Mensch die Natur gefunden und sich perfekt in sie eingefügt, das ist mehr als nur

6. Kapitel: In Baltistan zu Hause

angepasst. Das ist noch ganz anders, als das vielerorts mit den Dörfern in den Alpen geschehen ist, wo moderne Zweckbauten für den Massentourismus den Naturgenuss beeinträchtigen und die Landschaft verschandeln. Baltistan ist von solchen Entwicklungen bisher verschont geblieben. Jetzt hier in Saling und in der gegenüber, auf der anderen Flussseite liegenden Distriktzentrale, Khaplu, sah ich keine weiteren Touristen. Und für die meisten war dies hier auch nur Durchgangsstation.

Zwischen Saling und Khaplu, über dem die alte Burg thront, fließt der reißende, breite Shyok River. Das kleine Dorf und die Distriktzentrale sind 10 Kilometer, wie die Krähe fliegt, voneinander entfernt, wobei der Verbindungsweg nur bis zur Brücke geteert ist. Wegen der Höhe der Felswände ringsum gewinnt man den Eindruck, dass alles näher beieinander wäre. Von Norden her mündet der Hushe unweit Saling in den Shyok. Er hat zuvor noch das Wasser des von Osten kommenden Saltoro River aufgenommen. Dabei hat sich ein bis zu 10 Kilometer breites Flussdelta gebildet, das aber nur im Uferbereich sandig ist, sonst ein Eldorado für Kieselsteine. Das Tal bietet nur um Saling und die anderen Dörfer herum einen fruchtbaren Untergrund zum Anbau. Diesen erreicht man jedoch vom Fluss her kommend erst, nachdem man zwei Kilometer einer Ebene hinter sich gelassen hat, die man als Meer von Kieselsteinen in allen Größen und Farben bezeichnen könnte. So eine riesige Fläche Kiesel habe ich nirgendwo sonst gesehen. Es muss rätselhaft erscheinen, wie sie entstehen konnten. Es müssen große Mengen Wasser mit im Spiel gewesen sein, die zermahlenes Gestein aus den Bergen mit großem Druck bearbeitet haben. Die heutigen Wassermengen, obschon beeindruckend nach der Schneeschmelze, können nicht ausgereicht haben. Im Vergleich zu früher muss der Shyok heute als Rinnsal bezeichnet werden, obwohl er vermutlich im Sommer

6. Kapitel: In Baltistan zu Hause

so viel Wasser befördert wie der Rhein bei Schaffhausen. Aber wo ist das Wasser geblieben?

Hushe Valley

Nun ja, es ist längst im Meer wie alles Wasser des Shyok. Fragwürdiger ist, wo es hergekommen ist! So hoch können die Berge gar nicht gewesen sein, um diese Menge Schnee zu beherbergen, die sich in Schmelzwasser verwandelte. Abermals drängt sich die Vorstellung auf, in der Vergangenheit müssen sich gewaltige geologische Veränderungen in kurzer Zeit vollzogen haben. Bei einer Fläche des Talkessels von ca. 225 km^2 entfallen meiner Schätzung nach auf den Kieselbereich mindestens 20 km^2. Ich hatte nicht den ganzen Talkessel überblicken können. Wenn man eine Stärke von einem Meter der Kieselschicht annimmt und eine durchschnittliche Kieselgröße von 5 cm^3 annimmt, kommt man bei 1 m^3 auf 200.000 Kiesel und für die 20 km^2 auf 4.000 Milliarden Kiesel. Aneinandergereiht ergibt das bei einer durchschnittlichen Größe eines Kieselsteins

6. Kapitel: In Baltistan zu Hause

von 2,5 cm Länge 16 Millionen Kilometer. Man könnte sämtliche Straßen Pakistans mit diesen Kieseln belegen.

Der Fluss, den man auf einer riesigen Hängebrücke überqueren kann, hat sehr viel Platz, wenn er bei Hochwasser über die Ufer treten will. Und dann steht die Brücke im Niemandswasser. Das Besondere am Shyok ist, dass er sich bei Eintritt in die Talweite teilt und kurz vor der Brücke, wo das Tal wieder enger wird, wieder vereint. Ab da trägt der Fluss den Namen Ghanche. Der Fluss verändert aber ständig seinen Lauf in diesem Bereich oberhalb der Brücke, wo er gefährlich schnell fließt. Von hier kann man entlang des Shyok nach 40 Kilometern die Grenze zu Indien erreichen. Das war auch der Grund, warum man bei der Anreise von Skardu her immer wieder Armeeposten passieren muss, die bevorzugt an Brücken postiert sind.

Saling, selbst auf einer Höhe von 2.600 Metern liegend, befindet sich unmittelbar unter einer gigantischen Steilwand, die ich aus Zeitgründen dann doch nicht bestieg. Aber auch unten hatte man grandiose Ausblicke, nach Südwesten in Richtung Khaplu verengte sich der Talkessel in steilen Felsfluchten, dazwischen lag das dunkle Baumgrün, in dem die Stadt eingebettet war, hie und da durchbrochen vom Grau und Rot der Dächer, kaum merklich die menschliche Anwesenheit. Wenn es da Menschen gab, dann machten sie einen unwesentlichen Impact. So sollte es immer in Stadt, Land, Fluss sein. Der Mensch macht sich so wenig bemerkbar, dass die Natur erhalten bleibt. Nach Osten standen mächtige, rote Felsgipfel und nach Nordosten die teils über den Wolken schwebenden Schneeberge des Karakorum, einige der anonymen K-Gipfel, die weniger oft von Bergsteigern aufgesucht wurden als die Gipfel jenseits des Gondogoro La Passes, den man am Ende des Hushe Tals erreichen würde. Die K-Gipfel waren, trotz des 7.742 Meter hohen Saltoro Kangri, etwas niedriger als die Achttausender und ihr Hofstaat jenseits

6. Kapitel: In Baltistan zu Hause

des Passes, der auch eine Grenze markierte, die zu früheren Zeiten Menschen nicht überschritten haben, denn dahinter gab es nichts, was für Menschen, die keine Zeit für Muse haben, interessant sein konnte. Da drüben lauerten viele Gefahren, für die es sich nicht lohnte, sein Leben zu wagen. Die Berggipfel auf der dem Shyok Tal zugewandten Seite sehen jedoch nicht weniger beeindruckend aus, dafür genauso erhaben über das, was sich in den Tälern abspielt. Sie schienen unnahbar und waren es auch, denn die Ameisen, die sich selten einmal zu ihnen und dann vielleicht sogar auf sie hinaufquälten, würden noch nicht einmal bleibende Spuren hinterlassen. Wirklich nahe gekommen war ihnen keiner derer, die mehr mit der Erhaltung ihres zerbrechlichen Lebens zu tun hatten, als mit dem Eigenleben des Berges, seiner Physiologie und Physiognomie.

Hatam wollte mit mir unbedingt einem von ihnen, dem abseits gelegenen K6, einem 7.280 Meter hohen Berg, zu Leibe rücken, aber ich hatte dafür keine Zeit eingeplant und war geistig schon weit vorausgeeilt. Es war wohl die Gastfreundschaft, die ihn dazu trieb, immer wieder Vorschläge zu machen, was wir noch tun sollten. Wir hätten aber auch für den K6 eine Mannschaft zusammenstellen müssen. Mit diesem Expeditions-Kapitel hatte ich jedoch abgeschlossen.

Hier im östlichen Baltistan wollte ich mich auf größere Unternehmungen nicht einlassen. Man soll weitergehen, wenn es am schönsten ist. Das Schönste hatte ich hinter mir und der Schweif des Schönsten wehte mir hier in Saling noch ums Gesicht. „Gehen" bedeutet hier Abschied nehmen vom Hochgebirge des Karakorum.

Aber das Dorf Saling und die Umgebung boten mir noch Einiges, was ich ohne größere Anstrengung mitnehmen durfte. Die Häuser lagen alle idyllisch inmitten von fruchtbaren Feldern und Gärten. Der Platz, wo sie lagen, war sorgfältig ausgewählt. Die

6. Kapitel: In Baltistan zu Hause

Bäume standen in Blüte oder trugen schon Früchte, das Gras und das Gesträuch wuchsen meterhoch und farbenprächtig mit satten Grüntönen, manchmal bis über die Mauern und Stallungen im Ort. Saling war eine grüne Insel in einer Kieselinsel an einem wilden Strom. Ein heimeliges Dorf, mit vielen Bildmotiven, reifenden Weizenfeldern, in denen Fruchtbäume anders als bei unserer Flurbereinigung einfach stehen gelassen wurden. Man benutzte ja keine Maschinen. Auffällig waren die vielen Kirschbäume, die sich geradezu bogen unter der dunkelroten Last. Das war schon eine Lust für die Augen. Dazu gab es Aprikosen-, Äpfel-, Maulbeer- Walnuss- und Pflaumenbäume. Auch an Gemüse schien hier allerlei zu wachsen. Wenn nur die strengen Winter nicht wären! Dann gäbe es auch mehr Ungeziefer. In die hintersten Karakorumtäler schien es sich nicht verirrt zu haben.

Im Vergleich zu Askole, dem Dorf, das Ausgangspunkt der Expedition war, gab es hier, am Ort des Endpunktes, weder sichtbare Not noch Elend. Keine zerlumpten, bettelnden Kinder oder ungewaschenen Erwachsenen. Dabei wurde Saling von den Expeditionen links oder rechts, je nachdem, ob man im Auf- oder Abstieg war, liegen gelassen, selbst wenn man den Weg über den Gondogoro La gewählt hatte. Ab Hushe ging es mit dem Jeep nach Skardu zurück, keine Zeit zum Verweilen. Oder war gerade das der Grund für den Abstieg Askoles? Man vertraute zu sehr auf das Geschäft mit den Expeditionen? Fakt ist, dass man ein sehr gutes Geschäft machen kann, wie die Dutzend von gut gehenden Agenturen in Islamabad beweisen, ganz zu schweigen von denen in Übersee. Irgendetwas lief in Askole verkehrt. Aber ich hatte nicht die Zeit, es herauszubekommen.

An manchen offen stehenden Fenstern, zwischen dem Grün der Bäume gerade noch sichtbar, saßen Kinder und junge Frauen, die mir neugierig nachschauten. Als ich winkte, verschwanden die

6. Kapitel: In Baltistan zu Hause

Frauen, die Kinder blieben und winkten zurück. Manche spielten in den Höfen oder auf den Flachdächern. Durch die Dörfer und Gärten flossen künstlich angelegte Wasserläufe, schmale Bächlein, die die Wasserversorgung überall sicherstellten. Das plätscherte wie bei Müllers Mühle. Von manchen Fenstern brauchte man nur einen Eimer herunterzulassen und in die Fluten einzutauchen. Gerade den aus den Bergen nach vieltägigen Touren zurückkehrenden Reisenden musste Saling wie eine Oase des Friedens und der Fruchtbarkeit vorkommen. Kein Luxus, aber zweckmäßige Gemütlichkeit. Und trotzdem hätte ich mich bei einem frühmorgendlichen Ausflug beinahe verlaufen in diesem Gewirr von Gassen, Fruchthainen, Gärten und Wiesen ohne Straßennamen oder Hinweiszeichen. Es gab auch eine kleine Schule, zu der ich am nächsten Morgen im Gänsemarsch Kolonnen von blau uniformierten Mädchen streben sah.

Kinder in einem Dorf

Es war unschwer zu erkennen, dass die Gebäude sorgfältiger gebaut waren als in Askole. Dort hatte ich Bruchhütten und

Behelfsbauten gesehen, als ob das Dorf in regelmäßigen Abständen von Erdbeben heimgesucht worden wäre und sich die Bewohner gar nicht mehr die Mühe machten, alles wiederaufzubauen. Abgesehen davon waren die Häuser in Saling größer, zeigten eine Vielfalt der Architektur über die Grundnorm des einfachen Bauernhauses hinaus und aus manchen lugte eine Antenne hervor. Stromleitungen waren verlegt. Das einzig sichtbare Zeichen der Modernität. Wie sich zeigte, war es drinnen auch sauberer als in den Häusern in Askole. Es war geradezu gemütlich. Die Räume waren zum Teil mit Teppichen ausgelegt. Hier wohnten keine wirklich armen Leute.

Die gute Stube lag bei allen im ersten Stock, wo man meist, nachdem man die Steinstufen hinaufgestiegen war, zunächst an der Küche vorbeikam. Die hinteren Räume waren Wohnzimmer und Schlafgemächer, die zur Terrasse oder einer Art Innenhof ausgerichtet waren, falls sich noch ein Aufbau auftürmte. Von dort konnte man auch bei Hatams Haus über eine Leiter in der Mitte des Obergeschosses wieder nach unten steigen. Das war offensichtlich so gemacht, damit die Haustiere diesen Weg nicht nutzen konnten. Die Toilette war ein extra Bauwerk im Hof, meist an der äußersten Ecke. Zwischen den Anwesen, die mit einer Mauer umgeben waren, wenn die Häuser nicht an das Haus des Nachbarn direkt angebaut waren, lagen Gärten, deren Obstbäume manchmal über die Mauern wuchsen, so dass man entweder vom Flachdach oder aus den Fenstern geschickt zugreifen konnte. Als ich aus dem Wohnzimmer von Hatam nach draußen sah, hatte ich den Blick auf Gärten und im Hintergrund die südlichen Bergzüge des Karakorum. Im Garten, nur dreißig Meter weg, konnte man Grabplatten von Gräbern erkennen. Meine Vermutung bestätigte sich. Hier in unmittelbarer Ruf- und Hörweite lagen die Verwandten von Hatam. Das war keine unübliche Praxis bei den Baltis, ihre Angehörigen in nächster Nähe zu bestatten. Dieses Wohnzimmer wurde mir auch als

6. Kapitel: In Baltistan zu Hause

Schlafgemach zugewiesen. Es hatte als Mobiliar eine Kommode, ein Regal und ein großes Bett. Mehrere Photographien an der Wand zeigten, dass Hatam im Haus der unbestrittene Hauptdarsteller war. Auf dem Kunstfaserteppichboden lagen große königsrote Kissenrollen. Für Bequemlichkeit war gesorgt. Natürlich zieht man, bevor man solche Zimmer betritt, die Schuhe aus. Die Wände waren verputzt. Da hing auch ein kitschiger Plastikkoran, aufgeschlagen, mit Lamettagirlanden und Zierblumen umrahmt. Solche Plastikschönheiten waren an jeder Ecke des Raumes angebracht. Keine Seide, keine Wolle. Verknotete Vorhänge, rot-plüschig. Die Bilder, die an der Wand hingen, waren zu Plakaten vergrößert, von DIN A4 bis größer. Hatam posierte mit pakistanischen Freunden in der Hauptstadt, ein anderes Mal mit dem Hintergrund Baltistan und einmal stand er allein vor dem K2, im roten Anorak und mit Sonnenbrille. Dann ein Bild mit Herbstlandschaft; ein Bild einer Reisegruppe im Fort von Khaplu; ein Bild war ein Ausriss aus einem Kalender und zeigte den Laila Peak; außerdem gab es kleinere Bilder, die ihn allein oder mit Freunden zeigten. Es gab auch einen blauen Wimpel des Club Alpino Italiano Sezione di Padova von einem berühmten Bergsteiger, wie mir Hatam sagte, und den anderen Expeditionsmitgliedern unterschrieben. Daneben hing eine Kuckucksuhrimitation, ebenfalls aus Plastik, sie tickte, aber sie zeigte keinen Vogel und die Tannenzapfen bewegten sich auch nicht. Die Uhr ging eine halbe Stunde vor. In der Nische gab es ein Eckregal mit Nippes. Den zeigte er gleich Helen und mir. Es war für uns beide nichts dabei. Ein Fenster ging nach Osten mit dem Nachbargarten, das andere nach Süden mit dem Blick in die Berge über das Grün des Dorfes hinweg.

Als wir das Haus betraten und Hatam nach sechs Wochen erstmals wieder zu Hause auftauchte, gab es kein Empfangskomitee. Man trug das mit Fassung und nicht mit übergroßer Begeisterung. Das ziemte sich nicht vor Fremden.

Nur seine Mutter schien mit einiger Regung zur Kenntnis zu nehmen, dass er wieder einmal eine Tour durch die lebensfeindliche Bergwelt, in der Baltis von sich aus nichts zu suchen haben, unbeschadet überstanden hatte. Sein Vater verschwand nach kurzer Begrüßung gleich wieder in der Küche, seine Frau war auch da, wurde mir aber nicht vorgestellt, dafür sein Sohn, ein Junge von drei Jahren und seine etwa gleichaltrige Cousine, die ebenfalls mit ihrer Mutter, der Schwester Hatams, im Haus wohnte. Für die Kinder hatten wir noch in Khaplu Süßigkeiten gekauft.

Ich fragte Hatam etwas später, warum sich seine Frau nicht zeigte. Er sagte, dass sie zu schamhaft sei, er hätte nichts dagegen, aber sie wolle nicht. Ich sah sie nur ganz kurz im Wohnzimmer vorbeihuschen und glaubte, ein junges Gesicht gesehen zu haben. Hatam war 26. Die Mädchen werden jung verheiratet, noch bevor sie zwanzig sind, meist schon mit 14 bis 16 Jahren. Er hatte noch zwei Schwestern. Für beide hatte er die Hochzeit bezahlt, das waren jedes Mal über 200 Dollar. In Baltistan eine Menge Geld. Es ist üblich, dass sich beide Seiten an den Kosten beteiligen. Das ist auch nötig, denn das ganze Dorf wird eingeladen. Die Feier dauert zwei Tage für die Brautseite und anschließend zwei Tage für die Bräutigamseite: Hatam berichtete, dass er allein 1.000 Dollar für die Kleidung seiner Schwester bezahlt hatte. In seinen Worten klang noch eine leichte, nicht bewältigte Empörung mit. Ich fragte natürlich, warum das so viel kostete. Er sagte, seine Schwester sei dann zwei Jahre lang mit den Kleidern, die er gekauft hatte, herumgelaufen. Es ist günstig für eine junge Familie, wenn sie noch keine Anschaffungskosten hat, obwohl sie ordentlich Anschaffungen hat. Vielleicht fühlte sich Hatam ausgenutzt.

Helen kam etwas früher als verabredet. Gerade war die Nachricht über den Kommunikationskanal des Dorfes

6. Kapitel: In Baltistan zu Hause

gekommen, dass wir zum Dorflehrer kommen sollten. Der hatte gehört, dass Hatam wieder einen Europäer und sogar einen Deutschen mitgebracht hatte. Hatam hatte ja verlauten lassen, dass Deutsche sehr beliebt waren. Sie gaben großzügigere Trinkgelder als die Briten. Ich weiß nicht, was dem Dorflehrer über mich sonst noch gesagt worden war. Aber er ließ uns ausrichten, dass er uns zum Besuch erwartete. Da Helen gekommen war, tranken wir erst einen Tee. Bei der Hitze des Tages war es angebracht, jede Stunde wenigstens ein Mal etwas zu sich zu nehmen. Und dafür eignete sich ein heißer Tee am besten.

Wir saßen auf dem Teppich und erzählten etwas von Familie und Beruf. Es stellte sich heraus, dass Helen mit einem Inder verheiratet war, der kein Visum für Pakistan bekommen hatte, obwohl er in Karatschi gebürtig war. Seine Eltern stammten aus dem indischen Teil Kaschmirs, jenem Stückchen Landes also, das die Pakistaner unbedingt haben wollten. Aber damit mussten sie doch auch die Bewohner mitnehmen! Helen war also gewissermaßen eine Eingeheiratete und hatte damit noch viel eher das Rechtm, hier auf Besuch zu sein. Ihr Mann war „Economic Development Advisor". Sie hatte ihn auf der Universität in England kennengelernt, wo sie selbst studiert und anschließend geforscht hat. „I did some research". Eine Wissenschaftlerin also. Ich fragte nach, was für eine Art Forschung das gewesen wäre. Sie hätte Studien über die sozioökonomischen Verhältnisse im östlichen Pazifik betrieben. Da gab es Inselbewohner, die in Übersee arbeiteten, dazu bekamen sie Geld von fremdländischen Organisationen. Nun sei aber das Erstaunliche daran, sagte sie, ohne dass ich ihr beim Erzählen einen auch nur geringen Anflug von Enthusiasmus anmerkte, dass das Geld, das dabei ins Land kam, nur für das Lebensnotwendige benutzt würde, der darüber hinausschießende Betrag würde jedoch nicht in Zweckbauten wie ein Hospital investiert, sondern in den Bau von Kirchen.

„Jede kleine Insel", sagte sie, „jedes Dorf hat eine Kirche."

Ich sagte ihr, dass ich das Gleiche in Neuguinea beobachtet hatte. Ich fragte sie nach ihrer Begründung für dieses „irrationale" Verhalten".

„Ich weiß es nicht. Vielleicht, um fromm zu sein? Ein Platz im Himmel." Sie fügte nach kurzer Pause hinzu: „Einige mögen Kathedralen, vermutlich nur, um sie vorzeigen zu können. In den französischen Städten des Mittelalters haben sie miteinander wettgeeifert, wer die prächtigste Kirche baut."

„Habt ihr die große Moschee von Islambad gesehen?", mischte sich Hatam ein. „Die hat König Faisal von Saudi-Arabien nur gebaut, um sich mit den Pakistanern gut zu stellen."

„Du sprichst tatsächlich von Berechnung?", fragte ich Hatam beinahe vorwurfsvoll, doch er konterte:

„Was ist schlecht daran, gut zu rechnen?", das war doch, so schien mir, eine orientalische Antwort. Aber ich meldete meine Zweifel an und sagte:

„Auch mit Hospitälern kann man angeben. Aber nicht gegenüber Gott. Man will sich seine Aufmerksamkeit herbeibauen und hofft auf seine Huld. Man will eher eine Überlebensversicherung für das Jenseits, an das man tatsächlich glaubt. Und man macht dabei die Aussage der Selbstversicherung: schaut her, was wir für unseren Glauben machen. Wir sind wer! Und dennoch reicht das nicht aus für die Erklärung!" Ich bemerkte irgendwie, dass ich noch nachlegen musste, und ich erläuterte:

„Mit den Moscheen ist es nicht anders als mit den christlichen Kathedralen. Es gibt auch viel mehr Moscheen, die eher schmucklos sind und keinen kümmert es wirklich. Die großen

6. Kapitel: In Baltistan zu Hause

alten Moscheen Kairos bedürfen einer dringenden Renovierung. Sie sehen heruntergekommen aus. Das Gleiche gilt für die Gebetshäuser in Indien. Wenn es die Menschen nicht kümmert, können allenfalls die Erbauer und ihre Auftraggeber mit dem Bau an eine Gottestat gedacht haben. Die Heutigen beten unverdrossen weiter und beweisen den Hauptzweck. Der ist das Stillen der religiösen Bedürfnisse und die sind unabhängig vom äußeren Brimborium."

Helen hatte einen anderen Denkansatz.

„Wer nicht glaubt, muss weiterforschen, vielleicht auch vorbeiforschen an dem, was schon Fakt ist." Sie sprach gebildet und selbstbewusst, wie es sich für eine wissenschaftlich ausgebildete Dame aus dem Mutterland aller Kolonien gehörte. Daher also die Sachlichkeit. Manchmal ist ein bisschen mehr fraulicher Esprit besser als zuviel maskuline Nüchternheit. Viel Gelehrtheit bei einer Frau hätte einen Muselmanen aus Pakistan verblüffen können, wenn es ihn nicht sogar störte. Aber die Fragen, die sie Hatam stellten, gehörten eher zur Kategorie, die Pauschaltouristen stellen, wenn sie erste eine Woche vor ihrer Abreise gebucht haben. Es waren Fragen, die Frauen in Pakistan wohl kaum interessieren und Männer belustigen. Fragen, die sich die Männer in diesem Lande gegenseitig stellen, die sie aber aus dem Mund einer Frau beleidigen.

Helen hatte ein langes Gewand angelegt mit ostasiatischem Muster, viel farbiger als man irgendetwas in Baltistan hätte kaufen können. Sie war ein Farbklecks und bunt waren auch ihre Fragen. Sie fragte Hatam, den sie erst seit kurzer Zeit kannte, ob er glücklich in der Ehe war, ob er nochmals heiraten würde, nach Zahl und Alter der Kinder, nach ihren Krankheiten und nach den Essensgewohnheiten. Sie fragte auch Vieles, was man schon in Reiseführern auf Seite 13 im Allgemeinen Teil nachlesen könnte. Aber sie vertraute ja diesen Büchern nicht. Zu unrecht, was den Allgemeinen Teil anbelangt. Sie war sehr direkt und brachte mich zu dem Entschluss, ihr selber ebenso direkte Fragen zu stellen. Ich fragte sie, nachdem Hatam hinausgegangen war, ob es Schwierigkeiten in der Ehe gab, weil ihr Mann Inder war.

Ihr Fahrer, ein Bekannter Hatams, mischte sich in unser Gespräch ein. Er sprach Englisch, weil er in Karatschi Englisch und Engeneering studierte. Er erzählt uns, dass er seine Frau dort kennengelernt hatte. Sie war Iranerin und lebte zurzeit bei ihren Eltern im Iran, später würden sie zusammen in Pakistan leben, wenn er mit dem Studium fertig sein würde. Da saßen also drei Menschen im Raum, die mit Menschen aus ganz anderen Kulturen verheiratet waren. Ich fragte Zahur, was seiner Meinung nach passieren würde, wenn er sich noch einmal, später im Leben, in eine andere Frau verliebte. Ob er diese dann auch noch heiraten würde. Als Moslem könne er das ja. Er lachte und sagte nein, er wolle nur eine einzige Frau, zwei Frauen seien nicht gut! „Ist das deine eigene Erfahrung?", frage ich ihn. Er lachte wiederum, nicht aus Höflichkeit, er fand den Gedanken witzig. Abermals verneinte er.

Hatam nahm ihm durch sein Erscheinen die Suche nach der Antwort ab. Er hatte mir schon auf unserer Tour am Lagerfeuer gestanden, dass er ursprünglich einmal eine japanische Trekkerin heiraten wollte. Seine Eltern waren dagegen gewesen. Er akzeptierte es. Er war aber nicht der Auffassung, dass man jemanden aus einer anderen Kultur nicht heiraten könnte. Er sei dann doch seinen Eltern zuvorgekommen, denn in Pakistan wählen traditionell die Eltern die Ehepartner aus. Er habe gedacht, er müsse sich die Ansehnlichste aus seinem Dorf aussuchen und dann versuchen, sie zu überreden. Genauso hat er es gemacht. Da das Mädchen von sich aus keine Wahl treffen konnte und Hatam ganz offensichtlich keine schlechte Partie

6. Kapitel: In Baltistan zu Hause

war, sagte sie zu, als er sie heimlich fragte, ob sie ihn heiraten wollte. Sie versicherte Hatam, sich allen anderen Bewerbern zu verweigern. Jetzt galt es nur noch die Elternteile zu überzeugen. Da musste man Klugheit walten lassen. Es kam der Tag, an dem sein Vater ihn fragte, ob er schon ans Heiraten gedacht habe. Hatam erklärte, er sei einverstanden. Er nannte seinem Vater einige Namen von Mädchen, bei deren Eltern er ja nachfragen könnte. Und siehe da, eines der Mädchen zierte sich nicht lange.

Ich fragte Hatam, ob er nicht glaubte, dass es zu viele Probleme mit der Japanerin gegeben hätte. Ja, natürlich, das sähe man ja an den Ehen, die einige Baltis mit Ausländerinnen führten. Da gab es tatsächlich immer wieder Frauen aus dem Ausland, die von den Local Guides oder sogar den physischen Fähigkeiten der Porter nicht lassen konnten. Hatam erzählte von einer deutschen Frau, die den Gasherbrum II bestiegen hatte und hinterher den Guide heiratete. Auch nur daran zu denken, dass ihr die Höhenluft nicht gutgetan hatte, wäre unfair. Fakt ist jedoch, dass man in außergewöhnlichen Situationen und Lebensumständen auch seine Umgebung einschließlich der Menschen anders wahrnimmt. Hat so eine Beziehung aber Bestand im tristen Alltag? Hatam kannte auch einen Guide, der eine Japanerin geheiratet hatte. Nach vier Jahren waren sie wieder geschieden, der kulturelle Unterschied war nicht zu überbrücken.

„Zu heiraten ist immer ein Abenteuer! Es ist ein andauerndes Abenteuer. Eine große Tour, für die es keinen Guide gibt!"

6. Kapitel: In Baltistan zu Hause

Ein typischer Anblick in Pakistan

6. Kapitel: In Baltistan zu Hause

Wir fuhren zum dorfeigenen Kricketplatz, zwei Kilometer auf Khaplu zu, wo gerade heute die Meisterschaften im Kricket der Schulklassen im östlichen Baltistan ausgetragen wurden. Helen ließ sich zu einem dort befindlichen kleinen Restaurant bringen, das mit einem kleinen Museum vergesellschaftet war. Dort gab es mittelalterliche Artefakte und geologische Kuriositäten, die man in der Umgebung gefunden hatte, zu sehen.

Ich schaute mir die farbige Veranstaltung etwas näher an. Es mussten wohl an die Tausend Jugendliche versammelt sein, alles Jungen. Ich sah kein einziges Mädchen. Es gab auch eine Tribüne unter einem Zeltdach, wo Einheimische, aber auch einige besser betuchte Gäste, saßen. Als ich daran vorbeilief, standen sofort etliche auf, um mir einen Platz anzubieten. Diese Aufmerksamkeit hätte wohl ein Fremder, der zu einem Fußballspiel in meinem Heimatverein erschienen wäre, nicht genossen.

Es war früher Nachmittag und ziemlich heiß. Statt mich der betäubenden Unbeweglichkeit im Schatten hinzugeben, mischte ich mich unters Volk und brachte Bewegung hinein, als ich damit anfing, Mannschaftsbilder zu machen.

Dieser Art Veranstaltungen bildete eine willkommene Abwechslung für die Menschen in diesem abgelegenen Winkel des Landes. Entsprechend gut war die Stimmung. Ich wurde nicht beglotzt, aber jedermann begegnete mir freundlich.

Nachher ging ich mit Hatam noch ins Restaurant, um noch etwas zu trinken. Es war mehr ein Treffpunkt für die jungen Leute, etwas abseits vom Dorf. Wir setzten uns zu zwei Mittzwanzigern und einem Mittdreißiger, der, wie sich herausstellte, der Dorflehrer war. Natürlich kannte Hatam sie alle. Ich wurde vorgestellt und zum Drink eingeladen. Die zwei Jüngeren waren nicht aus Saling, sondern aus einem Dorf, trieben aber in Khaplu

6. Kapitel: In Baltistan zu Hause

Handel. Sie hatten beide westliche Kleidung an, was ich hier in der Gegend selten zu sehen bekam. Der Dorflehrer war traditionell gekleidet. Wir unterhielten uns über dies und das. Dann wurde die Unterhaltung politischer. Ich fragte den Lehrer Iqbal, was nach seiner Meinung eine gesunde Erziehung auszeichnen sollte.

„Den Kindern einen Sinn vermitteln von Ehre, Integrität, Verantwortung and selblosem Dienst für die Nation. Ich halte Erziehung für sehr wichtig." Ich erinnerte mich, das war auch schon das, was der Major gesagt hatte.

„Ja, wenn es die rechte Erziehung ist", sagte ich und die Anderen nickten zustimmend.

„Und der Islam? Welche Rolle soll er dabei spielen?"

„Die Bildung sollte auf der Basis des Islam erfolgen." Ich sah es Iqbal ohne Weiteres an, dass er das für selbstverständlich hielt. Er war groß, hatte einen Dreitagebart und freundliche Augen. Seine Stimme passte dazu, sie klang zurückhaltend und angenehm. Keine der Fragen, die ich ihm stellte, verursachte auch nur eine Regung, die ihn von seiner gütigen Grundhaltung abbrachte. Hier hatte ich es mit einem Exemplar Mensch zu tun, das in sich ruhte, mit sich und der Welt im Reinen war. Und natürlich herrschten bei ihm vorbildliche Familienverhältnisse.

„Und Demokratie?", lautete mein neuerlicher Versuch.

„Ja, Demokratie." Dann trugen die drei in Gemeinschaftsarbeit noch die Begriffe soziale Gerechtigkeit, Toleranz, Selbsthilfe, Selbstopferung, Freundlichkeit zusammen. Mit einem Fremden sich zu unterhalten, schien für sie unterhaltsam genug zu sein. Ich wollte herausbringen, ob das für sie nur Begriffe waren, die sich gut anhörten, wenn man sie zusammen aufsagte. Ich fragte zunächst:

6. Kapitel: In Baltistan zu Hause

„Sind Islam und Demokratie kompatibel?"

„Warum nicht? Die Ideale der Demokratie sind im Islam schon vorhanden", sagte Hakim. Was er sagte, sagte sich so leicht. Ich wandte dann auch sofort etwas dagegen ein.

„Nicht jeder glaubt das. Viele Muslime glauben, die Demokratie sei eine westliche Erfindung, um den Islam zu schwächen."

Iqbal lachte mild und verneinte. Hier hatte ich es offenbar nicht mit einem radikalen Islamisten zu tun. Aber kaum hatte ich das festgestellt, war es mir auch sofort klar, dass ich es noch auf dieser Reise mit einem politisch anders gearteten Muslim zu tun haben könnte. Und so kam es auch.

Die beiden Jüngeren, Hakim und Amin, ließen stets dem Lehrer den Vortritt. Sie zeigten eine erstaunliche Gelassenheit bei dem, was sie sagten. Iqbal zum Beispiel:

„Zurzeit wird diskutiert, ob Urdu Pflichtfach wird. Und das wird demokratisch entschieden, wie das Meiste in diesem Staat".

Hatam fügte hinzu, als gehörte es zu seinen Aufgaben, seinen Schutzbefohlenen auch in politischer Sicherheit zu wiegen: „Wir haben hier in Pakistan eine Demokratie. Die Leute entscheiden darüber, was sie wollen."

„Nicht die Islamisten?"

„Nicht die Islamisten!", sagte er und wiegte den Kopf leicht wie jemand, der etwas Endgültiges und zeitlos Gültiges gesagt hatte. Die Anderen nickten. Sie sahen so aus, als glaubten sie daran. Wie weit durfte ich bei ihnen gehen? Iqbal nahm sich meiner Sorgen an:

„Die Islamisten haben hier bei uns noch nie eine Rolle gespielt, nur die Arbeitslosigkeit..." „...und die Kindersterblichkeit", fügte Hatam hinzu und ich war einigermaßen überrascht, dass er von solchen Dingen Kenntnis hatte. Seine Familie war jedoch davon nicht betroffen, seine Verwandtschaft schon. Man würde die Kinder immer mehr dazu anhalten, etwas zu lernen, weil es abzusehen war, dass sie sonst keine Arbeit bekommen würden.

Die meisten Leute im Tal waren Kleinbauern. Der Überschuss, den sie erwirtschafteten, wurde auf dem Markt verkauft oder getauscht für Zucker, Tee oder Kaffee. Noch konnte die Arbeitslosigkeit aufgefangen werden, solange die Leute anspruchslos blieben. Blieb Genügsamkeit ein allgemein gültiges Gut, war ein Fortschritt, der nur auf Kosten der hergebrachten Lebensweise und zugleich auf Kosten des sozialen Friedens gehen musste, nicht zu befürchten.

Jeder im Dorf baute genügend Feldfrüchte und Gemüse an, Kleinvieh war ebenfalls ausreichend vorhanden. Davon konnte ich mich bei meinem morgendlichen Rundgang überzeugen. Im Herbst trieben die Dorfleute ihr Vieh auf die Berge und machten dort Butter und Käse. Die Utensilien dafür hatte man mir im Dorfmuseum gezeigt. Hatam bedeutete mir, wohin die Herden getrieben wurden. Es war auf dem Dach der steilen Felswand in 3.500 Metern Höhe hinter dem Dorf, die von Nordost her erklimmbar war.

„In diesem Land gibt es verschiedene politisch und religiös motivierte Gruppen. Darunter sind auch solche, die sagen, der Islam genügt als Projekt. Es braucht nichts weiter für eine gesunde Erziehung."

Alle drei waren anderer Meinung und das freute mich. Amin drückte es so aus:

„Islam ist gut, aber der Islam ist die Religion. Man kann mit der Religion keine Geschäfte machen. Aber wenn man sein Geschäft richtigmacht, ist es auch wie eine Religion, ist es ein Tribut an den Glauben."

6. Kapitel: In Baltistan zu Hause

Die anderen Beiden stimmten ihm zu. Sie waren offenbar nicht geneigt, die Religion in alle Bereiche ihres Lebens hineinreden zu lassen.

„Würden Sie sagen, dass man einen technischen und zivilisatorischen Fortschritt auch als islamischer Staat, und zwar ganz unabhängig von der Einflussnahme der Religion, haben kann?" Sie bejahten. Ich hatte den Eindruck, dass Politik vielleicht nicht ihr Lieblingsthema war, dass es ihnen aber gerade jetzt und hier im Schatten des Gartens unter der Felswand zwischen zwei Teichen mit Goldfischen und Seerosen bei einer oder zwei Tassen Tee nicht Unbehagen bereitete, mit einem Touristen über ihr Land, über Gott und die Welt zu reden. Das galt es auszunutzen. Hakim machte folgende Bemerkung:

„Wo verbietet Muhammad, dass man Technik studiert?"

„Sie würden also sagen, islamische Erziehung reicht nicht? Denn wenn man weiß, dass man gegenüber Fremden nach dem Gebot Gottes gastfreundlich sein muss, heißt das noch lange nicht, dass das Essen auf dem Tisch steht." Das blieb unwidersprochen. Die beiden jungen Männer äußerten die Hoffnung, dass es mit Pakistan schnell aufwärtsgehen würde.

„Manche Pakistaner beschweren sich", sagte einer, „dass so viele ausländische Gesellschaften mehr Hilfe leisten als die Regierung." Ich fragte: „Tut die Regierung zu wenig für die Leute?"

Iqbal meinte wohl, der Regierung beistehen zu müssen. Auch das gab es. Er sagte: „Die Regierung sitzt weit weg. Wie soll sie helfen, wenn sie kein Geld hat?"

„Vielleicht sitzt es auch zu tief in den Taschen mancher Leute."

„Besser sind ausländische Hilfen, die ihren Zweck erfüllen, als inländische leere Versprechungen. Das sind wir gewohnt", sagte

6. Kapitel: In Baltistan zu Hause

Amin. Er hatte als Händler gelernt, sich um seine eigenen Sachen zu kümmern. Wurden Zusagen gemacht, mussten sie auch eingehalten werden, weil sonst kein Geschäft möglich war.

Der Lehrer Iqbal fragte mich, ob ich Christ sei. Ich bejahte. Er nahm es zur Kenntnis, sah dabei aber sah so aus, als wollte er etwas fragen, ohne zu wissen, wie er es formulieren sollte. Ich beschloss, ihm zuvor zu kommen und fragte:

„Was passiert, wenn jemand sagt, er glaubt nicht an Allah? Kommt er ins Gefängnis, wenn ihn jemand anzeigt?"

„Nein!", war die spontane Antwort. Die Frage hatte einen leichten Anflug von Heiterkeit bei allen, die um den Tisch herumsaßen, ausgelöst.

„Nein? Aber verlangt das nicht das Gesetz?"

„Nein!"

„Nein? Ist das Gesetz hierzulande nicht eine Mischung aus britischem Kolonialrecht und Scharia?"

„Ja!" Dabei verzog Lehrer Iqbal das Gesicht, als glaubte er eher daran, dass er von dieser Mischung nichts halten könnte. Das forderte meine nächste, folgerichtige Frage heraus:

„Wäre Scharia alleine die bessere Lösung?" Ich blieb beharrlich. Die Anderen saßen erstaunlich bequem. Hakim hatte eine Antwort für mich.

„Sie hat nicht für alles eine Lösung, weil es ein altes Gesetz ist. Man muss auch für die Probleme der modernen Zeit eine Lösung haben. Wir leben im 21. Jahrhundert!"

Die Muslime beanspruchten, dass der Islam zu allen Zeiten modern war. Von der Scharia behaupteten sie das nicht. Nicht alle.

6. Kapitel: In Baltistan zu Hause

„Gibt es Atheisten hier im Dorf?" Was der Fremde für Fragen stellte!

„Hier im Dorf nicht, aber außerhalb gibt es viele!" Hatam sagte das ohne Empörung. Vermutlich war ich mit meinen Fragen auch so etwas wie ein exotisches Schauspiel für jeden Einheimischen, das sie nicht alle Tage hatten. Diese komischen Europäer. Ungebildet, aber harmlos.

„Was denkst du über diese Menschen, die nicht an Gott glauben?", fragte ich Iqbal.

„Ich verstehe nicht, wie man nicht an Allah glauben kann. Aber das ist ihre Entscheidung!"

Er wirkte souverän. Er hatte offensichtlich keine Probleme mit Abtrünnigen und Ungläubigen. Hakim wollte auch etwas dazu sagen:

„Wenn man nie mit Gott spricht, hört man auch nicht seine Antworten. Wir Muslime beten jeden Tag mehrmals mit Allah, deshalb hören wir auch seine Antworten. Es ist uns nicht möglich, an Gott zu zweifeln." An Amins Kopfnicken sah ich, dass er die gleiche Auffassung vertrat.

„Sollte man Atheisten aus der Dorfgemeinschaft ausschließen?" Iqbal überlegte kurz, dann sagte er mit einer Klangfarbe, die mir anzeigte, dass er von dem, was er sagte, überzeugt war:

„Nein. Jeder soll seine Religion leben, wenn er Andere nicht stört."

„Und wenn es hier viele Christen gäbe? Wie wäre die Situation dann?"

Er verstand zunächst die Frage nicht. Er sagte, nein, hier gäbe es keine Christen.

6. Kapitel: In Baltistan zu Hause

„Was wäre wenn? Angenommen sie kämen hierher und würden anfangen, eine Kirche zu bauen!"

Er lächelte und sagte einfach, er könne sich das nicht vorstellen. Ich beließ es dabei. Er würde sicherlich nicht zu denen gehören, die auf Christen oder Buddhisten Steine werfen würden. Er würde vielleicht gegen einen Kirchenbau stimmen, aber mehr nicht. Er schien ein paar altertümliche Vorstellungen zu haben, gerade so wie der Islam eine altertümliche Religion ist. Vom radikalen Fundamentalismus war er aber gefahrlos meilenweit entfernt.

Unsere Unterhaltung wurde beendet, als Helen von ihrem Spaziergang zurückkam. Als sie sich dazusetzte, beobachtete ich eine gewisse Unruhe bei den Männern. Mir war klar, was das zu bedeuten hatte. Sie waren es nicht gewohnt, im Kreise einer fremden Frau zu sitzen, die noch dazu luftiger gekleidet war, als sie es von ihren eigenen Frauen gewohnt waren. Hatam bemerkte das natürlich auch und sagte zu Iqbal etwas, was dieser mit dem Vorschlag quittierte, jetzt zu ihm nach Hause zu gehen.

Das Haus Iqbals lag nicht weit weg von dem Haus Hatams. Wir marschierten im Gänsemarsch durch Wiesen und auf den schmalen Dämmen der Kanäle. An einem der Kirschbäume hielten wir und erleichterten seine Äste. Wir gingen weiter, bis wir ein weiteres Haus im Grünen fanden. Im Hof war ein Zicklein angepflockt und gleich daneben stand ein Kalb, das uns mit großen Augen anblickte. Dann schnüffelte es wieder an der Ziege. Das Wohnzimmer war oben neben einer Terrasse, auf der Feldfrüchte zum Trocknen auslagen. Auch der Dorflehrer betrieb also eine agrarische Nebenbeschäftigung. Von hier oben hatte man einen wunderbaren Ausblick auf das Gebirgsmassiv im Südosten, das sich über das Blättermeer der ungepflegt wuchernden Obstbäume erhob. Ich tat etwas fachmännisch, hie

6. Kapitel: In Baltistan zu Hause

und da könnte man die Bäume beschneiden, damit sie wieder besser wuchsen, bekam aber prompt die Antwort, dass hier alles bestens wuchs.

Hier oben konnte man gelbe Pflaumen pflücken und ich tat es ungeniert, aber erst nachdem ich eine Weile die Aussicht genossen hatte. In eines der Wohnzimmerfenster reichte ein Ast eines Pfirsichbaumes herein. Darin stand auch ein Fernseher, passend zur Schüssel auf dem Dach des Nebengebäudes. Dieses Zeichen des guten Willens, Nachrichten aus der Welt außerhalb Baltistans zu erfahren, würde wohl bald zum gewohnten Anblick im Dorf werden. Mich stören solche Erkennungszeichen des 21. Jahrhunderts längst nicht mehr, denn auch auf unserem Haus finden sie sich. Was ich aber nicht erwartet hatte: Es gab auch ein Bücherregal! Und neben den mit arabischen Schriftzeichen versehenen Bänden gab es auch zwei englische Ausgaben, eine vom Koran und eine von der Bibel.

Iqbal zeigte mir nichts. Er hielt es nicht für notwendig, mit seinen Besitztümern, die wohl einzigartig in Saling waren, zu prahlen. Er schien ein zufriedener Mensch zu sein. Er hatte nur eine Frau und drei Kinder, darunter 2 Stammhalter. Ich fragte ihn nach seiner Arbeit. Sie machte ihm Freude und er hatte keine Existenzängste. Da gehört er nicht zu den Ausnahmen in diesem Dorf. Ich fragte Hatam, ob Saling reicher war als andere Dörfer im Shyok Tal. Er verneinte. Ich denke trotzdem, dass er dabei nicht sonderlich sorgfältig überlegte.

Die einfachen Fragen, die Helen stellte, waren schnell beantwortet. Ich wollte Vieles genauer wissen. Helen verschwand mit der Frau des Hauses in der Küche. Iqbal störte das nicht. Ganz im Gegenteil kam es mir so vor, als wäre er erleichtert. Das war gut so, denn ich befürchtete, er würde nicht so antworten, wenn eine Frau im Raum war. Doch der Tee war schnell gekocht und Helen war zurück. Vielleicht merkte sie auch selber, dass die Stimmung etwas angespannt wurde, denn sie fragte Hatam, ob er ihr noch mehr vom Dorf zeigte. Er willigte ein, denn das war sein Beruf: Fremdenführer. Hätte er Diskussionen mit einem Lehrer gemocht, wäre er etwas Anderes geworden. Ich blieb mit dem Lehrer allein zurück.

Er hatte im Dorf 136 Kinder zu betreuen. Im Dorf gab es außer ihm noch vier weitere Lehrer. Das war also eine bessere Schulsituation als im ärmeren Haiderabad im Shigar Valley, das ich besucht hatte. Dort hatte ja auch der Lehrer kein Englisch gekonnt!

In einer Grundschule im Shigar Valley

Viele Familien hatten mehrere Kinder. Iqbals Schüler waren zwischen 5 und 13 Jahren alt. Hatam hatte mir gesagt, dass auch seine Frau noch zur Schule gehe, oder besser gesagt, sie lernte zu Hause und machte ihre Prüfungen in der Schule. Ich fragte Iqbal, ob das Viele so machten. Er verneinte. Es gab nur Wenige. Die Mädchen heirateten hier früher als im Landesdurchschnitt, nämlich bereits mit 13 Jahren. Damit ging man sicher, dass sie

6. Kapitel: In Baltistan zu Hause

als Jungfrauen in die Ehe gingen, denn ein Mädchen, das nicht mehr Jungfrau ist, bekommt nur sehr schwer einen sozial anerkannten Mann. Heutzutage heirateten die Frauen hier in Ostbaltistan mit 17 Jahren, so alt war auch die Frau Iqbals gewesen. Sie war wesentlich jünger als er. Daher gab es heutzutage auch kleinere Familien mit weniger Kindern. Man wollte aber auch nicht mehr so große Familien. Es fand auch hier ein Umdenkprozess statt, der noch sehr viele weitere Neuerungen bringen würde. Hatam hatte mir gesagt, er wolle noch zwei Kinder. Er war erst seit vier Jahren verheiratet und hatte erst ein Kind.

Es gab im Ort sogar eine Mädchenschule. Die sah ich am nächsten Morgen. Unterrichtssprache war Urdu. Früher hatten die Familien bis zu zehn Kinder. Die jetzige Generation wollte die Zahl der Kinder stark reduzieren. Bis vor wenigen Jahren durften auch die Mädchen nicht in die Schule. Schule kostete Zeit und Geld, man brauchte die Arbeitskraft aber zum Geldverdienen.

Schon auf der Fahrt durch das Shigar Tal hatte ich Berührung mit dem Schulsystem gehabt. Im kleinen Dorf Haiderabad hatten wir eine Teepause eingelegt, die ich nutzte, um die Dorfschule kennenzulernen. Es handelte sich um ein kleines Gebäude mit einem Raum für den Lehrer und einem Raum für die Schüler, dazu gab es einen ummauerten Pausenhof. Das Tor stand offen und Hatam hatte mich ermuntert, hineinzugehen. Er stellte mich dem jungen Lehrer vor, der leider nicht gut Englisch konnte. An Unterricht war während meiner Anwesenheit nicht zu denken, deshalb machte ich es kurz. Die ungefähr 30 Schüler zwischen fünf und zwölf Jahren bauten sich auf der Treppe vor dem Gebäude auf und ich machte ein paar Fotos, die ich später, einschließlich mehrfacher Abzüge, dem Dorflehrer zuschickte.

6. Kapitel: In Baltistan zu Hause

Mir fiel auf, dass die Inneneinrichtung der Schule durch Abwesenheit glänzte. Da gab es nur ein paar Tische, Hocker und eine Tafel. Der Standard für unterentwickelte Länder. Dergleichen hatte ich in anderen Weltgegenden auch gesehen. Pakistan hat das gleiche Ausbildungsniveau wie Neuguinea. Immerhin waren viele Mädchen unter den Schülern.

Den Amerikaner Greg Mortenson haben die Bescheidenheit der schulischen Einrichtungen und die gravierenden Mängel im Schulsystem so schockiert, dass er 1993 beschloss, sich selber um die Verbesserung der Verhältnisse zu kümmern. Er hatte sein K2-Abenteuer gerade hinter sich und mit Müh und Not überlebt. Da war er wohl gewappnet für einen Blick auf die wesentlicheren Dinge des Lebens, zu denen jedenfalls die Wahrnehmung von Bildungsmöglichkeiten für einen zivilisierten Menschen gehörte. Dann sah er 84 Kinder in einem Dorf, in dem er eine Rast einlegte, wie sie draußen mit Stöcken in den Schmutz schrieben, und war gerührt von ihrer wilden Entschlossenheit, schreiben zu lernen. Der Lehrer war nicht da an diesem Tag, weil sich das Dorf keinen Lehrer für alle Tage leisten konnte.

Und also machte Mortenson ein Versprechen. „Ich werde dir eine Schule bauen", sagte er dem Dorfvorsteher. Aber bis es soweit war, ging er einen langen, steinigen Weg. Eines Tages sagte ihm der Dorfvorsteher: „Wir sind Allah dem Allmächtigen dankbar, dass du gekommen bist, um uns zu helfen, eine Schule zu bauen!" Da hatten sie ihn sogar für ihren Glauben instrumentalisiert.

Einmal wollte ihn ein schiitischer Imam loswerden. Er schrieb einen Beschwerdebrief an die geistliche Führung in der Hauptstadt. Die Antwort dürfte nicht nur Mortenson überrascht haben. Sie lautete:

6. Kapitel: In Baltistan zu Hause

„Sehr geehrter Barmherziger der Armen. Wir haben Ihren Fall geprüft und in unserem Heiligen Koran wird die Bildung aller Kinder ermutigt. Und außerdem entspricht das, was Sie tun, um unseren Leuten zu helfen, den höchsten Prinzipien des Islam. Wir geben ihnen unsere Erlaubnis und unsere Unterstützung und unseren Segen. Und niemand sollte sich in ihre Arbeit einmischen."

Es gibt manchmal Dinge, die man tun kann, die so richtig sind, dass sie nur die völlig Verblendeten nicht erkennen können.

Mortenson begann damit, das ländliche Pakistan aus der untersten Perspektive kennenzulernen und über Hindernisse hinweg, die ihm einheimische Mullahs und amerikanische Anti-Islamisten in den Weg stellten, die erste Schule zu bauen, um am Ende der Direktor des Central Asia Institute zu werden, das mittlerweile bereits 55 Schulen für pakistanische und afghanische Kinder gebaut hat. Befragt nach seinen Beweggründen gab er an, dass es eine Verpflichtung wäre, im Dienste der Menschlichkeit zu stehen, da man Mitleid und Liebe für die bereithalten müsse, die sie am meisten benötigten.

Er selber war in Tansania zur Schule gegangen. Seine Mitschüler hatten unterschiedliche Herkunft und Hautfarbe. Erst in den USA, in der Highschool, war er dann mit Rassismus und Intoleranz konfrontiert worden. Ihm sei klargeworden, dass wir in einer global vernetzten Gesellschaft leben, in der man es sich nicht leisten konnte, so engstirnig zu sein.

„Es braucht drei Tassen Tee, um hier ein Geschäft zu machen", sagte Mortenson, „bei der ersten Tasse bist Du ein Fremder, bei der zweiten ein Freund und mit der dritten bist du ein Familienmitglied."

Allerdings räumt er ein, dass es unter Umständen Jahre dauerte, bis man die dritte Tasse serviert bekam.

6. Kapitel: In Baltistan zu Hause

Ich fragte Iqbal, ob er ein strenger Lehrer wäre, was ich mir bei seiner natürlichen Freundlichkeit nicht richtig vorstellen konnte. Er bejahte. Es gebe keine Freiheiten in der Schule. Auch seine zwei Söhne gingen bei ihm zur Schule. Für sie machte der Vater keine Unterschiede. Iqbal trug das sehr überzeugend vor. Man musste ihm glauben. Meine Fragen beantwortete er so, als sei er gespannt, wie die nächste lautete. Einmal fragte ich ihn, ob ihn meine Fragen störten. Er sagte, dass er sich geehrt fühlte, die Fragen beantworten zu können. Er war also auch noch ein sehr höflicher Mensch. Die Kinder von Saling bekamen eine Menge nützlicher Dinge beigebracht.

Seine Unterrichtsfächer waren Sprache und Geschichte. Zu meiner Überraschung sagte er auf meine Frage, was man sich unter Geschichte zu denken habe, „die Zeit seit der Gründung Pakistans". Er korrigierte dann unverzüglich auf „die Zeit, seitdem das Land islamisiert wurde".

„Aber wieso? Gab es nicht vorher auch schon eine Geschichte?" Schon, aber sie war nicht Gegenstand des Unterrichts. Wir unterhielten uns über Politik und die überforderte Regierung. Ich merkte, dass er Gefallen daran fand.

„Wir helfen uns gegenseitig im Dorf. Jeder hat genug, um die Notlage eines Anderen auszugleichen." Dann hatte ja gar keiner eine Notlage. Wenn dem Einen aber doch einmal die Lebensmittel ausgehen sollten, ging er einfach zum Nachbar. Im nächsten Jahr war es vielleicht umgekehrt. Hatam hatte mir bereits die Felder der Familie gezeigt, die in unmittelbarer Nähe des Hauses lagen. Die Felder von Hanif zeigte er mir am nächsten Tag, als wir zu seinem Hausneubau, etwas außerhalb des Dorfes, gingen, um Hanifs Vater zu besuchen, der dort arbeitete, oder besser gesagt, dort arbeiten ließ. Das Haus, das noch im Rohbau stand, hatte auch einen riesigen Garten, etwa einen Hektar groß. Die Fenster waren schon drin, die Blumen

6. Kapitel: In Baltistan zu Hause

blühten auch schon im Vorgarten und der Kohl dahinter. Das Geld aus dem Trekkingunternehmen war gut angelegt. Eine ungeteerte Schotterpiste führte hin. Ein Auto fehlte noch. Hanif hatte vier Brüder, die mit ihren Familien alle unter diesem einen Dach wohnen würden. Es könnten dann schon einmal vierzig Leute beim gemeinsamen Nachtmahl sitzen.

Hanifs Vater strahlt Würde aus. Er war bestimmt ein strenger Vater, der das Amt des Familienoberhaupts weise ausübte, oder zumindest so, dass es als weise erschien. Das Haus war groß, seelenlos, mit einem Hängeschlosseingangsgatter und einer zwei Meter hohen Mauer, die von Glasscherben gekrönt war, ganz gegen die Vorstellung von Gastfreundschaft. Eigentlich Stadtmethoden! Wer freundlich aufgenommen werden wollte, sollte gefälligst durch das Eingangsportal kommen! Aber es war eher das übliche Mittel zur Abwehr der Ziegen, denn drinnen baute die Familie eigenes Gemüse an.

Ich fragte Iqbal, ob er mir mehr über die Kindersterblichkeit sagen könnte. Kinder, die zur Welt kamen, sollten auch leben dürfen, mit den ungezeugten Kindern war es wegen der drohenden Überbevölkerung anders.

„Die Kindersterblichkeit ist zurückgegangen. Wir haben trotzdem keine Überbevölkerung. Wir haben nur einen Mangel an Arbeitsplätzen für unsere jungen Leute. Das ist unser Problem."

„Und früher?"

„Die Frauen sind früher oft gestorben, weil es hier keine ärztliche Versorgung gab. Die Stromversorgung für die Hospitäler wird von Europäern finanziert."

Da gab es zum Beispiel die von Deutschen ins Leben gerufene Baltistan Health and Education Foundation. Diese Stiftung sollte nicht nur medizinische Aufbauarbeit leisten, sie setzte sich auch für einen Unterricht der Mädchen und jungen Frauen in Hygiene, Ernährung und Familienplanung ein. Sie etablierte dazu ein einfaches Unterrichtssystem. Für zwei bis drei Monate kamen zehn Frauen, um bei der Arbeit der deutschen Ärzte bei deren Besuchen in den medizinischen Außenstationen des Hospitals von Skardu zu helfen und gleichzeitig selbst als Hebammen oder Community-Healthworkers (Gemeindeschwestern) ausgebildet zu werden. Nach der Rückkehr in ihre Heimatsiedlungen sollten sie ihr Wissen anwenden und weitergeben. Auf diese Weise hoffte man, dass sie aus eigener Kraft die Lebensumstände in ihren Dörfern verbessern könnten.

„Aber Frauen bringen doch ihre Kinder ohne Arzt zur Welt. Ich kann mir nicht vorstellen, dass es hier anders ist."

„Aber bei uns ist es für die Frauen sehr schwer, eine Schwangerschaft zu haben. Sie sind zu schwach dafür. Früher gab es viele Ernteausfälle, die Leute hatten nichts zu essen. Den Frauen fehlte die Kraft für die Schwangerschaft."

Allmählich kam ich der Wahrheit auf die Spur. Warum setzte man die Frauen der Gefahr der Schwangerschaft aus? Weil Kinder die Lebensversicherung der Armen sind. Das war paradox. Man brauchte Kinder, um zu überleben, aber oft kosteten sie einen das Leben, abgesehen davon, dass viele Kinder ebenfalls auf der Strecke blieben. Durch die häufigen Schwangerschaften stieg natürlich auch die Wahrscheinlichkeit, dass eine Komplikation auftreten würde. Früher hatten die Familien bis zu neun Kinder. Wie viele Schwangerschaften bedeutete das? Vielleicht die doppelte Zahl. Konnte es sein, da die Frauen jung verheiratet wurden, dass sie wegen der fehlenden und im Übrigen nicht gewollten Verhütung, bis zu zwanzigmal schwanger wurden in ihrem Leben? Und die Tatsache, dass jetzt nicht so viele Frauen starben, lag einfach daran, dass die Familien nicht mehr so viele Kinder wollten.

6. Kapitel: In Baltistan zu Hause

Die Männer waren mobiler geworden. Im Winter arbeiteten sie im Süden, im Pandschab, im Sindh, in Karachi. So auch Hatam. Der Schullehrer nicht. Er blieb bei seiner Familie. Die Männer waren oft gar nicht zu Hause. Ein nicht folgerichtiger Ausgleich zur Hausverbundenheit der Frauen. Frauen mussten hart arbeiten, litten oft an Mangelernährung und hatten dann stets eine Blutarmut, wenn sie schwanger wurden. Und sie lebten in einer von Männern bestimmten und dominierten Gesellschaft. Das bedeutete zusätzlichen Stress. Ein Mann konnte bis zu vier Frauen haben. Noch gravierender war jedoch der Umstand, dass er sich im Handumdrehen von ihnen scheiden lassen konnte, wenn er einer Frau überdrüssig geworden war. Warum sollte er dann aber gerade einer ohnehin ungewünschten Frau so viel Mühe zukommen lassen und sie hegen und pflegen? Ärztliche Versorgung kostet Geld. Geld haben die meisten nicht. Man gibt vielleicht noch Geld für eine Milchkuh aus, oder um Vorräte für den Winter zu kaufen, aber nicht, um eine Frau zu versorgen, die ohnehin nicht die Lieblingsfrau ist.

Iqbal war jedoch nicht bereit, dieser von mir angesprochenen Ungleichbehandlung der Frau zuzustimmen. Er sagte mit Nachdruck, dass die Baltis alle, bis auf wenige Ausnahmen, nur eine Frau hätten.

„Die Leute von Baltistan legen sehr viel Wert auf die Ehre ihrer Frauen."

„Das will ich glauben. Aber warum sterben die Kinder hier?"

Die medizinischen Ursachen der Sterblichkeit waren Verblutung, Infektion und Bluthochdruck. Ich stellte die gleiche Frage später Malik. Er sagte ganz unverblümt:

„Die Regierung hat nichts getan, um die Situation zu verbessern. Sie sind Experten für Slogans, aber nicht dafür, brauchbare Ergebnisse zu erzielen."

Die Gesundheitsdepartments der Provinz waren damit beschäftigt, Hochschulen der Medizin einzurichten, Gebäude zu erstellen und Programme zu fördern, wie für die Transplantation innerer Organe. Müttersterblichkeit war nicht an der Spitze der Agenda. Warum auch? Pakistan ist überbevölkert und hat auch künftig keine Nachwuchsprobleme. Was machte es da schon, wenn viele starben, die zu den Minderbemittelten der Gesellschaft gehörten, wenn genügend nachwuchsen? Es gab bisher kein Programm, die Geburtshilfe zu verbessern. Das Nationale Komitee für Muttergesundheit erhielt keine Mittel, um seine Pflichten mit Kraft und Autorität auszuüben. Die Regierung hörte sich nur deren Empfehlungen und Ratschläge an.

„Kann ein Lehrer wie Sie zufrieden sein mit dem Bildungsstand seiner Landsleute?"

„In Islamabad wird die Kunde verbreitet, Baltistan wachse wirtschaftlich am schnellsten von allen Regionen in Pakistan."

Ich sah ihm an, dass er an seinen eigenen Worten zweifelte.

Es gab einige größere Projekte, die auch Arbeitsplätze schaffen würden. Aber es reichte nicht aus. Die Analphabetenrate sinkt weiter. Über 600 Grundschulen wurden in den letzten zehn Jahren geöffnet. Ich hatte den Eindruck, als befände sich der Lehrer in einem Zustand zwischen berechtigtem Hoffen und Misstrauen gegenüber der erwünschten Wirkung der genannten Maßnahmen.

Pakistan war eines von weltweit nur zwölf Ländern, die weniger als zwei Prozent des Bruttoinlandsprodukts ins Bildungswesen investierten. Aber sie hatten die Atombombe. Da gab es noch viel zu tun, ehe sich etwas spürbar zum Besseren wenden würde. Das Lehrpersonal ist in Pakistan nicht sonderlich gut ausgebildet. Es soll ja auch nur den kurrikularen Grundbedürfnissen dienen. Dementsprechend schlecht ist die Bezahlung, sodass fähige Leute

6. Kapitel: In Baltistan zu Hause

meist andere Berufswünsche verwirklichen. Man hat versucht, dem Abhilfe zu leisten, indem man das Kaskadensystem eingeführt hat, wonach Lehrer als Multiplikatoren andere Lehrer ausbilden können, neue Lehrmethoden und Lehrpläne vermitteln, eine anspruchsvollere Tätigkeit, als ungebildeten Schülern nur lesen und schreiben beibringen zu müssen.

In Saling, wie es auch sonst in ganz Pakistan bevorzugt wird, wurden die Schüler getrennt in Buben und Mädchen unterrichtet. Der Lehrstoff musste oft noch auswendig gelernt werden. Iqbal hatte aber auch schon Gruppenarbeit eingeführt, was bei der Klassengröße nicht ganz einfach war. Der Unterricht zielte darauf ab, mehr den praktischen Nutzen des Gelernten zu vermitteln. Das Verhältnis von Buben zu Mädchen war in Saling etwa gleich. Es waren immer mehr Buben als Mädchen in der Schule. Aber ein krasses Missverhältnis, das in früheren Zeiten dazu geführt hatte, dass gar keine Mädchenklassen aufgestellt wurden, gab es nicht mehr. Das war keineswegs überall so in Pakistan. Iqbal hatte keine Überzeugungsarbeit bei den Eltern der Mädchen leisten müssen. In der Tat waren die Leute in Baltistan schon weiter als im Süden des Landes. Hatte das vielleicht doch etwas mit dem zunehmenden Tourismus zu tun, wegen dem man sich der Welt öffnen musste? Was für eine Vorstellung! Tourismus als Brückenbauer für die Errungenschaften der zivilisierten Gesellschaft, als Katalysator für den Fortschritt in unterentwickelten Gebieten!

Im Rest des Landes wuchsen immer noch viele Kinder, hauptsächlich Mädchen, auf, ohne je die Schule besucht zu haben. Für die Armen ist Bildung ein Luxus, den sie sich nicht leisten wollen. Da hilft auch die Werbekampagne der Regierung nichts, die ihre wohlgemeinten Sprüche sogar übers Radio verbreiten lässt: „Wir wollen lesen lernen! Bildung für alle - Packen wir es an."

6. Kapitel: In Baltistan zu Hause

Beim Thema Bildung werden Jungen und Mädchen in Pakistan noch immer ungleich behandelt

Im Süden des Landes gab es noch sehr viele wirtschaftlich schwache Familien. Bei ihnen war es weit verbreitet, dass die Eltern, die selber nie eine Schule besucht hatten, eine negative Einstellung zum Lernen und zur Schule hatten. Schule kostet Zeit und Geld. Und solange Mädchen, kaum dass sie dem Schulalter entwachsen waren, sowieso verheiratet wurden und ein Leben hinter dem Kochtopf und auf dem Acker verbrachten, brauchte man auch nicht in ihre Ausbildung zu investieren. Auch die

6. Kapitel: In Baltistan zu Hause

Arbeit des Mannes auf dem Lande erforderte keine höhere Schulbildung. Nach offiziellen Statistiken des Federal Education Ministry of Pakistan betrug die Analphabetenrate im Jahre 2006 46 Prozent. Nur 26 Prozent des weiblichen Bevölkerungsanteils konnten lesen und schreiben. Fachleute sind skeptisch und bezweifeln diese Zahlen. Sie gehen davon aus, dass die Analphabetenraten doppelt so hoch sind. Und nur 12 Prozent der Frauen und Mädchen können lesen und schreiben.

Saling schien diesbezüglich eine Insel der Glückseligen. Von 163.000 primary schools, vergleichbar unseren Grundschulen, sehen nur 40.000 die Schulung von Mädchen vor. Ähnlich sehen die Zahlen für die secondary schools aus.

„Hat denn jeder auch wirklich eine Chance, sich die Bildung, die er wünscht, zu verschaffen?" Iqbal gab mir eine Antwort, die mir angesichts der Fakten nicht kritisch genug schien. Ein Student auf dem Zeltplatz von Shandur sollte mir später bestätigen, dass Bildung etwas mit dem Geldsack des Vaters zu tun hatte. Ja, man hatte alle Möglichkeiten auf eine gute Bildung in Pakistan – wenn man genug Geld hatte.

Wohlhabende Eltern der Ober- und Mittelschicht schickten ihre Kinder auf private Schulen. Dort findet der Unterricht auf Englisch statt und er ist anspruchsvoll genug, dass er mit westlichen Maßstäben gemessen werden kann. Aber dazu müssen die Eltern tief in die Tasche greifen, in der bei den meisten Pakistanern nicht viel drin ist. Die Zahl der Privatschulen hat sich in Pakistan immerhin in den letzten 20 Jahren verzehnfacht. Aber der Breite der Bevölkerung kommt dies nicht zugute. Es bleibt also bei der Zwei-Klassen-Gesellschaft in Pakistan und das Heer der Ungebildeten wird nicht kleiner, sondern größer. Das verheißt nichts Gutes für die Zukunft. Ungebildete Volksmassen kann man immer leichter steuern als ein Bildungsbürgertum. Wenn in Pakistan die

6. Kapitel: In Baltistan zu Hause

Islamisten die Macht übernehmen, wird das die ganze Welt teuer zu stehen kommen und die Bildungschancen der Menschen werden gegen Null gehen.

Für die weniger betuchten Schüler kommen in Pakistan nur die staatlichen Schulen in Frage. Dort kostet der Unterricht nichts. Aber die Lernbedingungen sind schlecht, oft sind die einfachsten Voraussetzungen nicht gegeben. Es fehlt an Unterrichtsmaterial, Schulmöbeln, Räumlichkeiten, Strom, Wasser und sanitären Anlagen.

Außer den staatlichen Schulen gibt es noch rund 15.000 Koranschulen, die freie Unterkunft, Essen, Kleidung und gebührenfreien Unterricht bieten. Hier wird den Ärmsten unter den Armen auch ein Minimum an Bildung vermittelt, das allerdings religiös verbrämt ist. Die sozial Schwachen finden hier eine Heimat. Und das ist etwa ein Drittel der pakistanischen Jugend. In Saling gab es keine Koranschule. Die Kinder wurden zu Hause in ihre Religion eingewiesen und in der Schule im Rahmen des staatlichen Unterrichts.

Bildung macht in Pakistan nach der Jahrtausendwende nur ca. zwei Prozent des Staatshaushalts aus – im Vergleich zu rund 30 Prozent für Verteidigungsausgaben. Besonders in ländlichen Gebieten ist die Situation alarmierend. Dazu zählen auch die Stammesgebiete, wo man immer noch der Auffassung huldigt, Mädchen dürften nicht in die Schule geschickt werden. Der Einfluss der Taliban Afghanistans ist dort in der Nordwestprovinz und in Baluchistan, im äußersten Südwesten Pakistans, spürbar. Dort gibt es unter der weiblichen Bevölkerung auch nur 3-8 Prozent, die lesen und schreiben können. Die lokalen Feudalherren, das sind die Stammeshäuptlinge, opponieren immer noch erfolgreich den Bemühungen der Regierung, dort Schulen einzuführen. Sie haben Angst, dass ihnen Menschen, die gebildet sind, nicht mehr zu

6. Kapitel: In Baltistan zu Hause

folgen bereit sind. Diese Sorge dürfte in der Tat nicht ganz unbegründet sein. Es gibt im Land immer noch Dörfer, die Schulen für Jungen, aber nicht für Mädchen haben.

„Es ist ein Teufelskreis, wegen des Mangels an Bildung bleiben die Leute arm. Und weil sie arm sind, bleiben sie ungebildet", sagte ich. Iqbal war dennoch nicht geneigt, mir zuzustimmen. Er tat alles, was in seiner Macht stand, um die Kinder zu unterrichten, ob Mädchen oder Jungen.

Nach Angaben der UNICEF müssen rund 17 Prozent der Kinder in Pakistan arbeiten, um ihre Familien zu unterstützen, ganz abgesehen von der Hausarbeit der Mädchen. Ich sah Kinder nur auf den Feldern arbeiten. Diese Zahl ist umso ärgerlicher, wenn man sieht, wie pakistanische Männer ihre Zeit in den Städten in Teehäusern und in den Straßen verbringen. Das tun sie praktisch zu jeder Tages- und Nachtzeit. Sie pflegen dabei natürlich immer freundschaftliche oder Geschäftsbeziehungen. Zum Glück sieht man das auf dem Lande weniger. Mit einer Wasserpfeife bedächtig im Schatten auf einer Matte zu sitzen, verleiht ihnen Würde und Ansehen. Denken sie auch noch an eine Koransure, sind sie vollkommen – aber nur in ihren eigenen Augen!

Zum Glück gibt es einige Gruppierungen, die man NGOs nennt, „Non-Governmental Organizations", die aktiv geworden sind. Da gibt es beispielsweise Alkhidmat, die beinahe 100 Schulen in Dörfern in drei Provinzen eingerichtet hat, wo nicht nur Mädchen, sondern auch Frauen unterrichtet werden. Die Philosophie, die dahinter steht, nimmt an, dass gebildete Frauen zur Wohlfahrt des Landes beitragen und eine bessere Nation aufbauen helfen. Eine ähnlich erfolgreiche Organisation arbeitet im Süden des Landes. Und im Pandschab ist der Al-Ghazali Education Trust für 200 Schulen verantwortlich, in denen überwiegend Mädchen und Frauen unterrichtet werden. Die

Regierung hat es auf insgesamt 1.500 vergleichbarer Schulen gebracht.

Als Iqbals Frau eine Schale Obst hereinbrachte, nutzte ich die Gelegenheit, um das Thema zu wechseln. Seine Frau war nicht verschleiert. Zu Hause trugen die Frauen in Pakistan natürlich keine Schleier. Aber ich war ein Fremder. Auch im Dorf hatte ich schon ein paar Frauen gesehen, die unverschleiert waren. Sie hatten sich mit Hatam unterhalten und trotz meiner Anwesenheit ihr Gesicht nicht verhüllt. Anderswo hatten sich Frauen, die auf dem Feld arbeiteten, wenn ich näherkam, allenfalls abgewendet. Hatam hatte gesagt, dass sich im Dorf alle kennen und ich sei sein Freund. Manchmal war er bei seinen Antworten kurz angebunden. Zu kurz, als dass es mich zufrieden gestellt hätte.

Ich fragte Iqbal, wie man in Saling mit diesem in Pakistan weit verbreiteten Brauch des Versteckspiels umging. Er bestätigte, was Hatam gesagt hatte, und fügte hinzu, dass man in Baltistan nicht so streng sei wie in anderen Gegenden des Landes. Er vertrat außerdem die Auffassung, dass die westliche, freizügige Mode die Männer in eine geschwächte Position bringen würde. Damit meinte er schlicht, dass sie sexuell angeregt würden. Ich sagte ihm, wenn dies bei pakistanischen Männern so wäre, wäre es in der Tat vernünftiger, diese westliche Mode nicht zu übernehmen. Aber deshalb müsste man die Frauen ja nicht gleich ganz verhüllen. Seiner Auffassung nach blieb aber nicht viel an einer Frau, das man den Männerblicken noch zur freien Sicht übrig lassen konnte. Mir genügte, festgestellt zu haben, dass er die konservative Linie vertrat. Das Thema war für mich erledigt.

Bei Hatam hatte ich bemerkt, dass er keine Probleme im Umgang mit Touristinnen hatte. Ganz im Gegenteil schien er es zu genießen, einen verhältnismäßig freien, kommunikativen

6. Kapitel: In Baltistan zu Hause

Zugang zu ihnen zu haben. Von fremden Frauen ging ein Reiz aus. Sie waren komplexere und offenere Charaktere als die Frauen der Einheimischen. Für den Schullehrer war das Thema jedoch nicht erledigt. Er ging zu seinem Bücherregal und griff nach einem Buch, das sich als das Neue Testament herausstellte. Er zeigte mir dann die Stelle, in der Paulus sich zur Verhüllung der Frau äußerte. Er gab sie mir zu lesen. Es war klar, dass er von mir erwartete, dass ich mich dazu äußern sollte, denn ich war ja ein Christ. Er sagte:

„In dem Buch der Christen steht geschrieben, dass sich Frauen verhüllen sollen." Er ließ mich einen Moment für mich und ich las die Stelle sorgfältig in dieser Übersetzung. Ich sagte ihm, dass er mir eine englische Übersetzung des ursprünglich auf Griechisch überlieferten Textes vorgelegt hätte, die vermutlich fehlerhaft wäre. Er blickte mich zweifelnd an. Dann sagte er, wobei ich das erste Mal einen wenig demutsvollen Ausdruck in seinem Gesicht wahrnahm, der Koran sei in Arabisch geschrieben und jeder Muslim sei angehalten, Arabisch zu lernen und zu lesen, dass er selber verstehen konnte, was Allah ihn anwies. Die Christen hätten hingegen nur Übersetzungen. Wie könnten sie dann sicher sein?

Ich versuchte, ihm zu erklären, dass griechische Texte nicht die gleiche Zeichensetzung haben, wie wir es vom Englischen her kennen. Es sei daher vom Zusammenhang her zu entscheiden, ob beispielsweise eine Frage vorliege. Und bei der von ihm vorgelegten Schriftstelle müsse es sich um so einen Fall handeln, da er sonst im Kontext keinen Sinn ergebe. Paulus, der christliche Lehrer, gebiete hier also nicht, dass Frauen Schleier tragen müssten, sondern stellte dies ganz im Gegenteil in Frage. Er sagte eigentlich nur, dass den Frauen ihr Haar als Schleier gegeben sei. Die Natur hätte also für genügend Bedeckung des Hauptes gesorgt. Die Stelle handelte aber ohnehin nur vom

Verhalten im Gottesdienst, nicht von der Mode auf der Straße oder in der Öffentlichkeit. Er schien enttäuscht von dieser neuen Kunde. Ich sagte: „Im christlichen Glauben war allezeit die Freiheit der Entscheidung ein tragendes Element, wie man sich in konkreten Situationen zu verhalten hat. Das scheint mir ein bedeutsamer Unterschied des christlichen Glaubens gegenüber dem Islam zu sein. Der Islam ist nur orthodox, wenn er das unverändert praktiziert, was Muhammad im siebten Jahrhundert geboten hat. Der Christ hingegen kann sich jeder Kultur anpassen und ist in der Lage, sich dem Lauf der Zeit zu stellen. Er kann sich anpassen, muss es aber nicht. Er hat jederzeit die Freiheit der Entscheidung. Auf diesem Grundsatz ist die ganze westliche Zivilisation aufgebaut. Und ich glaube, es ist ein guter Grundsatz. Menschen brauchen Freiheit, um sich in ihrer Individualität zu entwickeln und damit jeder seine Fähigkeit zum Nutzen der Gesellschaft einbringen kann."

Ich erläuterte, dass dies auch einer der Gründe sei, warum der Westen so erfolgreich geworden sei und der Islam einen Abstieg erlebt hatte. Iqbal war kein Politiker oder Endzeittheoretiker, aber er war Geschichtslehrer, für den die Zeitrechnung mit der Islamisierung Pakistans begann.

„Ist es so schlimm", fragte ich, „das, was Gottes Schöpfung so ansehnlich hervorgebracht hat, zu zeigen? Das anmutige Gesicht einer Frau zu verbergen, verhindert, dass man Gott dafür loben kann!"

„Wenn Männer zu viel sehen, gibt es Streit und Kampf."

„Muss man sich nicht den Veränderungen der Zeit stellen? Sie als Lehrer verstehen sicherlich, dass es viel wichtiger ist, die Jugend so zu erziehen, dass der moralisch bedenkliche Inhalt, der aus der Welt kommt, an ihnen abprallt. Wenn man die Kinder nicht auf das vorbereitet, was unweigerlich kommen

6. Kapitel: In Baltistan zu Hause

wird, und wenn man so tut als gäbe es bestimmte Dinge nicht, sind sie dann nicht überfordert, wenn sie mit den Tatsachen konfrontiert werden? Die richtige Einstellung zu einer Sache, ist sie nicht wichtiger als die Sache selbst?"

Er sagte nichts. Er dachte nach. Im hintersten Eck Baltistans waren viele Zeiterscheinungen noch nicht ganz angekommen. Daher war auch noch nicht über alles nachgedacht worden. Man kannte noch Vieles vom Hörensagen, was draußen in der modernen Welt schon gelebte Praxis war. Aber es war natürlich nur eine Frage der Zeit, bis das Satellitenfernsehen unzensiert in die Täler dieser alten Bergwelt ausgestrahlt würde. Und noch mehr Kinder als die paar wenigen von heute würden zum Geldverdienen in die Metropolen des Landes abwandern, vielleicht sogar ins Ausland.

Iqbal teilte mir mit, es störte ihn am meisten, dass Touristen in der Öffentlichkeit Zärtlichkeiten austauschten. Das ärgerte viele Pakistaner, die gegen eine Zurschaustellung des Körpers waren. Im Nachbarland Indien war das anders, wo Bauch, Arme und Gesicht frei von Bedeckung sind. Was man als Anstand verstünde, sei auch eine Frage der Gewohnheit, sagte ich zu Iqbal.

Er erzählte mir von der Amerikanerin, die einen Träger geheiratet hatte. Viel Geld hatte sie geschickt und ihn dann mit in die USA genommen. Seitdem hatte man nichts mehr von ihnen gehört. Hatam bestätigte, dass es „vielen" Trägern und Guides so gegangen sei. Beide vertraten die Meinung, dass ein Baltimann immer nur eine Baltifrau oder zumindest eine Pakistani heiraten sollte. Die Unterschiede seien sonst zu groß und das erste Feuer, das die Liebe entflammt hatte, würde sich schnell wieder legen. Es war wohl nichts als ein Strohfeuer.

6. Kapitel: In Baltistan zu Hause

„Im Westen erzählt man sich", sagte ich, „dass in islamischen Ländern die Frauen nicht immer gut behandelt werden. Als Reisender kann und will man das nicht beurteilen. Man spricht nicht mit den Frauen hier, man sieht sie noch nicht einmal. Man erfährt nichts von ihnen."

Dazu gab es kein Dementi. Da gab es in der Nachbarschaft ein junges Ehepaar. Die ersten zwei Jahre ging alles gut, dann fing der Mann an, seine Frau zu schlagen.

„Wir dulden so etwas nicht in unserem Dorf", sagte Iqbal. Er ging also zu dem Mann und sprach ihn darauf an. „Sagte er nicht, was geht es dich an?"

„Nein. Ich fragte ihn. Warum schlägst du deine Frau? Er war Fahrer und kam oft sehr spät nach Hause und seine Frau hatte kein Essen zubereitet. Ich sagte ihm, wenn du so mit ihr umgehst, hast du keinen Frieden. Warum tust du das? Du machst das Leben für dich und deine Frau schwer. Ich sagte, überlege doch, was du tust! Gib ihr lieber ab und zu ein gutes Wort und du wirst sehen, es wird besser. Und ich habe auch mit der Frau gesprochen. Ich habe ihr gesagt, sie soll ihn freundlich begrüßen, wenn er nach Hause kommt. Und sie soll ihm Essen zubereiten, auch wenn es spät wird. Daran haben sie sich gehalten. Später ist sie zu mir gekommen und hat mir gedankt."

Iqbal räumte ein, dass dies bis vor wenigen Jahren noch ein Problem gewesen sei. Die Männer hätten die Frauen als ihr Eigentum betrachtet. Sie glaubten, sie könnten mit ihnen tun, was sie wollen, und wie mit einer Sache verfahren. Aber inzwischen habe ein Umdenken angefangen. Bis vor zehn Jahren wurden keine Mädchen in die Schule geschickt. Aber heute konnte man einen modernen Flachdachbau von seinem Dach aus sehen, welcher die Mädchenschule beherbergte. Am nächsten Morgen liefen wir hin. Hatam begrüßte die unverschleierte

6. Kapitel: In Baltistan zu Hause

Lehrerin mit Handschlag herzlich. Iqbal sagte mir, es gebe mittlerweile sogar gebildete Männer, die keine ungebildeten Frauen mehr haben wollten.

„Hier im Dorf?", fragte ich, demonstrativ Ungläubigkeit zur Schau stellend. Nein, aber jetzt würden auch in diesem Dorf alle Mädchen zur Schule geschickt.

„Aber steht das nicht im Koran, dass man die Frauen schlagen soll, wenn sie ungehorsam sind?"

„Sie haben den Koran gelesen?", wollte der Dorflehrer wissen. Ich bejahte. Dann las er mir eine Stelle aus dem Koran vor (30,21): „Und unter seinen Wundern ist dieses. Er schuf für dich Gespielinnen von deiner Art, dass du dich ihnen zuwenden wollest, und er rief Liebe und Zärtlichkeit zwischen euch hervor. In diesem gibt es fürwahr Botschaften für Menschen, die nachdenken."

Er sagte, dass man seine Frau nicht schlagen müsse. Es gebe immer einen anderen Weg, eine Lösung zu finden. Er blieb allgemein. Ich ritt nicht darauf herum, wollte aber wissen, wie er zur These stehen würde, dass die Anweisung des Koran der Verhaltensweise der Männer Vorschub leisten würde und es keine Instanz in einem islamischen Staat gab, die dagegen angehen konnte, weshalb sich nichts ändern würde.

Das war wieder eine typische Koranschriftstelle, die er vorgelesen hatte. Es gab so viele davon und viele andere, die genau das Gegenteil zum Inhalt zu haben schienen.

Nach dem Koran heißt es über Frauen, die ungehorsam sind: ermahne sie und verbanne sie von deinem Bett und peitsche sie. Das wird auch durch Hadithe bestätigt. Zitiert wird auch Kashshaf al-Zamakhshari: „Muhammad sagte: hänge die Peitsche an einen Platz, wo sie deine Frau sehen kann."

6. Kapitel: In Baltistan zu Hause

Man muss zugeben, dass es viele Muslime gibt, die es nicht für islamisch halten, ihre Frauen zu schlagen. Dabei stimmen sie aber mit den Überzeugungen überein, die sich im Westen durchgesetzt haben. Ihre eigene Tradition ist anders.

Muhammad soll selbst einmal seiner Anweisung gefolgt sein, als er seine Lieblingsfrau schlug, weil sie das Haus ohne seine Erlaubnis verlassen hatte. Wie mochte er wohl mit seinen anderen Frauen und Konkubinen umgegangen sein?

Einmal kam eine Frau zu Muhammad, nachdem ihr Mann sie geschlagen hatte, „ihre Haut war grüner als ihre Kleidung". Der Prophet maßregelte die Frau und schickte sie mit der Anweisung zu ihrem Mann zurück, sie solle mehr Sex mit ihm haben.

Das entspricht seiner Vorstellung von der Frau als Ackerfurche, wie er es in Sure 2,223 ausgedrückt hat: „Eure Frauen sind Felder für euch, nahet euch ihnen, wann immer und wie immer ihr wollt".

Hatam berichtete mir später, dass auch sein Vater seine Mutter oft geschlagen habe. Später fiel mir auf, dass Hatams Vater es war, der mit seinem jüngsten Sohn das Abendessen servierte und dabei einen eher servilen, um nicht zu sagen demütigen Eindruck vermittelte. Da war kein Stolz, kein Hochmut. Wie sich die Zeiten doch ändern können.

Auch das Frühstück am nächsten Morgen, das ich mit Hatam zusammen einnahm, servierte der Vater wortlos uns beiden. Hatam sagte, sein Vater habe nie ihn, aber immer wieder die Mutter geschlagen. Erst als er erwachsen war, habe er ihn zur Rede gestellt und ihn gefragt, wie er denn seine Mutter schlagen könne. Er müsse es unterlassen. Und was hatte sein Vater darauf gesagt? Nichts! Er hat es dann aber unterlassen.

Ich wollte Iqbal nicht weiter mit unangenehmen Fragen in Verlegenheit bringen. Aber eines wollte ich doch noch aus

6. Kapitel: In Baltistan zu Hause

seinem Munde kommentiert haben. Ich sagte ihm, dass eine Dorfgemeinschaft nicht in Frieden gedeihen kann, wenn man die Frauen bevormunden würde. Ich glaubte deshalb auch nicht, dass dies in Saling geschah, außer in Einzelfällen, die es auch in anderen Kulturen gab. Damit hatte ich meine nächste Frage vorbereitet.

„Sind Baltifrauen gleichberechtigt mit den Männern?"

Im Koran heißt es in Sure 2,228, dass Männer höhergestellt sind als Frauen. Nach Sure 4,11 gleicht ein Mann zwei Frauen und nach Sure 4,176 bekommt er auch den doppelten Erbanteil. Männer können vier Ehefrauen haben, dazu unzählige, die er in Besitz genommen hat, beispielsweise bei Kriegszügen. Eine Frau darf nur einen Mann haben. Muhammad durfte sich so viele Frauen nehmen, wie er wollte. Das soll eine besondere Gunst von Allah gewesen sein. Aber was ist daran eine besondere Gunst? Ist Gott so, dass er einem Mann, der ihm besonders zu willen ist, mit dem Zugeständnis belohnt, mehr Frauen als andere haben zu dürfen? Das ist natürlich ein kompletter Unsinn. So einen Gott gibt es nicht. Hier hat sich schlicht Muhammad seiner Fleischeslust die Erlaubnis selber gegeben, sich ausleben zu dürfen. Er durfte sich auch von seinen Frauen scheiden lassen, wenn sie ihm nicht gehorsam genug erschienen, und sich neue nehmen, wann immer er es wollte. Angenommen eine Frau war ihm nicht zu Willen, dann drohte ihr der sofortige Rausschmiss. Vermutlich war das keine fruchtende Drohung.

Iqbal stellte eine Gegenfrage. Warum sollten sie gleichberechtigt sein? Wozu das gut wäre? Um sich genauso wie die Männer im Leben bewähren zu können, erklärte ich. Um selbst bestimmen zu können, wie sie ihr Leben gestalten. Wie man sein Leben gestalten soll, ergebe sich aus dem Koran, sagte er und zeigte auf das Buch mit Goldschnitt, das auf dem Regal lag. Er hatte wieder einen Gesichtsausdruck, der nicht mehr Milde ausstrahlte. Ich glaubte, ich war in seinen Augen gerade zu einem seiner Schüler geworden, mit dessen Unverständnis man Verständnis haben musste, dem aber mit einer gewissen Strenge begegnet werden musste.

Er stand auf. Ich befürchtete, er würde den Koran holen. Doch er griff nach einem anderen Buch. Setzte sich wieder im Schneidersitz hin. Jetzt hatte er wieder den gewohnt freundlichen Gesichtsausdruck. Er wolle, sagte er, mir etwas vorlesen.

Er fragte mich, ob ich wüsste, warum Frauen weinen? Ich überlegte, aber er fing an zu lesen:

„Ein kleiner Junge fragte seine Mutter: Warum weinst du? Weil ich weinen muss, sagte sie. Das verstehe ich nicht! sagte er. Seine Mutter umarmte ihn und sagte. Das wirst du nie verstehen. Später fragte der Junge seinen Vater: Warum weint Mutter ohne Grund? Alle Frauen weinen ohne Grund! antwortete sein Vater.

Aber der Junge war damit nicht zufrieden und fragte den alten Weisen Shaik, denn er dachte, dass er bestimmt die Antwort wüsste. Er antwortete: Als Allah die Frau schuf, machte er etwas Besonderes. Er machte ihre Schultern stark genug, um die ganze Last der Welt zu tragen, aber auch zugleich sanft, dass sie Trost geben konnten. Er gab ihr die Stärke, Kinder zu gebären und die Zurückweisung durch die Kinder zu ertragen. Er gab ihr die Härte durchzuhalten, wenn jeder Andere aufgeben würde und auf die Familie aufzupassen, trotz Krankheit und Ermüdung, ohne zu klagen. Er gab ihr die Fähigkeit, ihre Kinder unter allen Umständen zu lieben, selbst wenn das Kind ihr sehr weh tut. Er gab ihr die Kraft, ihren Mann zu ertragen, trotz seiner Fehler. Und so nahm er sie von seiner Rippe, damit sie sein Herz beschützen konnte. Er gab ihr auch die Weisheit, zu wissen, dass

6. Kapitel: In Baltistan zu Hause

ein guter Ehemann niemals seine Frau verletzt, aber sie manchmal doch auf die Probe stellt, ob sie stark genug wäre, ihm ungerührt zur Seite zu stehen.

Und schließlich gab er ihr eine Träne. Sie gehört ihr und nur ihr allein. Wann immer sie will, kann sie sie benutzen. Sie braucht dazu keinen Grund, keine Erklärung. Sie gehört ihr.

Du siehst mein Sohn, die Schönheit einer Frau ist nicht in den Kleidern, die sie trägt, der Ansehnlichkeit ihres Angesichts oder wie sie ihre Haare trägt. Die Schönheit einer Frau ist in ihren Augen zu sehen, denn die sind die Tür zu ihrem Herzen – dem Ort, wo die Liebe wohnt. Nimm dir Zeit, um sie als das zu verstehen, wozu sie Gott erschaffen hat!"

Zufrieden klappte der Schullehrer das Buch zu, ohne mir einen Blick zuzuwerfen. Insgeheim hoffte ich, dass möglichst viele seiner Landsleute das, was er vorgelesen hatte, zu schätzen wussten und danach handelten.

Hatams Vater hatte ein üppiges Nachtmahl zubereitet. Er hatte zu früheren Zeiten für zahlreiche Expeditionen gekocht. Eine ungemein wichtige Aufgabe, die mit über den Erfolg des Unternehmens entscheidet. Das Haushaltswasser bekamen die Leute von Leitungen, die vom Berg herkamen. Einer der Besucher Hatams, ein Deutscher, hatte, als er das lehmige Trinkwasser in seinem Glas vor sich sah, gefragt, warum man nicht das klare Bergwasser nahm. Hatam hatte geantwortet, weil man dazu eine teure Leitung bauen müsste. Der Deutsche schickte 4.000 Dollar. Seitdem hat das Dorf die Wasserleitung. Man hat dieses Wasser in einem Institut in Karachi untersuchen lassen und den Bescheid bekommen, dass es Trinkwasserqualität hätte. Für deutsche Besucher des Dorfes war es leicht, gut aufgenommen zu werden, dank ihres großzügigen Vorläufers.

6. Kapitel: In Baltistan zu Hause

Touristen sollten sich immer bewusst sein, dass sie nicht nur für sich selber Entscheidungen treffen. Sie können sich so verhalten, dass ihre Nachfolger noch etwas davon haben, im positiven wie im negativen Sinne. Andere Deutsche hatten sich um die Gesundheitsversorgung in Baltistan verdient gemacht. Wer privat Entwicklungshilfe leisten will, kann dies mit touristischen Vorhaben verbinden. Wer immer jammert, dass soviel Geld in der Bürokratie von Organisationen verschwindet, kann diesen Weg einschlagen. Er bleibt jedoch für alle verschlossen, die Pauschalreisen machen oder nur in die ohnehin schon vom Tourismus „angereicherten" Gegenden gehen. Individualreisende haben einen direkten Zugang zur Bevölkerung und können, wenn sie wollen, sehr viel für die Völkerverständigung und für den Frieden tun und in Einzelfällen auch praktische Hilfe geben. Schlechte Menschen sollten keine Individualreisen machen.

Für Hatam waren die Deutschen seine Lieblingsgäste, das mochte auch damit zusammenhängen, dass sie zahlreich waren und mit dem Geld nicht knauserten. Er würde aber jeden Gast nach seinen individuellen Charaktereigenschaften bewerten. Ich machte mit Hatam beim Dinner aus, was wir am nächsten Tag tun wollten. Ich hätte gedacht, die Rückreise nach Skardu anzutreten, obwohl ich nicht sagen konnte, dass ich nicht noch gerne länger in dieser interessanten, landschaftlich ansprechenden Gegend geblieben wäre.

Ich sprach die Hoffnung aus, dass es künftig wie in früheren Zeiten bald wieder möglich sein würde, dass Khaplu eine Durchgangsstation für Reisende nach Ladakh und von Ladakh werden würde. So war es eine Sackgasse. Hatam meinte, es bestünde keine Hoffnung, dass die schwer bewachte Grenze nach Ladakh wieder geöffnet würde, obwohl doch drüben die gleichen Leute lebten, nur die Religion war anders. Das war für Hatam,

6. Kapitel: In Baltistan zu Hause

der kein intensiv praktizierender Moslem war, kein Trennungsgrund. Ich erinnerte ihn daran, dass es unten bei Lahore mit den Pandschabis genauso wäre. Hüben wie drüben die gleiche Sorte Menschen, die sich aber im Glauben unterschieden. Er sagte darauf:

„Viele Baltis wollen die Unabhängigkeit!"

„Du auch?"

„Nein, wir gehören zu Pakistan. Aber die Regierung muss mehr für uns tun."

„Kann ein unabhängiges Baltistan mehr für sich tun?"

Wer konnte das schon sagen!

„Es gibt auch Leute, die sagen Baltistan und Ladakh sollen ein Staat sein und es gibt Leute, die wollen die ganze Nordprovinz mit Kaschmir vereinigen, so wie es vor hundert Jahren mal war."

Das schien alles sehr verwirrend. Hatam meinte, er kenne sich in Politik nicht so gut aus. Wichtig sei, dass es den Menschen gut ging, egal wie es politisch war. Er sprach von einem Freiheitskämpfer, Bürgerrechtler und Separatisten in Khaplu, dem er mich vorstellen konnte, wenn ich wollte. Ich wollte. Im Gespräch mit seinem Vater ergab sich jedoch, dass der sich vermutlich in Islamabad aufhielt. Aber Hatam schlug mir vor, wir könnten morgen zu seinem Haus in Khaplu gehen.

Am nächsten Morgen machte ich einen Spaziergang durch Saling. Es war ein beinahe unwirkliches Licht- und Farbenspiel. Die Welt war voller Harmonieempfindung und Schönheit. Die Weizenfelder erstrahlten und die Blätter der Bäume in den Obstwäldchen leuchteten in allen Grünschattierungen. Es machte Spaß, in diesem ordentlichen Wirrwarr der Gehöfte und Wiesen auf sauber gefegten Lehmpfaden spazieren zu gehen. Immer wieder taten sich Ansichten und Durchblicke auf in die Dorfgassen und entlang der kanalisierten Bäche. Hie und da lag ein Bulle im Hof oder ein Zicklein sprang umher. Ein Kalb mit großen Augen wie die Kinder, die am offenen Fenster im ersten Stock in den verwinkelten Obergeschoßaufsätzen saßen. Einmal drängten sich Mädchen, Mutter, Großmutter und wer weiß noch wer in den Fensterrahmen, alles weiblich, unverhüllt. Sie sahen, wie ich meine Fotokamera anhob und verschwanden alle wie auf ein Kommando. Schade eigentlich!

Jeden Morgen, sagte man mir, fuhr ein Jeep von Saling nach Khaplu, um Personen zu transportieren. An diesem Morgen war das nicht der Fall. Daher legten wir die Strecke über die staubige Piste durch die Kieselwüste zu Fuß zurück. Jenseits der Brücke nahm uns ein Traktor mit, der einen Anhänger Sand nach Khaplu zu transportieren hatte. Hatam setzte sich in den Sand. Ich zog es vor, auf der Deichsel stehend die Fahrt zu bewältigen. Nichts für schwache Nerven.

Wir suchten das Haus des Hamid auf. Eine ältere Frau empfing uns. Sie verschwand dann wieder, während wir in einem Vorraum warteten. Hier gab es Photographien an der Wand, die immer die gleichen zwei, drei Personen mit verschiedenen anderen Personen an verschiedenen Orten zeigten, die große Faisal Moschee in Islamabad konnte ich erkennen. Es gab auch ein paar dieser billig in den Läden zu erwerbenden Poster, die meist Landschaften der Berge zeigen, die man ja ohnehin vor der

6. Kapitel: In Baltistan zu Hause

Hautür hat. Ich empfand das immer als etwas Widersprüchliches. Nirgendwo Palmenstrände, nichts aus dem Westen. Die Bergvölker Pakistans interessieren sich nicht so sehr für die Berge, dass sie ihnen allen Namen geben würden, aber sie hängen sich ihre Abbilder noch in ihre Wohnungen, dass sie ja nicht vergessen, wie sie aussehen, bevor sie wieder das Haus verlassen. Wenn man nachfragt, stellt man fest, dass die Menschen stolz sind über die Naturlandschaft, in der sie leben, aber mir scheint der Stolz mit eine Folge der Wertschätzung zu sein, die Reisende den Bergen zollen. Das heißt aber nicht, dass Berge bei ihnen nicht heimatliche Gefühle auslösen könnten. Hatam bestätigte mir das. Er arbeitete in den Wintermonaten als Safariguide im Sindh, wo es den vertrauten Sand in Massen, aber gar keine Geländeerhöhungen gibt. Und er freute sich, nicht nur seine Familie nach drei Monaten wiederzusehen, sondern auch das, was wir Heimat nennen. „Home" eigentlich „Heim" hat für sie einen umfassenderen Begriff als bei uns.

Wie Hatams Vater vorausgesagt hatte, war Hamid nicht zu Hause. Aber sein Vater Nasar Khan gab uns die Ehre, uns zu empfangen. Die Frau kam mit einem Tablett mit zwei Tassen Tee, in dem schon Zucker war, und hieß uns hinsetzen und zu warten. Als Nasar dann kam, setzte er sich eine Weile zu uns, bis ihm klar war, weshalb wir gekommen waren, und vielleicht auch, um abzuschätzen, wie viel Zeit er uns widmen wollte. Dann wartete er es gar nicht ab, bis wir den Tee ganz getrunken hatten, den Hatam gar nicht angerührt hatte.

Er hieß uns, ihm zu folgen in den Wohntrakt. So war es Sitte, nur unwillkommene Gäste ließ man draußen. Das war schon einmal ein gutes Zeichen. Wir entledigten uns unserer Schuhe. Drinnen war es ziemlich dunkel, da das Fenster klein war und so früh am Morgen noch kein Sonnenlicht erhielt. In der Ecke war ein elektrisches Licht eingeschaltet, das ein oranges Licht nur in

6. Kapitel: In Baltistan zu Hause

unmittelbarer Umgebung ausstrahlte. Der Boden lag mit farbigen, aber schon zum Teil verschlissenen Teppichen aus, dazu Kissen, was eine Ladakh-Stimmung ergeben hätte, wäre da nicht ein Fernsehgerät in der Ecke gestanden, das unter einer Blümchendecke hervorlugte. In der Mitte des Raumes stand ein sehr flacher Tisch mit barock gebogenen Füssen, an der Wand hingen noch mehr Fotografien. Am anderen Raumende stand auch ein Tisch und ein Schränkchen, daneben gab es ein Regal. Leselampe, Papierstapel und Bücher durcheinander aufgeschichtet und eine Schreibmaschine.

Wir setzten uns auf den Teppichboden. Nasar war kaum 70 und man sah es ihm an, dass er noch aktiv war, denn seine Hautfarbe war nicht die eines Stubenhockers. Ich hätte ihm auch den Mountainguide abgenommen. Er war klein, hatte einen grauweißen Vollbart, der ihm eine gewisse Respektabilität verlieh, deren er aber gar nicht bedurfte, denn seine Physiognomie, ganz ohne tibetanischen Einschlag, war würdevoll, er blickte gelassen. Diese Augen hatten schon viel gesehen und dieser Mund hatte schon viel klug geschwiegen. Dieser Mann hatte Erfahrung von Welt. Er hatte in der örtlichen Verwaltung gedient und Politik in Skardu und Islamabad gemacht. Er begleitete seinen Sohn oft zu politischen Versammlungen. Er war gerne bereit, mir meine Fragen zu beantworten. Er sagte, er habe selten Gelegenheit, mit Ausländern über Politik zu reden, es freute ihn, dass ich mich dafür interessierte. Er sei glücklich, wenn die Probleme Baltistans in dem Bewusstsein von Ausländern vorhanden wären.

Was sich im Land abspielte, bekam man als Tourist nicht mit. Er strebt so schnell wie möglich seinem Reiseziel zu, meist eine Trekkingroute, ein Berg, ein abgeschiedenes Tal, eine Gletschertour. Dass es ein paar grundsätzliche, schon lange

6. Kapitel: In Baltistan zu Hause

existierende Probleme gibt, die noch ihrer Lösung harren, wird einem nur bewusst, wenn man etwas länger im Land bleibt. Da gibt es beispielsweise die Spannungen zwischen Schiiten und Sunniten. In Pakistan sind Schiiten in der Minderheit. In den Bergprovinzen ist es umgekehrt. Die sunnitischen Regierungen haben aber schon immer versucht, die Schiiten Baltistans zu dominieren. Nicht nur, dass Baltistan durch Sunniten regiert wird. Es wurden gezielt sunnitische Zuwanderer angesiedelt, um die Mehrheitsverhältnisse zu ändern. Polizei, Militär, Beamte und Kaufleute werden von den Sunniten gestellt.

1948, zur Zeit der Staatsgründung, stellten die einheimischen Schiiten und Ismailis noch 85 % der Bevölkerung. Fünfzig Jahre später lag ihr Anteil nur noch bei knapp über der Hälfte. Die von Islamabad geförderte Zuwanderung von Paschtunen und Pandschabis stößt natürlich bei den Einheimischen auf Skepsis oder sogar Ablehnung, insbesondere deshalb, weil sie selber nur eingeschränkte politische Rechte wahrnehmen können. Zwischen 1988 und 1993 kam es in Baltistan erstmals zu politischen Protesten gegen die Unterdrückung und blutige Gewaltausübung. Damals war der jetzige Präsident Musharraf als Kommandierender der Armee verantwortlich für die Inhaftierung von Tausenden Baltis. In der Folge wanderten viele aus Angst vor weiteren Übergriffen nach Süden aus. Seit 2003 haben die neuen Lehrpläne für die Schulen für neuen Ärger gesorgt. Die Schiiten protestierten. Daraufhin wurden ihre Anführer ermordet oder entführt. Sunnitische Extremisten verübten Anschläge, den pakistanischen Behörden warf man vor, diese gedeckt zu haben.

Ich musste zugeben, dass ich davon so gut wie nichts gehört hatte. Die internationalen Schlagzeilen hatten andere Schwerpunkte. Und so gut kannte ich die Verhältnisse des Landes nicht.

6. Kapitel: In Baltistan zu Hause

„Hätten wir unsere Bürger bewaffnet und uns gegen die Übergriffe gewehrt, hätten wir sicherlich eher das internationale Interesse geweckt", sagte Nasar, „aber das wollten wir nicht. Wir wollten Blutvergießen vermeiden. Stattdessen haben wir an die UN geschrieben."

Er ging zu seinem Schreibtisch und holte ein Schreiben. Es war die Kopie eines Schreibens an den UN Generalsekretär Anan vom 17.10.2005, geschrieben und unterzeichnet von Abdul Hamid Khan, dem Vorsitzenden der Balawaristan National Front.

„Mein Sohn gehört zu einem Personenkreis von Lokalpolitikern, die sich seit Jahren für Autonomie und Unabhängigkeit Balawaristans einsetzen. Sie haben sich und ihre Familien damit der Gefahr ausgesetzt, verfolgt zu werden. Einige sind auch schon in Haft genommen worden. Man hat sie aber auf internationalen Druck wieder frei gelassen." Zu was internationaler Druck nicht alles gut war!

„Was ist Balawaristan?"

„Baltistan allein, glauben wir, ist zu schwach, um sich behaupten zu können. Das Land ist arm. Das haben Sie ja gesehen, wenn Sie schon ein paar Tage hier sind. Sie haben bestimmt Vieles gesehen, was man hier verbessern kann. Aber die Regierung hat uns seit Jahrzehnten nicht gebührend Aufmerksamkeit geschenkt. Sie haben uns vernachlässigt und unterdrückt. Aber den Gilgitis und Hunzas geht es nicht viel besser. Wir wollen uns deshalb mit ihnen zusammenschließen. Wir waren früher Bestandteil eines unabhängigen Fürstentums Jammu und Kaschmir. Da wollen wir wieder hin, nicht zu einem Fürstentum, über das wir nicht zu bestimmen haben. Sondern zu einem unabhängigen Balawaristan!"

„Das wäre dann aber auch wieder ein Vielvölkerstaat, oder nicht?" Es gab ja dennoch verschiedene Volksgruppen, die Shina

6. Kapitel: In Baltistan zu Hause

sprechenden Gilgiter, die Hunza mit ihrer Brushishki-Kultur, die Baltis und die Khowar und Wakhi sprechenden Bevölkerungsanteile, um nur die wichtigsten zu nennen.

„Ja, aber wir haben eine gemeinsame kulturelle und historische Vergangenheit. Darauf lässt sich aufbauen. Wir sind weder Pakistaner noch Kaschmiris."

Auch die Eroberer von Kaschmir waren nur Fremdherrscher gewesen, die noch dazu von den Briten kontrolliert wurden. Die hatten die Grenzregion als Gilgit Agency bezeichnet. Als Indien mit Pakistan 1947 einen Krieg führte, wer Kaschmir bekommen sollte, ergriffen die Einheimischen die Gelegenheit und befreiten sich selbst vom Maharaja Regime. Als dann aber die indischen Truppen bedrohlich nahekamen, holte man sich die Hilfe der islamischen Verbündeten. Und das waren die Pakistaner. Das Dumme war nur, dass man sie nicht wieder loswurde.

Seitdem wurde die gesamte Region als Northern Province von Islamabad aus verwaltet, ohne offiziell den Rang einer Provinz zu haben, denn sie hat keine eigene Verwaltung, im Gegensatz zu den anderen Landesprovinzen, die eine eigene Verwaltung und Regierung haben. Islambad will erst das Problem Kaschmir lösen und betrachtet die Nordprovinz als Teil dieses Problems. Kaschmir soll nach dem Willen Islamabads zu Pakistan, weil es mehrheitlich eine muslimische Bevölkerung hat. Sollte es die Nordprovinz als gewöhnliche Provinz behandeln, könnte dies von Indien als Signal aufgefasst werden, dass man mit dem Status quo des von Indien annektierten Teil Kaschmirs einverstanden wäre. Ein ähnlicher Gedankengang hatte die ehemalige Bundesrepublik Deutschland mit der Anerkennung der DDR. Verfassungsklagen auf Zuerkennung grundlegender politischer Rechte waren ergebnislos geblieben. Allerdings war zu bezweifeln, dass die Erteilung dieser politischen Rechte die Nordprovinz mit einem Mal an die Spitze der Provinzen

6. Kapitel: In Baltistan zu Hause

Pakistans befördert hätte. Dazu war man in den letzten 60 Jahren schon zu sehr ins Hintertreffen geraten. Man war auch weiterhin auf die anderen Provinzen und auf Islamabad angewiesen. Und das galt auch und erst recht, wenn man unabhängig werden würde.

„Wir sind eine Kolonie Pakistans!", sagte Nasar. „Und das seit 60 Jahren. Zuerst war Pakistan eine Kolonie der Engländer. Sie haben geredet von politischer Freiheit und einer islamischen Republik, von Fortschritt und Aufbau. Aber davon haben wir nichts bemerkt. Wir sind hinter den Bergen so weit vom Rest Pakistans weg, dass wir unseren eigenen Weg gehen sollten."

„Aber denkt so auch die Mehrheit der Menschen in diesem Gebiet?" Hatam zum Beispiel hatte gesagt, dass er sich als Pakistaner fühlte.

„Nein. Aber wir müssen die Leute aufklären, dann verstehen sie das. Es ist die Wahrheit!"

Kein Wunder, dass Islamabad auf die „Aufklärer" nicht gut zu sprechen war. Die Balawaristan National Front, BNF, war 1992 gegründet worden und verfolgte das Ziel der Autonomisierung Balawaristans. Es gab außerdem noch die GBNA, Gilgit Baltistan National Alliance, das GBUAF, Gilgit Baltistan United Action Forum, die die gleichen Ziele verfolgten. Noch ein Himalajastaat! Oder besser gesagt, der erste Karakorumstaat, der dann die drei Provinzen Gilgit, Baltistan und Hunza umfassen sollte. Die BNF hatte die pakistanische Verwaltung zu einer völkerrechtswidrigen Besatzung hochstilisiert, was sie rein rechtlich vielleicht auch war. Sie behauptete, dass sehr viele Bewohner der Nordprovinz lieber in einem eigenen Staat leben wollten, als noch weiter diesen belastenden Schwebezustand hinzunehmen. Sie verglichen sich mit Tibet, das ja von China

6. Kapitel: In Baltistan zu Hause

besetzt war, mit Westpapua, das von Indonesien annektiert worden war und der Westsahara von Marokko.

Indische Presseleute hatten Lokaljournalisten in Gilgit gefragt, ob es für sie Pressefreiheit in der Nordprovinz gebe. Sie sagten, sie könnten schreiben, was sie wollten, aber es gab die Instanz des Home Secretary, der das Veto einlegen konnte. Einer der Journalisten, der Herausgeber der K 2, war sogar eingesperrt worden, weil er gegen die Ideologie der Regierung gerichtete Ansichten vertrat.

Die Inder betonen gerne, dass kein Inder, der nicht Kaschmiri war, überhaupt Land in Kaschmir erwerben durfte. Das Gesetz verbot es. Man wollte so den demographischen Charakter Kaschmirs nicht zu ungunsten der Bevölkerung verschieben. Das war gerade das Gegenteil, was die Pakistaner mit ihrem Teil Alt-Kaschmirs praktizierten.

„Warum haben Sie sich so stark für die Unabhängigkeit eingesetzt? Der Unterschied zu der Situation der Kaschmiris in Indien ist doch, dass Sunniten und Schiiten die gleiche Religion haben! Da ist es doch letzten Endes gleichgültig, wie sich die Bevölkerung zusammensetzt!"

„Ich war politischer Aktivist seit meiner Studentenzeit. Damals haben die Leute danach geschrien, von Pakistan oder Kaschmir annektiert zu werden. Aber wir haben damals eine neue Sichtweise eingeführt. Wir sind weder das Eine noch das Andere. Denn wir haben eine eigene Kultur, eine eigene Sprache, also sind wir auch ein eigenständiges Volk mit eigenem Charakter und eigenem Land."

„Aber ohne eigene Grenzen!"

„Das fehlt uns noch. Und deshalb haben wir die BNF gegründet!"

„Erklären sie mir, was genau Balawaristan ist." In einem Satz konnte er es nicht, dachte ich.

„Das sind die Menschen und das Land." Ich gab mich nicht geschlagen.

„Welche Menschen, welches Land?"

„Die Balti, Brushoo, Kho, Shina und Wakhi, dazu die Kaschmiris, Kohistanis, Gujjars, Pathanen und Hazaris, die hier vor der pakistanischen Besetzung lebten. Das Gebiet umfasst die Kreuzung des Himalaja, Hindukusch and Karakorum, das Dach der Welt zwischen Tibet und Pamir. Früher hieß dieses Land Bala, was „hoch" bedeutet. Die Leute hießen Balawar. Und daher nennen wir das Gebiet zwischen Chitral und Ladakh Balawaristan."

Ein schöner Traum. War er auch folgerichtig? Die „Hochländer" forderten ihr Hochland zurück. Aber das Hochland war von vielen Abtrünnigen besiedelt, die nur noch an Pakistan, allenfalls noch an Kaschmir dachten.

Dieses Hochland hatte einst zu Jammu und Kaschmir dazugehört. Aber nach der indisch-pakistanischen Teilung war es von Pakistan okkupiert worden. Vor zweihundert Jahren hatten noch Tibeter, Chinesen und Briten das Sagen. Vor 150 Jahren waren es neben den Briten die kaschmirischen Dogras und die pandschabischen Sikhs. Regiert wurde das Land bis zur Teilung von Kaschmir. Die Dogras hatte man schon aus dem Land gejagt, in Gilgit schon einen eigenen Präsidenten ernannt. Doch dann drohte Indien, sich die Region unter den Nagel zu reißen, und man rief die islamischen Brüder Pakistans zu Hilfe. Man wird nie erfahren, ob es die richtige Entscheidung war. Da Indien Kaschmir bereits annektiert hatte, glaubte es natürlich, auch diesen Teil des früheren Kaschmir erworben zu haben, und konnte deshalb die pakistanische Besetzung nicht akzeptieren.

6. Kapitel: In Baltistan zu Hause

Pakistan akzeptierte umgekehrt die Besetzung Kaschmirs durch Indien nicht und steht seither auf dem Standpunkt, dass über den Verbleib der Nordprovinz solange nicht entschieden werden kann, wie das Schicksal Kaschmirs nicht entschieden ist.

Bei einem Blick auf meine Karte konnte ich mir nur schwer vorstellen, wie man Baltistan von Pakistan aus erobern sollte. Das war leichter von Ladakh, das zu Indien gehörte, zu besorgen. Ladakh war aber seinerseits nur im Sommer leicht erreichbar. Ein Votum der einheimischen Bevölkerung für die Pakistaner würde die Besatzung erheblich vereinfachen und andererseits die Inder davor abschrecken, eine Bevölkerung dominieren zu wollen, die gegen sie war und die vorherigen hinduistischen Dograherrscher bereits vertrieben hatte.

„Was macht Sie glauben, dass die Ladakhis sich dazu entschließen würden, Balawaristan beizutreten?"

„Der Beitritt von Chitral, Sheenaki, Kohistan und Ladakh und Kargil zu Balawaristan hängt von der Freiheit des politischen Willens ab. Wenn sie sehen, dass wir die kulturellen Besonderheiten bewahren wollen, treten sie vielleicht bei."

„Aber es könnten wirtschaftliche Gründe geben, nicht beizutreten!"

„Im Gegenteil. Diese Gebirgsgegend ist reich an natürlichen Ressourcen. Wir haben Mineralien, Gold, wir haben immer Wasser von den Gletschern und bedenken sie, der Indus ist eine Lebenslinie, er fließt durch Baltistan und er fließt durch Ladakh, andere wichtige Flüsse sind der Jhelum und der Chenab..."

„Aber gerade das wäre ein Grund für Pakistan, der Unabhängigkeitsbewegung eine Absage zu erteilen. Sie wollen bestimmt nicht, dass man ihnen das Wasser abgräbt."

„Wir wollen unseren eigenen Staat. Von der Hilfe, die uns internationale Organisationen zukommen lassen, verschwindet ein Großteil in den Taschen der korrupten Politiker in Islamabad. Unsere heimischen Politiker sind nicht korrupt."

Er blickte mich, als er das sagte, herausfordernd an, als erwartete er von mir eine Bestätigung zu dieser für seine Begriffe wichtigen Aussage, an der das Wohl und Wehe der Baltis hängen mochte. Das zumindest konnte ich annehmen, nach alledem, was ich schon gehört hatte. Korruption war eines der Hauptprobleme in diesem Land.

Ich tat ihm den Gefallen und sagte: „Ja, das glaube ich gerne! Ich habe den Eindruck, dass die Leute, die hier leben, sagen, was sie meinen, und meinen, was sie sagen."

„Wir brauchen unseren eigenen Staat", wiederholte er, es gab keine Zweifel, dass er meinte, was er sagte, und dass er es schon sehr lange meinte.

„Würden sie eventuell ein Zusammengehen mit dem Rest Kaschmirs bevorzugen, dann wären sie noch bedeutender und das internationale Interesse wäre ihnen sicher!" Er versicherte, dass ich nicht Ladakh meinte, dann sagte er:

„Was haben wir mit Kaschmir zu tun? Dann laden wir uns das Problem auf, das Pakistan gerade mit Indien hat!"

„Nicht, wenn sie auf den indischen Teil verzichten."

„Wir schon, aber nicht die Kaschmiris!" Daran hatte ich nicht gedacht.

„Wir werden von Islamabad aus regiert. Der Provinzchef ist natürlich kein Einheimischer. Er sitzt bequem in Islamabad. Sein Deputy ist zwar ein Hunza, ein Ismaili, aber er hat keine wirkliche Macht, er hat ja eine Sunnifrau."

6. Kapitel: In Baltistan zu Hause

Das war meiner Meinung nach eine ziemlich unglaubliche Unterstellung in einem Land wie Pakistan, wo doch Frauen so wenig zu sagen hatten. Nasar lieferte aber eine bessere Begründung hinterher:

„Der Deputy Chief Executive wird von dem Northern Areas Legislative Council, NALC, nominiert. Aber auch dieser hat keine Regierungsmacht und ist nur ein Vorzeigeparlament. Die wirklichen Entscheidungen werden im Ministerium für Kaschmir und die Nordgebiete in Islamabad gefällt. Sie erheben Steuern, bestimmen über unsere Schulen, ziehen unsere Söhne zum Militär ein. Und vor Ort setzen diese Entscheidungen die Militärkommandeure um, der Commander FCNA, das ist ein Sunni, und zwei Dutzend Brigadegeneräle und Oberste, alles Sunnis. Dazu noch die ISI, alles Sunnis."

ISI, das war der pakistanische Geheimdienst oder „Inter Services Intelligence agency".

„Wissen sie, dass die Regierung für jeden Bewohner Baltistans im Jahr nicht mehr als 15 Dollar ausgibt?"

Insgesamt bewohnten das Gebiet von der Größe Belgiens etwa eine Million Menschen. Es war kein Geld da, schlimmer noch, es gab auch sonst nichts.

„Wir haben zu wenige Hospitäler und Pflegestationen. Haben Sie gewusst, dass wir von einer deutschen Privatorganisation medizinisch versorgt werden? Die Bewässerungsanlagen verfallen, weil immer mehr junge Leute nicht mehr ihre ganze Arbeitskraft in der Feldarbeit zur Verfügung stellen können, sie wandern ab in den Süden, um dort Geld zu verdienen. Aber wir benötigen selber Arbeitsplätze. Doch dazu fehlt die Infrastruktur. Es wird Ihnen aufgefallen sein, dass wir keine Industrie haben. Und Sie sind anderen Transport gewohnt in Deutschland, nicht wahr?"

6. Kapitel: In Baltistan zu Hause

„Ich gebe Ihnen recht", sagte ich. „Ich halte das Transportsystem hierzulande für stark verbesserungsfähig."

„Drei Viertel der Bevölkerung leben unterhalb der Armutsgrenze. Die Mehrheit der Häuser hat keinen Strom. Es gibt keine Fabriken, nur ein paar alte Ziegeleiwerke. Nur die Armee bietet noch für die jungen Männer Arbeitsplätze, aber sie werden fern der Heimat stationiert. Wäre da nicht die Aga-Khan-Stiftung…"

Richtig, das war mir seit meinem Aufenthalt im Norden schon mehrfach aufgefallen. Überall waren diese Agha-Khan-Stiftungen aufgetaucht. Sie betrieb Hunderte von Projekten zur Verbesserung des Bildungsniveaus und der Gesundheitsfürsorge zum Nutzen der Allgemeinheit. Der Gründer Aga Khan war eine internationale Persönlichkeit, ein Ismaili, mehr wusste ich aber bis dato nicht. Viel mehr konnte mir aber auch Hatam nicht sagen. Dennoch war mein Interesse geweckt. Das war aber jetzt nicht unser Thema. Ich sagte:

„Ich halte es für sehr bedauerlich, dass ein Staat, der so groß, so völkerreich ist wie Pakistan, es nicht schafft, seinen Bürgern die notwendige Versorgung angedeihen zu lassen, und darauf angewiesen ist, dass Organisationen und Stiftungen aus anderen Ländern einspringen."

„Was hat uns Pakistan gegeben? Wenig, was wir gebrauchen können. Aber es hat uns viel genommen, unsere Kultur. Wir haben auch viel bekommen: religiöse Streitigkeiten, Benachteiligungen aller Art, Bevormundung, Armut, Ausbildungslager für Terroristen, Ausbeutung, Menschenrechtsverletzungen, Meinungsfreiheit, Beleidigungen…"

Ich fand einige der Dinge, die er aufzählte, zweifelhaft. Zu einem späteren Zeitpunkt meiner Reise jedoch nicht mehr. Wie in einer Ehe, dachte ich, gehören meist zwei zum Desaster, aber ich

6. Kapitel: In Baltistan zu Hause

vermied, eine direkte Antwort zu geben. Ich war ohnehin mehr zum Zuhören hier und das war wohl auch das, was Nasar dachte. Wenigstens sagte ich:

„Ob man seine Kultur verliert, liegt natürlich auch ein gutes Stück an einem selbst. Wenn ich in ein fremdes Land auswandere, muss ich deshalb nicht meine Sprache verlernen."

„Aber wenn die Kinder wie hier nur Urdu in der Schule zu hören bekommen, wie werden sie später zu Hause mit ihren Kindern reden?"

Und ob er dann bei den Kindeskindern noch genügend Rückhalt für die Forderungen nach einem unabhängigen Staat hatte, wenn alle nach Pakistans Süden zum Arbeiten zogen? Das Volk zieht es dahin, wo die Fleischtröge sind.

Die Armut ist für viele in Pakistan alltäglich

Die alte Frau war gekommen und stellte eine Schale mit Gebäck auf den flachen Tisch. Nasar forderte uns auf, zuzugreifen.

Pakistan hatte 150 Millionen Einwohner, davon lebten nur etwa 1,5 Millionen im rauhen Norden. Warum sollte dieses Gebiet, das ein geologischer Puffer zu China war, aufgegeben werden? Der Maharaja von Kaschmir hatte das Land auch nur kurz unter Besitz gehalten. Es gab also streng genommen auch keinen guten Grund dafür, sich mit dem Rest Kaschmirs zusammenzutun.

Da ging es viel mehr um den Kaschmirkonflikt. Auch die Medien hatten eine heuchlerische Haltung, wenn sie immer von der Befreiung der Muslime in Kaschmir schrieben und für die Rückgewinnung Kaschmirs plädierten, während gleichzeitig nirgendwo die Menschenrechte so sehr verletzt werden wie im eigenen Land. Indien hatte den Kaschmiris mehr Rechte gegeben als die Regierung Pakistans.

Nasar klang beinahe verbittert, als er sagte: „Wir sind ganz unten auf der Liste der Regionen, die die Welt interessieren." Aber es gab noch den kämpferischen Beiton. Noch war er nicht verklungen.

„Aber gibt es nicht diesen Gedanken, dass alle Muslime vereint sein sollen? Ist das nicht vielleicht auch die Ursache dafür, dass konservative Kräfte in Pakistan eine Loslösung von den Nordgebieten kategorisch ablehnen?"

„Mit dem gleichen Grund könnte man sich mit Afghanistan und dem Iran vereinigen. Was nützt das alles, wenn die Menschen unterdrückt werden und sich nicht frei entfalten können? Da nützt alle Einheit nichts. Sie existiert nur auf dem Papier und in den Reden von Phantasten."

Ich beschloss, mir diese Worte zu merken.

„Was Sie meinen", belehrte er mich, „ist der Khilafa state. Das ist auf der religiösen Ebene. Wir reden hier aber von fundamentalen Menschenrechten, die jedem Menschen gewährt werden müssen. Rasulullah sagte in einem Hadith „Die Tötung

6. Kapitel: In Baltistan zu Hause

eines Muslims ist für Allah schlimmer als das Ende der Welt." Was ist das Anderes, als uns um unser Leben zu bringen, wenn man uns die Freiheit nicht gibt? Unsere Kinder sterben in den Hospitälern, weil es an der medizinischen Grundversorgung fehlt, und unsere schwangeren Frauen sterben an Entkräftung, weil sie nicht genug zu essen haben. Sie töten auch unseren Geist. Es gibt hier nur zwölf Oberschulen („high schools"), keine Universität. Es gibt noch nicht einmal lokale Tageszeitungen, geschweige denn Radio- oder Fernsehsender. Und das Land gehört uns auch bald nicht mehr. Immer mehr Pandschabis kaufen sich hier ein. Land wird aus Not verkauft. Die meisten Menschen hier leben von der Landwirtschaft. Wenn ihnen aber das Land nicht mehr gehört, dann verlieren sie auch bald ihre Seele."

Ich schwieg. Ich wollte ihm das Gefühl geben, das mich das beeindruckte.

Interessant war auch, was die Verfassung des von Pakistan besetzten Gebietes von Kaschmir besagte. Da heißt es, dass niemand, auch keine politische Partei, eine Meinung oder Maßnahme propagieren dürfe, die gegen die Ideologie Pakistans oder gegen die Ideologie des Anschlusses der besetzten Gebiete an Pakistan gerichtet ist. Man dürfe auch an keinerlei Aktivitäten teilnehmen, die sich als nachteilig gegen diese Ideologie auswirken könnten. Nasar hatte noch mehr für mich.

„Ich sage Ihnen noch etwas. Ihr im Westen, ihr seid ja so besorgt um die Natur und die Umwelt. Ihr kommt von weit her und bewundert die Landschaft, ihr steigt auf die Berge und gebt viel Geld dafür aus. Und wir freuen uns, dass ihr kommt und das tut. Und wir haben auch nichts dagegen, wenn ihr euch für den Erhalt der Natur ausspKnvcht und wenn ihr Geld sammelt bei euch zu Hause, um den Schneeleoparden zu retten. Aber ihr müsst verstehen, dass wir andere Sorgen haben. Ihr müsst verstehen, dass uns das Wohlergehen unserer Leute wichtiger ist. Es gibt einige unter euch, die etwas tun. Und wir können das nicht verlangen. Aber bitte gehen Sie nach Hause und sagen Sie, dass es hier keine Terroristencamps gibt, hier in Baltistan nicht! Es gibt im Hindukusch welche, aber die würde es nicht mehr geben in einem unabhängigen Balawaristan. Sagen Sie das. Wir lieben den Frieden. Wir haben nichts gemein mit Terroristen und Islamisten. Gehen Sie nach Hause und sagen Sie, dass es gefahrlos möglich ist, zu uns zu kommen. Wir brauchen jeden Touristen. Und wir brauchen politische Rechte. Wir wollen uns frei bewegen können in unserem eigenen Land. Haben Sie die vielen Militärposten gesehen? Wir wollen ein Wahlrecht, wir wollen das Recht, unsere eigenen Volksvertreter zu wählen, und das Recht, auch von ihnen regiert zu werden; wir wollen das Recht, freie politische Parteien zu bilden, das Recht, uns friedlich versammeln zu dürfen. Wenn mehr als drei von uns zusammenkommen, kommt gleich die Polizei oder der Intelligence Service. Wir wollen das Recht der Redefreiheit, das Recht, Besitztümer zu erwerben, und das Recht, Zugang zu allen Gerichten und Ämtern zu haben, alle diese Rechte, die die übrige Bevölkerung Pakistans auch hat."

Selbst der höchste pakistanische Gerichtshof hatte 1999 in Bezug auf die Haltung der Regierung gegenüber der Nordprovinz geurteilt: „Es ist unverständlich, auf welcher Basis die Menschen in den Northern Areas fundamentale Rechte, die in der Verfassung garantiert sind, vorenthalten werden."

Ich sagte Nasar, dass ich ihm die Erfüllung aller legitimen Ziele wünschte, und außerdem „würde ich mich freuen, wenn der Norden viel positive Aufmerksamkeit in den nächsten Jahren auf sich ziehen kann und dass es den Menschen in den Northern Areas wirklich besser geht."

6. Kapitel: In Baltistan zu Hause

Wir verabschiedeten uns von Nasar. Er war die ganze Zeit über auffällig ruhig geblieben, nur gelegentlich flackerte eine Flamme kämpferischer Stimmung wie zur Reminiszenz an frühere Zeiten auf, als er noch größere Kreise in der politischen Landschaft Baltistans zog. Ich hatte mitunter den Eindruck, dass er das alles schon Vielen gesagt hatte. Ich war vielleicht auch nicht der einzige Besucher, den einheimische Reiseführer zu ihm ins Haus gebracht hatten.

Klar war jedenfalls, dass es für die Bewohner der Nordprovinz berechtigte Gründe gab, an der Politik der Regierung etwas auszusetzen. Aber Pakistan war natürlich auch anderswo ein armes Land. Der Bauer im Sindh oder der Tagelöhner im Pandschab, der Hirte in Baluchistan, sie alle interessierte es herzlich wenig, ob der Norden selbständig wurde oder nicht. Der Landwirt auf der griechischen Seite Zyperns wird ebenfalls keine große Begeisterung für die Sache der Franken haben, die ihren eigenen Freistaat und die Loslösung von Bayern anstreben. Sein tägliches Auskommen ist ihm wichtiger.

Es gab auch für die Regierung gute politische Gründe, das POK, Pakistan occupied Kaschmir, und die angrenzenden Gebiete unter Kontrolle zu halten. Eine Freigabe zur Unabhängigkeit war illusorisch. Nicht einmal das eigene Volk schien von den politischen Ideen so begeistert zu sein. Und das war verständlich. Auch für sie galt, „ich pfeife auf mein Wahlrecht, solange es mir deshalb nicht persönlich besser geht". Politische Rechte waren in diesem Lande etwas für Sophisten, Intellektuelle oder Reiche. Wenn es eine Regierung gab, die mehr Geld in den Norden pumpen würde und dafür Sorge tragen würde, dass es den Leuten wirtschaftlich besser ging, dann würde man sie wählen.

6. Kapitel: In Baltistan zu Hause

Aber leider war den Versprechungen der Politiker schon lange nicht mehr zu glauben. Also ignorierte man weitgehend, was politische Agitatoren zu sagen hatten.

Es wurde Zeit, uns von dem BNF-Kämpfer zu verabschieden, mit den besten Wünschen für eine bessere Zukunft für das Volk von Baltistan. Ich sagte, dass ich gerne in ferner Zukunft noch einmal zurückkommen wollte, um von Khaplu nach Leh in Ladakh zu reisen, denn das wäre das sicherste Zeichen dafür, dass sich die Dinge zum Guten gewendet hätten.

6. Kapitel: In Baltistan zu Hause

Nach dem Besuch bei dem alten BNF-Kämpfer fuhren wir nach Skardu zurück. Kaum waren wir in Skardu angekommen, suchte ich das Büro der Masherbrum Transportgesellschaft auf, um meine Weiterreise für den nächsten Tag nach Gilgit vorzumerken. Mein Vertrag mit der Siachen Travel hatte einen Transport zwar zurück nach Islamabad mit eingeschlossen. Aber nachdem ich Hatam ein Schriftstück ausgehändigt hatte, auf dem ich für den Pakistan Alpine Club erklärte, dass ich nach unserer Expedition wohlbehalten und wohlgehalten in Skardu angekommen war, war die persönliche Vorsprache in Islamabad, die man als „Debriefing" bezeichnete, nicht mehr notwendig. Das Geschäftsverhältnis war beendet und ich konnte Hatam entlassen. Er war mit nach Skardu gekommen, um mich am Pioneer Hotel zu verabschieden. Vorher hatte er jedoch noch einige Dinge in Skardu zu erledigen. Das Gleiche galt auch für mich. Wir verabredeten uns auf den Abend im Pioneer Hotel.

In Skardu gab es ein verlockendes Angebot an eingetüteten Fruchtsäften und anderer, fester Wegzehrung, die nach so langer Zeit bei eher einseitiger Verköstigung Begehrlichkeiten weckte. Ich wollte ein paar Einkäufe tätigen. Insbesondere war der Hunger nach dem gedruckten Wort groß. In Skardu gab es einen Schreibwarenladen, bei dem ich schon vor drei Wochen eine Tageszeitung käuflich erwerben konnte. Zu meiner Enttäuschung war er jetzt am Nachmittag schon ausverkauft. Vielleicht war mir ein anderer Tourist zuvorgekommen.

Ich hatte drei Wochen keine Nachrichten von der Außenwelt bekommen, so leicht wollte ich mich nicht geschlagen geben. Das Sidpara Hotel oder das Masherbrum Hotel am anderen Ende der Stadt waren bessere Hotels. Hier bestand am ehesten die Möglichkeit, etwas Lesbares zu finden. Bei der Gelegenheit konnte ich auch das Büro von Maliks Adventure Travel aufsuchen, das zuletzt geschlossen hatte. Das war dieses Mal

6. Kapitel: In Baltistan zu Hause

auch nicht anders. Dafür hatte ein kleiner Touristenladen daneben geöffnet. Ich erstand Postkarten, Briefmarken und Schmuckketten. Das Masherbrum hatte auch eine Zeitung, zu deren beabsichtigter Konsumierung ich mir einen Tee bestellte. Hatam kannte die Leute hier natürlich auch. Wir waren schon früher hier gewesen. Im Foyer stand ein Fernseher und ich war in der Lage, Deutsche Welle einzuschalten, denn der Herr, der mit mir in der Sitzgruppe saß, war mit dem Zeitungslesen noch nicht fertig. In der Deutschen Welle lief gerade das englische Programm. Als der Mann ein Stück der Zeitung weglegte, konnte ich in meinem Bildungshunger nicht widerstehen und fragte ihn, ob ich es haben konnte.

Er stimmte zu und fragte, ob ich Deutscher wäre. Ich bejahte. Er ergänzte, dass er öfter Deutsche Welle schaute, aber nur wenn das englische Programm lief. Wir kamen nach und nach ins Gespräch und es stellte sich heraus, dass er ein höherer Beamter war, der aus Islamabad in die Provinz zu Gesprächen geschickt worden war. Er würde sich am Abend mit einigen Lokalpolitikern treffen. Er fragte mich, ob ich Interesse an Politik hätte, er würde das bei Bergsteigern nicht vermuten, aber gerne herausbringen, da er schon mal die Gelegenheit habe, mit einem zu reden. Er würde sie bewundern, ein Kompliment, das ich nicht für seinen Berufszweig zurückgeben konnte.

Ich sagte, Bewunderung in dem Sinne, dass man sich zu wundern habe, was Bergsteiger eigentlich taten, wäre sicherlich verständlich, weil ich mich das auch oft fragte. Ich sei aber möglicherweise nicht der richtige Ansprechpartner, weil meinen Bestrebungen und Errungenschaften die Höhe fehlte. Er fand das witzig und witzelte, dass bei so einer Antwort die Hoffnung bestünde, dass noch werden könnte, was noch nicht war, wenngleich vielleicht auf einem anderen Gebiet. Zu einem politischen Gespräch kam es dann aber nicht, denn Hatam

6. Kapitel: In Baltistan zu Hause

kehrte verabredungsgemäß zurück. Ich ahnte nicht, dass ich den Mann bald wiedersehen würde.

Im Pioneer Hotel hielt ich mit Hatam noch eine Nachbesprechung. Er bot sich nochmals an, mit mir zum Nanga Parbat zu gehen. Und das trotz der Schläge, die er zuletzt dort bekommen hatte. Eigentlich versprach das ja, abenteuerlich zu werden. Aber man soll nicht etwas herausfordern, was man nicht steuern kann. Ich würde sicherlich nicht zugesehen haben, dass man sich an meinem Wegführer vergriff. Aber es gab ein ganz anderes Argument, das alle anderen in den Schatten stellte. Unsere gemeinsame Zeit war abgelaufen. Es gibt eine Zeit, Steine zu sammeln, und eine Zeit, sie wieder wegzuwerfen. Es gibt eine Zeit der Freundschaft und eine Zeit, wo man wieder auseinander geht. Das ist der Lauf der Dinge. Wir hatten einen Höhepunkt auf dem Gondogoro La, und ich hatte einen anderen in Saling. Und das war ein Glück.

Es war besser so, diese Tour in Skardu abzuschließen. Auf mich wartete ein völlig neues Abenteuer und es war Zeit, dass ich es anging, alleine anging. Hatam fragte mich danach, wie ich seine Begleitung empfand. Er bat mich, nicht mit Kritik zu sparen. Das war außergewöhnlich. Die Pakistaner sind nicht sehr selbstkritisch. Ich sagte ihm, dass er sich noch im Englischen verbessern müsste. Ich sagte das, obwohl sein Englisch vergleichsweise sehr gut war. Aber ein Mensch wie er konnte einen großen Beitrag zur Völkerverständigung leisten. Dazu musste er aber noch mehr Menschen erreichen und noch exakter artikulieren. Er stimmte zu. Er wüsste es. Im Winter würde er ohnehin einen Kurs in Islamabad belegen. Er hatte das anscheinend schon selber so empfunden. Er hatte außerdem ja auch die Absicht, noch weiter in die Höhe vorzustoßen. Bisher hatte er nur Expeditionen bis zum Basislager geführt. Er wollte

6. Kapitel: In Baltistan zu Hause

aber auf die hohen Berge. Dann würde er einer kleinen Schar Auserwählter angehören.

Ich sagte ihm, dass er alle Voraussetzungen für einen guten Führer habe. Besonders hob ich seine Freundlichkeit gegenüber allen Menschen hervor. Das sei eine sehr nützliche und lobenswerte Eigenschaft von ihm, dass er sich darum bemühte, mit allen Menschen gut auszukommen. Ich hatte mit Zufriedenheit zur Kenntnis nehmen dürfen, dass er bei allen gern gesehen war und gut ankam. Ich hatte kein einziges Mal Streit erlebt. Nie hatte er schlechte Laune. Kein einziges Mal hatte er seine Stimme erheben müssen. Dies seien alles Dinge, sagte ich ihm, die auch bei Kunden gut aufgenommen würden. In gewisser Weise sei das auch sein Kapital. Er solle bei seinen Leuten darauf hinwirken, dass sie den Fremden gegenüber positiv eingestellt sind, denn Baltistan wird den Tourismus brauchen. Und deshalb braucht das Land Frieden und Freundschaft mit dem Westen. Ich ahnte nicht, wie sehr ich mich noch in diesem Land mit der Politik auseinanderzusetzen hatte.

Was dann am nächsten Tag gegen Mittag in der Mitte Skardus geschah, war etwas, was ich im Nachhinein eher fragwürdig fand. Vor gut zwei Dutzend junger Menschen, ausnahmslos Studenten, denen ich noch gerade eben auf dem Sportcampus beim Ballspiel zugeschaut hatte, hielt ich am Straßenrand in der Ortsmitte eine Ansprache. Ein junger Mann, offensichtlich noch Schüler oder Student, sprach mich mit einem erstaunlich elaborierten, frisch aus der Sprachküche gekochten Englisch an. Ich solle doch bitteschön sein Land mit anderen Ländern – as you wish – vergleichen. Ich hatte eigentlich gar keine Lust auf eine Unterhaltung mit dem aufdringlichen Burschen und wollte ihn abwimmeln. Doch dann ließ ich mich auf ihn ein und schon mischte sich ein zweiter Student ein, der vorgab, am Christian College als Muslim zu studieren. Er war umso sympathischer,

6. Kapitel: In Baltistan zu Hause

weil er nicht nur eine natürliche Freundlichkeit besaß, sondern auch nachdachte, bevor er etwas sagte. Er fragte mich nach dem Unterschied zwischen Islam und Christentum und wir landeten bald über die historische Zuverlässigkeit von Koran und Bibel bei der Zwangsläufigkeit der Widersprüchlichkeit der islamischen Theologie. Inzwischen hatte sich eine Menschentraube um uns herum gebildet. Das Erstaunlichste war, dass alle andächtig zuhörten und kein Einziger eine Stimme des Protests erhob, da ich Dinge sagte, die man zu Recht als islamkritisch aufnehmen konnte, ja eigentlich musste. Ich empfand eher ehrliches Interesse und positive Anteilnahme. Das war angenehm überraschend. Die Leute von Skardu – ein sehr bemerkenswertes Völkchen. Dennoch hätte ich meine Bedenken, solche öffentlichen Reden, egal an welchem Ort in Pakistan, zu wiederholen. Und ich empfehle niemandem, es nachzumachen.

7. Kapitel: Der Mordsberg

„La fama è viva ai vivi, e morta ai morti"

Der Ruhm ist ein Gericht,

von dem nur der Lebende weiß,

wie es schmeckt.

Aber zunächst wartete der Nanga Parbat auf mein Erscheinen. Und der ist auf fremde Besucher nicht immer so gut zu sprechen, nennen sie ihn doch wie die Einheimischen selber auch „Killer Mountain". Dabei ist er völlig harmlos, wenn man ihm nicht zu nahekommt. Nähe würde ich mit ca. 30 km bezeichnen. Denn die Harmlosigkeit hört an der Raikotbrücke, die den reißenden Indus überspannt, auf. Was dann kommt, haben Andere schon als Höllenritt bezeichnet.

Entweder man traut sich einem Jeep an, der teilweise im Schritttempo auf schmalen Wegen an Abgründen vorbeischleicht. Oder man marschiert durch eine staubige, hitzedurchglutete Schlucht, in der es keinen Schatten gibt. Die beste Wahl wäre, nachts bis zum letzten befahrbaren Ort die Strecke zu bewältigen. Und wenn man sich dann zu Fuß weiter dem Berg nähert, sollte man es einfach mit einem Ausflug zum Basislager bewenden lassen, dann kann nicht viel passieren. Wer darüber hinaus will, ist selber schuld.

Die letzten Tage war das Wetter wieder sehr wechselhaft gewesen. Ich war skeptisch, aber entschlossen, die Reise von Gilgit aus anzutreten. Nur weil er ein kleines Stückchen blauen Himmel gesehen hatte, war mein Fahrer davon überzeugt, dass das Wetter gut werden würde. Immerhin ging es zu einem Berg, der seinen schlechten Ruf bei Alpinisten gerade wegen der

7. Kapitel: Der Mordsberg

schlechten Wetterbedingungen erworben hatte. Sie waren für zahlreiche Bergunglücke mitverantwortlich gewesen. Mehr noch der grenzenlose Optimismus, dass es schon schiefgehen würde. Gerade so wie bei meinem Fahrer. Das war aber keine Posse, sondern eine Geisteshaltung, die er sich offenbar über lange Jahrzehnte eines harten, entbehrungsreichen, aber immer kontrollierten Lebens zugelegt hatte. Und das ist keine Seltenheit in Gilgit.

Es hatte in Gilgit geregnet und über den Bergen hingen bedrohliche Wolken. Auch der Rakaposhi, 7.788 Meter hoch, war, wenn man ein Stück aus der Stadt herausgefahren war, nicht mehr zu sehen. Der Blick noch weiter nach Süden, wo der Nanga Parbat in sechzig Kilometern Luftlinie stand, verdeckt durch vorgelagerte Berge, verhieß auch nichts Gutes und war für meine Begriffe Verhängnis versprechend. Hussein, mein Fahrer, sagte, es würde im Lauf des Tages aufklären. Ich war mir nicht ganz sicher, ob seine Selbtsicherheit, die nicht gespielt zu sein schien, aus der Erfahrung stammte, dass er wie immer zu seinem Einsatz und infolgedessen auch zu seinem Geld kommen würde, oder aus der Erfahrung über das Wetter.

Hussein machte auf mich einen ruhigen, kompetenten Eindruck. Er sah aus wie ein alter Weiser, der seine weißen Haare durch eine solide Lebensweise verdient hatte, er strahlte Gelassenheit und Würde aus. Und er hatte ein freundliches, sympathisches Gesicht. Warum sollte ich ihm also nicht Glauben schenken? Er lebte seit seiner Jugend in Gilgit und hatte beste Voraussetzungen für Wettervorhersagen. Eines machte mich dann doch stutzig. Als ich mich bei ihm rückversicherte, dass das Wetter für unsere Zwecke ausreichen würde, bestätigte er das und setzte ein „Inch' Allah" dazu. Das heißt ja nichts Anderes als: „Ich weiß nicht, wie es kommt, aber wie es kommt, nehme ich es." Was hatte er schon zu verlieren? Er war nur der

7. Kapitel: Der Mordsberg

Jeepfahrer. Er würde mich bei jedem Wetter nach Tarashing bringen, wo der Weg für Geländefahrzeuge endete. „Inch Allah" sagte auch der Wirt an dem Gasthaus unterwegs, wo wir eine Pause machten, nachdem ich ihn nach den Wetteraussichten gefragt hatte. Wir waren schon 100 Kilometer gefahren und im Astore Tal. Immer noch regnete es leicht unterwegs.

Im Südwesten war dieses schmale Stück blauer Himmel zu sehen, aber die Bergspitzen des hier zum Himalaja zählenden Berglandes waren in Wolken verhüllt.

Nanga Parbat, die höchste Südwand der Erde

Seit 18 Jahren fuhr Hussein für verschiedene Arbeitgeber. Er war erst 55 Jahre alt, sah aber aus wie 75, auch wenn er einen körperlich fitten Eindruck machte. Er hatte vier erwachsene Kinder und nur eine Frau. Für den jetzigen Auftraggeber fuhr er seit 20 Jahren. Dafür bekam er rund 50 Dollar im Monat. Manchmal bekam er tips, Trinkgeld von den Touristen, die er fuhr. Er hatte so gesehen allen Grund, sich über die Kunden aus

7. Kapitel: Der Mordsberg

dem Westen zu freuen. Die Einheimischen, sagte er mir, gaben wenig oder nichts.

Unterwegs ließ ich an einem Wasserfall anhalten. Ein Dorf war in der Nähe. Der Dorfschullehrer, ein älterer Herr mit weißem Vollbart, kam und lud mich zum Tee in seinem Haus ein. Ich merkte jedoch, dass Hussein nicht wollte. Später sagt er mir, dass er die Leute in dieser Gegend nicht leiden konnte. Der Dorfschullehrer war überaus freundlich. Er war groß und kräftig, Anfang fünfzig. Ich fragte ihn, ob ich ihn wenigstens porträtieren könnte, da er ein stattlicher Mann sei. Das gestattete er gerne, aber nicht ohne noch zwei Männer herbeizurufen, von denen er sich flankieren ließ. Das waren seine Söhne. Ich machte nur eine Porträtaufnahme von ihm.

Mir ist aufgefallen, dass das Postieren und Posieren vor der Kamera Aufschluss über den Charakter eines Menschen gibt. Gibt er sich selbstsicher oder ist er es tatsächlich? Ist er er oder ein Anderer? Ist er scheu, unsicher, demütig, offen, ungezwungen oder doch eher ängstlich, arrogant, eingebildet, hilflos, dreist. Man sieht einer Porträtaufnahme auch an, ob ein Mensch laut oder leise, redselig oder schweigsam ist. Und erst die Augen! Die Augen geradeaus oder täuschend? Steht da ein Aufrechter oder verbirgt er etwas? Wie steht der Mund dazu? Zusammengepresst, frech die Mundwinkel hochgezogen, unersättlich, groß- oder kleinmäulig, vielleicht auch kussmäulig.

Dieser Gesichtsausdruck prangte voller unmissverständlicher Eitelkeit. Manch einer, der vorher großtut, offenbart vor der Linse Schwächen. Manche fangen an, Rollen zu spielen, solche Rollen, die im richtigen Leben auch nicht viel einbringen. Nur die Wenigsten sind so authentisch wie immer. Der Dorfschullehrer benahm sich vor der Kamera wie einer, der sich für einen Schönheitswettbewerb vorbereitet hatte. Er war das genaue Gegenteil von Iqbal. Ich begann, seine Schüler zu

7. Kapitel: Der Mordsberg

bedauern, unterdrückte diese Regung. Er gab mir seine Adresse. Ich sollte ihm sein Konterfei zuschicken. Eine faire Gegenleistung. Das besonders deshalb, weil die meisten Leute nicht damit rechnen, nach Monaten doch Post zu bekommen.

Hussein war es sichtlich zuwider, auch nur eine Minute an diesem Ort zu verschwenden. Im Jeep sagte er mir, dass wir auf der anderen Seite Tee haben würden, er meinte hinter dem Berg. Hinzu kam, je länger wir uns unterwegs aufhielten, desto mehr stieg die Gefahr einer Gerölllawine, losgelöst durch den Regen.

In der schlichten Herberge, in der ich in Tarashing untergebracht war, gab es noch weitere Gäste. Einer war Jacek, ein Pole, der schon seit zwei Tagen auf besseres Wetter für seine Trekkingtour wartete. Ich brachte geringfügig besseres Wetter mit, was ihn freute. Sein Plan war die Umrundung des Nanga Parbat Massivs, was eine Woche beanspruchen würde. Dann waren da noch zwei junge Amerikaner, die ebenfalls vorhatten, morgen im Gebiet zu trekken. Sie waren aus Afghanistan gekommen, das sie von Turkmenistan kommend durchquert hatten. Sie berichteten, dass sie niemandem empfehlen würden, das nachzumachen. Sie hatten endlose Opiumfelder gesehen. Sie boten mir etwas andersartige Zigaretten an. Ich lehnte dankend ab.

Dann hörte ich eine Weile ihrem Guide zu, der ihnen etwas vom Nanga Parbat erzählte. Ich versuchte, diplomatisch zu sein, aber ein paar Korrekturen hielt ich für angebracht. Er brachte etliche Dinge durcheinander. Aber wo hätte er es auch herhaben sollen? Vielleicht war es recht unterhaltsam, den Dorfleuten oder den Guides und Portern, wenn sie unter sich waren, ihren Erzählungen zuzuhören. Aber leider wurde da wohl auch sehr viel Falsches aufgetischt. Die Amerikaner wollten von mir auch wissen, wie das mit den Messnerbrüdern gewesen sei. Sie wussten nur, dass sie den Nanga Parbat bestiegen hatten und

7. Kapitel: Der Mordsberg

dass beim Abstieg der jüngere Bruder ums Leben gekommen war. Der Überlebende musste sich dann vorwerfen lassen, dass er das Leben seines Bruders aus Ehrgeiz, den Berg zu überschreiten, auf dem Gewissen habe. Er hatte aber jegliche Schuld abgestritten und behauptet, die Überschreitung wäre unter den gegebenen Verhältnissen der sicherste Weg zum Abstieg gewesen. Sein Bruder wäre dann in einer Lawine ums Leben gekommen, auch wenn er es nicht gesehen hatte, weil er immer vorausgeeilt war, um die Abstiegsroute zu erkunden. Was kann man gegen eine Lawine machen? Selbst der beste Bergsteiger ist da machtlos! Besonders, wenn er selber nichts von der Lawine kommen sieht.

„Wenn zwei Menschen über das Gleiche berichten, bekommt man verschiedene Geschichten zu hören. In dem Fall gibt es aber nur die eine Variante!", sagte Pat. Ich gab ihm zu Bedenken, dass es schön wäre, wenn man wenigstens selber immer nur eine Variante vertreten würde. Im Nachhinein „erinnerte" man sich oftmals anders, wenn man eine Weile über eine Sache nachgedacht hatte. Nicht weil man das so wollte, denn oft weiß derjenige gar nichts davon, dass seine neuere Version zuerst im Unterbewusstsein entstanden ist, bevor sie sich in die Erinnerung an den tatsächlichen Ablauf der Ereignisse eingeschlichen hat und bald mit ihr ein nicht mehr auflösendes Gemenge gebildet hat. Das muss nicht immer so sein, aber vielleicht war das am Nanga Parbat auch so gewesen. Wenn zur körperlichen Erschöpfung noch dauernder Sauerstoffmangel und psychisches Trauma hinzukommen, werden manche Realitäten nicht mehr gesehen oder falsch eingeschätzt. Das Gleiche kann mit ihnen in der Nachschau passieren. Elemente des Wunschdenkens etablieren sich gerne im Vordergrund und geben plötzlich den Ton an. „War es so, wie ich denke", fragt man sich, „oder denke ich nur, dass es so war, wie ich denke, weil ich es so gedacht habe?" Diese Geschichte um die erstmalige

7. Kapitel: Der Mordsberg

Überschreitung eines Achttausenders war die bekannteste aller angezweifelten.

„Jeder hat schon einmal eine Geschichte anders erzählt, als sie sich ereignet hat", pflichtete mir Pat bei. Die beiden Studenten, die ein halbes Jahr durch Zentralasien reisten, bevor sie ihr Studium antreten würden, hatten noch nie von diesem Streit gehört, der zwischen Messner und den anderen damaligen Expeditionsteilnehmern mehr als zwanzig Jahre später ausgebrochen war. Und das war auch psychologisch merkwürdig. Damals hatte man über die Unstimmigkeiten geschwiegen.

Der eine, Josh, war Jurastudent, der andere, Pat, hatte sich für das Fach Psychologie eingeschrieben. Bei diesem Fall trafen sich ihre Interessen. Strafrechtlich relevant war ja eine fahrlässige oder vorsätzliche Handlung, die am Berg der Bergführer in der Garantenstellung ohne Weiteres vornehmen konnte. Wenn zwei unterwegs sind und einer der klar bessere Bergsteiger ist, hat er auch vor dem Gesetz eine besondere Verpflichtung. Er darf falsche Entscheidungen des schwächeren Partners nicht tolerieren, weil er sich mitverantwortlich macht. Nicht selten brachte ein Gutachten eines Psychologen eine Vorsatzhandlung ins Wanken, weil dem Täter eine verminderte Zurechenbarkeit bescheinigt wurde. Wer im Rausch der Höhe ist, kann der überhaupt noch klar denken?

„Was mir nicht klar ist", sagte Josh, der Jurastudent, „offenbart die extreme Situation im Gipfelbereich eines Achttausenders den Charakter des Menschen oder nur den extremen Charakter der Situation? Oder anders gesagt, wird der Mensch nur ein Teil des Ganzen, er nimmt eine Rolle ein, die ihm zugewiesen wird, mit der Konsequenz, dass kommt, was kommen muss, und niemand ist dafür verantwortlich? Oder ist er jederzeit Herr der Lage, was die Optionen anbelangt, die ihm noch geblieben sind,

7. Kapitel: Der Mordsberg

zumindest bis zu einem Grad, wo sein Hirn noch überwiegend normal funktioniert. Ich rede jetzt also nicht von Höhenkrankheit."

„Man ist zumindest verantwortlich, dass man in die Situation hineingekommen ist! Ich glaube an die Stärke der Wertevorstellungen, die man hat. Das beweist ja auch die Praxis. Warum sind Menschen in der Lage, Großes zu leisten? Doch nur, weil sie die Lage beherrschen wollen. Was physisch und psychisch überhaupt möglich ist, kann der Mensch erreichen, wenn er es nur wirklich will."

„Wie beantwortetest du dann die Frage nach der Unvermeidlichkeit des Egoismus auf dem Gipfel?"

„Ich habe Berichte gelesen von Bergsteigern, die ihr Gipfelziel vergessen haben, als es darum ging, Andere zu retten. Und genauso gibt es auch Berichte von Leuten, die das Gegenteil gemacht haben. Ganz wie bei einem Verkehrsunfall auf dem Highway in ... wo bist du her?"

„Phoenix, Arizona!"

„...ganz wie bei einem Verkehrsunfall auf einer Nebenstraße in Phoenix - die meisten fahren vorbei, einige versuchen zu helfen. Das hat etwas mit Erziehung und Charakter zu tun. Das beweist, dass zumindest bei den zuletzt Gnannten der Wille stark genug da war, die Entscheidungen auch weiterhin nach den Wertevorstellungen zu treffen. Den Anderen wollen wir anrechnen, dass sie nicht mehr ganz bei Sinnen waren. Aber das hilft wohl nicht weiter, denn Sauerstoffmangel bewirkt weder eine Steigerung der Moralität noch eine Senkung!"

„Ja", sagte Pat, der Psychologiestudent, „das ist das Gleiche wie beim Alkohol. Wer betrunken ist, verliert die Schranken, die sein wahres Ich verbergen, der Eine wird sanftmütig, der Andere aggressiv..."

7. Kapitel: Der Mordsberg

Was folgte war ein kurzer, wohl nicht ganz ernst gemeinter Wortwechsel der beiden, dem ich nicht ganz folgen konnte. Sie machten sich gegenseitig Vorwürfe. Dann war ich wieder an der Reihe. Pat fragte mich:

„Du denkst also, dass Sauerstoffmangel eher die körperliche Potenz verringert als die geistig-psychische."

„Nein, sicherlich werden auch der Geist und die Psyche beeinflusst, aber nicht die moralische Potenz, denn die Weltanschauung bleibt die gleiche. Wenn jemand vorher ein Wohltäter war, bleibt er es auch auf dem Berg. Es sei denn, er hat seine Wohltaten als Show veranstaltet. Es könnte sein, dass man ihn vorher nicht als Wohltäter kannte, weil er ja keine Show daraus gemacht hat, aber oben auf dem Berg wird es dann in bestimmten Situationen sichtbar..."

„... er tritt ein ins Show-Business..."

„... Bergsteiger bewegen sich dorthin, wo sie in charakterlicher Hinsicht ihre Hosen herunterlassen."

„Hörst du, Pat? Der Bergsteiger erklärt gerade, warum wir keine Bergsteiger geworden sind." Pat ging nicht darauf ein. Er tat überrascht.

„Oh, das würde ja bedeuten, dass Höhenbergsteiger keine schlechten Menschen sein können, denn die Menschen bevorzugen es, die schlechte Seite der Seele zu verbergen."

„Oder ihre Ziele sind ihnen wichtiger, als sich zu offenbaren. Wenn sie das Risiko eingehen, ihre Existenz aufs Spiel zu setzen, dann könnten sie auch daran denken, das Risiko eingehen zu wollen, sich von ihrer wahren Seite zu zeigen. Hinzukommt, dass viele Menschen so sehr von sich überzeugt sind. Und Bergsteiger gehören auch zu dieser Sorte Mensch, die sich nicht so sehen, wie sie von Anderen gesehen werden."

7. Kapitel: Der Mordsberg

„Das stimmt", pflichtete Pat mir bei, „das heißt, dass sich auf den Bergen ebenso alle Sorten von Menschen tummeln. Das klärt nicht die Frage, ob dieser Messner ein schlechter Mensch war oder nicht. Mir fällt gerade ein, dass ein Mensch vielleicht nur dann ausbalanciert oder ausgeglichen ist, wenn er gute und schlechte Eigenschaften besitzt, aber ich verwerfe diesen Gedanken gleich wieder."

„Das möchte ich dir geraten haben", sagte der Jurastudent, „du stellst damit sonst das ganze Rechtssystem der USA in Frage. Aber das macht ihr Psychologen ja sowieso."

„Ganz möchte ich doch nicht zustimmen", fügte ich hinzu, „es gibt für Psychologen da noch ein breites Betätigungsfeld. Bergsteiger sind besondere Menschen, nicht weil sie bessere oder schlechtere Menschen sind als andere, sondern weil sie gerne auf Berge steigen, so gerne, dass sie sogar in Kauf nehmen, vielleicht gar nicht mehr herunter zu kommen."

Der Jurastudent fragte, wie es kam, dass sich vernünftige Menschen so viel Leiden und Schmerz hingaben, um ein so niedriges Ziel wie den Gipfel eines Achttausenders zu erreichen. Niemand könne ihm plausibel machen, dass das Glück und die Freude die Schmerzen und die Qual überwogen.

Pat antwortete ihm, dass ein Deutscher eine Theorie darüber entwickelt hätte, wonach Bergsteigen für Bergsteiger wie Sex für normale Menschen wäre. Er fragte mich, was ich davon hielt.

„Du meinst also, Kletterlust und sexuelle Lust seien ähnlich?"

„So etwas in der Art, ja! Man arbeitet auf einen Höhepunkt hin. Und der Weg dahin ist auch schon ein nettes Ziel."

„Ich habe noch nicht bemerkt, dass das Eine wirklich etwas mit dem Anderen zu tun hat, auch wenn es vielleicht die eine oder andere Analogie gibt."

7. Kapitel: Der Mordsberg

„Pat meint, er ist schwer am Überlegen, ob er nicht mit dem Bergsteigen beginnen soll, weil er bei den Frauen nicht..."

„Schweig! Ich habe in der Sache nur ein wissenschaftliches Interesse. War für dich die Sexualität im Jugendalter in hohem Maße angstbeladen?", fragte er mich jetzt. Ich verneinte und musste dabei lachen.

„Aber du hast sehr früh mit dem Klettern angefangen, nicht wahr?"

„Mit dem Klettern vielleicht schon, aber auf Kirschbäume und Nussbäume. Nein, die Berge haben mich sehr spät interessiert. Ich war kein früher Bedürfnisbefriediger."

„Das heißt, das Eine war keine Alternative für das Andere."

„Nicht, dass ich wüsste." Der Jurastudent kam mir zu Hilfe. Er wandte ein:

„Aber eines scheint mir hier doch falsch zu sein. Extremes Bergsteigen ist überhaupt nicht lustvoll, es ist hart, quälend und entbehrungsreich. Das hat mehr mit Schmerzen zu tun als mit dem Ausleben von Lust. Und von der Befriedigung eines Grundbedürfnisses kann schon gar keine Rede sein. Ich hätte eher von einem Psychologen erwartet, dass er feststellt, Höhenbergsteiger seien Masochisten." Das musste ich zur Ehrenrettung der Bergsteigerkameraden ablehnen.

„Ich glaube eher, dass die Strapazen für ein höheres Ziel in Kauf genommen werden und nicht Selbstzweck sind. Wenn ihr einmal auf einer Berghütte gewesen seid, die hoch genug gelegen ist, dass sie abends nur von Alpinisten gefüllt wird, dann wüsstet ihr vielleicht die Antwort. Ihr würdet dann nämlich feststellen müssen, dass passionierte Bergsteiger immer nur über das Eine reden, als wäre es das Einzige. Ihr Denken kreist nur um das Bergsteigen. Es ist der Inhalt ihres momentanen Daseins. Nun ja,

7. Kapitel: Der Mordsberg

angesichts des vielen niveaulosen Geredes unten im Tal, kann das sehr wohltuend sein. Sex, das kann ich euch versichern, ist kein Gesprächsthema."

„Wie bei den Rauschgiftsüchtigen!"

„Wie bitte?"

„Das Bergsteigen ist eine Droge, die abhängig macht."

„Die meisten gehen aber wieder ins Tal und sind dort ganz normal. Es gibt zwar diese sogenannten Glückshormone oder Endorphine, die der Körper bei extremen Belastungen ausschüttet. Wenn man so will, ist das die Belohnung für die großen Mühen oder eine gewisse körpereigene Entschädigung für die Inkaufnahme der Anstrengungen. Aber deswegen alleine steigt keiner auf einen hohen Berg, er kann sie nämlich einfacher und gefahrloser beim Lauftraining bekommen. Bergsteigen hat viel mit Vorfreude, Hoffnung, Erleichterung, Selbstbestätigung zu tun, die für viele Leiden entschädigen. Es ist ein intensives Gefühl, am Leben zu sein, und an diesem Gefühl sind Körper, Seele und Geist beteiligt, in einem spannenden Gleichklang. Aber Bergsteigen hat außerdem noch mehr mit Dingen zu tun, die Psychologen sowieso nicht erklären können."

Pat war noch kein echter Psychologe. Es fehlte ihm die Entrüstung. Aber er hatte noch Neugier. Er sagte, dass er auf meine Erklärung gespannt wäre.

„Schönheit, Großartigkeit der Schöpfung, Bewusstwerden derer, Erprobung eines im Normalleben nicht geforderten Willens, Einswerden mit dem, was vollkommen ist, forderndes Naturerlebnis!"

Ich konnte die Skepsis in den Blicken der beiden sehen. Aber etwas davon hatte sie dazu gebracht, eine Trekkingtour am

Nanga Parbat zu machen und die Majestät dieses Berges würde sie nicht weniger beeindrucken als mich.

„Einswerden? Ist das nicht hinduistischer Stoff?"

„Aus Staub sind wir und zu Staub werden wir. Und dennoch, es wäre ein Fehler, nur materiell zu denken. Dabei gewinnt man nichts und verliert alles. Wenn man einen Sinn im Leben sucht, dann kann er nicht isoliert existieren, irgendwo in einem Menschen. Da muss es etwas Gemeinsames geben. Wir sind ein Teil unserer Umgebung, der auf Ergänzung angelegt ist. In den Bergen spürt man das lebhafter als in den Städten, wo es nur noch wenig Natürliches gibt."

Der Guide der beiden konnte oder wollte nicht mitdenken. Im Orient braucht man sich nicht über den Sinn des Lebens den Kopf zu zerbrechen. Es genügt, Allah die Ehre zu geben und die Übungen des Glaubens einzuhalten.

Wir unterhielten uns noch über unwichtigere Dinge unter dem Zeltdach. Auf dem Rasen verrichtete ein Pakistaner sein Nachmittagsgebet, im Regen, ohne Teppich beugte er seine Knie. Er glaubte an einen Sinn im Leben. Er unterschied sich definitiv von dem Sinn, an den ich glaubte. Seiner lautete zu hoffen, dass es reichen würde. Was? Unbekannt. Zu was? Unbekannt.

Dieses Mal reichte mir für meinen Erkundungsgang das Rupal Tal hinauf zum Bazhin Gletscher ein Träger, denn den Weg würde ich mit Hilfe der Karte der deutschen Himalaja-Expedition von 1934 leicht finden, außerdem kannte ihn der Träger auch. Später stellt sich heraus, dass der Rucksack des jungen Mannes leichter war als mein eigener. Und das kam so. Ich hatte als Zeitpunkt unseres Marsches sieben Uhr morgens festgesetzt. Da waren die Amerikaner noch in ihren Zelten und Jacek wollte ohnehin einen Tag später losziehen. Beide hatten ihr eigenes Trekking-Team. Da die Amerikaner Esel als Tragtiere

7. Kapitel: Der Mordsberg

für ihre Tour gewählt hatten, hatten sich die Einheimischen einfach darauf verständigt, dass man mein Gepäck auf die Esel der Amerikaner mit drauf packte. Und zwar kostenlos, oder besser gesagt auf Kosten der Amerikaner. Das bemerkte ich jedoch erst, als wir im Herligkofer Basecamp angekommen waren und mir Abbas Ali gestand, dass ich auf mein Gepäck noch eine Weile warten müsste.

Die Amerikaner haben nie erfahren, dass sie das Futter für den Esel bezahlten, der mein Gepäck hochschleppte. Ich schätze, es hätte sie auch nicht interessiert. So gesehen hätte ich überhaupt keinen Träger gebraucht, denn auch die Rückreise nach Tarashing war einfach zu bewältigen. Es ging dann ja ständig bergab. Immerhin konnte sich so mein Mann, der gerade 17 Jahre alt geworden war, ein gehöriges Taschengeld verdienen. Er hatte noch nicht viel Erfahrung. Genauer gesagt, er war der unerfahrenste Reisebegleiter, den ich jemals hatte. Schon daran sieht man, wie wenig gefahrvoll die Strecke sein konnte, die zur fürchterlichsten Steilwand des Planeten führte. Der Südwand des Nanga Parbat.

Die ersten sieben Kilometer konnte er meinem Schritt noch mithalten. Dann bat er mich um eine Rastpause, die ich sonst nicht eingelegt hätte. Ich sagte ihm dann, als wir oben angekommen waren und das Zelt aufgebaut war, dass es für ihn die nächsten beiden Tage sicherlich langweilig werden würde. Er könne zurück nach Hause gehen. Außerdem könnte er dann zu Hause übernachten und müsste sich nicht der Kälte in der Höhe aussetzen. Ich würde ihm natürlich den Lohn wie vereinbart geben. Ich sah es seinen Augen an, dass ihm mein Vorschlag gefiel. Aber ich sah noch etwas Anderes, dass das unmittelbare Verstehen des Gesagten überlagerte und schließlich verdrängte. Das war der Stolz, der es ihm verbot, darauf einzugehen. Was hätten seine Kameraden und die älteren Träger im Dorf gesagt,

7. Kapitel: Der Mordsberg

wenn er wieder zurückgekommen wäre. Abbas war nicht klein. Er war noch nicht einmal schmächtig. Aber irgendwie war er noch ein Muttersöhnchen. Ich hatte das in dieser Region von keinem Söhnchen erwartet.

Die Begründung seiner Ablehnung war dafür bemerkenswert. Er sagte in seinem schlichten Schulenglisch, das ihm vielleicht den Job eingebracht hatte, ich sei jetzt sein Freund und Freunde verließe man nicht. Dabei ging die Rückreise zwei Tage später wieder genauso. Ich ging allein und, obwohl ich öfters Pausen zum Fotografieren einlegte, trafen wir uns erst wieder in Tarashing und Abbas Ali hatte es tatsächlich fertig gebracht, unterwegs einen Eseltreiber mit Lasttier zu organisieren, der ohnehin talabwärts unterwegs war. So bekam mein Gepäck wieder eine Eselei zu spüren. Natürlich hatte ich selber schon daran gedacht, einen Esel zu mieten. Aber bei den Tieren ist es immer ungewiss, ob sie sich einem Fremden, der ihre Sprache nicht spricht, anvertrauen.

Tarashing selbst liegt auf 2.900 Metern, das Base Camp des Nanga Parbat Südseite auf 3.600 Metern. In drei Stunden hatte ich die paar Kilometer zurückgelegt. Es gibt nur ein Dorf namens Rupal unterwegs, das nach dem Namen des Flusses benannt ist, der durch das Tal fließt und am Rupalgletscher seinen Ursprung nimmt. Den gleichen Namen trägt die berühmt berüchtigte Südwand des Nanga Parbat, die angeblich die höchste Wand weltweit überhaupt ist. Der Nanga Parbat ist von Tarashing aus nicht zu sehen, nur die Chongra Gipfelkette, die die Verlängerung des Nanga Parbat Massivs nach Osten darstellt. Sie sind zwischen 6.300 und 6.800 Meter hoch und stehen beeindruckend nah über Tarashing. Als ich in Tarashing ankam, waren die Gipfel wegen des schlechten Wetters nicht zu sehen. Das blieb auch so. Aber man sah die mächtigen Schneehänge oberhalb des Chongra und Chungphar Gletschers, der sich bei

7. Kapitel: Der Mordsberg

Tarashing zu Tal gießt. Er hat alleine eine Länge von 10 Kilometern und ist bei Tarashing einen Kilometer breit. Will man das Rupal Tal hinauf, hat man ihn zu durchqueren. Dazu muss man zunächst einen Moränenhügel hinauf, so hoch wie die untere Dicke des Gletschers einmal war, ungefähr 50 Höhenmeter, um dann in den eigentlichen Gletscher hinabzusteigen und auf der anderen Seite wieder hinauf- und hinauszusteigen. Später am Bazhin Gletscher, der noch mächtiger ist, würde sich das wiederholen, für jeden, der weiter das Tal hinauf wollte. Man konnte mehr ahnen, wie nah man einem mächtigen Bergmassiv war, als dass man es sehen konnte. Die vielen Moränen und Gletscher, die in alle Himmelsrichtungen vom Nanga Parbat wegführen, lassen wissen, dass da ein riesiger Berg dahintersteckt. Und wenn das Wetter auch noch so schlecht und der Nebel dicht ist, man weiß, dass der Berg da ist, sieht man doch schon die Wände so nah und steil über dem Gletscher.

Am Morgen nach meiner Ankunft hatte sich das Wetter etwas gebessert, Hussein schien Recht zu behalten. Die Wanderung zum Basecamp wurde ein Spaziergang. Der Nanga Parbat gab sich aber noch nicht die Ehre. Er hat die Besonderheit, dass man ihn von sehr weit weg sieht oder von sehr nah. Dazwischen, auf der Strecke der Halbherzigen, zeigt er sich nicht.

Ich glaubte schon daran, einen Zipfel von ihm gesehen zu haben, als ich plötzlich einen sehr hohen Gipfel vor mir in einer Wolkenlücke auftauchen sah. Der Anblick war beinahe furchteinflößend, weil er so bedrängend nah und himmelhoch schien, dass man den Eindruck gewinnen konnte, er würde sich über einen beugen. Aber dieser Gipfel war nicht der Nanga Parbat, sondern der Rakhiot Peak, 7.070 Meter hoch, „nur", aber zum Greifen nah.

7. Kapitel: Der Mordsberg

Ich lief durch grüne Matten, an einzelnen Gehöften primitivster Bauart vorbei, einige Frauen arbeiteten auf den Feldern, andere waren mit den auf den Dächern zum Trocknen ausgebreiteten Feldfrüchten beschäftigt, Kinder hirteten kleine Ziegenherden oder trieben Kälber, ein Alter erledigte Tischlerarbeiten vor seiner Werkstatt und über ihnen thronte dieser mächtige Schneegipfel. Unten erwärmten Sonnenstrahlen endlich die Szene, aber oben sah man düstere Wolkenfetzen. Dort war eine andere Welt.

Erst als wir das Basecamp erreicht hatten, unmittelbar unterhalb des Bazhin Gletschers, dessen Moräne wie eine gewaltige Wand sich vor uns aufbaute, war der Blick frei auf die Südseite des Nanga Parbat. Die Wolken reichten bis auf 6.500 Meter herunter, wie ich aufgrund der Höhenlinien meiner detaillierten Karte feststellen konnte. Seine Majestät, der Berg, hielt sich bedeckt. Es kann nicht einfach jeder daherlaufen und einen Blick auf ihn werfen. Das entschied er schon selber, wann er und wem er Audienz gewährte!

Da war sie nun, die mächtige Südwand, die mich so sehr beeindruckte, dass ich viele Bilder schoss, obwohl ja vorerst nur ein Teil des Berges und auch nur ein Teil der Wand zu sehen waren. Was man sehen konnte, war beeindruckend genug. Wieviele Trekker und Bergsteiger mochten hierhergekommen sein, denen es nicht vergönnt war, mehr zu sehen, als ich bei meiner Ankunft zu sehen bekam.

Dabei war ich nicht unzufrieden. Vor mir befand sich eines der beeindruckendsten Naturschauspiele dieser Welt. Der Nanga Parbat soll der höchste freistehende Berg der Welt sein. Seine Nordseite fällt in das Industal 7.000 Meter ab, im Süden ist er am steilsten, die Rupalwand misst 4.500 Meter und hat nichts zu bieten als Fels und Eis in der Vertikalen. Es war hier, wo sich bei

7. Kapitel: Der Mordsberg

ihrer ersten Durchsteigung das Drama um die Brüder Messner ereignet hatte.

Der Überlebende konnte aus Gründen der Vermarktungsrechte jedoch erst 30 Jahre später niederschreiben, wie er das Ganze erlebt hatte oder meinte, es erlebt zu haben. Damit forderte er aber zugleich die übrigen Expeditionsteilnehmer zum Widerspruch heraus, Buchveröffentlichung folgte auf Buchveröffentlichung. Die Fronten sind verhärtet. Der Eine spricht von Rufmord und unterlassener Hilfeleistung, die Anderen reden von pathologischem Ehrgeiz und Selbstüberhebung. Reinhold Messner war aber alleine zu seinem Gipfelgang angetreten. Es war sein Bruder, der nicht zulassen wollte, dass dem Älteren der Gipfelsieg alleine zufallen sollte. Er stieg ihm deshalb hinterher und überforderte sich offenbar dabei. Alles Weitere war vermutlich unvermeidlich. Solange diese Möglichkeit des Unvermeidlichen besteht, sollte man nicht zu viel hineininterpretieren.

Manchmal gibt es bei den streitenden Parteien ein gesteigertes Interesse daran zu streiten, weil man sich einer Mitverantwortung bewusst ist, die man nicht leugnen kann, die jedoch kein angenehmes Gesprächsthema darstellt. Und daher tritt man lieber die Flucht nach vorne an. Nicht weil man den Anderen zum Sündenbock machen will, sondern weil man nicht selber gerne einer sein will. Es fehlt nur noch, dass man den Berg selber zum Schuldigen macht. Bei den Einheimischen hat der Nanga Parbat, oder der „Nackte Berg", wegen dieser merkwürdigen Todessehnsucht von Bergsteigern aus all den fremden Ländern den Beinamen „Killer Mountain" bekommen. Nur auf dem Everest gab es mehr Tote. Die fünf Dutzend Tote hat aber nicht der Berg gefordert. Er hat niemanden eingeladen, auf seine Flanken zu steigen. Alleine 1937 sind in einer Nacht 16 Mitglieder einer einzigen Expedition ums Leben gekommen. Das

7. Kapitel: Der Mordsberg

Verhältnis von Gipfelerfolg zu tödlichem Misserfolg beträgt 3 zu 1, noch ungünstiger als beim K2.

Ich fragte ein paar Tage später auf der Nordseite die Leute in Fairy Meadow, warum in keinem der Basecamps Expeditionen seien. Das Nanga Parbat Gebiet war den Trekkern überlassen. Ich bekam zur Antwort, weil sich an den Killerberg niemand mehr herantrauen würde. Das stimmte natürlich nicht. Aber es waren offensichtlich weniger, als sich an den Achttausendern des Karakorums versuchten.

Der erste am Nanga Parbat war 1895 Albert F. Mummery gewesen. Er hat das Bekenntnis hinterlassen, dass es für ihn keinen Berg gab, der so eine Anziehungskraft auf ihn ausübte. Sie war genau genommen so groß, dass er ihr erlag. Der Berg hat ihn festgehalten. Er schaffte es vermutlich nicht einmal über die Gletscherzone.

Es hat mehrere Großunfälle gegeben, an denen mehrere Bergsteiger und Träger ums Leben kamen. Immer wieder war das auf die unberechenbaren Wetterverhältnisse und Lawinenabgänge zurückzuführen. Das liegt daran, dass der Nanga Parbat beinahe isoliert dasteht. Zum tropischen Tiefland ist es nicht weit und hohe Berge liegen nicht dazwischen und auch nicht ringsherum. Er ist der einzige Berg weit und breit, der seine Nase in die Stratosphäre steckt. Aber auch ganz unten für Trekker ist es nicht absehbar, wie das Wetter am nächsten Tag wird. Schneller als anderswo ändert sich das Wetter von günstig zu unerträglich.

Die erste Besteigung 1953 war auch weniger einer Mannschaftsleistung als einer außergewöhnlichen Einzelleistung des damals wohl leistungsfähigsten Bergsteigers der Welt, Hermann Buhl, zu verdanken. Ironischerweise war das Wetter gerade mal wieder sehr launisch, nämlich ungewöhnlich mild.

7. Kapitel: Der Mordsberg

Und deshalb überlebte Buhl auch die Nacht auf 8.000 Metern Höhe mit nicht gerade optimaler Ausrüstung, im Freien und stehend. Vermutlich die härteste Version eines Biwaks.

Für alle unterhalb der Baumgrenze Angesiedelten ist das schwer zu verstehen, für alle, die die Einsamkeit nicht kennen, die eine Ich-Seilschaft bringt. Und sie wollen sie wohl zu Recht auch nicht kennenlernen.

Messner hatte bei seiner Überschreitung noch nicht einmal ein Seil. Er hatte dafür eine Ich-Ichschaft, die aber schnell aus ihrem Schatten treten musste, wenn es darum ging, in der Heimat das innerlich Erlebte nach draußen zu verfrachten und kommerziell auszuschlachten. Widersprüche gibt es überall, wo die Ziele nicht rein und edel sind? Aber auch da, wo man nicht die wirklichen Zusammenhänge kennt. Wenn ein Ziel, das man sich setzt, Ruhm ist, kann es schnell auf Kosten Anderer gehen.

Die großen Bergsteiger haben viel Ruhmvolles vollbracht. Das war immer mit Gefahren verbunden, denn, wo keine Gefahr ist, da ist auch kein Ruhm. Wer viel Ehre will erjagen, muss Gefahr und Zufall wagen! Jedoch, wer Beachtung will erlangen, sollte dennoch am Leben hangen. Nicht jede Gefahr führt zu Ruhm, oder wie der Franzose sagt: N'est pas glorieux tout ce qui est périlleux. Aber Ruhm auf Kosten des Lebens Anderer ist Schande. Der Held erreicht das Ziel, der Andere bleibt auf der Strecke! Man sollte deshalb immer gründlich nachdenken, ob das, was man will, den Einsatz wirklich wert ist. Die Geschichten über die rücksichtslosen und mitleidlosen Gipfelvorstöße, bei denen erschöpfte Bergsteiger auf der Strecke zurückgelassen werden oder bei denen die eigenen Interessen sogar über das Leben von Mitmenschen gestellt werden, haben sich erst in den letzten zwei Jahrzehnten gehäuft. Im gleichen Zeitraum nahm das kommerzielle Bergsteigen stark zu. Das ist natürlich kein Zufall. Ruhm ohne Tugend und falsches Geld haben ihren Wert in der Welt. Man kann sie in echtes Geld umwandeln. Das sieht man bei der Vermarktung der Erfolgs- und Misserfolgsgeschichten. Gibt es einen so großen Unterschied zwischen denen, die aus der Bergsteigerei einen Beruf gemacht haben, bei dem sie ihre Kunden auf hohe Berge hinaufschieben, auf die sie aus eigener Kraft gar nicht hinaufgekommen wären, und denen, die sich das Äußerste abverlangen, um dann die Erfolge zu verkaufen?

Aber dabei muss man Vorsicht walten lassen. Messner hat gesehen, wenn der Ruhm am höchsten, ist der Fall am nächsten. Zuerst fiel nur sein Bruder, er fiel im wahrsten Sinne des Wortes, sein Bruder nur im übertragenen Sinn. Man begann zu Zweifeln an der Reinheit seiner Motive und mäkelte an seinem Ruhm. Mir sagte er, nicht lange vor meiner Pakistanreise, er müsste sich nichts mehr beweisen. Sich selber nichts mehr? Aber vielleicht meint er, der Welt etwas beweisen zu müssen! Quod pravo simile facit, hoc confidere vile, sagt der Lateiner, böser Ruhm macht bösen Glauben. Dabei haben Messner und Seinesgleichen nach eigenem Bekunden nur hehre Ziele, weil es solche Ziele sind, die aller Billigkeit entgegengesetzt sind; weil das Wertvollste, das eigene Leben, daran gesetzt wird, gerade weil sie wissen, dass der italienische Bergsteiger, der „La fama è viva ai vivi, e morta ai morti" sagte, Recht hatte: Der Ruhm ist ein Gericht, von dem nur der Lebende weiß, wie es schmeckt. Und manchmal bekommt er einen faden Geschmack. Ein hebräisches Sprichwort sagt: **Indem man Ruhm erwirbt, hört man bald auf, ihn zu verdienen.** Besonders wenn ihn die Eitelkeit hervorgebracht und hervorgehoben hat. Das kann man in Form von Filmen und Büchern machen. Denn es lacht die Sonne des Gipfelerfolgs gerade solange, bis man daran erinnert wird, dass das Geld, das es zu verdienen gibt, noch lauter lacht. Eitelkeit ist so weit verbreitet unter den Spitzenbergsteigern wie

7. Kapitel: Der Mordsberg

bei den Normalbürgern. Nur dass er sich bei ihnen mitunter drastisch auswirkt. Im äußersten Fall zur Ich-Seilschaft führt.

In Äthiopien sagt man: **Am Palmbaum des Ruhmes vertrocknet die Dattel der Bescheidenheit.** Man kann wohl schwerlich berühmt werden und bescheiden bleiben. Das schließt sich wohl in den meisten Fällen gegenseitig aus! Und deshalb ist es gut, wenn man feststellt: „Heu quam difficile est gloriae custodia" oder: Ruhm bewahren ist schwerer, als ihn erwerben. Gerade für Bergsteiger, die so unsägliche Mühen darauf verwenden, gut nach oben und heil wieder herunter zu kommen, ist das eine untröstliche Wahrheit. Je höher man steigt, desto tiefer man fällt, und fallen müssen sie alle. Wen interessiert heute noch die Nordwandbesteigung des K 35, die für die Beteiligten geradezu eine Offenbarung war. Die Erde dreht sich weiter.

Mit der Überschreitung des Nanga Parbat hat Messner vielleicht auch eine Grenze überschritten. Und sein Bruder ist ihm nachgeeilt.

Ich bin die Rupalwand mehrmals durchstiegen, außer mit den Augen und dem Finger auf der Karte. Ich bin zu dem Schluss gekommen, dass es anders zu gefährlich ist. Fehler in der Seilhandhabung sind zu vermeiden. Gegen Lawinen kann man sich nicht wehren.

Während Abbas das Zelt aufbaute, machte ich mich auf den Weg nach weiter oben. Ich traute dem Wetter nicht, deshalb wollte ich heute noch so weit wie möglich nach oben steigen. Das tat ich dann auch. Ich kletterte bis zum Talschluss, bis auf 4.000 Meter Höhe, wo der Fels in Eis überging. Als es anfing zu nieseln, stieg ich wieder etwas ab, dann wurde es wieder sonnig. Ich fand eine bequeme Aussichtskanzel hoch über dem Gletscher mit einem famosen Ausblick auf die Rupalwand, den Rakhiot

7. Kapitel: Der Mordsberg

Peak und zurück das Tal hinunter, das der Bazhin Gletscher gehobelt hatte.

Ganz in der Nähe lagerten zwei Hirten, sie hatten eine kleine Ziegenherde, die zwischen Moräne und Gletscher herumkletterte. Auf der Wiese am Basislager grasten Kühe. Andauernd fielen Steine vom Eisstrom, der eine sichtbare Dicke von zehn bis fünfzehn Metern hatte, dort wo die Sonne tagsüber eine tiefe Schlucht zwischen Eismasse und Moränenschutt eingeschmolzen hatte. Ich hatte lediglich den zerbrechlichen Rand erklommen. Hochhaushoch angeschwemmtes Gesteinsmaterial, Felsblöcke, die zu Tal geschoben wurden, Sand, Kiesel, Staub, ein Sedimentstrom in Eis verpackt.

Eine Schichtenfolge war nicht zu erkennen, die Durchmischung war seitlich sichtbar. Und alles war vom Berg abgetragen und weggeschwemmt. Dieser Prozess kann nicht viele Millionen Jahre gedauert haben, weil sonst die Berge um ein Vielfaches höher gewesen sein müssten. Jeder Geologe soll sich einmal zu den Ziegenhirten legen und zusehen wie schnell die Verhältnisse sich ändern. Dann denkt er wohl nur noch in Jahrtausenden. Stubengelehrtheit ist nichts im Vergleich zur Naturbetrachtung.

Der Gipfel des Nanga Parbat blieb verhüllt, nur vereinzelt riss die Wolkendecke hoch oben auf und ich glaubte, den Grat zwischen Nanga Parbat und Rakhiot zu sehen, der von 7.000 Metern ansteigt auf über 7.500 Meter. Ich musste mich auf den Rücken legen, da ich sonst eine Nackenstarre bekommen hätte, zudem blendeten die schneeverhangenen Wände. Die Nähe von Größe blendet ja ohnehin die Kleinen. Es war trotz der Sichtbehinderung ein gewaltiges Panorama.

Ich blieb eine Stunde und sah und hörte mehrere Lawinen herunterdonnern, obwohl ich Luftlinie nicht näher als fünf Kilometer von der Wand weg war. Es kam mir einerseits näher

7. Kapitel: Der Mordsberg

vor, als hätte ich die Wand direkt vor mir, aber ein Blick auf die Höhenlinie meiner Karte und die Merkmale des Geländes zeigten mir die Dimensionen. Diese Größenordnungen in der Vertikalen ist das menschliche Auge nicht gewöhnt. Was es meldet, überrascht und lässt zweifeln.

Ähnliches kennt man von anderen Bergen, in Nepal die Dhaulagiri vom Poon Hill aus gesehen mit der tiefsten Furche der Welt dazwischen, der Khalikandaki-Schlucht; Mount Rainier in den USA und Mount Kinabalu auf Borneo vom Meer aus oder sei es auch nur der Mont Blanc, wenn man vom Norden her das Chamonixtal betritt. Jedes Mal ist man unvorbereitet und überrascht über die vertikale Übertreibung des Objektes.

Ich döste unter der Sonne an diesem exponierten Fleck, höher und weiter ging es nicht im Moment. Nackt kann man sich dem nackten Berg nicht nähern. Der Mensch muss sich ähnlich rüsten, als wollte er in die Tiefen der Antarktis. In der Tat herrschen dort ähnliche Verhältnisse, gleich neben dem Mond.

Es war die beste Stelle weit und breit, die ich ausfindig machen konnte. Als ich wieder abstieg, sah ich weit unten das winzige Zelt stehen. Weitere Gäste kamen an. Es waren die Amerikaner und Jacek. Der Pole hatte es also doch nicht alleine in Tarashing ausgehalten.

Abbas erzählte mir, dass er kurz vor der Schulprüfung stünde. Deshalb habe er schulfrei. Zwischen Tarashing und Rupal waren uns am Morgen noch viele Schüler begegnet, alle in blauen Uniformen, die Mädchen zusätzlich mit weißem Kopftuch, kichernd, nachdem sie mich still und mit gesenktem Kopf passiert hatten. Da waren neugierige und auch verschämte Blicke.

Was er einmal werden wollte, fragte ich Abbas. Er wusste es nicht. Rosig waren die Aussichten für ihn bestimmt nicht. Er

7. Kapitel: Der Mordsberg

würde wohl das Dorf verlassen müssen. Ich fragte ihn, ob er reiten könnte. Er bejahte, sie hätten zu Hause auch ein Pferd. Direkt vor uns tollten zwei junge Pferde herum, denen die Dorfleute zum Grasen ihren Lauf gelassen hatten. Sie würden schon wieder nach Hause laufen, wenn ihnen das Futter ausggegangen war.

Ich forderte Abbas auf, mir zu folgen, dann unternahm ich einen vergeblichen Versuch, eines zu besteigen. Es gelang mir nicht einmal, es zu fassen zu kriegen. Abbas wollte sich nicht an der Fangerei beteiligen. Er sagte, es gehörte ihm ja nicht. Der Besitz eines Pferdes musste ein hohes Gut sein, aber hier in dem abgelegenen Talkessel, weit weg von der nächsten Straße, musste dieser wertvolle Besitz nicht bewacht werden. Wer einem Shin etwas wegnehmen wollte, wusste, dass ihm der ganze Clan hinterherjagen würde. Wenn dann aber ein Balti kam, wurde er misstrauisch beäugt. Die Shin wollten unter sich bleiben. Abbas wollte Ärger mit dem Besitzer vermeiden. Vielleicht kannte er auch den Besitzer und er hatte bereits Ärger mit ihm.

Was besser sei, Pferd oder Muli, fragte ich. Er antwortete, mit einem Muli könnte man kein Polo spielen. Das war also der Maßstab.

Nachdem uns der Zeltplatz, die ganze Wiese, nicht mehr alleine gehörte, ging Abbas zu seinen Freunden, den jungen Männern aus Tarashing, die die Amerikaner begleiteten. Sie waren deutlich älter und natürlich auch erfahrener als Abbas. Sie machten ein Lagerfeuer und bereiteten das Essen für die Amerikaner zu. Sie nutzten noch die Helligkeit am Spätnachmittag. Abbas gefiel es, bei den jungen Erwachsenen zu sein und als Erwachsener angesehen werden zu müssen, weil er ja mein Träger war. Stolz und Ehre spielen bei diesen Bergstämmen eine wichtige Rolle im Leben. Für einen

7. Kapitel: Der Mordsberg

Heranwachsenden kann es nichts Wichtigeres geben, als als ganzer Mann zu gelten. Und als Fremder kann man nichts Schlimmeres tun, als einen dieser Männer in seinem Ehrgefühl zu kränken. Sie hatten es auch nicht mitbekommen, dass Abbas unterwegs eine Pause gemacht hatte. Bei ihnen am Feuer würde er auch die Nacht verbringen Das beruhigte mich einigermaßen, denn er war sehr knapp bekleidet. Seine Jacke war Made in Pakistan und sah nicht sehr leistungsfähig aus. Und natürlich trug er Turnschuhe wie alle seine einheimischen Trägerkollegen. Ich sagte ihm erneut, ich würde ihm auch erlauben, nach Hause zu gehen, bei voller Bezahlung. Es machte keinen Unterschied. Natürlich konnte er auf diesen Kleiner-Junge-Vorschlag nicht eingehen. Das ist auch ein Merkmal der Art und Weise, wie bei den Bergstämmen Ehre ausgelebt wird, Vernunft spielt dabei keine Rolle, es sei denn, man ordnet sie dem Verhaltenskodex unter. Dabei zementiert man aber unter Umständen seine Rückständigkeit.

Ich folgte einer Einladung von Jacek. Der kochte selber, obwohl er einen Guide dabeihatte. Die übernehmen dann gewöhnlich auch das Küchengeschäft, schon deshalb, weil sie sichergehen wollen, dass sie etwas Rechtes zu essen bekommen. Jacek dachte wohl genauso. Er war es gewohnt, selber zu kochen. Wenn man eineinhalb Jahre „on a shoestring" durch Asien zieht und sich dabei ausschließlich selber versorgt, hat man das Kochen gelernt. Er war ein „Selbst-ist-der-Mann". Und das galt auch für das Fortkommen. Er war mit dem Fahrrad von Polen bis nach Gilgit gefahren! Dabei hatte er aber einen viermonatigen Abstecher nach Indien bereits hinter sich. Er handelte nach dem Motto des Franzosen: „Qui veut voyager loin, ménage sa monture", **wer reist im Flug, der wird nicht klug.**

7. Kapitel: Der Mordsberg

Von Gilgit nach Tarashing hatte er öffentliche Verkehrsmittel benutzt. Er sagte mir, dass er in der ganzen Zeit nicht mehr als 2.000 Dollar verbraucht hätte. Das war auch ein Kunststück.

Jacek hatte ein herzerfrischendes Gemüt, er war die reinste Frohnatur. Das blieb er auch, nachdem ich ihm gesagt hatte, dass ich schon viele seiner Landsleute hinter Schloss und Riegel gebracht hätte. Er zeigte Verständnis dafür. Wenn man sich nicht an Regeln hält, muss man sich nicht wundern, wenn man dafür die Quittung bekommt.

Er war Anfang Dreißig und hatte seinen Beruf als Sozialarbeiter vorläufig aufgegeben, um diese Reise einmal im Leben zu machen. Aber jetzt ging ihm allmählich das Geld aus. Schon musste er seine Eltern darum bitten, eine Überweisung zu tätigen. Später würde er es zurückzahlen. Reisen birgt die Gefahr, dass man davon nicht genug bekommt. Reisen ist auch des Sozialarbeiters Lust.

Ich sagte: „Meines Wissens braucht man drei Dinge für eine Reise um die Welt. Gesundheit, ein gutes Pferd und einen Sack voll Geld. Einen Drahtesel und die Gesundheit hast du. Dass du mit so wenig Geld auskommst, ist doch sehr beachtlich."

Er hatte die merkwürdige Angewohnheit, vor oder nach jedem zweiten Satz „weescht" zu sagen, eine Art Affirmation, die ich ins Hochdeutsche mit „weißt du?" übertragen hätte. Eine Phrase aus Kattowitz, die man bei uns im Odenwald auch versteht. Er sagte:

„Weescht, wer ohne Schuhe reist, reist vielleicht unbequem, dafür aber sicher!" Er handelte also getreu dem Spruch „Tutum carpit inanis iter".

„Weescht, muss nur sein gutes Bein", er zeigte auf seine sehnigen Waden, „Geld auch, aber wenig, Sorge auch, aber wenig, weescht, viel Witz und gute Beine!"

7. Kapitel: Der Mordsberg

„Würdest du sagen, dass Reisen den Verstand schärft?"

„Wenn du keinen scharfen Verstand vor dem Reisen, dann auch nix hinterher. Wir in Polen sagen: Kto obcych krajów co zwiedzi, domaki w rozum uprzedzi. Wenn man gut denkt vorher, denkt man hinterher besser."

„Bei uns heißt es, Reisen bildet. Dazu das Lesen guter Bücher und viel Mühe und Arbeit im Umgang mit wichtigen Sachen!"

„Ja, ihr Deutschen und Arbeit… Das ist sehr gut!"

„Ich glaube, du bist ein anderer Mensch jetzt im Vergleich zum Anfang deiner Reise."

„Oh ja! Aber ob ich klüger geworden bin?"

„Du bist durch so viele Länder gekommen, hast so viele Menschen getroffen…"

„Weescht, habe ich viele Menschen getroffen. Aber die Menschen haben immer nur mich getroffen."

„Du meinst, **es ändert sich auf Reisen das Gestirn, jedoch noch lange nicht das Hirn**?"

Er war einfach bescheiden. Er musste eine Menge interessanter Geschichten auf Lager haben. Aber er zeigte überhaupt keine Neigung, irgendetwas davon herauszulassen. Vielleicht war ich auch im Moment seine Geschichte. Er würde sich viel später Rechenschaft ablegen, was er erlebt hatte. Vorher wollte er nicht in sein Reservoir an Erlebnissen und Begegnungen einbrechen. Der Spanier sagt: De luengas vias luengas mentiras, **mancher reist um das Vergnügen, nachher derb zu lügen**. Das würde Jacek nicht passieren.

So ein Reisender, der auf alle Leute, gleich welcher Haarfarbe oder Herkunft, freundlich zuging, war überall daheim. Er konnte mir auch keinen Favoriten nennen. Vielleicht war er auch nur schlau und behielt alles für sich.

Jacek, ein Ritter ohne Fehl und Tadel, außer der Mittellosigkeit, war von hagerer aber keineswegs trauriger Gestalt. Er ist blond, das Haar verlässt ihn allmählich, er trägt eine Brille mit dünnem Metallgestell, die ihm ständig beim Kochen beschlägt. Und er läuft in kurzen Hosen herum, bis die Sonne untergeht. Aber er trägt die teure englische Marke Berghaus, die er sehr günstig erstanden hat. Es gibt da bestimmte Läden, die man kennen muss. Wir unterhielten uns eine Weile über das Material, das bei seinen Ausrüstungsgegenständen einfach gestrickt war.

Eine Marotte an ihm irritierte mich aber doch. Es war in Tarashing gewesen, als wir einen kurzen Spaziergang durch das Dorf machten. Die Kinder belagerten uns. Er, der Sozialarbeiter, verjagte sie und schimpfte über sie. Sie waren ihm zu frech. Meine Devise war, unartige Kinder gar nicht zu beachten.

„Weescht", sagte er, „war ich Sozialarbeiter!" Das waren seine ersten deutschen Worte gewesen. Und er blieb dabei, denn sein Englisch war auch eher von der Marke „selber angeeignet auf der Reise durch viele Länder".

7. Kapitel: Der Mordsberg

Am nächsten Morgen stieg ich schon um kurz nach fünf Uhr aus meinem Schlafsack. Draußen war es noch nicht hell, obwohl ein unwirkliches bläulich-violettes Licht der Landschaft ein gespenstisches, geheimnisvolles Aussehen gab. Die Wiese, die wegen der steilen Bergflanke und der Moräne des Gletschers ringsum kesselförmig war, war übersät mit Felsblöcken jeder Art, manche erreichten beinahe Hausgröße, aber nur die Phantasie verlieh ihnen Eigenleben, als wären es Weidetiere aus längst vergangenen Zeiten. Nur die Steine, die am Hang lagen, waren in Bewegung. Bis sie nicht mehr am Hang, sondern unten auf der Wiese lagen. Und wenn sie rund genug oder groß genug waren, rollten sie auch einmal am Zelt vorbei. Ich begriff erst spät, warum die Anderen ihr Zelt vor einem etwa zehn Meter großen Felsbrocken aufgestellt hatten, noch dazu auf der Seite der Moräne, die nicht so steil war, wie der Berg auf der anderen Seite. Ich hatte als Lagerplatz zur geographischen Mitte des Geländes gefunden.

Des Nachts hörte man immer wieder Steine nach unten rollen. Mitten durch meinen Zeltplatz floss der breite, nun silbrig glitzernde Bach, der ein Stück weiter oben aus dem Boden entsprang. Deshalb hatten die Expeditionen die Wiese auch als Basislagerplatz gewählt, obwohl er relativ niedrig gelegen war. Der Nanga Parbat stand so, dass die ersten Lichtstrahlen des Morgens von der verschneiten und vereisten Rupalwand und dem Rakiotgipfel reflektiert werden müssten. Vorausgesetzt, der Himmel war nicht bedeckt! Und darauf hoffte ich, da ich jetzt aus dem Zelt kletterte.

Es war mehr als das. Den Zelteingang hatte ich in die windabgewandte Seite gestellt, talabwärts. Was ich sah, als ich mich umdrehte, war sensationell. Vor meinen ungläubigen Augen stand der bläulich-weiße Riese, der Gigant mit dem weiten Mantel aus Schneekristallen, von wegen Nanga Parbat -

7. Kapitel: Der Mordsberg

Nackter Berg! Prachtvoller bekleidet, majestätischer umhüllt konnte ein Berg gar nicht sein. Ein herrliches Ornat für den Betrachter, ein fürchterlicher Kriegsharnisch für den, der zu nahe kommen wollte. Und darüber blinkten noch die Sterne, als wollten sie dem Überirdischen huldigen!

Gerade noch dass am Gipfel ein kleiner Wolkenfetzen hing. Doch jetzt ging alles sehr rasch. Das Licht nahm schnell zu, die letzten Wolkenreste verloren sich im Nichts und dann stand er da mit seiner ganzen Pracht, der Berg, der ein Bergmassiv ist und über das Himmelsblau hinausragt.

Besser hätte ich den Zeitpunkt nicht wählen können. Aus dem violett-bläulichen Dunkel des Himmels wurde zunehmend ein Tibetblau, das sich nach und nach weiter aufhellte; der Schnee wurde ebenfalls heller und der Nachtschatten zog sich in die Tiefe des Weltalls immer weiter zurück. Die Farben wurden kräftiger und deutlicher allenthalben.

Ich nahm den mannshohen Felsen neben meinem Zelt als Unterlage für meine Kamera und machte ein Bild nach dem anderen. Kunst war das, was sich abbildete. Weiter oben standen die Zelte der Amerikaner und von Jacek. Dort rührte sich nichts. Die hatten wohl zu lange mit Whisky gefeiert. Junge Leute brauchen ihren Schlaf.

Schon am Tage ist die Aussicht auf den Nanga Parbat prächtig, aber im ersten Licht des Morgens sieht man, wie der Berg scheinbar erwacht, wie er aufsteht, wie er den Raum ausfüllt und zeigt, dass er da ist, dass, solange er da ist, die Welt nicht untergeht. Hier nicht, selbst wenn sie anderswo untergeht, hier nicht. Hier sind Raum und Zeit eins geworden und originell.

Die Aussicht wurde immer besser. Ich packte meine Kamera und eilte die Moräne hoch, um den Bazhin Gletscher mit in die Rundumsicht einzubeziehen. Dort hielt ich mich aber nicht lange

7. Kapitel: Der Mordsberg

auf. Ich hatte schon ein neues Ziel anvisiert, den Berg auf der anderen Zeltplatzseite, steil und abweisend, aber nicht für mich. Als ich von der Moräne wieder abstieg, kamen mir schon wieder zwei Bauern entgegen. Sie hatten ihre Esel und Äxte dabei. Die Moräne war mit Nadelbäumen bewachsen. Jetzt würden sie das Krummholz zusammenschlagen, bündeln und als Brennholz abtransportieren. Sie mussten bereits um vier aufgestanden sein. Was hatten die alles heute noch vor? Das Landleben war hart. Was waren da meine Beweggründe am Berg! Gute Aussichten, schöne Bilder, bleibende Erinnerungen, aufregende Begegnungen! Vielleicht wertvolle Güter, aber Luxusgüter.

Und die Amerikaner schliefen in ihrem Bett. Sie hatten ja Recht. Was geht schon über einen guten Schlaf! Den hätten die Bauern auch gerne, konnten ihn sich aber nicht leisten. Halt! Sie hatten jeden Tag einen guten Schlaf. Und gerade deshalb konnten sie jederzeit und jederzeit auch früh aufstehen! Und ich konnte ihn mir auch leisten, verzichtete aber um schöngeistiger Ziele willen. Immerhin etwas, von dem die Volksmasse sich nicht angezogen fühlt; etwas, das nicht sehr populär ist, wie mir mal ein Buchverleger sagte. Also Ziele, die auch wieder nur für einen selber etwas einbrachten!

Wer war hier der, der dem Lebenszweck am nächsten stand! Der Holzfäller tat etwas für seine Familie. Es kommt wohl auf die Perspektive an, auf den Lebensentwurf! Und wieder heißt es: jedem das Seine. Die Amerikaner und Jacek schliefen. Sie wollten vermeiden, dass sie für ihre Weiterreise nicht ausgeruht waren. Man braucht in der Gletscherwelt um den Nanga Parbat einen sicheren Tritt.

Wer schläft, sündigt nicht. Dem Schaf wächst die Wolle im Schlaf. Andererseits, der Schlaf ist ein Betrüger, er stiehlt uns die Hälfte unseres Lebens. Und wer zu lange schläft, den bestraft das Leben. Wer wegen des Anblicks der Rupalwand die ganze

7. Kapitel: Der Mordsberg

Reise macht und ihn dann verpasst – der kann wenigstens noch weiterschlafen.

Der Nanga Parbat war bloß bis etwa 6:15 Uhr in voller Pracht, mit allem, was ihm zur Verfügung stand, um Leute wie mich zu beeindrucken, dann nahm er sich wiederum Quellwolken, die gehören zu seiner Dienerschaft, und bedeckte sein Haupt. Aus! Vorbei! Die Amerikaner und Polen waren in ihrem Bett. Sie waren einen weiten Weg gekommen, um den Nanga Parbat zu sehen. Um ihn zu sehen, oder auch nicht. Wenigstens, um einmal da gewesen zu sein, und dazu brauchte man ja nichts zu sehen. Auch ein Blinder könnte da gewesen sein, ohne etwa zu sehen. Mit nicht weniger lichten Momenten als ich, dem Hingucker. Und so wie ich sie einschätzte, würden die Amerikaner auch am nächsten Tag nicht früher aufstehen, nur weil die Fernsichten besser waren. Und überhaupt, die Welt gehörte ihnen ja sowieso, sie könnten ja jederzeit wiederkommen. Sie machten jetzt ihren Trek um den Berg herum, mit der gleichen Gelassenheit zu dem, was da kommen sollte, wie sie schon durch Afghanistan getrekkt waren. Und wenn es dem Mountain beliebte, sollte er doch sein Haupt verhüllen, na und! „Wir nehmen es, wie es kommt, und wie es kommt, ist es gut, fertig!"

Das ist eine abgeklärte Einstellung – wenn man sie beibehalten kann! Und was die Bergbauern anbelangte, sie lebten am Berg und „wussten", dass dieser riesige Berg zur normalen Ausstattung des Himalaja seit vielen Tausend Jahren gehörte. Sie beachteten ihn gar nicht mehr sonderlich, weil sie ihn schon viele Tausend Male gesehen hatten, nackt, angezogen, mit Gewitterwolken umhüllt, im Gipfelsturm, im Winterkleid, im Sommerkleid und mit sichtbaren Schultern, mit oder ohne Schneeschleppe, sogar mit oder ohne Hijab. Ja, vielleicht würden sie es gar nicht bemerken, wenn er eines morgens nicht mehr da wäre, jedenfalls nicht sofort, erst ein paar Tage später.

7. Kapitel: Der Mordsberg

Nein, ich war hier derjenige, der sich am meisten mühte, für eine nicht unbedingt wichtige Sache. Aber wer kann schon entscheiden, was für einen wichtig ist oder nicht? Auch wieder nur derjenige, der davon am meisten betroffen ist. Auch eine Fehlentscheidung kann wichtig sein, gerade wenn man in ein tiefes Loch fällt.

Heute im Dezember des gleichen Jahres, als ich diese Zeilen schreibe, muss ich daran denken, dass gerade ein polnisches Team versuchen wird, die erste Winterbesteigung eines pakistanischen Achttausenders zu versuchen. Es wird der Nanga Parbat sein. Sie werden schon an der Stelle, wo ich mein Zelt stehen hatte, minus zwanzig Grad haben, von dem Schnee ganz zu schweigen. Letztes Jahr waren sie zur Erkundung im Winter hier gewesen.

1856 hatte der Münchner Adolf Schlagintweit den Nanga Parbat für die westliche Welt entdeckt. Er fertigte eine erste brauchbare Skizze von seiner Südseite an. Wenig später wurde er in Kashgar ermordet.

Zur selben Zeit, als ich mich an der anderen Seite meines Lagerplatzes an die Besteigung eines Bergrückens machte, der mich bis auf 4.200 Meter Höhe bringen sollte, unternahm auch die venezolanische Expedition auf der Diamirseite, der Westseite des Nanga Parbat, einen Besteigungsversuch. Die Expedition bestand eigentlich nur aus einem Mann, José Antonio Delgado Sucre, dem gefeiertsten Bergsteiger Südamerikas. Sein einziger Begleiter Guariguata war krank im Basecamp geblieben.

Sucre erreichte auch tatsächlich am 11. Juli den Gipfel. Zu dem Zeitpunkt war ich schon abgereist. Davon wußte Sucre nichts und hätte er es gewusst, hätte es ihn nicht interessiert. Aber eines ist sicher. Er wäre gerne mit mir abgestiegen. Er wäre viel lieber mit mir abgezogen, als seinen Abstieg vom Nanga Parbat

7. Kapitel: Der Mordsberg

anzutreten, denn er kam in einen Sturm, der seine Spuren vom Aufstieg verwehte. Er konnte daher das letzte Lager nicht erreichen und musste in 7.800 Metern Höhe biwakieren. Ein Biwak, das heißt Notlager, in so einer Höhe ist immer sehr gefährlich. Buhl hatte ein solches Biwak überlebt. Aber er hatte mildes Wetter. Sucre hatte einen Sturm und niedere Temperaturen.

Am nächsten Tag hatte sich der Sturm gelegt. Guariguata konnte ihn ins Lager 4 dirigieren, denn er sah ihn im Teleskop und hatte Funkkontakt. Sucre gab durch, dass er Flüssigkeit zu sich nehmen und sich ausruhen müsse, bevor er weiter nach Lager 3 absteigen würde. Aber das Wetter blieb beständig – beständig schlecht.

Sucre meldete sich erst wieder zwei Tage später, am 14. Juli. Ein Schneesturm hatte ihn begraben. Er war erschöpft und hatte erhebliche Schmerzen in den Beinen. In dieser Höhe kann sich der Körper nicht mehr regenerieren, er baut nur noch weiter ab, daher ist es dringend erforderlich, so schnell wie möglich abzusteigen. Sucre bat seinen Kameraden um Hilfe. Guariguata initiierte einen Rettungsversuch.

Am 17. Juli meldete sich Sucre zum letzten Mal. Sein Zelt war komplett vom Sturm zerstört. Er war nun schon drei Tage ohne Wasser und Nahrung. Er sagte, er könne nicht länger warten und müsse versuchen, Lager 3 zu erreichen. Würde Sucre Lager 3 erreichen, hätte er Überlebenschancen, denn dort gab es Wasser und Nahrung.

Er bat seinen Kameraden, seiner Frau und den Kindern Lebewohl zu sagen. Er wusste, dass seine Chancen zu überleben gering waren. Mittlerweile hatte zwar der Pakistan Alpine Club ein Rettungsteam am Berg. Und auch die Armee hatte einen Helikopter geschickt. Aber das schlechte Wetter hatte den

7. Kapitel: Der Mordsberg

Einsatz des Fluggeräts verhindert und die sechs pakistanischen Bergsteiger begannen jetzt erst ihren Aufstieg. Seine Frau Frida war benachrichtigt worden. Sie flog sofort nach Islamabad. Bereits am 18. Juli waren die Pakistaner am Lager 2.

Am nächsten Tag war das Wetter so gut, dass auch der Hubschrauber starten konnte. Er machte das Rettungsteam und Lager 3 aus.

Das Lager 3 wurde am 21. Juli erreicht. Sucre war nicht dort. Aber noch immer empfing man Funksignale, von denen man nicht genau wusste, ob sie von Sucre waren.

Am 22.7. in der Frühe wurde Sucre nur 400 Meter von Camp 4 entfernt auf einer Höhe von 7.100 Metern tot aufgefunden. Er lag ungeschützt im Freien.

In seinem Nachruf hieß es:

„Der Nanga Parbat wünschte, diesen Bergsteiger zu behalten, und gab uns dafür das wunderbare Vermächtnis: den Edelmut eines Mannes, dessen Kampf und Ausharren für immer in die Herzen aller Venezolaner eingebettet sind."

Viel zu pathetisch und leider wohl auch unwahr, denn viele Venezolaner können mit den Ambitionen der Bergsteiger wenig anfangen. Und Kampf und Ausharren muss man sich schon selber zu eigen machen. Solche Nachrufe sind nett gemeint, aber doch zu phrasenhaft und letzten Endes auch unehrlich.

Kaum wahrgenommen hat man, dass das Rettungsteam erhebliche Anstrengungen unternommen hat, eine Leiche zu finden. Sie wurde dann vor Ort begraben. Der Nanga Parbat ist auch ein Grabstein. Daran muss man denken, wenn man ihn sieht.

Von Sucre stammen ein paar bemerkenswerte Aussagen. Auf die Frage, welches sein liebster Platz auf Erden sei, sagte er:

7. Kapitel: Der Mordsberg

„Cualquiera, con tal que tenga paz de espíritu" – „Das kann überall sein, vorausgesetzt, dass ich spirituellen Frieden habe".

Seinen Frieden hatte er jetzt. Für Sucre war der beste Alpinist derjenige, „que más disfruta de la montaña" – „der am meisten Nutzen vom Berg hat". Vielleicht hätte er besser formulieren sollen, „und wer zugleich am wenigsten Schaden davonträgt." Ich glaube, dass Sucre sehr gerne mit mir nach Tarashing gegangen wäre, viertausend Meter tiefer, aber auch viertausend Mal lebendiger.

Nur eine Woche später gab es den nächsten Toten auf der gleichen Route, den Japaner Ozawa Nadhiro, Mitglied der japanischen Saitama Nanga Parbat Expedition. Er wurde zwischen Lager 2 und 3 vermisst.

Im gesamten Jahr gab es drei erfolgreiche Expeditionen, die insgesamt vier Bergsteiger auf den Gipfel brachten. Zwei Expeditionen blieben erfolglos.

Nur noch selten wurde die Rupalseite für eine Besteigung ausgewählt. Die letzte war vor einem Jahr gewesen. Versucht hatte es damals auch der 36jährige Slowene Tomaz Humar. Er hatte wie ich in diesem schlauchähnlichen Lagerplatz sein Zelt stehen. Er wollte eine neue Route an der Rupalwand eröffnen. Diese Wand war nur etwas für Könner, nichts für Anfänger. Deshalb versuchten sich auch nur sehr wenige an ihr. Immerhin war sie drei Mal so hoch wie die Eiger-Nordwand und daher auch mindestens drei Mal so schwer und drei Mal so gefährlich. Ganz abgesehen davon, dass man an der Eiger-Nordwand kein Problem mit dem Sauerstoffmangel hat.

Humar, ohnehin einer der bekanntesten Bergsteiger dieser Tage, wollte vielleicht den Klang seines Namens noch verbessern, da er die Rupalwand im Alleingang über eine neue Route durchklettern wollte. Das schaffte er nicht. Stattdessen löste er

7. Kapitel: Der Mordsberg

eine Kontroverse aus, wie weit es mit dem Alpinismus überhaupt gehen sollte.

Zu Hause war er so etwas wie ein Nationalheld. Er hatte schon viel Ruhm und Ehre angehäuft. Er wurde gesponsert von den führenden Zeitungen, Fernsehsendern und Telefongesellschaften. Als 1989 der eiserne Vorhang fiel, hatten die osteuropäischen Bergsteiger erstmals die Möglichkeit, im freien Westen zu klettern. Endlich konnten sie auch hoch hinaus. Humar tat das so erfolgreich, dass ihn Messner zum besten Höhenbergsteiger erklärte. 1999 wurde er der Sportler des Jahres seines Landes und bekam vom slowenischen Präsidenten eine Ehrenmedaille.

Aber Humar hatte auch seine Kritiker. Als er vom Nuptse bei starkem Wind abstieg und sein Begleiter dabei ums Leben kam, machten ihn einige slowenische Bergsteiger dafür verantwortlich. Humar vertrat einen ästhetischen Kletterstil, er machte Alleingänge, wann immer es möglich war, ohne viele Hilfsmittel, mit einem hohen Maß an Selbstgenügsamkeit. So wollte er auch den Nanga Parbat angehen, aber genau das Gegenteil kam heraus. Er scheiterte gründlich, aber wenigstens dieses Scheitern sollte noch vermarktet werden. Die Grenze zwischen Alpinismus und Showbusiness, das sah man auch hier, sind fließend.

Humar hatte wochenlang im Basislager auszuharren, weil das Wetter schlecht war. Er kündigte an, auf jeden Fall nach oben zu gehen, auch wenn es gefährlich bleiben sollte. Bald wäre mit dem Monsun zu rechnen, dann wäre es Selbstmord. Nach einiger Zeit des Wartens gesellte sich der Amerikaner Steve House zu den Anderen im Basecamp. Der hatte im Vorjahr beinahe das geschafft, was Humar in diesem Jahr vorhatte. Er war eine echte Konkurrenz, zumal er einen starken Partner, Vince Anderson,

7. Kapitel: Der Mordsberg

hatte. Am 1. August 2005 brach Humar auf, obwohl er vorher noch gesagt hatte, dass die Wetterverhältnisse zu schlecht seien. Zwei Tage kam Humar gut vorwärts. Aber dann reduzierte der Nebel die Sichtweite und Lawinen zwangen Humar zum Halt. Er musste auf 6.000 Metern Höhe ein Loch in den Schnee graben, in das er sich legte. Er musste drei Tage darin verbringen, die Verhältnisse verschlimmerten sich. Ein Drama bahnte sich an, wie das immer so ist, wenn Höhenbergsteiger „stranden".

„Climber Trapped on 'Killer' Peak", meldete die BBC am 9. August. Auf Humars Webseite war zu dem Zeitpunkt zu lesen, dass eine Rettungsaktion ins Leere laufen würde, weil die Wetterverhältnisse viel zu schlecht wären. Spätestens jetzt wurde das ganze Unternehmen eine PR-Kampagne. Der Gipfel war nicht mehr zu machen, aber kommerziell könnte es dennoch ein Erfolg werden, wenn man es geschickt anstellte. Dazu musste man nur genügend Aufmerksamkeit erregen. Aus dem spektakulären Gipfelsturm müsste ein Kampf ums Überleben werden, der die Zuschauer fesseln sollte.

„Das ist es, was Berge zu etwas Besonderem macht", war zu lesen, „unbeschädigte Natur, jungfräuliche Wände und Routen, die wegen ihrer Unzugänglichkeit jungfräulich bleiben. Wenn es so leicht wäre, gerettet zu werden, würde es jemand schon vorher versucht haben, hochzuklettern. Alle Alpinisten, die es versuchen, wissen, es gibt vielleicht keinen Weg zurück. Sie wissen, sie selbst sind der Einzige, der ihnen helfen kann."

Die Wetterverhältnisse waren tatsächlich schlecht. Trotzdem flog am 7. August die pakistanische Armee mit einem Hubschrauber einen Erkundungsflug am Berg. Man plante, Humar mit einem Seil abzuschleppen. Als der Helikopter Nahrung und trockene Kleidung abladen wollte, vertrieb ihn der starke Wind.

7. Kapitel: Der Mordsberg

Man entschloss sich, zwei stärkere Helikopter zu schicken. Am 9. August machten sie ihren ersten Versuch. Aber Humar hörte sie nur, die Wolken waren zu dick. Er konnte sie nicht sehen. Konnte er nicht selber absteigen? Aber das wäre wenig aufsehenerregend gewesen: „Humar steigt im Schneesturm aus 6.000 Metern Höhe vom Berg herunter!" Das hört sich wenig spektakulär an.

Für den nächsten Tag war Sturm vorausgesagt. Humar sagte später, dass er mit seinen Kräften bereits am Ende war. Er sei an der Grenze zum Tod gewesen. Falls der neuerliche Versuch des Hubschraubers fehlschlagen würde, würde er absteigen oder sterben. Hätte, wäre, wenn, gilt nicht!

„No more plans. Climb down or die."

Der erste Helikopter wurde wieder weggeweht, der zweite schaffte es näher, das Seil baumelte herunter, die Piloten versuchten, den Helikopter in eine schaukelnde Bewegung zu bringen, damit das Seil für Humar erreichbar war. Humar beugte sich aus der Wand, während der Wind vom Propeller ihm den Atem verblies und Schnee vom Hang weglöste. So jedenfalls erzählte er die Geschichte.

Endlich bekam Humar mit seinem Eispickel das Seil zu fassen. Er hatte nur einen Moment Zeit, sich daran festzubinden, aber sein Karabinerhaken war zugefroren. Er nahm seine Zunge, um ihn loszueisen. Zugleich war er aber mit zwei Eisschrauben am Berg festgemacht. In dem Moment, als er sich am Helikopter festmachte, war der Helikopter auch mit ihm an den Berg gebunden. Jetzt entschied sich innerhalb weniger Sekunden oder Sekundenbruchteile, ob das Ganze in einem Fiasko enden würde. Wer oder was entscheidet darüber? Zufall? Schicksal? Vorsehung?

7. Kapitel: Der Mordsberg

Abstrakte Begriffe haben es an sich, dass man nicht genau weiß, für was sie stehen. Und wofür das Was steht, weiß man auch nicht. Sicher ist nur, dass man nicht auf sie setzen sollte. Der Zufall ist ein böser Ratgeber. Wer etwas mit dem Zufall erklären will, sagt nicht mehr, als dass er nichts weiß. Oder noch schlimmer, noch nichts gelernt hat. Der Schicksalsgläubige wirft zu leicht die Flinte ins Korn. **Wer an die Vorsehung glaubt, sollte sich immer zuerst vorsehen, damit er nicht das Nachsehen hat.** Aber vielleicht ist bei ihm noch ein Restglaube vorhanden, dass der Mensch nicht ganz machtlos ist, weil er sich seine Wege selber aussucht. So ist der Mensch, er rennt wie ein Blinder in der Welt herum, und wenn er sich den Kopf anstößt, sagt er Zufall oder Schicksal. In Wirklichkeit hätte er nur rechtzeitig die Augen aufmachen müssen, dann hätte er gesehen, wo er sich hinführt. Wer bei einem Rettungsversuch von einer Windböe von der Wand geweht wird, erleidet nur die Folgen seiner früheren Versäumnisse.

Da hingen also Humar und der Hubschrauber über das Seil an ihm und dem Berg. Der Pilot versuchte bereits, vom Berg weg zu kommen, der Hubschrauber zerrte am Seil. Humar hing dazwischen, entweder die Verbindung zum Berg müsste sich lösen oder der Hubschrauber musste an die Wand gedrückt werden. Irgendwo würde etwas reißen müssen, damit wenigstens der Hubschrauber nicht abstürzte. Wenn nichts riss, wäre das das Ende beider. Zum Glück sind Bergseile noch nicht so stabil, dass sie nicht reißen könnten.

Humar dachte daran, sein Messer zu benutzen. Aber seine Finger waren schon angefroren. Das Seil dehnte sich unter dem Zug, der Helikopter schwang hin und her. Humar berichtete etwas widersprüchlich: „Ich machte meine Augen zu, und auch der Pilot hatte seine Augen geschlossen. Er betete zu Allah und ich betete zu meinem Gott und dann brach irgendetwas. Ich wusste

7. Kapitel: Der Mordsberg

nicht, was geschah. Wie ein Bungee flog ich auf das Fenster des Hubschraubers zu."

Das Seil zu den Eisschrauben war zuerst gerissen, das war die günstigste aller Varianten, und nun katapultierte das überdehnte Rettungsseil Humar nach oben. Der Helikopter hatte passenderweise gerade eine Bewegung zur Seite gemacht, sodass es nicht zum Zusammenstoß kam.

„Ich sage, es war Gottes Wille!"

Da Gott es wollte, geschah es so. Moderne Alpinisten hört man eher selten von Gott reden. Da geht es öfter um den Götze Mammon. Dafür fällt es manchmal schwer, sich aufs Klettern zu konzentrieren. Früher musste ein Bergsportler nur sich selbst gefallen. Heute müssen sie eine Leistung abliefern, die den Sponsoren und der erwartungsvollen Öffentlichkeit gefällt. Das Medienzeitalter mit Lifestories, Live TV-Shows, täglichen Internetupdates übt einen immensen Druck auf die Expeditionen aus. Das Bergabenteuer wird immer mehr zur Reality Show. Humar filmte sich in seinem Biwak selbst. Vom Basecamp wurden ihm E-Mails vorgelesen von seinen Fans. Auf der ganzen Welt beteten die Leute für Humar, Christen, Muslime, Hindus und Buddhisten. Daher auch Humars Erwähnung Gottes. Bergsport als völker- und religionsverbindendes Spektakel? Zu seinen Kritikern sagte Humar, „Jeder macht das, wozu er berufen ist, die Einen klettern auf Berge, die Anderen kritisieren. Berge wird es immer geben, Kritiker auch."

Es ist abzusehen, dass die Berge im Himalaja und im Karakorum immer mehr Höhenbergsteiger anziehen werden, wenn die technische Entwicklung der Hubschrauber weiter fortschreitet. Die können zurzeit nur bis zu einer Höhe von ungefähr 6.500 Metern operieren. Weiter oben ist die Luft zu dünn und es kann kein Auftrieb mehr durch die Rotorblätter erzeugt werden. Aber

7. Kapitel: Der Mordsberg

die Bergrettung wird weiter verbessert. Das gibt ein trügerisches Gefühl der Sicherheit, denn wenn alle Stricke reißen, kann man immer noch den Rettungsdienst alarmieren.

Nirgendwo scheint es noch einen Platz zu geben, wo man ganz auf sich selbst gestellt ist, außer auf den Gipfeln der Achttausender. Alles, was gestern noch bemerkenswert war an Errungenschaften, ist heute nur noch Dutzendware. Reisen zum Südpol können genauso gebucht werden wie Besteigungen des Mount Everest. Neuerdings kann man sogar in den Weltraum reisen, um sich davon zu überzeugen, dass es dort oben noch unwirtlicher ist.

Einen Monat nach Humars Rettung waren House und Anderson sicher von ihrer Rupalwand-Durchsteigung auf den Boden zurückgekehrt, auf dem ich jederzeit sicher, neben meinem Zelt, gestanden habe. Sie hatten allerdings weitaus weniger Medieninteresse geweckt. Sie hatten das gemacht, was Humar vorhatte. Aber das interessierte nur noch Spezialisten. Wer zuerst mit einer guten Story kommt, hat gewonnen. Nicht mehr, wer zuerst oben ist. Vielleicht gibt es einen neuen Weg, berühmt zu werden, das geplante Desaster. Aber das dürfte nicht einfacher sein und auch nicht weniger gefährlich. Aber es ist neu.

Ich gab mich zufrieden mit der Felskletterei auf dem vermeintlichen Gipfel des namenlosen Berges in 4.200 Metern Höhe. Ich kletterte auch nicht weiter, nachdem ich feststellen musste, dass der von unten noch als höchster auszumachender Punkt doch nur ein Zwischengipfel war. Es ging ja noch höher, aber die weitere mögliche Route sah nach Stunden aus und wurde auch unübersichtlich. Abbas hatte ich gesagt, dass wir gegen Mittag wieder aufbrechen würden. Wenn ich bis dahin nicht zurück war, würde er vielleicht die „Tarashing Feuerwehr" verständigen.

7. Kapitel: Der Mordsberg

Die Sicht auf den Nanga Parbat war von hier freilich nicht sehr viel besser als vom Basislager, dessen Zelte ich gerade noch tief unter mir als kleine Farbpunkte, die sich kaum vom Grün des Grases abhoben, ausmachen konnte.

Der Nanga Parbat war zu nah und zu hoch. Außerdem hatte er längst sein Haupt wieder eingehüllt. Allerdings konnte ich über den Bazhin Gletscher hinweg den Rupal Gah hinaufblicken.

Als ich wieder unten war, waren die Amerikaner gerade dabei aufzubrechen. Sie hatten noch keine Eile und einige kurze Tagesetappen vor sich. Sie hatten die Langsamkeit längst entdeckt. Und das schon mit jungen Jahren. Während sie beim Frühstück saßen, hatte ich eine komplette Tagestour bewältigt. Als ich den Rückmarsch nach Tarashing antrat, rückten die Wolken wieder näher zusammen.

Zugeschneit – Das Watter ist in den Bergen unnachgieibig

Ich fuhr zurück mit dem Jeep von Tarashing nach Gilgit, gab Hussein ein Trinkgeld, das ihn zufrieden stellte und nahm einen Tag darauf den Bus nach Chilas. Auf halbem Weg an der Raikot Brücke über den Indus stieg ich aus und mietete einen Jeep von

7. Kapitel: Der Mordsberg

den einheimischen Shin, die dort ein Monopol auf den Transport haben, das sie sich von niemandem streitig machen lassen. Es gab schon Reiseagenturen aus Gilgit und Islamabad, die daran etwas ändern wollten. Aber die Einheimischen verstehen da keinen Spaß.

Nach einer haarsträubenden Fahrt erreichte ich das Dorf Jheel, wo ich mich bei einem Armeeposten abmelden musste. Von Jheel aus geht es zu Fuß weiter. Dieses Mal nahm ich mir kein Begleitpersonal, denn in Fairy Meadows, einem idealen Lagerplatz zur Erkundung der Umgebung, gibt es Kost und Logis. Eigentlich heißt der Ort, über den der Zugang zur Nordseite des Nanga Parbat erfolgt „Märchenweise", so wurde er von der ersten deutschen Expedition Anfang der Dreißiger Jahre getauft. Man hat, zumindest bei schönem Wetter, von der 3.300 Meter hoch gelegenen Märchenwiese auch wirklich einen märchenhaften Blick auf den Nanga Parbat, den Rakiot Gletscher und die gesamte Umgebung, die ebenda einen beeindruckenden Wald mit mächtigen Nadelbäumen zu bieten hat. Wenn hier eine Märchenwiese war, so war der Wald umso mehr ein Märchenwald. Ich habe sonst nirgendwo in Pakistan oder sonstwo im Himalaja Bäume von solch archaischen Ausmaßen gesehen. Das waren Überbleibsel aus einer Zeit vor der Zeit, jedenfalls gab es diesen Wald hier länger als Menschen. Die Bäume standen nicht so dicht, dass sich nicht das Sonnenlicht im Geäst brechen und auf den moosigen Waldboden herunterfallen konnte. Wiedehopfe, Elstern, Krähen, Tannenhäher, Meisen, Bergfinken hüpften durch Licht und Schatten. Die Bäume stehen bis unmittelbar an den Steilabfall zum Rakhiot Gletscher, der Hundert Meter tiefer vorbeifließt. Blickt man vom Waldesinneren hinaus, blitzen die Schnee- und Eishänge des Nanga Parbat Massivs hindurch. Irgendwie schien der Wald mystisch zu sein. Kein Wunder, dass die deutschen Namensgeber

7. Kapitel: Der Mordsberg

an Grimms Märchen gedacht haben. Es ist alles etwas überdimensioniert, wie in einem richtigen Märchen.

Dies war wieder so ein Fleckchen Erde, das man gerne zu den Orten zählt, die man gesehen haben muss, um zu wissen, auf was für einem Planeten wir leben. Das Nanga Parbat Massiv hat seine eigene Atmosphäre, seine eigene Flora und Fauna. Man bekommt hier wieder ganz andere Eindrücke als in Baltistan. Gerade die noch vorhandenen Wälder sind ein herausragendes Unterscheidungsmerkmal, weshalb die Gegend mehr Ähnlichkeit mit dem indischen Teil des Himalaja hat, der noch weiter östlich liegt als Baltistan, das wiederum mehr Ähnlichkeit mit Ladakh und Tibet hat.

Am Rande der großen Lichtung, die die Deutschen Märchenwiese getauft haben, steht eine Ansammlung von primitiven Hütten der Shin. Unmittelbar über dem Steilabfall zum Rakhiot Tal hinunter, dort wo die Aussicht am besten ist, stehen hingegen die Blockhäuser für die zahlenden Touristen.

Im Blockhausspeisesaal traf ich dann auch Umar, den Reiseführer einer niederländischen Reisegruppe. Es waren alles Senioren. Umar war ein sympathischer 60jähriger Hunzamann, der im Beisein der Holländer, die an seiner Seite saßen, sagte, er sei glücklich einen Deutschen zu treffen. Er erzählte mir im Laufe des langen Abends, dass er früher auch Expeditionen geführt habe. Am Nanga Parbat sei er immer wieder für deutsche Expeditionen im Einsatz gewesen. Er führte auch am Berg. Auf dem Gipfel war er jedoch noch nicht gewesen. Und nun war seine Zeit längst vorüber. Er machte jetzt nur noch Führungen von Trekkingtouren. Oder Wanderungen, so wie jetzt gerade. Mit einem Expeditionsleiter, einem Professor aus München, hatte er Freundschaft geschlossen. Das war sicherlich keine Übertreibung, nicht nur, dass Umar einen vertrauenswürdigen Eindruck auf mich machte. Er war einer

7. Kapitel: Der Mordsberg

jener Typen, die man sofort beim Wort nimmt, und es nie zu bereuen hat. Offene Charaktere, die immer die Ruhe bewahren und allem etwas Gutes abgewinnen können. Er erzählte mir von seinem Aufenthalt in Deutschland. Der Professor hatte ihn eingeladen, nach Deutschland zu kommen. Vier Wochen hatte er bei den Leuten in München gewohnt. Die Gastfamilie war für alles aufgekommen. Es war ihm ganz wunderbar gegangen. Während er mir das erzählte, leuchteten seine Augen und sein Gesicht strahlte. Vier Wochen Urlaub in Deutschland für einen Shin, ein unvergleichliches Erlebnis.

Er hatte komfortabel gewohnt, er war mit dem Auto chauffiert worden, er hatte sehr gut gegessen, ja, er schwärmte geradezu von der bayerischen Küche. Die ist natürlich sehr nahrhaft und deftig, nicht so wie die dünne pakistanische Linsensuppe mit Reisbeilage. Wir saßen am Rande der Märchenwiese, aber für Umar hatte das Märchen ganz woanders stattgefunden. Er schwärmte in den höchsten Tönen von Land und Leuten - dabei muss ihm entgangen sein, dass das nachbarschaftliche Verhältnis mit den Holländern delikat ist. Er sagte, er würde die Zeit in Deutschland nie vergessen. Der Professor hatte ganz offensichtlich etwas für die Völkerverständigung getan.

Ich fragte ihn, ob es nicht schwer für ihn gewesen sei, wieder zurückzukommen. Immerhin hatte er eine Frau und zwei Kinder, die damals noch nicht groß waren. Aber wochenlange Aufenthalte in der Fremde war er ja als Bergführer gewohnt. Aber ein Land, das so fortgeschritten ist wie Deutschland, von seiner besten Seite zu erleben und dann mit den primitiven Verhältnissen im Land seiner Herkunft zu vergleichen, müsste sehr schmerzhaft sein. Er gab zu, es sei ihm sehr schwergefallen, Deutschland wieder den Rücken kehren zu müssen, wenn er auch darauf brannte, seiner Frau und seinen Freunden davon zu erzählen. Er hatte den Aufenthalt in Deutschland zu sehr

7. Kapitel: Der Mordsberg

genossen, um einfach wieder in die Normalität zurückzukehren. Die erste Zeit in Pakistan sei ihm schwergefallen.

Er hatte einmal die große weite Welt gesehen, den Wohlstand, den Reichtum in einem Land, das ganz anders war als seine Heimat. Und er sagte, seine Heimat würde nie so reich werden. Damit wird er vermutlich Recht haben. Nur gut, dass Hunza eine einmalig schöne Landschaft zu bieten hat. So wie für einen Mitteleuropäer die negativen Eindrücke überwiegen, wenn er zum ersten Mal pakistanischen Boden betritt, so sind es umgekehrt die positiven, wenn ein Pakistaner zum ersten Mal nach Deutschland kommt.

„Was würdest du von Deutschland übernehmen, wenn du könntest?"

„Das Essen!"

Es stellte sich heraus, dass Umar Angestellter bei Adventure Tours war. Sein Chef war niemand Anderes als Malik. Wie nicht anders zu erwarten war, sagte er, er sei mit seinem Chef sehr zufrieden. Tatsächlich schien Malik seinen Bediensteten ein gutes Salär zu zahlen. Ich erinnerte mich daran, wie er über sein Büropersonal geschimpft hatte. Mit seinen Mountain Guides war er wohl zufriedener.

Am nächsten Morgen brach ich früh auf. Ich wollte zum Basislager der Rupalseite aufsteigen, das auf knapp 4.000 Metern Höhe mitten im vergletscherten Gebiet der Nordseite des Nanga Parbat liegt. Von dieser Seite aus starteten die deutschen Expeditionen der dreißiger Jahre ihre Besteigungsversuche. Dann wollte ich absteigen bis nach Jheel, wo mein Fahrer mit dem Jeep wartete. Ich hatte ihn auf 13:00 Uhr bestellt.

Was folgte, war ein eiliger Aufstieg, den ich aber bei wunderbarem Wetter durchführen konnte. Im Bereich des Gletschers musste in unübersichtlichem Gelände manches

7. Kapitel: Der Mordsberg

Felsspringen und Klettern der leichten Art erledigt werden, aber das Fortkommen war problemlos. Die Aussichten waren großartig, im Norden sah man die Berge des Karakorum. Das Basislager war geräumt. Die Aufstiegsroute von hier aus war die längste und wegen der ständigen Lawinengefahr auch immer gefährlich. Das war auch den ersten deutschen Expeditionen zum Verhängnis geworden. Die Route von der Westseite her gilt als die sicherste. Sie ist die heutige Normalroute. Von meinem Standpunkt aus war jedoch nur der oberste Teil der Diamirflanke sichtbar.

Beim Abstieg, zwischen dem kleinen Dorf Beyal und der Märchenwiese, kam mir gemächlichen Schrittes die holländische Reisegruppe entgegen. Umar zwinkerte mir zu. Gestern hatte er Zweifel geäußert, dass er mit diesen Leuten viel weiter als nach Beyal kommen würde. Sie wollten zum Basecamp. Er hatte mir erzählt, wie schwer es manchmal für ihn war, wenn in einer Gruppe Reisewilliger immer wieder schwächere dabei waren, auf die man aufpassen müsste, die andererseits immer das Programm behindern würden. Einmal hatte er eine Frau den Berg herunterschleppen müssen. Das Wetter war regnerisch. Die anderen Teilnehmer der Reisegruppe waren schon mit dem zweiten Führer über alle Berge. Als es zu steil wurde, habe er sie einfach auf den Boden gesetzt und sei mit ihr heruntergerutscht. Das hätte sie nur unter Protest angenommen, aber es gab keine andere Möglichkeit. Umar sagte aber auch, dass man froh sein müsste, dass die Leute hierherkamen, denn das bedeutete ein geregeltes Einkommen. Dafür müsste man dann auch solche unangenehmen Dinge in Kauf nehmen. Er hatte ja mit eigenen Augen gesehen, wie bequem es sich in anderen Ländern leben ließ.

Damit das Reisen für alle Beteiligten zum Gewinn wird, damit der Tourismus nicht nur Geld bringt und damit er schon gar

7. Kapitel: Der Mordsberg

nicht Kulturen oder Landschaften verändert oder die Natur beschädigt, ist es erforderlich, dass die Leute geschult werden. Nicht nur diejenigen, denen man einen Besuch abstattet, sondern auch diejenigen, die besuchen. Am besten wäre, man würde sie einer Prüfung unterziehen, ob man sie überhaupt auf die Menschheit loslassen kann.

Man könnte beispielsweise einen Teneriffatouristen fragen, wie er sich verhalten würde, wenn er eine Liege am Swimming Pool reserviert haben möchte. Die richtige Antwort wäre, gar nicht reservieren wollen. Und schon gäbe es ein Problem weniger. Oder eine Testfrage für Frauen: Wählen sie unter den Kleidungsstücken dasjenige, mit dem Sie in Lahore eine Moschee betreten würden.

Natürlich wird man so eine Prüfung des Geldes wegen niemals einführen, auch wenn die Prüflinge immer ehrlich antworten würden. Es zählt hier tatsächlich nur der Verdienst für die Reiseveranstalter und für die, die am Gewinn teilhaben. Wenn dabei auch noch Naturschutz betrieben wird, dann nur deshalb, weil man ohne eine intakte Natur keine Besucher mehr anlockt.

8. Kapitel: Gilgit Agency

Gilgit Bazar

Wieder in Gilgit, der Zentrale der Nordprovinz, angekommen, gab es einige Aufregung. Die Straßensperren waren verstärkt worden und die Kontrollen ausgiebiger. Direkt am Eingang zur Hauptbazarstraße war der Armeeposten doppelt besetzt. Direkt daneben quartierte ich mich wieder im Park Hotel ein. Es hing eine Stimmung des Aufruhrs und der nervösen Geschäftigkeit in der Luft. An der Rezeption klärte man mich auf. Ein Shia-Politiker war ermordet worden. Zwei Tage, bevor ich das zweite Mal nach Gilgit gekommen war, war ein Politiker, der zugleich Richter war, von einem sunnitischen Fanatiker auf der Straße erschossen worden.

Man machte wie gewohnt Sunniten dafür verantwortlich, sicherlich, sagte man, hatte der pakistanische Geheimdienst

8. Kapitel: Gilgit Agency

wieder seine Finger im Spiel, und das alles eine Woche bevor Musharraf hier auftauchen würde. Er hatte vor, der Nordprovinz einen Besuch abzustatten. Aber jetzt war es besser, der Stadt fernzubleiben. Wer sollte für die Sicherheit des Präsidenten garantieren?

Mein erster Weg führte mich zu einem Zeitungsladen. Dort kaufte ich die letzten fünf Ausgaben der Tageszeitungen, die es gab, Dawn, Post, Nation, Daily Times. Wie gewohnt deckte ich mich mit Getränken ein und richtete mich in meiner „VIP Suite", zwei geräumige Zimmer für 800 Rupien oder 12 Dollar, ein. Da es noch früh am Nachmittag war, wollte ich eine Suppe zu mir nehmen. Ich ging ins hauseigene Restaurant, das nach Bekunden der Gilgiter das beste vor Ort sein soll, und nahm eine Ausgabe der Nation mit.

Zu meiner Überraschung traf ich einen alten Bekannten. Der Politiker, den ich schon in Skardu getroffen hatte. Er lachte, als er mich sah, und hieß mich an seinen Tisch zu setzen, wo er einige Papiere ausgebreitet hatte, die er aber sofort zur Seite legte. Er stellte sich mir als Salim Reza vor.

Ich fragte ihn, ob das nicht der falsche Ort zum falschen Zeitpunkt war. Er war ein Sunnivertreter der Oppositionspartei. Das könnte für ihn ziemlich ungemütlich in Gilgit werden. Er sagte, ich sei ja auch da, worauf ich antwortete, ich sei aber kein Sunnit. Er hätte morgen noch einmal Gespräche halten wollen, aber stattdessen würde er vermutlich wegen der jüngsten Ereignisse zu einer Kundgebung gehen. Er lud mich dazu ein, mir das anzuschauen. Aber meine Pläne sahen vor, mich ins liebliche und hoffentlich friedliche Hunza Tal wegzumachen. Wir unterhielten uns eine Weile und verabredeten uns für das Abendessen.

8. Kapitel: Gilgit Agency

Er verlangte, ich sollte ihm berichten, was ich bisher über das Land erfahren hatte. Ich erzählte ihm nicht viel. Ich fragte ihn aber, ob die Regierung erwog, die Schiiten im Norden des Landes über sich selbst bestimmen zu lassen. Er sagte:

„Freie Wahlen helfen den Leuten auch nicht viel weiter, sie brauchen das Know-how, dieses Land zu regieren."

„Wenn es aber keine freien Wahlen gibt, denken sie, man will sie unterdrücken. So wird kein Vertrauen in das System entstehen. Ich bin kein Politiker, die Leute da draußen sind es auch nicht. Aber sie haben Gedanken und Gefühle, denen man Rechnung tragen muss!"

„Das tun wir. Aber wir werden nicht verstanden."

„Dann machen Sie sich verständlich!"

„Deshalb bin ich hier und deshalb wird der Präsident kommen und seine Botschaft bringen. Das Problem ist, wie man die Unsicherheit und das Misstrauen beseitigen kann. Sehen sie, die Leute misstrauen ja ihren eigenen Führern. Sie haben kein Konzept und können sich nicht vorstellen, dass wir eine Lösung haben. Sie haben keinen Respekt vor der Regierung."

„Aber Sie gehören ja gar nicht zur Regierung. Sie sind die Opposition."

„Wir sind die Opposition, die morgen schon Regierung sein will. Dann geht es uns genauso wie unseren Vorgängern."

„Haben sie denn eine Lösung?"

„Gilgit ist keine Insel. Ganz Pakistan braucht Lösungen."

Da hatte er allerdings Recht. Pakistan war ein Entwicklungsland. Es hatte mit vielen Problemen gigantischen Ausmaßes zu kämpfen. Bevölkerungswachstum, Unterernährung, gesundheitliche Unterversorgung, geringer Bildungsstand,

8. Kapitel: Gilgit Agency

Jobknappheit und als größtes Problem überhaupt die Kombination von alledem. Es gab Inflation, eine schwerfällige Wirtschaft, politische Instabilität, wie sich hier wieder zeigte, und dann noch die Autonomiebestrebungen nicht allein im Norden, sondern auch in Baluchistan. Ein Drittel von 160 Millionen Einwohnern Pakistans lebt in äußerster Armut und die Hälfte sind Analphabeten. Die Politik schwankt zwischen schwacher Zivilregierung und despotischer Militärregierung. Der Militarist Pervez Musharraf ist Präsident und Armeechef mit einem bloß demokratischen Anstrich, sagen seine Kritiker.

Die Menschen dieses Landes glaubten nicht mehr an ihren Staat, nur noch an sich selber. Sie mussten selber zusehen, wie sie im Leben zurechtkommen. Der Staat wirkte dabei eher als Hindernis. Das bestätigten dann auch die religiösen Gruppen, sofern sie nicht mit den Machthabern zusammenarbeiteten. Die Geistlichkeit hatte einen starken Einfluss auf die Menschen in diesem Land. Dabei kam es zu Polarisierungen. Das Volk hoffte zu lange auf eine Wende, doch das Leben wurde immer beschwerlicher, trotz der Beteuerungen der Regierenden.

Es gab eine immense Lücke zwischen den Zielen der Regierung und denen des einfachen Mannes. Und selbst wenn es dann Zeichen der Besserung gibt, ist es schwer, dem Mann auf der Straße klar zu machen, dass er davon profitieren wird, er oder wenigstens seine Kinder. Salim beklagte auch die Unfähigkeit der Leute, national zu denken oder überhaupt sich als politische Einheit zu verstehen.

„Die Regierenden können keine große Loyalität von einer Bevölkerung verlangen, die sich taub stellt gegenüber ihren Wünschen, die auch selber keine Verantwortung übernehmen will."

Das war eine erstaunliche Aussage. Wie wollte er eine Wahl gewinnen, wenn er durchblicken ließ, dass sich die Wähler taub stellten gegenüber den Wünschen der Regierung! War es doch aus der Sicht der Wähler eher umgekehrt! Er meinte natürlich legitime „Wünsche" wie ziviler Gehorsam, Geduld usw.

Er nannte vier Ursachen für den jetzigen Ist-Zustand. Die Distanzierung zwischen Militär und Zivil, die Polarisierung zwischen Regierung und Opposition, interne Parteikonflikte, sowohl bei der regierenden PML, Pakistan Muslim League, als auch bei den Oppositionsparteien, und eine versagende Führerschaft. Das Militär wollte weiter mitregieren und drängte daher die Zivilisten in die Ecke. Es misstraute den Politikern, die es umgekehrt für laienhaft hielt. Wegen der Herrschaft des Militärs konnten sich zivile politische Kräfte nicht wirklich entfalten. Ihnen fehlte es an Erfahrung. Die größte Oppositionspartei, die Pakistan People`s Party PPP, und die PML-Nawaz waren mit der Regierung verfeindet. Auch die MMA, die Muttahida Majlis-i-Amal, war kritisch gegenüber der Regierung, aber ebenso gegen die PPP. Die Regierungspartei übte auf beide Druck aus, sie hatte aber selber Mitglieder, die gegen Musharraf opponierten. Ich fragte zweifelnd:

„Und darüber hinaus soll noch zum Wohle des Landes Politik gemacht werden? In einer parlamentarischen Demokratie hat auch die Opposition dem Staat zu dienen und konstruktive Kritik zu üben."

„Ja, aber in unserem Land lähmen sich die Kräfte gegenseitig. Und das bekommen die Leute mit."

Kein Wunder, dachte ich, ohne es auszusprechen, dass Politiker, die nicht nur für unfähig, sondern auch für korrupt gehalten wurden, auf offener Straße erschossen wurden.

8. Kapitel: Gilgit Agency

„Wenn man an Pakistan denkt, muss man erschreckt sein", sagte ich.

„Wie meinen Sie das?"

„Sie reden von der Innenpolitik. Für die Welt ist Pakistan kein innenpolitisches Problem. Dafür ein außenpolitisches. Wenige Staaten haben so viel Potential, regional und weltweit für Ärger zu sorgen. Aber wenn man in Pakistan ist, lernt man, dass der Ärger, den man sich selber verschafft, noch größer ist."

„Sie denken an die Terrorcamps, den Konflikt mit Indien und Kaschmir?"

„So gesehen ist es ein Glück, dass das Militär wenigstens nach außen keine Bedrohung darstellt!"

„Das sehen die Inder anders. Aber Sie haben Recht. Es gibt keinen Grund, Krieg zu führen, wenn man im eigenen Land so viele ungelöste Probleme hat. Nur Islamabad, Lahore und Karachi sind annehmbare Städte, was die ökonomischen Aussichten anbelangt. Die Städte wachsen in jeder Beziehung. Aber der Rest des Landes ... ein Durcheinander. Im Westen, in Baluchistan, das ist die Hälfte der Landfläche Pakistans, schwelt eine Erhebung. Im nie unter Kontrolle zu bekommenden Stammesgebiet zu Afghanistan führt die Armee einen Krieg gegen islamistische Fanatiker, der nie zu gewinnen ist. In Waziristan herrscht dauernd Krieg. Da ist Gilgit eine Oase des Friedens."

Und Pakistan hatte Nuklearwaffen. Man hatte sogar sein Knowhow an Nordkorea, Iran und Lybien gegen harte Dollars verkauft. In der letzten diplomatischen Auseinandersetzung mit Indien sprach man sogar die Warnung aus, sie einzusetzen, falls man attackiert würde.

„Und Kaschmir?", fragte ich. „Was fällt ihnen spontan zu Kaschmir ein?"

„Kaschmir? In Kaschmir, Afghanistan und den eigenen unregierbaren Städten hat Pakistan seine militanten Islamisten, die gegen die eigene Bevölkerung Krieg führen. Viele Tausend Bewaffnete laufen frei im Land herum, dazu kommen tausende Jugendliche, die in radikal-islamistischen Schulen für den heiligen Krieg vorbereitet werden."

„Al-Qaida?" Er lachte. Ich fragte ihn, warum er lachte.

„Ach, wissen sie, ihr im Westen sprecht immer über al-Qaida. Sie ist ja nur eine Gruppierung unter vielen. Falls es sie interessiert, man glaubt, dass Osama sich in Pakistan aufhält."

„Jetzt gerade?"

„Gerade jetzt! Hier sucht ja die Regierung im Auftrag der Amerikaner nach ihm. Und deshalb fühlt sich al-Qaida sicher bei uns, man muss nicht befürchten, dass die Amerikaner selber suchen."

Was nicht ganz stimmte, denn tatsächlich waren Amerikaner im Land. In Chitral hatte das FBI sogar so etwas wie eine Niederlassung, natürlich mit Wissen der Regierung. Ich fragte ihn, ob es diese Trainingscamps in Pakistan wirklich gab, obwohl ich nicht wirklich daran zweifelte. Er nickte, dann schüttelte er den Kopf, griff zu seiner Tasse Tee, nippte daran, setzte sie ab und führte sie nochmals zum Mund. Das gab ihm Zeit, nachzudenken, und ich machte mich darauf gefasst, dass er etwas für mich Bedeutendes sagen würde.

„Der Terrorismus hat viele Quellen und beansprucht Rechtfertigungen, aber wenn man sagen kann, dass er irgendwo ein Zentrum hat, dann liegt es in den Trainingscamps,

8. Kapitel: Gilgit Agency

Madressahs, im Norden Pakistans und im Südosten Afghanistans …"

„…also Baluchistan…"

„…Da formieren sich die Taliban und ihre Verbündeten, einschließlich die al-Qaida."

Von dort, führte er weiter aus, schwärmten die Dschihadisten zu einer Art höllischer Diaspora in die Welt. Die herrschende Gesetzlosigkeit in Afghanistan war ja publik, auch die Praxis, große Mengen Opium zu produzieren, die nicht unterbunden werden konnte. Wenn man dazu noch die politische Instabilität Pakistans mit einer Geschichte von Diktatoren und schwachen Demokratien nimmt, die keine Atmosphäre der Sicherheit erzeugt hat, dazu passend die ausufernde Nuklearwaffendiskussion, wer könnte daran zweifeln, dass hier ein großes Interesse für die Welt bestand, die Entwicklung zu beobachten. Ich hatte einen spontanen Gedanken:

„Vielleicht gibt es ja sogar eine Lösung für zumindest einen Teil der Probleme in dieser Weltgegend. Angenommen es gäbe diese Islamisten hüben wie drüben nicht, ich meine all diese Leute, ob militant oder nicht, ob demokratisch gesinnt oder nicht, wären dann Afghanistan und Pakistan nicht Länder wie andere in der Dritten Welt, die nicht im Fokus der Weltöffentlichkeit stehen?"
Die Antwort kam überraschend schnell und war undramatisch.

„Das mag sein. Aber es gibt keinen Menschen in dieser Weltgegend, der sich damit zufriedengeben würde, in einem Land zu leben, wie es andere auch gibt in der Dritten Welt."

„Diese anderen Länder haben aber die realistische Aussicht auf Besserung. Die Islamisten sind aber aktiv gegen jeden Fortschritt. Das behindert alle guten Kräfte des Landes. Deshalb wäre es nur logisch, wenn man den Terroristen nicht nur seitens der Regierung oder der Militärs den Krieg erklären würde. Aber die Trainingscamps werden anscheinend von der Bevölkerung geduldet."

„Sie wurden auch lange vom pakistanischen Geheimdienst toleriert, weil man glaubte, sie seien nützlich im Kampf gegen Indien und in Afghanistan."

„Und es gibt sie immer noch?!"

„Schauen sie sich doch einmal die zweitausend Kilometer lange Grenze zu Afghanistan an! Alles gebirgige Stammesgebiete, ein Camp kann leicht hier aufgegeben und dort wieder angelegt werden. Und sobald Soldaten auftauchen, gibt man sich als irgendeine Jirga-Versammlung aus. Und die Armeeoffiziere geben sich gerne damit zufrieden, keine Auseinandersetzung mit ihren Glaubensbrüdern eingehen zu müssen, besonders wenn sie Geschenke bekommen, im Austausch für die, die sie selber da lassen. Solche Begegnungen haben dann ihren gewünschten Formalismus. Man tauscht Freundlichkeiten aus, trinkt zusammen Tee und wünscht sich eine gute Nachbarschaft."

Später würde ich im Grenzgebiet selbst eine solche Versammlung von einer mit Schnellfeuergewehren ausgerüsteten Hundertschaft treffen, die noch dazu von Polizisten bewacht wurde, sodass sie ungestört bleiben konnten.

„Die gefährlichsten Gruppen wie die Lashkar-e-taiba wurden zwar vom Gebiet verbannt, aber sie tauchen dann unter einem anderen Namen an anderer Stelle wieder auf."

„Was heißt Lashkar…?"

„Das ist die Armee der Reinen."

„Aber werden nicht auch immer wieder Verhaftungen durchgeführt? Davon hört man immer wieder."

8. Kapitel: Gilgit Agency

„You know what this means to sacrifice a pawn? Sie verhaften einen und fünf andere nehmen seinen Platz ein. Das Reservoir ist unerschöpflich. Die Schulen, wo die Jugend verführt wird, die müssen abgeschafft werden."

Mir war klar, dass nicht alle Meldungen stimmen mussten. Und wer sagte, dass die Inhaftierten nicht schnell wieder freigelassen wurden? Unterm Strich blieb wenig. Da gab es einen Abdul Qadeer Khan, einen Wissenschaftler, der auf Drängen der USA verhaftetet worden war, weil er nukleares Know-how an jeden verkaufte, der bereit war, zu zahlen. Und dann gab es noch Sheikh Muhammad Khalid, einen der Planer des 9/11-Attentats. Aber eben nur einer von vielen.

„Warum hat sich die muslimische Regierung Pakistans dazu herabgelassen, auf der Seite des Westens gegen islamische Interessen vorzugehen? War es wirklich nur das Geld?"

„Sagen Sie nicht islamische Interessen! Sagen Sie islamistische Interessen."

Nach dem 11. September hat Musharraf aufgehört, die Taliban in Afghanistan zu unterstützen. Das hat den Amerikanern sehr imponiert. Sie bekamen eine Airbase in Pakistan. Und da er schon einmal dabei war, den Krieg gegen den Terrorismus zu unterstützen, musste er die Islamisten in Kaschmir, die gegen Indien vorgingen, auch ausbremsen. Das dürfte ihm schwergefallen sein. Aber was hatte man in Kaschmir für die Sache der Muslime schon erreicht?

Offiziell bekämpfte die Regierung die Taliban, insgeheim näherte sie sich talibanfreundlichen islamistischen Parteien an. Die ISI hatte ja tatkräftig mitgeholfen, die Taliban ins Leben zu rufen, um eine pakistanfreundliche westliche Flanke zu bekommen. Aber die islamistischen Helfershelfer verfolgen ihre eigenen Interessen. Sie bemühen sich auch um die Durchsetzung der

Scharia. Um an der Macht zu bleiben, benutzten die Regierungen schon immer auch Institutionen, gegen die sie angetreten waren, um sie zu bekämpfen.

Die Regierung hatte die Armee in jedem Eck des öffentlichen Lebens installiert. Dadurch hat sie eine schwache Verwaltung noch zusätzlich geschwächt. Sie hat das Parlament weitgehend entmachtet und ebenso Richter entlassen, wann es ihr gefallen hat. Regionale Unruhen flammten immer wieder auf. Da waren die Stammesgebiete im Westen, da war die unterentwickelte Nordprovinz mit ihren eigenen Bestrebungen und wie Krebszellen brüteten überall die islamistischen Militaristen ihre unheilvollen eigenen Pläne aus, die nicht das Wohl Pakistans im Sinn hatten, sondern eine irreale Parallelwelt. In Pakistan gab es keine Stabilität. Dafür aber Nuklearwaffen! Und eine innige Verbundenheit mit einem chaotischen, von Taliban dominierten Afghanistan. Das waren keine rosigen Aussichten. Was war zu tun? Ich fragte Salim Reza.

Er seufzte und dann sagte er etwas, was ihm wohl einen gewissen Trost gab, dass es vielleicht doch einen Ausweg aus der Krise gab, auch wenn es eher unwahrscheinlich war.

„Wir brauchen ein belastbares politisches System, das die Mehrheit der Leute mitträgt. Pakistan hat eine fragile Demokratie, das ist sehr gefährlich. Man muss die Demokratie festigen. Darauf aufbauend kann man dann die anderen Probleme angehen. Pakistan befindet sich in einer Krise, ökonomisch und politisch. Und das schon seit Jahrzehnten. Nur eine ehrliche, verlässliche und entschlossene Führung kann die Dinge zum Besseren wenden. Die Erfahrung lehrt, dass das eine Militärregierung nicht kann."

Was mir bei Gesprächen mit der Bevölkerung immer wieder aufgefallen war, zielte in eine ganz andere Richtung.

8. Kapitel: Gilgit Agency

„Die Frage ist, ob die Nation überhaupt einen Wandel will!"

„Unser Nationalpoet Allama Mohammad Iqbal sagte, Enttäuschung ist ein Zeichen des Niedergangs von Erkenntnissen und Inspiration. Man braucht eine Vision und Hoffnung. Die Muttahida Majlis-i-Amal strebt danach, alle politischen Parteien zu vereinigen für eine Volksbewegung. Wir brauchen eine Bewegung, die die Militärs dazu zwingt, ihre Position aufzugeben."

Er hatte auf meine Frage nicht geantwortet. War das symptomatisch für die Orientierung der Politiker dieses Landes? Ich wiederholte sie.

„Viele Leute in Pakistan sagen, die Amerikaner können in Afghanistan nichts ausrichten, weil die Afghanen keine Demokratie, keinen Rechtsstaat nach westlichem Vorbild wollen. Woher nehmen Sie die Sicherheit, dass das in Pakistan anders ist? Das Volk will vielleicht tatsächlich einfach keine Selbstregierung. Die Stämme wollen für sich bleiben, autonom wie vor Tausend Jahren. Afghanistan hat eine feudale Gesellschaft. Ist das richtig?"

„Ja, das ist richtig. Es hat keinen Sinn, sie mit Waffengewalt ins 21. Jahrhundert zu holen."

„Nun gut, aber könnte es nicht sein, dass für Pakistan das Gleiche gilt?"

Er reagierte so, wie ich es erwartet hatte, hinter seinem Lächeln steckte ein Schuss Ungeduld und Empörung. Pakistan sei ein sich entwickelndes Land und die Politiker hätten die Aufgabe, diesen Prozess, der unvermeidlich war, zu beschleunigen. Das Volk würde verstehen lernen, was gut für es war. Aber die Politiker müssten vorangehen. Das war doch die gleiche Strategie, die auch die Militärs verteidigten. Sie gaben den Ton an, weil sie wussten, was das Beste war. Die volonté generale, die nur vom

General, nicht vom Volk erkannt werden konnte, weil es noch nicht so weit war.

„Das sagen sie, weil sie zur geistigen Elite gehören. Natürlich ist Pakistan im Vergleich zu Afghanistan sehr weit entwickelt. Ich meine aber, dass es vielleicht im Denken vieler Menschen noch gar nicht die Bereitschaft gibt, in einer Demokratie nach westlichem Vorbild zu leben. Sie wollen vielleicht in die Ummah, andere wollen in ihrer Provinz die Selbstverwaltung oder gar die Autonomie. Wie ist es mit den Stämmen im Nordwesten und in Baluchistan? Wollen die das Gleiche wie die Pandschabis? Wollen die Leute in Karachi von Islamabad aus regiert werden? Was ist mit den Baltis und Gilgitern und Chitralis in der Nordprovinz? Wollen sie nicht die Einheit mit Kaschmir oder ihre eigene Einheit? Und was ist mit den vielen Sympathisanten mit den extremen Islamisten? All diese Leute sind vielleicht tatsächlich noch weit zurück in ihrem politischen Denken. Aber gelingt es, einen Gesinnungswandel herbeizuführen? Das ist hier die Frage, scheint mir. Ihr Gebildete trefft euch unter euresgleichen zu irgendeiner politischen Debatte, ihr habt Versammlungen, Sitzungen, verkehrt ausschließlich mit Leuten, die den modernen Staat wollen, die für Fortschritt sind, politisch und wirtschaftlich. Aber was ist mit den anderen 160 Millionen in diesem Land, bei denen das nicht so ist? Könnt ihr für die sprechen?"

„Es ist die Aufgabe der Elite, sie dahinzuführen. Dieses Land kann nicht darauf warten, dass alle endlich aufgewacht sind. Inzwischen verpassen wir den Anschluss an die Welt."

„Das mag sein, aber ich wollte nur zu bedenken geben, dass die Voraussetzungen für eine westliche Demokratie und einen Rechtsstaat in solchen Ländern wie Pakistan einfach so schlecht sein könnten, dass es nicht dazu kommen kann. Nur weil die Elite gebildet und in bester Absicht handelt, heißt das ja nicht,

8. Kapitel: Gilgit Agency

dass sie an der Macht bleibt und den Kurs des Landes vorgibt. Fakt ist, dass eine starke Regierung nur möglich ist, wenn man einen starken politischen Willen hat. Ein Land von dieser Größe zu regieren, ist nicht einfach. Man muss es wollen. Und Eigeninteressen dürfen die Allgemeininteressen niemals überschatten. Und genauso gilt, wenn ein Volk keinen politischen Willen hat, ist es fraglich, ob seine Volksvertreter ein starkes politisches Interesse wecken können. Vielleicht ist das die Erklärung, warum es in Pakistan so viel Korruption und Selbstbereicherung gibt."

Er war dabei, eine Entgegnung zu formulieren. Ich hatte Zweifel, dass er etwas Neues sagen würde. Ich hatte schon während meines Vortrags bemerkt, dass ihm das Thema momentan Unbehagen bereitete. Ich beschloss, ein anderes Thema anzuschneiden.

„Überall im Norden sieht man Security Forces, Armeesoldaten, Polizei, Straßensperren, ist das überall im Land so?"

„Im Süden ist es nicht so schlimm. Aber die Beobachtung trügt nicht. Die Armee ist die erste Macht im Staate. Der Bedarf an nationaler Sicherheit ist in Pakistan berechtigterweise groß. In Ihrem Land gibt es keine verschiedenen Volksgruppen mit unterschiedlichen Interessen. Alle sind sich einig über die Ziele der Demokratie und über die Notwendigkeit, sich an der Verfassung zu orientieren. Bei uns ist das nicht so. Die Machthaber hierzulande haben bei all ihren Planungen und Zukunftsvisionen den Fokus auf die Sicherheit zu behalten. Das war schon immer so, aber das gerade ist auch zugleich das Problem. In diesem Prozess der nationalen Sicherung wurde die wirtschaftliche Entwicklung des Landes gebremst. Die Dominanz des militärischen Establishments hat den Staat eingegrenzt und sie hat Autoritarismus und Ein-Mann-Herrschaft gestärkt."

8. Kapitel: Gilgit Agency

Ich hatte dazu eine Idee.

„Meine These dazu ist, dass ein Übermaß an Gesetzeswidrigkeit im Land immer der wirtschaftlichen Entwicklung auf mehrfache Weise schadet. Abgesehen davon, dass direkt wirtschaftliche Werte geschädigt werden, erfordert es auch immer einen erhöhten Aufwand, die Werte zu sichern. Dabei werden Ressourcen eingesetzt, die nicht dem unmittelbaren Wirtschaftswachstum dienen. Man verschleudert Kräfte, die so notwendig anderweitig eingesetzt werden müssten."

Es war wohl noch schlimmer, dadurch dass Pakistan als militaristischer Staat bekannt ist, der sogar im Inland ein großes Sicherheitsproblem hat, werden auch ausländische Investitoren und Handelspartner verunsichert.

Pakistan und Nordkorea hatten noch in den sechziger Jahren das gleiche Pro-Kopf-Einkommen. Nordkorea ist aufgestiegen zu einer entwickelten Industrienation mit einem Einkommen von über fünfzehntausend Dollar. In Pakistan sind es noch nicht einmal eintausend. Der Verteidigungsetat war in sieben Jahren beinahe auf das Doppelte gestiegen. Und er wird weiter steigen, denn anstatt nach politischen Lösungen zu suchen, sucht man weiter militärische Lösungen. Das hat der Konflikt in Waziristan und Baluchistan gezeigt. Das verdirbt die politische Atmosphäre im Land und erschwert das Aufkommen eines Harmoniebedürfnisses zwischen den einzelnen Provinzen.

Es klang nach Trotz, als Salim sagte: „Wir sind eine verarmte und unterernährte Nation unter einer autoritären Herrschaft. Wir brauchen ein gebildetes Bürgertum, das ein Gespür für das rechte Handeln entwickelt und das Prinzip der Verdienstlichkeit versteht."

Er verstand unter diesem „principle of merit" nichts Anderes als „ohne Fleiß kein Preis, also Fleiß!"

8. Kapitel: Gilgit Agency

Ich dachte an die Worte von Malik, der das Ganze sehr skeptisch beurteilte. Dieser Politiker hatte jedenfalls die Hoffnung noch nicht aufgegeben. Ich sagte noch:

„Es darf nicht nur geredet werden. In unserem Land reden die Politiker oft gerne. Man muss vor allem die richtigen Entscheidungen treffen."

„Dazu muss man aber Entscheidungsträger geworden sein."

„Das wünsche ich Ihnen." Ich hatte bemerkt, dass er auf die Uhr geschaut hatte. Eine letzte Frage wollte ich ihm noch stellen.

„Einer ihrer Landsleute sagte einmal zu mir, dass die Briten zu früh das Land verlassen hätten."

„Nun ja, in Peschawar sollten Sie diese Frage nicht stellen, außer wenn Sie das Gegenüber kennen. Gehen Sie sicher, dass Sie Ihr Gegenüber kennen. Es sind eher die Paschtunen, gerade die aus den Stammesgebieten, die nicht regierbar sind, weil sie noch in ihrer eigenen Welt leben. Und die ist schon sehr alt."

Heute noch profitierte man von den beibehaltenen Strukturen der ehemaligen Administration der Kolonialherrscher, trotz der Inkompetenz derer, die jetzt das System praktizieren. Seit der Annektion des Pandschabs 1849 bis zur Teilung 1947 funktionierte das System gut. Seither nicht mehr. Das wusste auch Salim Reza.

„Natürlich kamen die Briten als Kolonialherren und dienten ihren eigenen Interessen. Aber sie waren erstklassige Verwaltungsfachleute. Und wir sind dabei zu beweisen, dass wir es nicht sind. Aber was kann man tun, wir müssen mit den Talenten auskommen, die wir haben. Aber bevor wir irgendetwas Neues anfangen, was wir in Pakistan am meisten brauchen, ist ein Akt der Beschneidung. Wir müssen mit dem Nachdenken ganz von vorne anfangen und unseren nicht gerechtfertigten Stolz beiseitelassen, damit wir wieder klar denken können."

Ich fand, das war eine starke Aussage. Ich bedankte mich bei ihm für seine offenen Worte. Wir verabredeten uns für das Abendessen. Aber er kam nicht.

Am nächsten Tag reiste ich ins Hunza Tal ab. Als ich ein paar Tage später wiederkam, hatte sich die Stimmung in Gilgit wieder etwas gebessert. Von Salim Reza fehlte jede Spur. Ich hoffte, dass ein Mann mit so viel politischem Verstand in Gilgit etwas Positives erreicht hatte. Aber ich bekam noch am gleichen Abend einen Dämpfer.

Ich hatte beschlossen, mich am späten Nachmittag im Stadtpark, der ganz in der Nähe des Park Hotels lag, zu den Fußball spielenden Jugendlichen hinzuzugesellen.

Um körperlich fit zu bleiben, halte ich gewohnheitsmäßig auch während des Aufenthalts in den Städten nach einer Trainingsmöglichkeit Ausschau. In Gilgit war das einfach, weil mein Hotel direkt neben dem Stadtpark war, wenn man das große Gelände, das eine Verlängerung der Landebahn des Flugplatzes darstellte, so bezeichnen konnte.

Es gab immerhin eine ausgedehnte Rasenfläche mit einigen Sträuchern, flankiert von Bäumen, denen man es ansah, dass sie nicht so oft gegossen wurden, wie sie es gebraucht hätten. Mein Hotel hatte eine ideale Lage gegenüber von zwei Tour Operatoren und einem reichlich ausgestatteten Lebensmittelladen, bei dem ich regelmäßig Kunde war. In dem Park, in dem auch die Kricket Playgrounds waren, fand sich auch am Abend die männliche Stadtbevölkerung ein, die dem staubigen, hektischen Bazarbereich endlich den Rücken kehren wollte. Besonders viele Jugendliche fanden sich da ein. Die eine Hälfte spielte Kricket, der Nationalsport Nummer eins, die

8. Kapitel: Gilgit Agency

andere Fußball. Auch hier galt, das weibliche Geschlecht sah man nur vorübergehen. Das geschah insgesamt ein oder zwei Mal.

Nachdem die große Hitze vergangen war, füllte sich das Areal, die Krickspieler verschwanden ebenfalls. Sie hatten aus verständlichen Gründen vor der Sonne keine Scheu, verlangte doch dieser „Sport" kaum Bewegung. Der Abend gehörte ganz den Fußballspielern. Da sah man welche, die in kurzen Hosen oder im Shalwar Kameez herumliefen, Andere waren ganz in westlicher Sportmode und trugen sogar Fußballschuhe mit Stollen. Komisch anzusehen waren eigentlich nur diejenigen, die die Kombination pakistanischer Nachtrock mit Kickschuhen gewählt hatten.

Ich machte mit. Zuerst mit, dann ohne Schuhe, was riskant war. Ich war der Einzige, der barfuß spielte. Alle hatten sie Fußball- oder Turnschuhe an. Die waren hier billig, weshalb ich mir am nächsten Tag ein Pärchen für ein paar Pfennige kaufte.

Ich machte noch mehr Entdeckungen: Steine und Glasscherben, die meinen Spielfluss behinderten und meinen Laufstil beeinflussten. Ich hob sie selbstverständlich auf und beförderte sie auf dem Luftweg nach draußen. Ich war der Einzige, der das praktizierte. Es stellte sich heraus, dass der pakistanische Fußballer das Individualspiel liebt, Mannschaftsspiel ist nicht gefragt. Vielleicht bedeutet das, dass der Mann des Ostens zunächst einmal selber etwas für seine Ehre tun muss, ehe er an den Stamm denkt. Aber man sollte aus einem Spiel nicht zu viel herausinterpretieren.

Ich hielt jedenfalls eine Ansprache nach dem Spiel, nachdem man zusammengelaufen war, um mir, dem Fremden mit der seltsamen Spielanlage, für die Teilnahme zu danken. Ich trug vor, wie man etwas anders spielen könnte, ohne dabei an Spaß

8. Kapitel: Gilgit Agency

zu verlieren, indem man alle mit ins Spiel einbezog, um dabei, das war der Witz an der Sache, zu vermeiden, dass die Gegenspieler mit ins Spiel einzubezogen würden. Man entschuldigte sich. Der Trainer wäre noch nicht da gewesen. Auch das erschien mir typisch. Schuld sind immer die Anderen, auch wenn diese Behauptung irrational ist.

Als der Trainer kam, stellte sich heraus, dass er gar kein Trainer war, sondern eher der Mann, der aus Liebe zum Sport diese Sportgemeinschaft ins Leben gerufen hatte und auch nur zu dem Zweck erscheinen war, die Spielaufstellung für das nächste offizielle Wettkampfspiel bekannt zu geben, denn um die hundert Spieler waren auf dem Platz herumgesprungen, in den zwei Fußballfelder passten, und nur die fünfzehn besten wurden benötigt.

Der Manager fragte mich, nachdem er sich kurz mit mir unterhalten hatte, ob ich nicht die Mannschaft trainieren wollte. Aber ich blieb ja nur bis morgen. Ich war nur Tourist, erklärte ich ihm, kein Ausländer mit einem bestimmten Auftrag in Gilgit. Er fragte mich, warum ich jetzt während der Fußballweltmeisterschaft in Deutschland überhaupt hier und nicht zu Hause wäre.

Ich sagte ihm, dass Pakistan im Augenblick meine Priorität wäre. Fußball dürfe man ja auch nicht überbewerten. Die Pakistaner machten das ja auch nicht, was man am Zustand der Spielplätze erkennen könne. Ein Teil des Spielfelds war aufgrund eines Wolkenbruchs, der aber schon vor einer Woche stattgefunden hatte, unbespielbar und im übrigen waren Löcher, Unebenheiten, die eher an den Hindukusch als an einen Fußballrasen erinnerten. Dazu war eine bunte Kollektion herumliegender Steine, dem des Kieselbetts des Gilgit River nicht unähnlich, auf dem Platz verteilt, sodass man eher auf die

8. Kapitel: Gilgit Agency

Idee kommen könnte, das Feld wäre für den Geologieunterricht eingerichtet worden.

Ich sagte dem Trainer, es sei eine der waghalsigsten Unternehmen meinerseits in Pakistan bisher gewesen, mich dazu zu entschließen, barfuß zu spielen. Gleichwohl drückte ich meine Bewunderung aus, dass es in Gilgit überhaupt einen Sinn für dieses Weltspiel gab und dass man der Jugend den Stadtpark dafür opferte.

Habib Trabelsi war ein nobel gekleideter Sunni-Gilgiter, der im Normalleben ein Fuhrunternehmer war. Er hatte gute Manieren, sah gut aus, hatte einen akkuraten Haarschnitt und ein ich-weiß-nicht-woher weißes Hemd an. Er sprach perfektes Englisch und ich merkte es ihm an, dass er gerne die Gelegenheit nutzte, es zu gebrauchen. Das konnte er noch ausgiebiger, wenn er mich zu einem Drink einlud. In diesem Fall machte ich ihm den Gegenvorschlag wegen meines verschwitzten Hemdes auf den Drink in dem von ihm vorgeschlagenen klimatisierten Restaurant im Parkhotel lieber verzichten zu wollen. Stattdessen setzen wir uns auf den Rasen unter die Bäume.

Er erklärte mir, dass nicht alle Gilgiter für den Fußballsport wären. Einige Muslime sagten die Weltmeisterschaft sei eine Verschwörung, die muslimische Jugend zu korrumpieren und vom Ziel des Dschihad abzulenken. Aber, fügte er lächelnd hinzu, einige Sunniten bejubelten andererseits die Niederlage des Iran, der ja schiitisch ist. Es gab schon vor Beginn der Weltmeisterschaften Denunziationen von Hardliner-Islamisten. Das sei ein dekadentes westliches Spiel, behaupteten sie. Aber anscheinend hat das WM.Fieber auch einige von ihnen gepackt, sonst hätten sie die Niederlagen des Iran und Saudi-Arabiens kalt gelassen.

8. Kapitel: Gilgit Agency

Ich äußerte die Vermutung, dass gerade die Islamisten die ersten wären, die Fußball gutheißen würden, wenn die islamischen Nationen dabei erfolgreicher wären als andere. Habib nickte zustimmend. Einen Imam hatte er sagen hören, Fußball sei eine kulturelle Invasion, schlimmer als ein militärischer Krieg, weil er das Herz und die Seele der Muslime ergreife. Das hatte er sich verärgert gemerkt. Ein anderer hatte gesagt, es sei falsch, das Opium des Fußballs auch nur im Fernsehen dekadenter Kanäle anzuschauen, dazu noch mit dem Götzendienst von ungläubigen Spielern, während die Glaubensbrüder im Irak, in Palästina und Afghanistan kaltblütig von den Kreuzzüglern und Juden massakriert würden.

Wie nahe diese Leute zu al-Qaida stehen, sieht man daran, dass diese Terrororganisation im Internet ihren eigenen Weltcup präsentierte, mit Bildern vom 11. September 2001 und als Gegenüber Bilder von den Kämpfen in Palästina, Guantanamo Bay und dem Abu Gharib Gefängnis im Irak. „Zu einer Zeit, als pro-zionistische, arabische Medien fleißig den World Cup senden, um Muslime von ihrer Religion und vom Dschihad abzubringen... bieten wir ihnen drei andere Cups an, welche diese Medien versuchen, vor unserer Nation zu verstecken", war zu lesen.

Ich fragte Habib, ob viele Muslime wie die Mullahs dächten.

„Haben Sie gesehen, wie viele Jungen hier waren?"

„Tun sie das mit Einverständnis ihrer Väter?"

„Die meisten ja, nicht alle, aber die meisten ja!" Er fügte nach einer Gedankenpause hinzu: „Ich bin auch ein gläubiger Muslim, aber genauso wenig wie ein Skalpell eines Chirurgen hat ein Fußball etwas mit Religion zu tun."

Er hatte noch eine Anekdote. Einer der mexikanischen Spieler hieß Omar. Er schoss zwei Tore gegen den Iran. Omar war

8. Kapitel: Gilgit Agency

geschichtlich der sunnitische Kontrahent zum Schiiten Ali. Als Mexiko den schiitischen Iran besiegte, hätten die Sunniten Allah gepriesen, dass er den Sunniten trotz der Ignoranz der Mexikaner den Sieg geschenkt hätte.

„Ist das nicht für manche unbeteiligten Beobachter einfach lächerlich?", fragte ich vorsichtig.

Habib stimmte zu und fragte, wie ich darüber dächte.

„Das sind keine guten Botschafter für den Islam. Wie soll man vernünftige Menschen für eine Religion oder einen Kulturkreis gewinnen, die sich so engstirnig geben. Aber Leute, die gerne lachen, finden solche Statements unterhaltsam. Man sollte solche Dinge nicht überbewerten."

„Wissen Sie, wer die meiste Kritik in Bezug auf die Fußballweltmeisterschaft einstecken musste? Die Saudis, weil sie 4:0 gegen die Ukraine verloren und dann aus dem Wettbewerb ausschieden."

„Wie schön es ist, wenn man nur aus sportlichen Gründen kritisiert wird!"

Es war eine WM der demokratischen Länder, in der zweiten Runde gab es nur noch demokratische Staaten, Saudi-Arabien und Tunesien blieben auf der Strecke.

„Ich kann mir vorstellen, dass es für einen Heranwachsenden in Gilgit andere Sorgen gibt, als wer bei der Fußballweltmeisterschaft ins Finale kommt oder welche Mannschaft eines Muslimstaates am weitesten kommt."

„Da haben sie sicherlich Recht."

„An was denkt so ein Jugendlicher?"

„Eigentlich nur daran, was er später machen wird."

„Sie meinen beruflich?"

8. Kapitel: Gilgit Agency

„Ja."

„Und wie es mit der Region weitergeht?"

„Ja, auch das. Ja. Die Jugendlichen sind auch politisch aktiv."

Es sah so aus, als hätte ich ihn an etwas erinnert. In dieser Stadt, in dieser Region waren sogar die Jugendlichen politisch.

„Inwiefern sind die Jugendlichen politisch?"

„Sie sind nicht mit den Lehrplänen in den Schulen einverstanden. Sie haben dagegen protestiert und ein Jugendlicher ist verhaftet worden. Danach sind die Jugendlichen auf die Straße gegangen. Es kam zu Gewalttaten. Die Polizei hat scharf geschossen..."

„Wann war das?"

„Am 14. Oktober", wusste einer der jungen Männer. Er war dabei. Sie erzählten mir, was vorgefallen war. Später wusste ich noch mehr darüber in Erfahrung zu bringen.

Man sagte mir, alles habe am 8. Januar des letzten Jahres mit der Ermordung des Shiaführers Agha Ziauddin begonnen.

Pakistan Rangers vom Pandschab wurden nach Gilgit verlegt, um die Grenztruppen der Frontier Constabulary zu verstärken, nachdem es zu Unruhen in der Stadt gekommen war. Diese Unruhen, fand ich heraus, hatten einen nachvollziehbaren Grund, denn die Schiiten, immer noch die klare Mehrheit in der Region, hatten vierzehn Sunniten gelyncht. Im Austausch für die fremdländischen Truppen wurde die aus einheimischen Soldaten zusammengesetzte Einheit der Northern Light Infantry (NLI) nach Pandschab und Waziristan verlegt. Man sah wohl die Gefahr, dass sie sich sonst mit den Aufständischen solidarisieren könnten.

8. Kapitel: Gilgit Agency

Im Gebiet von Gilgit und Skardu war Leuten, die ebenfalls keine Einheimischen waren, Land zugeteilt worden, obwohl das die Bestimmungen der UNCIP, die United Nations Commission for India and Pakistan nicht zuließen. Nach Schätzungen sollten seit dem Jahr 2000 bereits 30.000 Gilgiter die Stadt und ihre Umgebung verlassen haben. Es hatte wegen der anhaltenden Benachteiligung der Einheimischen schon in der Vergangenheit Aufstände und Protestaktionen gegeben. 1988 ragte heraus, als die Special Services Group der Pakistanischen Armee von Khaplu ausrückte, um in Gilgit einzugreifen. Ganze Wagenladungen militanter Stammesangehöriger wurden zudem aus der Grenzregion von Afghanistan herangekarrt, die die Arbeit der Armee vereinfachen sollten. Sie waren Sunniten. Nun brauchte die Armee nur noch zu erscheinen, um Frieden zu schaffen und als Friedensstifter dazustehen.

1993 kam es zu weiteren schweren Auseinandersetzungen. 2003 führte das pakistanische Erziehungsministerium Schulbücher ein, die den schiitischen Glauben im Vergleich zum sunnitischen ungünstig darstellten. So zumindest behaupteten es die Schiiten.

Ihre religiösen Gefühle waren derart verletzt, dass sie geeignet waren „to promote sectarian hatred", also eine Art Förderung von „sektiererischem" Hass. Die Shia wurde ja von der Sunna als Sekte des Islam angesehen und umgekehrt. In einer Kultur, wo vergleichsweise harmlose Karikaturen über Muhammad beleidigend empfunden wurden, konnte ein falsch gesetztes Komma Protestaktionen auslösen.

Jedenfalls gab es nicht selten einen Boykott von Schulklassen und andere Protestaktionen in den Straßen von Gilgit. Seither war immer wieder die deutliche Gesinnung zum Widerstand aufgeflackert. Sogar der indische Minister für auswärtige Angelegenheiten hatte seine Besorgnis über die Entwicklung in

8. Kapitel: Gilgit Agency

Gilgit zum Ausdruck brachte. Die Inder erhoben ja immer noch Anspruch auf die Nordprovinz von Pakistan.

Im September 2005 kidnappte der pakistanische Geheimdienst ISI einen Schiitenlehrer vom Jamal Hotel. Das war das Hotel gegenüber dem Park Hotel. „Kidnapping" sagen die Gilgiter zu jeder Festnahme, die von Sicherheitskräften durchgeführt wird. Ich habe auch gewisse Widersprüche festgestellt bei Angaben darüber, welche Personen bei solchen Ereignissen beteiligt sind. Die Einen sagen die ISI war es, die Anderen machen die Polizei oder die Rangers verantwortlich. Sie sind sich nur darin einig, dass es die Sunniten waren. Warum diese Parallelen zu den Vorkommnissen im Irak?

Dieser Schullehrer wurde nach Islamabad gebracht und war noch nicht wieder aufgetaucht. Die Jugendlichen gingen auf die Straße.

„Am 11. Oktober 2005 eröffneten einige al-Qaida Terroristen das Feuer auf Schiiten in Basen. Zwei wurden getötet", sagte mir der Shia Student, als er mir die Ereignisse erzählte. Ich hörte schon wieder etwas von al-Qaida Terroristen. Das wollte mir aber nicht in den Sinn, was ein al-Qaida Terrorist hier zu suchen hatte.

„Moment, willst du behaupten, dass die al-Qaida Terroristen auf Muslime schießen und hier in der Gegend operieren."

„Ja. Sie glauben das nicht?" Der Fußballtrainer und Fuhrunternehmer musste meinen Zweifel bemerkt haben.

„Die Regierung bringt al-Qaida Kämpfer und Taliban von der Northwestern Province zu diesem Zweck in unser Gebiet."

Er sagte das im Brustton der Überzeugung. Immerhin wurde mir damit klar, dass die Gilgiter keine Sympathien für Taliban und

8. Kapitel: Gilgit Agency

Islamisten von der Sorte der al-Qaida hatten. Allerdings bestätigten mir andere diese Meldung nicht.

„Zwei Terroristen flüchteten auf die andere Seite des Ghizer Rivers, acht Kilometer von hier, aber einer wurde verwundet. Er wurde von der Polizei festgenommen. Man fand Papiere bei ihm, die eine Verbindung ins benachbarte Kohistan zeigten. Er wurde ins DHG Hospital in Gilgit gebracht. Aber dann haben ihn die Pakistan Rangers weggebracht. Die Gilgiter wollten das verhindern. Aber die Pakistan Rangers eröffneten das Feuer auf sie. Sie brachten den Terroristen weg und nahmen auch noch Maksud Hussain mit, einen 15 Jahre alten Shia Studenten."

Aber es kam noch schlimmer. Am nächsten Tag wurde der Student tot aufgefunden. Er zeigte Zeichen von Folterung. Die Polizei war nicht imstande, herauszufinden, wer es war. Wieder kamen die Studenten zusammen, um ihren Protest zum Ausdruck zu bringen. Sie glaubten zu wissen, wer die Schuldigen waren.

Die Rangers machten von ihren Schusswaffen Gebrauch. Die Schiiten behaupteten, es sei eine friedliche Protestaktion gewesen. Es gab zehn Tote und viele Verwundete, darunter auch zwei Schülerinnen und eine Hausfrau. Viele Gebäude wurden beschädigt, herumlaufendes Vieh erlitt Schaden.

Als ich in der Stadt nach Spuren Ausschau hielt, sah ich zwar etliche Löcher in den Wänden, aber ich vermochte nicht zu sagen, wovon sie herrührten.

Am nächsten Tag gab es immer noch keine Ruhe. Die Rangers durchsuchten die Häuser und nahmen einige Studenten, aber auch älter Leute fest. Sie wurden verhört und angeblich misshandelt.

Die Schüler blieben zu Hause. Der Markt war wie ausgestorben. Ich fragte mich, was die Durchreisenden taten, die Touristen, die auf die Weiterreise warteten.

8. Kapitel: Gilgit Agency

Und wieder bekam die UN einen Brief. Darin stand: „Wir, die zwei Millionen Menschen von Balawaristan (von Pakistan besetztes Gilgit-Baltistan), rufen die zivilisierte Welt und die Menschenrechtsaktivisten auf, die Tötungen der unschuldigen Einheimischen von Balawaristan .... usw. als dringende Angelegenheit zu betrachten." Und natürlich wendete man sich auch an die Menschenrechtsorganisation.

In der Daily DAWN fand sich mit Datum 15. Oktober folgende Meldung:

„Die Zahl der Opfer in den gewaltsamen Auseinandersetzungen in Gilgit stieg auf zwölf, nachdem sechs weitere Tote, einschließlich einer Frau, in verschiedenen Stadtteilen gefunden wurden. Offizielle Kreise ließen verlauten, dass die Todesfälle auf ein Feuergefecht zwischen Sicherheitskräften und erbostem Mob zurückgehen."

Dass nicht etwa die Sicherheitskräfte erbost waren oder ob es sich überhaupt um Sicherheitskräfte handelte und dass der Mob tatsächlich gar nicht an dem Feuergefecht teilgenommen hat, außer als Opfer, davon war nichts zu lesen.

Am 15. Oktober wurden die religiösen Führer der Shia und Sunni festgenommen, obwohl es zwischen beiden Parteispitzen keinen Ärger gegeben hatte. Dennoch ein kluger Schachzug, denn damit konnte man demonstrieren, dass die Regierungsverantwortlichen nichts mit dem Sektiererismus zu tun hatten und somit die Vorwürfe haltlos waren, dass man eine Partei favorisieren würde.

Acht Leute wurden verhaftet und nach Rawalpindi gebracht. In seinem Brief an den UN-Generalsekretär Kofi Annan schrieb Abdul Hamid Khan, der Vorsitzende der Balawaristan National Front (BNF), als ob es eine Ehre wäre: „Ich habe die Ehre, euer

8. Kapitel: Gilgit Agency

Ehren über die Brutalität des Besatzerregimes Pakistan zu schreiben".

Es unternahmen sogar Frauen eine Protestblockade des Karakorum Highway, die gegen die Präsenz der Rangers in Gilgit gerichtet war. Auch aus dem Hunza Tal meldeten sich Agitatoren.

25.000 Schiiten demonstrierten gegen den Machtmissbrauch der Rangers. Man verlangte wieder nach den früheren, einheimischen Batallionen.

Sogar in Islamabad wurde gegen die Vorkommnisse demonstriert. Unterdessen verbesserte sich die Situation in Gilgit nicht. Ich verstand allmählich, warum es gerade um Gilgit herum so viele mit Sandsäcken verstärkte Sicherheitscheckpoints gab. Am Eingang zur Bazar-Hauptstraße, ein paar Schritte von meinem Hotel entfernt, war der größte davon. Eine kleine Festung direkt am Straßenrand.

Insgesamt sollen im vergangenen Jahr über einhundert Menschen auf gewaltsame Weise ums Leben gekommen sein. Als Reisender bekommt man von alledem zum Glück in der Regel nichts mit. Manchmal ist es gut, wenn man zu spät kommt.

Der größte Bazar im Umkreis von vielen hundert Kilometern war geschäftig von morgens bis abends. Es hatte alles den Anschein der Normalität. Es gab Hunderte von Läden, einer neben dem anderen. Sie waren vollgestopft mit alldem, was man zum Leben im Norden Pakistans gebrauchen konnte, und mit vielem, was man nicht brauchte und dennoch kaufte. Es gab auch an Lebensmitteln eine reiche Auswahl. Da waren die für den Orient so typischen Gewürzläden, in denen dutzende Säcke voll farbiger Gewürzmischungen nicht lange darauf warten mussten, becherweise geleert zu werden. Sie waren stets geöffnet, weil es sich nicht lohnte, sie zu schließen. Warum die Orientalen so verschwenderisch mit Gewürzen umgehen, sollte einmal genauer untersucht werden. Ein ebenso farbenfrohes Bild boten die Teeläden, die ebenfalls den Tee in Kisten und Dosen in der Auslage hatten. Es gab auch säckeweise Hülsenfrüchte, Reis und Getreide im Angebot und Früchte, reichlich und in allen Sorten, die das Land gesehen hatte. Es reicht, festzustellen, dass ein Markt alle Lebensmittel im Überfluss anbietet, um sagen zu können, ob Krieg herrscht oder nicht, ob die Versorgungslage gut ist oder nicht. Gilgit hatte zurzeit weder Krieg noch ein Versorgungsproblem.

Ich ging täglich zu meinem Zeitungshändler, dem einzigen Laden von der Art im Ort. Dann kaufte ich in den Lebensmittelläden Kleinigkeiten ein. Und schließlich handelte ich mir etwas Schmuck ein, Made in Pakistan. Da gab es eine erstaunliche Auswahl an Schmuckläden. Die Nachfrage regelt das Angebot. Wo kamen die Dollars dazu her? Kauften hier die Stammesfürsten des Hindukusch ein? Es musste in Gilgit, oder doch eher um Gilgit herum, eine Menge Leute geben, die sehr erfolgreich Handel trieben, sodass die Schmuckläden auf ihren Umsatz kamen. Was das wohl für ein Handel war? Drogen, Waffen, Politik? Von Touristen konnten die wenigsten reich werden. Und ich dürfte einer der Wenigen gewesen sein, die schon hier und nicht erst in Islamabad solch edlen Ballast aufnahmen.

Von Haushaltsgegenständen, Werkzeugen, Autoreparaturwerkstätten und Ersatzteillagern für alle möglichen Maschinen bis zum Spielzeug für Kinder, neu und gebraucht, gab es alles, Schuh- und Kleiderläden waren zahlreich, ich entdeckte sogar zwei oder drei Schreibwarenläden, nicht zu übersehen waren die zahlreichen kleinen Restaurants, die stets geschäftigen Bäckereien, die stets

8. Kapitel: Gilgit Agency

nicht stubenreinen, jedoch stubenfliegenfreundlichen Fleischereien, und für wen das alles zu viel wurde: Reisebüros.

Die meisten Läden waren sehr klein und der Kunde konnte sich allenfalls auf Gebetsteppichbreite hinein und wieder heraus bewegen oder blieb besser gleich draußen stehen, reichte sein Geld hinein und bekam eine Plastiktüte dafür herausgereicht. Die Gassen waren stark frequentiert und die Läden gut besucht. Vereinzelt sah ich sogar verschleierte Frauen, meist zu zweit oder zu dritt herumlaufen.

Es war für mich kaum vorstellbar, dass noch vor wenigen Monaten hier die Hölle los war. Das Merkwürdige ist, dass der Bazar in Gilgit viel weniger einen orientalischen Eindruck vermittelt als die Bazarstraßen Kairos. Zwar sitzen viele Ladenbesitzer einfach nur im Schneidersitz da, rauchen oder trinken Tee oder unterhalten sich mit dem Nachbarn, wenn sie gerade nichts zu tun haben. Sobald aber die Kundschaft da ist, verlieren sie ihre Gemütlichkeit. Der Anteil der Gebrauchsgüter, mit dem gehandelt wird, ist vergleichsweise hoch. Im Gebirge fährt man einmal im Jahr in die Stadt und braucht etwas, um eine Wasserleitung zu reparieren oder ein Ersatzteil für eine Deichsel. Das muss bis zum nächsten Jahr funktionieren. Wenn nicht, bekommt der Verkäufer Ärger.

Sollte es einmal einen Stillstand mit dem Handel nach China gegeben haben, dann war davon jetzt nichts mehr zu spüren. Und die Schüler gingen auch wieder alle auf ihre Schulen. Ich konnte niemanden entdecken, der in der Weltabgeschiedenheit seine Wunden leckte. Es schien so, als hätte ein böser Giftmischer den Leuten etwas verabreicht und dann wieder abgesetzt, eine Verrücktheit und Hysterie war wie ein Virus gekommen und über Nacht mit dem Fieber wieder gegangen. Und jetzt herrschte wieder Normalität. Nicht ganz. Es könnte jederzeit wieder einen Rückfall geben, die oder der Marionettenspieler überlegte sich schon den nächsten Akt.

Männer in Gilgit

Als sich die Fußballer von mir verabschiedeten, brach ich ebenfalls auf. Ich hatte es eigentlich vor. Als ich an zwei auf dem Rasen sitzenden Männern vorbeikam, winkten sie mich zu sich. Sie hatten mich also im Blick gehabt. Der eine, vermutlich zwischen fünfzig und sechzig, sah ziemlich westlich aus, nicht wegen der Kleidung, sondern weil er hellhäutig und hellhaarig war und europide Gesichtszüge hatte. Er war Bankangestellter, wie er mir noch sage würde, und hieß Bilal. Er strahlte Gelassenheit und Freundlichkeit aus und seine Körperfülle schien zu verheißen, dass es sich lohnte, in Gilgit Bänker zu sein.

Gans anders der andere, der schmal und kleiner war. Der schaute viel zu finster drein, sein Schädel war kahl, das war anzunehmen, denn er hatte eine Gebetsmütze auf, die nicht viel Raum für Haar bot. Nur ein dünner Schnurrbart zierte sein

8. Kapitel: Gilgit Agency

vernarbtes, grobporiges, gebräuntes Gesicht, während ihn die Stupsnase nicht sympathischer machte, wirkten seine kleinen Augen verschlagen und misstrauisch. Das änderte sich auch nicht, wenn er den Versuch unternahm, mir zuzulächeln. Dann sah er noch unfreundlicher aus. Der Mann sah gemein und primitiv aus und schien ein Antipode zu dem anderen zu sein. Ich setzte mich nach der Aufforderung von Bilal zu ihnen ins Gras. Hätte es der andere getan, hätte ich gezögert.

Ich tauschte mit Bilal belanglose Freundlichkeiten aus. Er wollte von mir wissen, wie mir Pakistan gefiel. Was denn sonst. Ich sagte, ich wäre gerade erst angekommen. Ich schwärmte ihm etwas vor von den Vorzügen der Landschaft im gebirgigen Norden mit der Einschränkung, dass es nur sehr schwierig wäre, hier zu reisen. Er fragte warum. Ich hielt die Frage in Anbetracht der schlechten Straßen nicht für gerechtfertigt.

Er überlegte und schaute dabei zu den anderen Leuten, die im Park herumliefen. Vielleicht war er jemand, der nicht oft verreiste, vielleicht wusste er gar nicht, was gute Straßen waren! Woher auch? Aber dann sagte er:

„Das ist deshalb, weil Pakistan ein armes Land ist." Eine ehrliche Feststellung, die wohl viele Pakistaner ebenfalls getroffen hätten, aber nicht der Kahlköpfige neben mir.

„Warum ist das so?", fragte ich und war weniger gespannt auf die Antwort, als auf den Gesichtsausdruck des Kahlköpfigen.

„Because of corruption!"

Kurz und bündig! Ein ehrlicher Zeitgenosse, der sich gar nicht schämte, die Dinge beim Namen zu nennen. Das Wort Korruption hatte ich schon öfters in diesem Land gehört. Allmählich begann ich zu glauben, dass etwas dran war. Es musste schon etwas Wahres dran sein!

8. Kapitel: Gilgit Agency

„Warum gibt es in diesem Land so viel Korruption? Andere Länder sind auch arm, mag sein, dass es dort auch viel Korruption gibt, aber warum ist das in Pakistan so?"

Und dann gab er eine Antwort, die ich am wenigsten erwartet hätte und mich einen Augenblick vergessen ließ, dass das angespannte, finstere Gesicht des Kappenträgers herausfordernder war als das gleichmäßig freundliche von Bilal.

„Because of the Muslims!" Hatte Bilal eine humorige Seite, die ich noch nicht kannte?

„Wie? Habe ich richtig verstanden? Es gibt in Pakistan so viel Korruption, weil es so viele Muslime gibt? Das verstehe ich nicht!"

Bilal schaute mich noch genauso freundlich an wie zuvor, nur beim Bärtigen meinte ich beim Wechsel der Sitzposition eine Ursache der Ungemütlichkeit festgestellt zu haben. Ich erwartete nun große Offenbarungen von Bilal. Aber er glotzte mich nur an, als hätte er schon alles Wichtige zu einer Sache gesagt, die keiner weiteren Ausführungen bedurfte. Er hatte mit seinem gepflegten Äußeren einen gebildeten Eindruck auf mich gemacht. Sollte ich mich getäuscht haben? Der Andere hatte mich eher vermuten lassen, er würde unserer Konversation nicht folgen können. Nur wenige Pakistaner verstehen Englisch.

„Der Islam unterstützt aber nicht die Korruption", sagte ich, um ihn zu einer Aussage zu bewegen. Ich fragte weiter nach: „Meinen Sie nicht, dass es deshalb Korruption gibt, weil die Leute *keine* Moslems sind." Dabei betonte ich die Verneinung.

Bilal richtete sich auf und fing an, mit seinem Zeigefinger einen Kreis in den Staub zwischen den Grasinseln zu malen. Er sagte:

„Sehen Sie, wer als Bekenntnis seines Glaubens sagt, es gibt keinen Gott außer Allah und Muhammad ist sein Prophet..." - er

8. Kapitel: Gilgit Agency

sagte dies auf Arabisch, aber die Formel hatte ich oft genug gehört, „...der ist ein Moslem, weiter ist nichts erforderlich." Er berührte den Kreis und sagte, „der ist hier, nicht außerhalb, aber auch nicht innerhalb."

Ich verstand ihn so, dass ein Kreis, wenn er richtig gemalt ist, als solcher erkennbar ist, was drinnen ist, sieht man aber nicht. Dann deutete er in den Kreis und sagte:

„Aber die rechten Taten vollbringen, das ist mehr!"

„Sie wollen mir also sagen, dass ein richtiger Moslem auch die rechten Werke tut? Er ist dann nicht nur dem Namen oder dem Bekenntnis nach ein Moslem, nicht wahr?" Er strich den Kreis durch und sagte:

„Und das ist die Korruption. Leuten das Geld wegzunehmen oder es Anderen anbieten, damit die etwas Unerlaubtes tun, das sind keine Taten des Islam." Er erläuterte mir, dass er das von einem Islamlehrer übernommen hatte.

„Wenn man gute Werke tut, ist man ein richtiger Muslim?", fragte ich. Er bestätigte mit Inbrunst.

„Aber wie viele gute Werke muss man tun?", fragte ich. Er wiegte den Kopf, die Augen suchten irgendwo nach einer Antwort oder auch nur nach einer guten Formulierung.

„Ab wann weiß man, dass man in den Kreis der Rechtgläubigkeit gelangt ist?"

„Man kann es nicht wissen", sagte er endlich. Dabei erweckte er nicht den Eindruck, dass ihm dieses Eingeständnis des Nichtwissens zu denken gab.

Dann wäre sich also ein Moslem seiner Sache nie ganz sicher. Der Durchmesser des Kreises ist unbestimmbar. Er sagte „Yes!", als ob die Lösung des ganzen Problems in diesem einen Wort lag.

Und das missfiel mir. Eine Flut von Worten des Sinns oder Unsinns hätte ich eher akzeptiert.

„Aber das ist keine Antwort auf meine Frage. Ich fragte, warum es so viel Korruption gibt."

Plötzlich kam ganz überraschend Leben in seinen Partner. Ich hatte ihn ein wenig rechts liegen gelassen und musste jetzt zu meinem Erstaunen feststellen, dass er besser Englisch konnte als Bilal. Kleider verkleiden Leute.

„Sie fragten, warum dieses Land so arm ist", sagte er, jetzt war es mir so, als habe er die ganze Zeit nur auf den richtigen Moment gewartet, um sich einzumischen. Er gab mir zur Antwort: „Weil die Leute nicht gebildet sind!"

Diese Variante kannte ich auch, aber sie stammte eigentlich von mir. Er sagte „educated", was einen weitaus umfassenderen Begriffsinhalt hat, als das deutsche „gebildet". Ich pflichtete ihm bei. Stellte aber wiederum die Warum-Frage.

Er ließ mich wissen, bis 1947, solange man ein Teil British Indias war, hätten die Briten eine Bildung einfach nicht zugelassen. Das war historisch sicher nicht richtig. Ohne die Briten hätte es ja schließlich auch schwerlich einen Bildungssprung gegeben. Woher hätte er kommen sollen? Es gab ihn vorher nicht und nachher nicht. Die Briten waren ein Intermezzo und gewährten wenigstens einer Elite Bildungsmöglichkeiten. Bildung als Fundament für den Fortschritt, den die Länder der Dritten Welt anstreben, hätte nur aus dem Westen kommen können. Und weil das so war, konnte es nur von Vorteil sein, wenn die Briten schon im Lande waren. Aber so dachte der Kahlkopf nicht. Er hatte eine Bildungslücke. Er warf den Briten etwas vor, was die Einheimischen in sechzig Jahren nicht hatten leisten können. Das war ihm egal. Er redete weiter davon, wie die Muslime im alten

8. Kapitel: Gilgit Agency

British India unterdrückt worden waren. Man merkte, dass er in dieser Sache einen festen Standpunkt eingenommen hatte.

„Aber", sagte ich, „das ist schon sechzig Jahre her!"

Er verstand, worauf ich hinauswollte. Ich fügte hinzu, im Jahre 1947 wären alle Pakistaner so optimistisch gewesen, dass sie ab sofort einen islamischen Musterstaat errichten konnten. Was war aus diesen Träumen geworden? Warum hatte es nicht geklappt? Auch andere Länder hatten zu British India gehört und denen ging es wesentlich besser, Indien und Sri Lanka. Nur Bangladesh hatte wieder zu Pakistan vergleichbare Verhältnisse, aber das war auch ein Islamstaat. Ich sagte, dass ich schon mit Leuten hier oben in den Bergen gesprochen hätte, die es für beschämend halten, dass es so viele Fremdorganisationen, die NGOs gäbe, während die Regierung nichts tut.

Ich bemerkte, dass Bilal unruhig geworden war. Irgendetwas störte ihn. Vielleicht mochte er das Thema gar nicht. Plötzlich nahm er meinen Arm und sagte:

„Es ist nicht so, dass die Regierung nichts tut."

Er deutete auf den kahlen Berg, der vor uns hinter dem Park steil nach oben ragte. Er hatte auf einer Höhe von zirka hundert Metern einen einzigen Streifen frisch gepflanzter Bäumchen, wie man am spärlichen Grün gerade noch erkennen konnte. Sicherlich verlief hier eine Regenrinne. Ich hatte diese Art von Konstruktion schon öfter gesehen. Man wollte das Wasser, das von den Bergflanken herunterlief, ableiten, grub deshalb eine Rinne und pflanzte dabei sinnvollerweise zur Verstärkung der Rinne und gegen die Erosion zugleich Bäume an. Dies hier habe die Regierung veranlasst und bezahlt. Rein optisch gab das Unternehmen nicht viel her und man musste schon genau hinschauen, um überhaupt Notiz davon zu nehmen. Aber immerhin!

8. Kapitel: Gilgit Agency

Ich stellte die provokante Frage: „Warum braucht eines der ärmsten Länder der Erde überhaupt eine Atombombe?" Bilal sagte:

„Keine Sorge, die ist nur für Indien!" Das war witzig gemeint und deshalb erwiderte ich das Lachen der beiden aus Höflichkeit, aber mit betont gedämpftem Einsatz.

Ich sagte, es wäre für die Zukunft des Landes ganz entscheidend, wie man mit seinen Nachbarn zusammenlebt. Pakistan hatte es nicht leicht. Im Osten das übermächtige Indien, mit dem es seit einem halben Jahrhundert im Streit lag, die Grenzen beaufsichtigt von der UN, im Westen die stets kriegerischen Afghanen, im Norden Separatisten und Chinesen. Nur im Süden war es ruhig. Da war der Ozean.

In die kurze Stille hinein sagte ich noch, dass ich oftmals in Indien gewesen sei und nun in Pakistan feststellen könnte, dass diesseits der Grenze der gleiche Menschenschlag leben würde. Das war eine Vereinfachung, die ich gerade für angebracht hielt. Sie traf aber gerade auf die Kaschmiris und die Pandschabis zu und auf die kam es ja in der ganzen Auseinandersetzung an. Das indisch-pakistanische Problem würden nicht die Paschtunen oder Balutschis oder Chitralis lösen. Meine Redepartner übten sich weiter in schweigsamer Höflichkeit. Es war ein schöner Abend.

Vielleicht wussten sie einfach nur, dass ich Recht hatte. Man muss aber nicht immer auf der Seite des Rechts sein, es genügt zum Leben, dass man einer Fiktion nachjagt. Dann wird das Leben schlicht. Das unterscheidet den Menschen vom Tier. Das Tier lebt in der Realität und hat keinen Sinn für Fiktionen und Phantastereien. Der Mensch braucht die Realität nur für die Grundbedürfnisse des Lebens, darüber hinaus kann sich sein Leben völlig in einer gedanklich aufgebauten Welt abspielen. Mit

8. Kapitel: Gilgit Agency

einer Fiktion kann man sich leicht anfreunden, während man die Wirklichkeit hasst. Wird die Wirklichkeit zu schmerzhaft, flüchtet man in die Fiktion, die man sich so einrichtet, wie man sie gerade haben möchte. Was hatte der Bauingenieur am Satpara Lake gesagt? „Was kümmert mich das Recht, wenn mir das Unrecht mehr zusagt?"

Bilal machte mir einen Vorschlag. Am Abend würden sich im Haus eines seiner Freunde Vertreter von verschiedenen politischen Parteien treffen. Ich könnte mit dabei sein, wenn ich wollte und dort würde ich alle meine Fragen beantwortet bekommen. Ich sagte weder zu noch ab. Ich war mir nicht sicher, ob ich da hingehen wollte. Er gab mir eine Adresse und ich verabschiedete mich von den beiden.

8. Kapitel: Gilgit Agency

Da es nicht zum Treffen mit Salim Reza gekommen war, machte ich mich dann doch auf den Weg. Außerdem war ich neugierig. Ich würde einen Höflichkeitsbesuch abstatten und zeitig wieder ins Hotel zurückkehren. Es stand mir ja frei, jederzeit zu gehen.

Ich ahnte nicht, dass es eine lange Nacht werden würde. Die Adresse stellte sich als Hotel heraus, das in der obersten Etage eine Art Versammlungsraum oder Moschee hatte. Ich wurde aber von dem jungen Mann, der mich an der Rezeption abholte, nicht dorthin gebracht, sondern in ein anderes Zimmer, das offenstand, dann aber hinter mir zugemacht wurde. Der Raum war groß und, anders als ich es in Gilgit bisher gesehen hatte, so eingerichtet, wie ich es aus Baltistan kannte. Außer einer Kommode und einem unbezogenen Bett in der Ecke, das als Couch diente, hatte es kein Mobiliar.

Es gab aber noch zwei Besonderheiten, neben der Kommode standen zwei Wasserpfeifen, die etwas verstaubt aussahen. Und am Kopfende des Raumes stand ein Metallgestell, auf dem noch Papier befestigt war. Es standen ein paar arabische Zeichen darauf. Der Boden war mit dicken bunten Teppichen belegt, es gab eine Zahl großer Plüschkissen. An der Wand hingen ein Rahmen mit arabischen Schriftstellen, vermutlich Koranversen, und ein Bild, annähernd zwei Meter breit. Es zeigte die Kaaba in Mekka. Einen Vorzug hatte das Zimmer. Es hatte eine Luftkühlung.

Von den vier Personen, die anwesend waren und Tee tranken, kannte ich nur Bilal. Er stellte mich vor, unterhielt sich noch eine Weile mit den anderen Männern, von denen der eine sein Bruder zu sein schien, weil eine äußerliche Ähnlichkeit nicht zu übersehen war, und verabschiedete sich dann. Shaik Mirza, Händler, Atif Zaidi, Fuhrunternehmer, und Jamil Ahmed, der mir

8. Kapitel: Gilgit Agency

als Lehrer vorgestellt wurde, was aber genauso gut Imam, also Religionslehrer bedeuten konnte.

Die Männer begrüßten mich freundlich und ließen sofort einen Tee für mich kommen, dazu gab es Gebäck und Salzstangen, die sie selber unberührt ließen. Es war für mich zunächst nicht zu erkennen, dass es sich um andere als gewöhnliche Gilgiter handelte. Sie hatten sich schon deutlich in ihre zweite Lebenshälfte hineingelebt. Die Männer hatten ihren Platz im Leben längst gefunden und machten sich seit Langem Gedanken, wie Andere ihren Platz im Leben einnehmen sollten. Sie unterhielten sich noch eine Weile in ihrer Sprache, wobei sie mir nicht das Gefühl gaben, dass es wichtig genug war, sich deshalb in einem Hinterzimmer eines Hotels im ersten Stock zu treffen. Sie gingen recht formlos und zwanglos miteinander um. Daran war zu sehen, dass sie sich schon länger kannten. Sie waren Angehörige eines Debattierclubs. Hier würde man eher „Stammteppich" sagen.

Sie waren auch unauffällig nach Landesart gekleidet, ohne eine Hervorhebung, die Rückschluss geben konnte auf Status oder Reichtum. Sie hatten graues oder weißes Haupthaar, zwei trugen auch einen solchen Vollbart, Atif hatte einen Stoppelbart. Endlich erklärte mir Shaik, der so aussah wie Bilal, dass es sich um eine zweiwöchentliche Versammlung handelte, bei der Angelegenheiten politischer Natur besprochen wurden. Meistens ging es aber um das Wohl und Wehe der Stadt. Also eine Art Stammtischrunde ohne Tisch. Heute würde erstmals wieder Rashid Gafur teilnehmen, der aus Islamabad zurückkehrte. Der kam dann auch, wurde von den Anderen freundlich begrüßt und setzte sich zu ihnen. Mir nickte er freundlich zu, ohne weiter Notiz von mir zu nehmen. Wieder wurde eine ganze Weile unverständlich geredet. Die vier waren beschäftigt und ich kam mir ziemlich überflüssig vor. Schon überlegte ich, wie ich es am

8. Kapitel: Gilgit Agency

besten anstellen konnte, wieder auf mein Hotelzimmer zu kommen, wo ein Stapel Zeitungen auf mich wartete.

An der Unterhaltung nahmen alle lebhaft teil. Nur ich nicht. Es wurde auch nicht an Gesten und spontanen Ausrufen gespart, aber ich verstand trotzdem kein Wort. Nichtsdestotrotz dauerte es gar nicht so lange, bis sich der Eine, der gekommen war, wieder verabschiedete und sich die Anderen wie zufrieden zurücklehnten. Sie wurden nahezu sprachlos.

Das war der richtige Moment für mich. Ich fragte, ob es gute Nachrichten gäbe. Das wurde bestätigt. Der Vorschlag in Islambad sollte angenommen werden, dass der Lehrplan an der Schule nach den Vorstellungen der Leute hier in Gilgit überprüft würde. Was das hieße, fragte ich, „überprüfen"? Man sagte mir, dass es schon ein Fortschritt sei, wenn man überhaupt so weit kam, mit dem Reden anzufangen. Das bedeutete, als gleichberechtigter Partner betrachtet zu werden. Die Gilgiter, stellvertretend für den Rest der Nordprovinz, waren nicht ganz einverstanden mit den von den Sunnis diktierten Unterrichtsmethoden.

Man fragte mich nach meinem Begehren, nach meinem Beruf, wonach Atif, der etwas beleibter war als die Anderen, tatsächlich den Witz hinbekam, zu sagen, er hoffe, ich sei kein Spion der Regierung. Das Gelächter der Anderen zeigte mir, dass ich es ebenfalls als Spaß verstehen konnte. Sie sagten, sie hätten nichts zu verbergen. Einer wandte ein, „beinahe nichts", was wiederum Gelächter erzeugte.

Ich spürte, dass es ein Vorteil war, gerade jetzt in der Runde zu sein, nachdem ihnen eine gute Nachricht überbracht worden war. Jamil Ahmed, der Mann in Weiß, sagte, es sei eine Ehre, jemanden aus Deutschland hier zu haben. Er habe Achtung vor den Deutschen. Wenn ein Araber oder Muslim das sagt, weiß

8. Kapitel: Gilgit Agency

man nicht immer, ob man nachfragen soll, warum. Zu unterschiedlich wird die historische Vergangenheit bewertet.

Das war eigentlich eine heitere Runde! Sie bestellten etwas zu essen. Hier war die Gelegenheit, etwas über die Situation der Gilgiter zu erfahren und meine Kenntnisse, die ich in Khaplu und mit Hilfe von Salim Reza gewonnen hatte, zu ergänzen.

„Ich verstehe nicht ganz, warum man hier nicht wie eine große Familie zusammenleben kann in Gilgit, ob man jetzt Sunni oder Shia ist, ob Shin oder Balti?"

„Wir würden ja gerne wie eine Familie zusammenleben, aber die Regierung lässt uns nicht. Vor kurzem wurde unser Richter Jamshed Khan in Gilgit auf offener Straße ermordet. Er war Richter beim Antiterrorgericht. Er war respektiert für seine Integrität bei allen ethischen Gruppen", sagte Jamil, der ganz in Weiß gekleidet war.

Es gab ein Sammelsurium an verschiedenen ethnischen Gruppen, Baltis, Shins, Yashkuns, Mughals, Kaschmiris, Pathanen, Ladakhis and Turks. Sie hatten ihre eigenen Sprachen Balti, Shina, Burushashki, Khowar, Wakhi, Turki, Tibeti, Pusto und Urdu und gehörten den Glaubensgemeinschaften der Schiiten, Sunniten, Ismailiten and Nurbakshis an. Die Schiiten stellten 55% der Bevölkerung, die Sunniten 25%, die Ismailiten 15% und die Nurbakshis 5%. Und es gab eine Vielzahl an politischen Gruppierungen, die Balawaristan National Front (BNF), das Gilgit-Baltistan Thinkers Forum, das Gilgit Baltistan United Action Forum, die Muttahida Quami Partei und die Karakorum National Movement. Dazu die JKLF, Jamu und Kaschmir Liberation Front und die APNA, All Party National Alliance.

Atif, der Stoppelbärtige, sagte: „einhundertfünfzig unserer Anhänger sitzen im Gefängnis." Und während ich überlegte, ob „Anhänger" die Autonomisten meinte, fügte Shaik hinzu: „Über

8. Kapitel: Gilgit Agency

dreihundert junge Kaschmiris sitzen in Gefängnissen in Azad Kaschmir." „Anhänger" konnte auch gleichzusetzen sein mit „Gegner" der Regierung und „Befürworter der Selbstbestimmung". Azad Kaschmir war der Teil Kaschmirs, der weder zu Indien gehörte noch ganz unabhängig von Pakistan war.

„Und warum lässt sie die Regierung nicht frei?", fragte ich, ganz naiv und unkundig über diese verwirrende, unübersichtliche und wohl auch heillose Gesamtlage im Hindukusch.

„Gilgit ist sehr wichtig für die Regierung. Die pakistanische Regierung kennt die Bedeutung dieser Region. Deshalb kann sie nicht darauf verzichten, ein Mindestmaß an Entwicklungshilfe zu leisten. Aber das genügt bei weitem nicht. Wir sind sehr wichtig für Pakistan. Aber Islamabad gibt uns nicht die gebührende Hinwendung."

„Aber wenn man eine große Nation werden will, muss man das ganze Land bei der Entwicklung miteinbeziehen. Gerade die Nordprovinz hat ein großes Potential!"

„Es freut uns, wenn Sie das so sehen. Wir sind weit weg von Islamabad. Und uns hört man auch wenig. Wir jammern nicht laut genug."

„Jedenfalls nicht so laut wie die Kaschmiris", fügte der Lehrer hinzu und die Anderen nickten beipflichtend.

Ich dachte an die jahrelangen Unruhen. Dass man nicht auf sich aufmerksam gemacht hatte, konnte nicht der Grund gewesen sein, dass man stiefmütterlich behandelt worden war. Atif schien der Sachlichste von allen zu sein.

„Es gibt einen Kommunikationsmangel. Wir sind nun nicht mehr eine Insel weit weg von der Welt. Wir haben erfahren, was es bedeutet, eine Demokratie zu sein und ein Parlament zu haben.

8. Kapitel: Gilgit Agency

Aber wir werden immer noch behandelt wie die hinterste Provinz."

Nun ja, das waren sie rein geographisch sicherlich auch! Und nicht nur rein geographisch. Sie waren nun mal alles Andere als ein Mehrheitsvolk. Sie waren ein Sammelsurium an Minderheiten.

„Wie wir regiert werden, hat zu unhaltbaren Zuständen geführt. Da das Gebiet militärisch besetzt ist, hat in Wirklichkeit das Militär das Sagen. Und es gab lange keine Partizipation der Einheimischen bei der Regierungsgewalt. Der Chief Secretary und all die Anderen waren von Pakistan importiert. Und nun hat man schon das Misstrauen in uns eingepflanzt."

Und nach einer Gedankenpause sagte er:

„Es gibt zu viele Fälle der Menschenrechtsverletzungen. Verstehen sie, Menschenrechtsverletzungen sind nicht nur, wenn man Menschen umbringt."

„Ja", sagte Shaik, „aber auch das kommt vor. Die Regierung muss verstehen, dass dies hier zwar immer noch ein unterentwickeltes Gebiet ist, aber die Menschen sind keineswegs zurückgeblieben. Sie wollen gleichberechtigte Bürger sein, wenn sie schon nicht selbst über ihr Geschick bestimmen können."

Wenn man autonom werden wollte, musste man politisch, wirtschaftlich und bildungsmäßig auch in der Lage dazu sein. Eine gewisse Infrastruktur war notwendige Grundvoraussetzung. Indem man sich von der pakistanischen Zentralregierung Straßen bauen ließ, dazu Krankenhäuser und Schulen auf den neuesten Stand brachte, brachte man sich selber in einen Zustand, der eine Abtrennung von Pakistan irgendwann erleichtern würde. Ich hatte das in Gesprächen mit einigen politisch noch nicht sehr geschulten Separatisten in Neu-Guinea schon als Empfehlung gegeben, weil die noch zu ungestüm und

8. Kapitel: Gilgit Agency

unüberlegt handelten. Es nutzte nichts, wenn tausende mit Speeren bewaffnete Männer bei der Distriktregierung antanzten, um von den Besatzern zu verlangen, dass sie das Land verlassen sollten. Man musste sich zuerst selbst in einen Zustand versetzen, der autonomiefähig war. Man musste sozusagen konkurrenzfähig sein und den Besatzern die Argumente des zivilisatorischen Vorsprungs und des Bemuttern-Müssens wegnehmen. Weil mir der Verdacht der Spionage etwas verdächtig vorkam, sagte ich einfach nur:

„Weiterentwicklung ist immer gut, ganz gleich, wie die konkrete politische Verfassung letzten Endes einmal aussieht."

Ich bezweifelte insgeheim, dass wirklich eine Mehrheit für eine autonome Regierung zu finden war. Den Händlern in den Bazaren war jede Regierung recht, wenn sie nur ihre Geschäfte machen konnten. Ich behielt meine Skepsis jedoch für mich.

Nicht alle Gilgiter waren für einen selbständigen Staat. Einige fürchteten, dass sie dann keine Geschäfte mehr machen werden, klärte mich Shaik auf. Er musste ja wissen, was man sich in den Bazarstraßen zuflüsterte. Jamil brachte noch ein anderes Argument. Die Leute seien Opfer der Regierungspropaganda. Sie hätten Angst vor den vielen Regierungsbeauftragten, „die alles unter Kontrolle haben und jeden beobachten, der eine große Nummer wird."

Er sprach von „intelligence organization" und meinte damit natürlich die ISI, die pakistanische CIA, vor der jeder Angst zu haben schien. Ich fragte mich, ob ich auch bereits mit einem gesprochen hatte, ohne es zu wissen. Vielleicht saß sogar einer in der Runde, der dazu gehörte.

Als Indien und Pakistan 1947 um diese Region stritten, waren die Engländer noch immer nicht abgezogen. Aber sie veranlassten, dass die pakistanische Flagge in Gilgit aufgezogen wurde, was von vielen Gilgitern als schwerer Fehler angesehen wurde. Ironischerweise waren es die gleichen „Gilgit Scouts", die die Flagge entrollten, denen heutzutage nicht mehr über den Weg getraut wird, weil sie „Okkupanten" im Regierungsauftrag sind.

„Wir werden seit 50 Jahren von Pakistan kolonisiert. Die Pakistaner reden nur über elah – Anschluss – und jede Partei von Interessenvertretern, die aus dem Norden kommt und etwas von Pakistan haben will, muss versprechen, sich anzuschließen.

Wir wollen unsere eigene Identität. Wenn Kaschmir sich den Indern anschließt, dann können wir uns Pakistan anschließen, aber nicht auf der Basis von Annektion. Wir können keine Provinz von Pakistan werden."

Ihnen schwebte eine Konföderation oder Union als Übergangslösung zu mehr Freiheit vor. Wenn er schon so weit ging, dann wollte ich doch frei heraus nachfragen.

„Eine Autonomie ist für sie undenkbar?"

Er machte eine Pause, in der er seine Partner anblickte. Gewöhnlich redete man nur hinter verschlossenen Türen über Autonomie. Die Türen waren verschlossen. Er dachte nach. Auch die Anderen sagten nichts.

„Lassen sie mich eine Gegenfrage stellen? Was verstehen sie unter Autonomie?" Ich hatte mir die Antwort schon parat gelegt.

„Für Balawaristan bedeutet es jedenfalls eine eigene Regierung oder so etwas wie ein Parlament, das von der Bevölkerung direkt gewählt wird. Ich denke, dass jedes Volk über sich selbst bestimmen sollte. Jede Kultur sollte ihre Besonderheiten bewahren. Das gelingt am besten, wenn man seine Identität bewahrt."

„Das sagte ich bereits."

8. Kapitel: Gilgit Agency

Jetzt ergriff Jamil das Wort und das klang sehr kämpferisch. Er sagte, es würden Indien, Pakistan, Kaschmir und „wir" sein, die entscheiden würden. Und am liebsten wäre es ihnen, wenn sie selbst entscheiden könnten. Er meinte wohl „alleine". „Die Kaschmiris waren bereit, gegen die Inder zu kämpfen. Und wir sind bereit, gegen die Pakistaner zu kämpfen, politisch und auf jede andere Weise."

Ob das nicht nur so dahergeredet war? Jamil, das sah ich, sagte das in vollem Ernst und es kam ihm leicht über die Lippen. Nur bei Atif bemerkte ich, seine Mundwinkel hatte sich etwas nach oben verschoben. Wie oft hatte man schon große Reden geschwungen? Und meistens geht das ja auch, wenn man nicht in der Verantwortung ist. Und dann wird man auch für seine Reden nicht zur Verantwortung gezogen, solange sie nicht publik werden. Diesem Touristen konnte man ja alles erzählen. Er würde in seine Heimat zurückkehren und erzählen, dass die Gilgiter ihr Unabhängigkeitsstreben sehr ernst nehmen. Und dann: hatte man nicht Reportern, Amnesty International, UN-Vertretern und wer weiß wem, auch schon alles erzählt, in mehr oder weniger hingebungsvoll aufgesperrte Ohren. Aber geändert hatte sich nichts. Die drei standen, vermutlich wie viele Andere, auf einer Liste. Das war nicht ungefährlich, aber je länger man draufstand und je mehr draufstanden, desto gelassener konnte man werden. Atif fand es wohl passend, die Worte seines Vorredners zu relativieren.

„Es ist nicht einfach, gegen eine solche Macht anzukämpfen. Aber wir können es auf dem demokratischen Weg, also mit friedlichen Mitteln versuchen. Dazu müssen wir aber erst die demokratischen Rechte haben."

Ich fragte nach, ob er als Fuhrunternehmer häufig in den Pandschab kam. Er bestätigte es, er hielt sich häufig in Rawalpindi und Islamabad auf. Dort wurde ihm vor Augen geführt, wie schnell sich Pakistans Städte entwickelten und dass sie dabei ihre Probleme massiv mitentwickelten. Das Schicksal des Nordens war im Süden kein Thema. Aber das war vielleicht auch eine Chance. Ich wollte es genau wissen.

„Friedliche Mittel setzen also demokratische Rechte voraus. Bedeutet das, dass dem Norden momentan friedliche Mittel gar nicht gegeben sind?"

Er durchschaute die Zielrichtung meiner Frage, antwortete aber ausweichend.

„Heutzutage ist die Welt so klein geworden. Es ist kaum noch möglich, etwas verborgen zu halten, und so wird die Welt auch auf uns aufmerksam werden."

Ich war anderer Meinung. In der Flut der Informationen war auch viel Fehlinformation und die wirklich bemerkenswerte Information wurde deshalb vielleicht gar nicht bemerkt.

„Es gibt sehr viele kleine und schwache Nationen, aber sie sind trotzdem als solche anerkannt. Das ist unsere Hoffnung."

„Und wenn ihre Leute gar nicht autonom sein wollen?"

„Dann werden wir das akzeptieren", kam ohne Zögern die Antwort.

Jamil war vielleicht doch anderer Meinung: „Leider ist es so, dass friedliche Bemühungen die Weltaufmerksamkeit nicht ansprechen. Schlagzeilen machen nur Kriege."

„Ist das nicht genau das Argument der Terroristen?"

Steuerten wir auf eine spannende Phase der Unterhaltung zu? Jamil sagte:

„Aber wenn unsere Leute gar nicht autonom sein wollen, wird auch niemand für die Autonomie kämpfen. Wenn aber doch, dann hat die internationale Gemeinschaft die Verpflichtung, uns zu helfen." Er schaute mich dabei herausfordernd an, als ob ich dazu meine Zustimmung geben müsste. Ich konterte:

„Ist der erste Ansprechpartner für so einen Appell nicht die islamische Ummah? Nun gut, die gibt es nicht. Wenn ich die internationale Gemeinschaft wäre, würden Sie ihre Unabhängigkeit bekommen. Keine Frage!"

Er lächelte zufrieden, vielleicht weniger, weil ich diese Antwort gegeben hatte, sondern weil er den Eindruck hatte, dass ich es auch so meinte.

„Aber Pakistan ist nicht die Gemeinschaft", setzte ich dazu. Das war ein Faktum, das weh tat.

Jetzt ergriff wieder Shaik das Wort: „Pakistan wird uns natürlich nicht die Unabhängigkeit geben wollen. Aber eines erreichen wir bestimmt mit unseren Bemühungen. Da wir mehr im Fokus sind, wird die Regierung mehr für unsere Region tun müssen, um die Leute zufrieden zu stellen."

Das war der pure Pragmatismus eines Geschäftsmannes. Ich begriff, wer wirtschaftlich zufrieden war, dem konnten die politischen Rahmenbedingungen ziemlich egal sein. Aber damit war man als Autonomist in einer Zwickmühle, wozu dann noch Autonomie?

Selbst in den Agencies der Stammesgebiete in der Northwestern Frontier Province, mit der die Zentralregierung viel mehr Probleme hatte, als mit dem hohen Norden, gab es eine direktere Einflussnahme der Lokalpolitik in die Entscheidungsfindung.

Aber auch für den Bereich der Rechtsprechung waren die Bemühungen der Autonomisten nicht ohne Erfolg geblieben. Der Oberste Richter der Region war zwar aus Islamabad, die übrigen Richter waren jedoch von hier.

8. Kapitel: Gilgit Agency

„Wie sehr hängt ihre Zukunft von der Lösung des Kaschmirproblems ab?"

„Wir sind ein Teil Kaschmirs. Das müsste ihre Frage eigentlich beantworten. Die Regierung sagt, solange Kaschmir ein Problem ist, können wir auch für die Nordprovinz keine Veränderung herbeiführen. Die Inder haben aber ihrem Teil Kaschmirs umfassende Rechte eingeräumt. Sie haben eine gesetzgebende Versammlung und ihre eigenen Minister. Sie haben ihr eigenes Oberstes Gericht. Sie sind semi-autonom..."

Jamir fügte hinzu: „Sie haben ihr eigene Nationalflagge, einen eigenen Namen, einen Präsidenten, gewählte Minister, ein Kabinett, einen Haushalt... und sie haben eigene Gesetze, Gesetze, die sagen, dass ein Nicht-Kaschmiri kein Land in Kaschmir kaufen kann. Aber wir haben nichts." Und er wiederholte „Wir haben nichts!"

Ich merkte ihm an, dass er es den Kaschmiris neidete, daraus aber umso mehr einen Vorwurf an die Adresse Islambads sah.

„Wir haben nichts", wiederholte er.

„Und die Pathanen kaufen unser Land auf, denn sie haben das Geld. Unsere Geduld ist zu Ende. Wir haben sechzig Jahre gewartet."

„Was sind die größten Hindernisse bei ihrem Freiheitskampf?"

„Das sind Probleme finanzieller Art. Pakistan hat unsere Ressourcen gekappt. Wir sind auf die Hilfe von außerhalb angewiesen. Aber wir bekommen Unterstützung von draußen." Er sprach von den Glaubensbrüdern am Persischen Golf, Pakistanern aus Amerika und Europa. Nicht alles, was von dort kam, war schlecht!

„Haben Sie keine Probleme, in Ihren eigenen Reihen genügend junge Leute für Ihre Ziele zu gewinnen?" Ich dachte bei meiner

Frage, dass die Unruhen nichts mit der Unabhängigkeit, sondern mit der Unterdrückung der Schiiten zu tun hatte. Das Eine hatte streng genommen nichts mit dem Anderen zu tun.

„Wir haben nur Sorge, dass unsere Jugend durch Propaganda gedreht wird. Die ISI leistet hier ganze Arbeit. Ihre Hauptaufgabe in Balawaristan ist, die Jugend zu impfen", er sagte, „brain-wash", „und sie für ihren Terrorismus zu gewinnen. Besonders die Arbeitslosen sind ihr Ziel. Die ISI lehren sie Hass gegen andere Religionen und sogar andere Glaubensrichtungen des Islam, die ISI bringt ihnen bei, wie man mit Waffen umgeht, wie man Bomben baut und Selbstmordattacken plant gegen pro-indische Kaschmiris und indisches Militär. Sie töten alle, die ihnen im Wege stehen. Und sie benutzen sie gegen eigene politische Rivalen innerhalb Pakistan."

Da war er wieder, der Vorwurf des Terrorismusverdachts. Der pakistanische Staat, verantwortlich für die gezielte, systematische Ausbildung von Terroristen? Ich hatte zwar schon gehört, dass es im Hindukusch in den Grenzgebieten vereinzelt Terrorcamps geben sollte, neu war für mich, dass Pakistan selber welche hatte. Gab es sie auch in Gilgit? Ich fragte nach.

Man nannte mir ein paar Namen, die mir noch unglaubwürdiger vorkamen, aber wahrscheinlich bezeichnete er jeden Ort, wo es auf Veranlassung der ISI zu Treffen kam, als „Terroristencamp". Darunter waren Darel, Tangir, Astore, Skardu, Ghowadi, Juglot, und Gilgit natürlich auch noch. Es soll auch immer wieder vorgekommen sein, dass al-Qaida- und Talibanführer von der ISI innerhalb der Nordprovinz befördert wurden. Damit war ein Sicherheitsproblem gelöst. Niemand konnte sie behelligen und umgekehrt galt das Gleiche! Die ISI als Taxidienst und dann wohl auch als Saufkumpane! Ich ahnte nicht, dass ich vergleichbare Geschichten in der North Western Frontier Province hören würde. Und dort hielten sich die al-Qaida und die Taliban zweifelsohne auf.

Aus dem nahen Chitral gab es Merkwürdiges zu berichten. Bisher war die Gegend für Ausländer wegen der Gastfreundlichkeit des Menschenschlags und der Schönheit der Bergregion bekannt geworden. Im letzten Winter hatte es eine kleine Verschiebung der Interessenlage gegeben. Vier Amerikaner waren angekommen, hatten sich ein Haus gemietet, es mit eigenen Möbel eingerichtet, sich in der Gegend umgeschaut, aber nicht wie Touristen, und Landkarten studiert und versprochen, die Gegend finanziell zu unterstützen. An Tourismus schienen sie nicht interessiert zu sein, dabei liegt ja gerade darin - vielleicht - die Zukunft Chitrals.

Die Chitralis wollen herausgefunden haben, dass die Amerikaner gekommen waren, weil sie ein besonderes Interesse an einem einzigen „Touristen" hatten. Sehr schell verbreitete sich die Nachricht, dass sich FBI- oder CIA-Agenten in Chitral eingenistet hatten, um Bin Laden aufzuspüren. Man hatte nämlich beobachtet, dass sie von einem diplomatischen Fahrzeug, bevor sie nach Chitral kamen, in einen unauffälligen Jeep umgestiegen waren. Das schmeckte den Chitralis gar nicht. Sie vertraten die Meinung, dass Chitral eine friedliche Gegend war. Im Vergleich zu der übrigen Grenzregion südlich davon stimmte das auch. Allerdings wurden von hier in den achtziger Jahren den Mujaheddin in Afghanistan im Krieg gegen die Sowjets Waffen zugeliefert. Seither ist es aber in Chitral ruhig geworden und die Chitralis wünschten, dass das so blieb.

Bei den Amerikanern hatte sich das Gerücht verbreitet, dass immer wieder Fahrzeuge aus den Bergen mit Arabern zur Stadt herunterfuhren. Wer konnte das sein, wenn nicht al-Qaida Kämpfer? Oder hatte man nur einmal mehr die Amerikaner an der Nase herumgeführt? Da mal ein Gerücht streuen und dann mal wieder woanders!

Auch in den vergangenen Jahren gab es immer wieder Gerüchte, dass sich al-Qaida in der Gegend niedergelassen hätte. Der afghanische Geheimdienst hatte behauptet, Bin Laden würde sich in den Bergen um Chitral herum aufhalten, weil es ihm weiter südlich, wo die pakistanische Armee die Stammesgebiete durchkämpfte, zu ungemütlich geworden war. Der pakistanische Geheimdienst hatte außerdem herausgefunden, dass sich ein Tross, der offensichtlich einen Führer von Bedeutung mit einschloss, von Peschawar herkommend immer weiter nördlich bewegte, getarnt als Nomaden und Schafhirten. Nun befürchteten die Chitralis, dass die Talibankämpfer tatsächlich Chitral ausgesucht hatten, um den Amerikanern und ihren Gastgebern Probleme zu bereiten. Man organisierte Protestaktionen, die sogar von der Geistlichkeit initiiert waren. War das wieder nur ein Ablenkungsmanöver, um damit die wahren „Beweggründe" zu verheimlichen? Wenn Andere nicht wissen sollen, dass man Freund vom jemandem ist, sagt man, dass man sein Freund nicht ist. Im Parlament gab es eine Diskussion. Das amerikanische Konsulat in Peschawar, von dem einer der vier Amerikaner gekommen sein soll, lehnte jeden Kommentar ab. Die Amerikaner waren so schnell wieder verschwunden, wie sie aufgetaucht waren. Die Chitralis hatten im Gegenzug versichert, dass in ihrer Gegend keine Fremden untertauchen könnten. Ebenso hätten sie sagen können, dass Freunde bei ihnen das Gastrecht genießen. Der Polizeichef stellte kategorisch fest: „Sie sind nicht hier!"

Nach alledem, was ich gehört hatte, kam mir die Situation im Balkan in den Sinn. Viele Völker, verschiedene Religionen und Sprachen und viele bewaffnete Freiheitskämpfer und Terroristen und Banditen, die die Gunst der Stunde nutzten, sich in dem

8. Kapitel: Gilgit Agency

anarchischen Freiraum zu entfalten. Und auf die Regierungen keines dieser Länder konnte man vertrauen.

Nun stellte mir Jamil eine ganz überraschende Frage.

„Warum wollen sie das alles wissen?" Ich antwortete ihm ebenfalls mit einem Standardsatz. Warum sollte ich mit offenen Karten spielen? Ich sagte, weil ich Land und Leute kennenlernen möchte. Das stimmte zwar, aber damit wiederholte ich nur, was ich bei der Vorstellungsrunde schon einmal gesagt hatte, mit beinahe den gleichen Worten.

In der pakistanischen Tageszeitung „The News International" vom 23. Juni war unter der Überschrift: „Versucht, auf die muslimische Welt zu hören!" zu lesen: „Eine Mehrheit der Muslime glaubt an die Freiheit von Rede, Versammlung und Religion. Die gleiche Mehrheit glaubt, dass Frauen das Recht zu wählen haben sollten, Auto zu fahren und außerhalb des Heims zu arbeiten... Wie viele Muslime sind Extremisten? Die Antwort: viel weniger als jemand glaubt. Nach der Gallup Umfrage haben nur 8% aller Muslime extreme Ansichten (z. B. denken sie, die 9/11-Angriffe seien gerechtfertigt gewesen). 55% sind „skeptisch moderat" (sie mögen die USA nicht, aber glauben auch nicht, dass 9/11 gerechtfertigt war). Ganze 35% sind pro USA (sie mögen die USA und glauben auch, dass 9/11 nicht gerechtfertigt war). Einer Umfrage in zehn islamischen Ländern zufolge, Marokko, Ägypten, Türkei, Libanon, Jordanien, Saudi-Arabien, Iran, Pakistan, Bangladesh und Indonesien."

Aber es stellte sich die Frage, war die Umfrage in englischer Sprache gemacht worden? Hatte nur das Bildungsbürgertum geantwortet? Natürlich!

Hier war es Jamil, der dieser Statistik nicht folgen wollte. Er erklärte mir, dass seit mehr als zwei Jahrhunderten der Westen wegen seines wissenschaftlichen und militärischen

Übergewichts die muslimischen Länder unter seinem kolonialen Stiefel gehalten und sie gnadenlos ausgebeutet habe. Selbst heute unter Selbstverwaltung dominierte der Westen und formte die Mehrheit der muslimischen Nationen nach seinem Willen und machte sie gefügig. An der Spitze der früheren Ungerechtigkeiten pflanzte der Westen einen künstlichen Staat für die Juden, genau im Herzen der muslimischen Welt.

War es nicht auch da, wo das jüdische Herz schlägt, in Jerusalem? Stellte ich die Zwischenfrage. „Hat nicht jedes Volk einen Platz, eine Heimat verdient, wo es sich zu Hause fühlen kann?"

Jamil hatte nicht die Absicht, darauf einzugehen. Ich sollte seinen Vortrag nicht ins Stocken bringen. Er sprach von schreienden Ungerechtigkeiten des Westens, die Rache in den Herzen vieler Muslime entfachte. Selbstmordbomben und Terrorismus seien die Waffen derer, die militärisch schwach sind und nicht frontal gegen die mächtigen Kräfte der USA und Europas bestehen könnten.

„Könnte es sein", sagte ich, „dass Radikalismus gegenüber Anderen eine Antwort auf den eigenen Radikalismus ist? Ich meine so: Radikale Muslime möchten Israel gleich ganz vernichten. Wenn man zugeben müsste, dass auch Juden ein Recht auf Leben haben, hätte das automatisch zur Folge, dass man ihnen entgegenkommen müsste. Würde man auch nur geringe Zugeständnisse machen, wäre das Eingeständnis von Irrtum und Schwäche. Das darf nicht sein, also beharrt man lieber auf dem offensichtlichen Unrecht. Und dieses Beharren drückt sich im Radikalismus aus. Und daher glaube ich, dass alle Islamisten im Irrtum sind. Für sie ist es fatal, dass ihre Identität darin liegt, ein einseitiges Feindbild aufgebaut zu haben. Würde sich herausstellen, dass der Feind nicht total böse ist, würde diese Identität in Frage gestellt werden und daher muss dieses

8. Kapitel: Gilgit Agency

Feindbild aufrechterhalten werden. Man wird zum Getriebenen seiner Verblendung. Wenn nicht der Feind das eigentliche Problem ist, was ist dann mit mir? Dann stimmt irgendetwas nicht mit mir selber. Aber das kann nicht sein. Also kämpft man lieber bis zum letzten Atemzug."

„Aber was ist mit den Attacken der Briten und Amerikaner und Israelis? Töten sie nicht auch viel mehr Zivilisten als Aufständische? Wann immer sich die Israelis das Land der Palästinenser angeeignet haben, bekamen sie Rückendeckung von den USA. Wenn Israel 200 Atombomben in seinen Arsenalen hat, dann heißt man es gut, aber wenn der Iran Uranium anreichert, auch wenn es nur für friedliche Zwecke ist, dann soll das eine Gefahr für die USA und ihre Alliierten sein…

„…ist es das nicht? Die iranischen Regierungen haben das Gleiche gesagt wie die Nachbarn Israels, dass sie Israel von der Landkarte auslöschen wollen. Und sie hören nicht auf damit, das zu weiderholen. Das kann der Iran nur mit einer oder mehreren Atombomben. Die Israelis haben nie gesagt, dass sie etwas Vergleichbares vorhaben, abgesehen davon, dass sie es ja Ihrer Meinung nach hätten längst tun können. Sie haben die Waffen, aber sie haben es nicht getan. Das sind die Tatsachen, auf die man sich stützen kann. Daher kann man zuversichtlich sein, dass Israel auch weiterhin nicht das tun wird, was ihnen umgekehrt ihre Gegner androhen. Die Vernichtung des Gegners. Das hat Israel auch nicht in den Kriegen mit den Arabern getan. Die Frage ist noch nicht geklärt, was der Iran tut, wenn er die Bombe hat! Die Frage, was er gerne tun würde, ist geklärt, weil er sie deutlich beantwortet hat. Das sind die Fakten!"

Ich war unzufrieden über den Gesprächsverlauf. Ich kannte jetzt die Position von Jamil, dem Honorierten des Stadtrats von Gilgit. Ich konnte auf mein Hotelzimmer gehen und Zeitung lesen.

Nichts Neues über den Westen vom Osten. Aber Jamil gab noch nicht auf.

„Mehr als einhunderttausend Irakis wurden von den Alliierten in diesem Befreiungskrieg gegen Saddam Hussein getötet!"

„Womit wir wieder beim Thema wären. Sind es nicht Schiiten, die Sunniten töten und umgekehrt?"

Ich hatte keine Chance, die Auseinandersetzung der Schiiten und Sunniten zum Thema zu machen. Der islamistische Terrorismus, hieß es stereotyp, sei eine direkte Antwort auf den staatlichen Terrorismus der USA gegen die muslimische Welt.

Doch dann sagte mein Gesprächspartner doch noch etwas, was Einsicht zeigte. Zwar wären die Sünden und Verbrechen des Westens enorm, das würde jedoch nicht die Muslime von dem Vorwurf befreien, den Herausforderungen des 21. Jahrhunderts in völlig unzureichender Weise zu begegnen. Dieser Meinung schlossen sich auch Shaik und Atif an. Ein großer Teil der Muslime schien im siebten Jahrhundert festzusitzen. Sie waren nicht fähig, zu begreifen, dass die Welt in den letzten 1.400 Jahren und besonders in den letzten 50 Jahren eine andere geworden war.

Die neuen Werte des 21. Jahrhunderts, die Vorliebe für Frieden, Toleranz und persönlichen Wohlstand empörten weder Hindus noch Buddhisten oder Christen. Aber die Hälfte der Muslime der Welt, so kam es dem Rest der Welt vor, waren darauf eingeschworen, einen Krieg zu führen gegen ein Phänomen, das in der östlichen Welt Modernismus genannt wird. Dabei verstehen sie keine Ideologie darunter, sondern die Ära, in der wir leben. Im Westen spricht man mittlerweile ja längst vom Postmodernismus mit dem einzigen dauerhaften Wert, wertefrei sein zu dürfen. In Islamkreisen sieht man die Gefahr, dass sich jeder früher oder später dem Westen und seinen

8. Kapitel: Gilgit Agency

Wertevorstellungen anpassen wird. Die Fortschrittler, die selber modern sein wollen, sagen, je früher die Anpassung kommt, desto besser, weil man sonst so weit hinten bleibt im Wettlauf nach Wohlstand und Fortschritt, dass man aufhört, für die Welt überhaupt noch relevant zu sein, außer als Unruhe stiftendes Element! Zafarullah Poshni, ein pakistanischer Freidenker, drückte es so aus: „Man muss sich nur einmal die Taliban und die Sorte von Gesellschaft anschauen, die sie in Afghanistan versucht haben aufzubauen. Und das wollen sie in unserem Land ja auch machen! Schaut euch das ganze Frauenvolk an, wie sie herumlaufen, wenn überhaupt! Alle Mädchenschulen geschlossen! Das Sportstadion wird dazu benutzt, den Menschen die Hände oder Köpfe abzuschlagen, Männer werden eingesperrt, wenn ihre Bärte nicht lang genug sind, Musik und Lieder, ganz zu schweigen von Tanz, werden verbannt, Musikinstrumente werden zerstört, historische Stätten werden bombardiert wie die Buddhastatue, anders gesagt, das menschliche Leben wird so finster, drückend, schrecklich, destruktiv und grausam gemacht, wie es nur möglich ist. Die Brüder der Taliban, die al-Qaida hat sich darauf spezialisiert, Köpfe von Gefangenen abzuschneiden, nehmen es auf Video auf und verkaufen es in die ganze Welt, nur um zu demonstrieren, wie barbarisch sie sind. Es gibt zwei Hauptauseinandersetzungen in der heutigen Welt. Die evangelikalen Neocons der USA gegen die extremen Islamisten der ganzen Welt. Dies ist ein bewaffneter Kampf. Der andere Kampf ist innerhalb der islamischen Welt zwischen denen, die an Mäßigung glauben, an Demokratie und Frieden, an Fortschritt und den Wegen der Moderne, und denen, die in einer Zeitfalle des siebten Jahrhunderts festgefroren sind und die glauben, dass ein Sitz reserviert ist für sie im Himmel, wenn sie Ungläubige und Häretiker töten oder dabei selber getötet werden. Natürlich töten sie auch ihre eigenen Brüder, wenn sie nicht mit ihnen einer Meinung sind."

„Was wollen sie", fragte ich in die Runde, „Verhältnisse wie im talibanischen Afghanistan?"

Jetzt musste Shaik lachen. Es kam so spontan, dass mich das beruhigte. Denn es musste echt sein. Er sagte:

„Dann kann ich meinen Handel beenden. Aber nein, wo denken Sie hin."

Er brachte zum Ausdruck, dass die Mullahs und das Militär Kontrahenten waren. Sie waren beide undemokratisch und hegemonistisch. Was die Gesellschaft aber brauchte, um vorwärts zu kommen, war Pluralismus, denn ohne Pluralismus bleibt eine Demokratie unvollständig und steht auf schwachen Füßen.

„Und wer gewinnt im weltweiten Kampf zwischen den moderaten und extremen Muslimen?", fragte ich. Sie wussten keine Antwort. Atif sagte:

„Wir wissen es nicht, aber wir hoffen, es sind die Moderaten."

„Warum?"

„Weil der Weg der Extremisten uns in eine Sackgasse hineinführt. Das ist die entgegengesetzte Richtung von dem, was im 21. Jahrhundert gebraucht wird. Der Triumph der Extremisten und Fundamentalisten bedeutet doch totale Stagnation in allen Bereichen, die ein Leben fruchtbar machen."

Ich gab ihm Recht. Wenn die Extremisten triumphierten, würden sie die menschliche Existenz degradieren. Auf lange Sicht hätte das verheerende Folgen. Es war nur die Frage, ob eine Mehrheit der Muslime dies hinnehmen würde.

8. Kapitel: Gilgit Agency

„The International News" menetekelte am 11. Juli 2014 über die Zustände in Pakistan:

„Das Traurige ist, dass zwar die Gesellschaft religiöser geworden ist, aber nicht gerechter oder menschlicher oder weniger gewalttätig. Tatsächlich ist es so, dass gerade die vermehrte Gewalt, die Verbrechen und die allgemeine Ächtung und Missachtung des Gesetztes es sind, die einem zu denken geben, dass das, was geschieht, nichts Gutes verheißt."

Die wachsende Gewalt im Lande zeigte sich vor allem darin, dass man mit Gewalt gegen Minderheiten vorging. Und das im nicht nachvollziehbaren Einvernehmen mit so vielen. Ging diese Entwicklung nicht schon zu lange? Wie konnte sie gestoppt werden? Musste man gegen die Madressahs vorgehen? War das System der Bildung eher ein System der Indoktrinierung?

„Eigentlich", sagte ich, „sollte das politische System diejenigen nach vorne bringen, die moderat sind – aber was, wenn diese nicht gewählt werden? Haben die Moderaten eine Chance in Ihrem Land? Im Westen glaubt man, dass in den Madressahs Hass gepredigt wird. Stimmt das?" Das wurde verneint.

Shaik erwähnte einen anderen Aspekt. Seiner Meinung nach stammten die extremen Ansichten aus Afghanistan. Als die Afghanen seit der sowjetischen Besetzung nach Pakistan kamen, brachten sie auch ihre Kultur mit. Erst zu dieser Zeit begannen die Madressahs ein Ort der radikalen politischen Agitation zu werden. Damals wurde nichts dagegen unternommen.

„Die Mujaheddin haben auf unserem Boden Drogen und Waffen verkauft. Und was noch schlimmer ist, niemand hinderte die Mujaheddin daran, sich mit unseren religiösen Parteien zu verbünden. Damals beim Einmarsch der Russen in Afghanistan glaubte man in Pakistan, es gehe um den Bestand des Islam, weniger um den Bestand Afghanistans als einer Nation, deshalb war man bereit, die Umtriebe der afghanischen Führer auf unserem Boden zu dulden."

Aber das ging zu lange und bald ging es nicht mehr um die Befreiung Afghanistans von der atheistischen Gefahr aus dem Norden, sondern um die Frage, welche Gruppierung in Kabul man unterstützen sollte.

„Uns ging es um die Sicherheit Pakistans, aber viele dachten an etwas Anderes. Und im Ergebnis unterstützte man Kräfte, die uns jetzt zu schaffen machen."

Jamil Ahmed hatte sich die ganze Zeit verdächtig zurückgehalten. Wir kamen auf Pakistans Vergangenheit zu sprechen, als ob das von den gegenwärtigen Unzulänglichkeiten ablenken könnte oder die erhitzten Gemüter abzukühlen imstande wäre. Das war das Thema für Jamil.

„Die Engländer haben alles zerstört, was als islamische Kultur und Zivilisation identifiziert werden könnte. Und ihre Nachkommen, jene, die hier das Sagen haben, sind Verräter an der islamischen Sache. Sie sind die Nachfahren der christlichen Missionare, die versuchen, unserer Jugend mit islamfeindlichen Inhalten vom wahren Weg abzubringen."

Ich warf einen Blick auf die beiden Anderen, stellte aber keine Regung fest. Empörung oder Sympathie für die ehemaligen Kolonialherren hätte anders ausgesehen. Sollte ich die Kolonialherren verteidigen?

„Die Zerstörungsarbeit der Engländer scheint nicht sehr weit gegangen zu sein. Sie haben einen modernen Verwaltungsapparat aufgebaut, der auch funktionsfähig und - tüchtig ist, sonst könnte man ja ein Land nicht ausbeuten. Sie haben die Eisenbahn gebaut und Institutionen gegründet, die heute noch als westliche Errungenschaften in der ganzen Welt ihren Zweck erfüllen. Zum Beispiel Krankenhäuser. Wenn die

8. Kapitel: Gilgit Agency

heute nicht mehr auf dem neuesten Stand sind, dann liegt das daran, wie sie seit dem Abzug der Briten geführt werden. Wenn die Eisenbahn heute zu spät kommt, weil wieder einmal etwas nicht funktioniert hat, dann liegt das an denen, die sie heute betreiben. Wie kann man die damaligen Kolonialherren heute noch für Missstände verantwortlich machen, die erst heute entstanden sind? Das ist unsinnig. Und wie kommt es, dass alle heiligen Stätten des Islam in Pakistan und Indien heute noch dastehen, wenn die Engländer angeblich alles zerstört haben? Es sind die Pakistaner, die dafür sorgen müssen, dass die Monumente nicht zerfallen."

Ich ahnte nicht, was meine Besichtigungstour durch Lahore noch an Einsichten bringen würde. Dort steht das großartigste Fort der Moghulherrscher in Pakistan und modert vor sich hin. Einst waren sogar auf einer Fläche von zehntausend Quadratmetern die Außenmauern mit kunstvollen Mosaikplatten verziert, selbst die Reste sind beeindruckend. Leider gilt das auch für das Ausmaß der Verwahrlosung.

„Und überhaupt, wenn ich das Klagen von manchen Muslimen höre, ihre Religion sei vom Christentum oder von was weiß ich bedroht, warum müssen Muslime so schwach in ihrem Glauben sein, dass sie die Lehren einer anderen Religion oder einer anderen Lebensphilosophie fürchten müssen? Was ist dann ihre Religion wert? Da wäre etwas mehr Gelassenheit und Souveränität empfehlenswert. Verdient der Islam nicht, von würdigeren Gefolgsleuten vertreten zu werden? Vielleicht sind gerade wegen ihnen diejenigen, die andere Religionen vertreten, sich ihrer Sache so sicher. Im Westen sind sie sich ihrer Sache so sicher, dass sie es Muslimen gestatten, ihre Religion frei auszuüben. Sie dürfen sogar Moscheen bauen. Und sie dürfen natürlich ihre Meinung kundtun, ohne Repressalien befürchten zu müssen. Das ist umgekehrt in muslimischen Ländern nicht so.

Vielleicht deshalb, weil die muslimische Geistlichkeit erkannt hat, dass die westlichen Werte und Errungenschaften eine Gefahr für sie darstellen. Die Welt des Islam ist bereits unrettbar mit westlichen Praktiken überfüllt. Es ist westliche Technik, die den Alltag beherrscht. Muezzine benutzen weltweit eine Erfindung aus dem Westen, um ihre Rufe von den Minaretten mehrfach verstärkt erschallen lassen zu können. Die islamische Welt ist rückständig und kann ihre Rückständigkeit nur beheben, indem sie westliche Errungenschaften und westlichen Fortschritt benutzt."

Während ich das sagte, beobachtete ich aufmerksam mein Gegenüber. Zunächst entdeckte ich einen heiteren Gesichtsvorgang in den Gesichtern von Atif und Shaik beim ersten Teil meiner Antwort, der auch meiner forschen Redeart durchaus nicht den Schneid nahm. Jamils Gesicht wirkte erstarrt, hatte ich ihn an einem wunden Punkt berührt?

Jamil sah eher die Gefahr, dass der Islam amerikanisiert wurde, er würde so weit moderater und modifiziert, bis er nicht mehr wieder zu erkennen war.

Shaik erzählte eine Anekdote. Man habe schon lange nichts Positives mehr über die Amerikaner gehört. Doch das änderte sich in der Bank in Gilgit. Eine Frau war wütend geworden, weil ihre Travellerschecks nicht eingelöst wurden. Sie sagte vor mehreren Ohrenzeugen, sie würde den Amerikanern die Füße küssen, wenn sie herkämen und für geordnete Verhältnisse sorgen würden. Die Frau sah aus wie eine Pakistanerin und sprach auch so. Es war nur nicht klar, ob es eine neureiche Islamabaderin war oder eine pakistanische Touristin aus Europa oder den USA, was wahrscheinlicher war.

Die Geschichte war so unglaubwürdig, dass ich nicht an ihr zweifelte, zumal Shaik nicht den Eindruck erweckte, ein

Aufschneider zu sein. Die Einheimischen reagierten mit stiller Empörung. Die Empörung betraf lediglich, dass ein Pakistaner und Muslim überhaupt die Amerikaner herwünschte, nicht dass es keinen guten Grund gab, gegen die Verhältnisse im Land zu protestieren.

„Meinen Sie, es gibt keinen Fortschritt ohne den Westen?", fragte Jamil.

„Es gab vielleicht einen Fortschritt ohne den Westen in der Vergangenheit, aber heutzutage und in nächster Zukunft hat der Fortschritt eine westliche Prägung. Das haben selbst die Chinesen verstanden, die sich am längsten dagegen gewehrt haben. Selbst das Öl wird einmal im Nahen Osten versiegen. Muslime tun gut daran, keine Luftschlösser zu bauen. Ich verbinde mit dieser Meinung keine Vorwürfe!"

„Wissen Sie", sagte Jamil, „dass unsere Regierung 400 Leute in US-Gewahrsam gegeben hat, ohne die Justiz zu beteiligen? Sie hatten keine Gelegenheit, sich zu rechtfertigen. Sind die USA nicht ein großer Verfechter der Menschenrechte und der Freiheit? Und dennoch verstoßen sie gegen diese Prinzipien!" Und dann offenbarte er mir seine Zukunftsvision.

„Ich denke, dass die westliche Gesellschaft eine noch größere Veränderung durchmacht als wir. Muslimische kulturelle Werte sind stabiler und konsequenter. Der Westen gab den Glauben an Gott auf und setzte dafür den Glauben an das Kapital. Aber Geld hat keine Moral. Hat Geld den Missionaren geholfen, die Welt zu erobern oder ihr Gott? Afrika, Südamerika und andere Kulturen und Religionen konvertierten zum Christentum. Als sie dann reich geworden waren, gaben sie den Glauben an Gott auf. Sie glauben nämlich, dass Geld stärker ist. Wir glauben das nicht!"

Ob der Händler Shaik diese Aussage unterschrieben hätte? Jamils Meinung nach rotteten die Europäer und Amerikaner von ihrem

Wertesystem alles aus, was nicht unter die Definition beobachtbarer Phänomene passte. Und nun stünden sie unübersehbar im Krieg mit ihrem eigenen Wertesystem.

Ich fragte mich, ob es sein konnte, dass Pakistan wie auch Indien immer noch dabei waren, herauszufinden, wie man aus der Unabhängigkeit zu einer Freiheit von Armut und Machtlosigkeit gelangte? Oder stand es noch auf der Agenda der wichtigsten nächsten Schritte? War man dem überhaupt näher gekommen in Pakistan? Tatsache war, dass es noch mehr Menschen als 1947 gab, denen das Wichtigste zum Leben fehlte.

Nach Ansicht meiner Gesprächspartner konnte man in Pakistan von einer Drei- wenn nicht sogar Vier-Klassen-Gesellschaft sprechen, wenn man das Militär dazunahm. Andererseits war das Militär ein Staat im Staate. Aber die Reichen im Lande kümmert das nicht so sehr, dass sie von Militärs regiert wurden, solange sie nur in Ruhe ihren Geschäften und Freizeitbeschäftigungen nachgehen konnten. Und die Anderen waren zu sehr darum bemüht, ihren Alltag zu bewältigen.

Das erinnerte sehr stark an das, was der spätere indische Staatschef Nehru einmal gesagt hatte, noch vor der Unabhängigkeit Pakistans und Indiens von der britischen Herrschaft. Damals gab es nur ein Land.

Je länger ich darüber nachdachte, desto natürlicher kam es mir vor, dass diese drei Vertreter der öffentlichen Meinung, insoweit ein autonomes Balawaristan angesprochen war, so offen zu mir gewesen waren. Kann eine freiheitsliebende Seele überhaupt schweigen, wenn sie unterdrückt wird? Nimmt sie nicht jede Gelegenheit wahr, ihren Willen kund zu tun? Das ist in Balawaristan nicht anders als in Baden.

8. Kapitel: Gilgit Agency

Gilgit Valley

Als ich aus dem Hunza Tal zurückgekommen war, ging ich zum Geldwechseln zur Bank. In Gilgit hatte nur eine Bank ein Foreign Exchange und die hatte noch geschlossen. Das stellte auch der UN Major fest, der mit seinem UN Jeep mit Fahrer vor dem Gebäude stand. Ich sprach ihn darauf an, was die UN in diesem Gebiet zu tun hatte. Wir gingen in einen nahen „Cool spot", wo es frisch gepresste Fruchtsäfte gab.

Johan Bergman war beinahe zwei Meter groß und gehörte zur UN Military Observer Group, UNMOGIP, die in Indien und Pakistan, im Länder übergreifenden Kaschmir, stationiert war. Er war also Militärbeobachter. Er hatte in Gilgit einen Posten, sein Hauptsitz war Srinagar. Er hatte aber ausgedehnte Reisen zu unternehmen für seinen Auftrag. Jetzt gerade stand er davor, in eine ziemlich abgelegene Gegend in Kaschmir zwischen Bagh und Uri zu fahren. Ich fragte Johan, ob sein Job gefährlich sei. Das wollte er nicht wirklich bestätigen. Dabei waren seit 1949 fünfzig Leute der UN ums Leben gekommen. Die derzeitige Mannstärke betrug gerade 44 Mann. Die Einheimischen respektierten ihn, besonders wenn er mit dem weißen UN Jeep mit blauer Flagge aufkreuzte. Ich fragte ihn auch, wie die Tendenzen zu einem unabhängigen Kaschmir oder Balawaristan waren.

„Die Baltistan und Gilgit Agency war ein Teil von Kaschmir von 1840 bis 1947. Deshalb betrachtet die UN die Gegend als umstrittenes Territorium. Ich bin mir absolut sicher, dass viele Leute, in Gilgit, Chilas, Hunza und so weiter, sogar in Kel oder Astor, sich nicht als Kaschmiris betrachten, sondern als Pakistaner. Das Ganze ist ein schlechtes Beispiel dafür, was passiert, wenn koloniale Mächte Grenzlinien ziehen und etwas aushandeln mit Königreichen und Fürstentümern. Generationen haben darunter zu leiden. Ich kann mir aber nicht vorstellen, wie eine friedenserhaltende Kraft das hätte besser regeln können. Es liegt an Indien und Pakistan, wie das gelöst wird. Sie sind Mitglieder in der UN. Wir können das nur beobachten."

„Was beobachtet ihr genau?"

„Ob sie sich an die Abmachungen halten. Genauer gesagt, ob die Waffen schweigen."

„Dazu braucht man ein gutes Hörgerät, damit man das hört, noch bevor sich ein Schuss löst. Was sagen die Leute selber, was sie wollen?"

„Einen Kaschmir-Staat mit offenen Grenzen oder sechs Staaten, für jede Region einen, Gilgit, Baltistan, Azad Jammu und Kaschmir, Kaschmirtal, Jammu und Ladakh. Und über allem sollen Pakistan und Indien eine gewisse Kontrollfunktion haben. Das habe ich auch schon gehört, unten in Rawalpindi unter Intellektuellen. Die haben immer die am wenigsten praktikablen Lösungen. Wichtig wäre für die Handeltreibenden, dass es offene Grenzen gibt."

8. Kapitel: Gilgit Agency

„Und für die Touristen!" Das gab ihm Gelegenheit, mich zu fragen, was ich hier machte und was ich zu Hause machte. Diese Kombination, vor allem wie ich sie beantwortete, fand er ungewöhnlich.

„Um noch einmal auf die Sechs-Staaten-Lösung zu sprechen zu kommen. Das hat mir hier noch keiner gesagt." Ich sagte ihm, dass ich schon mit mehreren Politikern gesprochen hatte, die sich eine Loslösung für die Region von Pakistan vorstellen konnten.

„Man denkt dabei an das Beispiel Turkistan. Die Turkvölker sind auf fünf Republiken verteilt und haben damit keine Probleme. Sie tun wohl in ihrer Freiheit. Warum sollte man also mit Gewalt ein vereinigtes Kaschmir schaffen, in dem man viele verschiedene Sprachen spricht?"

„Wie sehen die Inder das? Du kommst ja auch in den indischen Teil Kaschmirs!"

„Sie halten die Grenze am Siachengletscher!"

„Ja, ich weiß, ich war ganz in der Nähe. Einmal glaubte ich, Kanonendonner zu hören. Aber es war nur eine Lawine."

„Vielleicht hat eine Kanonenkugel die Lawine ausgelöst." Das sagte er nur scherzhaft. Weniger scherzhaft fuhr er fort:

„Auf dem Siachengletscher hat es mehr Tote wegen der extremen Kälte gegeben, die dort im Winter herrscht, als wegen kriegerischer Auseinandersetzungen. Die Pakistaner wollen den Siachen entmilitarisieren, die Inder sind dagegen. Es ist klar warum, sie haben die viel bessere Stellung."

„Die sollten gemeinsam frühstücken oder auf dem Gletscher Eishockey spielen!"

8. Kapitel: Gilgit Agency

Johan lachte, er sagte, dazu seien die Fronten zu verhärtet, quasi eingefroren.

„Ich weiß, in der Höhe und in der Kälte friert jegliche Kreativität ein."

Dazu erzählte er mir die Geschichte von einem General, der einmal zwei feindliche Parteien durch eine ungewöhnliche Methode versöhnte. Ich konnte mir nur nicht merken, welcher Partei er angehörte. Johan war für die UN auch schon im Kosovo im Einsatz gewesen. Der General hatte zu Verhandlungen eingeladen. Die beiden gegnerischen Truppenführer kamen auch. Er sperrte sie kurzerhand ein, weil sie sich nicht friedlich einigen wollten. Er steckte sie aber in das gleiche Zimmer, wo sie sich arrangieren mussten. Irgendwann tranken sie zusammen Kaffee, rauchten gemeinsam und unterhielten sich über ihre Familien. Als sie Freunde geworden waren, ließ sie der General wieder frei und plötzlich gab es eine friedliche Lösung des Konflikts. Menschen machen Geschichte, nicht Ereignisse!

Das erinnerte mich an eine fast identische Taktik, die ein niederländischer Polizeiinspektor in Wamena auf Neu-Guinea angewendet hatte. Er hatte auch die zwei verfeindeten Häuptlinge gefesselt und bei sich zu Hause gehalten, so lange bis sie bereit waren, mit ihm Freundschaft zu schließen. In diesem Fall hielt sie fünfzig Jahre lang und der Stammeskrieg war sofort nach der Freilassung der Häuptlinge beendet. Ob das im Kosovo auch so war? Diese Hoffnung dürfte vergeblich sein. Wenn der eine Truppenbefehlshaber abgelöst wird, kommt der nächste. Daher konnte man sich am Siachen nicht so viele Hoffnungen machen, selbst wenn sich zwei Oberste gegenüberstanden, die beide aus dem Pandschab kamen und Pandschabi sprachen, der eine aus Amritsar, der andere aus Lahore. Niemand versteht die Problematik besser als ein Deutscher aus Ost oder West.

8. Kapitel: Gilgit Agency

Johan gab mir sein E-Mail-Adresse. Wir hielten den Kontakt aufrecht.

Malik, selber ein Flachländer, war nicht allzu gut auf die UN-Beobachter zu sprechen. Das erfuhr ich erst später, auch über den modernen Verkehrsweg. Er sagte:

„Die Balti betrachten sich als Pakistaner. Seit fünfzig Jahren reichen sie eine Petition nach der anderen bei der UN ein, dass sie pakistanische Staatsbürger werden wollen, aber die UN hat es nicht für nötig gehalten, sich einzumischen. Und deshalb können Baltis nicht wie andere Landesbürger zu gewählten Volksvertretern werden. Das Einzige, was die UN getan haben, ist, diese UNMOGIP auf beiden Seiten der Kaschmirgrenze einzusetzen. Das ist völlig nutzlos. Der frühere Chief Administrator der UNMOGIP in Pakistan und Indien, Michelle Lee, war eine gute Freundin von mir. Sie war sogar so angewidert von der Tatenlosigkeit der United Nations, die nur die Gewaltbereitschaft in Kaschmir entfacht hat, dass sie von Kofi Anan um Ablösung bat. Aber da Kofi sie persönlich kannte, bot er ihr an, Chef der UNICEF in Afrika zu werden." Sie hätte nun auch ein Buch geschrieben.

Es war nicht einfach, in diesem Land der Wahrheit auf die Spur zu kommen. Es gab einfach zu viel davon. Und daher muss man sich immer wieder frei machen von der Vorstellung, sie fest umfassen zu können. Das gelingt nirgendwo besser als in der Konfrontation mit der Natur, die nichts weiter als Wirklichkeiten hat, die man vorbehaltlos bestaunen kann.

9. Kapitel: Die Frauen von Hunza

Die Karimabad-Baltit-Runde im Hunza Tal bezeichne ich als Königsweg. Sie geht vom Fort des Fürsten von Hunza in Karimabad zur Schlucht, die zum Ultar Gletscher führt, dann auf der Anhöhe hinauf zum Adlerhorst, einem Aussichtsplatz hoch oben über dem Tal, anschließend wieder hinunter zum immer noch steil über dem Hunza River gelegenen Baltit, der alten Festungsstadt, deren Fort wie eine Trutzburg am Rhein das Tal beherrscht, und zurück nach Karimabad. Eine fürwahr majestätische Runde schon der grandiosen Aussichten wegen, weniger weil es Wegstücke gibt, bevor man den Adlerhorst erreicht, die mehr mit intensiven Klettereien zu tun haben, als mit einem Einherschreiten gekrönter Häupter.

Was man von hoch droben zu sehen bekommt, ist atemberaubend. Und irgendwie auch unwirklich. Etwas Vergleichbares hat man nicht gesehen und man ist sich gewiss, dass es auch nirgendwo sonst und zu keiner anderen Zeit etwas von der Art zu sehen geben wird. Da ist nicht nur diese Weite eines überaus beschaulichen Tales mit seinen oasenhaften Flussauen, ihr märchenhafter Kontrast mit der Wüstenlandschaft aus sandigen Ufern und den abweisenden, steilen Felswänden um Felder und Fruchthaine herum. Es gibt noch eine weitere Dimension, die das Ganze noch mustergültiger für eine Ideallandschaft eines idealen Königreichs eines tausendjährigen Reiches macht. Die Dimension der Höhe in der Ferne. Sechs- und Siebentausender mit markanten Schneegipfeln stehen im weiten Rund. Der Talgrund liegt auf 2.000 Metern Höhe, die Felsennester auf 3.000 Metern. Es ist alles in einem gewaltigen Amphitheater zu einem Schauspiel, das jeden Tag auf eine neue Vorstellung wartet. Eric Shipton, die Himalaja-Bergsteigerlegende des letzten Jahrhunderts, sagte zu Recht, das sei die ultimative Manifestation von „mountain grandeur". Und das Hunza Tal ist das Zentrum dieser Grandesse. Es kommt einem so vor, als sei alles drumherum nur da, um drumherum zu sein, um die Kulisse darzustellen für etwas Gewaltiges. Die ganze Welt ist drumherum. Hunza ist mittig gelegen. Die Mitte der Berge, die Mitte des Kontinents, die Mitte der Erde vielleicht, gut möglich. Optisch ist Hunza dafür geeignet. Ein Muster eines Fakt gewordenen Phantasiekönigreichs, wo nur die leben, die belohnt werden sollten, wo jeder sich auf einen Thron oben auf den Bergspitzen setzen kann und sich als König fühlen darf, der herunterschaut und sich sagen kann, alles ist gut.

Hunza Valley

Das Hunza Tal bei Karimabad unterscheidet sich von Concordia in der Weite des Raumes und der Lebendigkeit derselben. Concordia ist eine andere Welt, eisig und weltentrückt, auf einem Eisplaneten. Ein Stück aus grauer Vorzeit. Hunza ist

9. Kapitel: Die Frauen von Hunza

gerade noch in der Welt. Und eher in der Zukunft. Hunza ist der fernste Punkt, den jeder gerade noch erreichen kann, bevor er seinen Weg ins Jenseits antritt oder doch wieder, dann demütig und zufrieden alles gesehen und erlebt zu haben, wieder in die Welt der Normalsterblichkeit zurückkehrt. Hunza muss man gesehen und erlebt haben, wenn man nach bedeutenden Orten sucht. Danach braucht man nichts mehr zu sehen und nichts mehr zu erleben. Eigentlich sollte man sich hier niederlassen. Hier ist der Ort, wo man sich nicht mehr für die Welt da draußen interessieren muss. Ein eigener Kosmos. Das scheinen auch die Menschen so gesehen zu haben, die sich hier ursprünglich ansiedelten und auch für immer blieben. Die Menschen leben seit Jahrhunderten, ja Jahrtausenden hier. Es gab nichts, was sie zum Weiterziehen veranlasst hätte, nicht einmal die mit gieriger Entschlossenheit vorgebrachten Begehrlichkeiten der Eroberer.

Hier lebt, als hätte man das nicht anders erwarten können, ein besonderer Menschenschlag, der von sich behauptet, von den Abenteurern abzustammen, die mit Alexander dem Großen ins Land kamen. Sie haben ihre eigene Kultur, ihre eigene Sprache, ihr eigenes ethnisches Selbstverständnis. Blonde Haare öfters als sonst wo im Land, blaue Augen, kräftige, ausdauernde Menschen mit Anmut in den Gesichtszügen und einem wissenden Blick, wohlhabender als andere Bergvölker und mit zurückhaltendem, aber umso selbstsichererem Stolz, hier im Zentrum der nordpakistanischen Bergwelt.

Ein besonderer Ort bringt ein besonderes Volk hervor, scheint mir die wahrscheinlichere Abstammungsgeschichte zu sein. Andererseits, wäre ich eine Niederlassung der Armee Alexanders gewesen, ein zurückgelassener Außen- oder Vorposten, ich hätte mir keinen anderen Platz ausgesucht und nicht dafür rebelliert, abgelöst zu werden. Vielleicht hatten sie die Wahl, umzukehren. Eingedenk der Tausenden von Kilometern durch die staubigen

9. Kapitel: Die Frauen von Hunza

Berge Afghanistans und Persiens, die sie hinter sich hatten und nun wieder vor sich hätten, dürfte es ihnen nicht schwergefallen sein, zu bleiben.

Als ich in Shandur war und den Tänzern zusah, hatte ich schlagartig so etwas wie ein Aha-Erlebnis. Mir fiel nämlich auf, dass ich diese Art Tanzvorführung schon einmal in einer ganz anderen Ecke des Globus gesehen hatte. Die Tänze hatten für mein laienhaftes Auge eine verblüffende Ähnlichkeit mit denen der Griechen. Konnte das ein Zufall sein? Entweder die Griechen, deren heutige Tänze tatsächlich auf uralte Formen zurückgehen, hätten sie dann selber hergebracht oder die islamischen Eroberer hatten aus dem westlichsten Machtbereich des Islam Kulturmerkmale bis in den Osten verbreitet.

Die Natur ist überdimensioniert und fruchtbarer das Klima als in der weiteren Umgebung. Hunza hat sein eigenes Klima. Wenn es in Gilgit stürmt oder schneit, kann es in Hunza Frühlingswetter haben. Wenn es im Hindukusch trocken ist, regnet es im Hunza Tal auf die Felder. Kein Wunder, dass das Hunza Tal immer wieder die Reiselust fremder Fürsten weckte. Und trotzdem hat es sich immer seine Besonderheit bewahrt und man weiß nicht wirklich, seit wann die gleiche Sorte Menschen hier lebt. Sie haben es geschafft, ihre Unabhängigkeit weitgehend zu behalten.

Den besten Überblick, den ein Normalsterblicher über das Tal haben kann, hat man vom Adlerhorst. Er hat vorher schon einen Vorgeschmack genossen, bei jeder beliebigen Erhöhung im Tal, insbesondere aber auf dem Dach des Karimabad Forts, welches eine wunderbar exponierte Stelle hat, direkt vor den gewaltigen Felswänden des Ultar Sar und seiner Vasallen. Das Fort selber sollte man besuchen, um den Blick vom Dach ins weite Rund genießen zu können und einen Eindruck von den engen, niedrigen Räumlichkeiten zu gewinnen. Die Enge drinnen kontrastiert aufs Schärfste mit der Weite draußen. Was für ein

9. Kapitel: Die Frauen von Hunza

Standort! Wie viele glückliche Menschen hatte dieses Tal hervorgebracht!

Ultar Sar 7388m

Ich stattete dem Baltit Fort gleich nach Öffnung frühmorgens einen Besuch ab. Wenn ich gedacht hatte, alleine zu sein, sah ich mich allerdings getäuscht. Abgesehen von zwei Bauarbeitern, die auf der obersten Etage arbeiteten, traf ich auch einen Mann, den ich seinem Auftreten wegen als ihr Arbeitgeber gehalten hätte, wenn er nicht mit einem tadellosen weißen Hemd und einer Sonntagshose gekleidet gewesen wäre. Er sah vornehm aus, gar nicht wie der Chef einer Baufirma. Und er schien kultivierte Umgangsformen zu haben. Die Arbeiter hatten Respekt vor ihm. Er inspizierte offenbar das Gebäude. Er fragte mich freundlich, was er für mich tun könnte, und als ich noch überlegte, was ich antworten sollte, bot er mir an, Interesse an einem Video über die Geschichte des Forts zu bekunden, denn dann würde er einen Guide rufen. Wir hatten einen kurzen Wortwechsel. Ich hatte

9. Kapitel: Die Frauen von Hunza

einen Verdacht und fragte ihn, ob er vielleicht der Besitzer des Forts wäre, vielleicht ein Geschäftsmann aus Islamabad, der das Fort gekauft hätte. Er lachte und fragte mich, ob ich wüsste, wer der Besitzer sei. Ich verneinte.

Der Besitzer war der Fürst der Hunza höchstpersönlich. Er selber, auch ein Khan, sei von der Aga-Khan-Stiftung. Sie waren gerade dabei, das Fort zu restaurieren. Er fragte mich, ob ich wüsste, was die Aga-Khan-Stiftung sei. Da ich schon einige Zeit im Land herumgereist war, war es mir auch nicht entgangen, dass es sich um eine Organisation handelte, die überall da auftauchte, wo eine soziale Einrichtung oder die Infrastruktur nicht voll entwickelt zu sein schienen. Ich hatte schon mehrere Schilder der Aga-Khan-Stiftung für solche Einrichtungen gelesen: „Bildung, Gesundheitswesen, und Förderung ländlicher und wirtschaftlicher Entwicklung" Daneben ging es der Stiftung darum, Kulturgüter zu erhalten. Daher auch die Restaurationsarbeiten an den Forts im Hunza Tal.

Der Mann vom Hause Khan führte mich im Haus umher und erklärte mir, was die Stiftung hier vorhatte und wozu die Räumlichkeiten früher gedient hatten. Nach einer Weile waren wir im höchstgelegenen Zimmer, dem Schlafzimmer des Fürsten, mit Ausblick auf das Hunza Tal, angekommen. Er ließ mich die Aussicht kommentieren, dann schlug er vor, Platz zu nehmen. Ich setzte mich also auf einen Sessel, auf dem früher der Fürst oder die Fürstin gesessen hatte. Ich sagte ihm, dass ich es gut fände, dass es auch im islamischen Bereich eine solche Organisation gäbe. Dass nicht nur der Westen überall einspringen und sich verantwortlich zeigen müsste, wenn irgendwo ein Staat seinen Verpflichtungen gegenüber dem eigenen Volk nicht nachkommen konnte. Er erklärte mir, was das Aga Khan Development Network (AKDN) bedeutete.

„Das, was wir tun, kann man zusammenfassen unter dem Schlagwort „Dienst am Menschen". Wir trachten danach, die Lebensverhältnisse der Menschen, vor allem der sozial schwachen, zu verbessern."

„Aber nur in muslimischen Staaten!" Er lächelte, ich hatte den Eindruck, dass er mich studierte, um herauszubekommen, wen er vor sich hatte.

„Wenn Sie durch muslimische Staaten reisen, werden Sie feststellen, dass es hier besonders viele sozial schwache Menschen gibt. Das sind alles arme Länder, Afghanistan, Kirgisistan, Kasachstan, Tadschikistan, Usbekistan und natürlich Pakistan. Aber unsere Hilfe wird unabhängig von Rasse, Religion oder Geschlecht geleistet. Wir nennen es „großer sprachlicher, kultureller, ethnischer und religiöser Pluralismus."" Das Wort hörte ich gerne. Wer Pluralist war, konnte kein Royalist oder Islamist sein.

„Das sind alles Gebirgsländer!"

„Das sind die armen, unterentwickelten Gebiete."

„Der ethnische und kulturelle und sprachliche Pluralismus bedeutet also, dass man die Eigenheiten und Besonderheiten unangetastet lässt?"

„Und fördert, ja! Wir wollen die Identität der Menschen und ihrer Kultur erhalten, ihre Lebensumstände dabei auf ein höheres Niveau anheben." Ich hatte bereits in Khaplu und Gilgit davon gehört, wie wichtig es den Menschen im Norden war, sie selbst zu bleiben.

„Das ist eine ausgezeichnete Idee, ein großartiges Vorhaben!"

„Ich danke Ihnen vielmals."

9. Kapitel: Die Frauen von Hunza

Ich eröffnete ihm, dass ich von der Richtigkeit und Wichtigkeit des Vorhabens überzeugt war, wenngleich mir irgendetwas sagte, dass das im islamischen Herrschaftsbereich nicht unproblematisch sein konnte. Eine der Pflichten eines Muslims war es, Almosen zu geben. Insofern erfüllte die Aga-Khan-Stiftung diese Pflicht auf vorbildliche Weise. Im Iran standen überall Almosenschachteln, wo man im Vorübergehen seiner Pflicht nachkommen konnte. Das Geld kassierte aber der Staat und verwendete es angeblich für soziale Zwecke. Das entlastete natürlich den Staatshaushalt, der schon wegen der Rüstung immer sehr angespannt war.

Im Westen gab es etwas Vergleichbares. Es beruhte jedoch nicht auf freiwilliger Basis, die Renten-, Pflege- und Arbeitslosenversicherung zu zahlen. Zu denken gab mir bei dem Konzept der Aga-Khan-Stiftung nur die Absicht der Bewahrung von Identitäten, die nicht unbedingt im Sinne des Islam ist, denn der will ja die Gemeinschaft aller Gläubigen. Jede kulturelle Besonderheit konnte da nur hindern.

Die Aga-Khan-Stiftung versuchte in vielen Fällen, eine Hilfe zur Selbsthilfe zu geben. Es gab die Town Management Societies und die Cultural Heritage Trusts. Im Jahre 2000 gewann das Karimabad & Baltit Project sogar einen Preis bei den British Airways Tourism for Tomorrow Awards. In Karimabad und Baltit galt es, die historische Substanz der Forts zu erhalten, mit dem Wissen, dass es für den Tourismus gut wäre. Das Geld, das man hier hineinsteckte, würde wieder zurückfließen. Helen hatte mir erzählt, wie sie den Aufenthalt in dem exklusiven Hotel des Shigar Forts genossen hätte. Die Restauration und der Umbau zu einem Hotel waren nur Dank der Stiftung ermöglicht worden.

Der Gründer der Stiftung war wie alle seine Vorgänger zum Imam der Ismaili Sekte ernannt worden. Er war der 49. Imam der Shia Imami Ismaili Muslime and angeblich der direkte

9. Kapitel: Die Frauen von Hunza

Nachfahre Muhammads über dessen Tochter Fatima. Ihr Mann Ali war der erste Imam gewesen. Die Ismailiten stellten im Hunza Tal und in Gilgit etwa ein Drittel aller Muslime, im benachbarten Ghizer Tal waren es beinahe 90%, während im ebenfalls benachbarten Skardubezirk der Anteil unter einem Prozent lag. Das Gleiche galt für den Diamar Bezirk.

Aga Khan hatte seine Kindheitsjahre in Nairobi verbracht, war dann neun Jahre in der Schweiz in die Schule gegangen und hatte seinen Hochschulabschluss in Harvard absolviert. Er war also ein Mann von Welt, den aber das Los der sozial Schwachen in den islamischen Ländern nicht losließ. 1957 wurde er mit zwanzig Jahren als Nachfolger seines Vaters zum obersten Repräsentanten der Ismaili Sekte, deren Vertreter auf allen Kontinenten zu finden sind.

„Warum gibt es so eine einflussreiche Stiftung nur von den Ismailis?", fragte ich den Khan.

„Das kann ich Ihnen nicht sagen. Vielleicht weil zu viel Machtpolitik betrieben wird. Wir betrachten den Islam als Lebensordnung. Er ist spirituell und praktisch. Der Islam lehrt Toleranz und Mitleid und hält so die Würde des Menschen aufrecht. Der Imam muss die Rechte des Individuums für seine persönliche Entfaltung garantieren und er muss praktische Anweisungen geben, wie die ethische Vision des Islam umgesetzt werden kann."

Sollte ich hier eine ganz andere Sorte eines islamischen Imams kennenlernen, als ich sie bisher kannte? Wofür der Islam alles gut sein sollte und was so alles in ihn hineininterpreiert wurde! Diese Erfahrung durfte ich mir nicht entgehen lassen.

„Glauben Sie, dass der Islam eine Zukunft hat in der modernen Welt?"

9. Kapitel: Die Frauen von Hunza

Ich spürte, dass er das, was er sagte, schon oft gesagt hatte. Es kam ihm leicht und selbstverständlich über die Lippen. Jedem, der ihm zuhörte, musste es schwerfallen, diesem netten Herrn, der wohl schon die sechzig überschritten hatte, mit seinen wohlmeinenden und ehrlichen Worten zu widersprechen. Er blieb unvermindert höflich. Er war ein vorbildlicher Botschafter seiner Sache. Ich dachte daran, dass die Welt keine Probleme mit dem Islam hätte, wenn alle Muslime die gleichen Ansichten vertreten würden wie er.

„Der Islam hat alles, was man zur Entwicklung einer modernen und dynamischen Gesellschaft benötigt." Das war natürlich eine Annahme, die ihres Nachweises noch bedurfte. Die Sekte der Ismailis ist im Westen weitgehend unbekannt, obwohl sie in der Geschichte des Islam deutliche Spuren hinterlassen hat. Sie betrachten die Fatimiden, die Kairo und die wichtigste Islam-Universität der Welt, die Al-Azhar Universität, gegründet und den Islam drei Jahrhunderte beherrscht haben, als Ismailiten. Erst nach deren Herrschaft verschob sich das ismailitische Machtzentrum nach Osten, genauer nach Syrien, Persien und Indien.

Ich fragte Khan, wie die Organisation zum Westen stünde. Er sagte, sie bekämen sehr viel Unterstützung aus dem Westen. Auch von Deutschland. Es sei wichtig, sich gegenseitig zu respektieren, gerade in der heutigen Zeit, wo es so viel Misstrauen zwischen den Religionen gab.

„Vor allem gibt es viel Intoleranz, das habe ich auf zahlreichen Reisen in der ganzen Welt festgestellt", sagte er. Sollte ich hier einen Vertreter des „guten" Islam gefunden haben?

Ich fragte ihn auch, was seine Lebensphilosophie sei. Er sagte, das Leben lebenswerter zu machen.

„Das erscheint mir sehr diesseitsbezogen!"

9. Kapitel: Die Frauen von Hunza

„Ganz im Gegenteil, es ist das Erfordernis der Religion, das Leben lebenswert und erfüllend zu machen. Wir werden zwar im Westen geliebt für unsere Bemühungen, die Lebenssituation der Menschen zu verbessern, aber das ist nur ein natürlicher Bestandteil unserer Religion."

„Sie meinen also, dadurch dass man den Leuten das Leben erleichtert, finden sie leichter zur Religion?"

„Nicht unbedingt, aber wir legen Zeugnis ab von der Religion des Islam!"

„Von Ihrem Islam", sagte ich und betonte das persönliche Fürwort.

Das hatte beinahe einen missionarischen Beiklang. Man wollte sich nicht als Menschenfreunde darstellen, wenn man nicht zugleich als praktizierende Muslime erkannt wurde. Es gab andere „praktizierende" Muslime, die sich in die Luft sprengten. Das machte es so schwer für Nichtmuslime zu unterscheiden, was denn nun der wahre Islam sein soll.

„Um zu zeigen, was der Islam alles fordert oder möglich macht auf diesem Gebiet, sollten Sie vielleicht auch in nichtislamischen Ländern tätig werden!" Wie würde er auf diesen Vorschlag reagieren?

„Das ist geplant, aber wir müssen zuerst im eigenen Haus gut vorstehen! Der erste Imam Hazrat Ali, der Schwiegersohn des Propheten und der rechtmäßige Nachfolger Muhammads, sagte: Kein Glaube ist wie Bescheidenheit und Geduld, keine Tat ist wie Demut, keine Ehre ist wie Erkenntnis, keine Macht ist wie Langmut und keine Hilfe ist verlässlicher als Beratung. Und daher handeln wir mit Geduld, Erkenntnis, Langmut und Weisheit." Ich nickte anerkennend.

9. Kapitel: Die Frauen von Hunza

„Das sind Werte, für die es sich einzusetzen lohnt. Tut das die Regierung in Pakistan auch?"

„Oh, eine politische Frage. Lassen Sie es mich so beantworten. Aus meiner Sicht sind diese Dinge auch in der Politik anwendbar. Sie sind anwendbar in einer toleranten Demokratie." Ein Muslim, der vorbehaltlos für Demokratie war?

„Aber der Westen hat tolerante Demokratien, der Osten weniger. Und der Islam ist auch nicht der Erfinder der Toleranz." Das ging mir alles etwas zu glatt. Ich brachte ihn damit nicht aus der Ruhe!

„Es gibt eine lange Geschichte der Religionen der Toleranz. Toleranz ist ein Gebot der Gastfreundschaft und Nächstenliebe!"

„Das ist ein christlicher Begriff!" Ich glaubte nicht wirklich, dass ihn das störte.

„Es ist ein kosmopolitischer Begriff und eine unverzichtbare Forderung der Vernunft. Es ist ein Unglück, dass so viele moderne Denker den Toleranzgedanken mit Weltlichkeit verbinden und Intoleranz mit Religion. Aber die Religion ist nicht das Problem, sondern ein Teil der Lösung unserer Probleme."

Konnte es sein, dass sich die Ismailiten eine ganze Menge aus der christlichen Lehre abgeschaut hatten? Warum waren sie nicht gleich Christen geworden oder waren meine Vorstellungen vom Islam völlig falsch oder zumindest einseitig? Ich musste dazu noch mehr erfahren.

„Ich weiß nicht, inwieweit Sie auf historische Erfahrungen zurückgreifen. Ich freue mich, dass Sie ein toleranter Mensch sind, das erlaubt mir, ganz offen mit Ihnen zu reden und Ihnen zu sagen, dass die Toleranz des Islam in Pakistan, einem von Grund auf islamischen Land, soweit geht, dass der Bau christlicher Kirchen verboten wird. Die Toleranz der weltlichen Gesellschaften im Westen erlaubt hingegen den Bau von Moscheen und Kirchen. Und das wird eben auch als Zusammenstoß der Zivilisationen bezeichnet." Dieser Mann blieb mir sicher keine Entgegnung schuldig.

„Ich würde es eher als Zusammenstoß der Ignoranz bezeichnen. Es gehört eine Kultur der Individualisierung des Gewissens und der Erkenntnis dazu, dass wir limitierte Geschöpfe Gottes sind, um eine geläuterte Haltung gegenüber Anderen einzunehmen, die, wenn sie nicht klug sind, vielleicht gerade unsere Erkenntnisse benötigen. Wir brauchen weltweit eine kosmopolitische Ethik, die in einer starken Kultur der Toleranz wurzelt."

„Ignoranz kann man mit Bildung angehen. Auch da haben islamische Länder wie Pakistan einen erheblichen Mangel."

„Da gebe ich ihnen Recht. Und daher bemüht sich unsere Organisation, diesen Mangel zu beheben. Und damit die Bildung möglichst vielschichtig wird, bauen wir auf Pluralismus. Unser Konzept ist nicht, dass wir von der Welt und ihren Problemen davonlaufen, sondern dass wir uns ihnen stellen."

„Aber mir scheint, dass es in islamischen Staaten Brauch ist, eine Kultur des Wegschauens und des Ignorierens der Realität zu pflegen, als ob das Eingeständnis von Schwäche und Hilfsbedürftigkeit nicht möglich wäre. Ignoranz ist ja so etwas wie das Gegenteil von Toleranz." Das war mir gerade eben erst eingefallen.

„Ich verstehe, was Sie meinen. Zur Bildung gehört natürlich auch Wahrheitsliebe und ich sagte bereits, die eigenen Beschränkungen muss man auch sehen. Es gibt bei muslimischen Völkern viel Furcht. Die Furcht vor Gewaltherrschern. Nehmen Sie den Irak. Die Furcht vor der Natur, nehmen Sie das Erdbeben

9. Kapitel: Die Frauen von Hunza

in Kaschmir, die Furcht vor Krankheit, vor Korruption, Gewalt, Unterdrückung und Armut. Das sind alles Dinge, die Sie in Pakistan antreffen. Und diese Dinge liegen der Intoleranz zugrunde. Angst führt zu Intoleranz. Wer Ängste nimmt, baut Brücken. Und über diese Brücken lässt sich Erkenntnis transportieren."

„Sie sagten etwas über Individualismus. Kann man auch sagen, nur wer seine Angst besiegt, kann seine Persönlichkeit entfalten?"

„Das sehe ich genauso. Wer seine Ängste besiegt, nimmt sich auch die Feindseligkeiten gegenüber dem, was eine Gefahr bedeuten könnte. Je mehr sich jemand seiner wahren Identität nähert und seine Persönlichkeit entwickelt, desto mehr kann er dann auch für seine Mitmenschen nützlich werden."

„Das klingt alles sehr idealistisch. Wie sieht es praktisch aus?"

„Wir zielen darauf ab, dass wir den Menschen die Angst nehmen und stattdessen einen Neuanfang bieten. Wir geben den Menschen eine Hoffnung für eine bessere Zukunft. Wir geben ihnen einen Start. Aber den Weg müssen sie schon selber gehen."

Die Aga-Khan-Stiftung stand also dafür, dass Pluralismus und Verschiedenheit gefördert werden sollten. Und das sollte in einer stabilen und kompetenten demokratischen Regierung geschehen. Damit standen sie klar gegen die Traditionalisten und Konservativen, die gegen diese Geisteshaltung waren und sie als unislamisch betrachteten. Pluralistische Gesellschaften waren für die Stiftung ein Produkt von geförderter Bildung. Der Grund, warum so viele Demokratien in der Dritten Welt scheitern, das haben schon viele in West und Ost erkannt, liegt am Mangel an Bildung in diesen Ländern. Es lag an den reichen Industrienationen, ob sich daran etwas änderte, denn ohne sie war es unmöglich. Eine gescheiterte Demokratie ist eine Gefahr für alle.

Khan trat mit mir auf das Dach hinaus, wo man den besten Überblick über das Tal hatte. Er sagte:

„Im Hunza Tal begannen wir mit dem 700 Jahre alten Baltit Fort. Es bedurfte der Restauration, die Wände sind schief und brüchig, die Decken löchrig, das Holz muss ausgetauscht, elektrische Leitungen verlegt werden. Aber es ist ein Meisterwerk der Baukunst, das es verdient, erhalten zu werden. Das Gleiche gilt für das Fort in Altit", dabei deutet er nach Osten zum acht Kilometer entfernten Städtchen Altit, das ebenso exponiert liegt wie Karimabad. Die Einwohner sollten in den Forts ein kulturelles Zentrum bekommen und zugleich eine Touristenattraktion.

„Schauen Sie die Häuser da unten. Für sie gilt das Gleiche wie für die Gebäude drüben in Altit. Viele Leute waren dabei, ihre alten Häuser zu verlassen. Wir haben ihnen Hilfe zur Selbsthilfe gegeben, wie sie ihre Häuser bewohnbar machen können. Wir haben Wasserleitungen verlegt und für eine Verbesserung der sanitären Verhältnisse gesorgt. Die Town Management Society wurde von uns unterstützt. In Altit haben wir es umgekehrt gemacht, weil ein Drittel der Häuser in der Stadt schon aufgegeben worden war. Zuerst machen wir die Stadt wohnbar, dann erst wird das Fort renoviert." Er zeigte in eine andere Richtung. Ich merkte ihm seine Genugtuung an.

„In Ganish haben wir uns darauf konzentriert, den Jataq, den Versammlungsplatz, wiederherzustellen. Dort feiern die Dorfleute ihre Feste und Zeremonien. Die vier Moscheen waren kurz davor zusammenzubrechen. Wir haben das wieder in Ordnung gebracht. Der „Pharee", das ist der Dorfteich, wurde auch wieder funktionsfähig gemacht und das Gasthaus des Ortes

9. Kapitel: Die Frauen von Hunza

wiedereröffnet. Die traditionellen Kunsthandwerke wie Weberarbeiten, Stickereien, Holzschnitzereien, Schmucksteinverarbeitung unterstützen wir ebenfalls. Wussten Sie, dass im Hunza Tal Edelsteine verarbeitet werden?"

„Bei diesem schmucken Tal wundert mich das gar nicht. Ich habe unten im Städtchen die Läden gesehen. Das Geschäft mit Touristen scheint gut zu gehen."

„Geschäfte sind gut für die Leute. Aber das Wichtigste war, dass die Leute wieder begannen, stolz auf ihr Erbe zu sein und Interesse zu entwickeln, es weiter zu bewahren. Und man hat verstanden, dass Investitionen in die Baumasse die Lebensqualität steigern. Wo wohnen Sie?"

Ich hatte nur ein kleines Zimmer gemietet, aber ich erreichte es über eine Außentreppe, die auf eine Terrasse führte, von der ich eine wunderbare Aussicht auf das Hunza Tal mit dem höchsten aller Berge in der Umgebung, dem beinahe 8.000 Meter hohen Rakaposhi, hatte, ebenso wie auf das Baltitfort über mir und die dahinter aufsteigenden Schneegipfel der Ultar Vasallen. Die Wolken und das Sonnenlicht produzierten immer wieder neue Ansichten. Unten war ein Garten mit Kirschbäumen. Da es draußen so schön war, wozu brauchte man noch ein großes Wohnzimmer? Auch im Winter musste dies eine einmalige Landschaft sein, wenn alles in Weiß getaucht war und nur der Himmel ein strahlendes Blau zeigte.

Khan war es auch, der mir davon abriet, zur Ultar Meadow hochzusteigen. Das „Eagle's nest" böte einen viel besseren Rundumblick. Außerdem hätte ich im Anschluss daran die Möglichkeit, das von der Stiftung ebenfalls restaurierte Altit zu besichtigen. Was er mir verschwieg, war, dass Ultar Meadow zur Zeit nur über einen schmalen, schwindelerregenden Sims erreichbar war.

9. Kapitel: Die Frauen von Hunza

Ich bedankte mich beim Khan, dass er mir Einblicke in die Arbeit der Stiftung gegeben hatte und mich für eine Weile im Fort des Fürsten „wohnen" ließ. Ich wünschte ihm noch viel Erfolg bei seinen laufenden und künftigen Vorhaben. Das war ihm wirklich zu wünschen. Ich stieg vom Fort herunter mit der Erkenntnis, dass es in diesem Kulturkreis immer wieder Überraschungen gab, die so nachhaltig waren, dass sie mein Weltbild beeinflussten.

Fort Karimabad mit Hunza Peak

9. Kapitel: Die Frauen von Hunza

Mein nächstes Unternehmen war die Königsrunde. Es gibt von der Schlucht hinter dem Fort, das erhaben über Karimabad thront, hinauf zur Aussichtskanzel des Eagle's Peak keinen klar definierten Weg. Zunächst konnte ich einem Hirten mit seinen Ziegen steil hinauffolgen. Mit ihm und den Seinen Schritt zu halten, verlangte mir alles ab. Dann musste ich allein auf einem Mäuerchen eines Bewässerungskanals weiter hinauf. Ein Bauer, den ich unterwegs traf, zeigte mir den Weg. Aber es gab gar keinen Weg, nur vereinzelt Pfade, die ins Nichts verliefen. Immer wieder zeigten sich die Überbleibsel und Spuren von Erdrutschen und Geröllabgängen. Das Gelände war steil. Ich musste öfters durch Gestrüpp und über Felsen klettern und kam mir dabei selbst wie eine Ziege vor. Eine alte Ziege.

Bis auf 3.000 Metern Höhe, wo sich an den Hängen noch eine Erdkrume befindet, versuchen die Hunzabauern jeden Grund, der noch irgendwie bebaubar ist, auszunutzen. Das ist eine mühselige Arbeit. Wenn man bedenkt, dass man keine Maschinen einsetzen kann und wegen der Schwierigkeiten des Geländes auch keine Haustiere, ist es verwunderlich, dass es als der Mühe wert betrachtet wird, so hoch hinauf- und später wieder hinunterzusteigen.

Unterwegs zeigte mir eine junge Frau, die mit ihrer Schwester ein von einem Kanal bewässertes Feld bearbeitete, die Richtung an. Sie war nicht verschleiert und trug als Schmuck schulterlanges, dunkelbraunes Haar. Bei ihrer Attraktivität kam mir unweigerlich der Gedanke, dass die sonst landesübliche Verhüllung durchaus Sinn machte, wenn sie die Frau vor mancher Nachstellung bewahrte. Und doch war sie auch grausam, nicht der Frau gegenüber, sondern dem Betrachter.

Das Mädchen blickte mich mit seinen großen Augen neugierig an. Sie war hellhäutig, hatte leicht rote Backen und

9. Kapitel: Die Frauen von Hunza

Sommersprossen. Ihre Gesichtszüge waren deutlich europid. Ich musste an eine Mazedonierin denken. War vielleicht doch etwas dran an der Herkunft der Leute von Hunza von Alexanders Truppen?

Dieses Mädchen war bestimmt nicht älter als achtzehn. Sie zeigte mir den Weg, indem sie auf dem Kanalrand voranging, oder besser gesagt vorausbalancierte. Dabei ging es durch Wäldchen von Fruchtbäumen, die endlich einen wohltuenden Schatten warfen. Manchmal liefen wir auch im Wasser der künstlichen Kanalisation, hie und da musste man über eine Mauer klettern, was sie mit größerem Geschick machte als ich, der Bergsteiger und Hobbykletterer. Sie drehte sich immer wieder nach mir um. Das Mädchen lachte mich an, als sie sah, wie ich mit meinen Bergschuhen ihren Barfüßen kaum folgen konnte. Ich lachte zurück und sprach sie an, aber sie verstand nicht.

Wenn sie eine Schule besuchte, gehörte Englisch nicht zum Unterricht. Gerne hätte ich mich mit ihr in den Schatten gesetzt und mich mit ihr unterhalten. Wie nutzlos und langweilig doch fehlende Bildung ist und die Auseinandersetzung mit ihr, die nicht stattfinden kann! Dann, als sie die Rufe der anderen jungen Frau, die ihre Schwester sein mochte, vernahm, blieb sie stehen und deutete in die Richtung, die ich weiter einschlagen sollte, dabei schaute sie mich mit einem Ausdruck von Enttäuschung in ihren großen Augen an. Beinahe kam es mir so vor, als erwartete sie noch etwas. Bitte kein Geld!

Vielleicht sollte ich ihren Blick so verstehen, dass sie es auch bedauerte, keine Unterhaltung führen zu können, und dass sie es nie tun würde. Nicht einmal „Auf Wiedersehen"! Ob ihr Vater etwas von der Aga-Khan-Stiftung und ihren menschenfreundlichen Zielen wusste? Kaum!

9. Kapitel: Die Frauen von Hunza

Diese beinahe aufheiternde Begegnung war nur ein Wetterleuchten im Vergleich zu dem, was kam. In Hunza sind die Frauenhäupter unverhüllt und das kann man auch im übertragenen Sinne verstehen. Zu den unverhüllten Stirnen kommt viel frische Luft und Gedankenfreiheit. Man kann auch sagen Weltoffenheit. Und deshalb bin ich gegen das Tragen des Schleiers. Dieses Mädchen war so schön, dass es eine Schande wäre, wenn niemand davon erfahren würde, außerhalb ihrer Familie, die es wahrscheinlich sogar noch nicht einmal zu würdigen wusste. Seit wann bedeckt Mutter Natur die Blüten der schönsten Blumen?

Hunzafrauen sind im Allgemeinen aufgeschlossener als die Frauen in jeder anderen Gegend in Pakistan. Und das sollte ich sehr bald feststellen. Sie machen aber nur 0,02% der Gesamtfrauenpopulation Pakistans aus.

Die Richtung, die mir das Mädchen angegeben hatte, endete in der Wildnis. Wollte sie, dass ich mich verlief und wieder zu ihr zurückkehrte? Ich musste mir doch wieder einen eigenen Weg suchen. Noch einmal traf ich eine Frau, die auf dem Feld einer Terrasse mit ihrer kleinen Tochter arbeitete. Sie deutete in meine Laufrichtung und griff dann wieder zur Hacke. Von Männern war weit und breit nichts zu sehen.

In der Gegend wurden Weizen, Gerste, Hirse, Kartoffeln, Gemüse, Mais, Trauben, Aprikosen, Äpfel, Walnüsse, Mandeln, Kirschen, Maulbeeren angebaut. Und immer war die Wasserversorgung durch künstliche Bewässerung sichergestellt. Das Wasser stammte aus Quellen oder war Gletscherwasser, das über Bäche und Flüsse mehr oder weniger weit herantransportiert wurde. Die Kanalisation wurde von den Männern gebaut und instand gehalten.

9. Kapitel: Die Frauen von Hunza

Die Hälfte des kultivierbaren Landes liegt dennoch brach. Viele Männer versuchen, in den größeren Ortschaften eine Arbeit zu bekommen. Im Sommer sind die Hunzamänner sehr gefragt als Träger für die Expeditionen der Gäste aus Übersee. Ein Großteil der Arbeit auf den Feldern wird jedoch, wie überall in Pakistan, von den Frauen bewältigt. Was sich da eingebürgert hat! Die Frauen mühen sich redlich. Dennoch vermag der durchschnittliche Anbau kaum die eigene Versorgung sicherzustellen.

Daher haben Männer seit jeher versucht, außerhalb der Landwirtschaft eine Beschäftigung zu finden, was wiederum dazu führte, die Frauenarbeit auf dem Land zu intensivieren. Das Gleiche gilt für den Bereich der Pastoralwirtschaft. Während die Jungen in die Schule gehen, treiben die Mädchen die Herden auf die Weide. Allerdings ist im Hunza Tal die Nutztierhaltung nicht so ausgeprägt wie in den angrenzenden Gegenden. Trotzdem heißt es in einer Statistik, dass 88% der Frauen für die Futterversorgung der Nutztiere zuständig sind, 64% der Frauen besorgen das Hüten der Tiere im Sommer. Da das mit Schleier schwierig ist, dürfte das auch dazu beigetragen haben, dass man der Natur und ihren Vernunftgeboten folgt. 100% der Frauen füttern und melken die Tiere.

Die Frauen sind in der Landwirtschaft ganz offenbar überbeschäftigt. Sie säen, pflanzen, jäten, ernten, dreschen, trocknen, schälen, enthülsen, mahlen, bauen Lehmbehälter für die Speicherung, daneben müssen sie Wasser und Brennholz besorgen und sämtliche sonst anfallenden Hausarbeiten erledigen. Man stelle sich vor, sie würden das alles verschleiert machen müssen! Sie sind damit 12 bis 16 Stunden täglich beschäftigt und haben daher viel weniger Freizeit als die Männer. Nur der Verkauf wird meist von den Männern besorgt.

9. Kapitel: Die Frauen von Hunza

Das hat etwas mit Geld zu tun, das man in die Hand bekommt und dann einsteckt.

Aber die Situation der Frauen im Hunza Tal hat sich verbessert. Seit es möglich ist, über den schulischen Bildungsweg einen anderen beruflichen Werdegang einzuschlagen, haben zu allererst die Männer von der Möglichkeit Gebrauch gemacht. Das hat zunächst ihre Mitwirkung in der Landwirtschaft noch weiter verringert. In den letzten Jahren machten es ihnen aber immer mehr Frauen nach. Die meisten Haushalte besaßen anbaubares Land. Es brach liegen zu lassen, war wegen des Verlusts zusätzlicher Einkünfte nicht erstrebenswert. Im Hunza Tal gab es aber auch schon immer die Gilde der Handwerker und vor allem der Händler, denn das Hunza Tal ist die Durchgangsstation nach China. Die vielbereiste Seidenstraße, heute der KKH, verläuft links und rechts entlang des Hunza Rivers. Die Töchter der Händler kamen als erste in den Genuss, mit zunehmendem Wohlstand den Bildungsweg zu wählen. Sollten die Söhne die Nachfolge ihrer Väter antreten, waren sie unabkömmlich. Dann konnte man aber über eine Ausbildung der Töchter nachdenken. Was Wunder, dass es Hunzamädchen gab, die in Karachi studierten. Sie hätten die Chance, einen Beruf auszuüben, der zusätzlich Geld in die Familienkassen brachte.

Das letzte Stück Weg zum Eagle's nest versperrte ein Felsblock von Hausgröße. Ich wählte daher einen Weg, der mich unter ihm herumführte. So kam es, dass ich einen Blick auf Altit aus der Vogelperspektive werfen konnte. Man konnte das Gassengewirr und die eng beieinanderstehenden Häuser ausmachen. Das Fort schien nur ein größeres Gebäude am Rande des Steilabfalls zum Hunza River zu sein. Der Königsweg musste fraglos nach Altit hinunterführen. Ich erreichte das uralte Städtchen vom Adlerhorst aus auf steil abfallenden Pfaden, die durch den

9. Kapitel: Die Frauen von Hunza

baumreichen Berghang führten. Hier wohnten inmitten von fruchtbaren Gärten offenbar keine Bauern, sondern Stadtleute.

Unten in Altit saßen Männer an einem ummauerten Teich im Schatten eines großen Baumes und debattierten. Das erinnerte sehr an ein indisches Dorf mit seinem Tempelteich.

In der Nähe waren ein Dutzend Männer, die nicht weiter von mir Notiz nahmen, damit beschäftigt, mit Schaufeln und Spaten ein großes Loch, das ein Brunnen gewesen sein musste, zu graben. Sie hatten ihre langen Rockhosen an, standen aber knie- oder sogar hüfttief im Schlamm und gaben sich ausgiebig Mühe. Was ihr Plan war, blieb mir verborgen. Die Frauen, die etwas abseits saßen, schienen unbeeindruckt. Sie hatten wichtige Dinge zu besprechen.

Hie und da sah ich sie zusammensitzen, im Hauseingang und auf Treppenstufen, bei Hausarbeiten, die im Tageslicht leichter zu verrichten waren, oder einfach nur beim Austausch von Neuigkeiten. Und zwar wichtigen Neuigkeiten. Hier schien die Welt ja ohnehin in Ordnung. Die Männer verrichteten die Drecksarbeit und verdienten sich das Abendbrot, die Frauen genossen das Dasein und dankten mit Aufgeschlossenheit, wenn ich ihr Benehmen richtig deutete.

Das Städtchen hatte nur enge, gedrungene Gebäude nach traditioneller Bauweise aufzuweisen, die ineinander verschachtelt waren. Durch die Gassen und über die Flachdächer liefen die Haustiere. Der Zugang zu den obersten Etagen erfolgte durch Außentreppen oder Holzleitern. Die Hühner liefen frei herum. Sie hatten ihre eigenen Versammlungen. In der Mitte des Ortes war ein gepflasterter Platz, umrahmt von engstehenden Häusern, auf dem kleine Jungen Ball spielten, auch dort saßen einige Frauen und palaverten. Es war schön, zu sehen, dass die Frauen erstens sich nicht in ihren Häusern versteckten und

9. Kapitel: Die Frauen von Hunza

zweitens anscheinend nicht viel zu tun hatten, während die jüngeren Männer sich richtig abplagten.

In dieser Stadt scheuten die Frauen auch die Blicke der Fremden nicht. Und sie scheuten sich nicht, zurückzublicken. Sie lächelten mir meist freundlich zu. Sie waren den Anblick von Touristen natürlich gewohnt, obwohl ich heute anscheinend der einzige Ortsbesucher war.

Es war merkwürdig. Das Schauobjekt, so wie es sich eigentlich gehörte, war ich. Das bemerkte ich endlich, als ich mich umdrehte und sich meine Blicke mit der einer Frau trafen, die sich ebenfalls umgedreht hatte. Solche privaten Begegnungen waren in den engen Gassen zwischen den fensterlosen Häusern möglich. Als die Bewohner festgestellt hatten, dass sie sich immer öfter in dem Gassenlabyrinth verliefen, beschlossen sie, die Stadt nicht mehr größer zu bauen. Irgendeinen Grund musste es ja haben, warum diese attraktive Lokation nicht noch mehr ausgewachsen war. Altit war ein kleines Städtchen geblieben.

Das Fort war eingerüstet mit Bambusstangen, der Zugang verschlossen. Daneben stand man auf einem Plateau, das schwindelerregend zum Hunza River abfiel. Der Blick ins Tal schweifte weit in jede Richtung. Der Hunza war auch aus dieser Höhe erkennbar ein reißender Strom, der keinen Schiffsverkehr erlaubte. Ein zusätzliches Hindernis, die Bergregionen des Hindukusch und Karakorum zu erkunden und einen kulturellen Austausch durch die größere Beweglichkeit beziehungsweise den Mangel derselben zu fördern.

Was für den Hunza River gilt, ist für alle anderen Flüsse dieser Größe in jener Gegend auch richtig. Selbst wenn man stabile Flöße bauen wollte, wer würde sich schon der Gefahr einer Flussreise aussetzen? Hatte man es im Hochgebirge hierzulande nicht ohnehin mit einer latenten Gefährdung zu tun, da sollte man sich auch noch den Risiken einer Flussfahrt hingeben? Immerhin brauchte man auch nicht mit einer Landnahme durch Eroberer zu rechnen. Wegen dieser natürlichen Hindernisse blieben die Bergvölker ja weitgehend unbehelligt und eigenständig. Wer zu Lande reiste, musste sich mühsam über Gebirgspfade abquälen. Man war Überfällen, Feindseligkeiten der Bewohner ausgesetzt, Hunger und Durst waren ständige Begleiter, denn die Versorgung war schwierig. Im Sommer war die Hitze hinderlich, im Winter die Kälte und der Schnee, dazu Sand- und Staubstürme, die jederzeit auftreten konnten, und im Frühling die Schneeschmelze, die wegen der steigenden Pegelstände manche Täler von der Außenwelt abschottete.

Was mich persönlich am meisten störte, da ich weder gegen große Schneemassen noch zu schwierige Eishänge kämpfen musste, war der feine Staub, der immer wieder allerorten durch die Luft gewirbelt wurde. Ausländische Ärzte, die hier in den Bergen des Karakorum Dienst verrichteten, wunderten sich über den hohen Prozentsatz an Atemwegserkrankungen und asthmatischen Erscheinungen. Ich nicht. Kälte und große Höhe begünstigen die Entstehung solcher Krankheiten, dazu die zweifellos hier reichlich gegebene mangelnde Hygiene und ganz sicher auch der Feinstaub, der fortwährend von den Menschen eingeatmet wird. Während ich innehielt und mich abdrehte, wenn wieder einmal eine große Staubfahne auf mich zukam, reagierten die Einheimischen überhaupt nicht. Die Ausnahme war Shandur, wo die Staubbelastung dauernd groß war und viele Leute tatsächlich einen Mundschutz trugen. Sie hatten wohl aus der Erfahrung gelernt. Alle Beeinträchtigungen zusammen überlasten und reizen die Atemwege. Da nützt es auch nicht mehr viel, wenn die Luft sonst rein und klar ist.

Vielleicht gerade, weil sie es so wenig mit fremden Eroberern zu tun bekamen, sind die Bergstämme gegenüber Fremden so gastfreundlich. Heutzutage, meine ich, gibt es gute Gründe, den Besuchern die gute Seite des menschlichen Wesens zu zeigen, wenn man vorbehaltlos für Tourismus ist. Der ist im Norden Pakistans noch relativ unterentwickelt. Fakt ist, dass er einen großen Beitrag leisten könnte, die Bergregionen zu entwickeln. Und damit meine ich erst einmal nur die Grundbedürfnisse, die man jeder menschlichen Seele zugestehen sollte. Mit nahrhaftem Essen, sauberem Trinken, Heizung und Dach über dem Kopf ist es nach wie vor schlecht bestellt. Das Gleiche gilt für die Gesundheit, die dann einen Mangel erleidet, wenn das Vorgenannte fehlt.

Dazu müssen die Bewohner auch selbst etwas beisteuern mit der Veränderung ihrer Gewohnheiten. Hygiene ist nicht nur eine Frage des Geldes. Fakt ist auch, dass es viele Rheumaerkrankungen gibt, die auf die harte körperliche Arbeit zurückzuführen ist, in Zusammenwirkung mit der großen Kälte, nachts das ganze Jahr über und im Winter auch noch tagsüber. Die Entsorgung von Ausscheidungen und Müll ist auch ein grundsätzliches Problem. Viele andere Dinge, die zur Verbesserung des täglichen Lebens beitragen, fehlen, sind aber nicht unbedingt notwendig, wenn auch wünschenswert. Dazu zählen zum Beispiel asphaltierte Straßen. Sie bringen beispielsweise Zeitersparnis, was ein wichtiger Faktor ist.

Die Installierung eines funktionierenden Schulsystems würde ich hingegen sehr wohl als ein Grundbedürfnis betrachten, auch wenn es sich eher um eine Langzeitinvestition handelt. Alle diese Dinge könnte der Tourismus fördern, daran besteht kein Zweifel. Er würde nicht nur Geld in die Gegend pumpen, sondern auch Arbeitsplätze schaffen. Das würde die Entwicklung weiter vorantreiben. Im Gegenzug müsste man sich darum bemühen, die für Touristen anziehenden Bedingungen zu erhalten und die von Touristen gestellten Bedingungen herzustellen. Bei Ersteren handelt es sich um die Bewahrung der Naturattraktionen, bei Letzteren um die Verbesserung der Infrastruktur. Beides kommt wiederum den Einheimischen zugute. Ohne Tourismus werden es diese Gegenden schwer haben. Was für ein Dorf im brasilianischen Regenwald gilt, gilt auch für die Bergregion des Hindukusch. Insellösungen gibt es keine mehr.

Der Tourismus ist auch eher an der Bewahrung der kulturellen Identitäten interessiert, als an der Monotonie einer Weltkultur oder an der Vereinheitlichung zu einer nationalen Identität, die alles gleichmacht und an eine Doktrin festbindet. Gerade in islamischen Ländern besteht die Gefahr einer Einheitskultur, wenn die Islamisten über die gemäßigten Muslime obsiegen. Dass man in islamischen Ländern wie Pakistan, Afghanistan und Iran die Frauen nur noch bald mit Ganzkörperschwärzung herumlaufen sieht, ist nicht sonderlich originell und kann auch kaum als Beitrag zur Verschönerung der Umwelt betrachtet werden. Kaum kommt man ins Tal der nichtmuslimischen Kalash, ein Hort erfreulichen Kontrastes, ist man überrascht und dankbar über die farbenfrohen Kostüme der einheimischen Frauen. Die Rechtfertigung der muslimischen Männer, dass sie ihre Frauen von der Außenwelt abschotten, um sie für sich und ihre Interessen zu bewahren, zeugt nicht gerade von Aufgeschlossenheit für die Entfaltung von Einfallsreichtum und Freude an den Schönheiten der Natur. Es ist wohl eher als ein Hinweis auf ihre Angst und Sorge für die Erhaltung der Sitte zu verstehen. Wenn diese Sorge berechtigt ist, dann stimmt mit den Männern erst recht etwas nicht.

Ohne Tourismus werden es diese Gegenden schwer haben, den Anschluss an die übrige Welt wiederzufinden. Der in vielerlei Hinsicht grenzüberschreitende Krieg im benachbarten Afghanistan und der Islamisten-Brutstättenstatus den die Nord- und Nordwestprovinzen Pakistans haben und auf nicht

9. Kapitel: Die Frauen von Hunza

absehbare Zeit auch beibehalten werden, wird den Tourismus weiterhin im Zaum halten. Für Reisende und Abenteurer, die die Abgeschiedenheit und die unvorhersehbare Begegnung suchen, ist es so gut, wie es ist. Aber für die Mehrheit der potentiellen Kunden und, was viel schwerer wiegt, für die Menschen in der Region insgesamt, ist es weitaus besser, wenn sich die Dinge tourismusfreundlich ändern. Der Norden Pakistans hat sehr viel brachliegendes Potential für größere Besucherzahlen. Er befindet sich eigentlich in einem Erschließungszustand, der dem der Alpen vor hundert Jahren entspricht. Ein Tourismus, der die Natur nicht gefährdet und die Eingriffe geringhält und außerdem nichts an den kulturellen Eigenheiten der Einheimischen verändert, ist das Beste was der Region passieren kann.

Altit

Altit liegt hoch über dem Hunza River, aber auch tief unter dem Adlernest. Da ich den Weg nicht kannte und mir der hausgroße Felsblock die Sicht versperrte, war ich doch gezwungen, zu klettern. Ich gelangte auf einen Absatz, von wo aus es noch

9. Kapitel: Die Frauen von Hunza

einmal knapp drei Meter höher bis zum Gipfelplateau ging. Das war noch einmal ein kleines Kletterstück, direkt neben einem kleinen Wasserfall, der eher einer Waschstelle glich. Als ich nach einer geeigneten Stelle suchte, bemerkte ich, dass eine der sechs Frauen oder Mädchen, die ich vorher schon von Weitem auf dem Plateau gesehen hatte, versuchte, den umgekehrten Weg zu gehen. Sie wusste nur nicht, wie sie es anstellen sollte. Sie wollte sich wohl am Wasser erfrischen. Die Frauen mussten den Fahrweg von der anderen Seite hochgestiegen sein, was jedenfalls ebenso eine schweißtreibende Angelegenheit ist. Als sie mich sah, zögerte sie, machte ein paar Versuche einen Einstieg zu finden, traute sich aber doch nicht. Ich streckte ihr die Hand entgegen, um ihr herunter zu helfen.

Sie sah in ihrem leuchtendblauen Hosenkleid nach indischer Art mit unverschleiertem Haupt wie eine Ausflüglerin aus der Stadt aus. Sie machte keinen abweisenden Eindruck, sondern blickte freundlich und neugierig, beinahe forschen Blickes. Sie reagierte auf meine entgegengestreckte Hand weder verschämt, noch geängstigt, noch nicht einmal überrascht. Sie wandte sich auch nicht ab, sondern zögerte einen Gedankenmoment, während ihre Freundinnen, die das Ganze beobachteten, etwas zu ihr sagten, was sich eher wie eine Ermutigung anhörte. Obwohl ich ihr sagte „I help you", winkte sie ab. Nicht weil sie vor der Berührung mit meiner Hand zurückschreckte, sondern weil sie sich nicht heruntertraute. Es war ihr zu steil. Woher ich das weiß? Weil sie im nächsten Moment meine Hand festhielt und mit ihrem Zug zeigte, dass sie nun umgekehrt mir nach oben helfen wollte. Sie sagte „I help you!" Das war nicht notwendig. Deshalb zog ich kurz in die Gegenrichtung, um sie zu erschrecken. Sie verlor kurz das Gleichgewicht, fing sich aber lachend wieder und zeigte mir ihre schneeweißen Zähne in aller Gastfreundschaft. Die anderen Frauen, die zugesehen hatten, lachten und kicherten. Sie fanden das Ganze belustigend.

9. Kapitel: Die Frauen von Hunza

Eigentlich war das, nach allem was ich bisher in Pakistan erfahren hatte, ein völlig undenkbarer Vorgang. Nicht einmal zur Begrüßung bekommt man die Hand einer Frau zu fassen. Sie ist Tabu. Wenn die Frauen aber aus Islamabad waren, wie ich zuerst vermutete, Töchter der oberen Mittelschicht, dann war der Vorgang erklärbarer. Sie waren jedoch nicht aus Islamabad. Sie waren Hunzafrauen! Das war die Erklärung!

Oben angekommen wurde ich gleich zu einer Tasse Tee eingeladen. Gebäck hatten sie selber mitgebracht. Es gab da eine Sitzgruppe und ein Zelt in der Nähe, eine Art pakistanischer Kiosk für die Adlernestbesucher, die den Normalweg über eine Straße nahmen, die von der Rückseite des Berges nach oben führte.

Bei den sechs jungen Damen handelte es sich allesamt um ortsansässige Hunzafrauen, die auf Semesterferien waren. Zwei hatten ihre Schwestern dabei. Sie waren Töchter von mittelständischen Händlern. Gemeinsam hatten sie beschlossen, diesen Tagesausflug auf die Aussichtskanzel hoch über dem Hunza Tal zu machen, einen Ort, wo sie schon unzählige Male waren. Wer annimmt, dass Einheimische keinen Sinn für landschaftliche Schönheit haben, irrt. Wer annimmt, dass einheimische Frauen nur ihre eigene Schönheit und die ihrer Kinder im Auge haben, irrt ebenso. Offenbar hatten selbst die Einheimischen eine Ader für solche Aussichten.

Die Frauen waren alle jung. Hawa, die mir heraufgeholfen hatte, schien etwas älter zu sein, Ende zwanzig, vermutete ich, in Wirklichkeit war auch sie jünger. Die anderen wirkten noch sehr mädchenhaft, aber alle waren schon knapp über zwanzig. Ich fragte Hawa, die Wortführerin und mutigste, ob ich recht in der Annahme ginge, dass sie die Lehrerin der anderen sei.

9. Kapitel: Die Frauen von Hunza

Sie bestätigte es unter Belustigungskundgebungen der anderen, die mich schon wieder an der Richtigkeit dieser Aussage zweifeln ließen. Sie war nicht nur aufgeschlossen, sondern so direkt, wie man direkter nicht sein kann. Ähnliches galt für Maliha, die sich ebenfalls in das folgende Gespräch einmischte. Alle sechs Frauen waren eher zierlich. Sie hatten offensichtlich ihr Ausgeh-Sonntagskleid an. Es war ja auch Sonntag. Keine hatte das lange Haupthaar bedeckt. Sie trugen es wie in Indien zu einem Pferdeschwanz zusammengebunden. Ich war sofort im Mittelpunkt ihres nicht nur akademischen Interesses.

In einer Beschreibung über die Hunza heißt es:

„Hunzafrauen sind gerade gewachsen, groß, schmalhüftig, mit einer entwickelten Oberweite, perfekte Gesichtszüge und prächtiges Haar. Sowohl Männer als auch Frauen haben perfekte Zähne und Sehfähigkeit sogar mit 100 Jahren und älter. Sie sind ordentlich, sauber, intelligent und freundlich und man findet keine Übergewichtigen. Hunzafrauen sehen mit 80 Jahren so aus wie eine 40jährige Amerikanerin."

Ob ein Reisender feststellen kann, dass die Frauen in Pakistan gerade gewachsen sind, wenn er nie die Beine zu sehen bekommt? Das prächtige Haar kann er hingegen begutachten.

Dass 80jährige Hunzafrauen wie eine 40jährige Amerikanerin aussehen, scheint mir eher gegen die Amerikanerin zu gehen. Wenn eine Hunzafrau überhaupt so alt wird, wird sie sich glücklich schätzen können und man darf ihr es gönnen, wenn sie noch jung aussieht. Dafür haben amerikanische Frauen eine viel höhere Lebenserwartung. Die meisten Mädchen sterben nämlich schon im Kindesalter. Das harte Leben in den Bergen hat seine Vorteile und Nachteile, natürlich taugt es wenig zur Entwicklung der westlichen Zivilisationskrankheiten, aber dafür ist der spezifische Verschleiß bei diesem Leben größer.

9. Kapitel: Die Frauen von Hunza

Hier hatte ich gleich sechs Hunzafrauen, die ich studieren konnte. Sie waren erstaunlicherweise noch nicht verheiratet, obwohl sie schon über zwanzig waren. Und das Glück war, dass vier von ihnen in Karachi studierten und Englisch konnten. Damit hatte ich keine durchschnittlichen Hunzafrauen vor mir, aber die Avantgarde der durchschnittlichen Hunzafrau, denn was die Töchter der wohlhabenden Hunzahändler auszeichnete, sollte nicht mehr fern für alle anderen Hunzafrauen sein.

Die Frauen nutzten also die Gelegenheit, einen Mann aus dem Westen auszufragen. Sie konnten ihre weibliche Neugier schweifen lassen. Eine der ersten Fragen, die mir Hawa stellte, war jedoch, ob ich verheiratet war.

Es ging ziemlich aufgeregt zu, beinahe wie auf einer Studentenbude, in der Weibsleute den Ton angeben, wo Neuigkeiten von bleibender Bedeutung erstmals offenbart werden. Ich bemerkte eine unbekümmerte jugendliche Frische. Ich war die Attraktion und als Leila mich fortwährend so inquisitiv von der Seite anschaute und ich sie nach dem Grund fragte, nachdem sie auch noch etwas gesagt hatte, was die Anderen spontan lachen ließ, sagte sie mir ins Gesicht: „Because you have a good looking face!"

Leila blieb überhaupt frech, beinahe aufdringlich und ein wenig frivol. Jeder Pakistaner hätte dieses Verhalten vermutlich sehr in Frage gestellt. Jeder, der die Verhältnisse in Pakistan kennt, hätte diesen Vorgang auch angezweifelt. Und wohl auch zu Recht. Aber ich berichte von Tatsachen. Die Frauen der Hunza sind tatsächlich menschliche Wesen, wie anderswo auch. Wenn sie unbeobachtet und unbeaufsichtigt sind, zeigen sie es.

Leila hatte leicht mongolide Gesichtszüge wie ihre Schwester, im Gegensatz zu den anderen Vier. Sie war durchaus nett anzusehen und hatte eine frauliche Ausstrahlung. Sie bekannte auf

Nachfrage auch, dass ihr Stammbaum die Regel bestätigen würde, dass ihre Vorfahren auf chinesische Händler zurückzuführen waren. Es war klar, wären wir allein gewesen, hätte sie sich nicht getraut, so offen mit mir zu reden. „Gemeinsam machen wir uns stark!" schien die Devise der Damen zu sein, die zu Hause oder auf dem College nicht so den Ton angeben konnten.

Meine wichtigste Ansprechpartnerin blieb aber die „Lehrerin" Hawa, bei der ich mir nicht wirklich sicher war, ob sie tatsächlich Lehrerin war oder ob es zu dem Spiel, dass diese Frauenzimmer mit mir trieben, dazugehörte. Es schien auch dem Studententum, von dem sie berichteten, zu widersprechen.

Es bereitete den jungen Damen ganz offensichtlich Spaß, sich über mich zu unterhalten, ohne dass ich es verstehen konnte, denn ihr Brushishki verstand ich natürlich nicht. Und selbst Urdu konnte ich nur ein paar wenige Brocken. Den Mädchen gefiel es sicherlich, mit mir etwas veranstalten zu können, was bei einem pakistanischen Mann nicht möglich gewesen wäre. Sie stellten mir Fragen und mussten nicht befürchten, von mir gescholten zu werden. Es war kein einheimischer Sittenhüter in der Nähe. Das war vielleicht auch der Grund, warum sie nicht ins Zelt wollten, wo sie unter Beobachtung der beiden Teeverkäufer gestanden hätten.

Sicherlich hatte das Leben in Karachi sie verändert. Das war dort eine völlig andere Welt als das Hunza Tal. Karachi war eine der größten Städte der Welt. Karachi ist laut, schmutzig, stinkend, chaotisch. Karachi ist ein untergehender Moloch, der immer mehr wächst, wie ein Krebsgeschwür. Unter den islamischen Städten dürfte Karachi eine der Städte mit der größten Kriminalitätsrate sein, das New York Asiens. Wer es in einer dieser beiden Städte „machte", „can make it anywhere". Ob die Väter da immer genau wussten, worauf sie sich einließen!

9. Kapitel: Die Frauen von Hunza

Die Gesichtszüge von Hawa waren ebenmäßig und erinnerten an eine griechische Filmschauspielerin. Sie hatte aber einen sehr erwachsenen, aufgeklärten Blick für ihr noch relativ jugendliches Alter.

Sie fragte mich das Unvermeidliche: was ich von Hunzafrauen hielte. Ich sagte, dass ich glaubte, sie sei in einer liberalen Familie aufgewachsen. Aber ich hätte bisher weder mit Hunzafrauen noch mit anderen Frauen in Pakistan gesprochen, mit einer Ausnahme. Daher könnte ich mir keine Meinung bilden. Ich hielte es aber für bedauerlich, dass man so wenig mit ihnen in Kontakt treten könnte, nur weil kulturelle Gepflogenheiten das so wollten. Bei den Mädchen herrschte Einstimmigkeit darüber, dass sie diese Gepflogenheiten in Pakistan auch nicht für gut hielten. Welche, fragte ich nach. Die Frauen wegzusperren und sie hinter Schleiern zu verstecken. Als sie mir das sagten, überlegte ich, ob es schwieriger war, in Pakistan mit einer Frau zu sprechen, die dagegen war, oder mit einer Frau, die dafür war. Und dann gab es da ja auch eine Menge Frauen, die entweder die eine oder andere Meinung dazu hatten, aber nicht mit mir darüber sprechen würden.

Ich hatte mein Notizbuch herausgezogen, damit sie sahen, dass ich ein wissenschaftliches, kein privates Interesse hatte. Auf ihre Frage, was ich beruflich täte, sagte ich, ich wäre ein Ermittler und Forscher und im Moment würde ich sie erforschen. Ich fragte sie, warum sie noch nicht verheiratet waren.

Sie waren der Meinung, dass man erst das Studium beenden müsse, bevor man überhaupt ans Heiraten denken könne. Ich erfuhr, dass der Brauch, die Braut für den Bräutigam auszusuchen, der gleiche wie anderswo auch war. Die Braut musste immerhin einverstanden sein. In der Theorie konnten beide solange nein sagen, bis sie den bekamen, den sie ohnehin wollten. Ich fragte sie auch, ob es auf ihren Schulen in Karachi

9. Kapitel: Die Frauen von Hunza

Probleme mit „boys" gegeben habe. Sie waren sich auch hierin einig. Die jungen Pakistaner seien alle brav.

Ob sie nach ihrer Ausbildung in den Westen, beispielsweise in die USA, gehen würden, um dort Geld zu verdienen? So weit war ihre Planung noch nicht gegangen. Sie waren aber auch nicht abgeneigt. Leila fragte mich, ob Datenverarbeitung in Deutschland eine Zukunft hätte. Ich antwortete, dass Datenverarbeitung in jedem Land der Welt eine große Zukunft hätte. Da sie ihr Studium sicherlich zu einem erfolgreichen Abschluss bringen würde, könnte sie sich ja um eine Stelle in Deutschland bewerben.

Als ich sie zu ihrer Meinung nach den Nachbarn Pakistans befragte, berieten sie sich lebhaft, dann gaben sie kund, dass sie weder Inder noch Chinesen oder Afghanen hier in Hunza haben wollten. Und Touristen? Immer gerne. Leila setzte hinzu, besonders wenn man sich mit ihnen unterhalten konnte und etwas lernte. „Aber warum mögt ihr Inder und Chinesen nicht?", hakte ich nach.

„Sie haben eine andere Kultur und eine andere Religion. Wir mögen diese Religion nicht." Das reduzierte meinen Enthusiasmus.

„Glaubt Ihr, dass die Frauen im Islam gebührend respektiert werden?", stellte ich sogleich die provokante Frage. Ich bekam zur Antwort, dass der Islam den Frauen nicht verboten hätte, zu studieren, sie müssten sich aber dennoch den Männern unterordnen.

„Auch wenn sie Idioten sind?"

Sie hatten mit dieser Frage nicht gerechnet. Ihre Antwort war klug, wenngleich für mich nicht sehr erleuchtend:

„Die Hunzamänner sind keine Idioten."

9. Kapitel: Die Frauen von Hunza

„Das glaube ich auch nicht", sagte ich, um sie zu beschwichtigen, „aber muslimische Männer dürfen ihre Frauen schlagen, findet ihr das gut?"

„Hunzamänner tun das nicht!" war die ausweichende Antwort.

„Wenn Frauen Schläge verdient haben, können sie auch geschlagen werden, aber in Hunza gibt es solche Frauen nicht, außer ein paar vielleicht", sagte Leila und alle lachten über diesen Zusatz und wohl auch über die Vorstellung, die bestimmt noch konkreter war, als sie mir gegenüber zum Ausdruck gebracht worden war.

Leila sagte, sie würde ihren künftigen Mann schlagen, wenn er nur einmal seine Hand nach ihr erheben würde. Damit erntete sie anerkennendes Gelächter von den Anderen. Hier war vermutlich der Wunsch der Vater des Gedankens.

„Angenommen", sagte ich zu Leila, „ein Mann aus dem Westen würde um deine Hand anhalten, könntest du dir vorstellen, zuzustimmen?" Sie antwortete: „Wenn er mir gefällt", dabei schaute sie mich etwas betont merkwürdig an und neigte den Kopf dabei leicht zur Seite. Die Anderen lachten schon wieder.

„Muss er Moslem sein?"

Sie tat sich schwer mit einer Antwort. Dann sagte sie, „er kann Moslem sein, aber er darf keine weiteren Frauen haben!"

Sie war also nicht bereit, eine Zweitfrau zu sein oder eine zu dulden. Wenn ein Mann zwei Frauen hat, sind beide seine Zweitfrauen. Plötzlich weiteten sich ihre Augen, als ob ihr etwas Schlimmes eingefallen wäre. Sie fragte mich, ob ich Moslem sei und ob ich schon eine Frau hätte.

9. Kapitel: Die Frauen von Hunza

Frauen sind in Pakistan meist verschleiert

Nachdem ich aufgrund ihrer Gesprächigkeit festgestellt hatte, dass es Vorzüge bei ihnen gab, die mich im Augenblick informatorisch mehr interessierten als Äußerlichkeiten, gedachte ich, mich ihrer zu versichern und lud sie zum Mittagsessen ein. Das „Eagle's nest" hatte ein Hotelrestaurant ganz in der Nähe, das für die hiesigen Normalbürger wohl eher nur an besonderen Festtagen die Pforten öffnete.

Wie ich es erwarten durfte, zögerten die Frauenzimmer doch zunächst. Aber vermutlich nur deshalb, weil sie das nicht gewohnt waren. Hierzulande laden Männer Frauen nicht zum Essen ein. Das gab es nur in der Stadt, bei der nach der westlichen Kultur ausgerichteten Mittel- und Oberschicht. Und gewiss lassen sich pakistanische Frauen in aller Regel nicht von ausländischen Männern zum Essen einladen. Andererseits würde ganz sicher kein Mann gleich sechs Frauen auf einmal einladen.

Warum eigentlich nicht? Viel folgenschwerer ist es für die Frauen, wenn sie einen Mann ehelichen, der schon drei Frauen hat. Ich hatte keine Befürchtung, die einheimische Moralordnung

9. Kapitel: Die Frauen von Hunza

durcheinander zu bringen. Ich dachte daran, dass es keine bessere Quelle der Information geben würde. Die Einladung war meine Gegenleistung dafür.

Die jungen Frauen gehörten ganz offensichtlich nicht zu armen Leuten. Daher durfte es auch nicht überraschen, von ihnen zu hören, dass viele Eltern ihre Kinder in die Schule schickten, damit sie Ingenieure und Ärzte wurden. In diesen Bereichen gab es auch die meisten Studienanfänger. Sie nannten es „pre-medical and pre-engineering programms". Das Examen des Zwischenstudiums brach diese Flutwelle an Anwerbern. Nur ein Bruchteil der Studenten gelangte an die medizinischen und technischen Colleges. Die Anderen bewarben sich dann bei den öffentlichen Universitäten und landeten in anderen Sparten.

Wer sich in den Vorkursen für das Medizinstudium, die sich über zwei Jahre erstreckten, gut lateinische Namen von Tier-und Planzenstrukturen merken konnte, erfuhr ich, wurde dann für das Medizin-College zugelassen, wo man dann nahtlos dazu überging, lateinische Namen des menschlichen Körpers auswendig zu lernen. Sie hielten das nicht für sehr sinnvoll. Sie nannten das „vicious", einfach schrecklich. Was mich mehr interessierte, waren frauenspezifische Vorkommnisse. Ich konnte in Erfahrung bringen, dass es in Pakistan eine Frauenbewegung gab. Erstaunlich, aber wo sonst hatte sie eine größere Daseinsberechtigung?

Schuld daran war die Islamisierung der Gesellschaft unter der Herrschaft des Generals Zia in den achtziger Jahren. Es entstanden dabei mehrere Frauenrechtsorganisationen.

In Pakistan herrschte nach wie vor der Patriarchismus. Frauen galten als „erworben" oder „vergeben". Sie hatten ihr Leben im Dienste eines von Männern dominierten Gesellschaftssystems zu verbringen.

Nicht einmal eine Frau, die in der Stadt einen modernen Beruf ausübte, konnte sich dem ganz entziehen. Sie gehörte einem „Biraderi" genannten System an, in dem Männer bestimmten, welche Freiheiten sie ihren Frauen gewähren, ja, wer wen heiratet. Sie brauchte allezeit den Schutz und das Einverständnis „saya" des Mannes. Auch eine verwitwete oder geschiedene Frau unterstand ihrem Vater oder Bruder, wenn sie keinen erwachsenen Sohn hatte.

Es kam auch häufig vor, dass Töchter an den Meistbietenden verkauft wurden. Das war kein großer Unterschied mehr zum Sklavenhandel früherer Zeiten, außer in der Tatsache, dass die Sklavenhändler der eigene Vater und die eigenen Brüder waren. Es kam auch vor, dass Ehemänner ihre eigenen Frauen verkauften, denn die Scheidung geht für einen muslimischen Mann schnell und problemlos. Die Frau konnte nichts dagegen machen. Ich hatte darüber eine Diskussion mit einigen jungen Pakistanern von Chitral, die es nicht wirklich verstehen konnten, warum ihre muslimischen Brüder ihre Töchter verkauften. Sie an fremde Männer zu vergeben, solange sie Muslime waren, konnten sie noch nachvollziehen, aber warum das Geld die entscheidende Rolle spielte, Armut hin oder her, das nicht.

„Wo immer und wann immer ich jemanden treffe, der erfährt, dass ich aus Chitral bin, werde ich zu allererst gefragt, warum verkaufen deine Leute ihre Töchter für ein paar Rupien? Wie können wir diese Grausamkeit rechtfertigen?" So hatte der eine Chitrali gesagt.

Die Männer sind oft zwei- oder sogar dreimal so alt wie die Mädchen, die gar nicht gefragt werden, ob sie das wollen. Ein Mann aus Peschawar erzählte Folgendes:

„Einer unserer Verwandten fand ein Chitralimädchen von 20 oder 22 Jahren in Lahore. Sie war mit einem Pandschabi

9. Kapitel: Die Frauen von Hunza

verheiratet. Der wollte eine weitere Frau aus Chitral. Er fuhr hin und sagte den Leuten, er sei nicht verheiratet. Die Geschichte ist zu lang. Jedenfalls bekam der Mann ein Mädchen, das seine Enkeltochter hätte sein können. Er brachte es mit nach Hause. Seine drei Brüder vergewaltigten sie jeden Tag. Niemand fragte nach ihr. In meiner Nachbarschaft ging ein Milchmann nach Chitral und kaufte sich eine vierzehnjährige Frau für 20.000 Rupien! Dieses Mädchen war jünger als seine Söhne und Töchter."

Ein Anderer erzählte:

„Ich saß mit meinen Pathanfreunden im Taxi. Wir diskutierten über das Thema Heirat. Der Taxifahrer hörte uns zu, sagte aber nichts. Aber irgendwann ergriff er doch das Wort. Er sagte, heutzutage sei das gar kein Problem mit dem Heiraten, man braucht nur zehntausend Rupien, geht damit nach Chitral und bekommt dort sehr schöne Frauen. Was dann geschah, will ich hier lieber nicht sagen."

Leider gab es nicht nur den Markt für Mädchen aus Chitral. Ganz Pakistan war eine Bedürfnisanstalt. Wo bleibt da die vielgerühmte islamische Moral? Besonders Frauen und Kinder sind die Hauptleidtragenden in einer von der sexistischen Machokultur beherrschten Gesellschaft.

Karachi ist die neue Bleibe der meisten verschleppten Kinder. Allein in den Jahren 2001 bis 2003 wurden über 40.000 Kinder von ländlichen Gegenden in die Städte verschleppt. Dahinter stecken oft organisierte mafiaähnliche Banden. Viele Kinder werden nicht verschleppt, sondern verkauft. Dahinter steckt immer wirtschaftliche Not, aber auch persönliche Gewinnsucht, und wie ich meine, immer auch eine Menge Herzlosigkeit. Wenn ein Vater oder eine Mutter ihr Kind verkauft, ist das unentschuldbar. Wenn sie auf falsche Versprechungen hereingefallen sind, macht sie das nicht sympathischer. Es gibt genügend Zeitungsmeldungen im Land, dass der Kinderhandel im hintersten Eck und im letzten Dorf des Sindh ein Gesprächsthema geworden ist.

Die meisten Kinder werden zur Kinderarbeit gezwungen. Wenn Mädchen gehandelt werden, handelt es sich häufig um sexuelle Ausbeutung. Die Eltern hören sich natürlich, wenn sie schon beschlossen haben, ihr Kind herzugeben, gerne an, dass das Kind eine Ausbildung bekommt, Geld verdient, genug zum Leben hat, usw. Und den Kindern sagt man, dass sie bald wieder zu Hause wären. In den meisten Fällen kommt nur wenig Geld bei den Familien an, denn natürlich werden die Kinder ausgebeutet und nicht aus humanitären Beweggründen eingekauft. Wundert man sich noch, dass das Land keinen Aufschwung erlebt? Wo soll er herkommen? Aus dem Kinderhandel und der Ausbeutung der Frauen?

9. Kapitel: Die Frauen von Hunza

Pakistanische Menschenhändler bedienen sich aber nicht nur im heimischen Markt, sie importieren sogar Mädchen und Frauen aus Burma und Bangladesch. Aus Bangladesch sollen es eine Million Frauen sein, die in Pakistan arbeiten. Dafür sind es hunderttausende Pakistaner, die in den Golfstaaten die billigen Arbeitskräfte im Frondienst für die reicheren muslimischen Vettern stellen. Für verschleppte Kinder gibt es auch in den Golfstaaten Abnehmer. So beutet die eine islamische Gesellschaft die andere aus.

Erst seit 2002 gibt es ein Gesetz, das den Menschenhandel, der Fachbegriff dafür lautet „human trafficking", verbietet. Der Report „Human Rights Practices" wirft Pakistan schwere Versäumnisse vor, unter anderem Korruption in unteren Gerichten und Polizeibehörden. Es kommt immer wieder zu Fällen von ungesetzlichen Tötungen, Folter, Vergewaltigung, Kinderarbeit, Kinderprostitution, Menschenhandel mit Frauen und Kindern, gesellschaftliche, leider aber auch gesetzeskonforme Diskriminierung gegen Frauen.

In Pakistan gibt es darüber hinaus eine richtiggehende Kommerzialisierung der Verheiratung von Mädchen. Sie werden verpfändet, verschachert und verkauft, noch lange bevor sie überhaupt recht wissen, wer sie sind. Sie werden getauscht für einen alten Büffel, ein Stück Land oder ein Haus. Sie werden verkauft in schlechten Zeiten, um über die Runden zu kommen, und in guten Zeiten, um sich noch mehr leisten zu können oder um die guten Zeiten nicht zu gefährden. Hirten kommen von den Bergen herunter, nehmen in der Stadt ein Mädchen mit und lassen ein paar Schafe da. Oder es geht genau in die umgekehrte Richtung, das heißt nomadische Pathanen kommen herunter von den Hügeln, kaufen Mädchen oder verkaufen welche, und schon sind sie wieder verschwunden.

9. Kapitel: Die Frauen von Hunza

Mädchen vom ländlicheren Pandschab verschwinden nach Süden. Aber auch im Sindh werden Frauen und Mädchen gehandelt. Es werden sogar Kinder mit einbezogen, die noch gar nicht geboren sind. Familien bauen Häuser oder reparieren ihr Dach, nachdem sie eine Tochter hergegeben haben. Die Tattergreise sind die besten Bieter, sie sind reich an Besitztümern, Büffeln, Land, Häuser. Manchmal haben sie selber Mädchen anzubieten, sie verkaufen auch ihre Nichten und Enkelinnen. Viele Mädchen rennen dann weg, nur um wieder Handelsobjekt zu werden.

Nach der Muslim Family Law Ordinance darf ein Mädchen nicht jünger sein als sechzehn, wenn es heiratet, ein Junge achtzehn und beide müssen zustimmen. Aber so steht es nur in dieser Ordinance. Papier ist geduldig. Da es eine weit verbreitete, traditionelle Praxis ist, seine Töchter zu verheiraten und dafür Geld zu bekommen, bleiben viele Fälle von Menschenhandel unbekannt und zugleich legalisiert, denn sie werden als legale Heirat getarnt, insofern zielt die „Prevention and Control of Human Trafficking Ordinance", die den Menschenhandel verbietet, ins Leere.

Zwar ist nach dem Islam eine Verheiratung an Fremde erlaubt. Es spricht auch nichts dagegen, dass der Mann hässlich ist oder viel älter als das Mädchen. Muhammad heiratete ja selber ein Mädchen, das nur neun Jahre alt war. Kein Wunder also, wenn so Vieles schon im System falsch angelegt ist, wenn man den Koran als Einladung zur Zerstörung junger weiblicher Seelen versteht. Denn es ist klar, was mit einem Mädchen passiert, das an einen dahergelaufenen fremden Mann verkauft wird, der so edelmütig ist, dass er ein junges Mädchen aus seiner Familie herausreißt. Seltsam nur, dass muslimische Männer, die so schnell dabei sind, ihre Familienehre und die ihrer Töchter zu verteidigen und dafür Menschen zu töten, so bereitwillig ihre

9. Kapitel: Die Frauen von Hunza

Familienehre und die Ehre ihrer Töchter eigenhändig beschmutzen und die Ehre der Töchter von anderen Vätern gleich mit.

Man denke auch an die Kinder, die in einer solchen Atmosphäre aufwachsen, in der ihre Mutter zur Ehe gezwungen wurde. Was für eine Sorte von Menschen wird da großgezogen? Bereitwillige Schüler des Hasses und schwanger mit Unheil? Ein Glück nur, dass Mutterliebe nicht davon abhängt, ob die Frau den Erzeuger ihres Kindes geliebt hat.

Mir wurde erklärt, dass die Mädchen aus der Not verkauft würden. Aber wie groß ist die Not, die man den Mädchen zumutet? Diese Rücksichtslosigkeit, dieser Egoismus ist unerträglich.

Kinder werden bevorzugt an der Grenzregion verkauft. Die meisten sind afghanische Flüchtlingskinder, die Ärmsten der Armen. Sie sind zwischen fünf und siebzehn Jahren alt und kosten zwischen 80 und 100 Dollar. Der Preis hängt ab von der Farbe der Augen und der Haut, Jungfrauen sind am teuersten.

Und so kommt es, dass sich Scheichs aus den Vereinigten Arabischen Emiraten in Pakistan ihre Jockeys für ihre Kamelrennen einkaufen. Oder für andere, weniger harmlose Aufgaben. In Pakistan werden sie auch in Teppichfabriken eingesetzt. Oft bekommen die Eltern noch eine zeitlang Geld, aber irgendwann hört auch das auf und sie sehen ihren Sohn nicht mehr wieder. Die Mädchen werden bevorzugt in die Prostitution verkauft. Wenn sie Glück haben, gehen sie in Harems in den Vorderen Orient. Ein Banker in Peschawar sagte, dass in den Stammesgebieten die Mädchen als Sklavinnen in Erdlöchern verborgen gehalten werden. Sie bekommen einmal am Tag zu essen. Bevor die Käufer kommen, dürfen sie sich waschen. Der Banker sagte, er wollte sich selber ein Mädchen

9. Kapitel: Die Frauen von Hunza

kaufen, aber seine Frau war nicht einverstanden. Vielleicht würde er nächstes Jahr noch einmal hinfahren. Offiziell wird natürlich behauptet, man habe Heiratsabsichten. Das kann ein Muselmane jederzeit, denn selbst, wenn er vier Frauen hat, hat er keine Probleme, sich von einer wieder scheiden zu lassen. Damit wird alles legalisiert. Der Seelenmord von Tausenden rührt nur die Menschenrechtsorganisationen. Der Staat unternimmt nichts dagegen. Lokalpolitiker verdienen an dem Handel mit.

Von alledem wussten meine Hunzamädchen nichts oder nicht sehr viel. Man hatte einmal etwas gehört. Warum sollte sich eine junge, strebsame Frau, die in einer ordentlichen Familie aufgewachsen war, wo ihnen der Vater erlaubt hatte, in Karachi zu studieren, sich mit solchen Dingen beschäftigen? Pakistan war groß und was in den Städten und den abgelegenen Provinzen in den Hinterhöfen und Kellern vor sich ging, wen interessierte das?

Pakistan war ein Land des Handels, aber nicht des Wandels. Und es gab viele Gesetze, die mehr der Tradition verpflichtet waren als der Vernunft oder der Menschenfreundlichkeit. 1979 trat als Teil der fortgesetzten Islamisierung Pakistans eine völlig neue Sammlung von Gesetzen in Kraft, die bestimmte kriminelle Taten behandelte. Diese wurden als „Hudood Ordinance" bezeichnet. Die Bestrafungen reichen von Auspeitschungen über Amputationen von Gliedmaßen zu lebenslänglicher Haft und Steinigung. Die Krux an der Sache für Nicht-Muslime ist, dass sie auch für Taten schuldig gesprochen werden können, deren Unrechtsgehalt ihnen sich, wie zum Beispiel im Falle der Missachtung des Koran, nicht erschließt. Man braucht auch nicht wie im westlichen Strafsystem den Vorsatz durch Wissen und Wollen, eine Tat begangen zu haben.

9. Kapitel: Die Frauen von Hunza

1984 ergänzte der Präsident diese Gesetze mit der Qanun-E-Shahadat Order wonach die Beweisführung im Strafverfahren mit den Vorschriften der Scharia in Übereinstimmung gebracht wurde. Mit verheerenden Konsequenzen. So ist das Zeugnis eines Nicht-Muslims oder einer Frau, die so gesehen wie eine Ungläubige gewertet wird, nur halb so viel wert wie das Zeugnis eines Muslims. Wenn die Zina-Tat nicht bezeugt werden kann, fällt die Anklage automatisch in eine Qazf Anklage, aus dem Opfer wird die Täterin. Das bedeutet, dass eine Vergewaltigte der Unzucht überführt ist und bestraft wird, wenn sie nicht beweisen kann, dass es eine Vergewaltigung war. Das bedeutet, dass Verfahren wegen Vergewaltigungen in Pakistan meist mit der Verurteilung der Frau und dem Freispruch des Vergewaltigers enden. Eine Frau, die vergewaltigt wird, wird wegen der Gesetze schweigen müssen, will sie nicht noch mehr Leid über die Familie bringen, denn sie würde geächtet und sehr schnell von der Dorfgemeinschaft und der Familie ausgestoßen. Sie verliert entweder die Familie oder die Selbstachtung. Sie muss also mit der Tat leben. Sie wird sogar unter Druck gesetzt, denn die Vergewaltiger werden sagen, dass sie verführt worden sind. Das Wort der Vergewaltiger wiegt doppelt, weil sie Männer sind. Das gilt erst recht, wenn der Vergewaltiger der eigene Mann ist.

Wie gut das Rechtssystem in Pakistan funktioniert, konnte man auch an dem Fall von Nagina Masi und ihrem Vater Ghulam sehen. Sie waren Christen und lebten mit drei Schwestern und zwei Brüdern in einem Dorf namens Sharikpur. Eines Tages, als Nagina, ein neunjähriges Mädchen, auf dem Heimweg war, wurde sie von vier Muslimen überfallen und vergewaltigt. Es waren die Söhne der Nachbarn. Ihr Vater fand sie, als die vier immer noch bei dem Mädchen waren. Er nahm das blutende Mädchen und brachte es in ein Krankenhaus. Sie war so übel zugerichtet, dass sie keine Kinder mehr bekommen konnte.

Für die Tat gab es keine muslimischen Zeugen. Der Vater zeigte die vier Männer an. Es kam zur Gerichtsverhandlung. Nagina musste aussagen. Die Verhandlung war öffentlich. Wegen Mangels an Beweisen wurden die Vier auf freien Fuß gesetzt. Die Menschenrechtsorganisation zahlte an den Vater 500 Dollar. Dieser fand sich bald selber angeklagt. Er sollte eine alte Frau ermordet haben. Seine Ankläger waren die fantastischen Vier. Man machte ihm das Angebot, die Anklage wegen Vergewaltigung seiner Tochter fallen zu lassen. Er lehnte ab. Ghulam wurde im Gefängnis misshandelt. Der verantwortliche Inspektor gab gegenüber der UK's Sunday Times später an, dass die vier gute Muslime wären. Daher hatte er keinen Grund, ihnen nicht zu glauben, der Inhaftierte sei hingegen ein Christ gewesen. Der Inspektor soll gesagt haben: „Meine erste Pflicht ist der Islam." Immerhin, auch Ghulam wurde aus Mangel an Beweisen freigelassen.

Eine Vergewaltigte wird durch diese Gesetze ermuntert, keine Anzeige zu erstatten, geradeso wie ein Vergewaltiger nicht abgeschreckt wird, zu vergewaltigen. Die Gefahr, dass seine Tat nachweisbar ist, ist ja gering, groß dagegen die Gefahr, dass die Anzeigeerstatterin der Unzucht angeklagt wird.

Es gibt nach der Human Rights Commission of Pakistan alljährlich Hunderte von Fällen, in denen Frauen deshalb verhaftet und abgeurteilt werden. Vierzig Prozent der weiblichen Inhaftierten in den Gefängnissen sollen solche „Zinaopfer" sein. Ihre Schuld ist, dass sie es wagten, ihre Peiniger anzuzeigen, ohne Zeugen dafür zu haben.

Die pakistanische „Dawn" berichtete am 07. Juli 2014: „Die Menschenrechtskommission von Pakistan sagt, dass nahezu 6.000 Frauen und Kinder im Gefängnis sind, von denen 80% der Frauen wegen Ehebruch unter den Ordinances angeklagt wurden. Die meisten kommen aus benachteiligten Teilen der

Gesellschaft, sind arm und Analphabetinnen." Ein Zeitungsreporter hatte nachgefragt, ob solche Frauen freizügiger sind als die Reichen und Berühmten. Er sagte: „Wir haben ein Stück Gesetzgebung, das die Armen zu ungunsten der Reichen diskriminiert."

In einem Kommentar sagte ein Liberaler:

„Die meisten öffentlichen Diskussionen werden geführt von Moschee-Imamen, die kaum lesen können, von Klerikern die von sektiererischen Vorurteilen motiviert sind und von korrupten Politikern, die sich an die Religion wenden, wenn sie ihre Aktionen rechtfertigen wollen. Unnötigerweise wurden viele Spaltungen und Verwirrungen in unserer Gesellschaft verursacht. Manche sagen, weil man nicht genug über die Religion weiß, sollte man sie auch aus der Politik heraushalten. Diese sollte auf säkularistischer Basis betrieben werden. Aber die säkularistischen Kräfte verlieren die Schlacht, weil unser Staat verfassungsgemäß ein religiöser Staat ist. Was sich Viele fragen, ist nur, wie es sein kann, dass in einem Land, wo die Mehrheit religiös und muslimisch ist und den Islam praktiziert, so reaktionäre Ansichten dominieren. Die Auffassung, dass Toleranz und Akzeptanz durchdringen sollten, kommt hier nicht genügend zu Gehör und wird zu wenig praktiziert. Das verursache viel Heuchelei um uns herum und resultiere auch in den Hudood Ordinances, die von herausragenden muslimischen Juristen als unislamisch bezeichnet werden. Eine zivile Gesellschaft verlangt einfach die Auflösung dieses Gesetzes. Der Missbrauch ist zu offensichtlich. Es gibt die Verbindung zum Feudalsystem. Es muss auch in den Dörfern klar sein, dass dieses Gesetz nur dazu beiträgt, die Frauen zu terrorisieren und auszubeuten."

9. Kapitel: Die Frauen von Hunza

Aber die Nation ist hierin gespalten, denn die Konservativen halten nichts von einer unislamischen Menschlichkeit, wie aus einem Bericht der „Post" vom 13. Juli deutlich wird:

„Peschawar: Die Mehrheit der Sprecher in einem Seminar opponierten entschieden gegen die Forderung einiger ziviler Gesellschaftsorganisationen, die Hudood Ordinances aufzuheben. Sie haben einen Konsens entwickelt, das Gesetz auf die Behebung verfahrensmäßiger Schwächen zu überprüfen. Sie brachten zum Ausdruck: Wir haben Angst und Zweifel, dass diejenigen, die eine Aufhebung oder Anpassung fordern, in Wirklichkeit tatsächlich gegen Hudoodullah (von Allah vorgegebene Grenzen), wie im Koran erwähnt, vorgehen."

Im Koran wie im Hudood Gesetz werden solche Verbrechen wie Mord, bewaffneter Überfall, Ehebruch, Unzucht, falsche Anklage, Diebstahl, Alkoholgenuss, Apostasie und Hochverrat genannt.

„Ist es richtig, dass durch Gesetze bestimmt wird, wie man seine Religion auslebt? Sollten nicht Religion und Staat getrennt sein? Wurde das einmal bei euch in der Schule oder an der Universität diskutiert", fragte ich die Mädchen.

„Der Islam ist unsere Religion. Wir leben nach dem Islam", sagte Hawa. Hatte sie die Frage nicht verstanden?

Ich stellte mir eine andere Frage, ob man Kulturen sich selbst überlassen sollte, selbst wenn sie Menschen marterten und unterdrückten. Die Amerikaner waren im Falle des Irak zu einem anderen Ergebnis in ihren Überlegungen gekommen. Würden sie auch in Pakistan einmarschieren, wenn dort 20 Millionen Frauen unterdrückt wurden?

„Warum tragt ihr keinen Schleier?" Ich meinte natürlich den Hijab. Im Hunza Tal trugen die Frauen keinen Hijab.

9. Kapitel: Die Frauen von Hunza

„Das ist nicht unsere Kultur!" Damit hätte ich mich zufriedengeben können und vielleicht hätte ich das auch. Aber Leila fügte von sich aus hinzu, dass der Koran von Männern und Frauen nur verlange, dass sie sich anständig anziehen.

Das stimmte. Tatsächlich gibt es im Koran keine Vorschrift, die das Tragen des Hijab unverzichtbar macht. Alle islamischen Hauptlehren waren sich darin einig, dass eine islamische Frau sich von Knöchel bis über den Ellbogen bedecken soll. Ein Schleier, der das Gesicht bedeckt, ist nicht vorgeschrieben.

Natürlich sind es wieder die Fundamentalisten, die da eine andere Sicht der Dinge vertreten. Im Iran ist der schwarze Chador Tradition. Im strengen Arabien tragen die Frauen ein Kopftuch, das das Gesicht frei lässt, gerade wie bei den Männern auch. In Pakistan sah ich verschleierte Frauen hauptsächlich in den Städten, weniger auf dem Land. Die meisten Frauen trugen lediglich ein Kopftuch. Der Koran schreibt nur Schlichtheit der Kleidung vor. Das bedeutet nach den Gelehrten vor allem ein dezentes, unauffälliges Äußeres.

Allerdings heißt es in Vers 59 der Sure Al-Ahzaab über die Frauen Muhammads und alle Frauen, die gläubig sind, dass sie ihr Gewand über sich werfen sollen, sodass sie erkannt werden konnten und nicht belästigt wurden.

Das lässt vermuten, dass Frauen, die nicht als Musliminnen erkennbar waren, üblicherweise belästigt wurden. Ein Überwerfen der Kleider deutet auf eine Verhüllung der Kopfpartie hin. Wenn es aber Muhammad und den Seinen um die Erkennbarkeit ging, dann war sie in einem Land wie Pakistan überflüssig, da hier alle Frauen Musliminnen waren und nicht erst als besonderes Kennzeichen einen Überwurf tragen mussten. Das war genau das Argument von manchen Gläubigen, sie wollten in einer uninspirierten Umwelt als besonders eifrige

Nachfolger Muhammads gelten, obwohl es ihm ja nur um die Erkennbarkeit ging. Wenn also Musliminnen den Hijab als religiöse Vorschrift erklären, finden sie dafür eine zweifelhafte Begründung im Koran. Hawa klärte mich über einen anderen Umstand auf.

„Der Koran schreibt uns nicht vor, einen Schleier zu tragen. Und auch nicht, dass wir uns von der Gesellschaft fernhalten müssen. Der Koran verdeutlicht aber, dass eine Frau ein vollwertiges Mitglied der Gesellschaft ist und daher auch uneingeschränkt am gesellschaftlichen Leben teilnehmen kann!"

Aber sah so die Wirklichkeit für 70 Millionen Frauen in Pakistan aus? Gab das überhaupt der Koran her? Einem Fremden konnte man ja alles erzählen.

Hawa, deren kräftiges schwarzes Haar bis weit über die Schultern reichte, war aber noch nicht fertig. Nicht stichhaltig war das Argument, der Hijab sei ein Zeichen für eine ehrenwerte und moralische Frau, denn das Äußere ist kein Spiegelbild des Inneren. Auch eine Hure kann mit dem Hijab bekleidet nach Hause gehen und tut das wahrscheinlich auch, der Tarnung wegen. Hawa sagte:

„Moral und Selbstdisziplin und ein reines Gewissen sind besser, als zu Hause herumsitzen zu müssen oder den ganzen Tag mit einem Kopftuch herumzulaufen. Das kann auch eine Ehebrecherin."

Ich hätte noch mit einer Frau zu sprechen, die Verfechterin des Kopftuchtragens war. Das Dumme war nur, dass sie dann wohl auch eine Verfechterin davon sein würde, im Haus zu bleiben und nicht mit fremden Männern sprechen zu wollen. Leila sagte, es käme sehr selten vor, dass sie mit Männern aus dem Westen in Kontakt kämen, eigentlich gar nicht. „Never!", sagte Shamina,

9. Kapitel: Die Frauen von Hunza

die sich bisher noch gar nicht gemeldet hatte. Ich äußerte meine These:

„Ich befürchte sogar, dass man die Verpflichtung des Schleiertragens als Beweis für das Misstrauen auffassen kann, das die Männer gegenüber ihren Frauen und Töchtern haben! Hat er Angst um sie, dann misstraut er dem Rest der islamischen Männergesellschaft, hat er Angst wegen ihnen, dann unterstellt er, dass sie untreu sind." Ich sagte „infidel", aber meinte eigentlich „unfaithful". Infidel ist die religiöse Variante der Untreue. Hawa sagte:

„In Hunza denken die Menschen anders als im Rest Pakistans. Manchmal haben wir uns in Karachi verschleiern müssen. Es kommt darauf an, wo wir uns aufhalten. Es gibt muslimische Männer, die sagen, sie können nicht respektvoll mit Frauen umgehen, wenn sie nicht nach der Vorschrift bekleidet sind."

„Und ich sage, wie kann ein Muslim respektvoll überhaupt mit einer Frau umgehen, die ihm unterstellt, er würde durch das bloße Sehen ihres Gesichts Begehrlichkeiten ableiten? Wenn Frauen aus dem Westen auftauchen, verhalten sich die Männer Pakistans doch auch respektvoll! Aber gegenüber ihren eigenen Frauen können sie es nicht sein?"

Ich überlegte kurz, ob ich die Anekdote von Bahrein erzählen sollte, verwarf die Idee aber sofort wieder. Das war nichts für sie. Ich war einmal, als ich auf der Suche nach meinen Töchtern war, in unserem Hotel auf die Aufschrift „Restaurant" hereingefallen und stand unvermittelt in einem Raum, der voll war mit arabischen Scheichs, die alle vorschriftsmäßig gekleidet waren und ihre Blicke auf die Bühne gerichtet hatten, wo knapp bekleidete europäische Schönheiten für sie tanzten. Doppelmoral gibt es in allen Kulturen und Gesellschaften. Darüber gab es nichts zu diskutieren. Stattdessen sagte ich etwa Folgendes:

9. Kapitel: Die Frauen von Hunza

„Am schlimmsten ist, wenn Frauen nur als Objekte des Sexualtriebs gesehen werden. Bei der Verschleierung unterstreicht man diese Sichtweise eher, als dass man sie verhindert. Das wirft kein gutes Licht auf muslimische Männer. Es ist gut, dass Hunzamänner da anders sind. Wenn Männer normal sind, dann gewöhnen sie sich sehr schnell an befreite Gesichter. Die Frauen sollten nicht bevormundet oder in ihrer Bewegungsmöglichkeit behindert werden. Wenn sie das Haus verlassen wollen, sollen sie es tun. Und wenn es sein muss für immer. Wir leben auf der Welt nicht in der arabischen Kultur des siebten Jahrhunderts. Das müssten doch eigentlich auch die Mullahs verstehen!"

Eine Gesellschaft kann eine Gefangene der eigenen Tradition werden. In Neu-Guinea hatte ich gesehen, wie die Tradition, sich mit jedem Dorf zu bekriegen, von den christlichen Missionaren erfolgreich beendet worden war und ein gastfreundliches Völkchen zutage gebracht hatte. Dass dort in vielen Dörfern die Frauen noch nackt herumlaufen, hat damit allerdings nichts zu tun.

Der Hijab schien eine Erfindung von Männern zu sein, die einen Frömmigkeits- oder sonstigen Komplex hatten. Vielleicht war es auch nur eine Vorsichtsmaßnahme. Weil sie sich selber nicht über den Weg trauten, und ihren Mitbewohnern der arabischen Wüste ebenso nicht.

Im Iran hatte der Protest der Frauen dazu geführt, dass Khomeini die Forderung nach Ganzkörperbedeckung wieder fallen ließ. Man kann nicht sagen, dass er nicht flexibel war. Es gab aber genügend Frauen, die den Hijab tragen wollten. Und es gab welche, die es damit begründeten, dass sie das Tragen frei machte. Es befreite vielleicht davon, immer gut aussehen zu müssen. Andererseits befreit es auch davon, sich das Gesicht zu waschen. Es befreit ferner davon, seine Augen und Wimpern bemalen zu müssen. Es befreit aber auch davon, einem Mitmenschen durch ein freundliches Lächeln etwas Sonne ins Leben zu bringen.

Es befreit davon, ständig zum Friseur gehen zu müssen – ich denke, ich lehne das Hijabtragen besser nicht grundsätzlich ab! – es befreit aber vielleicht dann auch den Mann davon, seine Frau attraktiv zu finden, weil er nicht mehr daran interessiert ist, was er vorfindet, wenn er zu Hause auspackt. Es befreit die Frau davon, interessante und bereichernde Gespräche zu führen, und vielleicht auch davon, ernstgenommen zu werden. Aber dafür ist sie auch befreit von den kostenlosen Dienstleistungen der Männer, die gerne mit Frauen Umgang haben, aber eben nicht mit wandelnden Gewändern.

Frauen, die den Hijab tragen, sind nicht wirklich frei. Denn wenn sie es wären, würden sie ohne den Hijab, furchtlos und offen wie ein Mensch, hinausgehen in die Welt und zeigen, dass sie kein versteckter Charakter sind, sondern eine offene und ehrliche Person.

Interessanterweise bedeutet das Wort „Hijab" auch „Trennung". Und trennen tut er ja tatsächlich. Er trennt die Frau von der Welt da draußen mehr als umgekehrt. Mittlerweile hat das Kopftuch oder jede weitergehende Körperbedeckung eine symbolische Bedeutung. Sie stehen für das Glaubensbekenntnis und für die Kultur, die eine islamische ist. Es könnte aber auch sein, dass sie in Zukunft gleichgesetzt werden mit der Vorstellung einer rückständigen Kultur.

Das Einzige, was man als Vorteil des Hijab betrachten kann, ist, dass er es den Frauen erlaubt, anonym zu bleiben. Und manche wollen nicht nach ihrem Äußeren begutachtet werden, weil es ja ohnehin auf die inneren Werte ankommt. Die Frage ist nur, ob die inneren Werte sich dadurch verbessern und ob man dann überhaupt noch von jemandem beurteilt wird. Ein Phantom kann nicht beurteilt werden. Eigentlich signalisieren ja gerade die Frauen, die dieses Argument bringen, dass sie anerkennen, wie wichtig das Äußere ist, sonst würden sie es nicht verbergen. Sie verheimlichen einen Teil ihres Wesens.

Eine Frau erreicht durch ihre völlige Verstecktheit eben gerade nicht, dass der Mann sie nach ihrem Charakter beurteilen kann. Was ein Gesicht alles verraten kann! So gesehen führt dieses Argument sich selbst ad absurdum. Wenn Äußerlichkeiten im sozialen Leben keine Rolle spielen sollen, dann darf man sich jedenfalls im Westen nicht seiner Äußerlichkeit völlig entkleiden und das auf möglichst auffällige Art und Weise, sonst kann es passieren, dass man nicht mehr an der Gesellschaft teilhat. Genau das ist in Pakistan und anderen islamischen Ländern passiert. Dabei ist diese „Entkleidung" von Äußerlichkeiten gerade das Gegenteil. Das Beste, was man zum Hijab sagen kann, ist, dass er taugt, dass sich ein Mensch darunter versteckt. Leider versteckt er darunter auch seine Qualitäten, innerer und äußerer Art.

Leila brachte es auf den Punkt: „Wir in Hunza tragen keinen Schleier. Er wäre auch unpraktisch. Wie soll man in der Öffentlichkeit essen oder trinken? Wie soll man die Leute erkennen? Sie können nicht einmal beten, weil das Gebet mit einer Kopfbedeckung nicht annehmbar ist. Und immer mit allem warten, bis man wieder zu Hause ist? Das wäre viel zu umständlich!"

Von der Totalumhüllung sollte man die Teilverschleierung unterscheiden. Man sollte auch im Westen zur Kenntnis nehmen, dass der Hijab nicht gleichzusetzen ist mit Unterdrückung und mangelnder Bildung. Viele gebildete Frauen tun es aus freien Stücken. Dabei sollte man es belassen. Es ist sicherlich auch zutreffend, dass viele Frauen im Islam gar nicht daran denken,

9. Kapitel: Die Frauen von Hunza

westliche Werte, so vernünftig sie auch daherkommen mögen, zu übernehmen. Sie wollen nicht die gleichen Rechte haben wie Männer. Sie sind zufrieden mit ihrer Rolle. Das muss man akzeptieren. Auch Muslime wissen, dass es unabhängig davon einen großen Nachholbedarf, was die Rechte der Frauen und die Bildung anbelangt, gibt. Letzteres kann man aber genauso von den Männern behaupten.

Wenn es Frauen gibt, die sich für würdevoller halten, wenn sie verschleiert sind, soll man ihnen ihre Meinung nicht ausreden wollen. Man stört sich ja an dem Gegenbeispiel, wo Frauen im „freien" Westen halbnackt herumlaufen, auch nicht übermäßig. Da wären die Frauen gefordert, denn von Männern werden kaum Proteste kommen. Viele Muslime sind ehrlich darum bemüht, ein Bild des Anstands abzugeben. Ob das Heuchelei ist, ist ihr Problem. In vielen Fällen ist es das sicherlich nicht. Es gibt auch Frauen, die einfach nicht gestört werden wollen, wenn sie sich ausschließlich um ihre Familie kümmern. Frauen werden es eher verstehen, dass es Frauen gibt, die sich schlicht vor den Blicken der Männer schützen wollen. Sie wollen sich gewissermaßen unsichtbar machen.

Manchmal muss ich allerdings schmunzeln, wenn ich die Frauen reicher Muslime, in den Golfstaaten beispielsweise, sehe, wie sie sich totalverhüllt doch um eine gewisse Attraktivität bemühen, in der Wahl der Stoffe, dem Maß der Verzierung, dem Schmuck, der an ihnen hängt, so wie sie an ihm hängen. Und manchmal an den neugierigen Blicken, die sie einem natürlich rein zufällig zuwerfen. Ich denke, auch diese Frauen sitzen stundenlang vor dem Spiegel und fragen sich, ob sie dem Mann auf der Straße gefallen würden.

Man sollte zu seinem Körper stehen. Ob er jetzt über die Maßen wohlgestalt ist oder nicht. Die Mehrheit, die nicht schön genug dazu ist, hat entschieden, dass man bekleidet geht. Und ich glaube nicht, dass es ihr dabei an Humor fehlt.

Es steht einer Frau gut an, wenn sie durch ihr Verhalten ihre Missgunst gegenüber Moden signalisiert, die Unschönheiten oder Verderbtheit in die Kultur einführen. Wie es ein schwedisches Sprichwort sagt: När modet stijger, så siunker lyckan. - Wo die Mode einkehrt, reist die Tugend ab. Oder man könnte auch sagen: **Wo die Mode Tugend ist, da ist die Tugend nicht Mode.**

Da ist es besser, auf Zurückhaltung und Gelassenheit und Individualität zu setzen, ohne dabei auch wieder provozieren zu wollen. In der westlichen Kultur werden Frauen für Werbezwecke ausgebeutet, wo bleibt da der Adel der Gesinnung? Frauen, sofern sie als attraktiv gelten, fungieren als Sexsymbole, beinahe könnte man glauben, die Männer im Westen wollen keine anständige Frau, die das, was sie hat, alleine für ihn übrig hat.

Es gibt junge Frauen in den Städten, die gerne den Schleier tragen, wenn sie abends ausgehen, damit sie nicht zufällig von Verwandten gesehen und als unzüchtig gebrandmarkt werden. Es gibt natürlich auch den Missbrauch des Hijab. Aber das ist ja sicherlich kein Argument gegen ihn.

Es gab den Fall einer Frau, die in die Nationalversammlung eindrang, weil die Wächter nicht erkennen konnten, wer sich unter dem Hijab verbarg. Ich stellte mir vor, dass es für Frauen leicht sein würde, eine Bank zu überfallen, um sich dann unbehelligt auf der Straße unters Volk zu mischen, wo man mit der Maskierung nicht auffällt. Ich verrate hier, dass alle Banküberfälle im Nahen Osten von Frauen...

Wer den Hijab aus religiösen Gründen trägt, sollte es erst recht tun. Denn es ist eine Wahl, wie auch an Allah zu glauben.

9. Kapitel: Die Frauen von Hunza

Muhammad, der selber leicht reden hatte, denn er hatte insgesamt dreizehn Ehefrauen und nicht gezählte Nebenfrauen als Kriegsbeute, sagte, dass man weniger auf Gesichter oder Körper schauen sollte, sondern auf die Gesinnung eines Menschen. Ja, wenn man sie immer sehen würde, die Gesinnung! Aber oft kann man sie aus dem Gesicht lesen. Nämlich so, dass man ein Argument hatte, sowohl für als auch gegen die Totalverschleierung!

In Pakistan wird Hijab aber ganz strikt nur in der unteren Mittelklasse in den Städten getragen und bei der Oberklasse auf dem Land. Es gibt in einigen Gegenden einen starken sozialen Druck, den Hijab zu tragen. Wenn pakistanische Frauen Purdah einhalten, die Geschlechtertrennung, tragen sie den Pak-chadar, ein Kopftuch mit anhängendem Schleier. Aber viele tragen einen einfachen Dupatta oder Chunari. Das sind lange Schals, oft aus leichtem Material, die farblich zur Kleidung passen. Viele Mädchen in den Städten tragen ihn, weil sie es müssen, aber sobald sie von zu Hause weg sind, nehmen sie ihn ab. Für manche ist er ein Statussymbol. Manche Mädchen haben ihn früher getragen und leisten jetzt Verzicht, gerade weil sie nicht von gestern sein oder mit altmodischen Bräuchen in Verbindung gebracht werden wollen. Es gibt keine Berichte darüber, dass diese Mädchen einen Männerauflauf verursachen oder dass die jungen Burschen völlig außer Kontrolle geraten, wenn sie plötzlich ein Mädchen, das sich vorher noch verhüllte, von Angesicht zu Angesicht sehen. Es gibt leider auch Fälle, wo Frauen wegen Nichteinhaltung der Kleiderordnung Opfer eines sogenannten Ehrenmordes wurden. Man muss sich das vorstellen, Familienmitglieder töten eine junge Frau, die gegen die Kleiderordnung verstoßen hat! Verrückte Welt!

„Ist es für einen Mann auch unpraktisch, mehr als eine Frau zu haben? Du hattest gesagt, dass du nur die einzige Frau eines Mannes sein möchtest."

Leila rollte mit den Augen und sagte: „Aber ja, sicher!"

„Weshalb? Es hat doch auch Vorteile, wenn man sieht, dass der Mann schon ein paar Frauen hat, scheint er ja in der Lage zu sein, sich um einen zu kümmern. Wenn man daran zweifelt, fragt man seine Frauen."

„Aber wie er sich um sie kümmert, das weiß man nicht! Denn die Frauen wollen keine weitere Nebenfrau."

„Und wer sagt, dass dieser Vorteil, wenn es denn überhaupt einer ist, ins Gewicht fällt gegenüber den vielen Nachteilen", mischte sich die „Lehrerin" ein.

„Nun, ich kann mir auch nicht vorstellen, dass es viele Frauen gibt, die damit einverstanden wären, sich einen Mann teilen zu müssen, und dann hat er ja doch seine Bevorzugte und die anderen müssen klein beigeben. Frauen? Niemals!"

Das gleich schwache Argument war, zu behaupten, die Frau, die ihre Attraktivität verlor, brauchte sich keine Sorgen machen, da der Mann sich ja eine neuere Ware beschaffen konnte. Als ob es das war, was eine Frau zufrieden stellte! So ein Argument konnte nur von einem Mann kommen, der vermutlich auch keinen gescheiten Ehemann abgeben würde. Außerdem spricht die Realität eher dagegen. Pakistanische Männer, die ihre Frau loswerden wollen, weil sie auch nicht bereit sind, für die Kosten aufzukommen, die ihre „Haltung" verursacht, lassen sich einfach von ihr scheiden. Das ist problemlos.

Ich hatte davon gesprochen, dass es für einen Muslim leicht war, seinen Bestand an Frauen seinen Wünschen entsprechend einzurichten. Es gab ja die Polygamie. Zu behaupten, sie war

9. Kapitel: Die Frauen von Hunza

eine Erfindung zur Verbesserung des Lebensglücks der Frau und nicht des Mannes, war auch eine Erfindung. Bei den Hunzamädchen brauchte ich nicht darauf zu warten, dass mir eine von ihnen die Vorzüge der Polygamie pries. Da musste ich schon selber zum Advocatus Diaboli werden.

„Polygamie, meine Damen, ist eine Methode, bei der eine Frau die Chance hat, ganz nahe Freundinnen zu haben, neben ihrem Mann."

„Ja, oder ganz nahe Feindinnen und Rivalinnen!"

Wer meint, einen Freund fürs Leben gefunden zu haben, hat vielleicht einen Feind fürs Leben gefunden.

„Polygamie fasst mehrere Personen in einem Haushalt zusammen. Das Resultat ist eine Großfamilie, die ganz bestimmt nicht langweilig wird oder unter Vereinsamung zusammenbricht."

„Oh, die Familie soll gerade so groß werden, wie man es plant. Mein eigener Haushalt soll meine eigenen Kinder umfassen, was interessieren mich die Kinder anderer Frauen und vielleicht noch die Eltern der anderen Frauen?"

„Aber eine Großfamilie überlebt besser."

„Ich bin an meinem eigenen Überleben und dem meiner Kinder interessiert." Und wenn jede Familie das gleiche Interesse hatte, war nicht einzusehen, warum es um Pakistan schlecht bestellt sein sollte.

„Nun gut, aber wenn Männer viele Frauen heiraten, dann gibt es weniger freie Frauen und diejenigen, die noch zum Heiraten da sind, werden rar, das heißt also, dass die Männer, die heiraten wollen, hart um sie kämpfen und sie wertschätzen müssen." Das war vermutlich ein ziemlich weit hergeholtes Argument.

9. Kapitel: Die Frauen von Hunza

„Ich sehe nicht ein, warum ein Mann eine Frau wertschätzen sollte, nur weil sie dreißigtausend Rupien und nicht zwanzigtausend kostet. Außerdem ist das das... Dümmste, was ich jemals gehört habe." Womit sie vermutlich Recht hatte. Ich war ein schlechter Anwalt.

Leila lächelte nur milde und sagte: „Dem Mann, der neben mir noch andere Frauen hat, dem geht es bestimmt nicht besser, als wenn er mich nur alleine hätte." dabei funkelten ihre Augen, als würde sie sich jetzt schon auf die Situation freuen.

Wenn Ehebruch in islamischen Staaten seltener als im Westen ist, dann liegt das zum Teil daran, dass sich die Männer „legal" austoben können. Auf dem Rücken der Frauen. Dafür dürfte die Gewalt innerhalb der Ehen in islamischen Gesellschaften weitaus höher sein.

Ein großer Nachteil bei der Polygamie war, dass sich viele Kinder einen Vater teilen mussten und irgendwann einmal, für manche sehr früh, würden sie gar keinen Vater mehr haben. Entweder der Mann ließ sich scheiden, weil er nach der vierten noch eine fünfte Frau haben wollte, oder er hatte seine dritte oder vierte Frau spät geheiratet und das Großwerden seiner Kinder einfach nicht mehr erlebt.

Diese Töchter Muhammads, mit denen ich – ohne Wissen um ihre leiblichen Väter – beim Mittagstisch saß, waren keine begeisterten Fürsprecherinnen von den ehelichen Praktiken des großen Propheten, das war nur allzu offenkundig.

Zu Lebzeiten seiner ersten Frau war Muhammad bei der Einehe geblieben. Erst als er nach Medina zog, heiratete er nacheinander mehrere Frauen. Mit dem Anwachsen der finanziellen Möglichkeiten konnte er sich auch mehr Frauen leisten. Und so vergrößerte er seinen Harem. Eine Frau brachte er aus einer Razzia mit. Seine Verwandte Zainab ehelichte er

9. Kapitel: Die Frauen von Hunza

trotz des traditionellen Verbots der Blutschande. Zu dem Zeitpunkt war sein Wort schon Gesetz und brauchte keine Tradition mehr. Am Ende hatte er dreizehn Frauen, davon waren zwei Sklavinnen. Es gab nur das Problem, dass eine Offenbarung seines Engels besagte, dass er zwar beliebig viele Sklavinnen, aber nur vier Ehefrauen haben durfte (Sure 4,3). Also musste es eine weitere Offenbarung geben, die für Muhammad eine Ausnahme schuf. Jetzt endlich durfte er, aber auch nur er, beliebig viele Frauen haben, anderen Muslimen war es verboten. Und natürlich wurde ihm auch erlaubt, seine Nichte zu heiraten (Sure 33,50-52). Man kann sich des Eindrucks nicht erwehren, dass die Offenbarungen gerade so gekommen waren, wie es Muhammad recht war.

Einmal fragte mich ein Muslim, ob es für einen Mann nicht besser war, wenn er anstatt lebenslang ohne Kinder zu bleiben, die Möglichkeit hatte, neben seiner kinderlosen ersten Frau noch eine zweite zu haben, oder wenn seine Frau unheilbar krank oder behindert würde, sodass er sein Leben lang auf bestimmte Dinge verzichten müsste. Ich sagte ihm, dass auch ein Lediger auf bestimmte Dinge verzichten müsse und bei seiner Fragestellung wäre mir klargeworden, dass zu wirklicher Verantwortung und charakterlicher Größe und letzten Endes auch wirklicher Liebe zu einer Frau ganz besonders auch die Fähigkeit gehören würde, zu verzichten! Das Leben ist eben nicht nur dazu da, dass man sich alles holt, was man haben will. Ich denke, dass das islamische Konzept, wenn zwei Übel, im Sinne von moralischen Fehlleistungen, zu wählen sind, das kleinere zu wählen sei, noch zu überbieten ist durch das Konzept, „nimm keines von beiden". Wer eine kranke Frau hat, soll sich gefälligst um sie kümmern. Sie verdient es, dass der Mann für sie sorgt, so gut er es kann. Wenn muslimische Männer eine zweite Frau haben, wird das Leid der kranken Frau noch weiter wachsen, wenn sich der Mann nicht mehr um sie kümmert.

Für diese jungen Hunzadamen war das alles noch kein akutes Thema. Die Polygamie hatte ihren Debattiergeist erschöpft. Ich beschloss, sie in die Freiheit zu entlassen.

Ich bedankte mich bei ihnen und wünschte ihnen alles Gute für die Zukunft in einer großen Familie mit nur eigenen Kindern. Ich ahnte nicht, dass mich das Thema sehr schnell einholen würde.

9. Kapitel: Die Frauen von Hunza

Ich hatte beschlossen, am Abend in dem noblen Hotel Durbar zu tafeln. Es war ein exklusiver Bau, der beinahe leer stand. Er war für Reisegruppen und Konferenzen ausgelegt. Und Prinz Charles war schon öfter Gast hier gewesen. Ich hatte unterwegs schon beinahe wieder kehrtgemacht, weil die Straße staubig war und ich jedes Mal, wenn ein Fahrzeug vorbeifuhr, die Luft anhalten musste. Später würde ich den Rückweg über die Hotelmauer nehmen, was in der Dunkelheit des Abends zu einem Vorstoß ins Ungewisse wurde.

Als ich in den Speisesaal ging, war niemand da, keine Gäste, kein Personal. Auch hinter der Bar war niemand, nur aus dem Lautsprecher plärrte eine einschläfernde Musik. Ich war zugegebenermaßen etwas früh dran. Erst als ich schon an der Suppe saß, kam eine Familie Pakistaner, die, so wie sie aussah, bestimmt nicht aus Karimabad war, und setzte sich an das andere Ende des langen Tisches, an dem ich saß. Vermutlich Sommerurlauber aus Islamabad. Während die ältere Schwester brav auf der Seite ihres Vaters saß, rutschte der Filius, vielleicht neun Jahre alt, zuerst ungeduldig auf seinem Sessel hin und her, was mich veranlasste, ihm einen von meinen übrig gebliebenen Müsliriegeln anzubieten, die er wohl mehr aus Neugier als wegen eines Mangels an einschlägigen Verzehrerfahrungen zu sich nahm. Dafür führte er mir sein Feuerwehrauto vor. Das sei sein Berufswunsch, sagte er mir, zumindest behauptete das seine Mutter, die mir übersetzte. Dabei konnte der Kleine auch schon Englisch. Jetzt da er begriffen hatte, dass ich kein Pandschabi oder Paschtune war, musterte er mich etwas genauer. Das irritierte ihn, als ich meine wahre Nationalität auf Nachfrage seines Vaters kundtat.

Seine Eltern, sie vielleicht Ende Dreißig, er vermutlich Mitte bis Ende Vierzig, stiegen sofort in eine artige Unterhaltung mit mir ein und ich fand sie offen und ausnehmend freundlich. Das war

9. Kapitel: Die Frauen von Hunza

nichts zur Schau Getragenes. Diese Familie war mir sympathisch, was jetzt, nachdem auch der Junge brav geworden war, keine Frage mehr war.

Der Businessmanager war ein sehr gut aussehender schwarzhaariger, großer, schlanker Mann, der einen dunklen Anzug trug, dessen Jacke er über die Stuhllehne gehängt hatte, dazu trug er ein hellblaues Hemd ohne Krawatte. Seine Frau, deren schwarzes Haar gerade knapp bis zur Schulter reichte, hatte ein pakistanisch stilisiertes, soll heißen arabesk oder „mogulesk" verziertes, leuchtend grünes Kleid an.

Asad erzählte mir, dass er laufend mit deutschen Geschäftspartnern zu tun habe. Er fand meine berufliche Tätigkeit noch interessanter als meine Reisetätigkeit. Bei der Frau war es umgekehrt. Ich musste eine Weile erzählen. Wie mir Pakistan gefiel, wie mir Hunza gefiel, der Norden im Allgemeinen, ob ich schon am Khyber Pass gewesen war – „a beautiful spot", bekräftigte Asad, was mir damals schon zweifelhaft erschien und ich später an jenem Ort genau genommen überhaupt nicht feststellen konnte.

Es kam mir schnell der Gedanke, dass Asad von den praktischen Dingen des Alltags wenig verstand. Er lebte in seiner eigenen Businesswelt. Seine Frau war anders. Sie hatte einen ausgeprägten Sinn für Realismus und fragte mich deshalb auch gleich, wie ich das Reisen in Pakistan empfand.

Ich erzählte auch von meinem mittäglichen Erlebnis mit den Frauen von Hunza. Asad lachte amüsiert. Seine Frau stammte von hier, ihre Großmutter hatte noch in Karimabad gelebt. Zudem habe seine Frau in der Frauenrechtsbewegung mitgewirkt, wenn ich Fragen hätte, sei sie die richtige Ansprechpartnerin. Nur ihn dürfe ich dazu nichts fragen. Zara sagte, ich hätte sicherlich kein Interesse an solchen Dingen. Dem

9. Kapitel: Die Frauen von Hunza

widersprach ich. Es wäre aufschlussreich, zu sehen und zu hören, was diese sympathische, moderne Pakistanerin unter Frauenrechten verstand und was die Bewegung beabsichtigte. Sie sagte, sie fände es interessant, von mir zu erfahren, ob das nicht enttäuschend für mich als europäischer Mann sei, wenn ich als Reisender in Pakistan immer nur mit Männern zu tun hätte.

Ich antwortete, dass ich ja nicht zur Unterhaltung nach Pakistan gekommen wäre. Pflichtete aber bei, dass es nicht verkehrt sei, auch die andere Hälfte der Bevölkerung kennenzulernen. Frauen seien auch Menschen und hätten meist eine andere Sicht auf die Welt als Männer. „Frauen zu missachten, das wäre ein großer Fehler."

„Aha, Sie lieben die Frauen!", sagte Asad lachend.

„Welcher Mann würde nicht gerne mindestens eine lieben! Aber mir geht es hier in Pakistan darum, die Kultur, das Land, die Menschen und ihre Gepflogenheiten kennenzulernen und zu verstehen. Zu verstehen auch, was dahintersteckt."

„Was dahintersteckt...", wiederholte Zara, die mir aufmerksam zugehört hatte. Ich bat sie, mir einen Überblick über die Frauenrechtsbewegung zu geben, was sie sichtlich gerne tat.

Sie begann mit Verlautbarungen, die aus einer der vielen Reden zu stammen schienen, die sie sicherlich schon oft gehalten hatte. Erst nach und nach wurde sie persönlicher und auch emotionaler. Vier wichtige Herausforderungen gab es zu meistern, damit es den Frauen in Pakistan besser ergehen würde. Den Alphabetismus zu steigern, Zugang zu schaffen zu allen Wirtschaftsbereichen, einen Wandel im Verständnis über die Rolle und den Status der Frau herbeizuführen und eine öffentliche Stimme zu formulieren, die auch außerhalb des politischen Entscheidungsprozesses hörbar sein würde.

„Und? Ist das gelungen?"

9. Kapitel: Die Frauen von Hunza

„Wir haben diese Ziele seit Anfang der neunziger Jahre verfolgt und wir können sagen, dass wir viel erreicht haben, aber noch bei weitem nicht genug."

Es hatte Reformversuche gegeben, die immer wieder an dem Veto der islamischen Geistlichkeit gescheitert waren.

Asad erzählte mir von einem befreundeten Ehepaar. Sein Freund war Geschäftspartner. Die hatten sich überlegt, in die USA auszuwandern. Sie hatten den Standpunkt, dass dieser Staat echten Fortschritt nur behinderte.

„Es gab schon so viele Versuche, soziale und Gesetzesreformen einzuführen, aber meistens blieb es bei Vorschlägen. Es ist frustrierend. Wir sind im 21. Jahrhundert angekommen auf diesem Planeten, aber nicht in Pakistan. Seit der Partition ist das Schicksal der Frauen verbunden mit dem Gutdünken der Vertreter des Islam. Aber das ist nicht kompatibel mit einem modernen Staat. Weil man Angst hat, dass man sich zu sehr dem Westen annähert."

„Was, meinen Sie, ist die Lösung?"

„Staat und Religion zu trennen. Aber das ist Utopie, denn wir sind eine islamische Republik. Schon im 19. Jahrhundert haben Reformer versucht, die Bildung der Frauen einzuführen. Aber die Situation für Frauen verbessert sich nur langsam und heute sind wir nicht viel weiter."

Jinnah, der Freiheitskämpfer aus der Gründerzeit der pakistanischen Nation, hatte noch 1947 gesagt, diese Nation könne nicht an die Spitze gelangen, wenn nicht unsere Frauen direkt an unserer Seite seien. Und es sei ein Verbrechen gegen die Menschlichkeit, dass Frauen in ihren eigenen Häusern gefangen gehalten würden. Nicht nur, dass es keine Sanktionen dafür gab, dass man Frauen solche Verhältnisse zumutete. Es wurde sogar für das einzig Richtige gehalten.

9. Kapitel: Die Frauen von Hunza

Nach der Unabhängigkeit setzten einige elitäre Frauenrechtlerinnen ihren Kampf fort. Das führte sogar schon 1948 zum Muslim Personal Law of Scharia, wonach eine Frau das Recht auf Erbschaft hatte. Es gab noch andere Verbesserungen, aber der Durchbruch zu einer Gleichstellung mit den Rechten des Mannes gelang nie.

Schon Zara's Mutter hatte mitgewirkt an Eingaben gegen die diskriminierenden Hudood Gesetze des Ziaregimes. Das Women's Action Forum, zu dem auch Zara gehörte, hatte dabei eine zentrale Rolle zu spielen. Dabei ging es auch um Versuche, die Rolle des Islam in einem modernen Staat zu hinterfragen. Solche Versuche waren immer mit gewissen Risiken verbunden, da man sich gerade bei den militanten Fundamentalisten keine Freunde machte. Deshalb hatte Asad ihr auch schon mehrfach geraten, ihre Tätigkeit aufzugeben.

„Ich bin ernsthaft, man kann das Feld nicht irgendwelchen alten, graubärtigen Gestrigen überlassen." Sie sagte „die-hard", was doppeldeutig ist und auch so verstanden werden könnte, als wollte sie sagen, die sollten endlich abtreten, und zwar endgültig, und das Feld den modernen Menschen des 21. Jahrhunderts überlassen.

„Und was ist es, das die anderen Frauen im Land am Leben hält?"

Bei den demographischen Statistiken fällt auf, dass bei den fünfzehn- bis vierzigjährigen in Pakistan 75% mehr Frauen sterben als Männer. Die Ursache dafür ist die schlechte Ernährung, die anfälliger für Krankheiten macht. Die vielen Schwangerschaften erhöhen ebenfalls das Risiko. Eine eingesperrte Lebensweise dürfte nicht dazu beitragen, dass Frauen robuster werden. Für viele Frauen wird der Tod auch eine Erlösung sein. Frauen, die das Haus nicht verlassen dürfen, müssen oft mit Hausarbeit zum Einkommen der Familie beitragen, neben ihren sonstigen Verpflichtungen. Der Haushalt muss natürlich nebenbei auch noch geführt werden.

Die Frauen der städtischen unteren Mittelklasse sind daher vielleicht sogar die am meisten ausgebeuteten in Pakistan.

Aber es gibt einen Silberstreif am Horizont. Die Gesellschaft in Pakistan verändert sich. Immer mehr Frauen dringen in Männerberufe ein. Wenn immer mehr Frauen immer besser ausgebildet werden und eine höhere Qualifikation erreichen, wird auch ein Umdenken über ihre Stellung in der Gesellschaft stattfinden. Das ist auch der Grund, warum es Viele gibt, die dem dogmatischen Islam misstrauisch gegenüberstehen, sie bevorzugen eine moderatere Glaubensauslegung und tendieren lieber zu einer liberalen Sichtweise als zu den Vorschriften der Mullahs. Zu Zeiten Muhammads war die Rolle der Frau klar umrissen. Etwas Anderes war nicht praktikabel und auch nicht vorstellbar. Aber die Zeiten ändern sich. Die Frauen reicher Männer haben in Pakistan ein anderes Problem. Sie sind total von ihm abhängig, wohlwissend, dass sie jederzeit geschieden werden können, zu ihrem eigenen Nachteil.

„Die erste Frau wird, wenn sie nicht mehr attraktiv ist und einer jüngeren weichen muss, oft abgelegt wie ein alter Schuh", klärte mich Zara auf.

Frauen dürfen nach Sure 2 nur zweimal verstoßen werden. Allerdings ist die Verstoßung auch bei Kleinigkeiten möglich. Die Frau lebt also ständig in Angst, verstoßen zu werden, wenn sie nicht das Gefühl hat, ihrem Mann vertrauen zu können. Und dieses Gefühl stellt sich sehr schnell ein, nachdem sie ihren Mann kennengelernt hat. Da entscheidet es sich, ob sie für einen erklecklichen Rest ihres Lebens ein unglückliches Familienleben haben wird.

9. Kapitel: Die Frauen von Hunza

Die achtzehnjährige Safia Bibi, Tochter eines armen Bauers, war blind. Sie wurde im Hause des Landbesitzers, der im Englischen den hochgestochenen Namen „Landlord" trägt, angestellt. Sie wurde von ihrem „Landlord" und dessen Sohn vergewaltigt. Sie wurde schwanger. Das Kind starb gleich nach der Geburt. Bibis Vater brachte die Vergewaltigung zur Anzeige. Das Gericht sprach den Gutsbesitzer und seinen Sohn Mangels Beweisen nach der Zina-Anweisung des Hudood Gesetzes frei, da keine vier frommen Muslime als Zeugen der Vergewaltigung beigewohnt hatten. Das Mädchen wurde des Zina-Vergehens schuldig gesprochen, Unzucht betrieben zu haben, da ihr Vergehen durch die Schwangerschaft bewiesen war. Sie wurde zu drei Jahren Zuchthaus, öffentlicher Auspeitschung und einer Geldstrafe von 15.000 Rupien verurteilt.

Zum Glück gab es das Women's Action Forum, das eine Kampagne gegen dieses Urteil startete. Der Federal Shariat Court nahm das Urteil auf Druck der Regierung zurück. Die Vergewaltiger blieben unbehelligt.

Dies ist ein Beispiel dafür, wie man durch Islamisierung eine Kultur der Intoleranz und Verfolgung schafft, die in den Irrsinn treibt. Aber nicht nur Frauen wurden Opfer dieses neuen kulturellen Aufbruchs. Nach dem Freitagsgebet fand man neben der Moschee ein neugeborenes Baby in einem Müllbehälter. Der Mullah schloss daraus, dass es sich um ein illegitimes Kind handeln müsse, das nach den Vorschriften des Islam gesteinigt werden müsse. Er brachte die frommen Moscheegänger tatsächlich dazu, diesen frommen Akt des Glaubens zu vollziehen.

Ich hatte ihr still zugehört. So ungefähr sah es im Land in Bezug auf die Frauenrechte aus. Ich hatte zur Kenntnis genommen, dass Asad den Ober weggeschickt hatte. Jetzt kam er mit einem Tablett, zwei Gläsern und zwei Flaschen Bier wieder. Er servierte mir eines davon. Asad sagte mit einem Ton der Selbstverständlichkeit, ich sei sein Gast. Er nahm auch wie selbstverständlich an, dass ich Biertrinker war, so wie er es von seinen deutschen Geschäftsfreunden kannte. Er gab mir zugleich den endgültigen Beweis, dass er kein hartgesottener Muslim war, die ja keinen Alkohol zu sich nehmen, jedenfalls nicht in der Öffentlichkeit. Hier fernab von Zuhause konnte es gefahrlos auch ein Heuchler tun. Aber ich war überzeugt, dass er zu Hause im Kühlfach seines Kühlschranks auch immer welches hatte. Der Besucher aus Deutschland wegen.

„Haben sie gewusst", fing Zara an, nachdem sie die beiden Kinder aufs Zimmer geschickt hatte, „dass im Islam Männer ihre Frauen schlagen dürfen?"

Wieder ging Asad dazwischen. Er wollte nicht, dass seine Frau davon anfing.

„Du hast recht, schlagen ist nicht das richtige Wort, im Koran steht peitschen."

„Aber das interessiert unseren Gast doch gar nicht!"

„Oh doch, das interessiert ihn!", sie schaute mich an, als sollte ich ihr das bestätigen.

„Ja, ich habe davon gehört, dass das im Islam erlaubt ist, wenn die Frau ungehorsam ist."

Im Koran heißt es: „Männer haben die Verantwortung für die Frauen, denn Allah hat den Einen geschaffen, um über dem Anderen zu sein... also sind gute Frauen gehorsam, behüten im Stillen das, was Allah behütet hat. Was die angeht, vor denen du Rebellion fürchten musst, ermahne sie und verbanne sie aus den gemeinsamen Betten und peitsche sie."

Ich fragte Zara, ob die Frauenbewegung nicht als ein Akt des Ungehorsams zu werten sei. Sie sagte, jeder, der gegen den

9. Kapitel: Die Frauen von Hunza

Status Quo der Männergesellschaft rebellierte, würde darunter fallen. Und genau das habe auch einmal ein Mullah verlauten lassen, der alle Frauenrechtlerinnen auspeitschen lassen wollte. Dass er sich dabei auf den Koran berief, war klar. Was mich mehr empörte als die wörtliche Auslegung war die Tatsache, dass es überhaupt gerechtfertigt sein sollte, eine Frau so zu behandeln, nur weil sie ungehorsam war. Hatte der Islam das Sklaventum noch nicht abgeschafft? Zählten die Frauen als Sklaven? Es war klar, dass sich viele Männer auf diesen Koranvers beriefen, wenn sie den Eindruck hatten, die Frau sollte mehr zu ihren Diensten sein. Ob sie moralisch im Recht waren oder nicht, spielte keine Rolle, solange der Koran maßgeblich war.

Ich hatte gerade so etwas wie eine Eingebung: „Was spräche dem entgegen, wenn ein pakistanischer Unternehmer einen Blumenstrauß mit dem Namen „Peitsche" (engl. „scourge") auf den Markt bringen würde. Man hat ja auch Humor im Islam. Und im Fernsehen und auf Plakaten würde die entsprechende Werbung folgendermaßen lauten „Erfreuen Sie ihre geliebte und verehrte Frau mit „Scourge" – auch anwendbar in Fällen des Ungehorsams."

Zara ließ beinahe ihren Löffel fallen, mit dem sie gerade ein Eis schaufelte. Sie lachte schallend, ehe sie sich verschluckte. Der Mann hinter der Bar schaute her, ohne erkennbar das Gesicht zu verziehen. Zara fand die Idee großartig. Meinte dann aber, dass die Mullahs den Laden ganz schnell schließen würden. Irgendeine Anzeige wegen Verunglimpfung der Religion würden sie auch zusammenbekommen.

Sie sagte sinngemäß, dass in diesem Land „scourge" ausschließlich die Bedeutung einer ernsthaften Vorrichtung zur Verabreichung von Rache und Bestrafung hatte.

9. Kapitel: Die Frauen von Hunza

„Scourge", sagte Asad, „ist wie Pestilenz und Krieg! Wie danach die Ehe noch funktionieren soll!"

Das fragte ich mich auch. Ich fragte Zara, ob hinter alledem nicht vielleicht einfach nur die Angst der Männer vor den Frauen steckte.

„Die meisten Frauen leben noch unter sehr eingeschränkten Verhältnissen. Sie sind Analphabetinnen, sie arbeiten von morgens bis abends hart auf den Feldern und im Haushalt. Da ist auch keine Zeit für Bildung. Viele Väter schicken ihre Mädchen gar nicht in die Schule, weil sie sich sagen, auf den Feldern und im Haushalt sind andere Kenntnisse verlangt. Und dann gibt es immer wieder Fälle, wo ein Vater seine Tochter tötet, weil sie einen Mann nach ihrem Wunsch heiraten will. Neulich hat ein Pakistaner sogar in Dänemark seine Tochter umgebracht, weil sie ohne seine Erlaubnis geheiratet hatte."

Die Frau als Handelsgut. Ein neunjähriges Mädchen Zahida war an einen siebzigjährigen Greis verheiratet worden. Ein islamischer Geistlicher hatte die beiden getraut. Vorausgegangen war, dass der Vater eine Anleihe von 80.000 Rupien vom jüngeren Bruder des Bräutigams angenommen hatte. Als er nicht zurückzahlen konnte, wurde der Vater kurzerhand gezwungen, seine Tochter an den älteren Bruder des Gläubigers wie eine Handelsware abzugeben. Nach islamischem Recht hätte der Mann nach dreimaliger Erklärung der Trennung eine rechtsgültige Scheidung vollziehen können oder im Falle des Ablebens hätte der jüngere Bruder die Frau „übernehmen" können.

„Haben die Männer in Pakistan wirklich ein Frauenproblem? Oder sind das Einzelfälle", fragte ich provokativ. Zara reagierte aus anderen Gründen mit Empörung.

9. Kapitel: Die Frauen von Hunza

„Leider nicht! Gewalt in den eigenen vier Wänden ist ein weit verbreitetes Phänomen und Pakistan hat sehr viel davon. Männer dürfen ihre Frauen schlagen und viele tun es auch aus nichtigen Gründen. Es gibt Bürgerwehren, die als selbsternannte Moralapostel durch die Straßen ziehen und Säure auf Frauen gießen und sie entstellen, nur weil sie Make-up tragen und weil sie ihrer Vorstellung von Reinheit nicht entsprechen. Die Gesellschaft muss moderner werden, damit sich diese Dinge ändern."

„Ist der Islam nicht ein Hindernis für die Modernisierung?"

Asad bat mich, von meinen letzten Bergtouren zu erzählen. Er sagte, er würde, wenn sein Sohn größer wäre, mit ihm auch Bergtouren in Angriff nehmen. „Und deine Tochter?", kam es von Zara.

Es stellte sich heraus, dass die Familie Badawi am nächsten Morgen nach Islamabad zurückfahren würde. Da ich auch nach Gilgit abreiste, boten sie mir an, mich mitzunehmen. Ich sagte zu. Erst später fiel mir ein, dass der KKH 15 Kilometer südlich an Gilgit vorbeiführte. Das hinderte Asad nicht daran, den Umweg von 30 Kilometern in Kauf zu nehmen. Er fand die Ausrede, dass ihm das Gelegenheit geben würde, im Supermarkt in Gilgit noch ein paar Einkäufe zu machen. Dabei wäre es für mich ein Leichtes gewesen, an der Junction für das restliche Stück einen Bus zu besteigen. Zara sagte, sie würde sich freuen, wenn wir morgen unsere Unterhaltung während der Rückfahrt fortsetzten könnten. Ich ahnte, dass sie nicht Geschichten über das Bergsteigen meinte.

Das taten wir dann auch, wobei sie einen Versuch machte, sich für etwas zu entschuldigen, wofür es gar nichts zu entschuldigen gab.

9. Kapitel: Die Frauen von Hunza

Zara erklärte weitschweifig, was das Problem war: „Der Prophet war nicht gegen die Frauen. Er hat viel zur Verbesserung der Frauen in Arabien damals getan. Er wurde deshalb sogar angefeindet, weil er den Frauen einen besseren Stand verschaffen wollte. Aber gerade deshalb ist das, was wir tun, ja auf dem Boden des Islam und nicht gegen ihn, verstehen Sie!"

Ich überlegte, zu welcher Tageszeit man das, was man sagte, am ehesten meint. Abends hat man die Hemmnisse des Tages verloren und ist eher bereit aus dem Nähkästchen zu plaudern?

„Oh ja, das leuchtet mir durchaus ein!" Und trotzdem, dachte ich bei mir, hat sich der große Prophet mit der Peitsche vergriffen.

„Er wollte tapfere und starke Frauen in seiner Umgebung. Er gab den Frauen Würde..." nun ja, er heiratete ein neunjähriges Mädchen. Ob sie viel Zeit hatte, Würde zu entwickeln?

„Er kam mit einer Botschaft... muslimische Frauen auf der ganzen Welt liegen wieder in derselben Grube, aus der sie der Prophet damals befreien wollte."

Wenn man sich zu weit vom Seeufer entfernt hat, sollte man wieder zurückrudern, bevor ein Sturm kommt. Sie sagte, als müsste sie sich rechtfertigen, es mache eine Frau nicht zu einer radikalen Feministin, wenn sie Ehrenmorde an den Pranger stellte und sich friedlichen Kampagnen anschloss für die Verbesserung der Bildung und der Gesetze. Ihre Stimme gewann wieder allmählich eine Festigkeit, in der man ein Element Zorn spürte, der nicht mehr viel zur Heiligkeit brauchte.

„Gegen all diese Ungerechtigkeiten vorzugehen, ist ein Gebot des Islam." Was blieb mir übrig, als das unwidersprochen zu lassen. Auch ihr Mann, der vernünftig genug war, ein vorsichtiger Autofahrer zu sein, schien nichts hinzufügen zu wollen.

9. Kapitel: Die Frauen von Hunza

Ich fragte die beiden, was das Gesetz hierzulande gegen Ehrenmorde zu sagen hatte.

„Was tut die Gesellschaft dagegen? Ich nehme an, dass es sich um Ausnahmeerscheinungen handelt."

„Dann müssen sie Zeitung lesen. Es ist keine Übertreibung zu sagen, beinahe jeden Tag können sie darüber in der Zeitung lesen. Und wenn sie nichts darüber lesen, dann heißt das nicht, dass nicht jeden Tag mindestens zwei Ehrenmorde, die man hier karo-kari nennt, im Land geschehen. Das Schlimme ist, dass oft nur eine Andeutung, ein schwacher Verdacht ausreicht, dass eine Frau sich nicht richtig verhalten hat, dann ist schon die Ehre besudelt. Ein Mann träumt davon, dass seine Frau untreu war, am nächsten Tag ist sie vielleicht schon tot. Vielleicht ist der Mann von der Unschuld seiner Frau überzeugt, aber wenn es die Familie, die Nachbarn, das Dorf nicht ist, ist die Ehre verletzt und nicht wieder herstellbar, außer man tötet die Frau. Es kommt nicht drauf an, ob sich die Frau rechtfertigen kann."

The Dawn: „Sukkur 11.07.2014: Eine junge Frau wurde offenbar wegen eines ehrenrührigen Vergehens getötet. Ein Bruder erschoss seine Schwester Fahmida im Dorf Sajjan Indhar Montagnacht, weil er ihrem Charakter misstraute. Der Schuldige floh, aber die Polizei nahm ihn bald fest."

„Was geschieht eigentlich mit einer Frau, die beschließt, Christin zu werden?"

„Der Islam sagt, es gibt keinen Zwang zur Religion."

Das ließ auch das Institute of Islamic Information and Education verlauten:

„Im Islam hat eine Frau die grundlegende Freiheit, zu wählen und sich individuell auszudrücken, wie es ihrer Persönlichkeit entspricht. Sie hat die Freiheit, ihre Religion zu wählen. Wie es

9. Kapitel: Die Frauen von Hunza

auch der Koran sagt: Es gibt keinen Zwang in der Religion." Das war ein Zitat von Sure 2,256. Aber was zählten solche Verlautbarungen?

Nach islamischem Recht hat ein Muslim sein Recht auf Leben verwirkt, wenn er dem Islam den Rücken kehrt. Ist das nicht ein Widerspruch, Freiheit zu sagen und zugleich zu sagen, frei, aber tot?

Was würde mit einer Frau geschehen, die sich in Lahore oder Peschawar irgendwo öffentlich hinstellte und ihre Meinung kundtäte, wenn sie nicht gerade der Meinung der Männer entsprach? Solange die Meinungen und Ideen mit dem Islam übereinstimmten, konnten sie nicht ketzerisch sein. Und ebenso war es auch mit der Religionsfreiheit. Wer nicht Muslim ist, bekommt die Freiheit, Muslim zu werden. Das Wort Freiheit hatte im Islam eine völlig andere Bedeutung als in der restlichen Welt.

Von Muhammad ist ein heiterer Dialog in einem der Hadithe überliefert. Muhammad hatte seinen Gefolgsleuten gesagt, dass im Geschlechtsakt eines jeden von ihnen Sadaka sei. Sadaka ist Arabisch für wahrhaftig und bedeutet immer einen Schritt ins Paradies. Seine Gefolgsleute fragten ihn dann: „Oh du Gesandter Gottes. Wenn also einer von uns seine Lust befriedigt, wird ihm dann eine Belohnung zuteil?" Und Muhammad antwortete: „Denkt ihr nicht, dass derjenige, der hier unrecht handelt, sündigen würde? Genauso wer es recht macht, wird belohnt werden."

Das scheint eine sehr plumpe Aufforderung zur Lustbefriedigung zu sein. Die wird auch noch im Jenseits belohnt. Wie praktisch!

Islam hat überhaupt viel mit Belohnung zu tun. Da gibt es die Legende von den 72 Jungfrauen, die einem frommen Muslim im

9. Kapitel: Die Frauen von Hunza

Paradies begegnen. Es ist nur schwer vorstellbar, warum ein frommer Mann 72 Jungfrauen beaufsichtigen wollen sollte.

Muhammad dachte offenbar anders. Der hatte viele Frauen und verglich die Frauen mit einer Ackerfurche.

Lewis Bernard, der den Zusammenstoß der Zivilisationen erwartet, schrieb:

„Im islamischen Recht gibt es drei Arten von Menschen, die nicht vom generellen islamischen Prinzip der Güte profitieren: Ungläubige, Sklaven und Frauen. Die Frauen waren in einem wichtigen Aspekt offensichtlich am schlechtesten gestellt: Der Sklave konnte von seinem Herrn die Freiheit geschenkt bekommen. Der Ungläubige konnte sich jederzeit zum wahren Glauben bekehren lassen, um seine Unwürdigkeit zu beenden. Nur die Frau war dazu verdammt, auf immer und ewig das zu bleiben, was sie war – jedenfalls sah es zur damaligen Zeit so aus."

Die islamische Gesellschaft kann sicherlich erst frei sein, wenn die Frau frei ist. Wenn Männer in Pakistan westliche Kleidung tragen, ist es ein Zeichen von Modernisierung, bei Frauen ist es ein Zeichen der Verwestlichung, das bestraft wird. Das ist Doppelmoral und Heuchelei.

Muhammad sagte (Sure 2:223): „Eure Frauen sind euch ein Acker; so geht zu eurem Acker, wann und wie ihr wollt." Für die Frauen in Pakistan hatte dieser Koranvers eine besondere Bedeutung, wurden sie doch, wann und wie es die Männer wollten, bei der Arbeit auf dem Acker eingesetzt. Aber natürlich geht es hier in Wirklichkeit um Sex. Das ist jedoch nicht günstiger, denn dieses „wann und wie ihr wollt", bedeutet nicht, wann und wie es die Frauen, die im Islam ohne Zweifel das schwächere Geschlecht stellen, wollen. Die Bedrohung, die von diesem Vers ausgeht, ist leider für Millionen Frauen sehr real geworden.

Die Frau hat im Islam generell einen niedrigeren legalen Status als Männer, denn Muhammad sagte (2:228): „Den Frauen stehen die gleichen Rechte zu, wie die Männer zur gütigen Ausübung über sie haben. Doch die Männer stehen eine Stufe über ihnen". So wird im zweiten Satz gleich wieder das eingerissen, was im ersten Satz aufgebaut wurde.

Vor Gericht, aber auch in Rechtsfragen allgemein gilt eine Frau nur die Hälfte eines Mannes (2:282, 4:11; 4:176).

Männer können nicht nur vier Frauen haben. Sie können in Kriegen so viele Sklavinnen erbeuten und mit nach Hause nehmen, wie sie wollen (4:3; 4:24; 23:1,5-6; 70:29-30,35). Sollten islamische Staaten andere Staaten erobern, müsste für die Frauen dort das Schlimmste befürchtet werden. Ungefär so wie früher, als der Islam noch andere Länder eroberte.

Wenn man annehmen wollte, dass in islamischen Gesellschaften, die klar die Männer bevorteilen, wenigstens die sexuellen Aktivitäten der Männer außerhalb der Ehe reduziert sind, musste man die Statistiken ignorieren. Nach der Human Rights Commission of Pakistan wird alle zwei Stunden eine Frau in Pakistan vergewaltigt. Und alle acht Stunden wird eine Frau von einer Gang vergewaltigt. Man hat gute Gründe dafür, anzunehmen, dass die Dunkelrate noch höher ist.

10. Kapitel: Großer Sport in Shandur

Das größte Volksspektakel im Norden Pakistans ist das Poloturnier in Shandur, mitten im Hindukusch, an der Grenze zur North Western Frontier Province.

Ich nahm einen Bus bis zum Phandar Guesthouse und übernachtete dort. Von da gab es keine öffentlichen Verkehrsmittel nach Shandur. Der nächste Bus würde erst am nächsten Abend wieder um die gleiche Zeit nach Shandur fahren, dann weiter über den Shandur Pass hinunter nach Chitral.

Shandur Valley

Das Motel war vor nicht langer Zeit fertiggestellt worden und bot erstaunlichen Komfort, wenn man berücksichtigte, dass man hier am Ende der Welt war. Nicht ganz, denn die geteerte Straße würde noch ein paar Kilometer weiter nach Westen führen, ehe sie dann in eine staubige Piste überleiten würde. Das Guesthouse lag exponiert auf einem Bergrücken, so hatten früher die britischen Kolonialherren die Örtlichkeiten ausgewählt. Nach Osten hat man einen Blick hinunter ins Phandartal, nach Westen

10. Kapitel: Großer Sport in Shandur

liegt der Phandarsee, im Süden und Norden ist das Tal von den Bergen des Hindukusch umrahmt. Kein schlechter Platz für eine Rast.

Im Gasthaus erwartete mich eine Überraschung. Hussein, mein Fahrer am Nanga Parbat! Er freute sich sichtlich, mich zu sehen. Es macht sich meist bezahlt, ein ordentliches Backschisch zu geben und die Leute gut zu behandeln. Er war wieder mit einem Kunden unterwegs, zwei Mitarbeiter der australischen Botschaft von Islamabad, die drei Tage Urlaub machten. Ihr Ziel war das Shandur Festival. Ein junger Mann und seine junge, asiatisch aussehende Begleiterin. Ich bekam sie aber erst später zu Gesicht, da sie noch auf ihrem Zimmer waren, müde und erschöpft von der Jeepfahrt von Gilgit bis hierher, auf holprigen Straßen, vorbei an Abgründen. Das gab mir Gelegenheit, mich mit Hussein zu unterhalten. Als er von meinen Plänen erfuhr, bot er mir sofort an, mich nach Shandur mitzunehmen.

„Da musst du aber zuerst deine Kunden fragen."

Er lachte mich an und machte eine Handbewegung, als sei es so gut wie abgemacht. Das sei überhaupt kein Problem. Er würde einfach sagen, dass ich sein Freund sei und er mich mitnehmen müsse. Das imponierte mir. Im Interesse seiner Familie und in Anbetracht seines geringen Monatsverdienstes hatte er darauf spekulieren dürfen, dass ich ihm wiederum ein Trinkgeld geben würde.

Das australische Paar hatte nichts dagegen. Ganz im Gegenteil hieß mich Weldon willkommen. Seine Begleiterin sagte allerdings nicht viel. Er erzählte mir, dass er in der Visumsabteilung arbeitete. Ich fragte ihn, wie das funktionierte mit der Visumserteilung für Pakistaner. Er erklärte mir, dass man durch das Stellen von Fragen sehr schnell dahinterkomme, ob jemand sich ein Visum erschleichen wolle. Es seien immer

10. Kapitel: Großer Sport in Shandur

wieder die gleichen Antworten. In der Regel würde es dazu führen, dass kein Visum erteilt würde, denn selbstverständlich wollten die Pakistaner in Australien arbeiten. Das war aber ohne die entsprechende Genehmigung illegal. Ich fragte ihn, ob es auch vorkam, dass er keine Anhaltspunkte für eine Verweigerung eines Touristenvisums hatte, er aber trotzdem abschlägig urteilte. Er bestätigte es. Es würde schon ausreichen, wenn er ein schlechtes Gefühl hätte, denn das käme nicht von ungefähr. Praktischerweise war eine Visumsablehnung nicht anfechtbar.

In direkter Nachbarschaft, in der diplomatischen Enklave in Islambad, waren die Deutschen. Mit ihnen würden sie öfter Partys feiern. Die Deutschen würden sehr oft Partys feiern. Ihre Gastlichkeit hatte es für mich nicht gerade erschwert, Shandur zu erreichen. Aber wir waren hier im Hindukusch. Konnte man da einen Westmann stehen lassen?

Die Pakistaner konnten das schon eher. Wir passierten die erste Kontrolle am letzten bewohnten Ort noch ohne Schwierigkeiten. Anders vor dem letzten Anstieg nach Shandur, wo es noch einmal einen Armeeposten gab. Hier hielt man die beiden Australier länger auf. Vorher noch einen Pickup von Einheimischen.

Wie immer unterhielt ich mich mit dem verantwortlichen Offizier der Straßensperre. Hier schien jedes Fahrzeug angehalten zu werden. Der Pickup wurde gründlich untersucht. Ich erkundigte mich nach der Ursache, obwohl ich schon vom Besuch des Staatspräsidenten in Shandur wusste.

„Wir suchen nach verbotenen Gegenständen", sagte mir der Offizier.

„Das heißt Waffen!"

10. Kapitel: Großer Sport in Shandur

„Ja, Waffen." Nach einer kurzen Pause fügte er hinzu. „Wir wollen dafür sorgen, dass die Touristen sicher sind."

Ob es Anzeichen dafür geben würde, dass dem ohne die Kontrollen nicht so wäre, fragte ich. Die Antwort überraschte mich, da sie mehr Informationen preisgab, als ich auf so eine Frage hätte erwarten können.

„Wissen Sie", sagte er, „die Leute in dieser Gegend tragen traditionell Waffen. Aber wenn sie reisen, sollen sie sie zu Hause lassen."

Ich sagte, ich wüsste nicht, dass die Leute aus der Nordprovinz Waffen hätten. Das sei doch nur von den Bergstämmen in der Nordwestprovinz bekannt. Er lachte, ohne Zweifel über meine Naivität, winkte mir zu und forderte mich auf, in seinen Unterstand zu treten, wo er mir im angenehm kühlen Schatten einen Sitzplatz anbot. Meine beiden australischen Begleiter waren zwischenzeitlich eine Toilette aufsuchen gegangen.

Er entschuldigte sich, dass er mir keinen Tee anbieten konnte. Dann sagte er:

„Sie brauchen sich keine Sorgen zu machen. Shandur wird sicher sein. Dort ist eine Armeeeinheit stationiert. Sie müssen nur aufpassen, dass sie nicht von den Polopferden niedergestreckt werden."

„Da habe ich weniger bedenken als mit den Waffen. Einer Kugel kann man nicht ausweichen. Sie durchsuchen hier ja nicht grundlos. Wenn die Leute in Stimmung sind, feuern sie doch gerne einmal in den Himmel, und wenn sie den Himmel nicht treffen, dann hat das vielleicht zur Folge, das Andere in den Himmel kommen."

Er lachte und sagte, nur Muslime kämen in den Himmel. Auch darüber bräuchte ich mir keine Sorgen machen. Dass die Leute

10. Kapitel: Großer Sport in Shandur

sich bewaffneten, habe sich auch erst in den letzten Jahren verstärkt gezeigt.

„Hier im Ghizer Valley? In Gilgit? Oder meinen sie die ganze Nordprovinz!"

„Überall!"

„Ich habe nichts Dergleichen gesehen!"

„Sie haben die Waffen zu Hause."

„Wie gewünscht!"

„Ich kann nicht für andere Gegenden reden, aber Chitral, Gilgit und Ghizer... Es gibt Waffenmärkte, illegal, wissen Sie, wir wollen es nicht, die Regierung will es nicht. Es gibt einen richtigen Run auf Kalaschnikows."

„Wozu brauchen die Leute Waffen?"

„Zur Selbstverteidigung. In Gilgit gibt es immer wieder Kämpfe."

Was er als Kämpfe bezeichnete, waren die Meinungsverschiedenheiten der Shia und der Sunnis. Aber laut Gilgiter kam es erst zu bewaffneten Übergriffen durch das Eingreifen der bewaffneten Kräfte von Armee, Polizei und Sondereinheiten, die überwiegend sunnitischer Herkunft waren. Darüber wusste ich Bescheid, das musste ich nicht mit dem Mann bereden. Ich fragte ihn, woher die Waffen stammten. Er sagte, seit sie so viele Flüchtlinge aus Afghanistan in Chitral hatten, gab es auch eine Waffenflut.

Hussein hatte noch eine andere Erklärung bereit. Es gäbe immer wieder Überfälle von Dacoit genannten Räuberbanden, die vor allem die abgelegenen Seitentäler aufsuchten, um Vieh wegzutreiben. Gegen sie wollten sich die Herdenbesitzer wehren. Ich hatte noch keine bewaffneten Einheimischen gesehen, aber angeblich sollten die etwaigen Feinde sie auch nicht sehen, weshalb sie unter dem Shalwar Kameez getragen wurden. Wie praktisch doch diese Kleidung war! Mir ging ein Licht auf, warum hier alle traditionell herumliefen und die westliche Mode mit langen Hosen sich noch nicht durchgesetzt hatte.

Es gab noch einen anderen Grund für die Waffenarsenale. Die Wilderei. Vor allem wilde Tauben wurden gerne und viel gejagt. Aber nicht mit Schrot. Auch in den Tälern um Shandur erhallte des Öfteren das Donnern einer Büchse oder, was in den letzten Jahren vermehrt vorkam, das Rattern eines Repetiergewehres. Ich dachte daran, mir von einem Einheimischen den Unterschied zwischen dem Donnerhall einer Lawine, die zu Tal krachte, und dem Widerhall eines Gewehrschusses beibringen zu lassen.

Gerade die jungen Leute hielten es für einen Sport, mit einem Repetiergewehr auf Vögel zu schießen. Um den Shandur Pass herum gab es einige Seen, an denen nicht nur Angler ihrem stillen Hobby nachgingen. Die lautmalerischen Entenjäger waren auch unterwegs. Die Schützen gruben sich vorher ein Loch, das sie mit Grasbüscheln abdeckten, in das sie schnell ihr Gewehr verstecken konnten, wenn sich dann doch, von weitem schon sichtbar, ein Polizeifahrzeug nähern sollte.

Hussein erklärte auf meine Frage, ob das nicht nur ein Vergnügen einiger Weniger sei, dass bestimmt fünfzig Vögel jedes Jahr im Kochtopf einer jeden Familie landeten. Also gab es jede Woche einmal das Gleiche auf der Speisekarte. Zu allem Überdruss kamen auch noch Studenten in ihren Ferien zum Angeln an die Seen. Und oft genug brächten sie ein Gewehr mit.

Und Hussein lachte, als er es sagte: aus lauter Jagdfieber schwänzten sie die Schule. Und immer wieder, sagte er, käme es zu Unfällen. Auch bei den Einheimischen. Die Waffen werden oft ungesichert transportiert und schon oft hätte sich unabsichtlich

10. Kapitel: Großer Sport in Shandur

ein Schuss gelöst und oft wären dabei Menschen zu Schaden gekommen. Ich fragte Hussein, ob die Menschen vielleicht dabei das Inch` Allah Verhalten an den Tag legen würden, ganz so wie beim Fahren. Vielleicht hatte er die leichte Ironie überhört, denn er verzog die Mine nicht, als er ernst sagte: „Es gibt zu viele Waffen, und das ist nicht gut, aber das liegt den Menschen im Blut."

Nur wenig später würde mir ein Einheimischer versichern, dass den Menschen die Friedensliebe angeboren wäre. Es war alles eine Frage des Standpunktes. Ich fragte Hussein, wie er das mit dem Blut meinte.

„Das hat sich von Generation zu Generation vererbt. Die Männer wollen sich wehren. Man muss ums Überleben kämpfen..."

„Aber gerade deshalb", platzte ich heraus, „nimmt man das Leben als etwas Wertvolles und geht vorsichtig damit um!" Vielleicht hatte ihn dieser Einwand etwas verärgert, seine Stimme wurde lauter, als er sagte:

„Die Leute sind ignorant, weil sie ungebildet sind!" Ich konnte zwar nicht wirklich verstehen, warum mangelnde Bildung hier der Vorsicht im Wege stehen sollte oder was sie mit dem richtigen Umgang einer gefährlichen Waffe zu tun hatte, aber ich erwartete ohnehin keine plausible Erklärung.

„...und sie haben keine Beschäftigung. Daher haben sie die Waffen. Und die Regierung tut nichts."

Natürlich, die Anderen waren ja auch immer noch schuld. In keinem Land der Welt wurde so oft auf die Regierung geprostet wie in Pakistan. Aber sicherlich zu recht. Aber dieses Verhalten hatte dennoch Tradition. Ich fragte unseren Fahrer, ob er auch eine Schusswaffe besäße. Er verneinte. Er sei auch nie zur Jagd gewesen. Nur zum Angeln. Vögel, betonte er, habe er nie gejagt. Er machte eine Pause und gab dann zu, er nicht, aber sein Vater.

10. Kapitel: Großer Sport in Shandur

Das Jagen von Vögeln hatte zwar Tradition, aber die Alten hatten sie noch in einem erträglichen Maß mit Grasfallen betrieben. Das waren aufwendige Konstruktionen, die das Essen verdient machten. Aber mit Gewehren konnte man ja auf alles schießen, was sich bewegte.

In Shandur trennte ich mich von den Australiern und Hussein. Sie hatten ein Zelt irgendwo gebucht. Ich musste mir erst noch eine Bleibe suchen. Die Hochebene war von Tausenden von Menschen bevölkert. Und alle hausten in Zelten oder unter dem Himmel. Ich schaute eine Weile dem Treiben von der Straße aus zu. Immer wieder kamen Fahrzeuge aus beiden Richtungen, Neuankömmlinge, die sich mit dem gleichen Problem konfrontiert sahen wie ich, sich einen Lagerplatz auszusuchen. Die meisten waren Gruppenreisende, die ihr Zelt mitbrachten. Das hieß, dass sich irgendwo in Chitral oder Gilgit oder irgendwo dazwischen einige Männer vornahmen, gemeinsam nach Shandur zu reisen und es dann durchführten. 95% der Gäste durften also Einheimische sein, der Rest Polobegeisterte aus anderen Gebieten Pakistans, mithin Touristen. Das Fest würde drei Tage dauern. Heute war der erste.

Direkt neben mir hielt ein Kleinbus. Heraus sprangen fünf Männer und zwei Frauen, die zum Teil militärische oder paramilitärische Kleidung anhatten. Sie machten einen sehr zielstrebigen Eindruck. Sie hatten große Rücksäcke bei sich, die sie sogleich schulterten. Sie waren sportlich und behände. Bergsteiger waren es aber nicht, dafür zerrten sie ein viel zu großes Zelt, Pakistan-Made vermutlich, aus dem Bus, dazu noch zwei längliche Holzkisten. Da ich gerade da stand, packte ich mit an, was die eine Frau eher als überflüssiges Zuvorkommen, weil unzulässiges Eindringen in ihren Aufgabenbereich aufzunehmen schien, während mich die andere, die auch die hübschere war, kurz anlächelte und „Thank You!" sagte.

10. Kapitel: Großer Sport in Shandur

Sie waren noch relativ jung. Einer der Männer, den ich mir gut als Freiheitskämpfer vorstellen konnte, hatte eine drahtige Figur, einen gestutzten Vollbart, gab ein paar Kommandos. Er sah aus, wie ich mir einen Spartaner vorstellte. Sie bewegten sich aber nicht in Richtung des Militärlagers, das unmittelbar neben dem Polospielfeld lag, sondern entgegengesetzt den Berghang hinauf, vermutlich, um dahin zu gelangen, wo sie sauberes Wasser haben würden. Vielleicht auch, um sich unbelästigt vom lärmigen Drumherum auf ihr Vorhaben vorzubereiten. Mir war klar, dass dies nur eine Spezialeinheit sein konnte, vielleicht des Secret Service oder der Armee. Und sie waren gekommen, weil der Staatspräsident erwartet wurde. Die Frauen waren eigentlich noch Mädchen, man sah, dass sie sich geschickt bewegten. Wozu Frauen? Kam der Präsident vielleicht mit seiner Frau?

Schnell hatten die Sieben ihr Zeug aufgenommen, viel zu viel für drei Tage Picknick.

Die Zeltstadt war noch nicht in Volksfeststimmung, alles war nervös und hektisch. Es wurden Vorbereitungen getroffen, Tiere zu schlachten. Da wo eben noch eine Ziege angepfostet war, floss schon im nächsten Augenblick reichlich Blut in den Abfluss. Woraus würden weiter unten die Leute ihr Kochwasser schöpfen? Es wäre rot gefärbt. Das gab nahrhafte Suppen und Tees. Eine Kuh, die bei der Ziegenschlachtung zugeschaut hatte, wusste Bescheid. Sie wurde unruhig und zerrte an dem Strick. Kühe können logisch denken, ganz sicher. Es würde ihr nichts nützen.

Nach einigem Herumfragen, konnte ich in Erfahrung bringen, dass es für Touristen einen eigenen Zeltplatz gab. Dort konnte ich ein geräumiges Zelt mieten. Es gab ein paar pakistanische Touristen aus anderen Provinzen, alles Studenten. Ich fragte im Zelt beim Touristenmanager, warum man hier so viele Polizisten

10. Kapitel: Großer Sport in Shandur

und Armeeangehörige zu sehen bekäme. Ob das nicht übertriebene Vorsicht wäre. Er sagte:

„Vorgestern wurden hier sechs Militante verhaftet. Die hatten einen Anschlag vor!"

Ich schüttelte ungläubig den Kopf.

Es gab da eine Terrorgruppe namens Lashkar-e-Jhangvi, der Verbindungen zu al-Qaida nachgesagt wurden. Sie sollten hinter mehreren Anschlägen auf Schiiten stehen.

„Dieses Mal haben sie auch Shakir, einen der Anführer, erwischt."

Es war die Gruppe, die auch für das geplante Attentat in Shandur verantwortlich war. Das sollte sich aber erst noch herausstellen.

„Woher weiß man, dass sie einen Anschlag planten. Waren sie bewaffnet?"

Er wusste es nicht. Der Geheimdienst hatte vielleicht Informationen, die zur Verhaftung führten.

„Was tun solche Leute bei einem Polofestival?"

„Sie kommen nicht, um sich mit den anderen Menschen zu feiern. Sie kommen, weil es hier zehntausende Menschen gibt, darunter auch Touristen. Dies ist eine sehr gefährliche Terrorgruppe. Sie hat auch einen US-Reporter ermordet und zwei Anschläge auf den Präsidenten verübt."

„Dann ist ja dies auch für Touristen ein gefährlicher Fleck!" Ich dachte an den Polizisten an dem Check Post, der nichts gesagt hatte. Doch, er hatte verlauten lassen, dass Shandur sicher sei.

Der Mann hieß mich hinzusetzen und einen Tee mit ihm zu trinken, ich sähe müde aus. Er machte einen gelangweilten Eindruck. In seinem Zelt, in das man bequem aufrecht hineingehen konnte, gab es einen Tisch, Klappstühle und kartonweise Saftgetränke, Coladosen und andere Getränke. Es bot sich an, nebenbei noch Geschäfte mit dem Verkauf von Getränken zu machen. Tagsüber würde es heiß werden, staubig war es immer.

Ich fragte ihn angesichts der Ödnis der Landschaft auf über 3.000 Metern, ob es zu viele Abholzungen gegeben habe. Er bestätigte das. Erwartungsgemäß war es nur, wenn man nicht in Betracht zog, dass er wider besseren Wissens vielleicht eine andere Antwort bevorzugt hätte, die die Menschen dieser Landstriche nicht der Kritik aussetzte.

„Und das", erklärte er mir, „obwohl wir ein Sprichwort haben, das besagt – Shum zhow kuruwa dar koi - ein fauler Sohn fällt Bäume auf seinem eigenen Land, verstehen Sie das?"

„Ich denke schon, da muss er nicht so weit laufen, aber früher oder später wird er das sowieso müssen."

Wenn man die Flora erhalten will, muss man beim Holzmachen weite Wege gehen und jedes Mal eine andere Region aufsuchen, sodass sich der Wald erholen kann. Aber das funktioniert nur, wenn die Bevölkerung nicht überhandnimmt.

Ich fragte meinen Gastgeber Zainul, ob er das in Kho gesprochen hatte. Er bestätigte. Es war die Sprache, die man sowohl diesseits als auch jenseits des Shandurpasses sprach.

„Warum nimmt man nicht Kerosin zum Feuern? Pakistan hat doch Erdöl!"

„Das ist für die Leute viel zu teuer, besonders in den Tälern des Hindukusch. Man muss es teuer bezahlen. Geld haben die Landleute nur von dem, was sie an Überschüssen an Feldfrüchten verkaufen. Und das ist nie sehr viel. Lieber nimmt man als Heizquelle Kuhdung. Aber dabei verliert man einen wertvollen Dünger. Künstlichen Dünger muss man ja auch wieder verkaufen."

Er erklärte mir weiter, sein Vater war Bauer und er wäre zwar Kaufmann, aber er würde immer wieder zum Dorf zurückkehren und den Leuten helfen. Hier in der Gegend gehörten die oberen Bergregionen, die noch irgendwie nutzbar waren, den Clans, die entschieden, ob sie Feuerholz schlagen würden oder die Weideflächen für das Vieh nutzen wollten.

Später erfuhr ich, dass unterschiedlich verfahren wurde, je nachdem wie nahe man an der 3.000 Meter Höhenlinie war.

Mir war unterwegs aufgefallen, dass es bis Phandar relativ große Grünflächen und Wäldchen in den Talauen gab, doch dann bei Phandar stieg das Gelände sprungartig steil auf 2.800 Meter an und es wurde kärglicher. Weiter unten wuchsen in großer Zahl Fruchtbäume, Äpfel, Aprikosen, Walnüsse, Pfirsiche, Maulbeeren, Trauben, Mandeln.

Besonders ertragreich ist in jener Gegend die Überschussproduktion an Aprikosen, die in getrockneter Form gehandelt werden. Weniger erfolgreich ist die Produktion von Weizen, Gerste, Hirse, Mais und Luzerne, mit der im Winter das Vieh gefüttert wird. Sie reicht kaum aus, um die einheimische Bevölkerung zu versorgen. Nur der Reisanbau fehlt ganz. Mit dem Anbau von Gemüse wie schwarzen und roten Erbsen oder Kartoffeln, die man hier zum Gemüse zählt, hat man unter 2.500 Metern auch kein Problem. Anders ist es oberhalb von Phandar. Während man unten zwei- oder gar dreimal im Jahr ernten kann, ist dies oben nur einmal möglich. Die Qualität und Quantität lässt hier auch viel zu wünschen übrig, denn das Klima ist rauer. Die Hälfte des Jahres hat die Mehrheit der Landbevölkerung eine Unterversorgung mit Getreide. Getreide wird nur zwischen März und Mai angebaut. Es gibt keine Aussaat im Herbst, weil das die

10. Kapitel: Großer Sport in Shandur

Zeit ist, in der man die Ziegenherden und das andere Vieh in die nähere Umgebung der Siedlungen gebracht hat. Nachdem sie sich in der Sommerzeit weiter oben aufgehalten haben, dürfen sie jetzt die noch ergiebigen Weiden in Siedlungsnähe abfressen.

Doch das alles war örtlich sehr verschieden, je nachdem worauf sich die Dorfgemeinschaft geeinigt hatte. Früher handelte man auch auf Anweisung des lokalen Fürsten, der bestimmte Privilegien einräumte oder eben nicht. Oft hielt man sich immer noch an das überlieferte Recht, alte Anweisungen und Übereinkünfte. Da geht es beispielsweise darum, ob man sich für die Sommerzeit eine Hütte im Niemandsland baut oder ob man das Land bebauen kann, das man im Herbst wieder verlassen muss.

Oberhalb von Phandar war Feuerholz immer sehr knapp. Früher wurde es abgeholzt, wann immer man es brauchte. Irgendwann war nichts mehr da und erst dann begannen die Leute, darüber nachzudenken, wie man zukünftig verfahren müsste. Nur noch wenige Juniper Zedern stehen. Holz muss angekauft und mit Jeeps oder Traktoren angefahren werden, wenn es nicht von den rationierten Anteilen aus der näheren Umgebung stammt, das auf Eseln transportiert wird. Holz ist rar, deshalb wird Torf gestochen und als Brennmaterial benutzt. Torf gibt es entlang der Flüsse. Jedes Jahr werden ausgesuchte Areale zum Torfstechen freigegeben. Der Torf wird dann in Blöcken gestochen und lagert bis August, bis er getrocknet ist. Er erholt sich in wenigen Jahren. Er wird in den Öfen zusammen mit Holz verbrannt. Pappeln hingegen werden als Bauholz benutzt. Weidenzweige werden an das Vieh verfüttert. Allerdings sind im Ghizer Tal die Weiden ausgetrocknet, sie stehen grau und ohne Rinde.

In einigen Orten hat man ein Komitee gebildet, das Regeln erstellt hat, wie man die natürlichen Ressourcen der

10. Kapitel: Großer Sport in Shandur

unbewohnten Seitentäler sichern kann, die von allen genutzt werden. Für Missachtungen gibt es eine Strafe von 500 Rupien oder einer Ziege. Das Fällen von Bäumen ist ganz verboten. Wer Holz sammelt, muss es bündelweise wegschaffen, dabei ist der Abbruch von frischen Zweigen untersagt. Nur ein Familienmitglied, das keine Axt mit sich führen darf, darf Holz sammeln. Und das auch nur zur freigegebenen Zeit. Am Eingang des Tals sitzen Schreiber, die alles genau notieren. Was gesammelt worden ist, darf nicht verkauft werden, sodass es für den persönlichen Konsum genutzt werden muss.

Auf dem Zeltplatz sprach mich abends auch ein Student an, der aus dem Chitral Valley stammte. Sein Name war Ajai. Er studierte in den USA und war jetzt in den Semesterferien in seine Heimatstadt zurückgekehrt. Er machte auf mich einen etwas verlorenen Eindruck, irgendwie passte er nicht so richtig hierher. Nicht weil er studiert hatte, sondern weil er an der allgemeinen Hektik keinen Anteil nahm. Er hatte neben seinem Zelt herumgestanden, unschlüssig, was er als nächstes machen sollte.

Als er mich sah, war es ihm klar. Er würde mich ansprechen müssen. Er musste gesehen haben, dass ich auch keine Eile hatte, ins Zelt zu gehen. Ich gab ihm auf Nachfrage die üblichen Auskünfte über Herkunft und touristisches Interesse. Er war zierlich gebaut und hatte ein freundliches Gesicht mit wohlproportionierten Zügen. Auch seine Kleidung war westlich. Er trug Jeans. Man wäre nicht auf die Idee gekommen, ihn für einen Ziegenhirten oder Islamisten zu halten, zwei Bevölkerungsgruppen, die in diesem Land ineinander übergehen. Hier bei der Touristenzeltanlage versammelten sich alle die, die westlich geschnittene Hosen trugen.

Ich fragte ihn, wie es kam, dass ein junger Mann aus Chitral zum Studieren nach Amerika gehen konnte. Sein Vater hatte als

10. Kapitel: Großer Sport in Shandur

Händler von Feldfrüchten Gewinne gemacht, was es ermöglichte, seine beiden Söhne in Karachi studieren zu lassen. In die USA hätte er aber nur gehen können, weil sein Bruder bereits dort und im IT-Bereich beschäftigt war. Zudem habe er ein Stipendium bekommen. Er sagte mir, es gäbe im Chitral Tal nicht genügend Highschools, wenigstens sei es etwas besser als im Ghizer Tal, wo es nicht einmal für Mädchen eine bessere Bildungsmöglichkeit gab. Aber noch schlimmer sei, dass es keine Berufsmöglichkeiten gab.

„Wie sieht es beim Civil Service aus", fragte ich ihn. Schlecht, denn auch die Jobs in der Verwaltung seien kaum der Rede wert.

„Gebildete junge Männer bekommen keine Arbeit und für die weniger gebildeten bleibt auch nicht viel mehr übrig, als der NLI beizutreten."

„Was ist NLI?"

„Das ist die Armee. Freiwerdende Stellen im Bildungsbereich, bei der Gesundheitsversorgung, Landwirtschaft, im Public Work Department oder bei der Polizei sind schwer zu bekommen. Also geht man in die Armee."

„Oder in die Städte des Südens."

„Das machen die Wenigsten. Die Leute hier gehen nicht gerne in den Süden. Sie werden dort nicht ernst genommen!"

„Ist das wirklich so?"

„Ja, man muss einen guten Job haben, in einer guten Position, dann kann man sich das leisten. Vorausgesetzt man beherrscht Urdu!" Ich wusste bereits von Hatam, dass diese Zurückhaltung nicht für alle Bewohner der Nordprovinz galt.

„Und Übersee? So wie dein Bruder? So wie du vielleicht!"

„Nein, ich werde nicht in den USA bleiben! Mein Bruder ist die Ausnahme. Die Pakistaner, die man im Ausland antrifft, sind vom Sindh oder es sind Pandschabis."

Warum konnte es sich Ajai nicht vorstellen, in den USA zu bleiben? Er hatte mit vielen Pakistanern in den USA gesprochen. Alle wollten, dass ihre Kinder wieder nach Pakistan zurückkehrten. Solange sie noch zu Hause bei ihren Eltern waren, solange sie noch die Schule besuchten, ging alles gut. Aber dann machten sie ihren Abschluss und als nächstes gingen sie auf die Universität. Das aber wollten die meisten Eltern nicht. Er kam ins Stocken. Er überlegte, wie er weiter formulieren sollte. Er sagte, sie kämen dort zu stark unter den Einfluss der amerikanischen Kultur. Er sagte „specific" amerikanische Kultur.

„Was verstehst du darunter?" Er tat sich etwas schwer, obwohl er sonst offen redete. Ich vermutete, dass er in Chitral keine differenzierten Gespräche über die amerikanische Kultur führen konnte. Und in Amerika erst recht nicht, außer vielleicht mit „Leidensgenossen". Es ist sehr selten, dass man Amerikaner antrifft, die ihre Kultur in Frage stellen. Ich konnte mir vorstellen, was er sagen wollte, ohne dabei unhöflich werden zu wollen. Er sagte:

„Wir sind Moslems und haben andere Vorstellungen, wie Männer und Frauen miteinander umgehen sollten."

„Die Moralvorstellungen sind in den USA andere!"

„Ja, das meine ich. Pakistanische Eltern sehen mit Sorge, wie ihre Kinder diesen... diesen Einflüssen ausgesetzt sind, und fürchten, dass sie..., dass sie auch so werden wie ..."

„Es gibt Drogen, Alkohol und einen anderen Umgang mit dem anderen Geschlecht!"

10. Kapitel: Großer Sport in Shandur

„Ja, wir Pakistaner mögen das nicht. Amerika ist ein guter Platz, um zu lernen, alles ist sehr gut organisiert, aber... die meisten Pakistaner..."

„Fühlen sich nicht wohl in ihrer Haut. Aber der Wohlstand ist doch sehr verlockend. Wie fühlt man sich als Mann des Hindukusch, der aus einer Weltgegend kommt, die sehr ärmlich ist und Wohlstand von dieser Form nicht kennt?"

„Das ist das, was wir durch eine vermehrte Bildung noch erreichen müssen."

„Wie lange wird das dauern?"

„Ich weiß es nicht. Sehr lange."

„Ist für sehr lange noch genug Zeit?" Er zuckte mit den Schultern, natürlich wusste er nicht, auf was ich hinauswollte. Ich wollte wissen, ob er schon über das reflektiert hatte, worüber man im Westen diskutierte. Da wurde die Auseinandersetzung zwischen der Dritten Welt und der Ersten Welt befürchtet, die der Ersten Welt ihren Wohlstand und der Dritten Welt ihren Frieden nehmen könnte. Und darin verwickelt könnten die westlich-christlichen Kultur und der Islam sein. Es würde keine Religionskriege mehr geben, aber Auseinandersetzungen der Kulturen. Er sagte, er wüsste das nicht zu beurteilen. Aber was man erreichen müsste, sollte man auf friedlichem Weg versuchen, sonst riskiere man zu viel.

„Wir haben hier im Norden Pakistans seit Jahren Streit zwischen Schias und Sunnis. Ich bin Ismaili. Die Situation hat sich dadurch nicht verbessert, sondern verschlechtert. Moslems sollen sich darauf konzentrieren, Anschluss zu finden an die moderne Entwicklung der Welt."

„Und deshalb studierst du in den USA!"

„Ja, ich will meinen Leuten helfen."

„Aber wenn du keinen Job bekommst."

„Es wird schon etwas geben, wenn nicht, weiß ich nicht, was ich machen werde. Jeder sollte sich darauf konzentrieren, das zu machen, was er kann. Das nützt der Allgemeinheit am besten. Es gibt so viel zu tun hier oben. Wo ich herkomme, ist eine der ärmsten Gegenden überhaupt. Die Gegend hier ist völlig unterentwickelt." Er meinte Chitral, aber die östliche Fortsetzung des Hindukusch ins Ghizer Tal und im Grunde der ganze Norden hatten ganz ähnliche Verhältnisse.

In Chitral hatte ein ausländisches Expertenteam mit Vertretern der NGOs die Möglichkeit einer Marmorgewinnung erörtert. Das Land hatte ja Bodenschätze. Aber dazu brauchte man Investoren, denn es fehlte an Infrastruktur, Fabriken und Geld.

„Vor zwei Jahren nahm ich an einer Diskussion von Studenten am Degree College in Chitral teil. Die meisten Studenten sahen als größtes Problem die Beschäftigung für Leute mit Bildung."

Er erläuterte mir, dass es einen Unterschied gab zwischen „Bildung" – talim-i-yafta – und Graduierten – sanadi-yafta. Die Graduierten in Chitral hätten keine wirklich akademische Qualifikation, ihnen fehlte es an technischen und unternehmerischen Fähigkeiten. Ursache dafür sei das Bildungssystem, das es ihnen ermöglichte, bei Examensarbeiten zu betrügen, „bloße Rezitation oder Reproduktion von Texten, um das Zertifikat zu erwerben, macht das zu einem Öl verlierenden Tanker." Das hatte ein Professor gesagt und er hatte es sich gemerkt. „Viele Vögel werden getötet. Es geht ihnen wie den Graduierten, die den Geist hatten, übers Meer zu fliegen, sich jetzt aber an der Küste wiederfinden, mit Öl verschmiert und ohne Hoffnung, wieder flugfähig zu werden."

Genauso ging es den Studenten. Sie waren Gestrandete ihrer hochfliegenden Pläne. Und das unzureichende Bildungssystem war das Öl, das an ihren Flügeln klebte. Es fehlte zudem eine technische Bildungseinrichtung mit der Verbindung von Theorie und Praxis. Umso erstaunlicher, dass sich die Chitralis selber für die zivilisiertesten Menschen der Welt hielten.

Aber dann gibt es wieder die merkwürdigen Geschichten von einem Vater, der seine Tochter für 700 Rupien an einen Fremden verkauft, um das Begräbnis seiner Frau bezahlen zu können. Die Verzweiflung darüber, sich von seiner Tochter trennen zu müssen, kann nicht so groß gewesen sein wie seine Irrsinnsidee, auf ein Begräbnis viel Wert legen zu müssen. Es gab einmal einen berühmten Propheten, der sagte, lasst die Toten die Toten begraben. Womit er sagen wollte, kümmert euch lieber um die Lebenden. Einen Rat, den der alte Irre, der Rabenvater von Chitral, ausschlug. Wenn man die heruntergekommenen Friedhöfe der Muslime im Lande sieht, kaum zu glauben.

Izats Begum Vater war erst dagegen, seine Tochter, das dritte seiner Kinder, zur Schule zu schicken. Das Schulmanagment versuchte, ihn zu überzeugen, doch es gab Leute in seiner Umgebung, die ihm abrieten. Sie hatten Angst, dass Frauen, die zu gebildet werden, nicht mehr im Haushalt arbeiten wollen, sodass die Ehre der Familie verletzt würde.

Zum Schluss willigte der Vater doch ein, unter der Voraussetzung, dass der Aga Khan Education Service oder das Dorf die Gebühren bezahlte. Izat wurde die beste Schülerin der ganzen Schule. Sie bekam Preise. Für die weitere Ausbildung musste sie an eine höhere Schule wechseln. Sie musste dazu von zu Hause weg. Ihr älterer Bruder gab das teure Studium auf, damit das ihrige bezahlt werden konnte. 2004 graduierte sie an der Punshab University. Sie bekam dann ein Stipendium für eine weiterführende Bildungseinrichtung. Sie belegte auch Computerkurse und machte einen Abschluss an der National University of Modern Languages. Ihr Lehrer und Förderer sagte:

10. Kapitel: Großer Sport in Shandur

„Es ist in der Verantwortung von gebildeten und aufgeklärten Menschen, die Gemeinschaft ins Licht zu führen und alte und hinfällige Werte und Verhaltensweisen zu ändern, denn es sind nicht die geographische Örtlichkeit, Umweltverhältnisse oder der gesellschaftliche Stand, die ein Land, ein Gebiet oder eine Region aus der Misere bringen, sondern das Verhalten der Menschen."

Ajai fragte mich, ob ich etwas für die Bildungssituation in Chitral machen könnte. Ich sollte eine Patenschaft übernehmen oder an eine bestehende Einrichtung spenden.

In der lokalen Tageszeitung vom 25 Mai 2014 war zu lesen:

„In Übereinstimmung mit der Politik der Provinzregierung zur freien Verteilung von Schulbüchern an Primary School Schüler kamen am Mittwoch sieben Lastkraftwagen voll mit Büchern in Chitral an. Die Bücher sollen unter verdienten Schülern im ganzen Distrikt verteilt werden. Es sollte herausgestellt werden, dass der Bildungsstandard abgrundtief gesunken ist und dass Betrügereien bei Prüfungen eine normale Praxis ist, die nicht mehr als anstößig betrachtet wird."

Meinem Studenten aus Chitral war aber besonders die Armut ins Auge gefallen, nachdem er so lange in den Vereinigten Staaten des Überflusses gelebt hatte. Was die Ursache für welche Wirkung ist und ob manche Wirkung nicht Ursache sein kann, darüber streiten sich die Gelehrten. Die, die den Mangel haben, haben von diesem Streit leider nichts. Ich fragte Ajai, was man als erstes in Chitral verbessern müsste, außer den Bildungsmöglichkeiten.

„Die Gesundheitsfürsorge muss dringend verbessert werden. Sie ist in den Händen der Regierung. Aber die hat kein Geld für uns. Es gibt zu wenig Ärzte. Die Straßen müssen besser ausgebaut werden. Es gibt vor allem im Winter immer wieder Probleme,

10. Kapitel: Großer Sport in Shandur

Erdrutsche, Lawinen... dann bleiben die Straßen lange gesperrt und die Menschen sind von der Umwelt abgeschnitten. Im Winter sind die Straßen jenseits von Pingal geschlossen."

Ich fragte ihn nach der politischen Bildung. Er sagte, er mache sich nichts aus Politik. Machten sich die Chitralis nicht Gedanken über eine Selbstregierung?

„Wir sind nicht so wie die Gilgiter...", kam prompt die Antwort. Das hing wohl damit zusammen, dass die Chitralis ebenso wie die Ghizer Tal-Bewohner Ismailiten und der Kultur Kohistans verbunden waren, also sich nicht so sehr für ein freies Balawaristan begeistern konnten.

„Wir sind friedliebende Menschen, in Gilgit kommt es immer wieder zu Streit zwischen Sunnis und Schias (er nannte es „riot-torn")." Ich musste an das denken, was der Polizist mir am Eingang zum Shandur Tal gesagt hatte, zog es aber vor, dem Studenten nichts davon zu sagen. Stattdessen wollte ich etwas Aufbauendes sagen.

„Als ich hierherkam, sah ich überall nur ein beschauliches Land, zufriedene Menschen, die ohne Eile sind, in einem wunderbaren Klima, – na ja, vielleicht manchmal etwas zu heiß und auf jeden Fall sehr staubig. Ich bin mir nicht sicher, ob es so vorteilhaft wäre, wenn die moderne Welt mit all ihrem Zeug hier auftauchen und sich breitmachen würde."

„Ja, dieser Teil der Welt ist von Natur aus sehr begabt, aber wir können uns vor der modernen Welt nicht verschließen. Wir müssen sie akzeptieren und wir müssen partizipieren."

Für den Reisenden sieht es immer so aus, als wäre es das Beste, die Tradition zu erhalten. Aber hier war es zu deutlich, dass dringend für die nahe Zukunft etwas geändert werden musste. Bevor die friedliebenden Menschen des Chitral Tals von Islamisten vor ihren Karren gespannt werden konnten, musste man ihnen Bildung verschaffen, dass sie in die Lage versetzt würden, sich selber ein Bild von der Welt zu verschaffen. Ob sie dann davon Gebrauch machten, lag in ihrer eigenen Verantwortung und der der Regierenden.

„Hier geht jeder seinen eigenen Geschäften nach. Reisende werden gastfreundlich behandelt. Sie werden in die Häuser eingeladen. Sie bekommen Essen, eine Bleibe für die Nacht und alles kostenlos. Das Leben wird gelebt, weil es Leben ist, nicht weil man einen kommerziellen Gewinn sucht." Das war etwas zu idealistisch. Ich war mir sicher, dass die Chitralis und ihre Nachbarn knallharte Geschäftsleute und Verhandlungspartner waren.

„Die Menschen hier sind sehr friedliebend", wiederholte er, er hatte begriffen, dass ich das für erstrebenswert hielt.

„Dieses Verhalten hat Tradition. Und doch ist es auch ein Nachteil."

Ich horchte auf. Wieso?

„Auf lange Sicht ist diese Haltung der Gewaltlosigkeit nicht gut. Sie zieht das Böse an."

„Wie meinst du das?"

„Weil es andere Menschen, die nicht so gewaltlos und friedliebend sind, anzieht. Wir haben Dacoits, die unsere Hirten bestehlen. Und die Offiziellen der Regierung gehen mit uns um, wie sie wollen. Sie haben keinen Respekt. Ja, mit Leuten, die sich nicht wehren, hat man keinen Respekt. Sie meinen, sie können sehr relaxed ihren Pflichten nachkommen. Wenn Frieden und Ruhe herrschen, beginnt man, Haus und Hof zu vernachlässigen. Es gibt keinen Grund für Aktivitäten, die eine Veränderung bringen könnten. Die Natur ist generös, das war sie schon immer, aber die Welt hat sich verändert. Man hat nichts getan, um ihre Ressourcen vernünftig zu verwalten, und die Bevölkerung wächst."

Wie anderswo in Pakistan auch. Hier gab es einen Anteil der Bevölkerung unter 15 Jahren von 40%, die Geburtenrate lag zwar bei 4%, aber wegen der hohen Rate der Kindersterblichkeit war der Bevölkerungszuwachs nur bei ca. 3%. Gemessen an der zur Verfügung stehenden Ackerfläche und der stark begrenzten Möglichkeiten, Berufe zu ergreifen, war das immer noch zu viel.

Ich fragte ihn, wie es ihm in Amerika ging. Ob er dort als Muslim angesprochen würde. Er verneinte.

„Kein Angriffsziel von Beleidigungen oder Demütigungen?"

„Nein. Es gibt natürlich Diskussionen mit den anderen Studenten. Einer sagte sogar, ich solle zurückgehen in die Wüste Gobi. Ich sagte ihm, dass es diese Sandwüste bei uns in Pakistan nicht gäbe, aber das interessierte ihn nicht. Aber genau so könnte ich auch ganz andere Geschichten erzählen, die aber nicht ins Konzept der Hardliner unter den extremen Islamisten fallen, für die die Amerikaner alle Ungläubige sind, die den Tod verdient haben. Da ist zum Beispiel die Hilfsbereitschaft der Studenten untereinander."

„Du könntest solche Geschichten an deine Leute weitergeben!"

„Solche Geschichten schaffen es auch nicht bis in die pakistanischen Nachrichtensendungen, weil sie niemand hören will. Sie sind nicht schlecht genug. Aber ich bin nur ein Student. Schlechter als mir geht es vermutlich denen, die einen Job haben, in einem Restaurant oder bei anderen schlecht bezahlten Jobs. Sie stehen als erstes auf der Straße. Aber eines ist klar, es gibt Schlimmeres als Wortgefechte mit dummen Menschen, auf die man sich einlassen kann oder auch nicht. Schlimmer ist es, in Pakistan zu leben und keinen Job zu haben."

10. Kapitel: Großer Sport in Shandur

Das war eine erstaunliche Aussage, die aber sicherlich von Vielen geteilt wurde, die einmal die Vorzüge eines Lebens im reichen Westen kennengelernt hatten. Ich wollte ihn auf einen gewissen Widerspruch in seinen Ansichten hinweisen. Einerseits behauptete er, auf den amerikanischen Universitäten verlören pakistanische Studenten ihre Moral und die sei allgemein nicht gut in den USA. Auf der anderen Seite lobte er die amerikanische Gesellschaft und tadelte die in gewisser Weise unfähige pakistanische Gesellschaft, die doch aber die „richtige" Moral hatte. Ließ sich seine Moral wiederum auf Sexualmoral reduzieren? Er konnte den Widerspruch, der ihm nicht bewusst war, nicht lösen. Er schwankte in seinen Aussagen. Er war ein Beobachter, kein Bewerter. Wenn man nicht weiterweiß, benutzt man Floskeln.

„Wir leben in einer sehr schwierigen Zeit. Die Moral degeneriert und... und die Meinungen gehen weit auseinander. Pakistan geht durch eine Phase des moralischen Bankrotts und der wirtschaftlichen Unfähigkeit."

„Aber die junge Generation kann das alles ändern, wenn sie es nur will. Wichtig ist doch, dass man es einmal erkannt hat."

Ajai deutete auf die Zelte der Armee.

„Die da hindern uns daran. Das Militär raubt uns alles."

„Aber es kann euch nicht eure Zukunft wegnehmen!"

„Aber es hat uns schon alles in der Vergangenheit weggenommen!"

Die große Nation war in einen Schlaf gesunken, in dem alle Glieder taub und der Verstand abgeschaltet waren. Er sagte etwas, das mich an die Worte Khans erinnerte, der von Angst gesprochen hatte. Es sei die Angst, die die Leute einschüchtere, und die Bequemlichkeit, die sie zur Vorsicht und zum Nichtstun

10. Kapitel: Großer Sport in Shandur

außerhalb der Bewältigung der wirtschaftlichen Herausforderungen brachte. Man hatte genug zu tun, sich um sich selbst zu kümmern. Die jungen Geister mit dem Potential, Politik zu machen, gingen einfach zum Studieren ins Ausland oder zum Geld verdienen in den Westen oder in die Golfstaaten und beobachteten allenfalls, was die „Zurückgebliebenen" zu Hause anstellten. Nach Hoffnung klang das nicht, was mir Ajai sagte. Niemand glaubte daran, dass man etwas am Status Quo ändern könnte. Also überließ man die Politik den Alten, den Mullahs und den Militärs. Und wer zu Hause blieb? Der graduierte, wurde arbeitslos, beschäftigte sich mit Kriminalität, Drogen und Landstreicherei, nur um zu überleben. Der Idealismus schien in diesem Land gestorben, es sei denn er war religiös angehaucht. Da war er nach wie vor sehr lebendig. Daneben gab es nur noch die Doktrin, dass es keine Alternative gab. Niemand stand mit beiden Beinen auf dem Boden des Landes, außer geographisch. Und aufstehen tat auch keiner.

Ich sagte Ajai, dass ich diese Situation für sehr gefährlich hielt.

„Warum?"

„Die fortdauernde Unzufriedenheit könnte von radikalen Kräften ausgenutzt werden." Ich dachte an die zunehmende Islamisierung. Ich erzählte Ajai von den Erfahrungen in meinem Land vor meiner Zeit. Ein zunehmend unzufriedenes Volk war bereit, einen radikalen politischen Kurs einzuschlagen, der in den Untergang führte. Ich fragte ihn, ob das nicht auch in Pakistan möglich wäre.

Er sagte, die jungen Leute seien wütend darüber, dass die Verhältnisse so waren, wie sie waren. Es sei nicht undenkbar, dass sich ihre Wut einmal entladen würde. Ob sie sich dann vor einen radikal-islamistischen Karren spannen ließen, wer konnte das sagen?

10. Kapitel: Großer Sport in Shandur

„Wenn Hunger und Zorn zusammenkommen, gibt es meistens ein böses Erwachen. In einer Demokratie wird mit der Stimme gewählt."

Ajai würde nicht zu denen gehören, die eine Kalaschnikow in die Hand nehmen würden. Aber es würden sich genügend Andere finden!

10. Kapitel: Großer Sport in Shandur

Zum Abendessen hatte ich die freie Wahl, in welches der zahlreichen Zelte ich mich begeben wollte. Es gab Dutzende von Fleischspießgrills und bewirtschafteten Lagerfeuern. Ich hatte Ajai zum Abendessen eingeladen. Er hatte jedoch abgelehnt. Natürlich sei ich als Fremder sein Gast. Ich war mir nicht sicher, ob er sich nicht selber auch als Fremden zu betrachten hatte. Wir suchten uns ein geräumiges Zelt, in dem schon einige Einheimische bei guter Laune saßen. Man legte mir einen Holzspieß mit Kebab vor und knuspriges Brot, dazu Fleischstücke und eine Art Kraut in einem Teller, das ich aber nicht anrührte, weil ich der Soße misstraute.

Mit Hilfe von Ajai konnte ich von den einfachen Bergbauern, die die nächsten drei Tage das einzige Mal im Jahr so etwas wie Urlaub machten, Einiges in Erfahrung bringen. Sie, jedenfalls einer von ihnen, hatten eine erstaunlich poetische Sprache, was den Inhalt des Gesagten anbelangte. Ich fragte sie, ob sie das Leben in den Bergen als hart empfanden, ob sie sich nicht ein anderes Leben wünschten.

Sie sagten, solange sie sähen, wie der Schnee im Frühling zu schmelzen begann, verlören sie nicht die Hoffnung, dass das Leben weiterginge. Das Schicksal brächte so oder so viele glückliche und genauso viele weniger glückliche Tage. Es sei sich immer gleich. Wenn man eng mit der Natur lebte, verstünde man, dass sie sich immer wieder erinnert und zurückkommt. Ja, wenigstens in die Natur konnte man sein Vertrauen setzen. In wen sonst noch? Und das sagte ausgerechnet jemand in dem Pakistan, das noch vor kurzem durch ein verheerendes Erdbeben verwüstet worden war.

„An was erinnert sich die Natur? Wie sie es das letzte Mal gemacht hat? Fragt sich nur, welches letzte Mal sie meint, es hat ja auch schon einmal eine Sintflut gegeben und Meteoreinschläge und vor kurzem erst ein Erdbeben."

Manzur, einer der Männer, ein bejahrter Graubart, der wie ein Afghane gekleidet war, fing an zu lachen, wie jemand über eine unwissende Bemerkung eines Buben lacht, ein überlegenes Lachen. Ich hätte zu gerne gewusst, was mein Dolmetscher gesagt hatte. Nein, das würde Allah nicht zulassen, dass die ganze Erde unterging. Nur für Ungläubige kämen harte Zeiten. Ich ersparte ihm die Gegenfrage, ob das Erdbeben nur Ungläubige getroffen hatte. Die Landleute hatten die unerschütterliche Auffassung, dass sich die Scholle, auf der sie lebten, jedes Jahr erneuerte. Das war ihre zuverlässige Landmarke.

Die Welt der Menschen im Chitral und Ghizer Tal, im Westen und Osten von Shandur, veränderte sich wenig, mal gab es gute Ernten, mal weniger gute, mal waren die Winter hart, mal etwas weniger. Ich fragte Manzur, ob eine Klimaveränderung zu spüren wäre. Auf meinen letzten Reisen, in Neuguinea, hatten mir das Eingeborene berichtet. Dort war es über die Jahre trockener geworden. Auch in Costa Rica hatte ich das Gleiche gehört, aber da gab es keine Eingeborenen, die mit der Natur noch so engen Kontakt hatten, nicht mehr. Da stellt sich immer die Frage nach der Quelle der Weisheit. Eigene Beobachtung? Wenn man immer das Gleiche liest, glaubt man es am Ende.

Der Grund und Boden hatte sich in den letzten Jahren nicht geändert. Alles war so wie immer, aber das war Problem genug, denn das Leben war hart wie immer, manchmal zu hart. Wenn man hundertfünfzig Jahre zurückgehen würde, würde man die gleiche Landschaft, die gleichen Dörfer sehen und die Leute würden die gleiche Arbeit verrichten. Nun gut, die Technik hatte bereits Einzug gehalten, ich sah erstaunlich viele Traktoren fahren, genauer gesagt, zwei oder drei. In den fruchtbareren

10. Kapitel: Großer Sport in Shandur

Flusstälern lohnte sich der Einsatz. Er wurde von der Gemeinschaft genutzt, aber das Meiste wurde nach wie vor mit der Hand gemacht. Wozu dann ein teures technisches Gerät? Es war keine Eile geboten, der Markt fand immer Abnehmer.

Ich fragte, was der Grund sei, dass es in höher gelegenen Gebieten, nach dem was ich gesehen hatte, mehr einzelne Gehöfte gab, während sonst doch meist die einzelnen Gehöfte zu Dörfern vereint waren. Der Dolmetscher schaute mich an, als wolle er fragen, ob er mich richtig verstanden hätte. Doch dann wandte er sich zu einem kurzen Wortwechsel an die anderen. Heraus kam, dass jeder sein Haus aufstellen konnte, wo er wollte, wenn es nur auf seinem Boden war, die Pächter müssten die Landlords fragen. Das war nicht die Antwort auf meine Frage.

„Ist es nicht sicherer", fragte ich, „wenn man in der Dorfgemeinschaft wohnt?"

Doch, aber wenn das Dorf zu groß wird, dann erschwert sich die Bewirtschaftung. Das wären die gleichen Gründe wie im Westen.

Ajai sagte: „Oben wohnen die Leute noch in Harmonie mit der Natur."

„Unten nicht?"

„Doch, aber früher hat man sich oft zusammengeschlossen, um sich zu schützen. Weiter oben war das nicht mehr notwendig, so hoch kamen Störenfriede nicht."

Ich ergriff jetzt die Gelegenheit und fragte, ob die Hillmen bewaffnet waren. Eine Frage, die ausweichend beantwortet wurde. Es mochte sein, dass einige „Bergleute" Feuerwaffen hatten. Zum Jagen? Das wurde abgestritten. Das Arbeitsgerät, die Hacke, könnte zur Not als Waffe verwendet werden, ebenso die Axt, aber nur gegen wilde Tiere. Gegen die harten

Umweltbedingungen, kalte Winter, Wind und Regen, eine nur kleine Anbaufläche in womöglich felsigem Gelände gab es keine Bewaffnung.

Ajai ergänzte: „Sogar die Kleidung fällt spärlich aus!"

Ich fragte, was an Überschuss produziert wurde. Zum Verkaufen brachten sie Eier, Geflügel, Butter und Buttermilch auf den Markt, aber nur in der Sommersaison. Einer ließ mich wissen, dass er zu diesem Zweck einen Büffelkarren anmietete. Dazu musste er sehr früh aufstehen und den halben Tag gehen. Erst am nächsten Tag oder am übernächsten kehrte er zurück. Er nahm aber auch Gelegenheitsarbeit an als Coolie, Forstwächter, Wachmann, Tagelöhner. Das machten die anderen Bauern auch, manchmal wurden sie auch zu Straßenarbeiten oder Bauarbeiten angeheuert. Für viele war es die einzige Möglichkeit, überhaupt ein paar Rupien zu verdienen, weil sie ihren Ernteertrag für sich selber brauchten. Manzur hatte sogar schon mal als Träger für Touristen fungiert. Das war unten in Gilgit, als er nach dem Markt wieder nach Hause wollte und zufällig vor Ort nach Trägern gefragt wurde.

Das Gewonnene diente dazu über den Winter zu kommen. Vielen gelang das mehr schlecht als recht, weshalb viele ihre Söhne wegschickten in die Armee, zur Polizei oder andere Dienstleistungsberufe.

Ich fragte, ob sich seit Großvaters Zeiten da etwas geändert hätte. Ajai schüttelte den Kopf, dann sagte er, früher sei es auch hart gewesen, aber heute sei alles noch trostloser (er sagte „hopeless"). Das Klima im Gebirge war einfach zu rau für mehrere ertragreiche Ernten. Und wenn ein Sommer doch einmal gut war, dann machte der nächste alle Ersparnisse wieder zunichte. Die Natur selbst sorgte dafür, dass die

10. Kapitel: Großer Sport in Shandur

Bergregionen kein Ort für Expansion und Überbevölkerung wurden.

Wie groß war sein Land? Vier Acres. Aber er hatte auch Vieh, Ziegen vor allem, wegen des Dungs. Kühe wegen der Milch. Zum Pflügen musste er sich einen Ochsen ausleihen. Die Ziegen wurden nachts auf den unbesäten Feldern gehalten, um diese so zu düngen. In den Bergen gäbe es keinen besseren natürlichen Dünger als Ziegendünger. Also waren Feldbau, Haustierhaltung und Zucht miteinander verbunden.

In den Bergen gäbe es keine Industriebetriebe, wo die Leute arbeiten könnten, erläuterte mir der Übersetzer. Ich entgegnete, dann würde wenigstens die Natur nicht noch zusätzlich belastet. Darauf sagte er, so sei nur der Mensch belastet. Der Mensch sei zuerst daran interessiert, zu überleben, koste es, was es wolle, dann möchte er ein angenehmeres Leben haben. Wenn er aber dann den Fehler beging das Koste-es-was-es-wolle-Verfahren weiter beizubehalten und sogar das Maß zu verlieren, das ihm die eingrenzenden Naturgewalten gegeben hatten, bekamen Mensch und Natur ihre Probleme erst recht.

Ajai, der im kapitalistischen USA studierte, hatte noch einen Gedanken, von dem mir nicht klar war, wie ernst er ihn meinte. Er sagte, wo es keine Industrie gab, da gab es keinen Kapitalismus, und wo es keinen Kapitalismus gab, gab es keine Ausbeutung. Ich hielt dagegen, dass es Ausbeutung überall da gäbe, wo der Mensch beschloss, auszubeuten, unabhängig von der politischen Gesinnung.

Manzur brachte einen anderen Gedanken vor. Es war schön in den Bergen, manchmal aber auch nur ganz schön kalt. Vielleicht hatte der Bergmann sogar einen Sinn für die wilde, gefährliche, eigensinnige Schönheit, aber dennoch ging er abends hungrig ins Bett. Er lebte im Paradies, aber nur fürs Auge, der Städter hatte

10. Kapitel: Großer Sport in Shandur

kein Auge für die Schönheit, die er in seiner Umgebung auch nicht gefunden hätte, dafür aber einen dicken Bauch. Dass es die Menschen einfach nicht fertigbringen, einen sinnvollen Ausgleich zu schaffen!

Die Leute, sagte Ajai, hätten einen starken Geist, sie ließen sich nicht besiegen. Das Leben machte sie hart und stark. Ich forderte ihn auf, nachzufragen, ob der Hillman das auch so sah. Der grinste beinahe verlegen, so erheitert hatte er sich heute Abend noch nicht gezeigt, seine Schnurrbartspitzen zeigten über die Ohren, er sagte irgendetwas und Ajai zögerte und übersetzte etwas, wo ich meine Zweifel hatte, dass es genau das war, was er gesagt hatte. Er soll gesagt haben, seine Söhne machten ihn stark. Er hätte zwei Söhne, die beide schon erwachsen wären, beide wären noch zu Hause. Und beide wären verheiratet. Ich fragte, ob er mit den Schwiegertöchtern zufrieden wäre. Er bestätigte. Ich beobachtete ihn bei der Antwort. Ja, er war zufrieden.

Am nächsten Nachmittag hatte ich einen anderen Gesprächspartner. Ich war von einem Ausflug an den See von Shandur zurückgekommen und wollte mir an einem der Kioske etwas zu trinken kaufen, als mir eine der beiden jungen paramilitärischen Frauen über den Weg lief. Ich erkannte sie, obwohl sie einen Trainingsanzug anhatte, oder vielleicht gerade deshalb. Welche Frau, die mit ihrer Familie nach Shandur gekommen wäre, würde so herumlaufen? Sie würde noch nicht einmal alleine herumlaufen.

Sie hatte einen schmalkrempigen Schlapphut auf und einen Schal mehr um den Hals gewickelt, hijabmäßig um die untere Gesichtshälfte. Ich sprach sie an mit: „Hallo, heruntergekommen zum Nachmittagstee?" Umgekehrt fragte sie mich, wo ich gewesen sei. Das kam locker rüber, so wie man fragt, wenn man es nicht wirklich wissen will. Es war die von den zweien, die mir

10. Kapitel: Großer Sport in Shandur

freundlicher vorgekommen war. Sie rannte jetzt auch nicht weg. Ich fragte sie gerade heraus, ob sie Lust auf einen gemeinsamen Tee hätte.

Sie zögerte kurz und sagte dann: „Sure, why not!"

Warum nicht? Zum Beispiel, weil sie sich gerade auf einen wichtigen Einsatz vorbereitete! Ich bot ihr an, zum abgetrennten Bereich der Touristenzelte zu kommen. Sie machte mir den Gegenvorschlag, gleich daneben in ein Zelt zu gehen. Offensichtlich machte es ihr nichts aus, mit mir zusammen von den einheimischen Männern gesehen zu werden. Ob das okay wäre, fragte ich nach. Sie bejahte und setzte sich auf den Teppich, der eben zu diesem Zweck im Zelt ausgebreitet war. Das Zelt war nach zwei Seiten geöffnet wie eines dieser Beduinenzelte, aus dem blickend man schon früh erkennen kann, ob sich am Horizont jemand nähert.

Ich setzte mich, nachdem ich beim Teekoch eine Kanne Tee bestellt hatte, direkt neben sie. Sie hatte eine Tüte bei sich. Sie hatte Süßigkeiten eingekauft.

„Hast du Zeit", forschte ich nach.

„Ja, ein wenig. Danke für die Einladung." Sie fragte mich ein wenig aus. Ich sagte ihr, dass ich zum Bergsteigen im Karakorum gewesen sei und mir Shandur sehr empfohlen worden wäre.

„Du hast hier mit deinen Freunden einen Spezialauftrag", fragte ich schließlich. Ich hatte gedacht, behutsam vorgehen zu müssen. Aber es machte ihr nichts aus. Im Gegenteil antwortete sie, als sei es das Selbstverständlichste. Meine Vermutung vom Vortag war richtig. Es handelte sich tatsächlich um eine Spezialeinheit. Dass sie still und leise einen geheimen Personenschutz einrichten sollten, davon konnte keine Rede sein. Die Strategie lautete wohl eher, jedem, der es wissen wollte, zu zeigen, dass nicht nur eine komplette Einheit regulärer Truppen stationiert war, um den Präsidenten zu schützen, sondern auch noch Spezialkräfte. Sollte irgendjemand die Büchse der Pandora zu einem Anschlag öffnen wollen, öffnete der pakistanische Sicherheitsdienst eben eine Gegenbüchse.

Nazma, so hieß sie, sagte dann auch noch, sie seien das ganze Jahr im Training und das hier sei im Grunde auch ein Training. Sie trainierten so lange, bis sie sich in einem Ernstfall befinden würden, und dann wäre es optimal, wenn sich das Training nicht vom Einsatz unterscheiden würde, sofern das Training bzw. der Einsatz erfolgreich wären. Solcherart Trainingseinsätze machten sie laufend.

Mich interessierte mehr, wie sie zu dem Job kam. Sie lachte. Es habe sie ganz einfach interessiert, so etwas zu machen. Ob sie von den Männern akzeptiert würde? Ja, voll und ganz. Die Männer seien sogar ganz froh, dass Frauen in ihren Einheiten dabei seien.

Irgendwie verständlich, sonst bekamen sie ja auch keine Frauen zu sehen, noch dazu unverschleiert. Ich sagte ihr, dass ich selber Leiter einer Einheit sei, die Einsätze trainiere, bei denen mit Gewalteinsatz gerechnet würde. Wir könnten eine Trainingseinheit austauschen. Das hatte ich natürlich im Spaß gesagt. Es interessierte sie. Ich machte ihr Komplimente über ihre äußere Erscheinung. Ich wollte, dass sie auskunftsfreudig wurde.

„Ist es für eine gutaussehende Frau nicht unerfreulich, wenn sie sich hinter einem Hijab verstecken muss? Also geht sie zum Militär, ja? Ich verstehe!"

Das fand sie lustig, aber es stimmte nicht. Ihr Vorbild war ihr Vater, der eine Karriere beim Militär gemacht hatte. Er hatte nichts dagegen, dass sein einziges Kind zum Militär ging. Er war aufgeklärt. Kein Fundamentalist. Mit ihm konnten die Islamisten keinen Staat machen, und mit Nazma auch nicht. Eigentlich wollte sie zur Luftwaffe. Seit April waren erstmals vier Frauen zur Ausbildung als Pilotinnen zugelassen. Und vielleicht würde sie da auch noch hingehen. Das hier war eine doch mehr sportliche Aufgabe. Sie mussten immer mental und physisch stark sein, um für alle Eventualitäten gewappnet zu sein. Daher das ständige Training. Sie sagte auch, einen Vorteil hätte das. Man könnte essen, was man wollte, und bliebe trotzdem schlank. Sprach's und bot mir aus ihrer Tüte einen Keks an.

„Um jederzeit für das Land Gewehr bei Fuß zu stehen", sagte ich. Sie lachte. Ja, so könnte man das sehen. Ich sollte mit ihrer Kameradin Fatima reden.

„Warum?" Sie entgegnet nichts darauf.

„Ich habe gehört, dass ein Drittel der Parlamentsmitglieder Frauen sind, stimmt das?"

„Ja, nicht nur das. In Pakistan sind die Frauen auf dem Vormarsch. Es gibt sogar ein eigenes Ministerium für die Frauen."

„Und jetzt sogar Frauen in der Luftwaffe. Hältst du das für gut, dass Frauen allmählich in deinem Land in typische Männerberufe eindringen und den Männern den Job wegnehmen?"

„Es ist gut, dass man den Frauen die Möglichkeit eröffnet hat, alle Berufe zu ergreifen, ob sie es dann tun, sollen sie sich aber gut überlegen. Die Frauen in Pakistan haben in der Vergangenheit meist ein Leben zu Hause verbringen müssen. Es ist besser, wenn sie die Chance haben, auch etwas nach ihren Neigungen zu machen."

10. Kapitel: Großer Sport in Shandur

Es hatte eine Debatte gegeben, denn der Vizechef der Armee hatte verlauten lassen, dass die Armee sehr gut ohne Frauen auskommen würde. Er sagte eigentlich nur das, was viele dachten. Das Verteidigungsministerium hatte der Armee nun den Auftrag gegeben, herauszubekommen, ob Frauen im Offizierskorps mit größeren Aufgaben betraut werden können und auch für den Einsatz in Kampfeinheiten wie der Infanterie oder den Panzerregimentern zum Einsatz kommen könnten. Bisher waren sie nur in Unterstützungseinheiten eingesetzt worden. Dabei blockierten sie aber den Auslauf der altgedienten Frontoffiziere, die es auch gerne einmal auf ihre alten Tage ruhiger und heimatnaher gehabt hätten.

„Aber irgendwann werden Frauen doch heiraten, sie bekommen Kinder und dann hat man doch zu viel in ihre Ausbildung investiert", brachte ich hervor und beobachtete ihre Reaktion genau. Sie schaute mich leicht beleidigt an, sah aber, dass ich das nur gesagt hatte, um eine entsprechende Entgegnung zu bekommen. Sie war kurz angebunden.

„Dann können die Männer ja wieder übernehmen!" Dann sagte sie nach einer Weile:

„Ich weiß noch nicht wirklich, ob ich heiraten werde!" Wollte sie jetzt den Spieß umdrehen? Ich konnte mir nicht vorstellen, dass sie ernsthaft beabsichtigte, nicht zu heiraten.

„Warum nicht?"

„Ich will meine Freiheit behalten. Ich will Karriere machen, bis ich unabhängig bin, vielleicht mache ich in Islamabad ein Fitnessstudio auf. Oder ich gehe ins Ausland. Vielleicht gehe ich auch in die Ausbildung. Dann werde ich meine Erfahrungen weitergeben."

Ich war nicht sicher, ob sie das ihrem Vater schon eröffnet hatte. Bei mir konnte sie ihre Träume ohne Gefahr äußern.

10. Kapitel: Großer Sport in Shandur

„Und studieren?"

„Habe ich schon gemacht, eine Zeit lang!"

„Was?"

„Nicht viel. Ich habe ein paar Artikel für die Zeitung geschrieben, ich habe Computergraphiken gemacht und Animationen." Ich hatte eigentlich nach ihrem Hochschulstudium gefragt, wollte aber nicht weiter nachfragen.

„Was machst du in deiner Freizeit?"

„Warum willst du das wissen?"

„Weil ich versuche, herauszubringen, ob ..." wie sollte ich es ausdrücken? „...ob solche Frauen, wie du eine bist, normale Frauen sind." Das wollte sie vielleicht gar nicht!

„Es ist schwer, in unserem Land nicht normal zu sein. Ich schreibe weiter. Ich spiele Kricket und Basketball. Keyboard und Gitarre, ich male, ich lese, höre Musik und spiele Squash. Aber meistens habe ich für diese Dinge keine Zeit."

„Ich nehme an, ihr habt ein hartes Training."

„Ja, aber es ist großartig, das machen zu dürfen und sich darin zu bewähren. Ich habe nicht gewusst, was auf mich zukommt. Aber ich bin an der Aufgabe gewachsen. Und das ist das Wichtigste, denke ich. Aber ohne meine Eltern wäre es nicht gegangen. Sie haben mir eine wunderbare Unterstützung gegeben. Aber wenn man nicht hart gegen sich selbst sein kann, wird man scheitern. Mein Motto ist, wo ein Wille ist, ist auch ein Weg."

„Eine gewisse Härte braucht man ja immer im Leben, wenn man etwas daraus machen will! So gibt es ja nicht nur äußere Feinde, gegen die zu kämpfen man bereit sein muss, sondern auch innere, und damit meine ich die Selbstüberwindung..."

10. Kapitel: Großer Sport in Shandur

„Du musst mit Fatima reden. Fatima ist ein harter Hund. Sie ist eine große Kämpferin. Sie hat einen starken Glauben. Die Religion motiviert sie. Sie sagt, sie sei jederzeit bereit, für ihr Land in den Krieg zu ziehen."

„Und du nicht?"

Sie zögerte mit ihrer Antwort, dann sagte sie.

„Jeder soll dort, wo er seine Aufgabe sieht, versuchen, sein Bestes zu geben. Manchmal ist das Beste etwas, was zur Selbstaufopferung führt. Aber nicht notwendigerweise. Manchmal gibt es auch eine Zeit, in der man um das eigene Überleben kämpfen muss. Das hilft dann auch Anderen. Man muss seine eigenen Aufgaben suchen und finden."

„Da hast du wohl Recht. Aber um diesem Recht genüge zu tun, gehören wohl auch gewisse Freiheiten, die man beim Militär nicht immer hat. Aber du kannst gerne mit deiner Kameradin heute Abend zu meinem Zelt herunterkommen."

Den Gegenvorschlag machte sie nicht. Sie dankte, ohne eine Zusage zu machen. Ich rechnete stark damit, dass sie nicht auftauchen würden. So war es auch.

„Werdet ihr genauso behandelt wie eure Kameraden?"

„Wir wurden genauso behandelt wie die Anderen."

„Und Diskrimination?"

„Nein. Das gibt es bei der Armee nicht. Sie haben hart mit uns gearbeitet. Das Training war für alle gleich. Jedenfalls meistens."

„Gab es besondere Vorkommnisse bei euren Einsätzen? Du sagtest ja, ihr hattet schon viele dieser Einsätze!"

„Nein!"

10. Kapitel: Großer Sport in Shandur

„Wie war das Gefühl beim ersten Einsatz?"

„Eine gewisse Nervosität war da. Sie muss immer da sein, damit man immer einsatzbereit ist."

„Und was haben die Eltern gesagt, als du zu der Sondereinheit gekommen bist?"

„Sie waren zwar etwas besorgt, aber sie waren auch stolz."

„Würdest du dich als emanzipiert ansehen?"

„Das ist eine schwierige Frage. Vielleicht bin ich es. Aber wenn man es sein will, dann muss man als Frau mutig sein und man muss seinen Weg unbeirrbar weitergehen."

Sie sagte mir, sie müsse nun aber auch weitergehen.

Nachmittags sah ich sie mit ihrer Gruppe weit oben an einem Geröllhang hochklettern. Aufgrund der Entfernung konnte ich nicht erkennen, was sie da machten. Das harte Training ging weiter. Mit dem Polo von Shandur hatte es nichts zu tun.

10. Kapitel: Großer Sport in Shandur

Das Spiel des Hindukusch ist Polo. Es hat auch einen Ortsnamen: Shandur. Polo, das Baltiwort für „Ball", ist ein Spiel, das vermutlich von den Reiterhorden Innerasiens erfunden und von den Afghanen und Mogulen nach Pakistan gebracht wurde. Es diente früher dazu, den Reiterkampf zu üben, denn beim Polo machen Reiter und Pferd Bewegungen, die sie auch in der bewaffneten Auseinandersetzung mit ihren Gegnern im Krieg machen. Heutzutage kämpft keine Armee mehr zu Pferd, aber das Spiel ist geblieben.

Es passt zu der Wildheit der Berge, die Shandur umgeben, denn das Spiel ist ebenso wild. Shandur ist der am höchsten gelegene Polospielort. Jedes Jahr schicken die Gilgiter und Chitralis ihre besten Teams, um unter sich auszuspielen, wer der Beste ist. Man könnte es auch eine inoffizielle Weltmeisterschaft nennen, insoweit es noch weitgehend nach den ursprünglichen rauen Regeln gespielt wird. Dort oben auf 3.700 Metern Höhe könnte auch kein anderes Team der Welt gegen den Gewinner dieses dreitägigen Turniers bestehen.

Das Motto der Chitralis, für die das Spiel Isturghar heißt, ist: wir spielen das Spiel der Könige und das königliche Spiel der Spiele. Polo wurde vor und seit Jahrhunderten gespielt. Aber es war der Mir von Mostuj, damals der von den Briten geduldete Beherrscher des Gebiets zwischen Gilgit und Chitral, der auf die Idee gekommen war, ein Poloturnier unter Beteiligung der gegensätzlichen Völkerschaften durchzuführen, um so vielleicht die Integration zu fördern.

Colonel Evelyn Hey Cobb, der selber ein begeisterter Polospieler war, machte dann den Vorschlag, dieses Turnier etwa in der Mitte zwischen den beiden rivalisierenden Städten Gilgit und Chitral abzuhalten, am zugleich höchsten Punkt auf dem Weg, dem 3.730 Meter hohen Shandur Pass. Dort gibt es auch die größte ebene Fläche weit und breit. Bei der Höhe war auch zu erwarten, dass die Opponenten nicht mit so viel Energie aufeinanderstoßen würden, dass ein größerer Schaden zu erwarten war. Die Gilgiter gehören mehrheitlich zum Stamme der Brusho und Yashkun, und was noch wichtiger ist, sie sind überwiegend Schiiten. Je weiter man sich Shandur nähert, desto mehr Ismailiten hat man. Im Ghizer Tal sind es heute annähernd 90%.

Man muss Folgendes bedenken: Die Gründe, warum die zahlreichen Stämme, die in den nördlichen Gebieten Pakistans siedeln, sich ein gewisses Konkurrenzdenken bewahrt haben, sind vielfältig. Sie haben ihr eigenes Siedlungsgebiet seit Jahrhunderten. Bis 1842 lebten sie in eigenen Königreichen oder „principalities", wie man im englischen Sprachgebrauch sagt, um damit anzudeuten, dass nur eine eingeschränkte Autonomie gegeben war. Deren Grenzen waren zwar durch die Umordnung der britischen Provinzregierung verschoben, die Kerngebiete sind jedoch im Wesentlichen erhalten geblieben. Die Briten konnten auch in dieser Gegend nicht ganz auf ihr Grundprinzip des „Rule and Divide" verzichten, weshalb sie die Gegend westlich von Gilgit, die Landschaft, die man durchqueren muss, wenn man nach Shandur fährt, zusätzlich zerstückelten.

Eine gewichtige Rolle spielt die Tatsache, dass diese Völker verschiedene Sprachen sprechen, sowie, was für westliche Beobachter schwer nachzuvollziehen ist, die unterschiedliche Zugehörigkeit zu vier verschiedenen Denominationen des Islam. Im Westen der Nordprovinz überwiegen die Ismailiten, im Zentrum und Norden die Schiiten, im Süden die Sunniten und im Osten die Nurbushiten.

Wenn man von Gilgit nach Shandur fährt, verlässt man nach 50 Kilometern zunächst den Verwaltungsbezirk Gilgit und gelangt nach Ghizer, immer noch am linken Ufer des Gilgit River. Von

10. Kapitel: Großer Sport in Shandur

dort sind es noch einmal 50 Kilometer am linken Ufer des Gilgit River entlang bis Ghakuch, der Hauptstadt von Ghizer, ehe man noch einmal über hundert Kilometer auf teils sehr ausgesetzten Straßen entlang des Ghizer River bis nach Sarbal gelangt. Von da an gibt es keine geteerten Straßen mehr und man legt die letzten zwanzig Kilometer, zunehmend Höhe gewinnend, auf einer staubigen Piste zurück. Es wird immer unwegsamer, es geht immer höher hinauf, man kommt in immer weniger bewohnte Gegenden.

Das Shandur Tal wird überhaupt nicht bewohnt. Von hier gelangt man über den Pass in das Mastuj Tal und dann nach weiteren 150 Kilometern nach Chitral, der Distrikthauptstadt im Chitral Tal. Und zwischen diesen beiden Städten, Gilgit im Osten des Hindukusch und Chilas im Westen, gibt es die Konkurrenz, die in der geographischen Mitte in Shandur jedes Jahr bekräftigt wird. Was ursprünglich der Integration dienen sollte, hält die Rivalität aufrecht.

Chitral wird bewohnt von den Kho, die die Mehrheit der Völkerschaften des westlichen Hindukusch in Pakistan stellen und sich von den Bewohnern westlich des Shandur Passes ethnisch, in Sprache und Kultur, unterscheiden. Die Kho bewohnen Kohistan, das keine festen Grenzen hat und zur North-West Frontier Province gehört. Der Distrikt Chitral umfasst 14.850 Quadratkilometer und circa vierhunderttausend Bewohner.

Die Gilgiter Region, die auch unter dem Namen Brushaal bekannt ist, umfasst auch das Ghizer Tal und hat insgesamt ca. 30.000 Quadratkilometer und eine Bevölkerung von 820.000 Einwohnern.

Von beiden Parteien, Chitralis und Gilgitern, heißt es, man komme, wenn man den Pass überschreitet, vom Himmel in die

10. Kapitel: Großer Sport in Shandur

Hölle. Dabei ist das eine unrichtige Vereinfachung, denn tatsächlich reichen die Auswirkungen der Khowarsprache und der Kho-Kultur weit in das Ghizer Tal hinein, was das Konkurrenzdenken der Gilgiter eher anheizen müsste. Aber Schwarz-Weiß-Malerei hat man in Pakistan öfter, um eine politische Aussage zu verdeutlichen. Vielleicht denkt man auch, das mache das Leben leichter. Mich interessierte, ob sich das auch auf dem Volksfest in Shandur und dem Reiterwettkampf auswirken und deutlich werden würde. Gab es hier Verhältnisse wie in den Fußballstadien Englands?

Das berühmte Polo-Turnier in Shandur

Das erste Mal fand das Turnier 1936 statt. Colonel Cobb, der eine Vorliebe für nächtliche Reiterspiele unter Vollmondbeleuchtung hatte, fand den „Moony Polo Ground" in Shandur einen geeigneten Platz. Die besten Poloteams von Chitral und Gilgit sollten hier gegeneinander antreten. Dabei sollten die jahrhundertealten Regeln das Ali Sher Khan befolgt werden, eines Nachfahren von Dschingis Khan.

Die Anfänge des Polospiels gehen aber anscheinend noch weiter, bis ins sechste vorchristliche Jahrhundert zurück. Die

10. Kapitel: Großer Sport in Shandur

Reitervölker Innerasiens betrieben es zum Training ihrer Reiterei. Dabei nahm eine beliebige Zahl von Reitern teil, wie in einer richtigen Schlacht auch. Anstelle eines Balls wurden andere Gegenstände benutzt, nicht selten auch die abgeschlagenen Köpfe von Kriegsgegnern.

Die Perser machten es bereits im sechsten Jahrhundert zu einem Nationalsport, von dort aus ging es nach Arabien, ja selbst in China und Japan wurde es gespielt, zum Teil mit härteren Konsequenzen für die Spieler. Der chinesische Kaiser Apao-Chi ließ alle Spieler enthaupten, weil sein Lieblingsspieler ums Leben gekommen war. Tatsächlich geht es in dem Spiel sehr ungestüm zu, denn die Reiter schonen ihre Pferde nicht – und sich selbst auch nicht.

Es gibt eine Sage über die Entstehung des Polospiels, die hoffentlich keine Rückschlüsse darauf zulässt, was für ein Verhältnis die Familienväter zu ihren Kindern haben, auch wenn dabei ihr Verhältnis zu ihren Frauen nicht allzu schlecht wegkommt. Da gab es einen König, der so sehr über den Verlust seiner Frau vergrämt war, dass er die Götter ersuchte, sie ihm wieder zurückzugeben. Eine wahnwitzige Vorstellung schon an sich. Dass der Fürst dem Wahnsinn tatsächlich längst verfallen war, zeigt sich daran, dass er allen Ernstes auf den Vorschlag der Götter einging. Sie wollten ihm seinen Wunsch nämlich unter der Voraussetzung erfüllen, dass er die Köpfe seiner Söhne mithilfe eines Stocks in ein vier Tagesreisen weit entferntes Ziel im Osten, in einen Felsspalt, treiben würde. Dazu wurde ihm auch das Pferd gegeben und, damit es über Stock und Stein nicht zu schwer wurde, immer wieder eine Öffnung in den Bergen, durch die das Fahrtspiel gehen konnte.

Die Sage berichtet auch, dass sich dieses Ziel in Khaplu befinden sollte. Dort werden einem auch tatsächlich ein Felsspalt und das zugehörige Spielfeld gezeigt. Nur die Köpfe fehlen.

10. Kapitel: Großer Sport in Shandur

Vielleicht schätzte der Mann das Leben seiner Söhne geringer ein, weil er ja mit vielen Frauen viele Söhne zeugen konnte. Fakt ist jedenfalls, dass es diese Methode, einen Kopf zu etwas zu benutzen, was dem Eigentümer weitaus weniger zusagt, als dem, der ihn benutzt, schon bei den muslimischen Eroberern Pakistans gegeben hat, als hierzulande die meisten Bergvölker wohl schon sesshaft geworden waren.

Es spricht für sie, dass man eingesehen hat, dass ein runder Ball die Mobilität des Spieles fördert und deshalb viel besser für dieses raue Spiel geeignet ist.

In Kaschmir schneidet man gelegentlich immer noch Köpfe ab, nicht nur von Ziegen und Kälbern, sondern auch von Touristen. Aber das kommt so selten vor, dass es einem Islamisten zumal nicht der Mühe wert ist, einen Bart wachsen zu lassen. Und die, die es tun, das muss man der Fairness halber sagen, haben Polo nicht im Sinn, sondern Politik und Terrorismus.

Vielleicht dachte auch der, der sich die Sage ausgedacht hat, dass es eine besonders witzige Entstehungsvariante sei. Und wer weiß, vielleicht ist die Wahrheit ja noch grausamer und die Sage beschönigt nur.

Es gebührt den Engländern das Lob, die Regeln abgewandelt zu haben. Sie spielen das Spiel eleganter, gesitteter, dafür ist es in Shandur härter und aktionsgeladener. Es rollen keine Köpfe mehr, aber dem Eifer der Teilnehmer tut das keinen Abbruch. Sie entladen ihre Kampfeslust auf die anderen Spieler. Es genügt dabei völlig, die Holzprügel gegeneinander einzusetzen und keinen großen Unterschied zu machen, ob man die Holzkugel trifft oder etwas Anderes. Manchmal trifft der Schlag einen Schädel, so wie früher, aber mit dem erheblichen Unterschied, dass er noch zwischen den Schultern sitzen bleibt.

10. Kapitel: Großer Sport in Shandur

Trotzdem, die Götter der Bergvölker und ihre Untertanen haben eine ziemlich dekadente Art von Humor. Wie auch Dschingis Khan und alle Gewaltherrscher, die es ihm nachtaten, bei der Wahl der Spielzutaten menschliche Köpfe zu nehmen. Das ist nicht die Art, wie man seinen Mitmenschen Achtung erweist.

Die Gilgiter, Chitralis und Skarduer behaupten, die reinste Form des Traditionssports zu betreiben. Wenn die reinste Form die brutalste ist, dann haben sie vermutlich Recht. Schon in der Vergangenheit haben Rajas, Mirs und Mehtars das Spiel in Shandur bezuschusst und gefördert. Man sagte mir, dass die Hälfte des Budgets immer noch von den hochwohlgeborenen Herrschaften gesponsert würde.

Dadurch dass das Polofeld kleiner ist als gewöhnlich, ist das Spiel noch schneller und es kommt noch öfter zu Kampfszenen. Da das Spielfeld in Shandur der Länge nach links und rechts durch eine 60 cm hohe Steinmauer begrenzt war, gab es eine zusätzliche Gefährdung. Oft stießen die Pferde an und es kam vor, dass ein Reiter samt Pferd daran oder darüber zu Fall kam. Da ein Reiter nur ein Pferd pro Spiel benutzen durfte, musste er eigentlich pfleglich mit ihm umgehen. Die Lorbeeren des besten Spielers wurden auf Kosten des Pferdes errungen. Wenn zehntausend Menschen zuschauen, von denen neuntausend machohafte Ehrvorstellungen haben, kann man dann auf die Befindlichkeiten der Kreatur noch Rücksichten erwarten?

Das Polo, das in Shandur gespielt wird, ist sicher nichts für Tierfreunde. Polo ist für die Nordmänner das, was Stierkampf für die Latinos ist. Gebrochene Gliedmaßen, geprellte Rippen, die entweder vom Sturz herrühren oder vom Stockschlag, hindern deshalb die Spieler auch nicht daran, weiterzumachen. Auch das ist der Unterschied zum Tier. Ein Tier weiß, wann es genug ist.

10. Kapitel: Großer Sport in Shandur

Das Spielfeld sah von weitem wie eine Grasfläche aus. Bei näherem Hinsehen offenbarte sich jedoch der unebene, harte, staubige Untergrund. Das Spielfeld war ca. 200 Meter lang und 50 Meter breit und hatte ein leichtes Gefälle. Auf jeder, außer der Kopf- und Stirnseite waren Zuschauertribünen angebracht. Am unteren Ende waren Hügel, die von Zuschauern genutzt wurden. Es waren überwiegend Naturtribünen. Man hatte Sitzgelegenheiten in den harten Untergrund gehauen und mit Rasenstücken belegt. Es gab auch eine Tribüne, ebenfalls ein Grashügel, etwas weiter weg vom Spielfeld, der ausschließlich von Frauen besetzt war.

In der Zeltstadt hatte ich sehr wenige Frauen gesehen. Für sie galt in Shandur offenbar die gleiche Gewohnheit wie zu Hause, sich möglichst nicht außerhalb des geschützten Bereichs blicken zu lassen. Es war ein merkwürdiger Anblick, vielleicht fünfhundert Frauen auf einem Fleck in Pakistan zu sehen, und die wenigsten waren verschleiert. Das war keine arme Landbevölkerung, die sich Ferien in Shandur gar nicht leisten konnte. Sie waren wohl eher der Mittelklasse der Stadtbevölkerung zuzurechnen, die Oberklasse saß auf der Haupttribüne. Sie hatten ihre bunte Festtagskleidung an und sie waren unter sich, das war Anlass zum Feiern genug. Für die Frauen war es daher vielleicht ein noch größeres Ereignis als für die Männer. Was interessierte sie der Sport, wenn sie Gelegenheit hatten, sich auszutauschen! Links und rechts des Frauenhaufens standen uniformierte Wachposten. Sie hatten keinen leichten Job, denn es war anzunehmen, dass sie verstanden, was hinter ihnen gesprochen wurde.

Als ich näherkam, waren bereits tausende Zuschauer auf dem Gelände versammelt und einige Einpeitscher machten Stimmung. Der günstigste Platz schien mir aber direkt hinter dem Tor zu sein. Die zwei Tore befanden sich jeweils am langen, offenen Ende des Spielfeldes. Hier gab es keine Mauer, damit die Pferde, wenn sie über das Ziel hinausgeschossen waren, auslaufen konnten.

Das Tor wurde von zwei Holzpfosten gebildet, die im Abstand von ungefähr 4 Metern in den Rasen eingetrieben waren. An jedem Pfosten war ein Linienrichter postiert. Dabei stand ein Klappstuhl, der von den Linienrichtern jedoch nur in den Pausen benutzt wurde. Das hatte seinen guten Grund. Ich postierte mich hinter einem der Pfosten. Man ließ mich gewähren, während man andere junge Männer und Jugendliche, die dem Spielfeld zu nahekamen, wegbeorderte. Es war leicht einzusehen, warum die Auslaufzone der Pferde sich nicht als Versammlungsplatz für Zuschauer eignete.

Einige junge Männer, die besonders gute Werfer waren, durften sich in der Nähe aufhalten, denn wenn der Ball über die Auslinie gerollt war, musste er aufgenommen und so weit wie möglich ins Feld hineingeworfen werden, worauf die Jagd nach dem Ball, dieses Mal in die andere Richtung, wieder fortgesetzt wurde. Der Staub konnte sich da, wo die Pferde gerade eben noch waren, wieder verziehen und das eigene Gemüt wieder beruhigen.

Ich wusste bereits von einem Polospiel in Fairy Meadows, dass dies der spannendste Platz war, wo man sich aufhalten konnte, denn Ziel des Spieles war es ja, den Ball zwischen den beiden Pfosten durchzutreiben.

Meistens lieferten sich die beiden Parteien im Mittelfeld ein Scharmützel, wo versucht wurde, mit einem gelungenen Schlag die Kugel so zu treffen, dass sie nicht nur in die Richtung des gegnerischen Tors flog, sondern auch eine gehörige Distanz zurücklegte. Das hatte aber zur Folge, dass dann in wilder Jagd hinterher geprescht wurde. Es lief also immer wieder darauf hinaus, dass die Verfolger, sich gegenseitig bedrängend, in

10. Kapitel: Großer Sport in Shandur

gestrecktem, wegen der Zweikämpfe nicht immer kontrolliertem Gallop, auf das Ziel zustürmten, zwischen den beiden Stangen oder dicht daran vorbeiflogen oder eben doch noch an der Torlinie zur Abwehr oder zur Abwehr der Abwehr eine Vollbremsung einlegten und wehe dem, der ihnen da noch im Weg stand. Ich brachte mich mehr als nur einmal durch einen Sprung in Sicherheit.

Manchmal kam ein Pferd von vorne, das andere von der Seite. Oder man meinte es nur, weil die Kugel - eben auch wegen des unebenen Untergrundes - ihre eigenen Wege ging. Die Reiter reagierten so oder doch anders, was sie wahrscheinlich auch nicht immer so genau im Voraus wussten, und das Pferd unter ihrem Sattel hatte ja auch noch seinen Willen. Also stellte sich immer die Frage, wohin liefen sie denn nun im nächsten Augenblick?

Ich bin mir nicht sicher, dass die Pferde den Sinn des Spiels erkannt haben, denn es war zu beobachten, dass die Reiter die Zügel hin und her zerrten. Sie hatten ihre Augen auf den Ball fixiert und reagierten vorhersehbar; die Pferde waren voll damit beschäftigt, die Befehle ihrer Herren zu befolgen. Wenn die nur immer so eindeutig gekommen wären! Ich hatte nicht den Eindruck, dass die Pferde es wirklich verstanden hatten, dass sie immer nur dahin sollten, wo der Ball lief. Sie schienen öfter überrascht, in ihrem natürlichen Vorwärtsdrang gehindert zu werden. Wenn ein Pferd in der Natur flieht, macht es nicht urplötzlich Halt und läuft dann in die entgegengesetzte Richtung, wo eigentlich die Gefahr herkommen müsste. Und ängstlich sind ja Pferde sowieso. Wie sonst würden sie sich von den schwachen Menschlein herumkommandieren lassen? Und in ihren Augen sieht man es auch. Ich weiß nicht, ob man wirklich herausgebracht hat, warum Tiere, die dem Menschen körperlich überlegen sind, sich vom Menschen unterwerfen lassen. Ist

10. Kapitel: Großer Sport in Shandur

ihnen das Dienen etwa eingeboren, man muss sie nur daran erinnern?

Und so stehen sie dem Herrn der Schöpfung zur Verfügung und sterben lieber, als nicht zu parieren. Ganze Pferdebataillone lassen sich in die Schlacht hetzen, anstatt einfach kehrt zu machen. Soll sich der Mensch die Kugel geben, ich doch nicht, hätte ein darwinistisches Pferd denken müssen! Aber solche gibt es nicht! Und so keuchen sie und fleuchen sie mit Schaum vor dem Mund und am Ende legen sie sich auch brav zum Sterben nieder mit einem letzten „treuen" Blick, zufrieden bis zuletzt, die Pflicht getan zu haben. So sind sie, die Pferde. Und in Shandur sterben viele von ihnen.

Wenn auch nicht alle, manche bocken und haben Schadenfreude, wenn sie dem Herrenvolk eins auswischen können. Und sie lachen. Ich habe schon manches Pferd lachen gehört. Ja, auch Pferde können ihren Spaß haben. Ob die Pferde in Shandur Spaß haben? Ich kann es nicht sagen. Wenn die Disposition ihrer Reiter nach unten zu ihnen durchdringt und von ihnen übernommen wird, werden sie einen tierischen Spaß daran haben.

Einmal schwankte ein Pferd in seiner Entscheidung oder war es auch nur von einem anderen beim Kampf um den Ball angerempelt worden, es flog dicht an mir vorbei und erwischte mich gerade eben noch mit dem hinteren Oberschenkel.

Ich machte einen Satz zwei Meter durch die Luft und landete zum Glück wieder unbeschädigt auf den Beinen. Vermutlich hatte ich deshalb keinen Zuwachs an Fotografenkollegen hinter dem Tor. Es gab bestimmt ein halbes Dutzend Touristen, dazu einige Reporter von verschiedenen Medien, die ich nur in der Ferne sah. Auch von den Fernsehteams traute sich keines mit den teuren Kameras in die Nähe der Tore. Nur einmal hielt sich

10. Kapitel: Großer Sport in Shandur

ein Amerikaner neben mir auf. Nach dem ersten Sturmangriff auf unser Tor war er wieder weg. Die Vernunft hatte gesiegt. Nicht leichtfüßig zu sein, ist hier keine gute Voraussetzung, Bilder von frontal aufreitenden Pferden zu machen. Ich hatte eine riskante Position, aber ich war mir meiner Sache sicher. Es gibt Dinge, die ich mir zu Recht nicht zutraue. Das hier gehörte nicht dazu. Eines war sicher. Jetzt auf einem der Pferderücken zu sitzen, wäre weitaus gefährlicher gewesen.

Ein anderes Mal kreiste ein Pferd um den Torpfosten und trampelte den Metallklappstuhl neben mir zusammen. Oft kam es vor, dass die Pferde in die Zuschauermenge hinter den Toren hineinstürmten, weil sie nicht rechtzeitig gebremst hatten oder abgelenkt worden waren. Da konnte man dann sehen, wie flink die Einheimischen waren, wenn sie in alle Richtungen auseinanderstoben. Nicht ganz auszuschließen ist, dass es den Reitern Spaß macht, wenn hunderte junge Kerle vor ihnen wegrennen. Davon träumen sie nachts.

Ich meinte auch erkennen zu können, dass die Reiter ihre liebe Müh hatten, ihre Pferde zu bändigen. Es kam auch zu den unvermeidlichen Stürzen. Zwei Reiter ritten mit blutgetränkten Kopfverbänden weiter. Einmal ging ein Pferdchen ohne seinen Reiter, der schon längst unsanft abgestiegen war, auf die Reise. Es haute einfach ab, hin zum See, eine Meile weg. Dutzende Jugendliche rannten hinterher, aber das kümmerte das Pferd nicht. Ein amüsanter Zwischenfall nur, denn sonst ging es hart zur Sache im unfairen Wettkampf.

Im Gegensatz zum englischen Polo gab es hier keine Regeln, eine Regel, die weidlich ausgenutzt wurde. Die Holzschläger, mit denen man eigentlich die Kugel schlagen sollte, wurden auch mal gegen die Reiter der anderen Partei benutzt, weniger, um sie aus dem Sattel zu schlagen, als sie beim Schlagen zu behindern, weil sie gerade eine günstigere Position zum Ball hatten.

10. Kapitel: Großer Sport in Shandur

Ausgesprochene Knüppelschlägereien gab es nicht. Am Abend saß man bestimmt zusammen und diskutierte über das Spiel. Und im nächsten Jahr wollten wieder alle daran teilnehmen.

Dennoch, da gab es ein Hauen und Stechen. Und natürlich bekamen auch die Pferde manche Schläge ab, ganz zu Schweigen von der Holzkugel, die sie zwischen die Beine geschmettert bekamen. Gefährlich war es auch, wenn sich die Kämpfe an der Mauer zutrugen und haarscharf an den Steinen vorbeigeschrammt wurde. Die Belastung für Pferd und Reiter konnte keine geringe sein. Es wurde unablässig galoppiert, plötzliche Richtungswechsel und abrupte Stopps durchgeführt.

Die Reiter treiben ihre Pferde pausenlos an

Am meisten setzt den Pferden natürlich die Höhe zu. 3.700 Meter über dem Meeresspiegel! Unter diesen Umständen war es schier unglaublich, dass die Pferde 60 Minuten lang mit einer zehnminütigen Unterbrechung diese Belastungen durchstehen konnten. Man sagte mir, dass sie zum Teil wochenlang vorher schon auf die Höhe eingestimmt werden. Alle Teilnehmer der insgesamt 10 Mannschaften reisten einige Tage vorher schon an, damit sich die Tiere akklimatisieren konnten. Dass sie das so

10. Kapitel: Großer Sport in Shandur

schnell vermögen, ist mir dennoch nicht verständlich. Aber vielleicht können sie es auch nicht wirklich und schleichen abends wie gerädert in den Stall zu einer unruhigen, atemknappen Nacht. Aber wen kümmerte es? Für Pferde gibt es keine Sprechstunden bei der Turnierleitung. Und der Pferdedoktor war nur fürs Grobe zuständig.

Trotzdem ist die Anstrengung für manche zu groß, wenn die Reiter nicht rechtzeitig erkennen, dass sie ihrem Pferd eine Erholungsphase gewähren müssen. Ich bezweifle nur, dass dies während des Spiels erkannt wird. Der Stolz der Reiter und ihr Kampfgeist stehen dem entgegen.

In Shandur traf ich auch Trent und Dave, die beiden jungen englischen Traveller, die mir schon in Askole über den Weg gelaufen waren, nachdem sie ihre Tour abbrechen mussten. Trent eröffnete mir, dass er ein Fan von Polo sei. Er würde mit seinem Freund die ganzen drei Tage hier bleiben und dann nach Chitral weiterreisen, wo sie sich trennen würden.

Eines Abends, ein paar Tage später in Peschawar, erlebte ich im Restaurant meines Hotels eine Überraschung. Da saß Trent, der Mann mit dem Faible für Polo und der Passion für Pakistan. Das war nicht abgesprochen. Peschawar ist eine große Stadt mit einer zwar nicht unermesslich großen Zahl von Hotels, die für Leute aus dem Westen annehmbar wären. Aber das Green's, das drei Kilometer von der Altstadt entfernt in einem moderneren Stadtteil liegt, gehört zu den besseren und war deshalb für Trents Budget weniger geeignet, weshalb er dort auch nur dinieren wollte. Noch am Abend würde sein Zug nach Lahore gehen. Wir freuten uns über den Zufall mehr als über die Kleinheit der Welt. Doch dazu gab es noch eine Steigerung.

Einige Tage später fuhr mich eine Motorriksha durch die engen Gassen von Lahore. Da der Fahrer ortskundig war, kürzte er

10. Kapitel: Großer Sport in Shandur

durch das Straßengewirr ab und wählte einen Weg zu einer Reparaturwerkstatt. Er hielt an und bat mich um eine kurze Rast, da etwas mit einem Reifen wäre. Und wer kam da zu Fuß des Weges? Es war Trent. Lahore ist eine Stadt mit fünf Millionen Einwohnern und ebenso vielen Gassen und Winkeln.

Ich fragte Trent, wie der letzte Tag in Shandur gewesen sei. Er sagte, sie seien noch vom pakistanischen Fernsehen interviewt worden. Am letzten Tag des Festes in Shandur habe es einen Sturz gegeben, den das Pferd nicht überlebte. Den Reiter brachten sie ins Krankenhaus. Ich fragte ihn auch, ob diese Amateure gegen die Profis in England eine Chance hätten. Er lächelte und schüttelte den Kopf, und als er sagte, die britischen Profis hätten zumindest in der Höhe von Shandur keine Chance gegen die besseren der in Shandur teilnehmenden Mannschaften, konnte ich in seinen Augen eine gewisse Bewunderung für sie erkennen.

Die Briten hätten gar nicht die Pferde dazu. In England werden die Pferde nach 10 Minuten gewechselt, man spielt gentlemanlike nach Regeln. Man führt keinen Krieg wie die Gilgiter gegen die Chitralis. Ich tröstete Trent mit der Behauptung, sicherlich seien die Brits die besseren Reiter. Ich glaube, er glaubte das auch nicht.

Für mich sah es so aus, als wären die Pferde temperamentvoller als ihre Reiter, die alle Hände voll zu tun hatten, um das Pferd zu beherrschen und sich im Sattel zu halten. Das gelang ihnen nicht immer. Nicht selten fanden sie sich auf dem Boden wieder. Dazu mussten sie auch noch versuchen, den Ball mit dem Holzschläger zu treffen.

Man hatte mir gesagt, dass der lokale Adel teilweise seine ganze Apanage dafür verwendete, um die richtigen Pferde zu züchten oder ins Land zu bringen, damit man im Polo erfolgreich sein

10. Kapitel: Großer Sport in Shandur

konnte. Alle Pferde, die in Shandur antraten, waren gesponsert und die wenigsten gehörten den Reitern. Die Pferde selbst waren zwar muskulös und sehnig, aber sie waren dennoch eher unscheinbar, da sie meist untersetzt waren, das Fell fleckig. Nein, es waren nicht die schönsten Gäule. Ganz genauso ist es mit den besten Trägern für Bergexpeditionen. Sie sind zäh und bärenstark, aber eher untersetzt und zierlich. In den Bergen zählen Charakterfestigkeit und wahre Stärke, nicht der hohle Schein.

Während man im Westen nur den Jungen etwas zutraut, kommen in Shandur beim Polo auch alte, um nicht zu sagen, pensionierte Haudegen zum Einsatz. Und zwar sowohl bei den Reitern als auch bei den Pferden. Erfahrung macht das Ungestüm der Jungen wett. Die beste Taktik bestand darin, das Pferd nur laufen zu lassen, wenn es sich lohnte, und vorausschauend zu handeln.

Natürlich geht es beim Polo darum, Tore zu erzielen. Wenn das geschehen ist, nimmt der Spieler den Ball sofort wieder auf, reitet in gestrecktem Galopp zur Mitte des Spielfeldes, wirft dann den Ball in die Höhe und versucht, ihn erstens mit seinem Schläger zu treffen, und zweitens so zu treffen, dass er in Richtung auf das andere Tor zuschießt, denn die Seiten werden nach jedem Tor gewechselt. Das Ganze wird begleitet von dem Jubel der dieses Team unterstützenden Zuschauermenge und dem Aufheulen der Musikband. Angeblich gehört es auch zum Polo, die Gegner zu verhöhnen. Davon konnte ich nichts ausmachen.

In den Pausen zwischen den Spielen fanden Tanzveranstaltungen und musikalische Darbietungen statt. Nach den Spielen gab es auch dem Polo nicht näher verwandte Spiele zu sehen. Einmal spielten zwei Mannschaften Polo auf Eselsrücken. Die Zuschauer waren begeistert. Sie hatten selten etwas gesehen, das sie mehr

10. Kapitel: Großer Sport in Shandur

belustigt hätte. Die Esel fanden das weniger lustig, sie trotteten jedenfalls lustlos, von dem Gejohle der Menge begleitet, durch die Gegend, mal hierhin, mal dorthin, und legten nur eine schärfere Gangart ein, wenn ihr Reiter heruntergerutscht war. Dann bekamen die Tiere mehr Schläge als die Mitspieler, sie nahmen es hin, ohne dass man aus ihrem Maul ein Fluchwort vernommen hätte. Sie waren kleine, unglückliche Esel, die kein hohes Lebensalter anstrebten. Wozu auch. Aber ich war wohl der Einzige unter den vielen Tausend, der solche Überlegungen anstellte.

Lord Curzon, der Vizekönig von Indien, als Shandur noch zum Britischen Empire gehörte, sagte 1894: „Die famoseste Rauferei fand statt, wenn Spieler und Ponies gleichermaßen durchgeprügelt wurden, was aber keinem von beiden etwas auszumachen schien. Die Männer ritten mit der äußersten Anstrengung, ohne ein Anzeichen von Angst und veranstalteten reiterische Glanzleistungen, die in Anbetracht ihrer primitiven Erhöhungen wirklich erstaunlich waren."

Er sagte auch, die höher entwickelte Form dieses Sports, damit meinte er das britische Polo, hätte sich nie entwickeln können, wenn es nicht diese harten Bergleute gegeben hätte, die die Tradition und den erhabenen Geist des Spiels durch die Jahrhunderte erhalten hätten.

10. Kapitel: Großer Sport in Shandur

Das Ende des Festes in Shandur bekam ich im Fernsehen in Gilgit mit. Zum ersten Mal überhaupt wurde Shandur im Fernsehen übertragen. Ich schaute eine Weile in dem Teppichladen neben meinem Zeitungsverkäufer zu. Die drei Angestellten und ihr Chef hockten vor dem Fernseher.

Dieses Jahr gewann Chitral. Der Kapitän der siegreichen Mannschaft wurde auch zum besten Spieler gewählt. Das beste Pferd gehörte aber einem Gilgiter. Und das war, laut den Gilgitern, wichtiger. Weniger wichtig waren die Reden, die vom Distrikt Nazim, Federal Minister for Political Affairs, Federal Minister for Tourism und dem Präsidenten Pakistans gehalten wurden. Musharraf wiederholte, was er einen Tag zuvor in Chitral gesagt hatte. Die Region sollte einen um das Vierfache angehobenen Etat bekommen, „four billion rupees", dazu eine Verbesserung des Energiehaushalts, der Infrastruktur, des Gesundheitswesens und der Bildungseinrichtungen. Er kündigte an, die alten Fokker zu ersetzen, aber nichts von einer Selbstregierung.

Dann sagte er noch etwas Interessantes, das besonders die Leute im Hindukusch anging. Er sagte, der Extremismus unterminiere die Grundlagen des Landes. Man müsse deshalb den Terrorismus ausrotten, um eine langfristige Entwicklung auch dieser Gegend zu unterstützen. Das zeigte mir, dass es doch eher wahrscheinlich war, zu glauben, dass es in dem Gebiet solche Terroristencamps gab. Er sagte weiter, man solle den Tourismus begrüßen und die aufhalten, die den Extremismus bringen - eine eigentlich sehr mutige Rede -, man solle gegen sie aufstehen und sich nicht vor ihnen fürchten. Er hielt die Rede in Urdu. Aber in den englischen Tageszeitungen war sie abgedruckt. Der Teppichverkäufer übersetzte mir nur einen Teil der Rede des Präsidenten, die ich für nicht wenig amüsant hielt. Er sagte, Shandur sei ein großartiger Naturplatz, den es für den

10. Kapitel: Großer Sport in Shandur

Tourismus zu erhalten galt. Und deshalb, meinte ein Kommentator im Fernsehstudio, dürfe man auch nicht zu sehr in die Landschaft eingreifen.

Ich sagte dem Teppichverkäufer, der angezogen war wie sein Berufskollege in Manhattan, aber nicht wie sein Vetter in Kabul, dass mir als Tourist ein bisschen weniger Natur in Form von unablässig herumwirbelnden Staubmassen und geteerte Straßen, wenigstens im Bereich des Veranstaltungsortes, viel lieber wären. Und dass ein Blechhäuschen als Toilette für zehntausend Männer ein bisschen wenig wäre, es sei denn man wolle die Verbreitung von Infektionskrankheiten fördern. Das habe, sagte ich, nichts mit der Erhaltung von Natur zu tun. So eine Natur könne niemand wollen. Der Präsident habe leicht reden, er flog mit dem Hubschrauber ein, bekam französischen Wein und zartes Lammkebab serviert, und bevor er ein Bedürfnis verspürte, flog er schon wieder aus dem Tal hinaus.

Shandur ist für Touristen abschreckend, der Sport ist aufregend und großartig, aber die Begleitumstände sind schrecklich und menschenunwürdig. Ganz Shandur ist voll von menschlichen Exkrementen, weil jeder irgendwann einmal irgendwohin muss. Den Teppichladenbesitzer störte mein Mangel an charmanten Bemerkungen nicht. Er sagte, deshalb ginge er schon lange nicht mehr nach Shandur.

Trent hatte mir erzählt, dass es einen Zwischenfall gegeben hatte. Plötzlich war eine der Tribünen unter dem Gewicht der Menschen zusammengebrochen und eine riesige Staubwolke hatte sich über das ganze Gelände gelegt. Aber es gab nur ein paar Verletzte. Es brach keine Panik aus und die Veranstaltung konnte weitergehen.

Trent erzählte, dass die Rede der Tourismusministerin am interessantesten gewesen sei. Sie bekam sehr viel Applaus von

10. Kapitel: Großer Sport in Shandur

den Chitralis, denn sie nutzte die Gelegenheit, um Chitral zu preisen. Sie bekam weiter Applaus, als sie sagte, die Leute von Chitral seien großartig. Der Applaus setzte sich fort, als sie dazu überging, zu sagen, dass die Früchte von Chitral wunderbar wären. Der Applaus nahm kein Ende und ging in Donnern über, als sie hinzufügte, dass die Tiere in Chitral wunderschön wären, denn die Chitralis lieben ihre Tiere.

Ob die Tiere der Chitralis etwas davon wussten? Ich dachte an die Schlachtungen der Ziegen und Rinder in Shandur. Sie waren notwendig. Was hätte man sonst essen sollen. Aber das Wie ist eine andere Sache. Die Nordleute lieben ihre Tiere, sicher, bis in den Tod. Und ich dachte an die Pferde, für die Shandur eine Tortur war, die ihre Liebhaber so belustigte. Aber warum sollte es Tieren in diesem Land besser gehen als Menschen?

Meine Abreise aus Shandur gestaltete sich schwierig. Es gab kein öffentliches Verkehrsmittel. Ich wunderte mich, dass noch kein Transportunternehmer darauf gekommen war, einen Fahrdienst einzurichten. Es war Gewohnheit, sich zusammenzufinden und unten im Tal ein Fahrzeug anzumieten. So war auch für die Rückreise gesorgt. Aber nicht für alle.

Man weiß nie, wozu es gut ist, wenn einmal etwas nicht so läuft, wie man es sich vorstellt. Ich stand bereits um 6.00 Uhr morgens da und wartete auf eine Mitfahrgelegenheit. Bei mir waren noch zwei junge Kerle mit einem dicken Teppich, einer Art pakistanischer Schlafsack, als einziges Reiseutensil. Ich hätte an alles Andere gedacht, Rucksack, Proviant, vielleicht Nähzeug für die Socken, aber nicht an einen Teppich! Dann hatte sich noch ein bärtiger, untersetzter Mann in etwa meinem Alter eingefunden. Der war schon auffällig modern gekleidet, mit Baseballmütze, und durfte deshalb auch einen kleinen Rucksack dabeihaben. Und er hatte eine Digicam und ein Handy, was er nicht verbarg. Es sollte ja auch jeder seinen Reichtum sehen. Er war aus Karachi und konnte Englisch. Ein Angestellter bei einer Firma. 7.00 Uhr käme das Taxi, sagte er im Brustton eines alten Weisen, der Widerspruch schon lange nicht mehr gewöhnt ist. Er musterte mich aufmerksam aus listigen, aber nicht arglistigen Augen. Er war einer jener ganz Bärtigen, die vielleicht auf einem Passbild grimmig dreinschauen, aber denen man im Leben ganz schnell ansieht, dass sie harmlos bis auf die Knochen sind.

Ein langer Weg von Karachi, um am Fest teilnehmen zu können! Dafür hatte er extra Urlaub genommen. Für die Reise über Land und mit öffentlichen Verkehrsmitteln würde er weitaus mehr Tage benötigen als für die Teilnahme am Fest vor Ort. Und jetzt hatte er auch noch vor dem Finale die Rückreise angetreten!

Als es 7:30 Uhr war, korrigierte er auf 8:30 Uhr. Dann müsste der Natco Bus von Chitral hier auftauchen. Zumindest täte er das gewöhnlich morgens um diese Zeit. Ich fragte ihn, ob er sicher sei. Er war es oder er tat nur so. Die Zeltstadt war erwacht und nach und nach kamen sogar wieder neue Besucher an. Viele reisten erst zum Finaltag des Turniers an. Die Neuankömmlinge und die anderen geschäftigen Herumfahrer schleppten eine riesige Staubfahne hinter sich her. Ich versteckte mein Gesicht hinter meinem Hut. Was ich brauchte, war ein Hijab!

Die Schlächter in unmittelbarer Nachbarschaft störte das nicht und die Tiere, die angepflockt an der Richtstätte herumstanden, hatten andere Sorgen. Sie würden nicht mehr so lange leben, um an dem Staub zu ersticken. Jetzt erst sah ich einen Jungen, der an einer Stange ein ganzes Arsenal Staubfiltermasken trug. Er machte sicher kein schlechtes Geschäft. Ich vermisste nur seine Werbetrommel.

Ich stoppte etliche Fahrzeuge, die an mir vorbeifuhren, in der Hoffnung, eine Mitfahrgelegenheit zu ergattern. Sie hatten gar nicht die Absicht, den Platz zu verlassen. Ich war gerade dabei, schon wieder zu ermüden, da rief mir der Handyman zu, ich solle aufspringen. In meinem Rücken stand ein Pickup, vollbeladen, die zwei Jungen und der Handyman waren schon aufgesprungen. Ich folgte. Wenigstens nach Phandar konnte ich mitfahren. Von da, versicherte mir der Handyman, könnte man dann immer noch einen Bus nehmen.

Die Fahrt hinunter auf der holprigen Piste war erwartungsgemäß eine Belastung für die Gelenke, da an ein Hinsetzen nicht zu denken war. In solch einem unwegsamen Gelände schneidet ein Geländewagen viel schlechter im Bereich Komfort ab als ein Kamel oder Maulesel, die über die Unebenheiten des Geländes hinwegtreten. Natürlich wurde man außerdem wegen der entgegenkommenden Fahrzeuge, die ebenfalls mit Pilgern vollbeladen waren, und denen, die wir überholten, mit Staub eingedeckt, sodass wir, als wir in Phandar von der Ladefläche herunterkletterten, aussahen, als kämen wir aus einem Sandsturm.

Vorher gab es aber einen Aufenthalt an einer Krankenstation. Der Fahrer war plötzlich von der Piste abgebogen und eine noch schlimmere Buckelpiste an einem Bach entlang noch einen Kilometer weit hinaufgefahren. Dann hielt er an. Die Station lag noch ein paar hundert Meter weiter oben und konnte nur zu Fuß erreicht werden. Alle stiegen aus und machten sich auf den Weg zu ihr, denn dort gab es aus einer Quelle heiliges Heilwasser. Alle außer mir. Ich zog das Wasser aus dem Bach vor, um mich zu erfrischen.

Sie hatten alles mitgenommen, was man zum Füllen mit Wasser benutzen konnte, hatten die Gefäße aufgefüllt. Der Handyman hatte eine 1 Liter Cola-Flasche und schien sehr zufrieden zu sein. Er erklärte mir, beinahe wie im Triumph ob der zu erwartenden Heilung seiner und meiner Gebrechen, wie wunderbar das Wasser seine Wirkung entfalten würde, wenn man es tränke. Er

10. Kapitel: Großer Sport in Shandur

bot mir einen Schluck an, ich lehnte betont entschieden ab und antwortete so kühl wie das Wasser und nüchtern, wie ich konnte, dass Heilwasser eine feine Sache wäre, aber nur dann, wenn man es ständig zu sich nähme. Ein Liter wäre so gut wie jedes klare Bachwasser. Ich war nicht eben gut gelaunt. Die Abreise hatte sich verzögert und jetzt hielten sich diese Vagabunden auch noch mit ein paar Tropfen Wasser auf. Vor allem kostete der zusätzliche Aufenthalt genau die Zeit, die wir vor dem voraussichtlichen Eintreffen des Natcobusses abgefahren waren.

Als wir wieder unten an der Straße waren, wurde mir dann auch nicht widersprochen, als ich feststellte, dass der Bus gerade eben vorbeigefahren sein müsste. Das war der einzige Bus des Tages!

In Phandar zahlte jeder Passagier 150 Rupien Fahrpreis. Wir erkundigten uns nach dem oder irgendeinem Bus. Zuerst hieß es, er käme „now", weshalb ich in der Gluthitze der Straße stehenblieb. Dann hieß es „soon" und ich zog mich in den Schatten zurück. Dann verstrich die Spanne, die man noch im Entferntesten mit „bald" umschreiben konnte, ebenfalls und ich spazierte über die Brücke und kaufte mir an einem Kiosk, dem einzigen Laden des Dorfes, der immerhin noch ein kleines Gasthaus zu bieten hatte, etwas zu trinken. Daneben stand eine Bank, auf der schon zwei alte Rentner saßen. Ich setzte mich zu ihnen und versuchte, herauszufinden, welche Zeitbegriffe in diesem Land noch alle benutzt wurden. Ich ließ mir dazu noch etwa eine und eine Viertelstunde Zeit, nachdem die letzte Ankunftszeit für den Bus von Einheimischen, die es eigentlich wissen mussten, ebenfalls verstrichen war. Dann kam ein anderer alter Mann, der sehr vertrauenswürdig aussah, von der anderen Straßenseite zu mir herüber. Von ihm erfuhr ich, dass er nicht mehr damit rechnete, heute überhaupt noch einen Bus zu sehen zu bekommen. Das war genau das, was ich schon

10. Kapitel: Großer Sport in Shandur

immer gewusst hatte. Ich wollte es nur gehört haben. Ich nahm mein Gepäck und lief los. In der Nähe musste das Phandar Motel sein, von wo aus ich wieder eine Mitfahrt zu bekommen hoffte. Es war 13:00 Uhr, die anderen Gestrandeten trauten sich nicht in die Mittagshitze hinaus.

Mir war es gleichgültig. Ich marschierte los, nur der Handyman mit seinem kleinen Rucksack folgte. Er ließ abreißen. Er muss wohl einen Kilometer gefolgt sein. Als ich mich umdrehte, war er auf einmal verschwunden. Ich hatte einen forschen Spaziergang, der einige Leute auf den Äckern aufschauen ließ, einmal liefen sogar zwei Frauen zum Straßenrand hin und taten so, als gäbe es einen anderen Grund, als den Fremden aus der Nähe zu betrachten. Ich marschierte drei Kilometer, ohne dass ein Fahrzeug vorbeigekommen wäre. Vielleicht war ich ein gestrandeter US-Pilot oder ein Spion der CIA, der mit dem Fallschirm abgesprungen war. Vom PTDC-Resthouse war nichts zu sehen. Auch das auf dem Hügel davor befindliche Phandar Guesthouse blieb unsichtbar. Ich vermutete es nach der nächsten Steigung. Vier Kilometer, fünf Kilometer, meine Schritte waren raumgreifend.

Endlich kam ein geschlossener Jeep. Ein Amerikaner. Er nahm mich mit. Er war auf der Suche nach zwei Freunden, die er im Guesthouse zu finden hoffte. Er fuhr mich dennoch das Stück zum Motel weiter. Dort fuhren gerade zwei Jeeps vom Hof, der sonst leer stand. Einen kurzen Moment zögerte ich. Ich brauchte ja eine Mitfahrgelegenheit nach Gilgit oder wenigstens Gakunch, dem nächsten größeren Ort.

Kaum war ich im Foyer begriff der Rezeptionist schon, was ich wollte, und reagierte sofort, was mich sehr verwunderte. Er schickte einen Laufburschen den steilen Hang hinter dem Motel hinunter, in der Erwartung, einen der beiden Jeeps noch zu erwischen. Ich hetzte hinterher, was bei der Steilheit des

Geländes und der Schwere meines Gepäcks nicht einfach war. Aber die beiden Jeeps waren gar nicht abwärts, sondern in die entgegengesetzte Richtung, nach Shandur, gefahren.

Ich bedankte mich bei dem Diener für die Mühen, gab ihm auch ein Trinkgeld „for running", denn er musste ja in der Hitze wieder den Berg hoch, und wenn er oben angekommen war, hätte er bestimmt Durst. Den hatte ich auch. Eigentlich hatte ich geplant, im Motel etwas zu essen und zu trinken.

Ich musste nicht lange warten. Den nächsten Jeep hielt ich winkend an. Er fuhr noch dreißig Meter an mir vorbei, doch dann hielt er. Es stellte sich heraus, dass es ein Fernsehteam des pakistanischen Fernsehsenders PTV war. Sie hatten gar nicht wegen mir gehalten. Sie hatten das PTDC gesucht und waren oben an der Abzweigung vorbeigefahren. Erst jetzt, weiter unten, hatten sie es oben auf dem Berg gesehen und deshalb angehalten.

Ich fragte, ob sie mich vielleicht zum nächsten größeren Ort, Gakunch, mitnehmen könnten. Der Journalist, der noch Kameramann, Toningenieur und Fahrer dabeihatte, stellte die Gegenfrage, ob es mir was ausmachte, wenn sie noch eine Mittagspause im PTDC einlegen würden. Ich war einverstanden! Damit nicht genug. Asmatullah von PTV 1 lud mich, oben angekommen, auch noch zum Mittagessen ein. Und das war reichlich.

Asmatullah hatte ein lahmes Bein und einen Krückstock. Die nächsten fünf Stunden führten wir einen regen Gedankenaustausch, an dem sich die Anderen nicht beteiligten. Er erklärte mir, dass er schon vier Tage in Shandur gewesen sei, eigentlich hätte er noch bis morgen bleiben sollen, aber es sei für ihn zu anstrengend, er habe auf eine Ablöse gewartet, die sei auch gekommen. Er habe mich schon in Shandur gesehen. Das

10. Kapitel: Großer Sport in Shandur

war einfacher als umgekehrt. Hinter dem Tor stehend war ich leicht auszumachen.

Er hätte keine Lust mehr auf die Arbeit, er habe schon so viel geleistet, er bräuchte das nicht mehr usw. Ich gewann den Eindruck, dass er körperlich nicht allzu robust war und mental nichts oder nichts mehr aufzubieten hatte, was man in einschlägigen Kreisen den „Killerinstinkt" nennt. Ich schätzte ihn auf Ende vierzig bis Mitte fünfzig. Man sah ihm an, dass er und seine Begleiter keine „Söhne der Berge" waren. Vielleicht war ihm die Höhenluft einfach nicht bekommen.

Asmatullah war Pathane, arbeitete schon seit vielen Jahren in Islamabad als Fernsehjournalist. Zu seiner Abstammung tischte er mir eine merkwürdige Theorie auf. Die Pathanen oder Paschtunen, wie er sagte, seien Nachfahren von Juden. Er war seiner Meinung nach also ein Nachkomme der in der islamischen Welt am meisten gehassten Volksgruppe. Es hörte sich aber nicht so an, als ob er sich dessen schämte. Er war stolz darauf, das zu sein, was er war.

Tatsächlich verliert sich die Herkunft der Paschtunen im Dunkel der Geschichte. Die Paschtunen stellen den Hauptanteil der Bevölkerung in der Grenzregion zu Afghanistan. „Afghane" ist die persische Bezeichnung für Paschtune. In Afghanistan stellen die Paschtunen die größte Volksgruppe, in Pakistan die zweitgrößte mit 15%, hinzu kommen in Pakistan drei Millionen Flüchtlinge aus Afghanistan, wovon die meisten ebenfalls Paschtunen sind.

„Schon mein Großvater, der aus Afghanistan stammte, erzählte uns Geschichten über die Zehn Stämme Israels, die während der Zerstörung des Tempels verlorengegangen sind, über jüdische Bräuche und Namen. Und das alles hörte sich unglaublich und faszinierend an."

Er hatte es dennoch geglaubt und verinnerlicht. Es ist vom wissenschaftlichen Standpunkt her ja ohnehin fraglich, ob es überhaupt so etwas wie die zehn verlorenen Stämme Israels je gegeben hat. Angehörige der zehn Stämme waren zwar schon zu Zeiten der Assyrer aus ihrer Heimat verschleppt worden. Wo überall sie von ihnen angesiedelt worden sind und ob sie dann dort geblieben und nicht zumindest teilweise wieder zurückgekehrt sind, weiß man nicht so genau. Auch es ist eher unwahrscheinlich, dass nicht wenigstens ein Bevölkerungsanteil dieser Stämme in Israel verblieben ist. Insofern waren sie gar nicht verloren. Im Neuen Testament werden jedenfalls Angehörige der israelitischen Stämme als im Lande Israel befindlich genannt. Unzweifelhaft ist, dass die Juden schon zu Zeiten der Römer in alle Länder des Römischen Reiches zerstreut waren. Das galt gerade auch seit dem Zweiten Jüdischen Krieg zu Beginn des zweiten Jahrhunderts. Es ist auch kaum zu bestreiten, dass sich Nachfahren Israels mit einer großen Abteilung im Südosten Irans angesiedelt haben. Auch in Afghanistan gab es schon immer Juden. Das aber sind ebenfalls die Siedlungsgebiete der Paschtunen. Diese könnten von der jüdischen Kultur stark beeinflusst worden sein. Es ist zwar nicht auszuschließen, dass die Paschtunen vielleicht sogar Nachkommen von Juden sind. Aber wirklich außergewöhnlich erscheint mir eher zu sein, dass es ein Volk gibt, das von sich aus so eine Nachkommenschaft proklamiert, noch dazu, da es ein Volk von Muslimen ist. Ich fragte natürlich Asmatullah, ob er kein Problem damit habe, als Muslim ein Judennachfahre zu sein. Er verneinte es, als ob es eine lächerliche Vorstellung sei, das überhaupt in Erwägung zu ziehen.

Und wieder wurde ich überrascht von den Menschen in Pakistan. Sie sind nicht sonderlich berechenbar. Und das galt gerade für die Paschtunen, die schon immer ihre eigenen Herren waren, ein unbändiges, freiheitsliebendes Volk, an dem sich Perser, Mogule

10. Kapitel: Großer Sport in Shandur

und Briten, später Russen und Amerikaner die Zähne gründlich ausbissen. Ein bemerkenswertes Volk. Eine Gemeinsamkeit hatten die Paschtunen mit den Stämmen Israels ganz bestimmt. Sie waren sehr kriegerisch und unbeugsam. Es gab keine Paschtunennation, es gab nur die Stämme, die sich zum Teil noch untereinander bekriegten. Wie die Stämme Israels von damals. Das wusste auch Asmatullah.

„Wie alle Kinder hörten wir gerne die Geschichten über Israel, wie sie ihre Tradition bewahrten, wie kriegerisch sie waren und auf den Tag ihrer Errettung warteten."

Asmatullah erklärte mir, dass die Stammesleute nach einem Gesetzeswerk lebten, das sie Paschtunwali nannten und ähnlich sei wie die jüdische Torah. Dazu gäbe es ein ähnliches Brauchtum. Sogar die Stammesnamen seien erhalten geblieben. Harabni für den israelitischen Stamm Ruben, Shinwaris für Schimon, Levani für Levi, obwohl das doch einer der beiden Stämme war, der nicht von den Assyrern deportiert und dann in den Randgebieten des assyrischen Reiches angesiedelt worden war. Dann gab es noch Daftani für Naftali, Ashuri – Asher, Yusuf Su, Söhne des Josefs. Josef hatte zwei Söhne, Manasse und Ephraim, und beide waren Stammväter eines Unterstammes. Ein Paschtunenstamm hieß Afridi für Ephraim. Angeblich sollten sich auch die afghanischen Monarchen vom Stamme Benjamin ableiten.

König Saul soll einen Enkel namens Afghana gehabt haben, der dann von David großgezogen wurde. Seine Familie soll dann zu Zeiten der babylonischen Eroberer nach Afghanistan gezogen sein. Erst im 7. Jahrhundert traten sie zum Islam über. Es ist nicht anzunehmen, dass jüdische Historiker dieser Theorie zustimmen. Aber schon, dass es diese Theorie gibt, ist erstaunlich. Die wahrscheinlichste Theorie scheint zu sein, dass die Juden einen starken Eindruck auf ihre Umgebung machten.

10. Kapitel: Großer Sport in Shandur

„In Afghanistan gibt es 21 Völker und Sprachen und nur die Paschtunen und Juden haben ein semitisches Aussehen."

Ich schmunzelte, denn Asmatullah sah gar nicht wie ein Jude aus. Er sah eher wie ein Pandschabi aus. Jeder andere in Shandur, Ghizer oder Gilgit hätte eher als Paschtunenvertreter getaugt, obwohl sie doch keine waren. Viele Pathanen hatten blaue Augen, aber das galt auch für die Bewohner von Hunza.

„Was sind das für Bräuche, die pathanisch und jüdisch sind", fragte ich.

Er nannte die Beschneidung in acht Tagen, den Gebetsschal, den er Talith nannte, die Hochzeitszeremonie, Leviratsehe, unkoschere Speise (er sagte: „forbidden food"), eine Kerze anzuzünden am Sabbat und am Yom Kippur Tag, das Schlachten eines Sündenbocks. Er nannte noch andere Dinge wie das Lesen von Psalmen, von denen ich annehmen musste, dass er das Brauchtum der afghanischen Juden mit dem Brauchtum der afghanischen Paschtunen gleichsetzte. Denn als ich einen anderen Paschtunen in Peschawar danach fragte, bestätigte er mir nichts davon. Er hatte an seiner Eingangstür einen Judenstern. Darauf angesprochen sagte er, das sei kein Judenstern. Damit dürfte er Recht gehabt haben, denn der Davidstern hat verschiedene Herkünfte und eine davon ist die Ornamentalik.

Ich fragte Asmatullah, wie er zu dem heutigen Israel stünde. Kritisch. Er sagte, die Hamas sollten an der politischen Macht teilhaben. Alle streitenden Parteien sollten an der Entscheidungsfindung beteiligt werden. Später wiederholte er diese Ansicht im Hinblick auf die Radikalislamisten, denen man so beweisen könnte, dass sie nichts zuwege bringen würden. Er sagt, sie würden nicht den rechten Islam vertreten, denn der sei friedfertig. Ich sagte, im Westen wäre man davon nicht so

10. Kapitel: Großer Sport in Shandur

überzeugt. Er äußerte Zweifel, ob 9/11 nicht vielleicht doch die Amerikaner gewesen wären. Die US-Regierung brauchte einen Grund, gegen Afghanistan vorzugehen. Die Taliban hatten die Zusicherung zum Bau der Ölpipeline wieder zurückgenommen.

„Aber", sagte ich, „das würde ja bedeuten, dass al-Qaida zu dem Vorwurf, den Terrorakt durchgeführt zu haben, nicht nur schwieg, sondern sich selbst zum Sündenbock machte, ganz wie es die USA verlangten, obwohl sie wussten, dass die Amerikaner dahintersteckten. Das hieße, man hätte freiwillig auf die einmalige Chance verzichtet, die USA als großen Bösewicht hinzustellen, der er dann ja auch gewesen wäre. Stattdessen wurde seitens der al-Qaida niemals bestritten, dass sie verantwortlich waren. Bin Laden hatte sich auf einer Videoaufzeichnung damit gebrüstet..."

„Das könnte eine Fälschung gewesen sein", meinte Asmatullah. Er als Fernsehmann musste es ja wissen. Ich sah es ihm an, dass er auf meine Antwort hin das Thema nicht vertiefen wollte. Ich würde kein Anhänger seiner abstrusen Theorie werden. Ich war etwas verärgert, mit welcher Selbstverständlichkeit ein gebildeter Fernsehmann über eine Verschwörungstheorie wie diese reden konnte.

Ich fragte ihn, warum es den islamischen Staaten ohne Öl allen so schlecht ginge. Er gab mir die bekannten, üblichen Antworten. Für Pakistan hielt er die Macht der Clans und der Armee als entscheidendes Hindernis für eine Verbesserung der wirtschaftlichen Situation.

„Pakistan wäre ein blühendes Land. Aber 70% des nationalen Haushalts werden für die Verteidigung des Landes ausgegeben!"

Ich fragte, ob die Erziehung des Volkes unbedingt islamisch sein müsste, ob es nicht vielmehr darauf ankäme, dem Volk alle Informationskanäle zur Verfügung zu stellen, damit es sich selber eine Meinung bilden könnte, wie die Dinge lagen. Er sagte, im Nachbarland, in Rajasthan, sei vor Kurzem beschlossen worden, dass niemand seine Religion ändern könnte. Er habe daraufhin spontan einen Beitrag für „The Hindu", die große indische Tageszeitung geliefert, worin er die Auffassung vertreten habe, die Menschen müssten ihre Freiheit behalten, ihre Religion wählen zu können. Daraufhin hätten sich Regierungsvertreter Rajasthans bei PTV über ihn beschwert. Aber erfolglos. Als er das erzählte, lachte er. Die Geschichte hatte er bestimmt schon oft erzählt. Normal mache er Interviews mit Ministern und mit Musharraf, sagte er, in Shandur sei er zum ersten Mal gewesen, hoffentlich auch zum letzten Mal. Ein Sportsmann war er sicher nicht.

Sein Vater war 1947 von Indien nach Karatschi übergesiedelt. Er hatte in der Indian Navy gedient, dann in der Pak Navy. Er würde regelmäßig seine Eltern in Karatschi besuchen, aber es sei ihm zu teuer geworden, dauernd hinzufliegen. Vor zwei Jahren sei er in Deutschland gewesen. Aus beruflichen Gründen hatte er Nachtlokale aufgesucht in Den Haag, Rotterdam. Zwei seiner Schwager arbeiteten in den USA. Ihre Töchter wären mit dem College fertig. Jetzt würde man sie nach Pakistan zurückschicken. Er selber hatte auch Familie. Er nannte seine Lebensart eine „joint-family". Für seine Kinder und Kindeskinder sah er die Zukunft nicht sonderlich rosig.

Er hatte Sorgen, dass Pakistan in den Mühlstein der Großmächte geriet, weil die USA unbedingt eine Ölpipeline nach Zentralasien bauen lassen wollen. Das größte Problem sei aber die Wasserversorgung. Insbesondere Indien und Nepal hatten das Wasser Pakistans quasi in ihrer Hand. Die großen Flüsse Pakistans entspringen nicht auf Landesgebiet. Wenn die Inder große Staudämme bauen, konnten sie den Pakistanern das Wasser abgraben, mit verheerenden Folgen, denn die 160

10. Kapitel: Großer Sport in Shandur

Millionen Pakistaner sind auf die künstlich bewässerten Felder angewiesen.

Er gab mir auch eine Empfehlung, wie man bei den Dörfern vorgeht, wenn man sie zu mehr Hygiene anleiten will. Es gab eine enge Beziehung zwischen den Gewohnheiten der Landbevölkerung und den Krankheiten. Er habe einmal einen Beamten interviewt. Der hatte eine etwas derbe Art von Humor, die ihm unvergesslich blieb. Er habe stets versucht, den Dorfgemeinschaften einen Anstoß zu geben, selber zu dem Schluss zu kommen, wie unsinnig ihr Verhalten war und dass sie eine Entscheidung fällen, eine Veränderung herbeiführen mussten. Nicht das Wissen über Gesundheit half, sondern die Elemente Abscheu, Scham und das Gefühl der Unsauberkeit und Unreinheit mussten geweckt werden.

Ich fragte ihn nach der Ursache der Armut im Lande. Er lenkte das Gespräch aber mehr in Richtung einer Mitverantwortung der Welt. Das Thema behagte ihm mehr.

„Die kollektive Kapazität, den Welthunger zu beenden, ist gering. Dazu fehlt die kollektive Bereitschaft, nicht die Mittel. Dadurch hat man auch keine Grundlage, den Weltfrieden für die nächsten Generationen zu sichern. Zwar werden im Augenblick Kriege noch aus anderen Gründen geführt, aber dies könnte sich in kommenden Jahrzehnten ändern. Umgekehrt sind Frieden und politische Stabilität eine Grundlage für wirtschaftliche Entwicklung und gesundes Wachstum. Analphabetismus, Mangelernährung und Krankheit drücken weiterhin einen Großteil der Menschheit zu fortwährender Armut, und das inmitten von globaler Prosperität. Das ist eine Schande der Menschheit..."

„Aber was kann Pakistan tun?"

10. Kapitel: Großer Sport in Shandur

„Man muss an den Dingen, die die Welt bewegen, teilhaben, sonst geht man unter. Die Erfordernissee der Ethik, des Friedens, der Sicherheit und der wirtschaftlichen Interessen laufen zusammen, die symbiotische Beziehung zwischen Entwicklung und Sicherheit ist offensichtlich."

„Und Pakistan? Was tut Pakistan, um die Armut im eigenen Land zu bekämpfen? Die Reichen reich machen, bis sie daran gehen können, den Armen auch etwas abzugeben?"

„Wir brauchen ein professionelles ökonomisches Management auf der Denkweise von Liberalismus, Privatisierung, Aufhebung der Zwangsbewirtschaftung. Und man muss die Wurzeln des Terrorismus bekämpfen."

„Den schrecken Sie aber sehr, wenn sie ihn beim Namen nennen in diesem Zusammenhang. Was sind das für Wurzeln?"

„Da müssen sie den Innenminister fragen. Ich denke, es ist die Predigt von der Intoleranz. Intoleranz ist die Wurzel."

„Der radikale Islam praktisch als Allheilmittel für die Probleme?" Ich dachte dabei an den „echten" Islam der Gemäßigten. Aber Asmatullah nicht.

Er erklärte mir, dass es unrealistisch war, zu hoffen, dass der radikale Islamismus vom moderaten Islam moderat gemacht werden könnte, denn er hätte nur Verachtung für den traditionell moderaten Muslim, den er als Teil des Problems ansieht. Diese Radikalen waren auch nicht beunruhigt, wenn ihnen gesagt wurde, dass sie den Islam verletzten. Asmatullah war jedenfalls ein moderater Muslim, wenn er überhaupt einer war. Daher konnte er sagen:

„Fundamentalisten sind nicht orthodox. Sie sind tatsächlich unorthodox, ja sogar anti-orthodox."

10. Kapitel: Großer Sport in Shandur

„Wer war eigentlich der erste, der behauptete, dass der Dschihad fundamental ist und im Zentrum des Islam steht?"

„Wenn Sie mich fragen, dann war das ein Pakistaner, Abu Ala Mawdudi 1939. Extremisten glauben, dass es Muhammad war. Sie glauben auch, dass die Orthodoxen gescheitert sind mit ihrer Tradition der Toleranz. Sie sind stolz auf ihren Traditionsbruch."

„Und wo kommt die Intoleranz her?"

„Intoleranz ist eine kollektive Erscheinung. Wenn ein Individuum intolerant wird, dann nur, weil es von einer Gruppe unterstützt wird. Es ist bezeichnend, dass das Urdu Wort „tolna" – „wiegen" – das man für Toleranz benutzt, ähnlich ist wie das persische „bardasht", welches „tragen" bedeutet. Beide, Toleranz und bardasht, bedeuten eine unerfreuliche Anstrengung, die sich aber lohnt. Intoleranz ist primitiv. Sie kommt von Tieren wegen der Nahrungsknappheit. Das führt dazu, die Territorien zu markieren."

„Aber Stammesgesellschaften markieren doch auch ihre Territorien."

„Ja, aber Religion, Sektenwesen und Nationalismus können uns auch dahin bringen.

Es heißt: The road to hell is paved with good intentions."

Er erzählte mir von einem Freund, der in Sri Lanka Urlaub gemacht hatte. Mit ihnen reiste eine Gruppe von sieben Geistlichen mit Bart und langen Gewändern. Sie kamen nach Sri Lanka, um den Muslimen dort den Koran zu erklären. Es waren zwar analphabetische Mullahs, weil sie die Bordkarten nicht ausfüllen konnten, aber sie würden die Muslime in Sri Lanka unterrichten. Das hatte ihn nachdenklich gemacht, ob sie als Muslime sri-lankischen, christlichen Missionaren erlauben würden, in ihr Land zu reisen, um beispielsweise in Sangla Hill

10. Kapitel: Großer Sport in Shandur

den dortigen Christen die Bibel erklären zu dürfen. Ihre vom Hass gerittenen und bigotten Mullahs ließen diese armen Leute dort nicht in Ruhe leben. Sie brannten ihre Heime und ihre Kirche nieder, wann immer sie gerade dazu Lust hatten.

„Ist der Kampf, den die hiesige Regierung gegen diejenigen führt, die die größten Intoleranten sind, die Terroristen im Namen Alllahs, halbherzig?"

„Wie kommen sie denn darauf? Achtzigtausend junge Pakistaner stehen im Westen im Kampf gegen den Terrorismus, der Präsident entging selbst dreimal einem Attentat, sein Premierminister einmal. Es wäre sehr leichtsinnig jemanden, der einem nach dem Leben trachtet, nicht ernst zu nehmen und ihn gewähren zu lassen. Sie können davon ausgehen, dass die Regierung die Terrorismusbekämpfung ernstnimmt. Wenn sie es nicht täte, liefe sie Gefahr, nicht mehr lange zu regieren. Wer gibt schon freiwillig die Macht ab?" Nanu, glaubte er am Ende das, was er so oft von denen gehört hatte, die er interviewte?

Eines war Asmatullah deutlich anzumerken: Es gefiel ihm, mir, enem Mann aus dem Westen, Vorträge zu halten. Ganz nebenbei wurde den übrigen Mitreisenden verdeutlicht, dass ihr „Chef" einiges auf dem Kasten hatte.

„Terrorismus ist doch eigentlich die Verzweiflung von Menschen, die mit der allgemeinen Situation nicht zufrieden sind. Wir müssen uns also Gedanken machen, wie wir die allgemeine Situation verbessern können. Hat nicht auch die wirtschaftliche Rezession in Ihrem Land zur Radikalisierung der Jugend geführt und den Aufstieg des Terrorstaates unter Hitler begünstigt?"

„Der Terrorismus ist ein globales Problem, auch wenn er als islamistische Variante momentan im Fokus steht. Er ist nichts typisch Islamisches, sondern wie ich sagte, ein Ergebnis der ungleichen Verteilung der Güter. Und mit Güter meine ich nicht nur wirtschaftliche Güter, Brot, Wasser, ein Dach über dem Kopf, sondern auch solche Güter wie Freiheit, Selbstbestimmung…"

„Meinungsfreiheit, Religionsfreiheit…"

„Selbstverständlich, wenn ich von Freiheit rede, dann meine ich Freiheit. Wenn man ökonomische Gelegenheiten schaffen will und die Empfindung der Einschränkung, die alle Aktivitäten behindert, reduzieren möchte, dann muss man den Leuten das Gefühl der Freiheit zurückgeben, das Recht, sich frei zu artikulieren, eine eigene Souveränität aufzubauen, auch uneingeschränkt am Wirtschaftsleben mit eigenen Ideen teilzunehmen. Wir brauchen einen uneingeschränkten Ideen-Input, einen Know-how-Pool, eine Überschwemmung an Ideen, alles, was Substanz hat, soll sich ansammeln."

„Das sind schöne Worte, aber es hört sich doch sehr nach einer Zukunftsmelodie an. Was wird am notwendigsten sein in naher Zukunft?"

„Ich sehe, Sie sind skeptisch. Sie sehen das, was vor Augen ist, und Sie haben Recht, wir müssen die Augen aufmachen, wir dürfen sie nicht verschließen vor der Realität. Das Problem, das man zuallererst anpacken muss, ist die Unterbeschäftigung. Wir haben in diesem Land ein riesiges Reservoir an Arbeitskräften, aber nutzen es noch zu wenig. Wir haben Millionen junger, begabter Menschen, denen wir ein Betätigungsfeld geben müssen. Das wird der ganzen Nation zugutekommen."

„Sprechen sie von der Hälfte der Bevölkerung? Die Frauen…"

„Die Frauen müssen teilhaben. Aber sehen sie, dies ist ein islamisches Land, das stark von der Tradition geprägt ist. Solche Bestrebungen müssen langsam und schonend eingeführt werden. Frauen sind bereits stark in das Wirtschaftsleben eingebunden,

10. Kapitel: Großer Sport in Shandur

aber das ist nicht sehr produktiv, es dient dem Eigenverbrauch. Das Wirtschaftsaufkommen einer Familie reicht noch nicht einmal für die Selbstversorgung, wenn die Frau nicht mitarbeitet. Unsere Gedanken über die Unterbeschäftigung eines Heeres an jungen starken Männern müssen prominenter sein als die Gedanken an eine Rolle der Frau, die sie in Zukunft einnehmen können wird. Unterbeschäftigung ist eine Verschwendung an nationalen Ressourcen und beschädigt die politische Stabilität. Das höchste wirtschaftliche Gut eines Landes ist seine Arbeiterschaft..."

„Wie klappt der Handel mit Indien, dem wichtigsten Handelspartner, nehme ich an?"

Er fragte mich, ob ich wüsste, dass Pakistans Zukunft nicht nur von gutnachbarschaftlichen Beziehungen mit Indien abhing. Es gab noch einen anderen großen Nachbarn: China.

Die Regierungen von Pakistan und China planten eine Ölpipeline von Gwadar Port nach Xinjiang in Westchina. Chinesische Tanker konnten von Saudi-Arabien und Iran Öl nach Gwadar bringen. Das ersparte China die Malakkastraße, und damit Zeit und Geld. Dort herrschte außerdem zunehmend Piraterie. Die Ölfelder in Turkmenistan und im Iran hatten als Terminus Gwadar, wo sich auch eine riesige Raffinerie befand.

Unterwegs hielten wir an einer Stelle, wo ein Sturzbach zu Tal floss. Ich wurde gefragt, ob es für mich in Ordnung wäre, wenn sein Fahrer das Auto hier abwaschen würde. Wir könnten eine Pause einnehmen. Ringsum gab es Wiesen und Obstbäume und im Nu hatte er aus einer Hütte eine Tasse Tee organisiert und eine Tüte voll Pfirsiche, die wir, auf einer Mauer sitzend, verspeisten, während der Fahrer das Auto mit klarem Bergwasser abwusch. Die teure Fernsehkamera lag ungeschützt auf dem Rücksitz. Sie hatte nicht einmal eine Umhüllung.

10. Kapitel: Großer Sport in Shandur

„Sagen Sie, sind Presse und Fernsehen wirklich frei in Pakistan?"

„Warum? Sehe ich aus wie ein Gefangener?", fragte er schmunzelnd. Er saß ganz entspannt. Ich war mir beinahe sicher, dass ich nichts als die Wahrheit hören würde.

„Nein! Aber man kann ja auch nicht sehen, was jemand wirklich denkt."

„Thomas Jefferson sagte einmal, wo die Presse frei ist und jeder Mensch lesen kann, da ist alles sicher. So weit sind wir sicher noch nicht! Ich kann die Frage, genau genommen, nicht beantworten, denn es wäre ja möglich, dass man nur bestimmte Meinungen vertreten müsste, um unter Druck gesetzt zu werden. Meinungen, die ich nicht vertrete. Man sieht sich vielerlei Gefahren gegenüber. Es gibt viele nicht regierende Parteien, die ihre Interessen verteidigen. Es gibt Landmafia, religiöse Organisationen und manchmal sogar wirtschaftliche Interessengruppen, die einem das Leben schwer machen können. Am schlimmsten ist jedoch das Intelligence Network!"

„Können Sie mir das näher erklären?"

„Wenn sie etwas machen, was mit den bewaffneten Kräften zu tun hat, zum Beispiel der von der Regierung geführte Krieg im Auftrag der USA, oder wenn sie gegen solche, die in größere Fälle von Korruption verwickelt sind, vorgehen, müssen sie damit rechnen, zurückgepfiffen zu werden."

„Wie soll ich mir das vorstellen?"

„Man wird einfach angerufen, anonym. Die Inhaftierung eines Reporters namens Mukesh Rupeta, ein Korrespondent der News und ein Kollege von mir, weil er für Geo TV an einem verbotenen Ort gearbeitet hat, beweist, dass wir keine Pressefreiheit haben,

10. Kapitel: Großer Sport in Shandur

wie ihr sie vielleicht im Westen zu kennen glaubt. Ganz frei sind die Kollegen im Westen ja auch nicht."

„Ist er wieder frei, Ihr Kollege?"

„Nein. Man hat ihn jetzt schon drei Monate festgehalten, obwohl nach pakistanischem Recht nur 24 Stunden oder, wenn Beweise für eine Straftat vorliegen, bis zu zwei Wochen festgehalten werden kann."

„Eine freie Presse ist eine Voraussetzung für eine funktionierende Demokratie! Sie ist ein Regulativ, ein öffentliches Gewissen, gerade für die Herrschenden", sagte ich.

„Ja, aber unsere Demokratie funktioniert nicht."

Mir fiel die unvermeidliche Frage ein. Bevor ich vergaß, sie zu stellen, stellte ich sie lieber gleich.

„Stimmt es, dass sich Bin Laden, al-Qaida und die Taliban in Pakistan aufhalten?"

„Wer weiß das schon!"

„Wenn nicht Sie, wer dann?"

„Es spielt keine Rolle, ob sie sich diesseits oder jenseits der Grenze aufhalten."

Er berichtete mir von in Großbritannien aufgewachsenen radikalen Muslimen, die in Trainingscamps in Pakistan ausgebildet und dann zurück nach Europa geflogen werden sollten, „Paradise bound bombers". Er meinte das durchaus zynisch.

Er nannte die Gesellschaft Pakistans ignorant, bigott und Heimstätte für extreme Gruppierungen, Magnet für die radikale Jugend Pakistans, auch für die, die in Großbritannien geboren worden waren, aber eine Gehirnwäsche in diesen speziellen Koranschulen empfangen würden. Er schwankte zwischen

10. Kapitel: Großer Sport in Shandur

Äußerungen heimatlicher Gefühle und beißender Kritik. Es war in diesen Tagen nicht leicht, ein gebildeter Pakistaner zu sein. Er machte auch Englands liberale Immigrationspolitik verantwortlich. Er sagte, „zu seinem Schaden hat Britannien lernen müssen, wie schlimm Toleranz und liberale Politik zurückschießen." Er, der Muslim, prangerte europäische Toleranz als überzogen an! Das hatte ich bisher auch noch nicht erfahren!

Solange es Terrorcamps in Pakistan gab, gab es auch Dollars, um sie zu bekämpfen. Sektiererei, Feudalismus und Manipulierbarkeit der Politiker interagierten und keiner wollte und konnte dem Anderen zu sehr schaden. Sie behinderten sich daran, einen Rechtsstaat entstehen zu lassen. So verstanden war der Kampf gegen den Terrorismus eine Farce wie so vieles Andere auch.

Für den Fernsehjournalisten war aber nicht der Terrorismus das große Problem in Pakistan, sondern der mangelhafte Bildungsstand der Bevölkerung. Er hatte für den Sender darüber zu berichten: Zwei Lehrerinnen und ihre Kinder wurden vor einigen Wochen aus dem Hinterhalt erschossen. Sie hatten nichts weiter getan, als Mädchen lesen, schreiben und rechnen beizubringen. Sie arbeiteten für eine nicht-staatliche Organisation, die aber von der Regierung gesponsert war. Sie hatten es sich zur Aufgabe gemacht, das Bildungsniveau der Frauen in diesem Stammesgebiet anzuheben. Die Erzkonservativen konnten das nicht zulassen. Empfand man diese Vorfälle als barbarischen Akt? Es fanden keine Prozessionen oder Demonstrationen statt. Asmatullah sagte:

„Die religiösen Irren können das Volk anstacheln, wie sie wollen, und dann auch noch sicher sein, dass niemand sie zur Verantwortung ziehen wird. Aber das Volk ist nicht besser!"

10. Kapitel: Großer Sport in Shandur

Diese Aussage brachte mich zum Schweigen. Sie hallte bei mir noch lange nach.

Wir hatten unsere Fahrt fortgesetzt und für meinen Teil beendet. Sie setzten mich direkt vor dem Park Hotel in Gilgit ab. Asmatullah bat mich, vor meiner Abreise mit ihm in Islamabad Kontakt aufzunehmen. Er wollte mit mir noch weiter über Politik, Kultur und Anthropologie sprechen. Dazu kam ich leider nicht mehr. Dafür kamen wir später wieder in Kontakt. Das ist bis heute so geblieben. Die modernen Kommunikationsmittel machen es möglich.

11. Kapitel: Am Khyber Pass

Qui va et retourne, fait bon voyage

Wer reist und wieder heimkehrt, hat eine gute Reise getan.

Travel Warning

United States Department of State

Bureau of Consular Affairs

Washington, DC 20520

This information is current as of today, Sat Jan 13 17:13:31.

„Diese Reisewarnung enthält die neuesten Informationen zur Sicherheitslage und klärt US Bürger über Beeinträchtigungen in Pakistan auf.

Das Department of State warnt weiterhin US Bürger vor unwesentlichen Reisen nach Pakistan im Licht der Bedrohung durch terroristische Aktivitäten. Familienmitglieder von Angehörigen der Botschaft in Islamabad und der drei Konsulate in Pakistan wurden im März 2002 angewiesen, das Land zu verlassen. Ihnen wurde seither nicht erlaubt zurückzukehren.

Die Anwesenheit von al-Qaida, Taliban und einheimischen Splittergruppen stellen eine potentielle Gefahr für amerikanische Bürger dar, speziell entlang der durchlässigen Grenze mit Afghanistan. Andauernde Spannungen im Mittleren Osten verstärken auch die Wahrscheinlichkeit von Gewalt gegen Westliche in Pakistan. Terroristen und ihre Sympathisanten haben ihre Bereitschaft und Fähigkeit demonstriert, Ziele anzugreifen, von denen man weiß, dass sich Amerikaner dort aufhalten, so wie Hotels, Clubs und Restaurants, Gebetsstätten,

Schulen und Freiluftveranstaltungen. Gelegentliche Gewalt von Splittergruppen hat zu tödlichen Bombenattacken in Karachi, Peschawar, Quetta, Lahore, und anderen pakistanischen Städten geführt."

Wenn ich in Pakistan die Leute fragte, wie die Sicherheitslage in Peschawar sei, bekam ich die Auskunft, dass die Stadt „sicher" sei, dass es aber besser wäre, das Umland zu meiden. Vor allem sollte ich nicht in die „tribal area", also das Gebiet der Stämme im Osten der Stadt gehen. Das war außerdem auch für Fremde verboten, es sei denn man bekam eine Sondergenehmigung. Dabei lebten dort die gleichen Volkszugehörigkeiten wie in Peschawar selbst, nämlich pakistanische und afghanische Paschtunen. Aber es machte schon einen Unterschied, ob man im Clan eines engen Stammesverbandes beheimatet war, in dem die Tradition seit vielen Generationen vom Vater auf den Sohn übergegangen war, oder ob man mit seiner Familie in der Stadt wohnte und ein liberales, von der Tradition halbwegs losgelöstes Leben lebte.

Die Stadt selbst hatte etwa eine Million Einwohner, im unmittelbaren Umland kamen noch einmal so viele dazu. Außerdem gab es in der „Northwestern Frontier Province", deren Hauptstadt Peschawar war, noch Hunderttausende afghanische Flüchtlinge, die zum Teil schon in der zweiten Generation hier lebten, von denen sich die meisten ebenfalls in Peschawar und Umgebung aufhielten. Viele Afghanen hatten die Häuser der alteingesessenen Peschawaris angemietet oder sogar gekauft, sodass der Anteil der Afghanen gerade in der Altstadt sehr hoch war. Woher sie das Geld dazu hatten, erfuhr ich schnell genug.

11. Kapitel: Am Khyber Pass

Es waren zwar gerade die Bergstämme für mich am interessantesten. Es war mir jedoch klar, dass ich bei der Kürze der Zeit, die mir zur Verfügung stand, nicht in der Lage sein würde, die Bekanntschaften zu machen, die notwendig waren, um die rechten Beziehungen für einen Besuch im Stammesgebiet zu bekommen. Man kann dort nicht einfach irgendwo hinfahren und dann so tun, als gehöre man wie selbstverständlich dazu!

Wenigstens war es möglich, zum Khyber Pass zu fahren. Dazu musste man nichts weiter tun, als ein Taxi zu mieten und bei der Tribal Police eine Genehmigung einzuholen. Dort wird einem auch eine bewaffnete Begleitung gestellt. Man hat seitens der Behörden festgestellt, dass man so noch etwas Geld verdienen kann. Der Preis, den man dafür zahlen muss, ist ein Hinweis dafür, dass das Risiko als relativ gering eingestuft wird. Aber die Verhältnisse ändern sich erstaunlich schnell, denn oft genug wird der Zugang zum Khyber Pass für Touristen geschlossen und auch die Khyber Railway fährt dann nicht mehr.

Wenn ich nach meinen Erfahrungen nun selber gefragt werde, wie sicher es dort ist, kann ich nur das Gleiche sagen, wie wenn ich gerade mal wieder aus einer Berg- oder Dschungelexpedition zurückkehre: „ziemlich ungefährlich, aber man hat immer das Gefühl, dass es unbehaglich werden könnte."

Die Fahrt mit der Eisenbahn, die heute nur noch auf Bestellung für Reisegruppen möglich ist, hat natürlich ihren eigenen Reiz, allerdings kann man nicht aussteigen, wann man will. Das ist ein deutlicher Nachteil, der für mich schwer wiegt. Dafür ist es sicherer.

Die Briten hatten die Bahn in den zwanziger Jahren unter größten Anstrengungen und enormen Kosten gebaut. Die Trasse führt auf einer Strecke von fünf Kilometern durch Dutzende Tunnel und über Dutzende Brücken. Unterwegs muss sogar zwei

Mal an einer an den Felsen hängenden Umkehrstation die Richtung im spitzen Winkel gewechselt werden. Man konnte die Strecke nicht mit einem zu engen Kurvenradius um den Berg herumführen. Für Passagiere ist es beruhigend, sich kurz vor dem Umkehrpunkt auf das Trittbrett zu stellen, um im Notfall noch rechtzeitig abspringen zu können, falls die Lok zu spät bremst und über das Ziel hinausschießt. Denn dann geht es überstürzt abwärts, runter zu den anderen Trümmern im Tal.

Der Khyber Pass, vielmehr die ganze Passstraße an sich, ist eine Sehenswürdigkeit. Seit Menschengedenken wurde diese natürliche Felsenge im Hindukuschgebirge als wichtigster Zugang von Zentralasien nach Südasien benutzt. Er hatte also immer auch wirtschaftliche und militärische Bedeutung. Er war Handelsstraße und Heeresstraße. Der Pass erreicht nur eine Höhe von eintausend Metern und bietet daher eine leichte Passage von Afghanistan nach Pakistan, dort wo der Hindukusch in seinen Ausläufern des Safeh Koh flacher wird.

Die letzte Stadt, bevor die Passstraße in Pakistan beginnt, ist Jamrud. Das liegt 15 Kilometer westlich von Peschawar. Von hier sind es nur knapp 50 Kilometer nach der ersten afghanischen Stadt Torkham und weitere 150 Kilometer bis Kabul. Diese Strecke gehört zu denen, an die sich die Briten am wenigsten gern erinnern. Sie war Schauplatz vieler militärischer Niederlagen und blutiger Gemetzel. Die Passstraße ist nur ein Teilstück der Grand Trunk Road, die die Briten von Kalkutta bis Peschawar und weiter nach Kabul auf einer bereits existierenden Route ausgebaut haben, 2.500 km quer durch ihren südasiatischen Herrschaftsbereich. Aber das war in einer anderen Epoche.

Weil die engste Stelle nur 15 Meter breit war, konnte man den Pass leicht verteidigen. Für die Briten hatte er daher im 19. Jahrhundert größte Bedeutung, nachdem sie sich in Afghanistan

11. Kapitel: Am Khyber Pass

immer wieder blutige Nasen geholt hatten und zeitweise sogar eine Invasion der Afghanen auf das Gebiet des britischen Empires drohte. Sie bauten die jetzige Trasse der Straße erst 1879. Aber wie bei allen Passstraßen wurde auch an dieser ständig weitergebaut. Vermutlich kamen auch die indoarischen Eroberer vor bereits 3.000 Jahren an dieser Stelle nach Indien, später Alexander der Große, wenn auch mit der schwierigeren Abweichung über den Kabul Fluss ganz in der Nähe, und schließlich die aus Innerasien kommenden Mogule. Daneben sah der Pass Perser, Skythen, Hunnen, Seldschuken, Tartaren, Sassaniden und Durranis. „Die Geschichte des Passes ist mit Blut geschrieben, sie kennt Tragödien und Siege", steht in mehr als nur einem Geschichtsbuch.

In jüngster Zeit kamen die afghanischen Flüchtlinge zu Tausenden über den Pass nach Pakistan. Im Austausch dazu lieferten die Waffenschmiede Peschawars Waffen nach Afghanistan. Für wen das eine Tragödie, für wen ein Sieg ist, lässt sich leicht sagen. Als ich mich im Tourist Information Office und bei der Polizei erkundigte, wurde mir ausdrücklich untersagt, die Waffenschmieden zu besuchen. Auch im Smugglers Bazar, wo jeder Tourist hingeführt wird, gab es Bereiche, wo mit Waffen gehandelt wurde. Selbst dort hatte man Schilder aufgestellt, die den Zutritt untersagten. Gaffer wollte man keine, ernsthafte Kunden jederzeit.

Mein Taxifahrer, der beauftragt war, mir die Sehenswürdigkeiten auf dem Weg zum Khyber Pass zu zeigen, sagte scherzhaft, wenn ich Osama suchte, wäre ich hier im Smugglers Bazar richtig. Hier gäbe es alles, also auch al-Qaida. Ich sah ihn nirgendwo, aber eine Menge bärtiger Brüder von ihm. Ich war mir ziemlich sicher, dass in den Köpfen einiger von ihnen auch nicht viel mehr Sympathie für die Amerikaner war als bei Osama.

11. Kapitel: Am Khyber Pass

Der Taxifahrer kannte etliche Ladenbesitzer. Und er stellte mich jedes Mal als Deutschen vor. Das schien wichtig zu sein, für Ansar und für mich! Ich gewann den Eindruck, dass meine Nationalität nicht unvorteilhaft war. Später sagte mir ein Peschawari, die Deutschen seien die „Aufmerksamsten" der Europäer. Er sagte „the most aware" und meinte damit hoffentlich ein gewisses Maß an Objektivität und Unparteilichkeit. Allzu oft bedeutet das jedoch bei einem Pakistaner Parteilichkeit für seine Sache. Und natürlich ist es immer gut für einen Reisenden, unabhängig davon, was hinter seiner Stirn ist, ein echtes Interesse an den Leuten zu zeigen, nicht nur aus Höflichkeit, sondern ehrlicher Betroffenheit.

Die Menge der Waren auf engstem Raum im Smugglers Bazar war beeindruckend. Berge von Tee und Gräsern, die vermutlich den gleichen Bestimmungszweck hatten, neben Duty-free-Shops wie man die Läden nennen kann, die jeden Tag von Schmugglern aus Afghanistan beliefert wurden. Was aus Innerasien durch Afghanistan gebracht wurde, konnte nur aus China oder der russischen Föderation stammen. Billige TV-Geräte, Unterhaltungselektronik, Air Conditioner, Kühlschränke, eine große Auswahl von DVDs. Besonders gut im Angebot waren solche im Zusammenhang mit Gewalt und Krieg. Was wohl erst unter der Theke lagerte? Es gab echte schlechte Uhren und falsche nachgemachte, die nicht besser waren. Die Produktpiraterie und der Markenschwindel waren bei vielen Gütern deutlich zu erkennen. Und kosmetische Artikel! Nur Frauen sah ich wenige, die sie hätten kaufen können. Aber die Ladenbesitzer in ihren vollgestopften Verschlägen machten zufriedenstellende Umsätze.

Viele waren Afghanen. Es gab auch solche, die in der Altstadt Peschawars ihren „Main Branch" hatten. Wie ich schon in Islamabad festgestellt hatte, brauchte dieses Land eine

11. Kapitel: Am Khyber Pass

Riesenauswahl an pharmakologischen Produkten. Wozu eigentlich? Viel zu Essen konnte es nicht sein, was die Pakistaner krank machte! Für manche wurde mit der angeblichen Produktion in Germany geworben. Und es gab amerikanische Produkte en masse. Ursprünglich hätten sie an die in Afghanistan stationierten Truppen gehen sollen. Hatten die Container, die von Pakistan aus Afghanistan erreichen sollten, Löcher?

Ich fragte einen, der Thunfisch-Konserven verkaufte, woher er das hatte. Er sagte etwas auf Paschto, was ich nicht verstand, aber es hörte sich unhöflich an. Mein Fahrer zog mich gleich vom Verkaufsstand weg. Niemand fragte in diesem Markt irgendjemanden, wo irgendetwas herstammte. Fragen stellte man nach dem Preis und der Qualität, wobei nur das erste variierte.

Man sagte mir später, diese fremdländischen Sachen stammten aus Containern der US-Armee, die in Peschawar auf Lkws aufgeladen würden, um über den Khyber Pass nach Kabul gefahren zu werden. Und dabei kam es dann zu Schwund. Die Amerikaner hätten das in ihre Lieferungen eingerechnet. Und so findet sich in den Märkten Peschawars ein erstaunliches Warensortiment aus amerikanischen Landen. Cornflakes, Konserven, Nudeln zum halben Preis, Kartoffeln aus Idaho, Klappstühle aus Tennessee, Telefone und Kosmetikartikel, Baseballschläger, Basketbälle und sogar Golfequipment. Und nicht immer meint man, dass es das ist, was ein afghanischer Flüchtling in Pakistan braucht, aber man kann sicher sein, es wird alles gekauft. Den Containern, die sicher die Grenze am Khyber Pass erreichen, geht es auch nicht besser als denen, die schon in Peschawar geöffnet werden. Ein Teil von ihnen wird dort nochmals geöffnet. Und das, was drin ist, sieht einem

11. Kapitel: Am Khyber Pass

natürlichen Schwund entgegen, wobei der Schwund größer ist, desto natürlicher der Inhalt ist.

„Eine ganze Armee kann man hier ausstatten", bekam ich zu hören. Gewiss, nur nicht die pakistanische, sie wäre überfordert und kampfunfähig.

Einmal kamen amerikanische Offizielle und versuchten, mit den einheimischen Stammesführern etwas auszuhandeln, damit die Einbußen geringer ausfielen. Die willigten ein, aber hielten sich nicht daran. Mit den amerikanischen Sachen konnte man zu gute Geschäfte machen. Versprechungen und Zusagen sind in diesen windigen Gegenden nichts, worauf man bauen konnte. Es ist also tatsächlich wahr, nicht alle Afghanen und nicht alle Pakistaner wollen, dass die Amerikaner abziehen. Denn wenn sie abziehen, wer versorgt sie dann mit Roast Beef aus Texas?

Da ich mir den Bazar in der Altstadt Peschawars noch genauer ansehen wollte, hielt ich mich nicht lange im Smugglers Bazar auf. Die Atmosphäre war gar nicht orientalisch. Sie war künstlich und ungemütlich. Aber vielleicht lag das auch an der Fülle fremdländischer Erzeugnisse. Das sah mir zu sehr nach Westen aus.

Der Smugglers Bazar war voll in der Hand der Tribals. Ich war hier schon im Stammesgebiet, das ich ja eigentlich ohne Genehmigung und Begleitung nicht betreten sollte.

Keine Fahrstunde westlich von Peschawar kommt man durch ein großes Tor, das den Eingang zur Khyber Passstraße markiert. Ein Schild verkündet: „Ausländern wird geraten, nicht die Hauptstraße zu verlassen!" Das ist ein gut gemeinter Rat, der nicht von ungefähr kommt. Nicht allen Besuchern, die im Stammesgebiet verschwinden, wird eine Zeitungsnotiz gewidmet. Man sollte immer bedenken, dass man nun in ein Gebiet kommt, in dem noch die gleichen Gesetze und

11. Kapitel: Am Khyber Pass

Gesetzmäßigkeiten und Ungesetzlichkeiten herrschen wie schon vor eintausend Jahren.

Die Briten hatten das Gebiet nie unter Kontrolle. Niemand hatte es je unter Kontrolle. Und die Paschtunen selbst auch nicht. Die Paschtunen hatten keine fremden Herren über sich akzeptiert und untereinander waren sie sich auch nicht grün. Die Khyber Rifles, die jetzt dort stationiert waren, waren auch nur geduldet, weil sie sich aus Einheimischen rekrutierten und sich nicht wirklich ernsthaft in die Angelegenheiten der Tribals einmischten. So konnte auch Islamabad sagen, dass alles unter Kontrolle war. In Wirklichkeit lag es nur an der Gastfreundlichkeit der Afridi, so hieß der lokale Stamm, wenn man sich seiner Haut sicher sein konnte. Links und rechts des Passes, in jeder Himmelsrichtung siedelte dieser Paschtunenstamm. Der Hindukusch ist in dieser Gegend vielleicht sogar derjenige Ort in der Welt, der am wenigsten unter Kontrolle eines souveränen Staates ist, bewohnt von einem Volk, das heute noch genauso kriegerisch ist wie seit jeher. Und genauso dickköpfig, unbeugsam, unbelehrbar.

Auf der Fahrt zum Pass, noch ehe die ersten Steigungen zu bewältigen sind, sieht man in der beinahe schon wüstenartigen Landschaft die wehrhaften Dörfer aus von der Sonne gehärteten Lehmhäusern. Wie unsicher die Gegend ist, kann man an den Dörfern erkennen, die allesamt aussehen, als wären sie für größere Belagerungen gerüstet. Sie sind mit Mauern umgeben und mit imposanten Türmen und mächtigen Toren versehen. Darin kann man sogar Schießscharten entdecken. Und vor den Mauern wird man an die Vergeblichkeit der Versuche, sie zu überwinden, erinnert. Dort liegen meist die Begräbnisstätten der Muslime. Das sind die trostlosesten Orte, die man sich denken kann. Die Gräber sind ohne Ausnahme schmucklos, haben meist nur eine Grabplatte, die vielleicht schon zerbrochen ist, oder einen Stein, auf dem die Inschrift kaum oder gar nicht mehr zu erkennen ist. Ein Stein unter vielen, in einem Geröllfeld, auf dem nur Hunde herumstreunen. Wenn man in einer Totenkultur glaubt, dass es keine Fortsetzung des Lebens nach dem Tode gibt, dann legt man solche Begräbnisstätten an. Es gibt keine Hoffnung, das scheint signalisiert zu werden.

Dass es überhaupt Menschen gibt, die freiwillig hier leben? Dass die Paschtunen freiwillig hiergeblieben sind, vor mehr als tausend Jahren, wo es doch im Pandschab fruchtbare Ebenen gibt! Schreckten sie vor dem dortigen Klima zurück? Die Kälte im Winter machte ihnen weniger aus als die schwüle Hitze, die beinahe das ganze Jahr in den Niederungen des Fünfstromlandes herrschte?

Ich ließ meinen Taxifahrer Ansar unterwegs mehrmals anhalten, wenn ich mir die Gegend etwas genauer anschauen wollte. Gleich am Talanfang entdeckte ich in einer Senke vor einem Gebäude, das wie ein öffentliches Gebäude aussah, eine Ansammlung von bewaffneten Männern in Landestracht. Sie waren alle mit Gewehren und Schnellfeuerwaffen ausgerüstet. Ich ließ sofort anhalten. Direkt an der Straße befand sich aber ein Posten der Khyber Rifle. Ich verhandelte mit dem Offizier, war aber auf verlorenem Posten. Er sagte sogar, natürlich nur um mich abzuschrecken, es sei gefährlich, dort hinzugehen, und es sei ohnehin verboten. Dann gab er seinem Kollegen, meinem Wachmann, ein junger Paschtune namens Fayad, auch noch die Anweisung, mich wegzubringen. Ich fragte noch, was das für eine Versammlung war, die so nahe an der Hauptstraße abgehalten wurde. Das wisse er auch nicht, eine Jirga, Stammesversammlung, eben.

Mein Fahrer erklärte mir, dass die Männer sich häufig versammeln würden, sie hätten ja auch nichts Anderes zu tun. Dann fügte er kichernd hinzu: „Sie versammeln sich, wenn sie

11. Kapitel: Am Khyber Pass

nichts zu kämpfen haben, und sie kämpfen, wenn sie fertig sind mit dem Versammeln." Er fand diesen Einfall lustig.

„Und wer arbeitet auf dem Feld, wenn sich die Männer dauernd versammeln und kämpfen?"

„Auf dem Feld? Hier sind Berge. Niemand arbeitet auf Feldern, nur wenige. Das sind die Frauen. Die Leute hier leben vom Schmuggel. Sie verkaufen Drogen, Waffen..." und was er nicht sagte: weibliche Sklavenmädchen zur Vergrößerung des eigenen Hausstandes und Besitztums. Doch die meisten konnten sich das sicherlich nicht leisten. Nur wer schon auf andere fragwürdige Weise zu Besitztum gekommen war. Was man auch in unseren Landen im Bereich der Drogenkriminalität immer wieder feststellt, gibt es auch hier, ein Verbrechen zieht mindestens zwei andere nach sich. Und die haben noch mehr im Schlepptau. Und deshalb sollte es auch niemanden allzu sehr wundern, wenn es für westliche Touristen gefährlich werden kann. Sie könnten Ziel von Überfällen und Entführungen werden. Die Männer, die einem gestern noch Gastfreundschaft gewährten, sind vielleicht heute mit anderen Motiven ausgestattet; die Männer, die einem gerade eben noch freundlich zugelacht haben, ohne Falsch und Arglist, sind vielleicht kurze Zeit später in ihren Gefühlen schwer verletzt und werden zu harten Gegnern, von denen man sich freikaufen muss. Die Leute sind unberechenbarer als anderswo! Sie würden zur Erhaltung deiner Sicherheit ihr Leben aufs Spiel setzen, aber wenn du sie aus ihrem seelischen Gleichgewicht bringst, mit einer falschen Geste, einem unüberlegten Wort, kippt die Stimmung und nun hast du dein Leben aufs Spiel gesetzt. Fühle dich nie sicher vor dem Messer, das dein bester Freund, sofern er Paschtune ist, in seinem Gürtel hat. Es tötet hundertmal für dich, aber nur einmal dich.

Wer belastungsfähige Freundschaften sucht, muss nur ins Paschtunenland gehen. Er sollte dann aber nie selber zu einer

Belastung werden. Für Belastungen menschlicher Art haben die Paschtunen sehr radikale und unkomplizierte Lösungen. Man sollte also wissen, worauf man sich einlässt. Ich wundere mich immer wieder über Reisende, die von der Großartigkeit ihrer Gastgeber im Paschtunenland berichten. Da sie davon berichten können, haben sie zum Glück nur die eine Seite des Paschtunenwesens wahrgenommen. Es gibt aber leider auch die andere. Und es ist nicht verkehrt, davor zu warnen.

Die Paschtunen leben in Clans und Großfamilien. Sie haben seit jeher ein kriegerisches Wesen und einen starken Ehrenkodex. Wenn man mit dem nicht in Konflikt gerät, hat man die besten Aussichten auf einen angenehmen Aufenthalt. Untereinander kennen sie aber diese andere dunkle Seite, die nicht einmal nach dem altmosaischen Prinzip des Auge um Auge handelt, sondern nach der Methode, tut dir jemand etwas, dann tu ihm das Doppelte an.

Wenn man von den Gewohnheiten und Sitten der Paschtunen spricht, kommt man an dem überlieferten Verhaltenskodex, der auch Paschtunwali genannt wird, nicht vorbei. Das Gewähren der Gastfreundschaft, Melmastya, steht dabei an erster Stelle, was man in einem solch unwirtlichen Land mit Menschen, die sich leicht in ihrer Ehre gekränkt fühlen und dann zu drastischen Maßnahmen greifen, verstehen kann. Daher gibt es auch den Nanawati, den „Einlass", der, sobald er ausgesprochen ist, Zuschlupf und Schutz gewährt, selbst wenn es sich um einen Feind handelt. Der Nanawati ist die Anerkennung zum Asyl. Und die braucht man gerade dann, wenn vorher, vielleicht im Hause nebenan, der Badal verhängt worden ist. Badal bedeutet nichts Anderes als Rache und Vergeltung.

Der Nanawati kann den Badal außer Kraft setzen. Kein Paschtune, der etwas auf sich hält, würde den Nanawati brechen. Er würde nicht mehr als Ehrenmann gelten. Er hat aber

11. Kapitel: Am Khyber Pass

neben seinem Clan, vor allem seiner Familie, Schutz zu gewähren. Das vierte Gesetz des Paschtunwali behandelt daher Nang, die Ehre. Darunter gehört auch die Ehre der Frau, der Tor. Das Wort bedeutet schwarz und so sind auch die Aussichten, wenn ein Fremder in die Privatsphäre einer Frau, wenn auch nur versehentlich, eindringt. Dazu gehört nicht viel! Die Ehre einer Frau kann nur wiederhergestellt werden, wenn der Verursacher der Verletzung getötet wird. Und da wird der Paschtunenmann nicht lange fackeln, denn er würde sonst seine eigene Ehre und die der Familie verlieren.

Es gibt noch ein anderes freundliches Element im Paschtunwali, das ich schon kennengelernt hatte. Das ist die Jirga oder Ratsversammlung. Man wirft ja den Afghanen oft vor, dass sie unfähig wären, demokratisch zu handeln. In Wirklichkeit geht es in einer Jirga nicht viel anders zu als bei den Athenern vor zweieinhalbtausend Jahren. Eine Herrschaft des Volkes ist es allerdings nicht, denn in der Versammlung sitzen nur Männer. Immerhin erklärt das, warum es Afghanen und Pakistaner gibt, die die westlichen Vorwürfe, Islam und Demokratie seien nicht zu vereinbaren, nicht gelten lassen oder sogar in Anspruch nehmen, Demokratie sei keine westliche Erfindung.

Die Stadt-Paschtunen haben manche „Extremitäten" abgelegt. Das lässt einen auf die Idee kommen, dass die traditionsverbundenen Bergvölker zum Wohle ihrer selbst lieber in Städte umsiedeln sollten. Und ich meine, wenn dann die Ehrenmorde und der Mädchenhandel zum Erliegen kommen, ist es das wert. Die Berge für Bergziegen, Schneeleoparden und Bergsteiger. Diese Ansicht ist so extrem wie die Leute, für die sie gelten soll.

Die Lösung des Problems, wie man die Paschtunen „zivilisiert" oder nach der angeblich allein seligmachenden westlichen Art und Weise „demokratisiert", ist in Wirklichkeit von der gleichen

Art wie die Abschaffung der Beschneidung von Mädchen – in ihren Rechten zu einer selbstbestimmten jungen Frau heranzuwachsen. Es hilft nur eine gute Bildung und Aufklärung, das verleiht jeder natürlichen Vernunftbegabung Flügel. Wenn der Horizont erweitert wird, weiß man eher, wohin man laufen – oder fliegen – will.

Gegen Bildung oder Horizonterweiterung nach westlicher Prägung haben sich die Bergstämme des Hindukusch bisher erfolgreich gewehrt. Aber ewig werden sie das nicht durchhalten. Ich meine auf Reisen immer wieder das Gleiche feststellen zu müssen: die rechte Bildung ist die halbe Miete für ein anständiges Leben, wenn auch keine Garantie dafür. Zur „rechten" Bildung gehören unvermeidlich auch die Horizonterweiterung und eine Einstellung des Lernenwollens, nicht so sehr des Wertenwollens, obwohl dies unausbleiblich und auch legitim ist. Man sollte seine Weisheiten und Entschlüsse jedoch nicht aus dem Kaffeesatz oder der Milch einer Bergziege herauslesen.

Was hätte ich in dieser Versammlung waffenstarrender Ehrenbürger tun sollen? Nichts weiter als dazusitzen und die Stimmung auf mich wirken zu lassen. Man braucht nicht immer einen „Interpreten". Muss das, was man zwischen den Zeilen liest, immer in der Landessprache sein?

Es hätte mir schon gereicht, fürs Erste herauszubringen, ob sie mich überhaupt an sich herangelassen oder mit welchen Gebärden sie mich weggeschickt hätten. Das Gesicht des Alten, der mich in Fairy Meadows aus seinem Dorf verjagt hatte, sprach Bände. Ich war auch hier wieder weit und breit der einzige Tourist. So viel Belästigung muss man aushalten, wie der Aufwand mit mir bedeutet hätte. Ich bin ein sanfter Tourist, meistens. Ich habe mir die Mühe gemacht, Kosten und Gefahren nicht gescheut, hierher zu gelangen, ich habe es verdient, dass

11. Kapitel: Am Khyber Pass

man sich die Mühe macht, mich zu verscheuchen. Meinetwegen soll man mir Steine hinterherwerfen, ich bin nicht nachtragend, solange man mich nicht steinigt. Und ich geißle nur in Worten und nehme es dabei auch noch unpersönlich! Wer aber seine Gastfreundschaft an mir erproben will, ist mir auch willkommen. Ich gebe durch meine Anwesenheit und meine Vorstöße, Gelegenheiten, Gutes an mir und einem Teil der Menschheit zu tun.

Ich nehme es, wie es kommt, oder ziehe es doch lieber vor, aus eigenem Antrieb und eigener Überlegung, also ungezwungen, den Rückzug anzutreten. Ich halte nicht viel davon, einen Touristen nur als Objekt der Verkommerzialisierung anzusehen. Ausgebeutet wird er auf mehr oder weniger drastische Art und Weise, wobei die Entführung noch die unfreundlichste wäre.

Im Paschtunenland haben die Sowjets Millionen von mörderischen Hinterlassenschaften in Form von Minen deponiert. Aber auch Paschtunen müssen lernen, dass Westler nicht gleich Westler sind, zumal ja die Russen aus dem Norden gekommen sind.

Später würde mich Salim Khan, der Manager des Green`s Hotel, fragen, wie mir mein Ausflug zum Khyber gefallen hätte. Ich würde ihm sagen, dass ich leider an dieser Jirga nicht teilnehmen konnte. Seiner Meinung nach wurden da meist lokalpolitische Dinge besprochen. Ich sagte wie zum Scherz, dass ich auch nicht geglaubt hätte, dass bei der Zerstrittenheit der Paschtunen über die Bildung eines Paschtunistan beraten würde. Zu meiner Überraschung sagte er, dass es Paschtunistan ja schon gäbe. Er sagte ungefähr, dass es zwar richtig sei, dass die einzelnen Clans viel Streit miteinander hätten, aber wenn es gegen den gemeinsamen Feind gehen würde, wären sie sich einig. Der gemeinsame Feind konnte jeder sein, zum Beispiel Pakistan oder die USA. Ich sollte ja nicht glauben, dass die

Regierung Pakistans wirklich gegen die Terroristen oder die Taliban vorgehen würde. Das wäre nur eine Veranstaltung, eine Show. In Wirklichkeit hatte man erkannt, dass von den USA eine Menge Geld zu holen war, wenn man nur so tat, als ob man etwas tun würde.

Meinen nächsten Versuch einer kulturaustauschenden Annährung habe ich kurz nach der verpassten Jirga unternommen. Eine schmucke, kleine Dorfmoschee stand direkt neben der Straße und hatte auch wegen der auf einem vorspringenden Felsen befindlichen Befestigungsanlage über dem Tal einen fotogenen Hintergrund. Ich versuchte bei der Gelegenheit, auch mit den Leuten ins Gespräch zu kommen. Bei der Moschee fanden sich gleich ein paar Männer ein, die mir auf Schritt und Tritt folgten.

Ich überquerte zwar den Vorhof der Moschee, blieb dann aber auf der Schwelle stehen. Das Gebäude, mit farbigen, glasierten Fliesen innen wie außen geschmückt, sagte man mir, sei schon 200 Jahre alt. Ich bezweifelte das. Es sah zwar alt aus, aber mehr wegen sorglosem Umgang und Verwahrlosung als wegen dem Mangel an Instandsetzungsmitteln. Irgendein Freund des Islam und seiner Anhänger hatte vielleicht das Gebäude gespendet, aber nicht an die Zukunft gedacht. Diese Denkart trifft man regelmäßig im Orient. Große Auftritte, weitausholende Gesten und dann das Vergessen und Verbleichen.

Unten am tiefsten Punkt des Taleinschnitts badete ein alter Mann an einem Wasserfall. Er winkte mir zu oder vielmehr mich zu sich, als er mich aus dem Taxi aussteigen sah. Es störte ihn offenbar nicht, dass es seine Altersgenossen oben auf der Straße

11. Kapitel: Am Khyber Pass

sahen. Wo war sein Stolz? Er war alt und weißhaarig und weißbärtig. Vielleicht auch noch weise geworden!

Warum sollte man mich nicht zu sich rufen, um mit mir ein Gespräch über die Welt da draußen zu halten, wenn man nichts von ihr wusste. In den Bergen des Hindukusch hat man keine Tageszeitungen, kein Fernsehen und meistens kein Radio, weil die Batterien mal wieder leer sind. Solange die Amerikaner in Afghanistan sind, wird aber der Nachschub früher oder später dazu führen, dass auch noch das letzte Dorf in den Bergen mit den Segnungen der westlichen Zivilisation ausgestattet sein wird.

Die Männer, die mir beiwohnten, alle in der Tracht der Afghanen oder Paschtunen gekleidet, hatten offenbar nichts zu tun. Sie hatten auf mich gewartet. Und wenn ich nicht gekommen wäre, hätten sie auf jemand Anderen gewartet. Und wenn sonst niemand gekommen wäre, hätten sie auf niemanden gewartet, aber das wartend. Sie waren alle freundlich und ermunterten mich geradezu, mir alles genauer anzuschauen. Ich war das heutige Ereignis in diesem Winkel des Hindukusch.

Aber man kann am Khyber Pass suchen, was man will, man findet nichts Anderes als geschichtsträchtige Örtlichkeiten ohne Schmuck und ohne vorzeigbare, herausragende Besonderheiten. Was sehenswürdig ist, ist eine Fiktion. Es ist ungefähr so, wie wenn man vor einem Grab einer berühmten Persönlichkeit steht. Es ist die Erinnerung an die lebende Person, die Ehrfurcht erheischt, nicht das, was von der Person übriggeblieben ist. Warum gräbt man sonst den Rest ein! Auch der Khyber Pass ist ein Gräberfeld.

Die Afridis hatten jedenfalls ihr Kriegsbeil, das heutzutage meist wie ein russisches Schnellfeuergewehr aussieht, nie wirklich vergraben. Es hing stets einsatzbereit hinter der Wohnungstür oder gleich über der Schulter. Hier bei der Moschee trug nur mein Khyber Rifleman ein Gewehr. Es war unschwer zu erkennen, dass er selber von dieser Gegend stammte. Er unterhielt sich immer wieder zwanglos mit den Leuten, denen wir begegneten. Er sollte mir das Gefühl geben, dass ich sicher sei. In Wirklichkeit war seine Hauptaufgabe, darauf aufzupassen, dass ich nicht zum Störenfried bei den empfindlichen Einheimischen wurde. Er war das Zeichen meines guten Willens.

Bei den Paschtunen ist es so, dass sie eine Laune der Natur dazu verpflichtet hat, die Gastfreundschaft so weit zu treiben, dass sie die höchste Tugend, das höchste Gut und die wichtigste Verpflichtung der Leute ist. Das führt dann so weit, dass sie jeden al-Qaida Terroristen, der bei ihnen Asyl sucht, aufnehmen und schützen müssen. Das wird nicht unbedingt ein großes Problem für sie sein. Die Gastfreundschaft gilt aber auch für jeden Feind, wenn die angewandte Feindlichkeit nicht vor dem Ersuchen auf Unterschlupfgewährung verbrieft und versiegelt worden ist. Leicht konnte man ein Feind der Paschtunen werden, schnell ist die Ehre eines Mannes oder gleich die Familienehre beschmutzt, wenn man sich einem weiblichen Familienangehörigen zu freundlich nähert. Oder man tut seine Meinung in religiösen Fragen zu offenherzig kund.

Als die Männer an der Moschee um mich herumstanden und sich an mir interessiert zeigten, versuchte ich, sie anzusprechen, aber keiner verstand mich. Ansar verstieg sich ungeniert zu der Behauptung, dass diese Leute ungebildet seien. Es machte ihm anscheinend Freude, es zu sagen und es mit einer gewissen Geringschätzung zu sagen. Er machte eine abfällige Handbewegung, als sollte ich mich nicht mit ihnen abgeben. Fayad, mein Wächter, konnte auch nur wenig Englisch. In mir

11. Kapitel: Am Khyber Pass

reifte der Plan, eine Gelegenheit abzupassen, wo ich ihn loswerden könnte, jedenfalls zeitweise.

Mit Begleitschutz im Stammesgebiet

Ich sagte Ansar, er sollte die Männer fragen, was sie heute taten. Er sagte mir, die Leute hätten nichts zu tun. Ich sagte ihm, er sollte trotzdem fragen. Er tat es und sagte dann, einige würden auf Waren warten, die ihnen irgendein Händler bringen würde. Was für Waren? Tabak, Geräte für das Haus. Er konnte sich nicht ausdrücken. Das Thema langweilte ihn.

Als ich im nächsten Dorf halten ließ, weil es eine sehr ansehnliche Befestigungsmauer hatte, wie fast alle Siedlungen auf dieser Strecke, überraschte mich Ansar mit der Feststellung, dieses Dorf sei „dangerous". Meinte er, es sei für ihn gefährlich

11. Kapitel: Am Khyber Pass

oder für uns? Vielleicht hatte er einmal Streit mit dem Dorfhäuptling gehabt. Oder er hatte beim Tabakhändler Schulden? Er hielt zwar und mein Guard beäugte mich misstrauisch. Ich stieg auch aus, als aber einige Kinder schreiend auf mich zugelaufen kamen, stieg ich schnell wieder ein. Die Kinder in dieser Gegend waren ziemlich aggressiv, fand ich. Paschtunenkinder reichen völlig aus, die feigen Westler in die Flucht zu schlagen! Die Sache ist tatsächlich nicht unbedenklich, denn wenn man die Kinder falsch behandelt, rennen sie zu ihren Vätern. Und die tun, was sie wollen.

„No good people", sagte mein Chauffeur, der zweifellos einer edleren Geisteshaltung zusprach. Es war anscheinend zu provokant, als Fremder hier einfach in einem Dorf herumzulaufen, das sich gegen Eindringlinge mit einer so aufwändigen Befestigungsmauer versehen hatte. Die Verteidigungsanlagen waren einhundert oder einhundertfünfzig Jahre alt, aber sie werden ständig erneuert und ausgebessert. Diese Trutzburgen und Wehranlagen waren nicht vor so langer Zeit errichtet worden, um dann zu einem touristischen Schaustück zu verkommen. Vielmehr wurden die Wälle und Tore und Tortürme immer weiter ausgebaut und – benutzt. Nicht gegen Griechen, Perser oder Engländer, sondern gegen die befehdeten Nachbarclans. Das hier war nicht Krisen-, sondern Kriegsgebiet, seit mehr als eintausend Jahren! Also eigentlich denkbar ungeeignet für eine touristische Erschließung, dafür ein Objekt für eine intensive Friedensmission.

Pakistan ließ die Bergstämme des Hindukusch weitgehend in Frieden, man hatte mehr zu verlieren als zu gewinnen bei den Bemühungen, sie zu loyalen, steuerzahlenden Staatsbürgern zu machen. Und irgendwie war es auch beruhigend zu wissen, dass diesseits und jenseits der Grenze dieses kriegerische, unbeugsame Volk lauerte und so die Grenzen vor äußeren

11. Kapitel: Am Khyber Pass

Feinden sicherte, weil es im Eigeninteresse war, ohne dass es selber irgendwelche Eroberungspläne hatte, denn dazu waren sie viel zu sehr mit sich selbst beschäftigt. Es könnte allerdings auch sein, dass man gerade deshalb, um am Status quo nichts zu ändern, nicht sehr viel Mühe aufbrachte, das Volk aus seiner vorzeitlichen Lethargie herauszubringen. Das Paschtunenland hatte ohne Zweifel den Anschluss an die Entwicklung der Restwelt verloren. Wenn am Amazonas alle Indianermädchen längst schulpflichtig geworden sein werden, werden im Hindukusch immer noch Mädchen als Haussklavinnen gehandelt werden.

Ich brachte meinen vorläufigen Gastgebern zum Ausdruck, dass die Moschee hübsch wäre. Prompt kam es zurück, ich dürfte etwas spenden. Es begann, ungemütlich zu werden. Ich nickte und sagte, ja, das wäre zu überlegen, und während ich das sagte, lief ich langsam zum Auto zurück, drehte mich noch einmal zur Moschee um und nickte bedeutungsschwer. Die Männer schauten mir dabei zu. Vielleicht, nein sicher sogar, erwarteten sie etwas. Vielleicht hatte ich meinen Geldkoffer auf der Rückbank liegen. Während ich überlegte, ob sie den Eindruck hatten, dass ich überlegte, wie viel Geld ich hergeben wollte, überlegten sie vielleicht, was sie mit dem Geld tun würden. Die Moschee erfüllte ja ihren Zweck, der Ort der Anbetung zu sein, auch ohne dichtes Dach. Das Dumme war nur, ich wusste das auch. Ein echter Diener des Islam, das hatte ich schon in Tarashing deutlich gesehen, braucht kein Dach. Dumm war auch, dass sie wussten, dass ich auf dem gleichen Weg zurückkommen würde. Sie würden dann mein Auto anhalten können, um mich freundlich zu fragen, wie viel es denn sei, was ich jetzt gleich spenden wollte. Im Hindukusch gibt es viele Unpässlichkeiten!

Ansar hatte keine Lust, viel mehr zu machen, als mich zu fahren. Andererseits wusste er, dass er Ärger mit seinem Auftraggeber bekam, wenn ich mich beschweren sollte. Er hatte die Freiheit, mir das zu sagen, und das machte ihn mir schon wieder sympathisch. Ich sagte ihm auch, was ich von ihm erwartete.

Er war hoch erfreut, als wir mit den afghanischen Flüchtlingscamps, die wir zuerst auf dem Weg in Augenschein genommen hatten, schnell fertig waren. Aber da hatte es nichts gegeben, was einen längeren Aufenthalt gerechtfertigt hätte. Was wollte ich dort? Ich hatte den Flüchtlingen nichts zu bieten. Ich war kein Arzt. Kein Geldspender, kein Warenlieferer. Genauso wenig hatte ich es passend gefunden, aus reiner Neugier, und wenn ich sie noch so wissenschaftlich eingekleidet hätte, ins Erdbebengebiet zu fahren. Da haben Touristen nichts zu suchen, weil sie auch für niemanden eine Hilfe sein können.

Anders im Kriegsgebiet des Hindukusch. Beide Seiten können einem eine Waffe in die Hand drücken. Und sei es nur die verbale. Gehet hinaus in alle Welt und berichtet, was ihr gesehen habt! Allein, Krieg ist ein schmutziges Geschäft und niemand will zeigen, wie schmutzig er es macht.

Hier im Grenzgebiet, einmal angekommen, ging es mir anders als bei den Flüchtlingslagern. Die Besonderheit, die diese Region ausstrahlte, war keine Eintagsmücke, die aus dem Krieg in Afghanistan ausgeschlüpft war, sondern sie war eine einfallsreiche Einsiedlerin, ein Dauerzustand, ja, der Normalzustand. Genauso beinahe wie ein hoher Berg unverrückbar so dastehen bleibt, auch wenn ihn sich manche Gipfelaspiranten, die kurz vor der Bergspitze doch noch umkehren müssen, niedriger wünschen. Man muss ja nicht ganz nach oben, wenn es zu riskant wird. Und genauso muss man auch nicht in das Gebiet der Stämme, wenn es dort gerade wieder brodelt. Die behördliche Genehmigung, bis zum Khyber Pass zu fahren, war ja schon wie ein Zugeständnis zu werten, dass es momentan weitgehend friedlich war. Spätestens

11. Kapitel: Am Khyber Pass

unterwegs, so auch an dem Eingangstor zum Pass, würde man gewarnt und zum Umkehren gezwungen.

Warum also nicht ein wenig über den Tellerrand des Pauschaltourismus hinauslugen? Mir stand ein ganzer Tag für meine Exkursion zur Verfügung. Ich brauchte deshalb nicht befürchten, dass mein Begleitpersonal von der Eile getrieben war. Davon war auch nichts zu verspüren. Der Rifle Man bat mich selber noch zwei Mal, unterwegs anzuhalten, weil er seinen Kameraden an den Straßenposten einen Besuch abstatten wollte. Wir wechselten uns mit unseren Wünschen ab. Ich war seine Gelegenheit, seine Kameraden zu besuchen, und er war meine Gelegenheit, meinem Besuch eine offizielle Note zu geben.

Seine Khyber Rifle Kameraden schienen nicht wirklich auf dem Posten zu sein, hatte ich den Eindruck. Sie hatten wohl am wenigsten zu befürchten. Meine Frage, wann es zum letzten Mal eine Schießerei gegeben habe, wurde dennoch mit „vor zwei Wochen" beantwortet. Meine Nachfrage, ob da ein Salut stattgefunden habe, wozu man einfach in die Luft schoss, wurde nicht verstanden. Es gab auch keinerlei Bemühungen, mich über irgendeine journalistisch erhebliche Angelegenheit in Kenntnis zu setzen.

Ich wusste, dass sich der Staat selten in die Streitereien mit den Stämmen, die häufig blutig gelöst wurden, einmischte. Die Khyber Rifles waren offiziell dazu da, den Pass zu sichern. Nicht vor fremden Eroberern, sondern vor denen, die gerne das Monopol für den Durchlass behalten hätten, den umliegenden Afridi eben. Solche ernst zu nehmenden Usurpationen hatte es schon lange nicht mehr gegeben. Und vielleicht war das der Grund, warum sich die Posten langweilten und keinen „alerten" Eindruck machten.

11. Kapitel: Am Khyber Pass

Manche müssten ehrlich bekennen, dass sie nur dazu da sind, den Schmuggel ungehindert laufen zu lassen. Beim Schmuggel lief es so, dass die Waren, die lastwagenweise an der Grenze ankamen und nicht per Bestechung die unmittelbare Weiterreise antreten konnten, einfach abgeladen und auf Menschenrücken umgeladen und über die grüne, oder besser gesagt felsige, Berggrenze geschleppt wurden. Und das Ganze konnte man, oben auf der Passhöhe angekommen, auch noch mit dem Feldstecher beobachten. Ganz in weiß gekleidete Kolonnen setzten sich von den Umladestationen ab. In Sichtweite der Grenzposten. Jenseits der Grenze konnte man nicht einmal offiziell dagegen vorgehen und diesseits der Grenze wollte man es nicht. In einer Symbiose oder „hillmen agreement" ließ man sich gegenseitig in Ruhe. Eine Hand verunreinigt nur die andere. Also am besten gar nicht zum Händeschütteln zu nahe kommen. Alles andere hätte die Paschtunen des Hindukusch erzürnt. Was konnte man auch sonst von ihnen erwarten? Leicht reizbar, wie sie waren. Und das durfte keinesfalls passieren, sie reizen. Am Ende der bewohnten Welt ist man immer am Rande des Abgrundes. Man hungert, man dürstet, Vieh und Mensch, man muss also Handel treiben und zwar uneingeschränkt.

Die Schlepper wussten, wo sie hinlaufen mussten. Sie waren sozusagen erfahrene Grenzgänger. Und es war wohl nicht einmal ungefährlich, ihnen zu folgen, weshalb man das auch bleiben ließ, denn es war im Interesse der Stämme, dass sie, wenn schon nicht den offiziellen Warenverkehr über den Khyber Pass, dann doch wenigstens den inoffiziellen über die Hügel ganz für und unter sich hatten. Die Regierungen in Kabul und Islamabad waren weise genug, sie gewähren zu lassen. Man musste sie bei Laune halten.

Hier war die Quelle des Smugglers Bazars von Peschawar. Wie mir auffiel, war der Verkehr auf der Straße gering. Es fuhren

11. Kapitel: Am Khyber Pass

Busse, ein paar Lkws und wenige Pkws. Die Bedeutung der Passstraße für den Handel musste zu früheren Zeiten viel größer gewesen sein. In Peschawar erzählte man mir, dass das Meiste illegal über die Grenze jenseits der Passstraße geschafft würde, weil es Grenzbeamte gäbe, die mehr abverlangen würden, als der hohe staatliche Obolus ausmachte. Bei allen wurden nicht die gleichen Regularien angewandt. Einige Fahrzeuge wurden gründlich kontrolliert, andere wiederum nicht. Die Stammeshäuptlinge und Dorfvorstände blieben unbehelligt. Man kannte sie. Man wollte stressfrei und ohne Angst seinen Dienst an der Grenze tun. Und man wollte selber irgendwie am Handel teilhaben. Man kann auch ohne Waren, aber mit Machtmitteln handeln.

Peschawar gilt als Hauptsitz der Schmuggelorganisation. Die Paten rekrutieren dort aus dem Heer der Arbeitslosen und Willigen meist Jugendliche für ihr Schmuggelsyndikat. Das geschieht, wie der Schmuggel ja auch, unter den Augen oder zumindest unter der Duldung der Staatsmacht. Nicht wenige verdienten an dem Treiben mit. So hatte jeder etwas davon. Oft werden ganze Wagenladungen Jugendlicher mit Lkw oder Bus nach Afghanistan hinübergeschafft, wo sie dicht hinter der Grenze das Schmuggelgut aufnehmen und die Heimreise zu Fuß zurücklegen dürfen. Unterwegs entrichten sie dann Weggabe.

Oder es wird doch die offizielle Strecke gewählt, denn gelegentlich gibt es ein fabrikneues Rad, das auf der fünfzig Kilometer langen Strecke nach Peschawar seine Jungfernfahrt erlebt, um dort auf dem Bazar den Besitzer zu wechseln. Es wäre natürlich einfacher, wenn der Lkw, der die Fahrräder bringt, gleich nach Peschawar fährt. Aber das wäre ohne Abgaben nicht mehr tolerierbar. Im Dutzend teurer!

Der Respekt, den man sich gegenseitig erweist, scheint doch vernünftiger zu sein, als das, was ein paar hundert Kilometer

11. Kapitel: Am Khyber Pass

südlich im Grenzgebiet geschieht, wo sich die pakistanische Armee angeblich mit den einheimischen Terroristensympathisanten blutige Gefechte liefert. Oder sind es doch wieder nur die Amerikaner?

Ich fragte Fayad, ob er schon einmal auf einen Menschen geschossen habe. Er verneinte. Ob er schon mit vielen Touristen am Khyber gewesen sei. Er bejahte. Weiter nachgefragt, ergänzte er das Ja mit drei. Für ihn war es viel. Ich fragte Ansar. Der redete von Hunderten Touristen, die er schon an den Khyber Pass gefahren hätte. Das war natürlich übertrieben. Man hat oft den Eindruck, dass sich die Einheimischen gern des Stilmittels der Übertreibung bedienen, insbesondere bei Mengenangaben.

Die Afridimänner trugen die Waffen als Statussymbol, um ihre Wichtigkeit, aber auch um ihre Entschlossenheit zu signalisieren, wann immer es nötig sein sollte, davon Gebrauch zu machen. Schnell war wieder eine Fehde über eine Beleidigung vom Zaum geschlagen oder ein Käufer wähnte sich übers Ohr gehauen. Es galt hier sorgfältig zu überlegen, bevor man irgendetwas tat oder sagte. Kein Wunder also, wenn es hier eine blühende Waffenindustrie gab, die ganz inoffiziell den großen Bedarf der Stammesmänner decken musste. Das ganze Gebiet hatte sich spezialisiert, könnte man sagen, auf die Herstellung von AK-47 und Martini-Henry Gewehren und halbautomatischen Feuerwaffen und Pistolen. Man kann sie in den Dörfern am Khyber Pass erwerben.

Die Afridi betrachten den Pass als ihr Eigentum, weshalb es nicht immer selbstverständlich ist, dass man ungeschoren und ohne Zahlung eines Wegegeldes durchkommt. So gesehen ist es nicht überraschend, wenn man den Spruch hört, dass jeder Stein am Khyber Pass mit Blut befleckt ist.

11. Kapitel: Am Khyber Pass

Kein anderer Pass in der Welt dürfte dieselbe strategische Bedeutung gehabt haben wie der Khyber. Keiner behält so viele Assoziationen mit historischen Großereignissen.

Der Khyber sah unter Britischer Herrschaft die meisten blutigen Auseinandersetzungen zwischen 1839-1919. In drei britisch-afghanischen Kriegen und Grenzkriegen mit den Paschtunenstämmen 1839-42, 1878, 1897 und 1919 rückten die britischen Truppen kämpfend nach Kabul vor oder zogen sich kämpfend zurück, eine Armee wurde bis auf wenige Überlebende aufgerieben. Nirgendwo waren die britischen Verluste so verhältnismäßig groß.

Irgendwann hatte man begriffen, dass man die Bergvölker nicht in den Griff bekommen konnte, und man verzichtete auf alle weiteren Versuche, Afghanistan und das Paschtunengebiet unter Kontrolle zu bringen. Auf der einen Seite war der Raj genannte britische Herrschaftsbereich mit britischem Gesetz und Ordnung, auf der anderen Seite war der Wilde Westen, unerschlossen und ungenießbar. Gerade dass man noch den Khyber Pass halten konnte, mit entsprechender finanzieller Morgengabe an die Chiefs der Clans. Doch schon links und rechts der Straße war der Rotrock vogelfrei. Und Paschtunen schießen gerne auf Vögel.

Pakistan hat 1947 eigentlich nur die bestehenden Verhältnisse übernommen. Und jetzt zahlt Pakistan. Die Regierung zahlt auch dafür, dass es die Bergwilden unterlassen, ihre oder die Posten der Verbündeten zu überfallen, wenigstens gelegentlich, oder die Karawanen und Konvois ziehen zu lassen. Die Einheimischen kassieren also doppelt ab, denn Wegezoll erheben sie trotzdem.

Die Erfahrung der britischen Armee muss in einer Serie von Niederlagen, Hinterhalten und Strafexpeditionen von ähnlicher Natur gewesen sein wie die der Römer zur Zeit der germanischen Eroberungskriege. Man hatte es mit einem Gegner zu tun, der allenfalls waffentechnisch unterlegen war, aber ansonsten die Besonderheiten des Geländes geschickt ausnutzte. In Germanien waren es die nasskalten und dunklen Wälder und Sümpfe, im Hindukusch die Berge und Wüsten. Der Westen hätte von Afghanistan kaum Notiz genommen, wäre es nicht von solch wichtiger strategischer Bedeutung im „Großen Spiel" der britischen und russischen Weltreiche gewesen, die hier miteinander kollidierten. Die Briten hatten im 19. Jahrhundert Angst, die Russen könnten noch weiter nach Süden bis zum Golf von Oman und dem Arabischen Meer vorstoßen und das Britische Weltreich bedrohen und British India, dessen Teil Pakistan war, vom Westen trennen.

In den dreißiger Jahren des 19. Jahrhunderts hatten die Russen weite Teile Innerasiens erobert. Es war nur naheliegend, dass sie sich nach Süden wenden würden. Und deshalb musste Kabul unter britischer Kontrolle gehalten werden. Aber dort hatten die Afghanen keine Vorliebe für die Briten entwickelt.

Die Briten mussten sich im ersten afghanischen Krieg aus Kabul zurückziehen. Ihre Armee von 4.500 Mann wurde 1842 von paschtunischen Stammeskriegern ausgelöscht. Die Briten schickten eine Strafexpedition nach Kabul.

Im zweiten afghanischen Krieg galt es, russischer Einflussnahme auf afghanische Stammesführer zuvorzukommen. Die 35.000 Mann starke britische Armee wurde erneut geschlagen. Es wurden aber ein Waffenstillstand erreicht und Vereinbarungen mit den Stämmen getroffen, die den neuen Amir von Kabul anerkannten. Die Briten zogen sich 1882 aus taktischen Gründen aus Kabul zurück, unternahmen aber immer wieder Feldzüge in das Grenzgebiet, ähnlich wie die Römer es machten, wenn sie über den Rhein nach Osten vorstießen, um sich rechtzeitig wieder zurückzuziehen. Bei den Briten war auch der junge

11. Kapitel: Am Khyber Pass

Winston Churchill dabei, dessen Weitsicht schon damals ausreichte, diese Politik zu verurteilen.

Die Briten gingen dazu über, schwierige Stammesführer für ihr Stillhalten zu bezahlen. Das war günstiger, als gegen sie Krieg zu führen. Die einsichtigen Briten zogen sich hinter die sogenannte Durand Linie zurück, der Limes von British India.

1919, als endlich der dritte afghanische Krieg losbrach, gab es eine verbesserte Waffentechnik. Die Briten benutzten Bombenflugzeuge und waren siegreich. Im Vertrag von Rawalpindi wurde gleichwohl die Unabhängigkeit von Afghanistan anerkannt. Das hieß aber nicht, dass der Krieg entlang der Grenze gegen unnachgiebige Stämme eingestellt wurde. Die Royal Air Force bombte weiter, bis 1939.

Und heute? Heute sind es wiederum britische Kräfte, die im gleichen Gebiet wie ihre Vorgänger gegen Stammeskrieger im Rahmen der Natoeinsätze im afghanischen Südosten vorgehen. Kommt in diese Region nie der Frieden?

11. Kapitel: Am Khyber Pass

Rudyard Kipling schrieb 1886 das Gedicht „Arithmetik an der Grenzfront". Es scheint jetzt wieder aktuell geworden zu sein:

„…die Kugel pfeift im Pass

alles Fleisch ist Gras

hier ein Gerangel um die Grenzstation

da bloß` ein Ritt durch den Hohlweg

und dann zweitausend Pfund Erziehung

von der zehn Rupien Flinte jäh beendet!

der Stolz der Schwadron

wie ein Karnikel abgeschossen!

Keine Präposition des Euklid,

keine Formel aus dem Textbuch

kann die Kugel stoppen

oder den Schwertstreich wenden.

Ein Knopf vom Camp gestohlen,

reicht für die Schulkosten

eines dieser Afghanschufte,

der keine Ausdrucksformen hat,

sein Segen ist perfekte Sicht,

deinen Kamerad vom Pferd er sticht.

Die Beute unserer Pfeile und Speere

Ist so billig, wie wir teuer sind!"

11. Kapitel: Am Khyber Pass

Die britischen Soldaten waren oft genug in Bombay oder Karachi aus den Truppentransportern gestiegen, waren dann zu Fuß Hunderte von Kilometern durch moskitoverseuchte, von der Hitze hart gebackene Ebenen zum Khyber marschiert. Was hatte sie dort erwartet? Felsiges Gelände, an dem sich bei Berührung im Sommer wegen der Hitze, im Winter wegen der Kälte die Haut löste, hinter dem sich zu allen Jahreszeiten feindselige Stammeskrieger verbargen und sie unter Feuer nahmen, sobald sie sich blicken ließen. In den Bazaren lauerten die Messerstecher. Sie wurden von ihren Offizieren gedrillt und zu bedingungslosem Gehorsam bei harten Strafen gezwungen. Und das alles fernab von den grünen Ebenen Englands und den sanften Hügeln Schottlands. Was brachte die Briten nur dazu, sich hundert Jahre lang an dieser fruchtlosen Scholle festzukrallen und ihr Blut zu vergießen? Wer hier bestehen wollte, musste ein ganzer Mann sein, denn er hatte es auf der anderen Seite auch mit ganzen Männern zu tun. Von allen Gegnern, die der britische Soldat in Übersee hatte, gehörten die Paschtunen zu den gefürchtetsten.

Die Paschtunenmusketen sind mittlerweile ersetzt worden durch russische Kalaschnikows und Raketenwerfer. Aber auch die Engländer fliegen nicht mehr ihre alten Doppeldecker, sondern Harrierjets und Apachehelikopter. Dafür stimmen die Werteverhältnisse der Erziehungskosten noch. Man könnte sich fragen, ob eine mehrere tausend britische Pfund teure Ausbildung nicht dazu führen sollte, dass man einen Bildungsstand erreicht, der einem ermöglicht, auf gewaltfreie Lösungen von Konflikten hinzuarbeiten. Aber hier ist mehr die Vernunftbegabung der Afghanen verlangt als die Unvernunft der Briten. In einem gewissen Sinn müssen die Kolonialherren von gestern noch heute ihre Fehler von gestern büssen. Und das muss vielleicht so sein!

11. Kapitel: Am Khyber Pass

Man kann es drehen und wenden, wie man will, die Einheimischen sind immer die Verlierer und die Dummen. Halten sie still, bleiben sie ein ungebildetes, gastfreies Bergvölkchen, ohne Aussicht darauf, ihre Mägen immer voll zu bekommen. Stellen sie sich stur, werden sie von den Einen ausgenutzt und von den Anderen bekämpft. Weder in Afghanistan noch in Pakistan werden sie von der Regierung bevorzugt behandelt. Sie werden sonderbehandelt. Je nachdem wie gerade die Politik ist, je nachdem wie die Machtverhältnisse sind.

Malik, mein Verbindungsmann in Islamabad, sagte mir einmal, dass dies ein Land der institutionellen Diskriminierung und Ausnahmen sei. Das käme von den Gesetzen und der Rechtsprechung, die Minderheiten und Randgruppen benachteiligten. Für sie gelten die Bürgerrechte nur in eingeschränktem Maße, sie seien daher diskriminiert, und das sei eine negative Ausnahme. Wer Einfluss und Macht hat, für den gelten Ausnahmen der positiven Art. Eine Randgruppe sind auch die Bergstämme. Das gilt sowohl für die Ethnien, die im hohen Norden leben, als auch für die an der Westgrenze zu Afghanistan.

Den Leuten in den Stammesgebieten, wenn sie nicht von mächtigen Stammesfürsten protegiert werden, werden unter dem Vorwand der besonderen Ausnahmesituation, die auch eine besondere Jurisdiktion bedeutet, die gesetzlichen und politischen Rechte, wie sie andere Staatsbürger haben, vorenthalten. Die Vertreter der Staatsgewalt, die für die Verwaltung zuständig sind, sind die politischen Agenten, die in ihrer Agency Sitz genommen haben wie die früheren Emire. Wenn ein solcher Agent feststellt, dass ein Stammesmitglied gegen ein Gesetz verstoßen hat, dann hat der Beschuldigte keine Möglichkeit, ein ordentliches Gericht anzurufen. Der Agent entscheidet, was mit ihm geschieht. Es werden mitunter kollektive Maßnahmen gegen die Clans getroffen, wenn einzelne Schuldige nicht ausfindig zu machen sind. Es ist sogar Praxis, Kinder oder Frauen in Schutzhaft zu nehmen, bis sich die Schuldigen gestellt haben.

Die Stammesleute revanchieren sich, indem sie ihre eigenen Gesetze aufstellen und sich nicht um die Anweisungen von Islambad oder Kabul scheren. Das erklärt auch, warum sie auch Terroristen ihr Gastrecht gewähren, obwohl sie vernünftige Gründe hätten, es nicht zu tun. Und es erklärt, warum Touristen nicht immer sicher reisen.

Im Stammesgebiet haben die Taliban großen Einfluss. Man erzählte mir, dass sich der Fundamentalismus der Taliban weit entfernt hätte von gewöhnlichen Praktiken und Sichtweisen der Muslime. Es habe auch nichts mit der Einhaltung der Tradition zu tun, vielmehr mit der Ablehnung von Verhaltensweisen und Denkweisen, die mit einer herkömmlichen Sichtweise des Islam nicht vereinbar wären. Es scheint so zu sein, dass jede Religion, die Gesetzlichkeit und Formalismus betont und dabei rechthaberisch wird, zu einer echten Gefahr für die Entfaltung der menschlichen Persönlichkeit und einer Gesellschaft, die frei entwickelte Persönlichkeiten braucht, werden kann.

Dass gerade die Fundamentalisten des Islam in den Taliban und Paschtunen Anhänger fanden, hängt vielleicht auch damit zusammen, dass sie keine eigene Geschichte haben. Was vor der islamischen Eroberung war, weiß man nicht genau. Geschichtsschreibung wurde nicht betrieben. Und so ist es auch kein Wunder, dass sich etliche Paschtunen mit König David oder König Salomo in Verbindung bringen. Man entwirft eine Vorgeschichte, die auf Mythen oder Wunschdenken aufgebaut ist. Und die Gegenwart hängt in der Luft der Berge. Mit dem Islam kam jedenfalls die Geschichtlichkeit und zumindest eine stromlinienförmige Glaubenskultur zu den Bergvölkern des

11. Kapitel: Am Khyber Pass

Hindukusch. Der Islam hat ja den Vorteil, von ungebildeten Menschen sofort verstanden werden zu können und dass er von ihnen nicht verlangt, gebildet zu werden. Unter allen Hochreligionen ist der Islam die am einfachsten gestrickte.

Der Khyber Pass spielte in dieser neuen Geschichtlichkeit keine geringe Rolle, wie es der Schriftsteller Shafi Sabir aus Peschawar ausdrückte: „Unter den Millionen Händlern, Abenteurern, Reisenden, Gelehrten, Schriftstellern und Poeten, die vom Khyber Pass profitierten, gab es auch Heilige, die nach großen Mühen den indo-pakistanischen Kontinent betraten und das Licht des Islam im Land der Ungläubigen scheinen ließen." Fast könnte man diesen Worten zufolge meinen, der Khyber Pass sei eine islamische Errungenschaft und habe die Ausbreitung des Islam in Südasien erst möglich gemacht. Was hindert, kann auch fördern.

Das Gedicht „The Ballad of the King's Jest" von Rudyard Kipling beginnt mit einer Beschreibung des Khyber Passes als Handelsroute und endet mit der britischen Sorge vor einer russischen Bedrohung.

„When spring-time flushes the desert grass,

Our kafilas wind through the Khyber Pass.

Lean are the camels but fat the frails,

Light are the purses but heavy the bales,

As the snowbound trade of the North comes down

To the market-square of Peshawar town. "

11. Kapitel: Am Khyber Pass

Wenn der Frühling das Wüstengras grünen lässt,

windet sich unsere Karawane durch den Khyber Pass.

Die Kamele sind schwach, aber die Beute fett.

Leicht sind die Taschen, aber schwer die Bündel,

wenn der eingeschneite Handel des Nordens herunterkommt,

zum Marktplatz von Peschawar.

Für die Briten war das Khyberpassgebiet wie eine Pufferzone, mehr noch ganz Afghanistan. Es zu kontrollieren und zu regieren, hätte zuviel Aufwand verursacht und wäre gar unmöglich gewesen. Merkwürdigerweise ist man heute von dieser weisen Entscheidung, die Afghanen alleine zu lassen, abgekommen. Die Afghanen sollten die Russen abschrecken. Ironischerweise taten sie das dann im späten zwanzigsten Jahrhundert endlich. Die Geschichte wiederholt sich nicht immer, findet aber oft eine späte Fortsetzung. Die Russen besetzten Kabul. Als dann die Amerikaner das Gleiche taten, wie hätten die einfachen Leute den Unterschied erkennen können? Beide hatten damit noch lange nicht die Kontrolle über das Land.

Eher haben Hunger und Dürre das Regiment, und mit an der Macht sind Drogenhandel und Stammeskriege. Der Hindukusch leistet sich viel, dafür, dass er so wenig hat. Und deshalb ist die Gegend auch so arm. Dass das kriegerische Wesen nicht die alleinige Ursache für die Rückständigkeit des Hindukusch ist, versuchen manche damit zu belegen, dass das angrenzende Baltistan und Gilgit ebenso arm wäre. Und dort verzettelte man sich nicht in Stammeskriege. Allerdings wäre es dort auch sehr schwierig, solche Kriege zu führen, weil die Berge höher und die Schluchten tiefer, die Flüsse größer und reißender sind.

11. Kapitel: Am Khyber Pass

An der Station der Khyber Rifle sagte mir Ansar, dass wir nicht mehr weiterfahren durften. Da es der höchste Punkt im Tal war, von dem es nur noch abwärts bis zur Grenzstation ging, hatte man einen Aussichtsplatz, von dem aus man das ganze Tal und weiter bis über die Grenzstation hinaus nach Afghanistan überblicken konnte. Ich sagte Ansar, dass es kein Problem sei, das letzte Stück da hinunter zu fahren. Fayad war auf einmal verschwunden. Aber es war ein Offizier aus dem Gebäude gekommen, der mir erklärte, dass ich aus Sicherheitsgründen nicht weiterfahren sollte. Ich fragte ihn, wo genau die Grenze verlief. Ich stellte ihm noch andere Fragen. Daraufhin bat er mich in den Gebäudekomplex. Ein Tee wurde mir angeboten und ein anderer Offizier kam. Nach einem kurzen Wortwechsel kam heraus, dass man es mit einem Chiefinspektor der German Police zu tun hatte, woraufhin ein weiterer Personalwechsel vollzogen wurde.

Der, der kam, war jünger als die beiden Vorgänger. Er konnte aber besser Englisch. Ansar verabschiedete sich von mir, vielleicht auch, weil er dazu aufgefordert worden war. Der Offizier, ein Hauptmann namens Shamsher, fragte mich in freundlichem Ton, warum ich hierhergekommen sei. Ich sagte ihm, ich wolle Eindrücke sammeln, ich wolle die Leute kennenlernen, damit ich das politische Problem besser verstehen könnte. Er fragte nach meiner Tätigkeit. Ich erklärte ihm, dass ich beruflich mit dem Problem der illegalen Grenzüberschreitung zu tun hätte. Er zeigte sich interessiert. Er fragte mich, ob ich beruflich hier sei, ob ich vielleicht einen Auftrag hätte. Da war wieder diese sonderbare Naivität selbst bei Bildungsbürgern dieses Volkes. Es war ein Erkennungszeichen für Vertreter seines Kulturkreises, der in einem halben Jahrhundert mit stark nachhinkenden Schritten versuchte, Anschluss an den Westen und den Rest der Welt zu finden. Ich sagte ihm, dass ich zumindest schauen könnte, ob man etwas bei uns verbessern

11. Kapitel: Am Khyber Pass

könnte, denn hier am Khyber hätte man jahrhundertelange Erfahrung erster Güte.

Die Khyber Rifle hatten auf diesem Posten nicht viel zu tun. Wenn es was zu tun gab, dann wurde es gleich kritisch, denn bei Streitigkeiten mit den Afridi, weniger bei den Schmugglern, musste man mit allem rechnen. Aber solange man nur auf dem Posten blieb, war es langweilig. Wer Karriere machen wollte, musste zusehen, dass er von der Grenze wegkam. Von der paramilitärischen Truppe weg zu kommen, war noch einmal eine andere Geschichte. Der Offizier machte einen interessierten und verständnisvollen Eindruck auf mich. Da konnte ich die Gesprächstaktik der Ironie einsetzen.

Ich sagte ihm, dass die Amerikaner schon ihre eigenen Leute hätten, um nach Osama zu suchen, da bräuchten sie mich nicht. Aber da er mich schon der „Spionage" verdächtigte – er verbesserte mich auf „investigation" – wollte ich ihn zu seiner Meinung befragen, ob Osama hier in dieser Gegend zu finden wäre.

Wo ist Osama? Das ist die beliebte Frage entlang der 1.500 Kilometer langen Grenze, die jeden interessiert, aber nur bei den Wenigsten Nervosität hervorruft, wenn sie beantwortet wird.

Das Konsulat der USA in Peschawar war zu einem Zentrum der Bin Laden Jagd ausgebaut worden. Es war voll gestopft mit der modernsten Elektronik des Geheimdienstwesens. Dabei hätte geeignete Manpower viel mehr Nutzen. Bisher hat der technische Aufwand nichts genützt. Der sicherste Platz für einen Menschen ist unter der Erde. Man kann einen Menschen dann am längsten suchen, wenn er gar nicht mehr da ist. Einmal hatte man Bin Laden mit seinen Gefolgsleuten schon geortet, aber dann machten die Amerikaner den entscheidenden Fehler, anstatt die Arbeit selber zu erledigen, ließen sie die afghanischen Militärs ran und die vermasselten alles. Bin Laden entkam nach Waziristan, auf pakistanisches Gebiet. Der Hauptmann lachte, als er das erzählte. Nicht aus Sympathie für den Oberterrorist.

„Er reist nur bei Nacht", sagte er fast wie mit einem Unterton der Befriedigung. Die pakistanische Polizei war eine zeitlang in Waziristan sogar angewiesen, unter den Burkas nachzuschauen, ob sich ein bärtiger Mann unter den Frauenkleidern verbarg.

„Ich glaube, dass er bei einer einflussreichen Persönlichkeit untergekommen ist. Er haust nicht in einem Erdloch oder in einer Felshöhle. Er wohnt in einem Haus oder Zelt", er machte eine Pause und sagte, „und es ist eine Person, von der es niemand gedacht hätte, weder die Pakistaner noch die Amerikaner!"

„Musharraf", sagte ich spontan, ohne es ernst zu meinen. Nein, sagte er, ohne zu lachen, „und deshalb nützt das hohe Kopfgeld auch nichts. Die Leute hier lassen sich nicht kaufen. Wussten Sie, dass 60 Prozent der Jordanier und 35 Prozent der Indonesier für Bin Laden sind?"

Das kam auf die Fragestellung bei der Umfrage an.

„Er ist ein Held für sie! Und er lebte 25 Jahre bei den Leuten hier. Warum sollten sie ihn an einen Amerikaner ausliefern?"

Und sicher waren die Amerikaner auch nicht beliebt. Oder wie es Maulana Muhammad Alam, ein radikaler Prediger im Dir Valley, 80 Kilometer vor Peschawar, sagte: „Osama ist nicht der Name eines Mannes, sondern einer Bewegung. Osama ist das Recht jedes Individuums, für den Islam zu kämpfen und ihn zu verteidigen." Möglicherweise hatte dieser Alam nicht alle Informationen, die ein gesunder Menschenverstand benötigt, um ungehindert und uneingeschränkt zu funktionieren.

11. Kapitel: Am Khyber Pass

Bin Laden war Anfang der achtziger Jahre nach Peschawar gekommen, wie viele Andere, um gegen die Sowjets zu kämpfen. Er hatte ein dickes Bankkonto und ein Büro im Universitätsviertel.

Die Amerikaner wollten jetzt wieder mehr dazu übergehen, Leute in die Stammesgebiete einzuschleusen, die Bin Ladens Aufenthaltsort ausspionieren sollten. Doch wie sollte man Leute für so eine verräterische Tat finden? Ausgerechnet Exilpakistaner? Oder doch besser Amerikaner und Geheimdienstbeamte der Pakistaner? Shamsher hatte sich seine eigenen Gedanken dazu gemacht.

„Wenn die Amerikaner ihn in die Hände bekommen, ist Osama tot. Sie werden den gleichen Fehler wie bei Saddam Hussein nicht noch einmal machen."

„Und für Pakistans Präsident hat sich das Problem einer Auslieferung dann auch gelöst!"

„Aber zur Zeit sitzt er wahrscheinlich irgendwo und trinkt einen Tee."

„Und denkt darüber nach, wie er die Welt noch einmal in Aufregung versetzen kann."

Ich fragte den Hauptmann, warum man Osama noch nicht gefunden habe. Er sagte, die Amerikaner würden die Schuld auf die Pakistaner schieben, die Pakistaner beschuldigten die Afghanen, sie würden zu wenig kooperieren.

„Und die Afghanen?"

„Sie zucken mit den Schultern. Die Amerikaner sind doch im Land, warum fangen sie ihn nicht?"

„Vielleicht weil er in Pakistan ist!"

11. Kapitel: Am Khyber Pass

„Vielleicht", sagte er nur. Bin Laden war ja im Grunde nur ein Problem für den Westen.

Der General, der zuständig war für die Stammesgebiete im Grenzgebiet, mit Sitz in Peschawar, reiste einmal mit offiziellem Auftrag über London in die USA, um sich dort mit Vertretern der US-Armee zu treffen. Schon in London wurde er bei der Kontrolle auf dem Flughafen einer intensiven Sicherheitskontrolle ausgesetzt. Es ist nicht ungewöhnlich, dass dort männliche Reisende ihre Schuhe ausziehen müssen. Dem General der pakistanischen Armee war das zu viel. Er fühlte sich gedemütigt, denn er hatte natürlich gesagt, wer er war und was sein Auftrag war. Doch das beeindruckte das Personal keinesfalls. Als er zurückkam, war der General immer noch verstimmt. Er sagte, er wolle nie wieder in die USA reisen. Diese kleine Episode könnte große Auswirkungen haben. Man kann sich vorstellen, wie groß die Begeisterung des Generals sein wird, für die Amerikaner im Grenzgebiet nach al-Qaida Terroristen zu suchen und dabei pakistanische Soldaten einer Gefahr auszusetzen. Aber es war eher unwahrscheinlich, dass sich Osama Bin Laden der Gefahr aussetzte, dass ein potentieller Verräter durch Geld schwach werden würde. In den Städten war es zu geschäftig in den eng besiedelten Straßen und Wohnvierteln, auf dem Land kannte jeder jeden und sah schon von weitem, wer kam und ging. Er würde meiner Meinung nach am besten in einer kleinen Stadt Unterschlupf gefunden haben, die groß und geschäftig genug war, dass nicht jeder jeden kannte, und zugleich eine große Fluktuation, der zu- und ab- und durchreisenden Leute und eine Mobilität bestand, die groß genug war, dass es nicht auffiel, wenn jemand Besuch bekam. Noch dazu müsste die Stadt an einer der Hauptstraßen oder Hauptverkehrsknotenpunkte liegen. Wo viel Verkehr ist, kann man nicht nur schnell genug wegtauchen, sondern sich auch unauffällig fortbewegen. Ich war überzeugt, Osama würde in

11. Kapitel: Am Khyber Pass

einem von einem seiner Vertrauten angemieteten Gebäude in einer Kleinstadt im Norden Pakistans sein Dasein fristen. Er war sicherlich nicht im unterentwickelten Afghanistan und auch nicht irgendwo an der Grenze, wo man ihn andauernd suchte. Er würde aber auch nicht allzu weit von der Grenze weg sein, damit er schnell wieder überwechseln könnte. Da der Wechsel am leichtesten in Hindukusch möglich war, wäre sein Aufenthaltsort in der Nähe des Hindukusch von Vorteil. Aber doch außerhalb vom Hindukusch, denn die Bewohner im Bergland waren unter sich. Zu auffällig wäre es für einen Fremdling hier gewesen, zumal einen Araber, der nur Arabisch konnte.

Ich fragte den Hauptmann zu seinem eigenen Aufgabengebiet.

„Wie stark belastet die Politik der Taliban das Grenzgebiet um den Khyber? Muss das die Pakistaner überhaupt bekümmern, was drüben geschieht?"

„Solange die Taliban ihre Taktik aufrechterhalten, die Lage in Afghanistan instabil zu halten, um die Okkupanten zu zermürben, wird auch das Grenzgebiet nie zur Ruhe kommen. Die Stammesleute bleiben unregierbar, weil die Regierung Pakistans als Verbündete der USA betrachtet wird, was sie ja auch sind. Sehen Sie...", er zögerte lächelnd, „...für Sie ist es vielleicht unverständlich, dass jemand zugleich für und gegen eine Sache sein kann. Ich habe vorhin Ihr Stirnrunzeln bemerkt. Aber in der Politik nennt man das, was hier veranstaltet wird, beiderseits der Grenzen, Pragmatismus."

Ich dachte, es sei im Wesen des Menschenschlags begründet. Er meinte hier die Tatsache, dass Islamabad Geld von den Amerikanern nahm und ihnen dafür einen Krieg gegen die Terroristen lieferte und hin und wieder auch ein paar Bauernopfer zu Füßen legte, aber andererseits auch mit al-Qaida und Taliban verhandelte und Wasserpfeife rauchte.

11. Kapitel: Am Khyber Pass

„Der Anbau von Opium und der Schmuggel bleiben erhalten. Afghanistan ist kein sicheres Transitland. Im Grenzgebiet nehmen Diebstähle, Überfälle und sogar Mordanschläge zu."

Wenn das früher noch die Profession der aus der Gesellschaft Ausgestoßenen war, dann traf man immer mehr, denen es an Bildung nicht mehr mangelte. Früher wurde man geächtet. Wer bei einer Straftat erwischt wurde, schämte sich. Wenn man etwas Verbotenes tat, dann ließ man niemanden davon wissen.

Spätestens jetzt war mir klar, dass ich keinen ungebildeten Provinzialen oder Freizeit-Madressah-Betreiber vor mir hatte. Der Kerl wusste Bescheid, und wenn er nicht gemäßigt war, dann war er ein guter Schauspieler. Aber das war er sicherlich nicht. Er sagte mir, er würde sobald als möglich wieder nach Karachi zurück. Überall war es besser als hier. Vielleicht verkörperte er selber so etwas wie den vollendeten Pragmatismus, eine radikale Gemäßigtheit, die bei manchen unsicheren Kantonisten noch zu einem gemäßigten Konfrontationskurs werden konnte. Aber nicht bei ihm. Seine Skepsis hatte schon zu viel Schaden an seiner potentiellen muslimischen Bereitschaft angerichtet, sich in die Reihen derer, die nur darauf warteten, dass sich der Islam über den Westen erheben würde, einzureihen.

Man musste sich das vorstellen. Er war hier an einem Außenposten der Zivilisation. In vier Wochen durfte er einmal für drei Tage ausbrechen. Die einzige Abwechslung boten ihm Gespräche mit Touristen. Noch waren sie nicht verboten. Aber das hing von der Laune des Kommandeurs ab. Shamsher sagte mir, dass ich Glück hätte, zu einer Zeit im Lande zu sein, da der Khyber Pass offen war. Damit hatte auch er Glück, denn die Hälfte des Jahres war er für ausländische Besucher geschlossen.

11. Kapitel: Am Khyber Pass

Im Augenblick schimpfte er auf die Juristen, als ob es in diesem Land mit seiner juristischen Rechtsmischform gemäßigte Schariarichter gab, von denen man ein humanistisches Urteil erwarten konnte! Im Pandschab gab es etwas, was nicht mehr Respektabilität dieser Unternehmensbranche hätte verhelfen können. In Multan, der sogenannten Stadt der Heiligen, wo nach des nicht pandschabischen Shamshers bissiger Bemerkung der heilige Teil der Bevölkerung längst unter der Erde ist, fand die Polizei heraus, dass eine Gruppe von vier zuhöchst unheiligen Juristen sich Diebstähle und andere Straftaten ausgedacht hatte, die eine bestimmte kriminelle Finesse verlangten. Sie hatte auch einen Mitwisser ermordet, auch nur ein Student der Rechtswissenschaft. Ihm fehlte es an der akademisch-kriminellen Qualifikation, um der Gruppe beitreten zu können. Ursprünglich hatte Shamsher die Laufbahn eines Juristen einschlagen wollen, aber er schien kein Freund des Klerus zu sein, der die Arbeit der Juristen immer wieder behinderte. Er machte Andeutungen, die mich glauben machten, dass er bei der Armee auch keine problemfreie Zone hatte.

„Kommt man hierher nur, wenn man strafversetzt wird", fragte ich. Er lachte und verneinte.

„Wie wirkt sich das aus, dass die Khyber Rifles, einmal abgesehen von den Offizieren, zum gleichen Stamm gehören wie die Leute, gegen den sie den Pass verteidigen?"

„Wo ist da das Problem? Die Polizei wird auch von hier rekrutiert!"

Es gab natürlich auch Interessenskonflikte. Aber die betrafen meist gemeinsame Aktionen. Wenn man einen Clan mit der Bewachung eines Stückes des Passes beauftragte, würde er einen nächtlichen Überfall von dem anderen Clan befürchten, wenn er mit diesem gerade im Clinch lag. Solche Fälle hatte es schon

11. Kapitel: Am Khyber Pass

gegeben. Einmal hatte der kommandierende Hauptmann der Khyber Rifles den Clanführer gefragt, ob die Befürchtung berechtigt war, dass es zu so einem Zwischenfall kommen könnte, obwohl die Clanführer gerade eben noch bei ihm friedlich zusammensaßen. Diese bestätigten es, um der Wahrheit die Ehre zu geben. Das Problem wurde gelöst, indem man einen schriftlichen Vertrag aufsetzte, wo sich die Clans gegenseitig versicherten, für einen genau festgelegten Zeitraum ihre Fehde auszusetzen.

„Solange die Männer in der Khyber Rifle dienen, halten sie zusammen und ihre Fehden sind beendet. Wenn sie dann wieder zu ihrem Stamm zurückkehren...", er machte eine schwingende Handbewegung, „... geht alles seinen natürlichen Lauf!"

Die Khyber Rifles gibt es seit 1878. Ihre Aufgabe war schon damals, die Grenzlinie gegen rebellierende Stämme zu halten. Damals hatten sie britische oder indische Kommandanten. Heute werden sie auch zu anderen Aufgaben im Grenzgebiet eingesetzt. Dazu gehört auch das Aufspüren von Terroristen und afghanischen Flüchtlingen.

Das Regiment wurde bei den Aufständen 1897 aufgerieben. Alle drei Garnisonen in Landi Kotal, Fort Maude und Ali Masjid wurden überrannt. Nur wenige Überlebende erreichten Jamrud. Die Briten brauchten drei Monate, um wieder Herr am Khyber zu werden. Im dritten afghanischen Krieg gab es zahlreiche Desertionen, die damit zusammenhingen, dass die Afridi nicht gegen ihre eigenen Leute kämpfen wollten. Das Regiment wurde aufgelöst, aber Jahre später wieder neu aufgestellt.

Als sie 1947 unter ein neues Oberkommando kamen, setzten sie die Pakistaner gleich in anderen Krisengebieten ein. Darunter auch in Kaschmir.

11. Kapitel: Am Khyber Pass

Mein Gastgeber, Hauptmann Shamsher, wurde von mir, wenn auch leider nicht von seinem verlorenen Posten, abberufen. Er entschuldigte sich und wünschte mir einen „peaceful", also friedlichen Aufenthalt. Damit war die Unterhaltung abrupt beendet. Wir fuhren weiter nach Landi Kotal. Es war Zeit für eine Mittagspause.

Ich war vor Landi Kotal gewarnt worden. Alle wären bewaffnet, man müsste damit rechnen, beschossen zu werden, wenn man versuchen würde, jemanden zu fotografieren. Ich ließ es ganz bleiben. Und die Leute würden einen nur unfreundlich anstieren. Die Eindrücke hatte ich nicht. Vielleicht war einfach mittlerweile auch wieder ein gutes Stück Normalität, soweit man das überhaupt für eine Stadt am Khyber Pass sagen konnte, eingekehrt. Vielleicht war Landi Kotal nicht eine der friedlichsten Städte auf diesem Planeten, denn es gab tatsächlich Männer, die ihre Schusswaffen mit sich führten, aber ich fühlte mich nicht gefährdet.

11. Kapitel: Am Khyber Pass

Und ausgerechnet hier traf ich ihn, den weißen Ghandi. Er war aus der französischen Schweiz. Ein junger Mann, was man stückweit auch von seiner pazifistischen Grundhaltung ableiten konnte, in Landestracht, so bleich wie seine Hautfarbe, was erstaunlich genug war, denn er kam, wie er mir sagte, von Kabul. Er saß in dem einzigen Lokal, das rein äußerlich betrachtet einigermaßen für einen Mann aus dem Westen akzeptabel zu sein schien. Ich setzte mich zu ihm an den Tisch, draußen unter dem Zeltdach. Er verspeiste einen Brei. Ich bat Ansar, ein frisches Fladenbrot und einen Milchtee zu holen und für sich und Fayad, was sie wollten. Fayad schien sich in der Stadt etwas unwohl zu fühlen. Vielleicht wolte er hier nicht mit mir gesehen werden. Aber gegen eine Mittagspause hatte er nichts einzuwenden.

Jean-Luc Laffite sah auffällig genug aus, mit seinen langen blonden Haaren und der Mullahkappe und einer halbärmligen bunten Strickweste. Er trug Sandalen, was mir nur deshalb auffiel, weil er mir mit bemüht zurückhaltendem und deshalb schon wieder auffällig aufdringlichem, missionarischem Eifer berichtete, dass er zu Fuß alle Länder zwischen Iran und Tibet durchreisen wolle, um für den Frieden zu werben. Da war er ja hier gerade richtig. Oder doch nicht, denn ich glaube nicht, dass ihn irgend jemand in diesen Ländern ernst nahm.

Angefangen hatte unsere Unterhaltung, die wir in einem Wechselspiel aus Französisch und Englisch führten - sein Englisch war ungefähr so gut, wie mein Französisch schlecht war - mit seiner Frage, ob ich mich so unsicher fühlte, dass ich einen Bodyguard benötigte. Ich erklärte ihm ohne Mühe, dass es so vorgeschrieben war, wenn man von der pakistanischen Seite her anreiste. Ich drückte im Gegenzug meine Verblüffung aus, dass er es offensichtlich ohne einen Khyber Rifleman geschafft hatte, hierher zu gelangen. Er war per Hitchhiking und zu Fuß

11. Kapitel: Am Khyber Pass

von Iran aus unterwegs und hatte die Absicht, das so beizubehalten. Das war kaum glaubhaft. Aber dass er hier war, war ja auch eine schwer begreifliche Tatsache.

Ich bot ihm an, mit mir die nächste Etappe nach Peschawar im Taxi zurückzulegen. Er dankte, meinte aber, dass er das historisch fragile Wegstück über den Pass wohl zu Fuß bewältigen würde. Ich riet ihm ab. Eine kurze Rücksprache mit Fayad bestätigte mir, dass es schlicht verboten war und er würde sehr schnell von einer Khyber Rifle Streife in Haft genommen werden, wenn ihn nicht ein paar Afridi vorher geschnappt hätten. Ich fragte ihn, wie er überhaupt über die Grenze gekommen wäre. Er sagte, es sei kein Problem gewesen. Er hatte ja ein Visum. Außerdem würde er den Grenzbeamten immer erläutern, was seine Zielsetzung war.

„Und das beeindruckt die?" Er nickte und lächelte sanft. Ich konnte mich nicht des Eindrucks erwehren, als schwebte er etwas über dem Tisch und damit auch über meiner Augenhöhe und als blickte er von da oben auf mich, den herkömmlichen Touristen, herab. Aber ich ließ es dabei, denn der Mann war jung und umgekehrt kreisten meine Gedanken auch nicht um die größtmögliche Wertschätzung seiner Sache.

Ich hatte hier einen jungen, illusionsangereicherten, aber harmlosen Idealisten vor mir, der bestenfalls irgendwann später zurückblicken und über seine Naivität den Kopf schütteln würde. Er hatte als einzigen Reiseproviant und zugleich Ballast von mehr schwerkraftmäßigem Gewicht als ideeller Bedeutung ein Buch dabei, in das sich jeder, der für den Frieden war, eintragen durfte. Sein sonstiges Gepäck war ein Leinsack, an dem noch eine Matte hing. Noch nicht einmal einen Schlafsack hatte er. Die Tatsache, dass er unversehrt durch Afghanistan getrampt war, das war es zumindest, was er behauptete, bewies, dass es mit der Gefährlichkeit dieser Gegend nicht so herausragend

11. Kapitel: Am Khyber Pass

bestellt sein konnte. Oder die möglichen Fremdenhasser konzentrieren sich auf wirkliche Gegner und waren so clever, dass sie ihn als wandelnde Werbesäule für ihre Friedfertigkeit unbehelligt ließen. Hieß es nicht, Verrückte und Spinner genießen überall Schutz? Niemand wagt sie anzutasten? Und sind wir ehrlich, warum sollte man sie auch antasten wollen?

Vielleicht hatten die Wegelagerer auch einfach nicht glauben können, dass einer, der nicht einmal einen Bus zahlen kann und den jede Militärkolonne der UN links liegen lässt, nicht vermögend oder wichtig sein kann. Ich verurteile solche Menschen, die mit ihrem Leben spielen, nicht. Sie versuchen, ihre Ideale zu leben. Wenn es schiefgeht, sind sie die Dummen. Leider auch ihre Angehörigen. Wenn es gutgeht, schreiben sie ein Buch über ihre Abenteuer und verdienen einen Haufen Geld. Nicht dumm gelaufen. Eigenartig ist nur, wie versessen manche Menschen auf ihre erwiesenermaßen überholten Ideen sind. Aber man muss jedem Menschen zugestehen, seine persönliche Entwicklung zu mehr Erkenntnisgewinnung zu machen, auch wenn sie gar zu früh enden sollte, wenn die äußeren Umstände der Erkenntnisvermehrung nicht so günstig sind. Und das ist in Krisengebieten häufig so.

Das Buch, das neben ihm lag, war eigentlich eine lose Blattsammlung. Hierzulande hätte er vermutlich mehr Stimmen für eine Gegnerschaft Israels sammeln können als für sein universales Friedensbekenntnis, das es im Islam ja gar nicht geben kann, solange es noch irgendwo im Universum unbekehrte Wesen gibt. Ich tat ihm den Gefallen und unterschrieb seine gesammelten Werke, die er irgendwann der UN vorlegen würde, wie er es versprach. Die UN würde sie im Lager 36 auf Regal 14b deponieren und in den letzten Tagen der Menschheit wieder herausholen, wenn sonst nichts geholfen hätte, die Menschheit zu retten.

11. Kapitel: Am Khyber Pass

Vor mir hatten viele Menschen bereits unterschrieben, Pakistaner, Afghanen, viele davon, war zu vermuten, hatten nicht wirklich verstanden, dass sie nicht an einer Verlosung teilnehmen würden. Der Umschlag trug die Aufschrift „World Peace Movement". Die Blätter kamen in eine Ledertasche, seinem einzigen Luxus. Er hatte eine Überraschung für mich. Zehn weitere Kameraden waren in anderen Weltgegenden unterwegs, überall da, wo es Krisengebiete gab.

„Die UN tut nichts, also müssen wir was tun!", reichte als erschöpfende Erklärung. Er glaubte daran und das reichte ihm. Und für die Welt sollte es auch reichen, so einfach war es. Das lag in seinem stets freundlichen, offenen Blick, und seine Stimme unterstrich die Aussage seiner Augen gleichbleibend sanft.

„Wer ist wir", fragte ich, die Antwort schon ahnend.

„Alle, die den Frieden lieben!"

„Hat dich keiner gefragt, warum du gerade hier bist, wo doch nur friedliebende Menschen leben? Das werden sie bestimmt gesagt haben. Sagten sie nicht, du sollst in den Westen oder nach Israel?"

Wer würde nicht behaupten, dass er den Frieden liebt? Sogar Hitler und Stalin und Mao, die Massenmörder der Weltgeschichte, hatten das bezeugt. Und es war nicht gelogen. Sie wollten den Frieden, aber zu ihren Konditionen. Das Gleiche galt für die Dschihadkrieger des Islam. **Kein Muslim ist gegen den Frieden. Es fragt sich nur, was er alles vorher tun will, um zu seiner Vorstellung von Frieden zu gelangen.** Ein rechter Frieden setzt vielleicht auch einen rechten Krieg voraus, ein vollständiger Frieden einen vollständigen Krieg? Schon Tacitus hatte gesagt, „zu plündern, zu morden und zu stehlen, das nennen sie Weltreich; und wo sie eine Wüste machen, das

11. Kapitel: Am Khyber Pass

nennen sie Frieden!" Ich beschloss, eine Lanze für mehr Realismus zu brechen. Auch ein Friedensakt.

„Jeder wird hier unterschreiben. Und gerade deshalb ist die Liste wertlos für die UN. Damit will ich nicht sagen, dass sie nicht für dich und deine Freunde einen Wert hätte!" Darauf hatte er keine Antwort. Er schien aber auch nicht gerade erschlagen von meiner nasskalten Logik. Er schaute in die Ferne, als ob er nach besseren Wetterzeichen am Horizont suchte. Aber weder gab es hier viel Ferne, wegen der Bergketten ringsum, noch Aussichten, dass sich am strahlend blauen Himmel viel ändern könnte.

Ich setzte nach, ich war unerbittlich, vielleicht konnte ich dazu beitragen, dass er seine Reise abwandeln würde, um einfach nur Land und Leute kennen zu lernen und sich dabei selber weniger den Gefahren zu exponieren.

„Und wenn du jahrelang durch die Lande reist und eine Million Unterschriften sammelst und an die UN schickst und wer weiß wohin! Du wirst schöne Worte des Dankes und der Anerkennung ernten, aber danach trachtest du ja nicht, sondern nach dem Weltfrieden. Aber mehr passiert nicht. Wenn du Glück hast, wird deine kuriose Blättersammlung in einem Glaskasten in einem der Flügeltrakte der UNO ausgestellt, ungefähr so wie man in einem Kindergarten die gepinselten Bilder der Kinder an die Wand hängt. Schaut mal, wie nett! Man wird dir und den anderen Sechsunddreißig die Hand schütteln und das war es. Du glaubst doch nicht im Ernst, dass du den Frieden in die Herzen der Menschen bringst, wo er hingehört. Nirgendwo ist Frieden, wenn er nicht zuerst im Menschen drin ist. Weltweite Verbreitung setzt voraus, dass er das Herz ausfüllt."

Das war ein relativ langer Vortrag, aber er hatte darum gebettelt.

11. Kapitel: Am Khyber Pass

„Die Menschen wollen den Frieden", behauptete er unverdossen, „alle Menschen wollen den Frieden", sagt er, als ob ich das, was ich gesagt hatte, nicht gesagt hätte. Ja, wenn zwischen Wollen und Können nicht immer so ein großer Unterschied wäre!

„Wenn es so leicht wäre, warum gibt es ihn dann nicht, den wunderbaren Weltfrieden?"

Er antwortete sofort, denn natürlich hatte er sich schon längst Gedanken gemacht. Mit solchen Leuten wie mir konnte er umgehen. Ich war ja nur einer von Tausend, die ihm die gleichen geistigen Hochblicke aufgetischt hatten.

„Weil ihn dumme, eigensinnige Politiker und andere einflussreiche böse Menschen nicht wollen."

„Aha!", sagte ich und nach einem kleinen gedanklichen Luftholen: „Und weißt du was, die bösen Menschen, das sind wir! Wir sind das, niemand Anderes! Die Anderen, das sind auch immer wir, weil die Anderen nicht anders sind als wir!"

Nein, mit so etwas brauchte ich ihm nicht kommen.

„Diese Leute wollen ihre Geschäfte machen und Macht ausüben." Die Politiker waren es also. Das Dumme ist nur, wer als Politiker abgelöst wird, hat automatisch einen Nachfolger. Politiker ist kein Beruf. Irgendjemand hat immer das Sagen.

„Du machst es dir eindeutig zu einfach. Du begrenzt das Böse in der Welt auf ein paar Politiker und Mächtige. Das klärt nicht wirklich das Problem des Unfriedens in der Welt. Es ist in Wirklichkeit Augenwischerei."

Mir fiel kein Wort für Augenwischerei ein, ich sagte „blinding eyes".

„Die meisten Menschen wollen Frieden. Sie sind nicht böse. Ich war schon in vielen Ländern. Ich habe viele Menschen getroffen.

11. Kapitel: Am Khyber Pass

Ich reise seit Jahren. Überall kommt man wunderbar mit den Menschen aus. Da fragt man sich, wo der Unfrieden herkommt, wenn man ihn nirgendwo trifft!"

Hoho! Allzu klug. Das war ein starkes Argument. Wo ist er denn, der Unfrieden? Wenn er, der durch Afghanistan gewandert war, nur die Gastfreundschaft der Menschen kennengelernt hatte, hatte er da nicht den Beweis der Richtigkeit seiner Theorie erbracht? Aber die Tatsache, dass ich in Pakistan nur nette Leute traf, beseitigte nicht die Tatsache, dass es in dem Land eine Unterdrückung der Frauen gab, und al-Qaida Camps und kriegerische Paschtunen und fanatische Taliban und Kinderhandel und, und, und.... Morgen schon konnten er und übermorgen ich Zeuge von Unfriedfertigkeit werden, wenn wir nicht an so friedliebende Menschen gerieten wie bisher. Geringes reichte aus. Schon in weniger als fünf Minuten konnte er tot sei. Vielleicht würde er einer Frau den Stuhl im Restaurant anbieten und damit die Ehrgefühle eines ganzen Mannes verletzen, der nur noch seine mitgeführte Waffe betätigen musste. Und niemand würde ihn hinterher zur Rechenschaft ziehen. Vielleicht würde er, noch ehe er in Peschawar angekommen war, als mutmaßlicher Spion aufgegriffen und im Gefängnis landen. Eine Anzeige eines Muslims, geboren aus einer spontanen Idee, würde dazu schon ausreichen.

„Die Menschen sind böse. Und die Menschen sind nicht gerecht. Einer wie der andere. Man muss den Löwen nur aus dem Käfig lassen, dann entfaltet sich seine ganze Rohheit. Die Kultur und Erziehung hält ihn in Schach, weil sie die Grundbedürfnisse gewähren. Sind sie weg, wird der Mensch aggressiv und lauert auf die Gelegenheit, seine andere Natur loszulassen." Er lächelte. Er tat es wie einer, der sich in Wirklichkeit ärgert. Er blieb ruhig, als er sagte:

11. Kapitel: Am Khyber Pass

„Die Machthaber bringen die Menschen dazu, diejenigen, die in der Gesellschaft das Sagen haben."

„Das ist ein großer Irrtum. Der Mensch an sich ist böse. Solange die Menschen das nicht erkennen, kann ihnen nicht geholfen werden. Wenn der Patient krank ist, braucht er die richtige Medizin. Nicht die Umstände machen die Menschen böse, sie sind es schon. Die Umstände wirken allenfalls als Katalysator, das Böse endlich heraus zu lassen. Deshalb muss man dafür sorgen, dass die Umstände das nicht zulassen, solange man die Wurzel des Übels nicht anpacken kann. Und deshalb gibt es zu Recht Rechtsstaaten und Rechtsstaatlichkeit. In Anarchien und Gewaltstaaten wird dem Bösen zum Durchbruch verholfen. Mit ihnen Frieden zu schließen, hieße, das Böse weiter ungehindert wirken zu lassen." Jetzt hatte ich mich selber zum Politiker gemacht und hatte es gar nicht bedacht!

„Ghandi und Einstein haben bewiesen, dass Menschen sich nicht dem Bösen hingeben müssen."

„Zwei einsame Namen! Und dann, was haben ihre Appelle genutzt? Die Inder verehren Ghandi wie einen Gott, aber als es 1947 zur Trennung mit Pakistan kam, wurden Hunderttausende von Muslimen von ihnen erschlagen. Muslime wurden verfolgt und ausgeraubt und aus dem Land getrieben."

„Sie sehen schwarz. Das hilft niemandem."

„Das mag sein. Aber rechtes Erkennen ist die Voraussetzung für Besserung. Ich sehe schwarz, wenn ich in die Herzen der Menschen sehe. Das ist richtig. Reise du ruhig weiter und sammle deine Unterschriften. Das ist nichts Schlimmes. Aber ich befürchte, es ist Zeitverschwendung."

„Was sollte man deiner Meinung nach tun?" Das war seine erste Frage von der Art, wie man fragen sollte.

11. Kapitel: Am Khyber Pass

„Schon Fragen zu stellen, ist nicht schlecht. Die rechte Erkenntnis steht am Anfang jeder Veränderung zum Guten hin. Der Mensch muss erkennen, was er ist und wie er ist, dann kann er auch ein besserer Mensch werden. Und erst dann kann er auch anders handeln."

„Und wie kommt man zur rechten Erkenntnis?"

„Zunehmend die richtigen Fragen stellen, bleibt erfolgreich, wenn man auch bereit ist, sich mit unliebsamen Antworten auseinanderzusetzen. Wenn der Mensch nur zufällig entstanden ist, dann kann auch der Weltfrieden nur zufällig, wenn überhaupt, entstehen. Wenn aber seine Existenz einen Sinn haben soll, dann hat sie auch einen Bauplan und dann hat der Weltfrieden, der ja nichts Anderes ist als das optimale Funktionieren der Menschen miteinander, auch einen Bauplan!"

„Sie sagen also, dass viele, die den Frieden wollen, letzten Endes auch den Frieden bekommen können." Ich stimmte nur zögerlich zu, weil ich das Gefühl hatte, dass er mich falsch verstanden hatte.

„Dann fange ich damit an, es zu wollen!"

Ich beschloss, es dabei bewenden zu lassen. Menschen waren nicht fähig, aus sich heraus den Frieden zu halten, aber es war nicht verkehrt, wenn sie sich ernsthaft darum bemühten. Das Wollen war nur eine notwendige Voraussetzung zum Heil, aber keine hinreichende.

Ich sagte Jean Pierre, dass ich mich in Landi Kotal noch etwas umschauen würde. Dann würde ich, vielleicht in einer Stunde, nach Peschawar zurückfahren. Ich wiederholte mein Angebot. Als ich später nach ihm Ausschau hielt, war er verschwunden. Ich sah ihn nicht mehr wieder. Es kam nur sehr selten in dieser Gegend vor, dass man Menschen entführte. Wenn jemand

11. Kapitel: Am Khyber Pass

verschwand, dann war es wahrscheinlicher, dass man von der Polizei aufgegriffen worden war.

Ich wollte mich noch mit einem anderen Thema befassen. Wenn es hier Drogen gab, dann konnte mir Ansar bestimmt zeigen, wo ich welche kriegen könnte. Das brachte ihn überhaupt nicht in Verlegenheit. Er wechselte ein paar Worte mit Fayad, dann lief er mit mir in ein dreistöckiges Haus, wo allerlei Waren umgeschlagen wurden. Er unterhielt sich mit ein paar Männern, dann wurde ich in ein Hinterzimmer geführt, wo neben ein paar Klappstühlen und einem Blechtisch ein paar Säcke herumstanden. Ein Mann in afghanischer Kleidung, der hinter dem Tisch saß und einen Stapel Papiere bearbeitete, bat mich, ich sollte mich setzen. Er war vielleicht Mitte dreißig und hatte einen aufgeweckten Blick, was etwas im Gegensatz stand zu seiner sonstigen Verfassung. Er gähnte mehrmals. Hatte er in der Nacht geheime Sitzungen? War er aus den Bergen in die Stadt zurückgekehrt? Oder war es einfach nur die brütende Hitze? Er blickte mich eher gelangweilt an. Er sah mir gleich an, dass er mich nicht ernstnehmen musste. Die Kunden von Ansar kannte er schon. Er wusste sie von seinen eigenen Kunden zu unterscheiden. Ich war keiner seiner potentiellen Handelspartner, nur ein neugieriger Tourist. Menschenkenntnis war in seinem Gewerbezweig Voraussetzung, lange im Geschäft zu bleiben. Und Leute wie er machten keine kleinen Geschäfte. Und sie würden kein Risiko eingehen, größere Geschäfte zu gefährden, indem sie sich mit Kleinkunden abgaben. Er fragte mich dennoch, was ich wollte. Vielleicht würde er schon am Tonfall oder an meiner Körperhaltung erkennen, worauf ich aus war, unabhängig vom Inhalt der Worte.

Ich sagte ihm wahrheitsgemäß, dass ich meine Neugier befriedigen wollte. Er lachte, mein Fahrer habe ihm gesagt, dass ich Stoff kaufen wollte, er habe gleich gewusst, was er davon halten sollte. Er habe alle Arten von Stoff, Seide aus China, Teppiche aus Kabul. Er sagte, er bedanke sich für meine Direktheit.

„Haben sie auch Opium? Nicht, dass ich welches erwerben möchte. Aber ich kann nicht so recht glauben, dass ein Teppichhändler mit Drogen handelt." Er lachte wiederum. „Wir Pakistaner", sagte er, „handeln mit allem, was Geschäfte macht."

„Bekommt man Opium in dieser Stadt?"

„Sicher!"

Das Opium aus Afghanistan wurde aber nicht nur nach Pakistan exportiert, sondern auch nach Westen. Früher wurde es im Iran oder in der Türkei zu Heroin verarbeitet. Jetzt macht man es links und rechts der Grenze. Überall im Hindukusch gab es die Labors, versicherte man mir. Landi Kotal, hieß es, sei schon seit zweitausend Jahren eine Schmugglerstadt, weil jenseits des Passes immer andere Herrschaften regierten als diesseits. Hier war also immer eine Grenze. Es war aber immer auch eine sehr durchlässige Grenze. Und das wiederum lag daran, dass auf beiden Seiten der Grenze die gleichen Leute mit den gleichen Interessen wohnten, die miteinander verwandt waren und gar nicht daran dachten, eine imaginäre Grenzlinie zu respektieren, die ohne ihre Zustimmung gezogen wurde. Die pakistanische Regierung hatte die Absicht geäußert, eventuell einen Grenzzaun zu ziehen. Daran war zu sehen, dass sie keine Paschtunen in ihren Reihen hatten. Pandschabis zogen sogar einen Grenzzaun quer durch den Pandschab, um Indien ein Zeichen zu setzen.

Die Heroinlaboratorien gab es aber auch im Hindukusch, mittlerweile zu beiden Seiten der Grenze. Man könnte sie als Chemoindustrie des Hindukusch verstehen. Die Regierung in Kabul unternahm nichts dagegen, da sie das erste Zwischenerzeugnis der Opiumverarbeitung, Morphin, selber gut

11. Kapitel: Am Khyber Pass

gebrauchen konnte. Vom Handel mit den Drogen profitierten die Warlords. Das sind die Stammeshäuptlinge. Für die Paschtunenstammesführer passt sogar die wörtliche Übersetzung „Kriegsherr" besser. Mit den Gewinnen finanzieren sie ihre Privatarmeen. Damit sind sie ein Machtfaktor, der beachtet werden muss.

Aber auch die Taliban und al-Qaida sollen mit dem Drogenhandel finanziert werden. Ein Kilo Heroin konnte man in Landi Kotal für 1.000 Euro erwerben. In Europa bekam man das Tausendfache dafür. Für westliche Touristen waren der Erwerb und der Abtransport über die „unsicheren" Flughafengrenzübergänge in Karachi, Lahore oder Islamabad aber mit größeren Risiken verbunden als in anderen Ländern weiter östlich in Thailand, Burma oder Laos. Das häufigste Transportmittel, das Zeug außer Landes zu schaffen, durfte ein Jet der pakistanischen Airlines sein. Für die Besatzungsmitglieder ein guter Zuverdienst.

Rauschmittel wurden schon immer in Asien angebaut. Das galt natürlich gerade auch für Cannabis Indica, eine Pflanze, aus der man auch Seile machen kann. Das Opium stammt von Papaver Somniferum. Die British East India Company riss das Handelsmonopol der früheren Machthaber an sich und dehnte es bis nach China und Europa aus. Erst 1880 gelang es dank deutscher Technik, Heroin von Morphin, dem Extrakt des Opiums, zu gewinnen.

Bei den wüsten Ansichten dieser Gegend fragte ich mich, wie es überhaupt möglich war, von der Landwirtschaft zu leben, dem Gewerbezweig, dem immer noch die meisten angehörten. Es wird Weizen angebaut, Gerste, Mais, Baumwolle, Früchte, Nüsse, Reis und Gemüse. Aber nichts davon wächst im Überfluss. Zu oft bleibt es trocken. Man verfügt auch nicht über ein so raffiniertes Wasserverteilungssystem wie in Hunza oder Baltistan. Dazu kommen die Landminen der Russen. Es gibt keine modernen Ackergeräte, keinen Dünger, keine hochwertigen Sämereien. Was Wunder, dass man sich der Opiumproduktion zugewandt hat.

Ich halte es für tragisch, dass ein ohnehin armes Volk sich sein Überleben erkaufen muss, indem es die Gesundheit anderer Menschen ruiniert. Opium bringt die Hälfte des Bruttosozialprodukts in Afghanistan. Das sind ungefähr zweieinhalb Milliarden Dollar. Der Drogenhandel ist ein schmutziges Geschäft wie anderswo auch. Die Beteiligten stumpfen moralisch ab, andere Straftaten werden angezogen und Korruption ist die verbreitete Begleiterscheinung. Abgesehen davon gibt es in dem Gebiet, wo Drogen hergestellt werden, auch viele Selbstverwerter.

Das war meine Frage an den „Stoffhändler" Hayat. Wie viele Drogenkonsumenten gab es hier bei den Afridi? Er sagte, er wüsste es nicht. So eine Frage hatte ihm noch niemand gestellt. Er sagte, es gäbe sehr viele. Ob er es in Prozent ausdrücken könnte, ich ergänzte, um sicher zu gehen, dass er verstand: „Wie viele von hundert erwachsenen Männern nehmen Drogen?" Er sagte „Vielleicht dreißig." Das schien mir deutlich zu hoch. Offizielle Zahlen gehen von bis zu 5% der Gesamtbevölkerung aus. Aber es ist klar, dass dort, wo es das Zeug gibt und dort, wo das Zeug auch noch am billigsten zu haben ist, nämlich am Ort der Verarbeitung, der Prozentsatz höher ist.

Für das Land war das Problem groß genug. Der afghanische Präsident erklärte sogar dem Drogenanbau den heiligen Krieg „Dschihad". Das dürfte Etliche zu schallendem Gelächter veranlasst haben, denn der Drogenanbau hat in den letzten Jahren eher zugenommen. Womit könnte man sonst noch Geld verdienen, außer mit dem Waffenhandel?

11. Kapitel: Am Khyber Pass

Die Beherbergung von Terroristen, der Drogenhandel, der Waffenhandel, der Schmuggel, das alles scheint nicht geeignet zu sein, im Hindukusch ein Bemühen um Demokratie, Rechtstaatlichkeit, Entmilitarisierung, Gesetz und Ordnung aufkeimen zu lassen. Hinzu kommt das Feudalsystem der Stämme mit den gegenseitigen Konkurrenzen. Nur die Antarktis ist vermutlich noch weiter von der modernen Zivilisation entfernt.

In Pakistan gibt es auch außerhalb des Hindukusch das gleiche Problem der Staaten im Staate, kleine Feudalherrscher, die noch so kleinkariert denken und so handeln wie ihre Vorfahren vor tausend Jahren. Das sind innerstaatliche Probleme. Und die US Politik zielt schon lange darauf ab, sie in beiden Ländern des Hindukusch beheben zu helfen. Im Land sollte Sicherheit hergestellt werden, dazu wurden Armee und Polizei aufgebaut, auch um die Macht der Warlords zu schwächen und die Zentralregierung zu stärken. Daneben wurde finanzielle Aufbauhilfe geleistet und den Bauern Alternativen des Anbaus aufgezeigt. Das Problem war, dass im Hindukusch niemand die Amerikaner mochte. Ich fragte Hayat, wie er zu den Amerikanern stünde, ob sie gut wären für die Geschäfte.

„Sie sind nicht gut, nicht schlecht. Sie sind mir gleichgültig. Aber die meisten Menschen hier mögen sie nicht. Denn sie sind eine Besatzungsmacht. Niemand hat sie ins Land geholt. Wenn sie als Gäste kommen, sind sie willkommen. Aber sie kommen mit Waffen. Sie müssen sich nicht wundern, wenn sie mit Waffen empfangen werden."

Er forderte mich auf, ans Fenster des Nebenraums zu kommen. Von da konnte man die gegenüberliegende Straßenseite mit der Ladenzeile sehen.

„Schauen sie sich die Männer an." Vor einem Tea Shop saßen ein paar ältere Männer, die nicht die Geschäftigkeit der anderen hatten. Einer saß auf einem Reissack und hatte ein AK 47 Gewehr, der andere eine ältere Sorte Gewehr, vielleicht eine Enfield.

„Sie sitzen jeden Tag da, sie trinken ihren Tee, sie haben ihr Gewehr bei sich. Gehen sie hinüber und fragen sie, ob sie für die Amerikaner sind. Sagen sie aber vorher, dass sie kein Amerikaner sind! Sie sind Deutscher, sagen sie das. Das kommt gut an. Jeder, der einmal gegen die Amerikaner gekämpft hat, ist willkommen."

„Aber Pakistan ist mit den Amerikanern verbündet!"

„Sie meinen die Regierung und Musharraf ist mit den Amerikanern verbündet. Die da sind es nicht und die Leute hier sind es auch nicht. Und die Leute hier haben auch nicht die Amerikaner eingeladen."

„Aber es ist nicht ganz ungeschickt, wenn sie Hilfe leisten!"

„Hilfe leisten!", wiederholte er, als habe er nicht richtig verstanden. Ich kostete meinen kleinen Triumph aus.

„In Form von Containern, die nur bis Peschawar kommen."

„Ach, diese Hilfe meinen Sie." Er schien nicht sonderlich beeindruckt von meinem Witz.

„Das ist das, was wir als Entschädigung von den Amerikanern abnehmen, dass sie ihre Leute zu uns schicken."

Er hatte „wir" gesagt und es war ihm anzumerken, dass er sich ohne Weiteres solidarisch erklärte mit den in Afghanistan lebenden Paschtunen, die es nur dort mit den bewaffneten Natokräften zu tun bekamen. Aber für sie gab es ja keine Grenze. Inzwischen war mein Driver hereingekommen und ich sah

11. Kapitel: Am Khyber Pass

draußen auch meinen Wachmann stehen. Er sah unter all den bewaffneten Zivilisten etwas verloren aus. Aber die schienen ihn gar nicht wahrzunehmen. Niemand war im Geringsten beunruhigt. Meine Sicherheit war ganz offenbar nicht gefährdet. Wie auch, ich war ja kein Amerikaner.

Bei den Leuten, die hier verkehrten, war es nicht sehr weit hergeholt, dass einer von ihnen auch schon gegen die US Truppen gekämpft hatte oder zumindest die Vettern über der Grenze im Kampf unterstützt hatte. Sie würden nicht mit der Wimper zucken, ihrem Präsidenten den Gehorsam zu verweigern, und wahrscheinlich hatten sie das auch schon oft getan, die Angehörigen der Paschtunstämme der Afridis, Mohmandi, Shinwaris, Achakzai und Yusufzai, die sich als Nachfahren Josefs betrachteten und doch mit den Judenfreunden Amerikas nicht sympathisierten. Und dann kam der entscheidende Satz:

„Wir sind genauso gut Afghanen, wie wir Pakistaner sind!" Und die Taliban waren Paschtunen, so wie sie Paschtunen waren.

„Gibt es hier auch Madressahs", fragte ich Hayat.

„Nein, in Peschawar. Nicht hier."

Im Hindukusch gab es sehr wohl Madressahs, die Islamschulen. Seit den achtziger Jahren, als die Afghanen vor den Sowjets flohen und sich viele in den Bergen des Hindukusch über die Grenze nach Pakistan durchschlugen, wurden viele Madressahs eingerichtet. Unter den Flüchtlingen waren auch Chechnya, Usbeken und sogar Chinesen. Die Einrichtungen wurden von Spendern aus den Golfstaaten gesponsert. Zu ihnen kamen die Leute gerne, denn es gab Essen, Unterkunft und Unterricht und alles kostenlos. Ein Ort der Begegnung. Das haben die Männer des Orients immer gerne. Der Unterricht beinhaltete aber eine konservative Auslegung des Korans. Und in einigen wurde auch zum Krieg gegen die USA aufgerufen.

Ich verabschiedete mich von Hayat, der keine Anstalten machte, mir irgendetwas verkaufen zu wollen. Ich war ja auch ungeeignet.

Ich saß schon wieder im Taxi, als ich Ansar fragte:

„Sind alle Stammesführer Extremisten?" Er verstand die Frage nicht. Aber ich konnte sie mit Leichtigkeit umschreiben.

„Sind alle Stammesführer gegen die Amerikaner?" Er meinte nicht. Ich stellte die Frage später einem anderen Einheimischen. Dieser verneinte ebenfalls. Vielleicht meinten sie, mich beruhigen zu müssen. Es gab aber jedenfalls auch unter den Paschtunen gebildete Leute, die den Fanatismus ihrer Landsleute nur mit einem Mangel an Bildung erklären konnten. Damit dürften sie nicht ganz verkehrt liegen. Einer sagte mir Folgendes: „Was erwarten sie von Menschen, für die niemals von außen Hilfe gekommen ist? Sie sind nie aus ihrer Isolation herausgekommen. Niemand hat einen Dollar dafür ausgegeben, dass sie aus diesem Dunkel herauskommen, das sie umgibt. Und so hängen sie sich an den erst Besten, der ihnen sagt, dass die Schuldigen gefunden sind."

Und die Schuldigen sind immer die Anderen. Die Amerikaner boten sich dafür an, nachdem die Sowjets gegangen waren. Früher waren die Briten die Schuldigen und noch weiter reichte die Erinnerung nicht zurück. Nichts war leichter, als zu behaupten, dass früher alles wunderbar war. Bis die Fremden kamen. Seit dem Krieg mit den Sowjets ist der Einfluss der Mullahs stark geworden. Ein Stammesführer ist schwer davon zu überzeugen, dass nicht im Konservativismus, sondern in der Zusammenarbeit mit einer anderen fremden Macht wie den

11. Kapitel: Am Khyber Pass

Amerikanern ihr Heil liegt. Denn man glaubt, früher sei alles besser gewesen.

Die ganze Situation wurde noch schwieriger, weil es drei Jahre lang eine Dürre gegeben hatte und die drei Millionen Flüchtlinge versorgt werden mussten. Das World Food Programm der UN hatte zwar Hilfsgüter herangeschafft, aber es fehlte an zuverlässigem Personal, es auch zu verteilen. Und so haben sich wieder ein paar Geschäftemacher auf Kosten der Allgemeinheit bereichert.

Salim Khan vom Green`s Hotel in Peschawar war nicht gut auf die Afghanen zu sprechen. Er hatte im Westen gelebt und kannte die Westler und ihre Art zu denken besser als viele, die das Land nicht verlassen hatten. Ihn störte es, dass so viele Afghanen die Pakistaner verachteten. Immerhin hatte Pakistan drei Millionen afghanische Flüchtlinge aufgenommen und aus eigenen Mitteln versorgt, während viele Pakistaner in großer Armut waren. Was die Flüchtlinge mitgebracht hatten, war die Kultur der Handfeuerwaffen und der Drogen. Er fand es ungehörig, dass sich die Afghanen über die Verhältnisse in Peschawar beschwerten, wo die Flüchtlingscamps waren, wo doch Peschawar ohnehin zur Hälfte in afghanischer Hand war. Angesprochen auf die Mentalität der Afghanen und ihre Streitsucht, schien er sie aber schon wieder zu verteidigen: Besser ein ehrlicher Krieg als ein schlechter Friede. Die Amerikaner seien für die Afghanen Esel. Da die Amerikaner die Afghanen für rückständig und unbelehrbar hielten, war es naheliegend, dass die Fronten verhärtet waren und nach dem Motto „Das ist ein Krieg schimpflich und wild, wo ein Esel den andern schilt`" gehandelt wurde.

11. Kapitel: Am Khyber Pass

Meinem Begleitpersonal waren keine politischen Kommentare zu entlocken. Das war die einzige political correctness, die sie unwissentlich zum Besten gaben. Ich fragte Ansar, was es hier noch für Sehenswürdigkeiten gab. Er wusste nichts oder wollte nichts sagen, aber er schlug vor, dass wir zurückfuhren. Es war schon Nachmittag. Er hatte einen Anruf über sein Handy bekommen und hatte schon zugesagt, dass er auf dem Rückweg jemanden von der Peschawar University abholen sollte. Dagegen war nichts einzuwenden. Mir fiel einstweilen noch etwas Anderes ein. Ich fragte ihn, ob es einen Friedhof der britischen Soldaten gab. Er verneinte. Ich hieß ihn abermals zu den Khyber Rifles zu fahren. Wenn es einen Friedhof gab, dann mussten es die Khyber Rifles wissen. Die hatten in den letzten hundert Jahren am meisten Gründe, Friedhöfe aufzusuchen.

Nicht nur das, der Friedhof befand sich in der unmittelbaren Nachbarschaft und den Schlüssel für das große Tor zum Friedhof brachte jemand, der in der Kantine der Garnison beschäftigt war. Er kam mit strahlender Mine auf mich zu und stellte sich mir händeschüttelnd als Karim vor. Klein und schmächtig war er und fiel mir wegen seiner ordentlichen und sauberen Kleidung auf, die gar nicht vom allgegenwärtigen Staub beschmutzt zu sein schien. Er sagte zu meiner Überraschung, dass er Christ sei und die Aufgabe habe, zusammen mit seiner Familie, die in der Nähe wohnte, auf das Gelände aufzupassen.

„Ist das denn nötig", fragte ich. Es sei mehr Vorsorge, denn manchmal gab es Unruhen und die Gräber von britischen Militärangehörigen sollten dabei nicht zu Schaden kommen. Er fragte mich, ob Angehörige von mir hier liegen würden. Er hatte hin und wieder Besucher aus Großbritannien, die die Gräber ihrer Vorfahren besuchen würden. Ich verneinte, ich hätte ein rein historisches Interesse. Wir gingen in die Anlage. Der Unterschied zur islamischen Grabtradition war nicht zu

11. Kapitel: Am Khyber Pass

übersehen. Obwohl es doch hier über hundert Jahre alte Gräber gab.

Die meisten Grabsteine glichen sich und lauteten „In Memory of...", dann kam der Dienstrang, meistens Private, dann der Name, die Einheit, Todestag und Alter, zum Schluss „Rest in Peace", weshalb das Tor verschlossen und das Gelände mit einer Mauer umgeben waren, anders als die muslimische Friedhöfe, die ich bei den Dörfern offen in der Landschaft angelegt gesehen hatte.

Die Grabsteine enthielten das Kreuz eingraviert, was sie von muslimischen Grabsteinen unterschied, die als einzigen Schmuck meist eine Mondsichel hatten. Ansonsten enthielten die Gräber keinen Schmuck, aber es war alles sauber und ordentlich und das Gras war so grün, wie ich es noch lange nicht mehr gesehen hatte. Nur im hinteren Bereich gab es ältere Grabsteine, die nicht mehr leserlich waren. Zu spät hatte man sich für eine Renovierung entschlossen.

Karim informierte mich, dass dies der größte von drei ähnlichen Militärfriedhöfen am Khyber Pass wäre. Hier lagen Gefallene des zweiten und dritten afghanischen Krieges. Die Enkelkinder dieser letzten Gefallenen mussten also auch schon Greise sein. Auf einem Steinobelisken stand kaum noch lesbar: „Sacred to the memory of the British soldiers of all ranks who lie buried near this spot, 187 of whom died at Landi Kotal from the result of wounds received in action and from disease during the Afghan Campaign of 1879-80 and the remainder since the reoccupation of the Khyber in 1898."

Daraus war zu schließen, dass man die in den Gefechten in jenen Jahren Gefallene gleich an Ort und Stelle begrub. Denn hier lagen nur diejenigen in einem Massengrab, die den Ärzten noch einigen Kummer bereiteten, bevor sie hinüber gingen.

11. Kapitel: Am Khyber Pass

Es stellte sich heraus, dass es der Christenfamilie und anderen Christen der Gegend zu verdanken war, dass der Friedhof so gut erhalten geblieben war. Karim erzählte mir, dass es seit vielen Jahren keine staatliche Unterstützung mehr gegeben habe.

Ich sagte ihm, dass ich überrascht sei, in einer für Christen so ungemütlichen Umgebung Christen anzutreffen. Er lachte und sagte, als ob man stolz darauf sein könnte, dass es ein paar christliche Familien in Landi Kotal gab. Und natürlich im großen Peschawar ebenfalls. Aber unter der Erde, dabei zeigte er auf die Grabreihen, seien deutlich mehr als darüber.

Das war eine interessante Aussage. Ich kam mit Karim ins Gespräch und er freute sich sichtlich, dass sich jemand nach dem Wohlbefinden der Christen in dieser Gegend erkundigte. Alle Welt interessierte sich für die Ereignisse im Hindukusch; Kabul, die Taliban, die Amerikaner…, aber dass es Christen gab! Ich drückte meine Verwunderung aus.

„Ein Christ kann überall leben…", klärte er mich auf.

„Wenn ihn die Nachbarn lassen!", ich blieb skeptisch.

„Wenn ihn die Nachbarn lassen!", wiederholte er, ohne Skepsis.

„Und lassen sie die Nachbarn?"

„Wie sie sehen", sagte er und lachte mich wiederum an. Karim war der zweite Mensch am Khyber, den es dort eigentlich meinen Vorurteilen entsprechend gar nicht geben durfte. Da war Jean-Luc Laffite, der aber von sich aus schnell die Gegend verlassen würde und wie ich nur auf der Durchreise war. Das konnte man riskieren. Und da gab es Karim, der hier dauerhaft lebte. Aber er war nicht der einzige Christ!

„Dann ist es glücklicherweise nicht so schlimm hier", sagte ich, ohne so recht daran glauben zu wollen.

11. Kapitel: Am Khyber Pass

Dem wollte er auch nicht ganz zustimmen. Wir setzten uns auf eine Bank. Auch diese hatte er an einer Stelle mit Ausblick auf den Friedhof selber angefertigt. Wir unterhielten uns angeregt. Aber nach wenigen Minuten bat er mich, ihn zu entschuldigen. Er wäre gleich wieder zurück. Er lief zur Garnison, aber nur um sich von der Arbeit abzumelden. Er wollte mich auch zu sich nach Hause einladen, aber er wusste selber, dass das wegen meines begrenzten Aufenthaltsrechts nicht ging.

Ich fragte ihn, ob er gut von den Khyber Rifles behandelt würde. Ja, sehr gut, alle seien mit den Christen zufrieden. Es gäbe keine Probleme. Sie hatten die Strategie, gewissenhaft und hart zu arbeiten, um geschätzte Mitglieder der Gemeinschaft zu sein, sodass sie möglichst viele auf ihre Seite brachten. Das war eigentlich weniger eine militärische Strategie, mehr eine überzeugende Lebensweise. Nebenbei eine Vorbeugemaßnahme für schlechtere Zeiten, wenn es vielleicht wieder Ärger mit fundamentalistischen Kräften gab. Die hatte es in der Vergangenheit immer wieder gegeben, aber seltsamerweise hatten die Christen, die in diesem Krisengebiet lebten, weniger Probleme mit ihren Nachbarn als in anderen Orten Pakistans. Karim erzählte mir einige Fälle.

„Wissen Sie, auf Dauer lernt man Menschen kennen, nicht nach dem, was sie sagen, sondern was sie tun! Wissen Sie?"

„Aber bei den Geschichten, die sie erzählen, lernt man auch viel über den Erzähler! Zum Beispiel, ob sie die Wahrheit und die Gerechtigkeit lieben. Ob sie Güte haben oder Zorn."

„Wenn mir eine Geschichte gefallen soll, muss sie Wahrheit und Güte enthalten. Aber es gibt Geschichten, die nicht gefallen, weil Wahrheit und Güte mit Füßen getreten werden. Aber manchmal müssen auch sie erzählt werden."

11. Kapitel: Am Khyber Pass

Ich sah ihm an, dass es ihm wichtig war, mit mir zu reden. Er berichtete mir von den Schwierigkeiten der Christen in Pakistan. Pakistan war ja ursprünglich mit dem Vorhaben gegründet worden, erstmals in der Geschichte des Islam einen perfekten islamischen Staat zu schaffen. Ob der Gründervater der Islamischen Republik Muhammad Ali Jinnah eine völlige Trennung der Muslime von Andersgläubigen damals beabsichtigte, wissen wir nicht. Pakistan soll ja so viel bedeuten wie „Land der Reinen", „Land of the pure". Im Englischen hat das Wort „pure" nicht die Doppelbedeutung der geistigen wie körperlichen Reinheit wie im Deutschen. Es meint die geistige Reinheit.

Damals, 1946, hatte Jinnah eine große Rede an sein Volk gehalten: „Ihr seid frei. Ihr seid frei, in eure Tempel zu gehen oder in eure Moscheen oder jeden anderen Ort der Anbetung in diesem Staat. Ihr mögt zu irgendeiner Religion gehören, irgendeiner Kaste oder irgendeinem Bekenntnis – das hat nichts mit den Angelegenheiten des Staates zu tun. Wir beginnen diesen Staat ohne Diskriminierung, es gibt keinen Unterschied zwischen der einen Gemeinschaft und der anderen. Keine Diskriminierung zwischen dem einen Bekenntnis und dem anderen, zwischen der einen Kaste und der anderen. Wir beginnen mit diesem fundamentalen Prinzip, dass wir alle Bürger und gleiche Bürger eines Staates sind."

Vielleicht hatte Jinnah auch eine Demokratie im Sinn, aber demokratisch geworden ist Pakistan nur bedingt. Über die Jahre hat der Druck zugenommen, islamische Prinzipien durchzusetzen. Und die sind mit Demokratie nur schwer zu vereinbaren, das Gleiche gilt für Toleranz gegenüber anderen Religionen. In den Gesetzen, in der Verfassung, in der Gesellschaft, überall hat sich Islamismus breit gemacht und festgesetzt. Den Minderheiten im Land hat es nicht gutgetan.

11. Kapitel: Am Khyber Pass

Vielleicht hat es überhaupt zu nichts Gutem geführt. Und vielleicht ist genau das das größte Problem des Landes.

Die Diskriminierung der Nichtmuslime, die Jinnah verbannt wissen wollte, wurde gesetzlich festgelegt und damit legalisiert. In Pakistan gibt es nur 1 bis 2 Prozent Christen. Sie erdulden die meiste Verfolgung von allen Minderheiten. Karim zufolge spornte jede erfolgreiche Verfolgungsmaßnahme die Islamisten noch mehr an. Wie Öl in ihr unseliges Feuer.

„Immer wieder hört man von Christen, wie schwer es für sie ist, Arbeit zu finden."

Das würde mir später auch Elijaz, der Barkeeper des Shobar Hotels in Lahore, bestätigen. Er hatte mich auf der Straße, mitten im Verkehr, angehalten, weil er wieder einmal mit einem Westmann und möglicherweise Christen reden wollte. Auch Karim konnte nur noch seine Dienste den Khyber Rifle zur Verfügung stellen. Eine christliche Nation hatte diese Einheit gegründet, im Gegensatz zur pakistanischen Armee. Früher war er Lehrer gewesen. Es gibt aber Berufe, die Muslime nicht gerne ausüben, die den Christen offenstehen, z. B. im Sanitärbereich. Oder sie arbeiten als Fabrik- oder Landarbeiter oder Knechte. Die meisten Christen haben einen schweren Stand. Der Vater des Barkeepers war Barkeeper im gleichen Hotel.

„In Peschawar", erzählte mir Karim, „hat ein Mann, der Generalsekretär seines Arbeiterverbandes war, seine Arbeit verloren, nachdem er zum Christentum konvertiert war. Er versuchte nun, sich mit Übersetzungen über Wasser zu halten, weil er nichts Anderes bekam. Er hat Frau und Kind. Sie wohnten im Haus seines muslimischen Vaters. Aber der setzte sie vor die Tür."

„Wo sind sie jetzt?"

„Tatsächlich weiß ich es nicht."

11. Kapitel: Am Khyber Pass

Er erzählte mir die Geschichte von einem Pastor, der fälschlich angeklagt wurde, ein Muslimmädchen entführt zu haben. Dieses hatte sich mit einem Christenmädchen angefreundet und war mit zur Sonntagsschule gekommen. Die Familie des Mädchens hielt den Pastor zwei Tage fest, misshandelte ihn und übergab ihn erst dann der Polizei. Er und sein Sohn, der ebenfalls inhaftiert wurde, wurden von der Polizei misshandelt und erst zwei Wochen später wieder freigelassen. Die Zeitung berichtete, dass das Muslimmädchen von ihrem Bruder erschossen wurde. Daraufhin wurde das besagte Christenmädchen, das das Muslimmädchen zur Versammlung mitgebracht hatte, von der Polizei mitgenommen und von mehreren Polizisten vergewaltigt und misshandelt. Unter anderem führte man ihr Chilipulver in die bereits verletzten Körperöffnungen ein. Nach 30 Tagen wurde sie auf Kaution freigelassen.

„Es ließ sich ein islamisches Gesetz finden, nachdem sie verurteilt werden konnte", schloss Karim seinen Vortrag.

„Aber Pakistan hat doch eine demokratische Verfassung", protestierte ich.

„Das ist Auslegungssache. 1985 bekam die Verfassung den Article 2A, die Objective Resolution. Früher hieß es nach der Verfassung, dass Vorsorge getroffen würde für Minderheiten, dass sie sich frei ihrer Religion und der Entwicklung ihrer Kultur widmen könnten...", er betonte „dedicate" für widmen, „Jetzt aber ließ man einfach das Wort „frei" weg, wissen Sie? Jetzt können wir uns „widmen", zum Beispiel im Gefängnis in den Pausen zwischen den Folterungen."

Er sagte das nüchtern, wenig vorwurfsvoll und ohne hörbaren Groll. Das gehörte ohnehin zu seiner Überlebensstrategie. Keine Gefühle zeigen, die die Gefühle Anderer verletzen könnten.

11. Kapitel: Am Khyber Pass

„Was sind das für unsinnige Gesetzesauslegungen", sagte ich, wohl wissend, dass es viele Pakistaner gab, die das auch so sahen. Aber gab es das nicht auch in dem Land, von wo ich selber herkam?

„Es gibt die Blasphemiegesetze, die es ermöglichen, einen Nicht-Muslim zu bestrafen, wenn er angeblich etwas gesagt haben soll, was Gott oder Muhammad beleidigt."

Davon hatte ich schon gehört.

„Und das ist auch Auslegungssache?"

„Und es wird sehr streng ausgelegt! Es wurden auch schon Christen umgebracht, weil man ihnen Beleidigungen nachsagte. Das Urteil lautet Tod, ganz gleich, ob man es vom Richter erhält oder auf der Straße."

„Dann muss man als Christ sehr vorsichtig sein, wenn man mit seinem Nachbar über Religion diskutiert!"

„Es könnte Sie das Leben kosten, Artikel 295 C der Blasphemiegesetze macht es möglich."

„Was steht da genau?"

Beim Gebrauch abwertender Bemerkungen gegen den Heiligen Propheten drohte die Todesstrafe. Tahir Iqbal wurde festgenommen, weil er Unterstreichungen im Koran und Randnotizen gemacht hatte. Das hatte er so mit seiner Bibel ja auch gemacht. Aber ihm wurde vorgeworfen, damit das Buch entheiligt zu haben. Er starb im Gefängnis, da Kaution nicht gewährt wurde. Kein Wunder, denn er hatte keine Toilette, kein anständiges Essen, keine ärztliche Versorgung, kein Wasser. Er war ohnehin behindert. So jedenfalls erzählte es Karim.

Es gab schon ganze Dorfgemeinschaften, die wegen Blasphemieanklagen vertrieben wurden und ihre Häuser

11. Kapitel: Am Khyber Pass

verlassen mussten. Es gab Kirchen, die in Brand gesteckt wurden. Es war überhaupt schon Tausenden Christen in Pakistan so gegangen, dass ihnen die Muslime ihr Land wegnahmen. Und die Behörden hatten nichts dagegen unternommen, sondern das Ganze auch noch sanktioniert. Wenn ein Muslim behauptete, das Land gekauft zu haben und einen Zeugen präsentierte, dann hatte der Christ sein Land die längste Zeit gehabt.

Karim erzählte mir einen aufsehenerregenden Fall des Rufmordes von Ayub Masih, der vom Staat aufgrund falscher Blasphemieanzeige hingerichtet wurde. Dann hatte sich auch noch der Bischof aus Protest vor dem Gerichtsgebäude in den Kopf geschossen. Das hätte er lieber lassen sollen, denn das stachelte den muslimischen Mob nur noch mehr an. Er überfiel christliche Häuser und Läden, plünderte und brandschatzte, „dabei wurden auch Bibeln und Bilder von Jesus zerrissen", sagte Kamil, als ob das eine Steigerung der Verfolgung gewesen wäre.

Ranjha Masih, ein Mann von 50 Jahren, der an einem Demonstrationszug wegen des Todes des Bischofs teilnahm, wurde der Lästerung angeklagt, weil er über ein Schild gestolpert war, auf dem ein Koranvers stand. Er wurde 2003 zu lebenslanger Haft verurteilt. Seinen sechs Kindern war der Vater genommen. Keines der Kinder konnte zur Schule gehen, weil die Mutter als Magd nicht genügend Geld verdiente.

Ajaz Ul-Haq, ein Mitglied des Parlaments und Sohn des früheren Staatschefs Zia Ul-Haq, der den Artikel 295C 1986 einführte, sagte in einer Presseerklärung, selbst wenn 100.000 Christen ihr Leben verlieren würde, würde das Blasphemiegesetz nicht zurückgenommen werden. Er redete über ein Gesetz, das jeder menschlichen Vernunft Hohn spricht.

11. Kapitel: Am Khyber Pass

„So ist es in Pakistan. Christen sitzen im Gefängnis und warten jahrelang auf ihre Verhandlung wegen eines Vergehens, das sie nicht begangen haben. Andere sitzen im Gefängnis und warten auf ihre Hinrichtung für ein Vergehen, dass sie niemals begangen haben. Inzwischen hungern ihre Frauen und Kinder und sind ohne Familienleben. Das kann der Preis sein, den man in Pakistan zahlt, wenn man Christ ist."

„Was sind das für Richter?"

„Sie sind selber für diese Verfahrensweise, und wenn nicht, haben sie Angst. Keiner will sich dem Verdacht aussetzen, mit einem Christen gemeinsame Sache zu machen. Das wäre gefährlich!"

Und ein Beispiel dafür gab es auch. Drei Christen waren beschuldigt worden, respektlose Slogans an eine Moschee geschrieben zu haben. Sie wurden zum Tod verurteilt. Es wurde Einspruch eingelegt, da die drei nicht schreiben konnten. Einer der drei wurde während des Revisionsverfahrens von Fanatikern erschossen. Auch die anderen wurden niedergestreckt, sie überlebten, mussten aber außer Landes geschmuggelt werden, weil die Fanatiker hinter ihnen her waren. Der Richter, der die Revision zugelassen hatte, wurde auch ermordet.

Karim erzählte mir noch einen Fall von einem christlichen Mädchen, das entführt, vergewaltigt und fünf Jahre gefangen gehalten wurde, weil es angeblich den Vergewaltiger geheiratet hatte. Sie bekam durch die fortgesetzten Vergewaltigungen drei Kinder, die alle noch als Säugling starben. Ihr blieb nichts Anderes übrig, als zu fliehen.

„In diesem Land werden Opfer zu Tätern gemacht und Täter zu Opfern."

Ich sagte ihm, ich mochte keine weiteren solchen Geschichten hören. Ich mochte jetzt gegenteilige Geschichten hören, wo

11. Kapitel: Am Khyber Pass

Muslime sich gastfreundlich gegenüber Christen verhalten hätten. Das war leider keine Zeitungsnotiz wert. Ich sagte Karim, dass mich das Leid anderer Menschen kaum minder berührte als das der Christen. Die Gefahr war, dass man vor lauter Leidtragen irgendwann gelähmt und lethargisch würde. Ich erläuterte Karim, was ich meinte.

„Vielleicht haben so auch viele ihren Glauben verloren, weil sie sich unablässig mit schlechten Dingen beschäftigten. Es hilft auch nicht viel, wenn man immer wieder nur anklagt, auch wenn die Anklagen von der Sache her richtig sind. Die unmittelbar Betroffenen müssen die richtigen Schritte unternehmen. Das gehört zu ihren Pflichten. Aber ich bin in diesem fremden Land zu Gast. Ist nicht jeder Christ überall nur Gast? Ich muss auf die Leute mit einer unvoreingenommenen freundlichen Haltung zugehen. Ich denke, dass das Problem nicht so sehr ist, dass es in diesem Land 150 Millionen fanatische Muslime gibt, sondern eher, dass es 149 Millionen ungebildete Menschen gibt, deren schlichtes Wesen mit der ihnen innewohnenden rauhen Natur leicht zu unbedachten Handlungen angeregt werden kann. Ungebildete Haufen sind leichter demagogisch zu beeinflussen als ein Haufen pluralistischer Menschenfreunde."

Karim blickte mich fragend, aber nicht verständnislos an. Er sagte, „warum gibt es hier nicht mehr Leute, die auch so denken?"

„Sagen wir einfach das Land braucht Menschern, die in einer Demokratie aufgewachsen sind, auf vielfältige Weise und auf vielen Wegen ihren Bildungsstand erworben haben und humanistischen Idealen nicht ganz abgeneigt sind. Und dazu gehört natürlich immer auch die Toleranz für Andersdenkende. Es ist für Sie bestimmt nicht immer leicht, in diesem Land zu leben. Dachten Sie nicht daran, auszuwandern?"

11. Kapitel: Am Khyber Pass

„Wo könnte ich schon hin? Ich habe weder die Mittel noch das Wissen, wie man das machen sollte. Ich bin hier zu Hause. Überall sonst bin ich fremd. Ich bin Pakistaner. Würden sie es für richtig halten, davonzurennen?"

„Nur wenn ich es nicht mehr aushalten könnte oder wenn die Lebensperspektive anderswo wesentlich besser wäre. Dazu gehört nicht unbedingt, dass sich die wirtschaftlichen Verhältnisse verbessern. Aber wenn ich bleiben würde, würde ich versuchen, meinen Nachbarn zu signalisieren, dass sie auf meine Hilfe und Sympathie bauen können. Vielleicht ist das die Art Bildung, die sie in diesem speziellen Fall benötigen! Offenbar hat es ja hier bisher ganz gut geklappt, da sie schon so lange hier sind. Ich glaube, Sie haben hier eine große Möglichkeit, viel für ihre aufgeklärte Lebensweise zu werben. Sie können mit wenig Aufwand sehr viel Gutes tun. Das ist eine wichtige Aufgabe. Niemand behelligt sie hier in Landi Kotal, oder?"

„Das ist richtig."

Zumindest war es noch so. Ich sagte ihm, dass ich es dennoch für sehr mutig von ihm hielt, hier auszuharren. Ich sagte, mehr im Scherz, „You are the last post of christian civilization on the Khyber Pass!"

11. Kapitel: Am Khyber Pass

Nach der pakistanischen Verfassung Artikel 20 kann es in der Religion keinen Zwang geben, eine etwas uneindeutige Formulierung, wie sie so auch im Koran steht. Und genauso, wie es im Koran andere Aussagen gibt, die das Gegenteil zulassen, gibt es auch in Pakistan andere Gesetze, die etwas Anderes vielleicht nicht klar zum Ausdruck bringen, aber zumindest als Möglichkeit offenlassen. Dieser Möglichkeit kann man sich immer bedienen, wenn man sie braucht.

Die Rechtslage in Pakistan schränkt offiziell auch nicht die Freiheit ein, die Religion zu wechseln. Im Gegensatz zu anderen islamischen Ländern, in denen Apostasie in Anlehnung an den Koran mit dem Tode bestraft wird, gibt es in Pakistan keine entsprechende strafrechtliche Bestimmung. Ein Wechsel der Religion fällt auch nicht unter den Tatbestand der Blasphemie. Diesen hat man sich aber schnell eingehandelt, wenn der böse Nachbar es so will. Das Zeugnis eines Christen zählt laut Gesetz nur die Hälfte des Zeugnisses eines Muslims.

Von der Verfassung her ist Pakistan ein sekulärer Staat.

„In einer pluralistischen Gesellschaft kann eine Religion nicht unter politischer Schirmherrschaft zum heimlichen Gebieter werden und sich nicht in die Menschenrechte einschleichen wie ein Wolf." Das hatte einmal ein Kritiker gesagt. Pakistan könnte aber eher mit einer Theokratie verglichen werden als mit einer Demokratie, die nicht wirklich kompatibel ist mit dem Islamismus.

Der Islam lehnt eine „Volksherrschaft" ab. Die zivilisierteste Staatsform für einen islamischen Staat ist aber die Demokratie, weil sonst die radikalislamischen Kräfte immer die Oberhand gewinnen werden. Und das ist weder für den Staat noch für den Rest der Welt gut.

11. Kapitel: Am Khyber Pass

„Die islamische Theokratie funktioniert nicht besser als ein gut geführtes Gefängnis", hätte Malik gesagt. Ein Gefängnis ist auf Zufuhr von außen angewiesen. Es kann nicht selbst existieren. In Pakistan ist Religion Staatsangelegenheit und sie gibt die institutionalisierte Marschrichtung vor. Es gibt sogar ein Ministerium für religiöse Angelegenheiten, der Council Islamischer Theologie, die Schariagerichte, die islamischen Madressahs, es gibt leider auch die illegalen Schulen für Selbstmordbomber. Es gibt eine Menge religiöser Fernsehkanäle, die den Selbstfindungsprozess des Einzelnen beeinflussen wollen und wahre Erkenntnisvermittlung behaupten, ohne analytisch oder diskret zu sein. Der Supreme Court hatte beschlossen:

„Der Staat kann keine religiöse Verpflichtung einführen, die vom Islam vereinbart wird, um das Privatleben zu bestimmen, den persönlichen Gedanken, den individuellen Glauben, die Versammlungsfreiheit, Freiheit, Würde und das Privatleben der Bürger."

Ich kann nicht sagen, warum Freiheit und Privatleben zweimal genannt werden. Aber besser zweimal als kein Mal.

Es ist eine bekannte Erkenntnis, dass alle islamischen Gesetze, die unter falsch verstandenem religiösen Eifer erlassen werden, die Tendenz haben, in flagranter Weise die Menschenrechte zu verletzen. Ein Student von Karachi forderte in seinem Thesenblatt: „Unsere Verfassung erfordert mindere, aber notwendige Zusätze und Änderungen, wie folgt:

1. Die Vorsilbe „Islamisch" in „Islamischer Staat Pakistan" sollte gestrichen werden. Wie viele islamische Staaten haben wir, die es wert sind, erwähnt zu werden in der sogenannten Muslim Umsah?

2. Mr. Jinnah`s Rede vom 11.8.1948: „macht keinen Fehler, Pakistan ist keine Theokratie", sollte Präambel der Verfassung werden und

3. Federal oder Provincial Gesetzgeber sollten kein Gesetz machen, das auf eine Religion ausgerichtet ist oder das die freie Ausübung einer Religion verbietet."

In Pakistan lebten ca. 2-3 Millionen Christen. Sie lebten mit den Muslimen in den meisten Fällen friedlich nebeneinander, dennoch sind Diskriminierungen von Angehörigen der Minderheit im wirtschaftlichen Bereich, im Bildungssektor und auf dem Arbeitsmarkt häufig. In wirtschaftlicher Hinsicht sind besonders viele Christen unterprivilegiert. Noch schlimmer sind die Konvertiten dran. Sie verlieren in der Regel ihre Familien, Freundeskreise, ihre Arbeit, sie werden gesellschaftlich geächtet und verlieren ihre wirtschaftliche Lebensgrundlage. Sie müssen umziehen und versuchen anonym, ein neues Leben dort anzufangen, wo man sie noch nicht kennt. Und manche verlieren auch ihr Leben wegen des Glaubenswechsels.

Gerade in den letzten Jahren gab es schwerwiegende Vorfälle und militante Anschläge gegen christliche Einrichtungen in Pakistan. Es wurden blutige Bombenanschläge und Angriffe gegen Kirchen, Hospitäler, Schulen und NGOs verübt. 2005 kam es dann zu den schwersten Ausschreitungen, als ein muslimischer Mob von ca. 1.500 Personen zwei Kirchen, ein christliches Hospiz und das Haus des Pfarrers anzündete und zerstörte. Und das nur, weil ein Muslim behauptet hatte, dass ein Christ einen Koran verbrannt haben soll. Zwei Kirchen wurden auch in diesem Jahr niedergebrannt als Protest gegen die Mohammed Karikatur in der dänischen Zeitung.

Karim drängte darauf, zurückzufahren. Ich sagte ihm, mein Flugzeug würde erst in einer Woche gehen. Den Scherz wollte er

11. Kapitel: Am Khyber Pass

nicht verstehen. Er hatte wieder sein Handy am Ohr und machte mit irgendjemandem etwas aus.

Auf der Rückfahrt hielten wir nur noch einmal kurz bei einem Khyber Rifle Posten, dann fuhren wir nach Peschawar zurück. Der Passagier, den wir an der Universität, vermutlich dem einzig vorzeigbaren Gebäude, das aus der britischen Kolonialzeit erhalten geblieben war, aufnehmen mussten, war eine Japanerin. Ein Mittelsmann übergab sie uns. Wir schauten uns zuerst noch das Universitätsgelände an, dann beendeten wir unsere Tour. Das ehemalige Büro von Bin Laden ehrte ich nicht mit einem Besuch.

Die japanische Studentin Esumi war 21 Jahre alt, zierlich, bleich wie eine Geisha, sie trug eine blassblaue Kleidung nach Art der modernen Frau in Pakistan, also einen Hosenanzug und einen weißen Schlapphut mit schmaler Krempe, dazu noch ein Kopftuch darunter. Sie war eine sehr auffällige kleine Person, weil sie nicht viel Englisch verstand und ganz alleine über China, Tibet und den KKH nach Pakistan gekommen war.

Ich fragte sie, was ihre Eltern dazu gesagt hätten, ganz alleine als Frau so eine Reise tun zu wollen. Sie sagten, das sei okay. Aber in solch gefährliche Länder, hätten sie da keine Angst? Nein, ihre Eltern vertrauten ihr. Na gut, aber vertrauten sie auch den vielen wilden Männern, denen sie auf der Reise begegnete? Ich fragte sie, ob sie schon einmal belästigt worden sei, sie verneinte.

Es war kurios. Ein Mädchen wie von einer anderen Welt, hübsch anzusehen, in einem Land, wo die Männer ihre Frauen hinter einem Schleier oder gleich ganz im Haus wegsperren. Eine kleine Dame ausgerechnet im wilden, männerverrückten Peschawar! Ganz allein! Mutterseelenallein! Ein Friedenstramper am Khyber Pass, ein im Stammesgebiet

11. Kapitel: Am Khyber Pass

ansässiger Christ und ein Mädchen aus Fernost in Peschawar! Und diese zierliche Person hatte morgen einen Termin im Konsulat Irans! Immerhin wollte sie auf dem Luftweg in den Iran reisen.

„Hast du keine Angst, gefressen zu werden?"

„Nein!", sie kicherte. Sie war auch noch schüchtern! Sie schien überhaupt nicht selbstbewusst und ich glaube auch, dass ihr das eher geschadet hätte. Schwächlichkeit fordert ja eigentlich den Beschützerinstinkt heraus, doch manch einer hat ihn zugunsten tieferer Instinkte aufgegeben. Und auch hier galt die Tatsache, dass sie schon zwei Wochen im Land und unversehrt geblieben war, bewies, dass die pakistanischen Männer nicht alle so schlimm sein konnten. Dennoch glaube ich, dass das Mädchen von 21 Jahren ein Risiko einging, das nicht mehr zu vertreten war. Sie hatte eine natürliche Naivität, die Andere auch für Einfältigkeit halten konnten. Sie war völlig ausgeliefert, der Gunst oder Missgunst ihrer Umgebung. War ihr das nicht klar? Dazu konnte sie sich noch nicht einmal richtig verständigen.

Ich fragte sie, wo sie wohnte, weil ich dachte, dass sie vielleicht im gleichen Hotel untergebracht war wie ich. Es stellte sich heraus, dass sie erst gestern von Chitral gekommen war und ihre sieben Sachen bei dem Taxiunternehmer, der auch Tour Operator war, untergestellt hatte. Auf dem Weg dorthin, waren wir jetzt. Ich fragte sie, ob sie ein Hotel suchte. Sie zögerte und sagte, sie würde dort, wo sie ihr Sachen hätte, auch schlafen. Dort habe sie auch schon die letzte Nacht verbracht. Das schien mir nicht ganz geheuer. Ich stieg deshalb aus, als wir dort angekommen waren, und sagte Ansar, ich wollte eine Fotokopie von meiner Genehmigung der Polizeibehörde haben.

Der Taxiunternehmer war in seinem Büro im ersten Stock, mit Balkon auf die belebte Straße. Er war ein kleiner, junger Mann

11. Kapitel: Am Khyber Pass

mit einem schwarzen Schnurrbart, der mich herzlich als neuen Kunden begrüßte und nicht viel Zeit verlor, indem er mir sogleich weitere Fahrten ins Grenzgebiet anbot. Ich fragte ihn nach Darra, der Waffenschmiede. Er sagte, es täte ihm leid, momentan sei es nicht möglich. Ich sagte, gerade deshalb wollte ich da ja hin. Er schickte Ansar weg wegen der Fotokopie. Im Eck sah ich die Sachen der Japanerin. Ich gab ihr die Visitenkarte meines Hotels, das ganz in der Nähe war, falls sie dran denken würde, ihre Bleibe zu wechseln. Ich sah und hörte nichts mehr von ihr.

12. Kapitel: In Peschawar

„Oh Pathanen! Wenn Ihr wollt,

dass Euer Land und Eure Leute gedeihen,

müsst Ihr damit aufhören, nur für Euch zu leben,

und damit anfangen, für die Gemeinschaft zu leben.

Das ist der einzige Weg zu Wohlstand und Fortschritt!"

Bacha Khan

Peschawar ist Persisch und bedeutet Grenzstadt. Trefflicher wäre vielleicht die Übersetzung mit Frontstadt, denn Peschawar liegt nicht direkt an der Grenze, aber sehr wohl an der Front des Gebietes der Flachländer, gleich welcher Denomination gegen die Bergstämme des Hindukusch. Schon hier in der Stadt beginnt die Auseinandersetzung zwischen Tradition und Moderne, zwischen Demokratie und Anarchie, zwischen Stammesfürstentum und Nation, zwischen Autonomie und Fremdherrschaft. In Peschawar sind al-Qaida Kämpfer beherbergt oder zumindest häufige Gäste und hier predigen die hasserfüllten Islamisten in Sandalen gegen die Amerikaner, die in ihrem Viertel die größten technischen Anstrengungen unternehmen, um ihre Feinde ausfindig zu machen. Dabei wohnen sie gleich nebenan. Das ist komisch. Im Gebirge gleich hinter Peschawar sind die Geheimdienstler und Armeeeinheiten der pakistanischen Armee und ihrer paramilitärischen Einheiten auf der Suche nach den Bedrohern der Freiheit und den Feinden der Welt, dabei sitzen sie im Straßenbazar oder im Kreis ihrer Anhänger und Mitwisser. Ich war dort manchem Fundamentalisten, der im Raster der Geheimdienste hängengeblieben wäre, räumlich näher als die Spezialisten, die

12. Kapitel: In Peschawar

sich auf einsamen Gebirgspfaden verliefen. Eines meiner Reiseziele war es, in diese Bazargassen einzutauchen und vielleicht eine Bekanntschaft zu machen, die ich in keiner anderen Stadt der Welt machen würde.

Die neuesten Zeitungsmeldungen aktualisierten meinen Wissensstand. Man hatte in Peschawar einen Fremden gefunden, der ermordet worden war, weil er verdächtigt worden war, für die USA gearbeitet zu haben.

Woher man das wusste? Weil er eine geschriebene Botschaft bei sich hatte. Sie lautete, seine Freunde sollen gewarnt sein, die USA weiter zu unterstützen, weil sie sonst das gleiche Schicksal fürchten müssten. Er wurde in einem Kanal vor dem Bagh-e-Naran in Hayatabad gefunden. Auf seinem weißen T-Shirt stand in Pashto „Alle, die für die USA spionieren, werden die gleichen Konsequenzen zu spüren bekommen".

Man schätzte, dass ungefähr 6 Millionen Stammesleute die Taliban unterstützten. 700 Soldaten der Pakistanischen Armee und des Frontier Corps hatten bereits ihr Leben im Kampf gegen die Taliban verloren. Eigentlich ist die Nordwestprovinz ein historisches Überbleibsel aus der Zeit, als die Stämme der britischen Okkupation widerstrebt haben.

Nur 7% des Landes, das eine Größe von Belgien hat, sind kultivierbar. Das meiste Geld wird mit Schmuggel und Drogenhandel und anderen kriminellen Dienstleistungen verdient. Die Versuche, das Gebiet zu einer normalen Provinz zu machen, scheiterten am Widerstand der Stammesführer und wegen der ungebrochenen Einflussnahme durch religiöse Führer, die mittelalterliche Verhältnisse wiederherstellen oder vielmehr erhalten wollen. Nur bei Waffen akzeptieren sie die westlichen Errungenschaften. Rechtsprechung wird durch Versammlungen ausgeübt. Der Stammescode der Ehre ist sakrosankt und jeder Versuch, sich von außen einzumischen, scheitert. Das gilt für den Brauch des Paschtunwali, nach dem ganz besonders Schutz und Gastfreundschaft gewährt werden muss, ganz gleich, wer sie in Anspruch nimmt.

Die UN Hochkommission für Flüchtlinge schätzt, dass immer noch eineinhalb Millionen afghanische Flüchtlinge auf dem Territorium Pakistans sind. Pakistan würde es liebend gerne sehen, wenn sie wieder zurückgingen, aber solange sie mit ihrer Armee im Grenzgebiet operieren, stehen sie dem im Wege. Pakistan zahlt so oder so einen hohen Preis für die Militärhilfe, die sie dem Westen geben. Die Flüchtlinge haben so auch keinen Anreiz, zurückzukehren, denn seit dem Krieg in Afghanistan hat sich die Situation dort nicht verbessert. Im Gegenteil, noch nie war es in Afghanistan so instabil und gefährlich wie jetzt.

In der Nordwestprovinz gab es hunderte von Radiosendern, wurde mir gesagt, und beinahe alle waren regierungsfeindlich und talibanfreundlich. Die Regierung wird als unislamisch betrachtet. Es kostete lediglich wenige hunderttausend Rupien, um einen Sender zu installieren.

Das einzige Argument, das auf lange Sicht helfen wird, die Stammesleute für eine moderne Denkweise zu gewinnen, ist das ökonomische. Geld und Wohlstand will eigentlich jeder. Den gibt es aber nur im Kapitalismus, jedenfalls brauchen dazu einige Hindukuschbewohner mehr Hinwendung zu einer mehr gemäßigten Sichtweise.

Pakhawar, wie er in der Sprache der Einheimischen heißt, ist der Hauptort der berühmt-berüchtigten North-Western Frontier Province. Abgesehen davon, dass Peschawar das Zentrum der Paschtunen ist, ganz gleich, ob es sich um afghanische oder pakistanische Vertreter dieses Hindukuschvolkes handelt, ist es ein wichtiger Wirtschaftsstandort. Und das nicht nur wegen des

12. Kapitel: In Peschawar

Handels mit Schmuggelware. Berühmt ist die Stadt als Umschlagplatz von Schmucksteinen und Edelmetall. Gold- und Silberschmieden, Teppichhäuser, Töpfereien, Kupfer- und Messingstecher, Schneidereien gibt es zu Hauf, Tuchhändler, Bekleidungsspezialisten und Holzschnitzer treiben ihr Handwerkwerk noch immer wie früher in den Gassen der Stadt und in den Bazaren gibt es alles zu kaufen, was man im Hindukusch gebrauchen kann. Nichts was, es nicht gibt in den Hauptbazaren der Stadt, Qissa Khawani Bazar, dem Copper Market, dem Chowk Yadgar und dem Andarsheher Bazar. Am allgegenwärtigsten sind auch hier die vielen Säcke mit Gewürzen, Tee, Feldfrüchten, Gemüse und die Stapel von Backwaren und Süßigkeiten. Peschawar scheint die Hauptstadt der Süßwaren zu sein. Wenn es an allem mangeln sollte, dann ganz zu letzt an Süßigkeiten! Welch ein Gegensatz zu den Waffenlagern im Smugglers Bazar draußen vor den Toren der Stadt!

Die Stadt war schon in alter Zeit eine der wichtigsten Handelsstädte an der Seidenstraße. Und sie war und ist Verkehrsknotenpunkt für die Menschen, die von Zentralasien in die Ebenen des Fünfstromlandes herunterkamen. Manche sagen, Peschawar sei die lebendigste Stadt in Pakistan. Andere sagen, sie sei die gefährlichste. Das ist nicht unbedingt ein Widerspruch. Abenteurer sagen, man lebt da am intensivsten, wo man Gefahr läuft, das Leben zu verlieren. Aber inmitten von Paschtunen, die mit sich selber d`accord sind, leben auch Fremde sicherer als in Gebieten, wo die Paschtunen in Clans aufgespalten sind und sich schon selber nicht leiden können. Die Stadtgemeinschaft hebt manche Gegensätze auf. Und Fremde werden, so hatte ich den Eindruck, eher als exotischer Farbfleck aufgefasst, ganz richtig als ein Wesen von einer anderen Welt, das man neugierig anstarrt und, so man kann, näher untersucht.

12. Kapitel: In Peschawar

Peschawar ist in der Tat sehr lebendig und man selber ist auch, wenn überhaupt, sehr lebendig. Man kann gar nicht anders. Wenn man beispielsweise an einer der Hauptverkehrsstraßen, die um die Old Town herumführen, die Straße überqueren will, muss man sich sputen, wenn man nicht überfahren werden will. Um zu überleben, muss man auf Zack sein. Manchmal sind es die sintflutartigen Regenfälle, so wie ich einen miterlebte, die einem Beine machen und das Leben richtig spüren lassen. Aber öfter ist es die Hitze, vielleicht noch verbunden mit einem Staubsturm, der allen Schmutz, einschließlich der von vierbeinigen und gefiederten Tieren verursachte, durch die Gassen wirbelt. Dann hilft nur noch, in einem der dunkelwinkligen Nischen oder Hauseingängen Schutz zu suchen. Diese Häuser sind durchweg mehrstöckig, verwinkelt, oft überhängend, mit Erkern, Gauben, Balkonen versehen, und alle über hundert Jahre alt. Drinnen ist es meist dunkel, besonders in den Treppenhäusern. Oft gibt es einen Innenhof, der wenig einladend ist und nur ganz oben, unerreichbar, Licht durchfallen lässt. Es gibt stark belebte Gassen, aber erstaunlicherweise auch menschenleere, die nur ein Hund zu seinem Geschäft benutzt. Die Bazare sind zahlreich und geschäftig, voller Menschenmassen, aber ohne das Gedränge, das man von westlichen Warenhäusern in der Schlussverkaufszeit kennt. Kein Vergleich auch zu der künstlich aufgeheizten Atmosphäre des Khan el Khalili Bazars Kairos.

Alteingesessene beklagen allerdings, dass sich das Gepräge und der Geist der Stadt geändert hätten, weil so viele Afghanen in der Stadt sind. Seit der sowjetischen Invasion in Afghanistan riss der Flüchtlingsstrom nicht ab. Peschawar wurde die Kommandozentrale der Mujaheddin. Nach den Sowjets übernahmen die Taliban die Herrschaft und die beeinflussten auch die geistige Kultur in Peschawar. Wer es in Kabul oder Kandahar nicht mehr aushielt, ging über die Grenze nach

12. Kapitel: In Peschawar

Peschawar. Die Stadt wurde zum Schmelztiegel der radikalen politischen Kräfte.

Die Mehrheit der Bewohner der Stadt sind Paschtunen, die Minderheiten sind Hindkowans, ein Stamm des Hindukusch, die innerasiatischen Tadschiken, Hazaras, Usbeken, dazu noch Perser, Zigeuner und Sikhs. Einige tausend Westler soll es auch geben im Nordwesten Pakistans. Das sind Geschäftsleute, Missionspersonal, Konsulatsangehörige, NGO-Beschäftigte und ein paar Touristen. Ich sah nur drei, die keine Muslime waren, Trent und Esumi und einen Gast in meinem Hotel. Und jeder von ihnen hatte eine besondere Geschichte über sich und seinen Grund, warum er sich hier aufhielt, zu erzählen. Seit der Trennung von Indien gibt es keine Hindus und seit der etwa zeitgleichen Gründung Israels auch keine Juden mehr in der Stadt.

Was einem in allen Städten Pakistans früher oder später auffällt, ist in Peschawar noch deutlicher. Es ist eine Männerstadt. Das Klima der Stadt ist mannhaft. Was ist mit den Frauen? Die Frauen von Peschawar: einige wenige sieht man umherlaufen, schwarz verhüllt von Kopf bis Fuß. Man weiß nicht, was sich darunter verbirgt. Der Mensch ist Geist, Seele und Leib. Von alledem bekommt man keine Vorstellung, immerhin scheint zum menschlichen Wesen auch ein Leib dazuzugehören. Die Frauen von Peschawar scheinen keinen zu haben. Menschen, die man nicht sehen, hören und sprechen kann, in Peschawar, sind das die Frauen. Bewacht, beaufsichtigt und doch nicht beachtet von den Männern von Peschawar.

Die Männer von Peschawar. Sie sind das Bild der Stadt. Sie sind die Herren der Gassen, Plätze und Märkte. Sie bewegen sich frei in der Welt, die ihnen gehört. Sie haben keinerlei Beschränkung, sie haben ihren vollen Anteil an allem. Es gehört ihnen ja alles, einschließlich der Frauen. Die Männer treffen sich in den

Bazaren und Häusern, in den Läden und Märkten. Sie reden und lachen, schimpfen und diskutieren, ob abends um zehn oder morgens um sechs. Sie sitzen auf Stühlen in den Straßen, auf Podesten in den Läden, sie bevölkern die öffentlichen und versteckten Plätze, die Moscheen und Veraltungsgebäude. Sie sind immer da und überall. Sie laufen umher und besuchen sich gegenseitig, sie bleiben, wo es ihnen gefällt und dann gehen sie wieder, wann es ihnen gefällt. Sie fahren mit ihren fahrbaren Untersätzen, sitzen auf ihren Ochsenkarren, Fahrrädern und Motorrädern.

Der islamische Fundamentalismus verteidigt diese Männerfreiheiten, heißt es.

Der Empfangschef des „Green Hotel" sagte mir, dass Peschawar früher ein anderes Gesicht hatte. Welche Stadt hatte das nicht? Es hätte mehr Grün gegeben. Die Cantonment, wo die Briten ihre Kolonialstadt aufgebaut hatten, wären weitläufig gewesen. Hier sind jetzt auch die Straßen eng und staubig. Oriental eben. Ich müsse nur einen Blick aus dem Foyer werfen. Wir befanden uns in dem Gebiet, wo früher die Europäer wohnten. Es gab viele Bäume, Gerüche, Blumen, Sträucher, sagte er, als ob er so alt gewesen wäre, die Britenzeit noch bewusst miterlebt zu haben. Wahrscheinlich hatte er die Schilderungen seines Vaters übernommen. Im alten Peschawar gab es Alleen, mittlerweile waren die Bäume den Straßenverbreiterungen zum Opfer gefallen. Pakistans Städte fallen durch einen ausgeprägten Mangel an Blattgrün auf. Der Holzverwertung fiel auch der angeblich 2.400 Jahre alte Pipalbaum bei Shah ji ki Dheri zum Opfer. Man sagt, dass die letzten vier Buddhas unter dem Baum meditiert hätten. Shin Fa Hian und Hiuen Tsang, die berühmten chinesischen Reisenden des 5. Jahrhunderts vor Christus, hatten bereits diesen Baum beschrieben. Schon damals war der Baum groß.

12. Kapitel: In Peschawar

Der Mogulherrscher beschrieb die Stadt im 16. Jahrhundert so:

„Es ist wie ein Gemälde. So weit das Auge reicht, Felder mit Blumen. Besonders im Frühling sind die Felder um Peschawar herum wirklich sehr schön anzuschauen." Was hatte ich gesehen? Von Norden war ich in die Stadt hineingefahren, nach Westen hinaus. Überall nur graue, schmutzig gelbe Farben von Staub und Sand, selten einmal ein Baum, kaum Gras. Der Anblick von Gras kommt in meinen Erinnerungen nur vor, wenn ich ausgiebig darin krame. Nur um das Universitätsgelände gab es noch parkähnliche Anlagen. Der Reisende Mohan Lal schrieb 1846 über Peschawar: „Die zahlreichen Gärten und verstreuten Bäume waren mit neuem Laub bedeckt, das Frische und Leuchtkraft hatte, die ich nie im ewigen Sommer Indiens gesehen hatte. Viele Flüsse flossen durch die Ebene. Ihre Ufer wurden umsäumt von Tamarinden und Weiden. Die Obstgärten, die über das Land verteilt sind, enthalten einen Überfluss an Pflaumen, Pfirsichen, Äpfeln, Birnen, Quitten und Granatäpfeln, die eine größere Vielzahl an Blüten bieten als das, was ich jemals zuvor gesehen habe. Und das nicht angebaute Land trug einen Grasboden, der seinesgleichen suchte und sich vielleicht nur noch in England fand. Die ansehnlichen Avenuen mit den hübschen Häusern erstrecken sich nicht nur über die Außenbezirke, sondern auch auf die Gärten, die die Stadt umringen. Sie sind geschmückt mit der reichsten Machart und der entsprechenden Idee von Großartigkeit, die man nicht leicht in Worten beschreiben kann."

Von Hamza, dem Empfangschef, erfuhr ich, dass zwar auch die Briten Bäume gefällt hatten, aber sie pflanzten auch wieder neue Bäume entlang der Alleen und zwischen den Gebäuden. The Mall hieß damals Thandi Sarak. Das heißt kühle Straße.

12. Kapitel: In Peschawar

„Und in der Tat, das war sie. Und wenn die Hitze draußen noch so groß war. Die Hauptstraßen hatten noch bis in die achtziger Jahre diese von den Briten gepflanzten Bäume."

Mir wurde allmählich klar, warum das Green Hotel so hieß und warum ein großes Forum existierte, das viel Grün hatte. Es war beinahe ein Garten im Inneren eines Hauses, während draußen weit und breit nichts Grünes zu sehen war. Peschawar ist wie alle anderen Städte, die ich in Pakistan außerhalb der Berge gesehen habe, eine unansehnliche Stadt. Sie ist abgrundtief hässlich. Das tut ihrer Attraktivität keinen Abbruch. Kein Mensch kommt nach Peschawar um grüne Gärten zu sehen.

„Bäume geben nicht nur Schatten", belehrte Hamza mich, „sie absorbieren auch große Mengen von CO_2. Davon haben wir jede Menge in Peschawar. Und sie spenden Sauerstoff, das haben wir sehr wenig. Die Luft ist schlecht in Peschawar. Und sie absorbieren den Schmutz."

Die Stadtväter schien das nicht zu interessieren. Aber es war irgendwie beruhigend, zu wissen, dass es auch hier Menschen gab, die einen Sinn für die lebendige Natur hatten, über das hinaus, was man unbedingt für die Grundbedürfnisse oder Familienplanung brauchte. Selbst in der Wüste blühen Blumen, wenn man sie begießt. Und das gilt auch für Menschen. Und manchmal ist sogar das Fernsehen zu etwas Nütze. Selbst in Pakistan kann man Naturfilme sehen und sich an den Bildern berauschen.

Die Briten hatten Gesetze. Man durfte keine Bäume fällen. Und man durfte auch nicht bauen, wie man gerade Lust hatte. Aber heute? Alle Bestimmungen wurden ignoriert. Und daran verdienten die Behördenvertreter ebenfalls. Denn mit Verboten kann man immer noch Geld verdienen, entweder über die Ahndung der Gesetzesverstöße oder über den Verzicht auf

12. Kapitel: In Peschawar

Ahndung. Im ersten Fall verdiente der Staat, im zweiten Fall der Gesetzesverwalter. Die verdienten gerne. Und deshalb wurde vorzugsweise niemand zur Verantwortung gezogen, aber viele zur Kasse gebeten.

„Auch die St. John's Kirche ist der organisierten Holzmafia zum Opfer gefallen, vielmehr die Bäume, die drumherum standen."

Und der Peschawar Club, ein Juwel in der Krone, war jetzt der „Garrison Club". Alle schattenspendenden Bäume waren weg und der Staub wehte überallhin. Die Liste war endlos.

Ich habe meine eigene Theorie. Wessen Seele grau und trist und mit viel Unrat angefüllt ist, dessen Wohngegend sieht auch nicht viel besser aus, wenn er sein Inneres nach Außen dringen lässt. Wenn die Umgebung hässlich ist, lässt das allerdings keine zwingenden Rückschlüsse auf die Seele der Bewohner zu. Umgekehrt wird also kein passender Schuh draus. Ich wollte ihm eine pikante Frage stellen:

„Sagen Sie, das ganze Land macht auf mich einen sehr wüsten, vernachlässigten, vielleicht auch ausgebeuteten Eindruck. Ich sehe nirgendwo Anzeichen, außer hier in Ihrem Hotel, dass die Menschen ein ausgeprägtes Interesse an der Natur haben. In Indien habe ich gesehen, dass viele Haushalte selbst in den Städten doch irgendwo eine Topfpflanze stehen haben, auf Treppenabsätzen, auf Dächern, Balkonen, an den Wegen. Indien ist ja ein ähnlich armes Land wie Pakistan. Aber hier ist mir etwas Vergleichbares noch nicht aufgefallen. Haben denn die Leute gar keinen Sinn dafür, das staubige Grau ihrer Umgebung mit etwas Grün zu schmücken?"

„Die Menschen sind zu sehr damit beschäftigt, ihren Tagesgeschäften nachzugehen."

12. Kapitel: In Peschawar

„Und auf den Bolzplätzen stolpern die jungen Freizeitsportler über holprigen und steinigen Untergrund. Man kann nicht immer Tagesgeschäften nachgehen."

„Jeder denkt nur daran, möglichst viel Geld zu machen. Die Pflege von Pflanzen kostet Zeit und Geld."

„Dabei könnte man etwas investieren. Das würde die Stadt auch für Touristen attraktiver machen."

„Ich glaube nicht, dass Touristen wegen der grünen Parks nach Peschawar kommen. Sie wollen die Bazare besuchen. Sie wollen eine berühmte Stadt sehen. Aber Sie haben Recht. Statt die alte Bausubstanz zu erhalten, baut man Shopping Malls und Handelszentren. Das entspricht den unmittelbaren Bedürfnissen der Menschen. Später kommen andere Bedürfnisse dazu. Und dann, hoffe ich, wird die Stadt auch wieder grüner."

Der Koran versprach ja blühende Gärten im Paradies, aber nur Krieg und Staub in diesem Leben. Aus der Sicht eines Naturschützers war der Islam eine trostlose Religion.

Ich ließ am Abend auch in Peschawar meine Trainingseinheit nicht aus und ließ mich, wie ein Läufer ausstaffiert, mit dem Skooter zum Shahi Bagh, dem größten Stadtpark, fahren. Der war in einem Zustand, wie ich ihn erwartet hatte. In Europa hätte man ihn aus hygienischen Gründen gleich geschlossen und am nächsten Tag mit einer Planierraupe eingeebnet. Es wäre ein Schandfleck für jede Stadt, so etwas Staubiges, Verdrecktes, Missbrauchtes in der Stadtmitte zu haben, wo man Grünpflanzen suchen und unter dem Staubgrau vermuten musste. Das störte hunderte von Jugendlichen nicht, in der Enge des Raumes ihren Kricket- oder Fußballspielen nachzugehen. In einem Pavillon gab es sogar eine Gruppe, die Selbstverteidigung einübte. Unter einem schattigen Laubengang waren echte Turner, Jungen jeden

12. Kapitel: In Peschawar

Alters und Erwachsene, zu Gange, beeindruckende Kapriolen zu schlagen.

Eine Tribüne wurde eben noch als Moschee benutzt. Die Männer beugten sich im Gleichklang, geleitet von ihrem Vorbeter. Als der fertig war, drehte er sich um und rief den Jungen etwas zu, die angefangen hatten, den Rasenplatz, der vom letzten Regenguss noch halb unter Wasser stand, herauf und hinunter zu rennen. Es klang nicht freundlich. Ich fragte einen der Jungen, die vom Platz herunterschlichen, einen Studenten wie die anderen, was los sei. Der Vorbeter hatte ihnen gesagt, sie könnten heute nicht spielen, da sie den Platz schädigen würden. Was hätte man da schädigen sollen? Immerhin gab es Grashalme. Es hatte in letzter Zeit viel geregnet.

Der Imam lief an mir vorbei und stierte mich vorwurfsvoll an, als sei ich der Schuldige an dem Begehren der Jungen, ihrem Bewegungstrieb nachzukommen. Der Imam saß noch eine Weile am Spielfeldrand und schimpfte vor sich hin. Die Jungen, mittlerweile waren es zwei Dutzend, blieben. Sie warteten so lange, bis der Imam weg war, dann spielten sie Fußball, das Spiel der Völker. Und ich spielte mit. Nicht dass es einen besonderen Spaß bereitet hätte, einer Anweisung eines Imam zuwiderzuhandeln. Aber ich musste die Heranbildung einer eigenen Meinung, was gut zu tun wäre, bei den jungen Pakistanern nicht hemmen. Sie würden das hoffentlich noch gut gebrauchen können.

Peschawar teilte das Los anderer Städte Pakistans, Lahore, Karachi, Rawalpindi, keine Oase der Erholung zu sein, mit dem markanten Unterschied, dass das Umland schon immer kärglicher war, das Klima rauher. Da musste man die Bemühungen zu Verschönerungen noch mehr schätzen.

12. Kapitel: In Peschawar

„Peschawar hat seinen Charme verloren", sagte der Mann vom Hotel, „es ist nicht mehr länger das Paris Südasiens".

Ob es das jemals war? Die Reminiszenz verklärt die Heimat und aus einem Ziegenstall wird ein Kral für Zuchtochsen. Ich konnte mir beim besten Willen nicht vorstellen, dass es in Peschawar jemals wirklich romantisch zugegangen war. Der Vergleich mit einer beliebigen anderen vorderasiatischen Bazarstadt, einem staubigen Marktflecken der Kolonialzeit, der ebenfalls ein unsicherer Ort für Weiße war, war eher zutreffend. Und die Stadt gar als „Paris" der Paschtunen zu bezeichnen, wie es Lowell Thomas, einer der früheren Reisenden getan hatte, ist für einen Nicht-Paschtunen nutzlos. Für Paschtunen selbst ist es vielleicht sogar eine Beleidigung, ihre Stadt mit einer so frivolen, gottlosen Stadt wie Paris zu vergleichen. Was interessiert Paschtunen Paris? Und Peschawarbesucher aus dem Westen kamen bestimmt nicht hierher, um an Paris erinnert zu werden! Daran hatte Hamza nicht gedacht. Für ihn war Paris vom Hörensagen und aus Fernsehbildern ein Inbegriff einer vorzeigbaren Stadt. Er hätte auch sagen können Mönchengladbach.

Peschawar wucherte über die ehemaligen Außengrenzen hinaus und wuchs mit den afghanischen Notunterkünften zu einem undefinierbaren Konglomerat aus Lehm und Beton zusammen. Unansehnliche, reine Zweckbauten, nicht für die Ewigkeit, nur für ein möglichst kurzes elendes Dasein zusammengestellt. So ungeplant hingeworfen wie die überproduzierte Bevölkerung, die darin wohnen sollte. Keine Stadtplanung, keine Familienplanung. Das passte doch irgendwie zusammen, das sah man der Stadt an. Nur der Kern, die Old Town, war ein Stück weit ansehnlich. Da gab es eine historische Substanz aus besseren Zeiten.

12. Kapitel: In Peschawar

Zu Beginn des 19. Jahrhunderts eroberten die aus dem Pandschab stammenden Sikhs das Land. Sie zerstörten alles, was auch nur im Entferntesten nach Kunst und Ästhetik aussah. Und das war damals nicht wenig, Paläste, Moscheen, Gärten... Das war der Neid derer, die selber nichts Vergleichbares zustandegebracht hatten. Andernorts verfuhren die Sikhs ähnlich. Die Briten setzten dem nach dem zweiten Sikh Krieg 1848 ein Ende und ergriffen auch einige bauliche Maßnahmen, um die Stadt für ihre Beamten und Soldaten wohnlicher zu gestalten. Die Straßen wurden zu Avenuen, an denen Villas und Unterkünfte gebaut wurden. Aber was davon nach der Unabhängigkeit noch übriggeblieben war, ging unter im uferlosen Meer der Stadt.

Was war nur geworden aus Peschawar? Aufsehen erregend Neues war nichts dazugekommen! Die Bewohner einer Stadt bekommen vielleicht die Stadt, die sie verdienen. Niemand hat die Leute gezwungen, ohne Baugenehmigung ihre Mauern hochzuziehen und dabei jeglichen Sinn für das Schöne zu verleugnen. Aber was kann man vergessen, was man nie gehabt hat? Man muss hier oder in einer ähnlichen Umgebung schon geboren sein, um Peschawar nicht einfach nur als schreckliches Abenteuer, als Nachtmär oder Alpdruck erleben zu müssen. Als netter Standort auf Dauer für Touristen aus dem Westen ist die Stadt nicht geeignet.

Sie ist trotz der Hektik des 21. Jahrhunderts eine der Städte, die am einen Ende noch im 19. Jahrhundert stecken und am anderen schon im beginnenden 3. Jahrtausend. Sie ist altmodisch und so von gestern, dass es lange dauert, bis man wirklich ganz in der Gegenwart angekommen ist. Und dennoch gibt es deutliche Zeichen der Moderne, die aus allen Ritzen herausbrechen, da ein Laden mit TV-Geräten, hier ein Handy-Stand und inzwischen die

12. Kapitel: In Peschawar

unvermeidlichen Computerfachgeschäfte. Der Hindukusch wird vernetzt!

Peschawar ist eine aufregende und spannende Stadt. Man weiß nie, was einen in den Gassen erwartet, denn anders als in anderen Städten des Orients, wo man anonym in den Bazargassen herumschleichen kann, wird man in Peschawar immer wieder angesprochen. Aber wehe dem, der sich fürchtet. Er wird es nicht lange in der Stadt aushalten. Wessen empfindsame Seele Angst vor Menschen hat, ist fehl am Platz. Peschawar ist staubig und düster, dunkel und muffig. Die Leute sind es erstaunlicherweise ganz und gar nicht. Sie sind aufgeweckt und beinahe fröhlich. Sie sind der Mittelpunkt einer Stadt, die der Mittelpunkt des Grenzlandes ist und irgendwie auch die Mitte zwischen zwei Staaten, die nach Meinung vieler zusammengehören. Bald schon würde ich hier jemanden treffen, der das proklamierte. In Peschawar fühlen sich aggressive Ideen und aufwieglerische Glaubenssätze gut aufgehoben, sie finden dort fruchtbaren Boden zum Keimen.

Der Peschawari ist intelligent und konservativ. Das Eine steht nicht notwendig im inneren Widerspruch zum Anderen. Es gibt eine Meinung der Gassen, eine Stimmung der Märkte und eine Denkart der Bazare. Man sollte nicht zu sehr aus der Reihe tanzen, wenn man akzeptiert und angesehen sein will als vollwertiges Mitglied der Gemeinschaft. Aber in einer Auffassung ist man modern. Sie lautet „weg mit der korrupten Bürokratie!"

Früher war die Stadt eher beschaulich, so wie das bei Grenzstädten verbreitet ist, wenn die Grenzen wüst und geschlossen sind. Aber dann kamen die 2 Millionen Flüchtlinge. Und mit ihnen die Drogen, noch mehr Gewehre und vor allem Geld und Schmuggelware. Das veränderte den Charakter der Leute und die Zusammensetzung der Bevölkerung. Seitdem ist

12. Kapitel: In Peschawar

die Stadt auch hässlicher geworden. Das ist vielleicht kein Zufall. Sollte man erwarten, dass Menschen, die ihr Geld mit Drogen- und Waffenhandel verdienen, in ihrem Vorgarten Blumen züchten? Es ist kein Witz, von manchen wird die Stadt auch als City of Flowers bezeichnet. Das ist eine Erinnerung an Zeiten unter Akbar dem Großen, vor vielen hundert Jahren. Die Mogulregenten liebten Gärten und Blumen. Heute ist das Brauchtum geblieben, zu allen erfreulichen oder traurigen Anlässen Blumengirlanden als Schmuck zu nehmen. Sie führten keine Zwangsbekehrungen durch und holten sich Architekten aus Italien und Technologen aus China.

Der Krieg hatte noch ideologische Gründe, was folgte, waren der Kommerz und Kapitalismus, der Materialismus und später der gesteigerte Fundamentalismus als vermeintliche Gegenbewegung. Da ich nicht viel Spiritualität oder Raffinesse am islamischen Fundamentalismus erkennen kann, scheint er doch nur niedere Instinkte, die dem Materialismus näherstehen als hochfliegendem Idealismus, zu befriedigen. Aber auch der Koran befriedigt Bedürfnisse, über die man nicht viel reflektieren muss: das Paradies mit den 72 Jungfrauen, also Essen, Trinken, Schlafen und mit Frauen, genauer gesagt Jungfrauen, schlafen. Anscheinend dachte Mohammed, mit Jungfrauen zu schlafen, sei noch bedürfnisbefriedigender als mit Frauen, er, der selber viele Frauen und Nebenfrauen und unzählige Sklavinnen hatte und schrieb, dass ein Mann seine Frau nehmen sollte, wann immer und wie immer es ihm gefiel, und schrieb, dass die Frau wie eine Ackerfurche zu behandeln sei. Auffällig ist, dass bei dem um seine Religion besorgten Mohammed Liebe als Bedürfnis oder auch nur Idealvorstellung nicht vorkommt. Vielleicht leidet darunter die Islamgesellschaft. Ein bisschen mehr Liebe würde ihr nicht schaden. Das Gleiche kann man allerdings für die westliche Gesellschaft ebenso sagen

12. Kapitel: In Peschawar

und die haben ja das Liebesgebot sogar für ihre Feinde. Sie kriegen es aber nicht einmal unter sich zu Wege.

In keiner Stadt klafft die Schere der Meinungen womöglich so weit auseinander. Die Stadt war nie so zivilisiert wie zur Mogulzeit. Und jetzt zur Schwelle des dritten Jahrtausends war sie es nicht mehr so sehr, dass man ohne Weiteres darauf gestoßen wäre. Es muss nicht nur für die Psyche herausfordernd und ärgerlich, sondern auch belastend sein, wenn man an einem Ort, Nase an Nase, Stirn auf Stirn sowohl Islamisten als auch Materialisten nach westlicher Prägung aufeinandersitzen hat. Wie sagte der Hotelmann?

„Pakistan hat voller Eifer den westlichen Kapitalismus umarmt, hat aber aus dem gleichen Motiv, die Zukunft des Landes zu verbessern, zugleich den Dschihad erklärt, mit größeren Gefahren."

Die Regierung orientierte sich am Westen, die Bevölkerung mehrheitlich am Islam, könnte man vereinfacht sagen. Es gab auch neue Schimpfworte „westlich-orientiert" und „säkular".

Es ist für jeden Besucher augenscheinlich, dass Peschawar eine sehr geschäftige Stadt ist. Der einzige Platz, wo man etwas über sich und die Welt nachdenken kann, ist im Bazar in den Verkaufspausen. Die Händler sind die beherrschende Klasse, aber sie haben meist keine Bildung von Welt. Woher auch! Da sind die Schmuggelkönige und Drogenbarone und Waffenhändler und neuerdings auch Betonbaumeister. In den letzten zwanzig Jahren wurden historisch gewachsene Strukturen zerstört, alte Gebäude, Mauern und Tore. Sie waren nicht mehr rentabel. An ihre Stelle stehen modernere Gebäude, die so schlecht gebaut sind, dass sie in dreißig Jahren schon wieder erneuert werden müssen, wenn nicht schon vorher ein Erdbeben zugeschlagen hat.

12. Kapitel: In Peschawar

Andere alte Gebäude, die der Kommerzialisierung des Wohnungswesens noch nicht zum Opfer gefallen sind, zerfallen allmählich. Für die Restauration ist kein Geld da. Die Eigentümer haben die Wohnungen zur Miete an Afghanen abgegeben. Dennoch gibt es immer noch zahlreiche Havelis. Das sind Häuser, die mit Holzschnitzereien oder Fassadenmalereien versehen sind. Auch die Balken sind kunstvoll mit Ornamenten versehen. Das gilt auch für die Balkone. Die Hauptbausubstanz der alten Häuser sind Ziegelsteine. Die Konstruktion wird meist durch Holz verstärkt. Das verleiht mehr Festigkeit bei Erdstößen, die im Hindukusch häufig vorkommen.

Diese Kunstwerke des Volkstums verfallen zusehends, weil in der Stadt der Kleingeist des islamistischen Minimalismus herrscht, der schnörkellos sich auf das Wesentliche beschränken muss, und dazu gehören Kunst und Kultiviertheit nicht, sondern Hingabe und Anbetung. Und gewiss nicht die Erhaltung des Gandhara Erbes.

In dieser Gegend gab es nämlich vor zweitausend Jahren die sogenannte Ghandara Kultur, ein Synkretismus von griechischen und buddhistischen Kulturelementen. Bekannt wurde diese Kultur einer breiten Öffentlichkeit im Westen im März 2001, als afghanische Soldaten auf Befehl der Talibanbanausen (abgekürzt: Tb) die zum Weltkulturerbe der UNESCO gezählten Buddha-Statuen von Bamiyan zerstörten. Sie stammten aus dem 2. und 3. Jahrhundert vor Christus. Sie entsprachen nicht der islamischen Lehre. Dort herrschte der gleiche muffige Kleingeist, wie er sich in den Gassen und Häusern Peschawars zusehends breitmacht.

Außerhalb von Peschawar gibt es noch Zeugnisse dieser Kultur. Aber nicht mehr lange. Die Gesellschaft wird weiter talibanisiert. Stattdessen wird „toleriert" zum Unwort.

12. Kapitel: In Peschawar

Die Altstadt, die man auch Orientstadt nennen könnte, ist natürlich nicht gewachsen. Sie ist beinahe noch enger geworden, denn manche Häuser haben Shopping Plazas weichen müssen, verlorener Wohnraum zugunsten mehr Geschäftigkeit. Kebab und Tikka Restaurants unten, die Damenbekleidung oben. In den Gassen laufen dann auch noch herrenlose Esel herum, die einen an die Seite drücken, wenn man nicht rechtzeitig ausweicht.

Plastikblumen neben echten. Der Duft von Körben voller Rosen, die an den Straßenseiten stehen, geht leider unter der Vielzahl vieler anderer, strenger Gerüche verloren. Er war nur als Gegensatz passend. Häufiger sieht man die Spinathaufen und andere Gemüsearrangments.

Der einzige Platz in der Stadt, der als Nationalerbe gesehen wird, ist Mohalla Sethian mit den großen traditionellen Häusern, den Havelis mit ihren auffälligen Pforten. Sethi Karim Baksh's Haus, das um 1900 von einem reichen Kaufmann gebaut wurde, ist mit Holzschnitzereien dekoriert. Man handelte damals mit Shanghai, Kabul, Bombay, Amritsar, Karachi und Zentralasien.

Die Unterhaltung und Erhaltung dieser Häuser ist sehr aufwändig. Das kann sich niemand mehr leisten, am wenigsten der Staat. Nur einige der älteren Familien der Besitzer wohnen noch in den Häusern. Die übrigen sind längst weggezogen. Ihre Mentalität, ihre Lebensart ging mit ihnen. Ihr Sinn für die große weite Welt ebenfalls. Afghanische Gewohnheiten haben Einzug gehalten. Tikka und Pillao Restaurants, ausgestellte afghanische Brautkleider erinnern daran, dass kreuz und quer geheiratet wird. Das löst die Unterschiede der Kulturen auf zugunsten des Einheitsbreis. Die Afghanen haben sich häuslich eingerichtet. Warum sollten sie je in ihr Land zurückkehren? Waren nicht auch die Peschawaris einst über den Pass von drüben gekommen? Jetzt kamen die Nachzügler, das war alles.

12. Kapitel: In Peschawar

Als ich das erste Mal in die Nähe des Stadtzentrums kam, noch außerhalb der Mauern der Old Town, fühlte ich eine beinahe asthmatische Beklemmung. Hätte ich nicht die lebhaften Menschenseelen gesehen, die meist munter und unbeeindruckt von ihrer rasenden Umgebung ihres Weges gingen, wüsste ich nicht, wie weit ich mich in den Bereich dieser **Chaoswiege des schlechten Geschmacks** hineinbegeben hätte. Der Mensch schafft sich seine eigene Welt in Gedanken. Es reicht die Tatsache aus, dass er über einen Ort als seine Geburtsstätte und das Heim seiner Kindheit denkt, um ein elendes Quartier mit geweiteten Augen zu betrachten und das Leben dort angenehm und erstrebenswert zu machen. Das vermag der menschliche Geist der Gewohnheit, der so unsäglich und stark ist. Geschmack durch Methode. Die Einen halten Kamelblut für einen Himmelstrank, weil sie ihn gleich nach der Muttermilch oder als Ersatz für sie bekamen, die Anderen ekeln sich zu Recht. Menschen sind die anpassungsfähigsten Geschöpfe auf diesem Planeten. Nicht einmal die gemeine Hausschabe wagt sich in den Orbit.

Es muss für einen Mitteleuropäer, der sanfte grüne Hügel, farbenfroh leuchtende Wälder und blühende Obstgärten und heimelige Dörfer kennt, unerträglich sein, nur daran zu denken, hier in solch einer Stadt leben zu müssen. Nicht wenige würden eine Unterbringung in einer Justizvollzugsanstalt vorziehen. Aber das ist ein Vorurteil, auch der Gewohnheit. Denn schon bald wird man seine Meinung ändern. Peschawar ist eine schrecklich anstrengende Stadt, bedrohlich für jeden Ankömmling, der hier keine Wurzeln hat. Aber wenn man es schafft, die ersten vier Wochen zu überleben, physisch wie psychisch, wird man sich anpassen. Wo immer Menschen leben, können Menschen leben. Es gehört zu den größten Fähigkeiten des Menschen, dass er sich mit seiner Umgebung arrangiert, bis sie ein Teil von ihm geworden ist und er sie mitprägt und

12. Kapitel: In Peschawar

mitgestaltet, so gering sein Anteil, so unwert seine gesellschaftliche Stellung auch sein mag.

Das Merkwürdige an Peschawar ist, dass es so viele Gegensätze dicht an dicht zu bieten hat. Dazu gehört dieses Verlorensein in den dunklen Gassen, das sofort verschwindet, wenn eine Gruppe Menschen auftaucht. Da sind plötzlich zu viele heitere junge Menschen – es sind junge Männer, denn Frauen tauchen eher wie seltene Randerscheinungen auf und gleich wieder unter. Würden noch mehr Frauen am öffentlichen Leben teilnehmen, würde das der Stadt viel von ihrem finsteren Gepräge und dem modrigen Mief nehmen. Es gibt Straßenzüge und Hintergassen, wo man denken könnte, man sei von leerstehenden Gebäuden umgeben, in denen die Geister der Jahrhunderte hausen. Und dann kommt man wieder in die belebten Bazarstraßen und Plätze, wo niemand gelangweilt scheint. Alt und jung ist sich einig, es gibt viel zu tun, die Zeit ist knapp, außer bei der Rast. Ein weiterer dieser Gegensätze. Im Stillstand geht es erhaben und gemächlich zu, mit oder ohne Wortwechsel. An den Läden hocken die Verkäufer und unterhalten sich ungezwungen. Und die Jungen rennen durch die Gassen. Der rechte Mann ist auf der Suche nach seiner Bestimmung, die er immer wieder findet, sobald er seinen Posten einnimmt, aber nicht, wenn er auf dem Weg dahin ist. Diese zielstrebige Rastlosigkeit erkennt man ja an ihren radikalsten Vertretern, die erst Ruhe geben, wenn sie sich ganz ruhiggestellt haben. Niemand kann diese Leute stoppen, außer sie selber.

Die Läden sind oft weit in die Gassen hineingebaut. Das scheint niemanden zu stören, außer den Gassenbesucher aus Europa, der sich in einem Hindernislauf befindet. Weite Teile der Altstadt sind den Fußgängern überlassen und oft auch überdacht, weil die Ladenbesitzer ihre Zeltplanen so weit vorgeschoben haben. Und das ist nicht das Schlimmste. Man

12. Kapitel: In Peschawar

kann durch Kuchi Bazar oder Yakka Toot oder Pul Pukhta oder Qissa Khwani Bazar schlendern, ohne von Rikschas, Tongas, den pferd- oder eselgezogenen Karren oder gar Autos in einen Torbogen gedrängt zu werden. Wenn es regnet, wird man nicht nass. Es ist sehr angenehm, so der Hitze des Tages zu entgehen und den Motorenlärm und Gestank der befahrenen Straßen zu versäumen. Für viele sind Dukaan and Makaan, Laden und Zuhause, im gleichen Gebäude, das reduziert den verkehrstechnischen Aufwand.

Die Gassen sind eng, so eng, dass man oft das Licht von oben suchen muss. Die Stadtmauern ermöglichen keine weitere Ausdehnung innerhalb ihres geschützten Raumes, also musste innen alles eng und hoch gebaut werden. Und das sperrt die Sonne aus. Wenn man jemanden in einen Hauseingang ziehen wollte, würde niemand davon Kenntnis nehmen. Es war leicht vorstellbar, dass in einem dieser vielen namenlosen, großen Hinterhäuser geheime Sitzungen abgehalten wurden. Aber ein Unterschlupf für Osama war dies nicht, denn sein Standort würde sich schnell herumsprechen.

Die Altstadt war ein Labyrinth aus Gassen und nummernlosen Häusern. Tausende Hinterhöfe, die sich den Blicken Neugieriger verschlossen. Ich kam erst in Lahore dazu, eine verwegene Besichtigungstour in solche Gesamtanlagen ineinandergebauter fünf bis sechsstöckiger Häuser zu machen, mit faszinierenden Einblicken vom Treppenhaus in die Lebensgemeinschaften und nicht weniger imposanten Ausblicke von den Dächern. Doch die Pandschabis sind ein anderer, offenerer Menschenschlag. Die Peschawaris verriegeln ihre Türen und niemand außer ihnen selbst weiß, was dahinter vorgeht. Ihre Häuser sind meist verschlossen.

Es waren Afghanen, die eine Ausnahme für mich machten. Dass die Stadt nicht ihre früheren Reize ganz bewahren konnte,

12. Kapitel: In Peschawar

beklagten die Alteingesessenen, die am meisten für ihre Bewahrung hätten tun können. Aber es gibt eben diese Lamentierkultur in muslimischen Lebensgemeinschaften. So auch in dem Gedicht mit dem Titel „Peschawar Shehr Sehra Ho Gia Hai" oder zu Deutsch „Peschawar wurde zu einer Wüste." Darin wird auch die zunehmende Kommerzialisierung beklagt, was eigentlich erstaunlich ist, denn in den Städten des Orients gab es immer Bazare, die dafür berühmt waren, dass man alles kaufen und über jeden Kaufpreis verhandeln konnte. Was sonst, als der Handel konnte eine Stadt am Leben erhalten? Nicht jedem zur Freude, denn: „Die Wohnungen ihrer Kleidsamkeit entkleidet, hat man in Läden verwandelt, die Wohnlichkeit, die einst beneidet, wurde weggehandelt."

Vielleicht erhält Peschawar als städtebauliche Attraktion von historischem Rang nicht die nötige Aufmerksamkeit, weil die tagespolitischen Ereignisse alle anderen Überlegungen weit in den Hintergrund drängen. Dem Umland wird mehr Interesse geschenkt. Und eine Flüchtlingsstadt ist in der Wahrnehmung nur eine Flüchtlingsstadt. Wen interessiert heute, was Peschawar früher war? Und heute? Dass es die älteste bewohnte Stadt in Südasien überhaupt ist? Das zumindest behaupten die Peschawaris, ein besonderes Völkchen, das seine wichtigste Straße „Bazar der Geschichtenerzähler" nannte, das seine Stadt nur wenige Kilometer vom Umkehrpunkt des Monsuns gebaut hat, wohl wissend, dass es sich damit der dauerhaften Trockenheit aussetzte, dem Klima, das die Gründer der Stadt schon von den Tälern des Hindukusch kannten. Deshalb ist Peschawar eher eine Stadt des Hindukusch als eine Stadt des Fünfstromlandes. Sie ist die Hauptstadt des Hindukusch.

In unmittelbarer Nähe gibt es keinen größeren Fluss. Es wurden zur Wasserversorgung aber Kanäle zum Kabul River bzw. seinen Nebenflüssen gebaut. Zwar ist die gesamte Gegend arm an Flora

12. Kapitel: In Peschawar

und Fauna, aber daraus abzuleiten, dass deshalb die Bevölkerung leblos und langweilig wäre, ist ein Trugschluss. Gerade in einer solchen Umgebung entwickeln Menschen ihre Erfindungsgabe und schaffen ihre belebten Mikrokosmen. Ich war vielleicht nicht lange genug da, um beurteilen zu können, welche Charakteristiken die heutigen Peschawaris haben. Aber auf mich machten sie einen äußerst aufgeweckten, temperamentvollen Eindruck. Insbesondere für die Heranwachsenden kann ich das sagen. Und die Alten, die es geschafft haben, so alt zu werden, dass man sie Alte nennen kann, haben ein Recht, sich zurückzulehnen und das Ganze mit mehr Ruhe und Gelassenheit zu betrachten.

Von Touristen wird Peschawar heutzutage selten besucht. Die Stadt hat ja den Ruf, Islamisten und ihre militantesten Vertreter zu beherbergen. Wer Pakistan bereist, für den ist Lahore die Hauptattraktion. Peschawar liegt aber dem Mittelalter viel näher und seine Bazare sind nicht weniger interessant als die Lahores. Vor allem aber wird die Stadt von einem ganz anderen Menschenschlag bewohnt. Die Lahoris würde ich als typische Vertreter des indischen Subkontinents bezeichnen. Die Peschawaris sind Leute des Hindukusch. Sie sind beides: gelebte Vergangenheit und der nervöse Versuch mit der Gegenwart.

Ich ließ mich von einem Taxifahrer zum Balahisar Fort bringen. Doch wir wurden schon an der Auffahrt gestoppt. Für die Öffentlichkeit gesperrt! Mein Taxifahrer bekam einen Rüffel. Touristen hatten hier nichts verloren. Hier war das Hauptquartier der pakistanischen Armee. Schade, die hatte mir als Interviewpartner gerade noch gefehlt.

Ich ging über zur Suche nach der alten Stadtmauer. Noch bis vor einem halben Jahrhundert war die Altstadt von einer Stadtmauer und 16 Toren umgeben. Doch davon ist nicht viel mehr als der Name geblieben. Das Polizeigebäude steht an einer Stelle, wo früher ein buddhistischer Stupa, dann ein Hindutempel, dann ein Mogulgasthaus war, das später dem italienischen General in Diensten der Sikh als Hauptquartier diente.

12. Kapitel: In Peschawar

Die Hauptattraktion Peschawars dürfte der Qissa Khawani Bazar, zu Deutsch Markt der Geschichtenerzähler, sein. Die Namensgeber unterhielten früher die Händler und Soldaten. Aber auch heute hat das Stadtviertel seinen Besuchern noch viele Geschichten zu erzählen. Er muss sie sich allerdings holen. Er muss sich einladen lassen zu einer Tasse Tee, was nicht selten passiert, und hoffen, dass sein Gegenüber seine Sprache spricht. Das ist selten genug der Fall. Und so bleibt einem eine ganze Welt weitgehend verschlossen. Aber dafür steht einem die Welt der Phantasie weit offen. Dieser Bazar ist das Herz der Altstadt. Es war 1930 ein blutendes Herz. Damals richteten die Briten hier ein Gemetzel an, in welchem mehrere hundert Peschawaris ums Leben kamen. Angeblich hatten sie friedlich und unbewaffnet für ihre Freiheit demonstriert. Der Unabhängigkeitsdrang wurde durch das Massaker aber eher verstärkt. Mittlerweile waren 70 Jahre vergangen und die Leute hatten ihre Freiheit. Wenn man überhaupt noch von Freiheit reden kann, bei diesem unwiderstehlichen Zwang, sich dem angewandten Kapitalismus widmen zu müssen. So geschäftig es an allen Ecken auch zuging. Viele Händler saßen einfach in ihrem kleinen Laden und warteten, Tee trinkend, auf Kunden. Sie winken dir dann zu und wenn man ihrer Einladung folgt, kommt man nicht schnell vorwärts. Wenn dann ein Kunde kommt, setzt auch der sich zuerst einmal, um mit dem Ladenbesitzer einen Tee zu trinken. Und falls es zu einem Geschäft kommt, kann man gleich noch einmal einen Tee trinken.

Viele Geschäfte hatten eine Teeaufbereitungsanlage, auch Samowar genannt, in der Ecke oder gleich am Eingang stehen. Ich sah auch viele Männer nebeneinander an ihren Wasserpfeifen sitzen, von kapitalistischer Hast keine Spur! Die Teppich- und Bekleidungsverkäufer saßen auf Podesten, sofern die Enge des Ladens ihnen eine solche Konstruktion überhaupt erlaubte.

Es gab größere Läden mit modernen Showrooms mit einem ganzen Arsenal an Lampen und Strahlern, um die Stoffe in ihren Farben leuchten zu lassen. Farbigkeit spielte in dieser staubgrauen Umgebung eine wichtige Rolle. Von wegen Schwarz, der Modefarbe Nummer eins der Frauen! Die Bekleidung für Männer war jedoch durchweg schlicht und unauffällig, Grautöne und Weiß herrschten vor. Die Ware wurde zum Teil vor Ort gefertigt, in unzähligen kleinen Schneiderläden. Es gab auch viele Läden mit Lederwaren, Taschen in allen Größen, Gürteln und haufenweise Sandalen, Zubehör für Waffen, Peitschen, Koffer und Sättel.

Am meisten beeindruckten mich die Säcke und Kisten mit den farbigsten Gewürzmischungen, den vielfältigen Zuckerbäckereiwaren und den nicht minder bunten Gemüseständen. So ungesund schienen die Peschawaris gar nicht zu leben. Ob sie in einem deutschen Lebensmittelladen zufrieden gestellt werden könnten? Wie viel Handarbeit und Mühsal steckte in einer dieser Gemüsekisten? Am liebsten isst der Paschtune aber immer noch Fleisch. So wie es unzählige Teehäuser gab, waren auch die Grillstände mit den Tikkas und Kebabs nicht weit.

12. Kapitel: In Peschawar

Auf dem Bazar in Peschawar

Einer der ältesten Stadtteile ist Mohalla Sethian. Hier stehen noch Gebäude aus dem 18.und 19. Jahrhundert. Man sagt, dass hier verschiedene Stilrichtungen in der Architektur mit Schwerpunkten in Iran und Innerasien sichtbar wären. Da ich die Bauweise in Buchara, Kaschmir, Golkanda und Iran nicht wirklich kannte, kann ich dies nicht bestätigen. Die Holzbrücken zwischen manchen Havelis in Bazar-i-Kalan, die erlaubten, vom obersten Stock des einen Gebäudes in den obersten Stock des benachbarten zu gelangen, ohne die ganzen Treppen hinunter und wieder hinauf zu laufen, erinnerten mich stark an das London, das Charles Dickens beschrieben hatte. Das Baujahr konnte übereinstimmen. Anfang 19. Jahrhundert. Ob die Wohn- und Lebensverhältnisse so viel besser waren?

Es gab aber auch ein paar renovierte Gebäude, deren wahrer Schmuck sich erst im Innersten offenbarte, denn glasierte Ziegel, farbige Glasarbeiten bei den Fenstern, Blumenmuster und

12. Kapitel: In Peschawar

Ornamentik bei der Holzkonstruktion, bei Fensterrahmen und Türen, Bögen und Säulen zeugten von viel Erfindergeist aus einer Zeit, als die Welt zumindest für die ersten Besitzer noch in Ordnung war. Die Dynastie der Sethis waren Händler, die viel verdienten im Handel mit Indien, Afghanistan and Zentralasien. Der Palast der Sethis, erbaut 1882, ist ein Zeugnis ihres einträglichen Gewerbes. Besonders hervorzuheben sind dort die bemalten und reich verzierten Decken. Aber zu sehen bekommt man sie nicht, denn die Nachfahren haben das Gebäude nicht für die Öffentlichkeit freigegeben. Und das war sicherlich auch nicht das, was die Erbauer einmal vorhatten.

Wie in anderen Städten des Orients gibt es auch Stadtteile, wo sich die Spezialitätenhändler und Zünfte zusammengerottet haben. Dem Augenschein nach lief ich einmal durch einen Bazar der Kupfer- und Messingschmiede. Den Weg zum Teppichbazar ließ ich mir von einem Jungen zeigen. Dabei kamen wir auch durch die Straße der Schuhmacher. Was mich aber am meisten erstaunte, war die Vielfalt des Angebots im Juwelierbazar. Wer kaufte das alles? Und wie groß war der Anteil an ehrlich verdientem Geld? Hatte der Erwerb etwas mit Drogen, Waffen, Schmuggel zu tun? Wo gab es die gewinnbringende Industrie? Eine Tonne Orangen gab es für einhundert Dollar. Ein Bus voller Fahrgäste nach Islamabad brachte den gleichen Betrag in Brutto. Wie viele Arbeitskräfte waren notwendig gewesen, wie viele waren ausgebeutet worden, damit ein bestimmtes Schmuckstück den Besitzer wechseln konnte?

Nicht zu unterschätzen ist die Tatsache, dass Peschawar schon von alters her Umschlagplatz für Halbedelsteine und Edelsteine ist. Dabei nimmt Rohlapislazuli, der königlichste aller Halbedelsteine einen besonderen Rang ein. So grau und abweisend der Hindukusch auch ist, unter der Oberfläche hat er seine Qualitäten. Anstatt die geologischen Untertagequalitäten

12. Kapitel: In Peschawar

zu fördern, sollte man irgendwann einmal daran gehen, die noch nicht ans Licht der Welt getretenen Qualitäten der dort lebenden Bevölkerung zu offenbaren, neben denen, die schon sichtbar sind.

In Peschawar wird der Lapis auch schon immer zu Gebrauchsgegenständen und Kunstwerken verarbeitet.

Ich hatte nach dem Bird Market gefragt. Die jungen Männer, die ich ansprach, sahen erstens freundlich und zweitens gebildet genug aus, dass ich auf eine Wegweisung hoffen konnte. Ich wurde sie nicht mehr los, denn sie fanden, es müsste für sie eine nette Abwechslung sein, einen Fremden in ihrer Stadt herumzuführen. Sie fragten mich, ob ich einen Tee trinken wollte oder eine Cola. Danke, vorerst nicht.

Sie lotsten mich durch die Bazarstraßen und warteten geduldig, wenn ich irgendetwas Interessantes entdeckt hatte und näher in Augenschein nahm. Sie nahmen belustigt Anteil an meinen Erkundungen. Sie kannten ihre Stadt wie ihre Westentasche, aber es war ihnen noch nicht aufgefallen, dass es einen rein musealen Grund geben konnte, irgendwo zu verharren, um kontemplativ seine Zeit zu verbringen, während man in der Zwischenzeit doch etwas Wichtiges hätte tun können, wie zum Beispiel einen Handel abschließen.

Sie führten mich durch Seitengassen, die ich sonst nie gesehen hätte. Irgendwann war ich mir auch nicht mehr sicher, wo Westen oder Osten war, und die Altstadt nahm beträchtliche Dimensionen an. Und ständig hatte ich Fragen zu beantworten. Besonders Adil fragte mich unablässig, wie es in Deutschland sei, nachdem er mich über Pakistan ausgefragt hatte. Er war 17, ging noch aufs College, ein freundlicher, gut aussehender junger Peschawari, der wie seine Freunde westlich zurückhaltend gekleidet war. Auch seine Stimme hatte etwas Mildes und

Neugieriges. Sogleich war ich mit „friend" tituliert worden. Sie fanden es wohl „cool", einen Westler im Schlepptau mit sich zu führen. Ich war vielleicht eine Art Trophäe. Dagegen war nichts einzuwenden, solange die Trophäe wieder laufengelassen wurde.

Sie zeigten mir eine Ladenstraße, wo Waren verkauft wurden, von denen sie annahmen, dass mich das irgendwie beeindrucken würde. Ich kannte das bereits aus dem Smugglers Bazar. Es war unvermeidlich, dass der Nachschub der Vereinigten Alliierten sich auch hierher verirrt hatte. Kekse, Bohnen, Bratöl aus Kanada, irgendwo las ich die Aufschrift „World Food Programm", Fischkonserven aus Thailand, Überlebenssets, die für die Stärkung der Psyche von amerikanischen Soldaten bestimmt waren, aber Einheimischen sicherlich keine wesentlichen Dienste leisten würden, Ferngläser, Stiefel, Campingutensilien.

Ich fragte einen Ladenbesitzer, woher er das habe. Er verstand mich nicht. Adil antwortete, die Waren seien aus Afghanistan. Also nicht aus einem der Container hierzulande? Nein, aus einem Container dortzulande! Es gab aber auch gebrauchte Sachen zu kaufen. Hatten die Aufständischen ein Lager überfallen und Beute gemacht? Nein, die Soldaten hatten es verschenkt an Einheimische, die ihnen Dienste geleistet hatten. Oder, dachte ich bei mir, die hatten sich für ihre Dienste selber bedient – das erspart das Handeln und den Ärger, wenn man ein schlechtes Geschäft machte. Die Ungläubigen hatten schließlich ihren Obolus zu entrichten, und wenn sie das nicht freiwillig taten… Die erste Variante gefiel mir besser.

Ich konnte mir vorstellen, dass der unablässige Zufluss von Schmuggelware der einheimischen Produktivität auf Dauer eher Schaden zufügte, als dass es der Region dazu verhalf, sich aufzuschwingen. Wer wollte die einheimischen Medikamente, die im Land selbst produziert wurden, kaufen, wenn sie fünfmal

12. Kapitel: In Peschawar

teurer waren als die aus Schmuggelbeständen verkauften indischen Billigimporte?

„Ist das erlaubt, Schmuggelgut zu verkaufen", fragte ich.

„Nein! Aber niemand fragt danach, ob es Schmuggelgut ist."

„Es ist aber offensichtlich. Und was passiert, wenn man es trotzdem macht und dabei erwischt wird?"

Adil war um eine Antwort verlegen, doch nur geschwind, dann sagte er:

„Die Polizei kommt und nimmt den Mann fest!"

So zumindest die offizielle Version. Ich fragte nicht weiter nach. Aber wahrscheinlich lief das so ab, dass der Verkäufer der Ware sich bei etwaigen Kontrollen darauf berief, er habe die Ware von irgendjemandem gekauft und hätte nicht gewußt, dass es Schmuggelgut sei. Oder er kaufte sich von jedwedem Vorwurf durch Zahlung einer kleinen Strafe frei. So hatte auch die Polizei etwas vom Schmuggeln. Den Gewinn, den der Verkauf der Ware abwarf, war groß genug, damit man jederzeit an die Sheriffs einen Obolus abführen konnte. Und so war jeder zufrieden und die Versorgung der Bevölkerung war weiterhin sichergestellt. Aber man machte sich eben auch abhängig von dem steten Zufluss der Waren. Was würde geschehen, wenn der Krieg in Afghanistan beendet wurde?

„So gesehen, müsstet ihr Peschawaris eigentlich zufrieden sein, wenn in Afghanistan Krieg ist, an dem die Amerikaner beteiligt sind!"

Adil und seine zwei jungen Begleiter fanden das lustig. Sie sagten aber, niemand sei zufrieden mit dem Krieg. Auch das bezweifelte ich. Aber sie waren nicht die richtigen Gesprächspartner, um meine Zwifel an den Mann zu bringen.

12. Kapitel: In Peschawar

Schließlich schleppten sie mich in ein großes Haus, das einen überdachten Innenhof hatte. Das taten sie jedoch mit meiner Genehmigung. Ich war vom vielen Herumlaufen müde und sie bestimmt auch. Ich war mir sicher, mich ihnen anvertrauen zu können. Adil wollte mir einen Drink anbieten und mich dabei seiner Familie vorstellen. Oder umgekehrt. Im Augenblick war mir der Drink wichtiger.

Im dritten Stock war es düster, aber belebt von Männern, die irgendeinem Business nachgingen oder auch nur herumsaßen und auf Geschäfte warteten. Das Zimmer, in das ich gesetzt wurde, war klein. Es hatte als einzige Möbel einen Schreibtisch, auf dem ein modernes Schnurtelefon stand, ein abgesessenes Sofa links und eines rechts an der Wand, einen Stuhl vor und einer hinter dem Schreibtisch. Eine Kombination von einem Wartezimmer mit einem Sprechzimmer. Im Zimmer waren noch mehr junge Männer, als hätte es gerade eine Besprechung gegeben. Peschawar hatte zweifellos einen Überschuss an jungen Männern, aber sie hatten leider nicht alle auch Arbeit.

Mein Eintreffen wurde freundlich und mit Interesse zur Kenntnis genommen. Adil hatte eine Beute mit nach Hause gebracht. Das war ich. Sein Bruder saß, mir freundlich zulächelnd, hinter dem Schreibtisch. Er war hier die Respektsperson. Als ich eintrat, stand er auf und schüttelte mir die Hand und hieß mich hinsetzen. Er gab ein paar Kommandos, worauf einer der Jungen ohne zu zögern verschwand.

Beinahe kam es mir so vor, als hätte man auf mich gewartet. Natürlich hatten Adil und sein Bruder Harun Handys. Alle Geschäftsleute in Peschawar hatten Handys. Harun trug einen gepflegten, gestutzten Bart und war deutlich älter als Adil. Bei der pakistanischen Familienstruktur war es nicht ungewöhnlich, dass man einen Bruder hatte, der viel jünger war als die eigene Mutter. Und die Stiefmutter war wesentlich jünger als man

12. Kapitel: In Peschawar

selbst. Dass es dabei nicht nur Vorteile gibt, in einem Wirtschaftsunternehmen wie der pakistanischen Großfamilie, ist verständlich.

Harun hatte einen Bezug zu Deutschland. Er sagte, er habe in Deutschland eine Zeit lang Betriebswirtschaft studiert und dann erkannt, dass es das Gebot der Stunde sei, mit Edelsteinen zu handeln. Die Stunde hielt lange an und dauerte immer noch. Das erforderte wenig Lagerraum, wenig Transportkosten, ermöglichte hohe Gewinne und sei ein „königliches Geschäft".

Jetzt verstand ich auch die Fragen seines Bruders nach meinem Herkunftsland. Er stellte fast die gleichen Fragen. Er wollte wissen, was sich in seiner Abwesenheit inzwischen in Deutschland geändert hatte. Wenn es ihn wirklich interssiert hätte, hätte er es über die Deutsche Welle erfahren können. Es stellte sich heraus, dass alle im Zimmer Afghanen waren, allerdings Afghanen der zweiten oder dritten Generation. Harun erkundigte sich, ob ich am Khyber Pass gewesen sei. Ich bestätigte und sagte, dass ich leider keine Möglichkeit gehabt hätte, mit den Menschen in den Dörfern zu sprechen. Und für Afghanistan hätte ich kein Visum und keine Zeit. Ich erzählte ihm, dass ich in Ratnapura auf Sri Lanka meine ersten Erfahrungen mit der Gewinnung und Vermarktung von Edelsteinen gemacht hätte.

„Oh, dann sind sie selber ein Händler?" Ich verneinte.

„Aber Sie verstehen etwas von Edelsteinen?"

„Ein wenig. Ich kann sicherlich einen Rubin von einem Karneol unterscheiden und einen Saphir von einem Spinell."

„Gibt es auch rote Saphire?" Das war offenbar eine Testfrage.

„Nun, da Saphire und Rubine aus dem gleichen Material bestehen, nämlich Korund, wird man einen roten Korund als

12. Kapitel: In Peschawar

Rubin und nicht als Saphir bezeichnen. Ich habe in Sri Lanka nur hellblaue, weiße und gelbe Saphire gesehen."

„Haben Sie damit gehandelt?"

„Nein."

„Es ist aber nicht immer leicht, einen Spinell von einem Saphir zu unterscheiden."

„Man hat mir das so erklärt, Spinelle haben niemals den sechszackigen Lichtstern, den man im Saphir sieht."

„Den kann man nur bei einem bestimmten Schliff sehen."

Es kam die unvermeidliche Frage nach meinem Beruf. Ich sagte es frei heraus. Es ist für mich immer interessant, auf den Gesichtern der Leute die Reaktion zu sehen. Ob ich deshalb nicht mehr zu befürchten hatte, mit Drogen oder Waffen in Verbindung gebracht zu werden? Haruns Reaktion war, dass er mir sagte, das sei gut, jetzt wüsste er, dass er sicher sei.

Ich fragte ihn, wie er das meinte. Er sagte, er habe immer, wenn er wertvolle Güter im Haus hatte, eine Garde um sich, aber nun da ich da wäre, könnte er sie entlassen. Das sagte er natürlich im Scherz. Ich sprach die Empfehlung aus, dass er mir die Garde bis zu meiner Abreise überlassen könnte. Er erklärte mir, er schütze nicht sich, sondern seine Waren.

Man servierte mir bereits die zweite kühle Cola. Es kam nicht allzu oft vor, dass man einen Exoten im Haus hatte. Sonst kannte man sie nur aus dem Fernsehen. Die Geschäfte machte man mit anderen Orientalen, nicht mit westlichen Touristen oder Geschäftsleuten. Und der Deutschlandaufenthalt von Harun war auch schon lange her. Er berichtete eher beiläufig, dass es ihm in Deutschland gut gefallen hätte. Sein eigenes Land versuchte Vieles von dem zu bekommen, was es in den Ländern des

12. Kapitel: In Peschawar

Westens schon längst gab. Aber auch Pakistan und der Hindukusch hatten etwas zu bieten.

Harun wollte mir etwas zeigen. Er führte mich in eine Art Keller des Hauses. Ich gab acht, wer alles mitging. Aber bis wir im Erdgeschoß angekommen waren, begleitete uns niemand mehr. Harun wollte das so. Es gab keinen Grund, nach irgendwelchen Anzeichen eines Ungemachs Ausschau zu halten. Ich hegte keinen Verdacht, auch nicht, als mich Harun hinter verschlossene Türen führte, die er gleich wieder nach unserem Eintreten verriegelte. Irgendwie erinnerte mich das an eine Vorführung, die ich im Haus eines Antiquitätenräubers in Kurna in Oberägypten miterleben durfte. Harun wirkte heiter und nicht nervös, tat nicht geheimnisvoll, obwohl ich bereits ahnte, dass er mich zu seinem Tresor führen würde, wo er seine schönsten Verkaufsgegenstände, die edelsten Schmucksteine, aufbewahrte. Aber warum hatte er das im Keller?

Wir betraten endlich einen Raum, in dem sich Kisten stapelten. Harun sagte, dass er das nicht jedem zeigte. Es würde mir gefallen. Er öffnete einen der Behälter, die sorgfältig verschlossen waren. Drinnen befand sich Lapislazuli, der noch nicht bearbeitet war. Es waren durchweg große Brocken. Eben noch verheißungsvoll, richtete er seine Blicke nun erwartungsvoll auf mich. Wenigstens ein Wort der Anerkennung und Beachtung sollte mir entfahren. Ich tat ihm den Gefallen, was mir leichtfiel, weil ich erleichtert war, dass die Kisten nicht Sturmgewehre enthielten.

Er fragte mich auch, ob ich etwas kaufen wollte, wobei das eher beiläufig von seiner Routine her zu kommen schien. Ich sagte ihm, ich hätte bereits alles in Indien, Sri Lanka und anderen Ländern erworben. Mit mir könnte er keine Geschäfte machen. Gerade von Lapis hätte ich schöne Stücke. Er bedeutete mir, dass die anderen Kisten auch voll wären mit dem Zeug. Er handelte

12. Kapitel: In Peschawar

hauptsächlich mit Lapis, führte aber auch andere Edelsteine des Hindukusch. Alle roh und ungeschliffen.

Er wollte, dass ich ihn bewunderte, dass ich es ihm neidete. Das würde ihn freuen. Er konnte seine Schätze ja nicht jedem zeigen. Wenn man sie dann aber darlegt, dann möchte man den Glanz in den Augen deren sehen, die nichts dergleichen haben. Ich kramte meinen einschlägigen Wortschatz zusammen, um ihm entgegenzukommen.

Hier stand ich also inmitten der Schatzkammer von König Salomo, die ich am allerwenigsten in Peschawar vermutet hätte. Drogen, Waffen, Terroristen, mit allem hätte ich in Peschawar gerechnet, aber doch nicht mit dem hier.

„Wir haben Tonnen davon", sagte Harun. Und das war keine Übertreibung. Was mochte in anderen Kellern Peschawars gelagert sein? Ob der Wert der Edelsteine in den Kisten, den der Schnellfeuergewehre in anderen Kisten in den Nachbarhäusern überstieg? Und wieder war es dieser frappierende Gegensatz. Draußen war es grau und schmucklos, im Verborgenen lagerten funkelnde Schätze. Wenigstens war hier kein Platz für Geißeln. Ich schüttelte den Kopf über diesen spontanen Einfall. Aber so dumm war er gar nicht. Wenn die Leute handelten und erfolgreich handelten, dann hatten sie eine zufriedenstellende Betätigung. Und man sollte sie gut für ihre Handelswaren bezahlen! So gut, dass sie ganz bestimmt zufrieden waren. Und man sollte ihre Waren auch dann kaufen, wenn man sie gar nicht brauchte, nur um sicherzustellen, dass sie nicht auf dumme Gedanken kamen. Sollte ich vielleicht doch ein wenig von dem Lapis kaufen?

„Das muss ein Vermögen sein! Gehört das alles dir?"

Er lachte. Es gäbe viele Teilhaber. Und das sei auch nur einer der Keller, in denen es gelagert wurde. Es sei ein Privileg für mich,

12. Kapitel: In Peschawar

hierher geführt worden zu sein. Ich sagte ihm, dass ich das sehr zu schätzen wüsste. Und dann fügte er hinzu, dass er von den Behörden nichts zu befürchten habe. Das sei alles legaler Handel. Aber die Konkurrenz sei hart. In der unmittelbaren Nachbarschaft mit al-Qaida, Waffenhändlern, Drogenbaronen und Schmuggelkönigen war klar, dass man eher an einer Symbiose oder zumindest gutnachbarschaftlichen Beziehung interessiert war, als an einem Bandenkrieg. Kein Wunder, dass in seinem Büro immer sehr viele Leute herumsaßen. Viele lebten von dem Schmucksteinkuchen und es gab viele, die auch ein Stück davon abhaben wollten. Besser so, als in den anderen Branchen!

„Und wo ist das alles her?"

„Pakistan, Afghanistan, aus den Bergen!"

So unansehnlich und wüst die Berge des Hindukusch auch aussahen, wenn man wusste, wo man zu bohren hatte, bekam man unter dem Gewand etwas Ansehnliches zu sehen. Peschawar war die Handelsmetropole für die Steine und dort muss man den Stadtteil Namak Mandi aufsuchen. Geschliffen und weiterverarbeitet wird die Ware in Karachi. Aber dann kommt ein Teil auch wieder zurück, wie ich ja schon in den unglaublich reichhaltig ausgestatteten Vitrinen sehen konnte. Da war mancher Laden, der nicht anders aussah als mancher, den ich in den Shopping Malls der Golfstaaten gesehen hatte.

Harun führte mich wieder nach oben, ohne weitere Kisten und Behälter geöffnet zu haben. Oben wartete das Geschäft auf ihn. Auf mich ein weiteres Getränk und plötzlich stand da auch noch ein Gericht mit Fleisch und Brot vor mir. Garam tikkas mit frischem Tandoori roti. Sehr würzig, aber gerade richtig.

„Wie gefällt ihnen die Stadt", fragte mich Harun. Eine einfache Frage, die immer sehr schwer zu beantworten ist.

12. Kapitel: In Peschawar

„Es ist hier alles sehr interessant. Und das gefällt mir. Eine Sache muss interessant sein, dann gefällt mir das."

„Aber die Sache gefällt Ihnen nicht." Bei dem Scharfsinn von Harun musste ich aufpassen.

„Nun ja, ich sehe gute Dinge, aber auch weniger gute Dinge." Ich nannte ihm Beispiele, da waren die Luftverschmutzung, der Mangel an Grünflächen, dass man so wenige Frauen sah..., ich beeilte mich aber, hinzuzufügen, dass ich mich über die Gastlichkeit der Menschen freute und darüber, dass alles so friedlich war, zumindest in der Stadt. Und die Afghanen kämen ja offensichtlich gut mit den Pakistanern aus.

„In Pakistan gibt es eine Fülle von verschiedenen Volksstämmen", sagte er, „und nur hier leben sie friedlich nebeneinander, nicht so in Afghanistan, da bekämpft ein Clan den anderen."

„Aber Sie sind doch selber Afghane!"

„Ja, aber was glauben Sie, warum meine Eltern damals Afghanistan verlassen haben? Es war zu unsicher geworden. Die Leute verraten den Islam. Wenn man ein guter Muslim ist, hat man nur den Wunsch, mit anderen guten Muslimen zusammenzuleben."

So religiös hatte ich ihn gar nicht eingeschätzt, aber vielleicht war das nur seine Redeweise.

„Die Streitereien kommen daher, dass jeder seine eigenen Interessen verfolgt. Im Geschäftemachen ist das gut, die Mehrheit profitiert davon, aber in der Politik ist das nicht gut. Es gibt zu viele Sektierer. Das ist eines der Hauptprobleme, die wir haben. In den Stammesgebieten, aber auch hier in Pakistan."

„Dann verstehe ich Sie richtig, dass sie kein Fundamentalist sind?"

12. Kapitel: In Peschawar

Er fragte mich, was das sei. Er wollte meine Definition dazu hören. Dann sagte er, das sei die Definition, die man auch in den Medien hörte. Er erinnerte mich jetzt an Malik.

„Sektiererei kostet eine Gemeinschaft viel unnütze Energie. Das kann sich weder Pakistan noch Afghanistan leisten."

Dazu fand sich auch bald eine Zeitungsnotiz in The Dawn, vom 12.07.:

„Neun Menschen wurden getötet, 13 verwundet wegen einer alten Feindschaft zwischen Ogahi und Teghani Stammesleuten im Naparkot Dorf von Ghouspur taluka am Dienstag. Es hieß, die Teghanis attackierten die Ogahi am frühen Morgen mit Kalaschnikows. Die Ogahis schlugen zurück und das Feuergefecht dauerte 6 Stunden. Beide Parteien verwendeten Raketen in dem Kampf, bei dem 8 Menschen auf beiden Seiten getötet und 14 verletzt wurden. Die Fehde, die letztes Jahr begonnen hat, hat bis heute 30 Todesopfer gefordert. Es heißt, der Kampf begann wegen des Diebstahls eines Büffels. Die Teghanis blockierten die Shikarpur-Kandhkot-Straße in der Nähe der Beggari Wah Brücke. Sie verlangten die Verhaftung der Schuldigen. Die Straße wurde wieder freigegeben, nachdem die Polizei versicherte, dass die Schuldigen verhaftet werden würden."

Ja, was die Polizei so alles versicherte!

„Ihnen schwebt vor, dass alle Muslime vereint sein sollen", fragte ich Harun.

„Hm, das vielleicht nicht unbedingt. Diese Vorstellung gibt es tatsächlich im Islam. Man nennt es Ummah. Aber ich glaube, es ist etwas mehr Spirituelles. Ich bin aber gar nicht der richtige Gesprächspartner für Sie, wenn sie über Religion reden wollen. Ich glaube, dass man Politik und Religion trennen sollte."

12. Kapitel: In Peschawar

„Meinen Sie nicht, dass viele Probleme mit den Taliban daher kommen, dass man die Religion politisiert hat?"

„Ich glaube, dass die Ideologie oft nur vorgeschoben wird. Eigentlich geht es um die Macht. Es geht darum, wer das Sagen hat, und die Stämme des Hindukusch werden dieses Recht auf Selbstbestimmung nie abgeben. Der Einfluss der Taliban und all der anderen religiösen Führer, die Sie Fundamentalisten nennen würden, hat sich eben deshalb verstärkt, weil sie von vielen Politikern gebraucht werden. Sie werden geradezu hofiert, aber deshalb verkaufe ich nicht mehr Lapis. Und ich möchte auch Lapis an Fremde verkaufen wollen, die gern in unser Land kommen und sich auch sicher fühlen können."

„Ich kennen das aus der Geschichte meines Landes. Als der Klerus zu viel Macht besaß und sich in die Politik eingemischt hat, wurde das Land zersplittert und ohnmächtig. Die Fürsten wurden reich, aber das Land war schwach und die Menschen arm."

„Ganz genau, wie es bei uns auch ist!"

„Ja, aber bei uns liegt das schon viele hundert Jahre zurück..."

„So weit liegen wir in der Zeit zurück..."

„Liegt das vielleicht auch daran, dass die Leute hier von Natur aus kriegerisch sind? Man muss ja auch ein Kämpfer sein, um hier überleben zu können. Wenn dann jemand daher kommt und sagt, wie ich künftig leben muss, kann ich das ja kaum ernstnehmen!"

„Mag sein, aber es gibt auch politische Gruppierungen, die in ganz Pakistan, nicht nur hier im Nordwesten, auftreten. Sie mischen sich in Afghanistan und in Kaschmir ein. Sie sind nicht gut für das Land, sie stiften nur Unfrieden."

12. Kapitel: In Peschawar

Die International Crisis Group (ICG) hatte die Regierung für die zunehmende Islamisierung der Politik und die Schwächung der säkularen weltlichen Kräfte verantwortlich gemacht. Presseberichten zufolge wurden jährlich in Pakistan 200 Menschen von sektiererischen Zeloten, also Angehörigen regierungsfeindlicher, militanter Gruppierungen, getötet. Die Gewalt ist auch längst nicht mehr auf ländliche Gebiete beschränkt, sondern ist auf die Städte übergesprungen.

„Aber die Frage ist doch, was die Bevölkerung will. Sie bestimmt letzten Endes, welche Politik zum Zug kommt oder nicht? Am Khyber Pass hat mir ein Christ erzählt, dass die Christen in Pakistan unterdrückt werden!"

„Das kommt vor, aber sehen Sie, das ist ein großes Land und wenn irgendwo eine Kirche brennt, wird daraus gleich eine große Sache gemacht. Daran können Sie erkennen, dass die religiöse Vielfalt respektiert wird."

„Sie glauben also, dass der Hass mancher Ideologien auf Angehörige anderer Kulturen nicht bei der breiten Bevölkerung ankommt?"

„Wissen Sie, in Deutschland gibt es gegen alles mehr als nur eine Instanz. Da sind Behörden, die ihre Arbeit tun, dann gibt es Bürgerinitiativen, freie Medien und sehr viele gebildete Leute, die auch noch ihre Einflüsse geltend machen können, Aktivisten und Interessenvertreter..., das alles gibt es bei uns nicht. Es gibt nur einige wenige Schriftsteller, Journalisten, Künstler, Juristen, die ihre Stimme erheben."

Also doch wieder eine Frage der rechten Bildung. Harun meinte, dass er sich nicht allzu viel um Politik kümmerte, ich sollte mit anderen Leuten reden. Er schlug mir vor, dass ich mit seinem Onkel reden sollte. Ich fragte ihn, ob es eine Möglichkeit gäbe, in eine Madressah zu gehen. Er verstand dieses Begehren nicht. Er

12. Kapitel: In Peschawar

selber war auch nicht an solchen Örtlichkeiten zu finden. Er sagte, das würde mir nichts nützen, da ich sowieso nichts verstehen würde. Sein Onkel sei ein Imam, der sehr gut Englisch sprach und sich in der Landespolitik auch sehr gut auskannte. Er hatte seine Jugend in England verbracht.

Mir kam es so vor, als ob jeder, der etwas informierter war als andere, mit Imam bezeichnet wurde, zumindest Fremden gegenüber konnte man das so darstellen. Er konnte oder wollte mich nicht begleiten, da er noch geschäftlich zu tun habe. Ich griff das Thema Madressah nicht wieder auf, willigte aber ein, mit seinem Onkel zu sprechen. Er rief den jungen Mann, mit dem er eben noch kurz gesprochen hatte und instruierte ihn. Dann sagte er, es sei nicht sicher genug für mich, zu irgendwelchen Madressahs zu gehen. Bei denen, für die ich mich interessierte, würde ich keinen Einlass bekommen. Es war ihm anzusehen, dass er meinen Einfall weder guthieß noch überhaupt respektierte. Es klang so, als wartete er darauf, dass ich meine Idee wieder zurückzog. Er sagte, ich sollte morgen noch einmal vorbeikommen. Er gab mir seine Visitenkarte. Ich sagte ihm, dass ich morgen früh abreisen würde. Er bedauerte es.

Adil und der junge Mann führten mich durch etliche Gassen, bis wir an einer verschlossenen Holztür ankamen. Sie wurde von einem anderen jungen Mann geöffnet und wir gelangten im zweiten Stock in eine Wohnung, wo wir in einem Vorraum warteten. Nach einer Weile wurden wir in einen weiteren Raum eingelassen. Der Raum konnte offensichtlich als Versammlungsraum benutzt werden, weil es keine Möbel gab, außer langen Bänken, die ringsum standen, während die Mitte frei war. Die war mit Teppichen ausgelegt. Einige junge Männer saßen um einen älteren herum. Adil hieß mich, auf eine der Bänke zu sitzen.

12. Kapitel: In Peschawar

Nach einer Weile bekam ich einen Tee von einem Jungen serviert. Mein Auftauchen hatte keine Störung verursacht. Ein paar der jungen Männer hatten sich umgedreht, als ich den Raum betreten hatte. Sie hörten dann wieder dem Mann mit der Paschtunkappe und den weißen Haaren zu. Der hatte nur ganz kurz zu mir herübergeschaut und dann weitergeredet. Das, dachte ich, sei die Person, die Harun als Onkel bezeichnet hatte. Es war mir klar, dass Pakistaner jeden entfernten Verwandten gegenüber Fremden als Onkel bezeichnen würden.

Der Mann sah aus, wie man sich einen geistlichen Würdenträger vorstellen konnte. Mittlerweile hatte ich mit vielen Menschen in diesem Land gesprochen, ich war gewappnet. Meine Taktik sah vor, die Leute sprechen zu lassen, indem ich sie zitierte. Ich hatte genug Munition für eine Redeschlacht. Aber ich war mir nicht sicher, ob ich mich überhaupt auf ein Wortgefecht einlassen sollte. Klar war, dass Harun mich nicht in eine Löwenhöhle gelassen hätte.

Nach einer Weile sagte Adil, dass er nun gehen müsse. Ich ging mit ihm vor die Tür und verabschiedete mich von ihm. Ich wollte ihm als Dank für seine Dienste ein Bakschisch geben. Doch das lehnte er ab, mit der Begründung, ich sei sein Freund. Ich ging wieder hinein und hörte dem Vortragenden zu, der offenkundig in Paschto sprach. Die jungen Männer beteiligten sich in Form einer Debatte, wobei der Älteste in der Mitte klar der Mittelpunkt war. Einmal fingen sie an, spontan zu lachen. Ich verstand nichts. Ein anderes Mal drehten sie sich auf einmal alle zu mir um und lachten wieder. Es war klar, dass von mir gesprochen worden war. Einer der jungen Männer, der mir aufgefallen war, weil er öfter als die anderen sprach und sich seiner Sache ziemlich sicher zu sein schien, verweilte noch etwas länger mit seinem Blick bei mir, ich gab ihm einen kleinen Wink, worauf er den Kopf wegdrehte.

12. Kapitel: In Peschawar

Nachdem ich einige Minuten, die mir ziemlich lang vorgekommen waren, dagesessen hatte, betrat ein anderer Mann barfüßig das Zimmer. Er sah mich ungerührt an, widmete dann aber seine Aufmerksamkeit der Versammlung. Er setzte sich auf die Bank, an deren anderem Ende ich saß, und zog ein Bein auf die Sitzfläche. Auch er hatte das Paschtunhütchen auf und schien ein älterer Jahrgang zu sein. Es war klar, dass die jungen Männer Studenten waren. Also musste es sich bei ihnen um Lehrer handeln. Ich kümmerte mich nicht weiter um ihn. Da er von einer anderen Tür als ich hereingekommen war, nahm ich an, dass er schon vorher im Haus gewesen war.

Plötzlich stand der alte Mann in der Mitte auf und mit ihm die Studenten, die bis auf einige wenige den Raum auch sofort verließen. Der alte Mann mit Bart ging zu dem anderen Mann und redete mit ihm. Der junge Mann, der mir vorhin aufgefallen war, näherte sich mir und sprach mich an. Er sagte in gutem Englisch, er wolle sich entschuldigen, wenn es vorhin den Anschein hatte, dass wir über mich gelacht hätten, aber ihr Lehrer habe ihnen gerade gesagt, wenn sie den Dschihad gewinnen wollten, müssten sie gleich mit dem Khufar da drüben anfangen, wobei er mich gemeint hatte. Khufar bedeutet Ungläubiger. Er schaute mich prüfend an, als er das sagte. Dann fügte er in gleichem sachlichem Ton hinzu, dass das Ganze aber nur ein Scherz gewesen sei.

So eine Begrüßung hatte ich bisher auch noch nicht erfahren. Hatte es den Scherz wirklich gegeben oder hatte er es sich gerade ausgedacht? Er muss meine Verblüffung bemerkt haben, denn er grinste und wiederholte. Das sei nur ein Scherz gewesen, man habe sich gerade zwar über die vielen verschiedenen Formen des Dschihad unterhalten, aber der Witz, über den man gelacht habe, sei ein anderer gewesen. Diese Erklärung machte mir den jungen Mann nicht viel

12. Kapitel: In Peschawar

sympathischer. Einen Moment lang dachte ich „Wo bist du hier gelandet?" Die Frage musste jedoch eher lauten, was das für eine Person war.

„Erkläre mir den Witz", forderte ich ihn auf. Der junge Mann hatte immer noch diesen Prüferblick und ich empfand ihn jetzt auch nicht ansprechender. Er sagte:

„Unser Lehrer sagte, wenn die Amerikaner wüssten, dass es für jeden Muslim eine Verpflichtung ist, das Gebot des Dschihad zu befolgen, würden sie nicht dauernd so viele Hilfsgüter an ihre muslimischen Verbündeten schicken."

Ich fand das immer noch nicht witzig genug. Aber inzwischen hatte ich mich gefasst und entgegnete ihm:

„Meinst du die Container, die in Peschawar geplündert werden, oder die Lieferungen gegen Hunger und medizinische Unterversorgung? Ich finde auch, dass man da einen Grund zu Lachen hat. Es ist immer schön, wenn man reich beschenkt wird und wenn man sich glücklich preisen kann, solche fürsorglichen Freunde zu haben, die einem so viel Gutes tun."

Seine Blicke waren nun nicht mehr ganz so prüfend. Hinter den Augen wurde wieder etwas Neues ausgedacht. Zwei seiner Kameraden wollten gehen und sprachen ihn an. Er beschloss soeben, zu bleiben. Der ältere Herr hatte den Raum verlassen, der andere Mann wandte sich mir zu und stellte sich als Nasser Ibrahim vor. Nicht der andere war der „Imam" gewesen, sondern dieser eher unscheinbare Mann, den ich gar nicht beachtet hatte.

Er sagte mir, dass man ihm gesagt hätte, dass ich an ihrer Religion interessiert sei. Ich musste hier wohl ein Missverständnis aufklären. Ich hätte kein religiöses Interesse, sondern mehr ein Interesse rein journalistischer Natur, das sich mit allem beschäftigt, womit sich auch die Menschen

12. Kapitel: In Peschawar

beschäftigen, auch dann, wenn es um mehr als das tägliche Leben geht. Und dazu gehörten auch Politik und Religion.

„Religion ist das tägliche Leben", sagte er, mit der Betonung auf „ist". Und schon mischte sich der junge Mann, der bei uns stand, ein.

„In der Religion geht es um mehr als das Tägliche, aber auch um das Tägliche. Das ist wichtig, dass man das versteht. Der Islam ist die perfekte Anweisung für alles." Abdul Basit war ein Student der Politikwissenschaften an der Universität von Peschawar. Das behauptete er zumindest. Ich fand nach und nach, dass er seinen starken Hang zur Religion nicht lange verbergen konnte. Er platzte dem anderen Mann gegenüber damit heraus, dass wir gerade eben über den Dschihad geredet hätten, was so nicht stimmte. Ich hatte nicht davon geredet.

Ibrahim hieß mich hinsetzen. Der junge Mann setzte sich dazu. Er hatte eine selbstbewusste Art an sich, die ich nicht für angemessen hielt. Er konnte nicht älter als zwanzig sein und tat so, als hätte er die Welt schon gesehen. Dabei hatte er vermutlich noch nicht einmal den Norden Pakistans verlassen.

„Ah, Sie interessieren sich für den Heiligen Krieg", fragte Ibrahim. Davon hatte ich nichts gesagt. Aber eigentlich stimmte es ja, wozu also widersprechen? Auch Ibrahim war gerade noch dabei, abzuschätzen, wen er da mit mir vor sich hatte. Um Zeit nicht unnötig zu vergeuden, redete er nicht um den heißen Brei herum. Er war es als Lehrer gewohnt, dass ihm Studenten genau die Fragen stellten, die sie beantwortet haben wollten. Das war eine ganz andere Sprachkultur als bei Politikern oder Polizeiinspektoren, die stets Hintergedanken haben und bemüht sind, die Gegenseite gerade so viel wissen zu lassen, wie es sein muss. Sie haben keinen pädagogischen Auftrag und kein

12. Kapitel: In Peschawar

humanistisches Selbstverständnis. Sie sind eher Pragmatiker und Idealisten nur in der Theorie.

Je länger ich mich mit Ibrahim unterhielt, desto mehr verstand ich, dass bei ihm Privatmeinung und abstrakte Lehre nahe beieinander lagen. Er machte einen ehrlichen, verbindlichen Eindruck, durchaus nicht unsympathisch. Abdul Basit war anders. Er war ein Neunmalkluger. Und da, wo er es nicht hinausposaunte, blähte es ihn auf und drückte sich in einer Physiognomie der Arroganz aus. Ich misstraute ihm. Er meinte, was er sagte. Aber was er nicht sagte, das ließ er einen denken. Und das war nichts, was geeignet war, ihm zu vertrauen. Vielleicht war er auch gerissen und verschlagen oder er würde einmal eine Karriere beschreiten, wo er diese Eigenschaften brauchen würde, aber dazu schien er andererseits wieder seiner Sache zu sicher zu sein.

„Solange der Dschihad nicht ausbricht, bin ich bereit, mich dafür zu interessieren. Aber ich denke, das wird kaum das Thema der Studenten an der Universität hier sein. Aber vielleicht ist es ja ein Thema in den Madressahs!"

Ibrahim lächelte milde, sein Schüler verzog das Gesicht, als sei er selber ein Lehrer, der einen Schüler tadeln müsste. Spätestens jetzt war ihm klar geworden, dass der Khufar, so nennen die Muslime die Ungläubigen, wenn sie sich als Rechtgläubige von ihnen abgrenzen wollen, nicht so einfach abzuhandeln war.

„Sie haben in ein Notizbuch geschrieben", fragte Ibrahim. Das hatte er also erspäht. „Ich hoffe, Sie sind kein Spion?!", sagte er. Ich war mir nicht ganz sicher, ob das als Scherz oder als Frage gemeint war. Sein Schüler lachte. Ich hätte Abdul Basit gar nicht zugetraut, zu lachen. Auch sein Lachen mochte ich nicht. Warum schickte Ibrahim ihn nicht einfach weg?

12. Kapitel: In Peschawar

„Warum? Hätten Sie etwas zu befürchten", stellte ich die Gegenfrage.

„Nein. Wir haben nichts zu befürchten. Mein Freund Harun hat sie hierhergeschickt. Ich vertraue ihm!"

„Ihr Vetter!?"

„Ja, dieser hier ist auch mein Vetter und dieser und jener", er zeigte nach hinten, aber da war niemand mehr. Ich war jetzt alleine mit Ibrahim und seinem neugierigen Studenten. Ich stellte mich vor und sagte, ich sei von einem Spion ungefähr so weit weg wie der Frieden von der Welt. Ich sei auch kein Amerikaner, sondern Deutscher. Daraufhin sagte Abdul Basit - auf einmal klang er konziliant und keine Spur schmeichlerisch:

„Die Deutschen sind aufmerksamer als alle anderen Europäer!" Wenn er etwas gegen mich hatte, dann musste es so wenig sein, dass er es mühelos verbergen konnte.

Von Ibrahim erfuhr ich nun, dass es verschiedene Auffassungen über den Dschihad gab. Die Taliban verstünden beispielsweise unter Dschihad den Kampf gegen die Amerikaner. Er würde aber die theologische und historisch korrekte Auffassung vertreten. Demnach war Dschihad mit der Verbreitung des Islam weltweit gleichzusetzen. Nur diese Deutung stimmte mit dem Koran überein. Er sagte auch, dass er gar nicht verstünde, warum Muslime in aller Welt, außer aus Berechnung, eine andere Meinung dazu kundtun könnten. Ich sagte, dass ich mit Harun ins Gespräch gekommen sei, als wir über die verfeindeten Parteien innerhalb des Islam redeten, gerade die Stammesfehden im Hindukusch könnten nicht beigelegt werden.

Ibrahim sagte, die Regierungen von Afghanistan und Pakistan wären beide westlastig und hätten nur im Auge, die verfeindeten Stämme zu befrieden. Aber das Ziel des Islam sei ja, alle auf ein gemeinsames Ziel zu bringen.

12. Kapitel: In Peschawar

Abdul hatte seine eigene Meinung dazu.

„Es werden nur diejenigen Ruhe geben, die vom Westen gekauft sind. Die anderen werden nie den Frieden nach den Bedingungen des Westens akzeptieren."

Ich bemerkte, dass er die Regierung des Landes mit dem Westen gleichsetzte.

„Der Krieg in Afghanistan wird dann beendet sein, wenn die fremden Truppen das Land verlassen", bekräftigte Ibrahim und dann wurde er beinahe feierlich.

„Und dann werden sich die Muslime wieder selber ihrer Sache annehmen, unbehelligt von den Interessen des Westens. Muhammad, Friede sei mit ihm, sagte Folgendes: mun asbah walam yahtimmah bi amril muslimeena falisah min hom. Das heißt: Jeder, der am Morgen aufwacht und nicht über die Belange der Ummah nachdenkt, ist keiner von uns. Es ist also die Pflicht eines jeden Muslims, egal ob in Afghanistan oder in Pakistan oder in Indien, dass sie sich einig und so zu Werkzeugen Allahs werden."

Von Einigkeit waren aber die Muslime weit entfernt. Sunniten und Schiiten stritten sich nur deshalb, erfuhr ich weiter, weil sie vom westlich inspirierten Geheimdienst ISI indoktriniert wären. Ich fragte mich im Stillen, wer hier indoktriniert war. Ich merkte schnell, dass Abdul zwar ein intelligenter junger Mann war, aber radikale Ansichten vertrat, die dem vernünftigen Gebrauch der Denkwerkzeuge eher spotteten. Er behauptete, dreizehn Jahrhunderte hätten sich die Sunniten und Schiiten nicht bekämpft, erst nachdem sich der Westen in die innerislamischen Angelegenheiten eingemischt hätte.

„Die ISI tötet zuerst einen Shia und dann einen Sunni. Am gleichen Tag hört man auf TV, dass der Krieg ausgebrochen ist. So wird die Aufmerksamkeit von der Ummah abgelenkt."

12. Kapitel: In Peschawar

„Warum tut man das?"

„Um die eigenen Fehler zu vertuschen und um einen Deal mit dem Westen zu verbergen. Als Nawaz Sharif und Benazir sich mit der Frage der Privatisierung und der nuklearen Angelegenheiten mit Indien und den USA beschäftigten, gaben sie der ISI die Anweisung, Ablenkungsmanöver zu inszenieren. Als Musharraf mit Kaschmir Probleme bekam, ließ er in Muharam Schiiten umbringen. Die Ermittlungen wurden abgebrochen, weil es zu offensichtlich war, dass die Regierung dahintersteckte. Der Sapahe Suhabh Führer Molana Azam Tariq wurde von der ISI ermordet, um einen Krieg anzufachen. Aber das geschah nicht. Oder die Bombenexplosion bei der Versammlung des Tariq, bei der 57 Menschen getötet wurden. Am nächsten Tag protestierten Shia und Sunni gemeinsam gegen die Regierung und ihre ISI-Mörder. Aber die Ummah wird es realisieren, dass es die Khufar und ihre Agenten sind, die die Leute aufhetzen. Die Amerikaner machen im Irak das gleiche Spiel. Sunnis sollen gegen Shia aufgehetzt werden. Man hat das in Muharam gesehen, als eine Rakete die Shia traf. Im Fernsehen hieß es, Krieg zwischen Shia und Sunni. Aber BBC und CNN interviewten die Leute. Und was sagten die? Das böse Amerika hat es getan, damit wir gegen unsere Brüder kämpfen! Ist das nicht interessant? Die US-Regierung schlug mit ihrer Kampagne fehl. Es geht gegen die Muslime. Amerika greift den Iran nicht an, denn der iranische Präsident ist ein amerikanischer Agent. Muslime müssen sorgfältig damit umgehen, was ihnen die Medien vorsetzen. Man muss alles sorgfältig analysieren. Uns wird gesagt, wie wir leben sollen, doch dahinter steckt der Westen mit seinen Agenten!"

All das hatte er in einem ruhigen Ton mit dem Brustton der unumstößlichen Überzeugung vorgetragen und Ibrahim hatte

12. Kapitel: In Peschawar

mit keiner Regung zu erkennen gegeben, ob er dafür oder dagegen war.

Ich überlegte, ob es überhaupt viel Sinn machte, hier eine Diskussion anzufangen. Es ist immer schlimm, wenn viel Intelligenz und viel Unwissen zusammenkommen. Ibrahim wurde herausgerufen. Er entschuldigte sich und ließ mich mit Abdul alleine. Abdul stellte mir sogleich eine Frage.

„Wissen sie, was auf der Agenda vieler Muslime heute steht?" Ich gab keine Antwort, denn er würde es mir sagen wollen.

„Ein guter Amerikaner zu werden."

„Was ist daran so schlimm", fragte ich wohlwissend, dass es provokant war und mich sogleich in das Lager der Amerikaner katapultierte, ob ich es wollte oder nicht. „Weil wir dann keinen Islam haben!"

Ich konnte das Problem nicht sehen, oder besser gesagt, wollte es nicht sehen. Ich bat um Aufklärung.

„Heute sind die Leute damit zufrieden, wenn sie in einer muslimischen Umgebung wohnen und ihre Kinder in Islamschulen schicken können. Wir geben uns viel Mühe zu zeigen, dass wir moderat sind und tolerant, auch wenn Muslime vergewaltigt, umgebracht, verfolgt, ausgebeutet und emotional zerstört werden. Das können wir nicht länger hinnehmen. Wie können wir behaupten, dass wir uns Mühe geben, uns zu verbessern, wenn wir zugleich zulassen, dass ein korruptes System unser Land beherrscht? Und wie können wir schweigen, wenn wir sehen, wie die Ummah zerstört wird und der Islam verloren geht? Wir können die Gunst des Westens gewinnen, wenn wir dafür sorgen, dass der Islam nie mehr wieder an der Oberfläche erscheint und vollends untergeht. Wenn wir aber Allahs Gunst gewinnen wollen, dann müssen wir die islamische

12. Kapitel: In Peschawar

Herrschaft herstellen, einen islamischen Staat etablieren, das Khilafa."

Khilafa wird am besten mit Kalifat übersetzt. Der letzte Kalif war in der Türkei abgesetzt worden, als Kemal Atatürk nicht mehr länger zusehen wollte, wie eine überlebte Herrschaftsform sein Land weiter ruinierte. Abdul hatte einen längeren Vortrag gehalten. Er war ohne großen Enthusiasmus vorgetragen worden. Es klang so, als hätte er dergleichen schon öfter gesagt und das war nur eine Wiederholung, die er pflichtgemäß herunterspulte, ohne wirklichen missionarischen Eifer. Aber das war mir recht so.

Ich versuchte es einmal mit Schweigen als Antwort und ruckte beinahe wie gelangweilt mein Sitzkissen zu Recht. Da fragte mich der wissbegierige Student, der ja nur so gelassen tat, ob ich etwas dazu sagen möchte.

„Wenn du möchtest, sage ich etwas dazu. Ich habe in diesen Dingen vielleicht nicht alle Informationen, um mir ein Bild von der Situation machen zu können, wie sie wirklich ist. Aber es stellen sich mir doch ein paar Verständnisfragen."

„Fragen sie nur", forderte mich Abdul gönnerhaft auf. Er dachte wohl noch immer, er hätte einen ungebildeten Touristen vor sich. Vielleicht waren in seinen Augen alle Westler ungebildet.

„Lassen sie mich fragen, ob ich das vielleicht falsch sehe, wenn ich sage, dass Sunnis und Shia ein bisschen schwerfällig im Denken sind, wenn sie sich von den Amerikanern zu Agitation und Bruderkrieg ermuntern lassen, obwohl sie sich doch in Wirklichkeit so sehr verbunden fühlen. Sie haben ja Mohammed und den Koran. Das haben die Amerikaner nicht. Und dann stellt sich mir zugleich eine andere, noch viel beunruhigendere Frage. Ob das nämlich noch viel schlechtere Aussichten sind als die Version der Geschichte, dass Sunnis einfach die Shia nicht leiden

12. Kapitel: In Peschawar

können und die Shia nicht die Sunnis. Und dass sie sich deshalb bekriegen! Ihr Mulime wünscht euch doch die Vereinigung der Shia und Sunni! Bedenkt doch bitte, eine Vereinigung von diesen zwei Gruppen, die den Nachweis der geistigen Schwerfälligkeit erbracht haben, die nicht erkannt haben, dass die Amerikaner die bösen Buben sind – ist das etwas, was die Welt nicht noch mehr zu fürchten hätte?" Ich machte eine kleine Pause, um mich zu vergewissern, dass mir Abdul folgen konnte oder auch um es bei ihm „sacken" zu lassen. Dann fuhr ich fort.

„So weit ich das beurteilen kann, scheinen die Aussichten nicht sehr rosig zu sein. Ich persönlich würde bevorzugen, von klugen Leuten geführt zu werden. Aber es könnte natürlich auch sein, dass dieser Teil der Sunnis und Shia, die sich bekriegen, nur der unfriedliche Teil des Islam ist, den die Welt sowieso nicht will. Sie verkörpern nicht den friedlichen Islam, der zugleich der kluge Islam ist. Und das würde dann auch bedeuten, dass sich alle klugen Muslime zu diesem Teil des Islam, der friedlich ist, bekennen. Und das würde wiederum bedeuten, dass die Aussichten doch wieder besser sind."

Währenddessen war Ibrahim wieder hereingekommen. Er hatte den letzten Teil meines Vortrags gehört. Ein leichtes Lächeln in den Mundwinkeln war zumindest im Entstehen. Abduls Augenbrauen waren hingegen hochgezogen. Er schien etwas verärgert und gar nicht mehr amüsiert. Das brachte er auch zum Ausdruck:

„Come on! You don`t be so smart!" Er hatte mir den Fragensteller berechtigterweise nicht abgenommen. Jetzt schien sein Enthusiasmus doch noch geweckt worden zu sein und er redete fortan mit mehr Elan und persönlicher Anteilnahme, während Ibrahim stets beherrscht blieb. Ibrahim fragte mich nun endlich, ob ich wüsste, was am 28. Rajab geschehen war. Ich verneinte.

12. Kapitel: In Peschawar

„Das war der Tag der Infamie. Es gab wohl keinen zweiten Tag in der Weltgeschichte, der so ignoriert wurde, obwohl er so wichtig war für den Fortgang der Weltgeschichte."

Ich bemühte mich durch meine Körpersprache Aufmerksamkeit zu signalisieren.

„Das war der Tag, mit dem das Ungemach begonnen hat, auf die Ummah herabzuregnen; der Tag, als der Schild gegen alle Übel weggenommen wurde; der Tag, an dem die Ummah der Muslime, die der Lichtträger der Menschheit war, in die Tiefe Grube der Entwürdigung fiel..." Das kam fehlerfrei, er musste es einstudiert haben... „Der Tag, an dem der Islam als Weg des Lebens ausgewurzelt wurde; der Tag, an dem die Muslime hilflos zurückgelassen wurden, ungeschützt und unbewaffnet; der Tag, an dem die Muslime ihren Staat verloren; der schwärzeste Tag in der 1.400 Jahre langen Geschichte des Islam; der Tag, an dem die Khilafa zerstört wurde."

Er war sichtlich zufrieden mit dem, was er gesagt hatte. Es klang würdevoll und doch mit dramatischem Beiton wie ein Grabgesang. Er hatte diese Sätze schon mehrfach, sicher vor seinen Studenten vorgetragen. Und trotzdem fragte ich, wann dieser Tag gewesen sei. Er nannte das Jahr 1342. Das war die muslimische Zählweise.

„In der Nacht des 28. Rajab im Jahre 1342 gab der Verräter Mustafa Kamal dem Regenten von Istanbul die Anweisung, dass der Kalif Abdul Majid die Türkei zu verlassen habe. Mit Schimpf und Schande hat man ihn vertrieben."

Dass die Türken den Kalifen unter Kemal Atatürk entmachtet hatten, war mir bekannt. Es war 1926, als die türkische Nationalversammlung das Kalifat abschaffte. Der Kalif ging ins Exil. Seither hat es keinen Kalifen mehr gegeben, den die

12. Kapitel: In Peschawar

islamische Welt anerkannt hätte. Ibrahim kannte diesen Teil der Weltgeschichte.

„Und wissen Sie, was Lord Curzon im britischen Unterhaus gesagt hat? Das Osmanische Reich wird sich nie wieder erheben, weil man die spirituelle Kraft zerstört hat: die Khilafa und den Islam."

„Ich sehe das nicht so kritisch wie Sie. Wurde da nicht der Staat von der Religion getrennt, wie es so erfolgreich in der europäischen Geschichte gelungen ist? Das dürfte ja auch eine der Ursachen für den Fortschritt in der westlichen Zivilisation sein. Und Atatürk hat das erkannt. Und siehe da, seitdem ging es mit der Türkei aufwärts!"

Nicht dass das Ibrahim beeindruckt hätte.

„Sie sind in Geschichte studiert. Sie sind gebildet. Aber es ist eine westliche Bildung. Für die Ummah war es nicht einfach nur eine Trennung von Staat und Religion, die im Islam nicht zulässig ist, sondern eine Trennung von Herrlichkeit, Macht, Ehre und Würde."

„Aber was war so herrlich an der Türkei vorher? Man nannte das Osmanische Reich doch den kranken Mann am Bosporus! Auch in Deutschland! Und Deutschland war ein Verbündeter der Osmanen."

„Das wissen wir. Aber die Abschaffung des Kalifats bedeutete die Zerstörung des Islam und der Ummah. Und die Türkei wurde vom Haupt des Islam zu einem unbedeutenden Balkanstaat."

„Moment! Ich dachte, das Haupt des Islam ist immer Allah?! Fakt ist, dass die Türkei einer der modernsten Staaten in der islamischen Welt ist und ihre Bewohner werden noch wohlhabender, wenn sie in die EU aufgenommen werden, wo es sonst keine Islamstaaten gibt. Für die meisten islamischen

12. Kapitel: In Peschawar

Staaten ist es erstrebenswert, zu so einem Standard des Lebens zu gelangen."

„Für diejenigen, die der Sache des Islam keine Bedeutung geben! Aber zu welchem Preis. Und was ist wohlhabend? Ist es nicht viel wichtiger, wohlhabend im Herzen und im Geist zu sein."

„Da haben sie Recht!"

Es war an der Zeit, ihm wieder ein Zeichen des Zugeständnisses und der Achtung zu geben. Er freute sich sichtlich und nutzte nun seinerseits die Gelegenheit, um mir zu schmeicheln, was nichts Gutes verhieß. Er sagte, ich sei ein kluger Kopf. Ich sagte, gerade noch so klug, dass es mein Kopf ertragen könnte.

Er machte weiter: „Die Situation der Ummah nach der Zerschlagung des Kalifats war die eines Waisenkindes, dessen Mutter gestorben war und allein gelassen war in der Welt."

Die kurze Pause nutzte Abdul, um etwas zu sagen. Er hätte gerne die Unterhaltung alleine mit mir bestritten, das merkte ich ihm an, aber sein Respekt der Kapazität des Imam gegenüber, verbat ihm das. Aber von Zeit zu Zeit konnte er nicht an sich halten.

„Und als ob die Khufar auf diesen Augenblick gewartet hätten, kamen sie wie Geier und Hunde und attackierten die Ummah und rissen ihr das Fleisch vom Leib." Eigentlich freute ich mich lediglich darüber, dass beide ausgezeichnetes Englisch sprachen, auch wenn ich statt „Hunde" an seiner Stelle lieber „Hyänen" gesagt hätte. Beunruhigend war, dass beide gebildet waren, sie aber dennoch eine völlig schiefe Weltsicht hatten. Oder war es meine, die verkehrt war? Das wäre viel schlimmer gewesen! Was wären das für trostlose Aussichten, die ganze Welt eine islamische Ummah. Schon der Hälfte der Menschheit wegen, der Frauen, durfte das niemals geschehen!

12. Kapitel: In Peschawar

Wahr war, dass die europäischen Großmächte, allen voran England und Frankreich, das Osmanische Großreich, das den größten Teil der islamischen Welt vereinte, bereits nach dem Ende des Ersten Weltkriegs unter sich aufgeteilt hatten. Fakt war auch, dass der Islam nichts gegen die Moderne ausrichten konnte. Noch schlimmer war aber, dass er den Bewohnern dieser Länder materiell nichts bieten konnte. Die Zeiten des Kalifen Harun ar Rashid oder eines Saladin lagen schon Jahrhunderte zurück.

Ibrahim dozierte weiter: „Sie müssen wissen, dass die Ummah den äußeren Rahmen bietet für das gesunde Wachstum der Gemeinschaft der Muslime. Die einzelnen Staaten, die nicht von der Ummah umfasst sind, stehen nicht unter dem Schutz des Kalifats. Es ist ein geistiger Vorgang. Vielleicht sind Sie am ehesten fähig, das mit der Vielzahl der Kirchen im Christentum zu vergleichen, die keine Einheit bilden und daher geschwächt sind. Aber im Islam ist die Schwächung viel größer, weil auch die Stärke größer wäre."

Doch wo war die Stärke des Islam, als der Kalif ein Osmane in Konstantinopel war? Warum konnte man von der spirituellen Stärke nichts erkennen? In den islamischen Staaten hatten in der Tat mehr oder weniger weltliche Regierungen Einzug gehalten. Das war aus meiner Sicht nur eine Entwicklung zu mehr Realismus. Die Frage war, ob es vorher so viel Spiritualität gegeben hatte. Das war wohl nur Wunschdenken. Was ist im Islam überhaupt Spiritualität? Mehr Hinwendung zu Gott? Bringen es 800 Millionen Muslime nicht fertig, mehr Gebete auszustoßen als die 100 Millionen, die es vor dreihundert Jahren gab, als die Osmanen vor den Toren Wiens standen? Was hatten die Muslime damals falsch gemacht, als sie noch das Kalifat hatten? Solange sie das nicht wussten, konnten sie heute auch nicht hoffen, mit einem neuerlichen Kalifat Wien endlich einzunehmen.

Die jetzigen Machthaber gingen genauso freitags in die Moschee wie ihre Vorgänger früher. Und viele ihrer früheren Vorgänger waren korrupter, ungebildeter, grausamer, despotischer als sie.

Ibrahim sah das sicherlich anders. Er sagte: „Ohne die Zentralregierung, die die Belange der Muslime vertritt und sie beschützt, wird die Ummah verletzlich. Sie wird militärisch, kulturell, ökonomisch, sozial und politisch geschwächt und erliegt den Angriffen aus dem Westen." Er zählte noch ein paar andere Dinge auf, die ich mir aber nicht notierte. Ohne dass er sichtlich einmal Atem holen musste, fuhr er fort:

„Der tödlichste und schwerste Schlag gegen die Ummah war aber die Schaffung des jüdischen Staates auf dem geheiligten Land Palästina, dem drittheiligsten Platz der Muslime!" Man konnte ihm ansehen, dass ihn das berührte. Warum eigentlich? Palästina war weit weg und die Probleme in seinem eigenen Land sehr groß! Aber es gab da ja noch die spirituelle Verbundenheit!

„Nur einen Moment", unterbrach ich ihn. „Muslime sind ja, wie wir wissen, nicht alleine auf der Welt. Wussten Sie, dass das geheiligte Land Israel sogar der heiligste Ort für die Juden ist?" Natürlich wusste er es.

„Ich dachte, die Ummah sei etwas Spirituelles, die Gemeinschaft der muslimischen Gläubigen! Hängt dies von Land und Besitztümern ab? Und wenn nicht, warum sollte es dann ein tödlicher Schlag gewesen sein?"

„Würden Sie nicht sagen, dass es für viele Palästinenser ein tödlicher Schlag über die Jahrzehnte war? Sie haben ihr Land verloren, sie vegetieren in Flüchtlingslagern dahin. Wessen Schuld ist das? Die Briten haben das zu verantworten! Wenn sie

12. Kapitel: In Peschawar

die Ursachen für den 11. September suchen, hier haben sie eine." So einfach machte es sich also der Geschichtsprofessor. Was war da von seinen Studenten zu erwarten?

„Dazu möchte ich ihnen Folgendes sagen. Das Land, aus dem ich komme, wurde im letzten Krieg völlig zerstört. Kein anderes Land war jemals so verwüstet worden, der Krieg hatte einen hohen Blutzoll an jungen Menschen gefordert, die Menschen hungerten, viele hatten kein Dach mehr über dem Kopf. Und dennoch nahm dieses Land 13 Millionen Flüchtlinge auf, gab ihnen eine neue Heimat und integrierte sie komplett. Ganz anders als es die Länder des Nahen Ostens mit den muslimischen Brüdern in ihren Camps gemacht haben. Und keine dreißig Jahre später war Deutschland wieder eines der wohlhabendsten der Erde und das, obwohl sie Israel beim Aufbau ihres eigenen Landes geholfen haben, was für Sie als Muslim ja fluchwürdig ist. Keiner dieser deutschen Flüchtlinge musste mehr hungern, keiner unter freiem Himmel oder in Zelten campieren." Da man mir aufmerksam zuhörte, fuhr ich fort:

„Aber wissen Sie, was die Ursache für das Leid und die große Not war? Der Unfriede, den dieses Volk und seine Machthaber verbreitet hatten! Die Vertreibung der Menschen, die Zerstörung des Landes und die Tötung von Millionen Soldaten und Zivilisten, waren eine Folge davon. Und obwohl die Nachbarstaaten im Krieg noch Feinde gewesen waren, blieb doch kein Hass, sondern man hat über die Landesgrenzen Freundschaften geschlossen. Seither leben die Völker in der Mitte Europas in friedlicher Koexistenz. Polen und Deutsche sind Freunde, obwohl große Gebiete den Deutschen abgenommen worden sind und von den Polen in Besitz genommen wurde. Genauso könnte es in Palästina sein, wenn die muslimischen Völker den Frieden wirklich wollten. Wenn Sie nun für den 11. September als Ursache die palästinensischen Flüchtlingslager

12. Kapitel: In Peschawar

sehen wollen, machen Sie nach meiner Meinung einen großen Fehler. Und zwar deshalb, weil Sie die wahren Ursachen angehen müssen, wenn Sie eine Lösung des Problems haben wollen. Die verarmten Nachkriegsdeutschen haben in einem Jahrzehnt ihre 13 Millionen Vertriebenen integriert. Warum können das die Araber in den Nachbarstatten Israels nicht auch, zumal es dort jede Menge Platz gibt? Warum spricht man den Juden Lebensraum ab? Warum wollen Muslime das Problem mit den Juden mit dem Schwert lösen? Ich kann ihnen eine Antwort auf all diese Fragen geben. Sie ist immer die gleiche. Es ist der unversöhnliche Hass."

„Es sind die Juden, die Unfrieden säen!"

„Es sind immer die Anderen? Nein, wir sind immer diejenigen, die Unfrieden verursachen. Auch die Palästinenser und ihre muslimischen Verbündeten haben einen Krieg verloren. Und noch einen gegen Israel und noch einen. Auch dort gab es viele Unschuldige, die ihr Leben lassen mussten, aber auf beiden Seiten. So ist es immer. Aber ich verstehe nicht, dass man Kinder und junge Leute, die nie eine Flucht erlebten, weil sie schon in der zweiten und dritten Generation sind, in Lagern festhält, wo sie auf Müllhalden spielen müssen. Mir regt sich der Verdacht, dass man sie so zum selbstzerstörerischen Hass auf die Juden erzieht. Hass macht aus Menschen bemitleidenswerte, verwirrte, unglückliche Menschen. Muslime missbrauchen Muslime und zerstören dadurch ihre Zukunft. Soll das der Islam sein? Das will ich nicht glauben! Soll das die Ummah sein? Wohl kaum. Die große muslimische Ummah, all jener Länder, die sich mit den Palästinensern verbunden wissen, haben reiche Staaten in ihrer Mitte. Denken sie nur an die Golfstaaten. Sie bedecken zusammen eine Fläche, die viele hundert Mal so groß ist wie Israel. Den Arabern wäre es ein Leichtes, die Lagerinsassen zu integrieren. Stattdessen gibt es Aufrufe zum Dschihad, der noch

12. Kapitel: In Peschawar

nirgends etwas Friedliches zum Ergebnis hatte. So bleibt der Verdacht, dass die Lagerinsassen absichtlich als aggressives Anti-Israel-Potential in dieser Armut und Not gehalten werden. Diese armen Menschen merken nicht, dass ihre Feinde in den eigenen Reihen zu suchen sind."

Ich bemerkte eine gewisse Betroffenheit bei Ibrahim, die ich nicht richtig deuten konnte, bei Abdul war es eher eine Verdrossenheit, die aus seinen Augen blitzte. Güte strahlten sie nicht aus. Bei einem Mann seines Alters war das auch nicht unbedingt zu erwarten.

„Sie können nicht bestreiten, dass Israel Menschenrechtsverletzungen verübt", sagte er. Und schob gleich hinterher:

„Sagen Sie mir, warum ist Israel der einzige Staat, der von der Völkergemeinschaft ungestraft so gut wie alle ihn betreffenden Resolutionen der Vereinten Nationen ignorieren darf? Weil es im Interesse der USA und der Khufar ist."

„Wer sollte ihnen wehren? Der müsste ihnen auch gleich das Recht aufs Überleben absprechen. Vielleicht ist das der Grund. Andererseits, schau dir doch einmal die Landkarte des Nahen Ostens an. Da gibt es dieses winzige Israel, von Staaten umgeben, die Israel das Existenzrecht absprechen. Israel hat nur eine Stimme in den Vereinten Nationen. Seine arabischen und gleichgesinnten Feinde verfügen dagegen über viele Stimmen. Die meisten von ihnen votieren grundsätzlich gegen Israel. Ich glaube auch, dass die Juden Menschenrechtsverletzungen begehen. Darin werden sie kaum die Araber überbieten können. Aber ich glaube, dass sie sich in einem Überlebenskampf sehen. Das sehen die Muslime sicherlich genauso. Ich bin überzeugt, dass versucht wird, das Übel so gering wie möglich zu halten, während jedoch die radikalen Muslime bemüht sind, die Übel für

Israel so groß wie möglich zu machen. Ihre Terrorattacken sind auch nichts Anderes als Menschenrechtsverletzungen. Ich habe bisher jedoch noch nicht gehört, dass Juden sich als Selbstmordattentäter unter islamische Menschenansammlungen gemischt und Menschen in die Luft gesprengt hätten. Mir scheint übrigens, dass es im Sudan eine noch viel größere Tragödie gibt, wo Muslime an Christen Völkermorde begehen. Dagegen gab es noch keine Sanktionen von den Vereinten Nationen. Aber das ist ein anderes Thema."

„Die Landnahme durch die Juden war ungesetzlich!"

„Nach wessen Gesetz? Die Vereinten Nationen haben bei der Gründung des Staates Israel den insbesondere von uns Deutschen verfolgten Juden einen kleinen, unwirtlichen Landstrich als Lebensraum zugeteilt. Das wurde von den muslimischen Staaten nie anerkannt. Jetzt hat Israel einen blühenden Landstrich daraus gemacht. Warum ist das in den Nachbarstaaten nicht auch möglich? Stattdessen blüht dort der Hass und die politischen und religiösen Führer dieser Länder sind sich öfter einig als uneins, dass man diesen Staat mitsamt den nicht-muslimischen Bewohnern vernichten will. Dieses kleine Land ist der große Feind des Islam. Mag sein, dass der große Islam zu schwach ist für dieses kleine Land, aber was nicht klein ist, ist der Hass. Sollte er zu irgendetwas Gutem fähig sein? Hass macht blind und töricht und die Früchte davon sieht man unmittelbar, Krieg und Verwüstung, zuerst im eigenen Land. Wir Deutschen haben diese Lektion bitter erlernen müssen. Die Deutschen waren immer Freunde der Araber. Heute wollen sie Freunde der Araber und Freunde Israels sein, Freunde der Muslime und der Juden. Auch in meinem Land hieß es vor nicht allzu langer Zeit überall: „Juden sind hier unerwünscht!" Sie wurden enteignet und vertrieben und umgebracht. In meinem Heimatdorf lebten auch zwei dutzend Juden, die

12. Kapitel: In Peschawar

weggeholt wurden. Heute sind Juden bei uns willkommen. Man sieht also, die Wende zum Guten ist möglich. Aber nur, wenn Opfer und Täter dazu bereit sind. Wer Opfer und wer Täter ist, spielt dabei keine Rolle. Meistens sind alle beides. Aber ich verstehe, dass das ein schwieriges Kapitel für Muslime ist. Vielleicht ist es besser, das Thema zu wechseln."

Ibrahim meinte, dass ich doch sehr einseitig geprägt sei, aber er wolle mir das nicht verübeln. Dass irgendwelche Gegenargumente vorgebracht wurden, daran kann ich mich nicht erinnern.

„Du bist ein Freund Israels", warf mir Abdul vor.

„Ich bin ein Freund der Pakistaner, ein Freund der Afghanen, ein Freund der Araber und ein Freund der Juden, ja! Und ich bin viel mehr ein Freund der Palästinenser als diese Radikalislamisten, die das Volk verhetzen und es ins Elend stürzen!"

Abdul hatte beschlossen, den Schauplatz zu ändern.

„Als ob die Briten mit dem Stachel Israels nicht genug getan hätten, sie stießen uns auch noch den Dolch Kaschmirs durch den Leib der Ummah, nachdem sie ihren Beitrag zum Genozid von Millionen Muslimen geleistet hatten."

Er meinte die Ereignisse bei der Teilung British Indias, als Millionen von Hindus und Muslime ihre Heimat verließen, um entweder in das neugeschaffene Pakistan umzusiedeln oder davon wegzugehen. Die Feindseligkeiten waren aber auf beiden Seiten handgreiflich. Es war schon bedenklich, das übersehen zu wollen. Ibrahim berichtigte Abdul und gab zu, dass die Muslime sich dabei auch nicht vorbildlich verhalten hätten. Aber natürlich waren es die Inder, die angefangen hatten.

„Es stimmt, die Briten trafen einige falsche Entscheidungen. Aber das Kaschmirproblem gibt es doch schon sehr lange. Es ist

12. Kapitel: In Peschawar

schon sehr lange her, dass die Briten nicht mehr im Land sind. Wenn es so etwas wie die Ummah in den Herzen der Muslime gibt, warum sollte der Staat Kaschmir davon etwas zerstören? Einige Kaschmiris wollen die Unabhängigkeit, andere wollen ein Teil Pakistans sein. Aber was hat das mit der Ummah zu tun?"

Ibrahim sagte es mir, Ummah und Kalifat waren mit einer Ausgrenzung politischer Art völlig unvereinbar. Er klärte mich auch darüber auf, dass die Unterdrückung der Muslime erst mit der Herrschaft des Westens angefangen hatte. Die jetzigen Machthaber seien alle nur Strohpuppen in den Händen des Westens. Der arabisch-jüdische Krieg, die Abtrennung von Bangladesh, des früheren Ostpakistans, die Invasion Afghanistans durch die Sowjets, der Irak-Iran Krieg, der erste Golfkrieg, der Bosnische Krieg, der Völkermord in Tschetschenien, er zählte noch Osttimor auf, den jetzigen Krieg im Irak, die Morde in Somalia, alles sei vom Westen gesteuert. Er erwähnte sogar das Massaker im Sudan, was eigentlich eine Verhöhnung der christlichen Opfer war. Er hätte wohl auch die Schlacht am Little Big Horn genannt, wenn er etwas davon gehört hätte. Es gäbe keinen Ort auf der Welt, der nicht mit dem Blut von Muslimen besudelt wäre.

Warum aber Muslime Muslime töteten, in Afghanistan, in Irak, in Pakistan, im Sudan, das konnte mir Ibrahim auch nicht sagen. Ich fragte ihn, ob es vielleicht der gleiche Grund war, der auch die Ummah verhinderte. Man war nicht mit sich im Reinen und miteinander nicht im Einen. Ich fragte Abdul, ob der Sudan nicht ein islamischer Staat sei. Er bejahte. Ich fragte ihn, ob es dort keine Christenverfolgungen gab. Er sagte, das sei Propaganda des Westens.

„Und warum verweigert man dann Hilfsorganisationen aus dem Westen den Zugang, wenn es nichts zu verbergen und allenfalls Wunden von Muslimen zu behandeln sind?"

12. Kapitel: In Peschawar

„Man verweigert nur Spionen den Zugang!"

„Ein Spion weiß, dass er Spion ist. Ein Arzt weiß, dass er als Arzt kommt. Du getraust dir zu sagen, dass Menschen, die du nicht kennst, die vorgeben, Hilfsbedürftigen zu helfen, Spione sind. Waren die Ärzte, die letztes Jahr nach Pakistan gekommen sind, um Erdbebenopfern zu helfen, auch Spione? Vielleicht ist eines der Hauptprobleme der Muslime das große Misstrauen, das man gegenüber Anderen hat. Aber du nennst alle unpassenden Fakten Propaganda des Westens. Anscheinend hast du einfach die besseren Informationen. Diese reine Quelle möchte ich auch haben!"

„Der Islam ist die reine Quelle! Und der Westen versucht, sie zum Versiegen zu bringen!" „Warum sollte irgendjemand, der in der Wüste ist, versuchen, die einzig wahre Quelle zum Versiegen zu bringen? Ich bin ja vom Westen und ich habe nicht den Eindruck, dass irgendjemand dort den Islam auslöschen will. Ehrlich gesagt, ist der Islam für den Normalbürger gar nicht existent. Und für die Öffentlichkeit wird er nur durch die Islamisten zum Thema gemacht, denn sie bekennen ganz offen, dass sie die westliche Zivilisation gerne zerstören möchten. Ich glaube deshalb, dass es eher umgekehrt ist. Nicht im freien Westen ist man der Propaganda ausgeliefert, sondern in Diktaturen, die den ideologisch richtigen Kurs vorgeben wollen und keine anderen Wahrheiten gelten lassen."

Ibrahim versuchte einzulenken: „Es ist sicher richtig, dass nicht alle Menschen im Westen böse Menschen sind. Die meisten sind politisch uninteressiert. Sie haben nicht die Bildung, um sich mit Problemen des Islam auseinandersetzen zu wollen. Aber für Muslime ist es nicht hinzunehmen, wenn der Islam beleidigt wird. Wenn das geschieht, müssen sie handeln."

12. Kapitel: In Peschawar

„Meinen Sie damit, dass es Recht ist, Todesurteile zu fällen und die Menschen anzuspornen, sie außerhalb jeder staatlichen Ordnung und ausdrücklich auch gegen die staatliche Ordnung zu vollstrecken? Was würden Muslime sagen, wenn Christen in ein islamisches Land kämen und dort einen Muslim, der auf ein Kreuz gespuckt hat, ermorden und für sich die Unverletzlichkeit seines Glaubens in Anspruch nehmen?"

„Jeder Mensch muss sich für das verantworten, was er tut."

„Wenn eine Zeitung in Dänemark ein Cartoon über Muhammad veröffentlicht, steht die ganze islamische Welt wie eine Ummah auf und protestiert. Gibt es nicht wichtigere Dinge, für die es sich einzusetzen lohnt? Reicht das wirklich aus, um Bombenattentate und Morde zu rechtfertigen? Was glauben Sie, wie oft man sich über Jesus oder Buddha im Westen lustig macht. Das sind Leute, die vielleicht nicht sonderlich intelligent oder gebildet sind, aber deshalb bringt man sie nicht gleich um. Eine reine Quelle muss es aushalten können, wenn es irgendwo unreine Quellen gibt, die noch dazu bald versiegen werden. Was stört es einen majestätischer Baum, wenn eine Sau sich an ihm reibt! Warum sollte man sich auf ein Niveau mit Leuten begeben, die kein Niveau haben? Ich glaube nicht, dass man eine sehr reife geistige Person ist, wenn man zum Mord oder zur Vergeltung aufruft. Es wäre klüger, die Muslime aller Länder aufzurufen, ihre Kräfte zu bündeln, damit die Lebensverhältnisse in den muslimischen Staaten verbessert werden."

„Ich gebe Ihnen Recht, das wäre eine wichtige Maßnahme. Aber Beleidigungen können wir nicht zulassen. Das verbieten uns der Koran und die Ehre."

„Ist es nicht ein größerer Angriff auf die Ehre, wenn man kein sauberes Wasser hat, weil man die Umwelt zu sehr verschmutzt hat?"

12. Kapitel: In Peschawar

Es war an der Zeit, dachte wohl Abdul, dass er wieder einmal etwas sagte. Aber was er sagte, klang nicht versöhnlich. Er hatte meine Argumentation nicht wirklich verstanden. Ich war als Westmann ein Bestandteil von seinem Feindbild, ob ich wollte oder nicht. Er fragte:

„Haben Sie Angst vor dem Islam?"

„Warum fragst du?"

„Der Westen fürchtet den Islam!" Ich sah an seinem Gesicht, dass er nur meine Reaktion haben wollte.

„Wenn ich Angst hätte, wäre ich dann hier? Ob der Westen Angst hat? Nein, aber die Leute im Westen sind erschrocken. Wir im Westen sind erschrocken über Muslime, die wegen Kleinigkeiten überreagieren, die sich ihre Feindbilder zurechtzimmern, die dämonisieren und Menschlichkeit nicht walten lassen. Wir misstrauen Menschen, die behaupten, dass sie für Frieden sind, aber zugleich den Wunsch haben, Menschen zu töten, deren einzige Sünde es ist, dass sie falsche Worte benutzen oder dass sie die falsche Couleur haben, ob politisch oder religiös. Wir misstrauen Menschen, die stets die Anderen beschuldigen, während sie mit ihrem Verhalten zeigen, dass sie selber keine guten Menschen sind, noch Menschen, die ihre eigenen Leute gut behandeln. Denke einmal darüber nach. Wenn Muslime wollen, dass man sie akzeptiert, wenn sie einen guten Platz in der Weltgemeinschaft haben wollen, dann müssen sie vernünftigerweise tolerant sein; dann müssen sie bereit sein, die Hand auszustrecken zu denen, die sie als gleichberechtigte Partner annehmen. Wenn sie das nicht wollen, werden die muslimischen Staaten am Ende der Fahnenstange bleiben, sie werden nämlich keine ökonomischen, bildungsmäßigen, wissenschaftlichen Fortschritte machen, sondern immer hinterherhinken."

12. Kapitel: In Peschawar

„Es gibt gute Gründe, manche Dinge, die es im Westen im Überfluss gibt, nicht haben zu wollen."

„Sicher ist das richtig. Es verlangt aber niemand, dass ihr so konsequent seid und all den anderen Dingen, die dem westlichen Erfindungsgeist entsprungen sind, einem Geist, der sich in der Freiheit von religiösen Zwängen erst recht entwickeln konnte, entsagt. Wer rigoros ist, sollte nie mehr Kühlschrank, TV, Radio, Auto, Telefon usw. benutzen, denn die hat ja ein Geist hervorgebracht, der diesem Geist der Einseitigkeit entgegengesetzt ist. Das sind alles westliche Erfindungen. Die muslimische Gesellschaft ist keine Insel, schon gar nicht eine Insel der Glückseligkeit, wie man unschwer erkennen kann. Ihr Muslime braucht den Rest der Welt, aber nicht als unterworfene Nationen, die euer Schicksal des Trübsinns teilen sollen. Und auch die Welt braucht euch. Ihr könnt wertvolle Beiträge zum Gemeinwohl leisten. Aber nur, wenn ihr wollt. Und bitte lasst es friedlich geschehen, was immer ihr tut!"

„Der Islam ist für den Frieden. Aber es ist richtig, dass die vom Westen beeinflussten Regierungen in den muslimischen Nationen, nicht immer die friedlichsten Absichten haben."

Ich sah Abdul an, dass es ihm missfiel, wie Ibrahim redete. Ich hatte einen längeren Vortrag gehalten, was eigentlich nicht meine Absicht gewesen war. Aber diese selbstverständliche Ignoranz von Fakten bei Bildungsbürgern, die nicht ohne Einfluss auf ihre Mitmenschen blieben, ärgerte mich. Ich hatte keinen Moment daran gedacht, dass ich hier in Peschawar war, einer Hochburg des radikal-islamistischen Islam. Abdul vertrat eindeutig solche Ansichten. Niemand hatte ihn bisher daran gehindert, solche einfältigen, ungeheuerlichen Gedanken zu hegen. Aber Intelligenz ist kein Hindernis für Bosheit oder Dummheit. Das wissen wir seit ziemlich genau den Anfängen der Menschheit.

12. Kapitel: In Peschawar

Dies war jedoch das wirkliche Leben, zwei exorbitanten Vertretern von untragbaren Meinungen gegenüber zu sitzen. Ich war hier der Exot, nicht sie. Aber das war gerade das Erschreckende. Dabei war ich nicht erschreckt, sondern nur verärgert. Diese Denkweise war hier normal! Wenn schon die geistigen „Führer" des Volkes solche Auffassungen vertraten... was war da zu machen?

Abdul erzählte mir etwas von einer „manpower" - er sagte tatsächlich „manpower" - des Islam von einer stehenden Armee von sieben Millionen, Kontrolle über 70% der Ölreserven, Zugang zu fruchtbarem Kulturland und einer 1.300jährigen Geschichte der Dominanz der Ummah.

Ich fragte ihn, was dann als nächstes kam, wenn das Kalifat wieder eingerichtet wäre.

Muhammads Gefolgsleute hatten an den Grenzen Arabiens damals nicht Halt gemacht. Sie versuchten, die Welt zu erobern. Und zwar mit dem Schwert. Konnte das das Ziel sein? Wenn es das aber war, warum regten sich die Islamisten dann über die westlichen Imperialisten auf? War das nicht die Doppelmoral, die niemals das Recht auf ihrer Seite haben kann?

Als Antwort bekam ich etwas über die heilige Pflicht der Muslime zu hören. Und gegen die war natürlich kein Kraut gewachsen, auch wenn Vernunft, Menschlichkeit, Freiheit draufstanden, Begriffe, nach denen man im Koran vergeblich sucht.

Ibrahim wies darauf hin, dass dieses Ziel der Weltherrschaft nicht zwangsläufig bedeutete, dass man dazu das Schwert brauchte.

„Wir machen zuerst Dawah. Das bedeutet, dass wir die Menschen und die Herrscher aller Nationen einladen, den Islam

12. Kapitel: In Peschawar

durch intellektuelle Diskussion zu ergründen und die Segnungen des islamischen Staates demonstrieren."

„Welchen islamischen Staat meinen Sie? Gibt es so einen Musterstaat heute, dass wir ihn uns anschauen können? Haben Sie irgendetwas, das vorzeigbar wäre, sodass wir überzeugt sein können? Sie wollen die Leute zu intellektuellen Diskussionen einladen. Nun gut, aber gibt es diese intellektuelle Debatte denn nicht schon seit 1.400 Jahren? Und sie hat zu keiner Überzeugung geführt. Was macht sie so sicher, dass sich das plötzlich ändern sollte?"

„Hat das Christentum irgendjemanden überzeugt?", er freute sich sichtlich über diese Frage.

„Das Christentum hat nicht den Anspruch, durch intellektuelle Debatten andere zu überzeugen, so weit ich weiß. Da ist es eine Glaubenssache und eine Sache der Berufung. Der Islam behauptet, die vollkommene Wahrheit zu sein. Und er behauptet sogar, das nachweisen zu können. Aber er hat es bisher nicht fertig gebracht Christen, Hindus, Buddhisten und andere zu überzeugen. Ich wage die Behauptung, dass sich daran nichts ändert. Religion ist von Natur aus irrational. Das gilt auch für den Glauben der Muslime. Die Welt ist weit davon entfernt, vom Islam überzeugt zu sein."

„Da haben sie Recht. Heute ist das so. Aber das wird sich ändern!"

„Was macht Sie so hoffnungsfroh?" Abdul kam seinem Lehrer zuvor.

„Wenn sich die Herrschenden weigern, die Wahrheit des Islam anzuerkennen und Hürden für ihre Nationen aufstellen, die ihnen den Zugang zur Wahrheit verbauen, dann müssen diese Hürden beseitigt werden."

12. Kapitel: In Peschawar

„Welche Hürden meinst du?"

„Wir müssen diejenigen, die vom Kapitalismus beherrscht werden, befreien."

„Das werden die Muslime dann gegen den Willen dieser Menschen machen müssen. Ich frage mich, ob das, was ich in den Bazaren dieser Stadt sehe, nicht das ist, was hier schon seit tausend Jahren praktiziert wird, nämlich purer Kapitalismus. Der Handel, der Kauf und Verkauf der Waren in den Ladenstraßen funktioniert nach kapitalistischen Regeln. Und in den Fabriken Pakistans arbeiten tausende Kinder zur Gewinnmaximierung einiger Weniger. Es ist also noch ein langer Weg, die Menschheit vom Kapitalismus zu befreien. Fangt ihr hier schon mal in Pakistan damit an!"

Er redete auch davon, dass im Islam die Steuern wegfallen, dafür andere Gesetze eingeführt würden.

„Der Islam ist ganz anders als der Kolonialismus, bei dem alle Ressourcen eines Landes ausgebeutet werden, um sie einigen Wenigen zu geben. Die Islamische Republik Pakistan wird auch nur von einigen Kapitalisten gesteuert. Wissen Sie, dass in den Staaten des Islam eine Seuche grassiert? Sie heißt islamische Demokratie. Sie ist der Feind der Ummah und der Feind des Islam."

Seiner Meinung nach, waren die islamischen Demokraten gegen den Dschihad und daher waren sie gegen den Islam. Abdul meinte:

„Der Westen reibt sich die Hände. Die islamischen Demokratien sind die Sklaven der westlichen Imperialisten."

Ich fragte ihn, ob seine Aggression ausreichen würde, mit Waffengewalt seine Vorstellung vom Islam zu verbreiten. Er sagte, schon das Gebot der Selbstverteidigung erlaube das.

12. Kapitel: In Peschawar

Die Geschichte des Islam zeigt eine deutliche Eskalierung der Gewalt. Das ergibt sich schon aus dem Koran als zuverlässiger historischer Quelle. Muhammad begann den Islam mit Proklamationen, als er in Mekka noch wenige Anhänger und einen schweren Stand gegen seine übermächtigen Gegner hatte. Doch kaum war er in Medina, griff er zum Schwert. Das wird von Muslimen oft so dargestellt, dass ihm Allah die Erlaubnis gegeben habe, sich selbst zu verteidigen. Aber bald ging er dann dazu über Karawanen, zu überfallen und unliebsame Gegner beseitigen zu lassen, auch zur Selbstverteidigung – der Selbstverteidgung des Islam verständlicherweise. Dazu gehörten Meuchelmord und Judenverfolgung und die Versklavung von erbeuteten Frauen. Der ägyptische Gelehrte Sayyid Qutb notierte vier Stationen der Entwicklung des Dschihad:

1. in der Zeit in Mekka erlaubte Allah keine Gewaltanwendung

2. Allah erlaubt Gewalt gegen die Unterdrücker

3. Allah gebietet Gewalt gegen die Gegner

4. Allah gebietet den Kampf gegen die Polytheisten.

Das nennt man Ausweitung oder Eskalation der Gewaltanwendung. Jede Stufe wird außerdem ersetzt durch die nachfolgende, sodass die vierte noch heute Gültigkeit hat und deshalb von jedem Muslim akzeptiert werden muss. Im Koran wird diese Sichtweise noch zusätzlich bestätigt, weil es in Sure 2 heißt, dass jede ältere Anweisung Allahs durch die neuere Offenbarung ersetzt wird, sodass eine tolerantere Haltung, die noch in der Anfangszeit des Islam angewiesen war, keine Gültigkeit mehr haben kann.

Muslime, die behaupten der Islam gebiete Toleranz und freie Wahl der Religion, beziehen sich auf solche Koranverse aus der Anfangszeit der Bewegung, die durch spätere Koranverse leider aufgehoben wurden. Die unrichtige Behauptung ist aber

12. Kapitel: In Peschawar

ebenfalls durch Koranverse abgedeckt, da man für die Sache des Islam List walten lassen muss und der Zweck jedes Mittel rechtfertigt. Nach dem gleichen Prinzip verfahren die Organisationen der Palästinenser und auch der PLO-Chef hat so seinen Friedensnobelpreis erworben. Muhammad dachte nicht daran, Polytheisten Toleranz in der Ausübung der Religion zu gewähren. Und daher ist es auch keine Überraschung, dass seine Gefolgsleute es ihm gleichtaten.

Was Muhammad und seine Offenbarungen nicht voraussehen konnten, war, dass der Islam irgendwann einmal gestoppt werden würde. Es gab die neue Entwicklung, dass Muslime wieder in die gleiche Situation kamen, wie Muhammad sie in der Anfangszeit der Offenbarungen erlebte. Immer wenn Muslime eine Minderheit in einem Land oder einer Stadt stellen, brauchen sie nur im Koran nachzulesen, wie Muhammad sich verhalten hatte. Dann reden sie von Toleranz und freier Religionsausübung und meinen es auch so, denn sie brauchen genau das. Ebenso klar ist es, dass ihnen dort, wo sie die Mehrheit stellen, der Koran erlaubt, medinensische Verhältnisse herzustellen. Ob sie das dann gegen den Widerstand der Völkergemeinschaft tatsächlich umsetzen, ist eine andere Frage.

Abdul focht das nicht an. Er sagte:

„Wegen des universalen Anspruchs des Islam wird jeder entweder durch Überzeugung oder Gewalt zum Islam gebracht. Das ist der Dschihad. Und deshalb sind das Kalifat und die weltliche Herrschaft vereint und können über alle Gewalt verfügen. Dschihad und Kalifat bedingen sich gegenseitig. Es hängt also von den Gegnern des Islam ab, ob man ihnen friedlich begegnet. Wenn sie sich unterwerfen, wird es keinen Krieg geben."

12. Kapitel: In Peschawar

Das ergab sich auch aus den Hadithen. Dschihad bedeutet eigentlich „Kampf". Viele Muslime behaupten, es sei der Kampf gegen das Böse gemeint. Aber die militanten Muslime haben das Wort Muhammads auf ihrer Seite, wenn sie darauf hinweisen, dass der Koran davon spricht, die Ungläubigen mit dem Schwert zu bekämpfen, bis sie besiegt sind. Der Islam verspricht einem Muslim nur dann den Himmel, wenn er im Dschihad sein Leben gibt. Kein Wunder, dass viele junge Männer der Ungewissheit im Leben ein Ende setzen wollen. Aber was ist das für eine Religion, die den Gläubigen nur in dem Falle das Paradies verheißt, wenn sie durch eine Gewalttat ihr Leben geopfert haben?

Khomeini hatte gelehrt: „Der Islam sagt: Was immer existiert und gut ist, es verdankt die Existenz dem Schwert und dem Schatten des Schwertes! Menschen können nicht gehorsam lernen, außer mit dem Schwert. Das Schwert ist der Schlüssel zum Paradies, das nur für heilige Krieger geöffnet werden kann. Hunderte von Koransprüchen und Hadithen drängen Muslime, Krieg und Kampf wertzuschätzen. Bedeutet das alles, dass der Islam eine Religion ist, die Männer davon abhält, Krieg zu führen? Ich spucke auf diese dummen Seelen, die so etwas behaupten." (zitiert aus: Ibn Warraq „ Why I am Not A Muslim").

Abdul klärte mich darüber auf, dass auch der Westen einen Dschihad führe. Er würde vielleicht nicht mit Waffen geführt, sondern mit der Macht des Kapitals. Wenn man in Washington mit einem Dollar klimperte, dann wackelten in der ganzen Welt die Tische der Machthaber. Der gerechte Dschihad wäre hingegen ein Mittel zur Befreiung von eben dieser Tyrannei des Geldes der Ungläubigen.

Ibrahim stellte für sich klar, dass die Terroristen, die den Dschihad ausriefen, im Unrecht waren. Eine solche Beteuerung bekam ich von Abdul nicht zu hören. Wenn im Koran davon die Rede war, dass man den Dschihad mit Mitteln der Gewalt

12. Kapitel: In Peschawar

anwenden soll, dann geschähe das nur, um größeren Schaden abzuwenden.

„Aber das ist auch genau das Argument der Terroristen und Revolutionstribunale. Mit diesem Argument kann man alle Gräuel entschuldigen und gutheißen. Auch die Nazis behaupteten, sie würden der Welt einen Gefallen tun, wenn sie das schmutzige, aber glorreiche Geschäft der Vernichtung der Juden betrieben."

„Niemand von uns will die Vernichtung von Juden. Was wir brauchen, ist eine islamische Revolution, die die Muslime wieder daran erinnert, wie stark die Ummah sein kann, wenn sie sich der reinen Lehre unterwirft und ihre Aufgaben wahrnimmt..."

„...und dazu gehört der Dschihad!"

„Ja! Denn die islamische Oberherrschaft muss wiederhergestellt werden. Und das Khilafa. Die Fesseln des Islam werden gelöst, eine nach der anderen, bis alle aufgebrochen sind. Die erste wird die Fessel der Fremdherrschaft sein."

„Dann unterstützen Sie den Kampf der Taliban?", ich wollte die Taliban, die herrschende revolutionäre Kaste im Grenzgebiet, zur Sprache bringen.

„Es gibt nur wenige Worte, die eine ähnlich falsche Betonung haben wie das Wort Taliban. Es steht, meinen viele, für alles, was rückständig ist..."

„...für harte Strafen, das Wegsperren der Frauen und eine Geisteshaltung, die Terrorismus leicht macht! Ist es nicht so?"

„Und das Gegenteil wird „moderater" Islam genannt. Das soll für Fortschritt und Erleuchtung! stehen"

„Ist es nicht so?"

„Wenn man der amerikanischen Aggression und Okkupation begegnet und mit Gegengewalt antwortet, nennt man es Terrorismus. Diese Unaufrichtigkeit ist zu einem gewissen Grad noch erträglich, aber wenn es alle Grenzen sprengt und alltäglich wird, dann muss man nicht überrascht sein, wenn eine Reaktion kommt!"

Er erklärte mir weiter, dass al-Qaida einen Anti-Amerikanismus gar nicht predigen müsste, da die USA alles täten, um sich als Feinde des Islam zu offenbaren. Die Amerikaner betrieben sozusagen Werbung in der Sache des Islam. Ich glaubte ihm sogar, dass er selber kein ausgemachter Freund der Taliban war, denn er sagte: „Gegen die Taliban lässt sich vieles sagen. Vielleicht sehen sie den Islam zu engstirnig. Aber sie haben wenigstens den Mut, den amerikanischen Imperialisten die Stirn zu bieten! Es ist schwer, sie dafür nicht zu bewundern. Sie haben Rückgrat und deshalb genießen sie die Sympathie der Muslime. Trotz aller Widrigkeiten haben sie ausgehalten und es sieht sogar so aus, als seien sie heute stärker als noch vor vier Jahren."

„Ja", mischte sich Abdul ein, „sie sind stärker geworden, denn sie haben viele Freunde in der Welt des Islam." Ich ahnte, dass er sich zu ihrem Freundeskreis zählte.

„Auch bei den moderaten Muslimen?" Er antwortete mit mehr Verärgerung als Geringschätzung:

„Die Haltung der Moderaten macht viele Muslime krank, die der Taliban erschreckt sie, aber lieber erschreckt sein, als krank."

„Den Satz werde ich mir merken", ich wandte mich Ibrahim wieder zu, als ich fragte, „denken Sie, dass die Mehrheit der Pakistaner für die Taliban ist?"

Er lächelte wieder dieses Schulmeisterlächeln, als er sagte, „Das ist ja, als würden sie fragen...", er drehte sich zu Abdul und

12. Kapitel: In Peschawar

neigte sich zu ihm hin, was vielleicht keine Aufforderung sein sollte, dass er an seiner statt die Frage beantwortete, aber Abdul ergriff die Gelegenheit, denn es war ihm anzumerken, dass er die Unterhaltung auch gerne alleine bestritten hätte. Aber aus Respekt vor seinem Imam, wartete er immer dessen Einverständnis ab. Jetzt hatte er es und er führte den angefangenen Satz Ibrahims zu Ende.

„...als würden Sie fragen, ob die Mehrheit aller Muslime rechtgläubig ist." Ibrahim legte die Hand auf Abduls Arm. Er korrigierte ihn. Aber ich wusste nicht, ob er das nicht wegen der „political correctness" tat. „...als würden Sie fragen, ob die Mehrheit für die USA ist." Das war etwas subtiler, vielleicht doch mit einem „fundamentalen" Unterschied.

Er erzählte mir mit nicht übersehbarem Schmunzeln, wie der höchste Talibanführer Mullah Omar sich nach dem 11. September weigerte, Bin Laden auszuliefern, weil er die Rechtmäßigkeit des Vorwurfs anzweifelte. Er verlangte für seinen Schutzbefohlenen ein unabhängiges Gericht zur Überprüfung des Auslieferungsantrags. Gegen das Gastrecht konnte auch ein Gericht nicht anders entscheiden. Das wussten die Taliban. Muslime würden keinen Verrat an anderen Muslimen verüben. Das nicht, aber vielleicht an der Weltgemeinschaft. Terroristen und Mörder verdienten kein Gastrecht.

„Und was haben wir gemacht", fragte Abdul wieder.

„Der Mullah Zarif war der akkreditierte Botschafter der Taliban in Pakistan. Als solcher stand er unter unserem Schutz. Aber als die Amerikaner ihn ausgeliefert haben wollten, zögerte unsere Militärregierung keinen Augenblick. Waren die Amerikaner dankbar? Nein, sie erwarten, dass sie in einem islamischen Staat Rechte haben. Schon immer haben sie uns herumgestoßen!"

12. Kapitel: In Peschawar

Ich dachte an die Erdbebenhilfe aus dem Westen, an die Container der US-Regierung, die in Peschawar geplündert wurden. Vielleicht hatten die beiden erst heute Mittag eine Dose der amerikanischen Bestände aufgemacht.

„Anstatt Neutralität gegenüber den Taliban zu wahren, boten wir den Amerikanern Hilfe an. Wir richteten ihnen Militärbasen ein und halfen ihnen beim Aufspüren von Taliban oder ihren Sympathisanten. Das war nicht im Sinne der Mehrheit in diesem Land!"

„Aber die al-Qaida gefährden den Frieden und die Freiheit der Menschen!"

„Osama sagte ja selber, wenn er die Freiheit hätte angreifen wollen, hätte er Schweden angegriffen."

„Die Attentatsopfer haben ihre Freiheit jedenfalls mit ihrem Leben verloren, daran gibt es nichts zu rütteln."

Ich brachte meine Verwunderung zum Ausdruck, dass er so frei und ungezwungen redete. Es gab auch keinen Tadel von seinem Lehrer. Das ließ ihn doch etwas lauter werden.

„Reden Sie nicht frei? Ich werde immer frei reden. Dies ist unser Land. Niemand sagt, dass wir so leben sollen wie die Taliban. Aber wir sollten uns einiges von ihrer Entschlossenheit geben lassen. Die Taliban kämpfen einen schwierigen Kampf in den Bergen, aber sie sind immer noch ihre eigenen Herren. Sie haben die Macht verloren, aber nicht ihren Selbstrespekt."

Er wartete, dass ich etwas darauf entgegnete. Als ich nichts sagte, fuhr er fort.

„Wir haben eine große Armee, wir können einen Nuklearschlag ausführen, mit allen Arten von Raketen. Aber was für einen Nutzen haben diese militärischen Muskeln, wenn es nicht dazu dient, unser Selbstvertrauen zu stärken?"

12. Kapitel: In Peschawar

Ibrahim wirkte etwas konzilianter. Es galt mich ein Stück weit zu missionieren oder auch nur aufzuklären.

„Wir müssen die Amerikaner nicht als Feinde betrachten. Aber wir können auch unnötiges Anbiedern vermeiden. Und wir müssen lernen, für uns selbst zu denken. Aber das können wir erst, wenn wir aus dem amerikanischen Orbit herauskommen, in dem wir schon viel zu lange waren."

Ich hatte eine andere Frage.

„Ist der Islam radikal, wenn er echt ist?"

„Radikal bis ins Mark. Das dürfen Sie nicht mit Gewalttätigkeit verwechseln. Wir lehnen Terrorismus ab."

„Was die jungen Studenten in den Madressahs in Peschawar lernen, ist das radikal?"

„Wenn sie Islamunterricht bekommen, muss es da nicht notwendigerweise radikal sein? Nämlich in dem Sinne: es gibt nur eine Wahrheit, keine zwei oder drei. Das ist radikal. Wissen sie, dass die westlichen Schulen nach dem Vorbild der Madressahs angelegt wurden?"

„Es ist mir nicht bekannt, dass in den Schulen im Westen islamfeindliche Parolen verbreitet werden. In meiner ganzen langjährigen Schul- und Studienzeit hat es nie eine islamfeindliche Äußerung gegeben, an die ich mich erinnert hätte. Hier in Pakistan habe ich aber schon gehört, dass es eine große Zahl von Koranschulen gibt, wo politische Parolen ebenso unters Volk gebracht werden wie Koranverse. Ich glaube, dass ein Grundübel dieser Institutionen im Orient ist, dass Politik mit zu viel Gefühl und zu wenig Verstand gemacht wird. Was dabei herauskommt, sieht man dann unter anderem bei den Massendemonstrationen oder auch bei der Entstehung von Terrorgruppen."

12. Kapitel: In Peschawar

Das prallte an Abdul ungerührt ab. Er wusste es besser.

„Dies sind Reaktionen auf die imperialistische Politik der Unterdrückung durch die Amerikaner."

„Wie al-Qaida auch!"

„Sicherlich hat al-Qaida politische Ziele. Sie wollen verhindern, dass Amerika die Hegemonie über die Welt hat. Sie wollen Gerechtigkeit für das palästinensische Volk.

„Ich habe gehört, die Hauptprobleme Pakistans seien ein Mangel an Arbeitsplätzen und eine schwache Regierung, die den Islam nicht beachtet! Und was sind die Hauptprobleme Afghanistans? Ein Mangel an Arbeitsplätzen, der boomende Drogenmarkt und eine schwache Regierung. Also nicht die Amerikaner!"

Abdul gab sich nicht geschlagen, er sagte:

„Die Amerikaner und ihre imperialistischen Unterstützer im Westen haben dies alles zu verantworten. Man kann die Symptome beim Namen nennen, darf aber die Ursachen nicht vergessen."

Ibrahim besann sich seines aufklärerischen Auftrags. Er sagte:

„Sehen Sie, Islam heißt zwar wörtlich Unterwerfung, damit ist aber nicht Unterwerfung unter fremde Mächte gemeint. Wir brauchen eine Gesellschaft, die es in den Augen Allahs wert ist, den Islam zu vertreten!"

„Was meinen Sie damit?"

„Die Menschen leiden, sie leben in Armut und unter allerlei Beschränkungen. Wie kann man so ein Zeugnis für die Herrlichkeit Allahs ablegen? Wir denken, dass dies nur erreicht wird, wenn der Islam in allen Bereichen des Lebens im Vordergrund steht."

12. Kapitel: In Peschawar

„Es gibt aber viele Muslime, die genau das Gegenteil als Allheilmittel behaupten. Und denken Sie daran, dass im wohlhabenden Westen der Islam auch nicht die wichtigste Rolle spielt. Dennoch gibt es dort Überfluss. Und vor allem kann sich der Westen Freiheit und Menschenrechte leisten."

„Wir wissen sehr wohl, dass die USA, die IMF, internationale Finanzinstitute und andere Geber sich auf allen Ebenen in die Politik dieses Landes eingemischt haben. Zum Wohl des einfachen Menschen muss aber ein unterentwickeltes Land wie Pakistan seine eigene Politik machen. Es muss nach innen schauen, nicht nach außen. Es muss einheimische Lösungen zu einheimischen Problemen finden."

„Aber die Welt ist zusammengerückt und alle Länder sind miteinander verbunden. Sie predigen doch keinen Isolationismus?"

„Es gibt andere Länder, die in der gleichen Situation sind wie wir, mit denen müssen wir uns zusammentun. Sie verstehen uns und haben ein echtes Interesse, die gleiche Art von Problemen zu lösen."

„Ganz ohne Mithilfe der reichen Nationen?

„Wenn es Hilfe gibt, müssen wir darüber entscheiden, ob wir sie in Anspruch nehmen. An welche Staaten haben sie gedacht?"

„Mit Zentralasien gibt es soziologische, kulturelle und historische Gemeinsamkeiten. Vor allem aber spirituelle Gemeinsamkeiten. Wir müssen wieder stark werden. Es kann keinen Zweifel darüber geben, dass das politische Ziel eine egalitäre Gesellschaft sein muss. Aber wir haben eine rechter-Flügel-Kapitalismus-Demokratie. Es gibt ein ägyptisches Sprichwort, wonach einem Kamel nicht beigebracht werden kann, den Koran zu rezitieren. Ein König versammelte seine Intelligenzia und seine Gelehrten und ordnete an, seinem Kamel

12. Kapitel: In Peschawar

müsse der Koran beigebracht werden. Sie wussten alle, dass das ihr Todesurteil war, denn wie sollte das geschehen? Doch einer hatte die rettende Idee. Er schlug dem König vor, dass er das übernehmen würde, aber es würde 20 Jahre dauern. Bis dann würde es weder das Kamel noch den König geben. Das Problem mit Pakistan ist aber, dass man nicht so lange warten kann."

Abdul ergänzte: „Khalid Masud vom Council of Islamic Ideology sagte, wir müssen uns bemühen, Institutionen zu bauen, nicht Individuen."

„Gilt das Individuum im Islam nichts?"

„Das Individuum gilt nur in seiner Beziehung zu Allah!"

„Wird Allah nicht verherrlicht, wenn ein Individuum leuchtet?"

„In allem, was ein Mensch tut, soll Allah verherrlicht sein. Aber das hat mit Individualismus nichts zu tun."

Ich verstand, Individualismus war für Abdul gleichzusetzen mit Egoismus. Aber das war es eigentlich gerade nicht.

„Wenn wir die Institutionen haben, können wir auch Fortschritte machen, selbst wenn Schwächlinge ihnen vorstehen. Nicht die Zwerge, die auf ihren Posten sitzen, sind das Problem in Pakistan. Dass die jungen Leute sich vom Islam abwenden, das ist das Problem, die Uneinigkeit im Namen der Sektiererei", damit meinte er nicht religiöse Sekten, sondern die provinziellen, politischen, völkischen Parteiungen, „die kulturelle Verirrung und auswärtige Einflussnahme."

„Reicht es Ihrer Meinung nach wirklich, die Lösung unserer Weltprobleme im Koran zu suchen? Müssen weltliche Angelegenheiten nicht im Kontext der globalen Gesellschaft und der Berücksichtigung der Nöte der Bürger angegangen werden?"

12. Kapitel: In Peschawar

„Sehen Sie, die Islamische Republik von Pakistan von heute ist weder islamisch noch republikanisch noch das originale Pakistan. Es ist Heuchelei, der Islam hat keine Präsenz im Staat. Es ist und bleibt ein Dilemma, wie man dem Konzept, dass die Souveränität Allah gehört, zum Durchbruch verhelfen kann und damit auch zugleich die Völker versöhnen kann." Er sagte „peoples". Damit meinte er die verschiedenen Völker Pakistans, vielleicht auch die Völker des Islam. Abdul hatte etwas klarzustellen.

„Unser Gast meint, dass der Islam nicht die Lösung all der Probleme ist. Aber ich versichere Ihnen, der Islam ist kompatibel mit den auftretenden Realitäten. Der Islam hat auch nicht nur eine innere Realität. Er ist vielmehr ein politischer Auftrag und eine Anweisung zum Leben. Das ganze Leben des Propheten, Friede sei mit ihm, war politisch. Warum hat er Krieg geführt gegen die Nachbarn und ihre Regierungen abgelöst? Um die Khilafa den Völkern zu bringen. Er hat sich nicht von skeptischen Prognosen zurückhalten lassen. Er vertraute auf Allah. Heute vertraut man auf Dollars. Wir sind verpflichtet das zu tun, was uns Muhammad vorgelebt hat!"

Ich dachte bei mir, dass das nicht ohne Ironie war, den Namen des Propheten zu nennen oder auch nur „Prophet" zu sagen mit der Formel, Friede möge mit ihm sein, und im nächsten Atemzug von seiner Kriegsmission zu sprechen. Aber ich wollte diese formelhafte Praxis nicht kritisieren. In Bayern sagen auch Atheisten „Grüß Gott".

„Alles zu seiner Zeit", sagte Ibrahim, eine Einschränkung, die nicht sehr viel besser klang. Abdul war noch nicht zufrieden.

„Wir können und dürfen uns nicht vom Westen vorschreiben lassen, wie wir zu leben haben. Wir müssen vorsichtig mit dem umgehen, was uns die Medien als die Wahrheit verkaufen wollen. Es kann nicht sein, dass wir dazu bestimmt sind, gute amerikanische Bürger zu werden. Es ist das Ziel der Muslime in vielen Ländern geworden, Moscheen und Schulen zu bauen und ihre Kinder in Islamschulen zu schicken. Aber das reicht nicht aus! Sie versuchen, moderat und tolerant zu sein, auch wenn Muslime vergewaltigt, getötet, verfolgt, finanziell ausgebeutet und psychisch vernichtet werden. Das ist nicht tolerierbar!"

Ich erläuterte meinen Standpunkt. Die islamische Welt war zerrissen. Die einen, die man Islamisten oder Fundamentalisten nannte, sahen den Grund für den Niedergang des Islam darin, dass man fremde Konzepte und Praktiken übernommen hatte und nicht mehr der reinen Lehre folgte. Bei den anderen, die dem Westen gegenüber aufgeschlossener waren, war es genau entgegengesetzt. Nicht das Loslassen von der Tradition war die Ursache des Niedergangs, sondern das beständige Festklammern an der Tradition. Das bewirkte einen Mangel an Flexibilität, die Bewahrung der Macht des Klerus tat ein Übriges. Er war dafür verantwortlich, dass die überkommenen Vorstellungen, die früher vor tausend Jahren vielleicht einmal progressiv gewesen sein mochten, erhalten und gepflegt wurden und dabei den Fortschritt blockierten. Es gab Muslime, die erkannt hatten, dass man die Religion von bestimmten Bereichen ausklammern musste. Aber wenn das Totalanspruchsdenken aufgegeben wurde, was blieb dann noch vom Islam?

Die fortschrittliche Variante der Staatsbildung einer säkularen, pluralistischen Demokratie als Gegensatz zum Islamstaat hatte für Muslime den entscheidenden Schönheitsfehler, dass sie vom Westen stammte. Ibrahim hätte gesagt, dass der Schönheitsfehler darin lag, dass diese Staatsform nicht mit dem Islam vereinbar war.

„Die Menschen im Nahen Osten werden immer kritischer", sagte er. „Sie bemerken, wie der Westen sie vereinnahmen will."

12. Kapitel: In Peschawar

Es war aber auch nicht hilfreich, wenn man sich damit beschäftigte, von den hausgemachten Problemen abzulenken, indem man im Westen die Wurzel allen Übels suchte. Aus einer fixen Idee oder einer Verschwörungstheorie wird leicht eine Neurose. Besser wäre es, in einer reifen Nation eine reife Persönlichkeit zu werden. Während man sich im Westen noch um die Opfer der Terroranschläge von islamistischen Militanten kümmert, hat man im Nahen Osten schon die Schuldigen in den Amerikanern oder Europäern gefunden. Während FBI und Secret Service die größten Anstrengungen unternehmen, die Verantwortlichen ausfindig und dingfest zu machen, weiß der iranische Bauer oder der pakistanische Schafhirte sofort Bescheid, vorausgesetzt er geht am Freitag in die Moschee, denn da sagt es ihm der Vorbeter. Der Beweis wird so erbracht, dass man feststellt, es ist denkbar und es passt ins Weltbild. Dabei könnte die Frage, „was haben wir selber falsch gemacht?", zu der anderen wichtigen Frage führen, „wie kann ich mich verändern und verbessern?"

Drei aktuelle Schlagzeilen aus Peschawar lauteten:

The Nation: „Ein angeblicher Sprecher der Taliban sagte am Freitag, dass die militante Gruppe vier Afghanen enthauptet hat, weil sie angeklagt waren, für die US-geführten Kräfte spioniert zu haben. Die Männer waren entführt und ihre kopflosen Körper in der Südprovinz Zabul gefunden worden."

The Frontier Post: „Maskierte Bewaffnete töteten einen Bandenchef und vier Bandenmitglieder am Montag im Norden Waziristans, sagte ein Regierungsbeamter... Familien und Stammesstreitigkeiten sind ein häufiges Motiv für Morde in dieser Region. Sicherheitskräfte, die darauf ausgerichtet sind, al-Qaida und Taliban Guerillas zu bekämpfen, haben in Nord

Waziristan seit letztem Jahr mehr als 300 Militante getötet, einschließlich 75 Ausländern."

The DAWN: „Die Eltern eines Mädchens, das wie berichtet vor zwei Tagen Selbstmord begangen hat, haben ihre Schwiegereltern angeklagt, sie zu Tode gequält zu haben, weil sie nicht genug Mitgift mitgebracht hätte. Am Körper der Toten seien Male der Folter und von Elektroschocks an den Armen und im Genick gefunden worden. Ihre Arme waren gebrochen und sie hatte blaue Flecken im Gesicht."

Ibrahim fragte mich, was ich an Erfahrungen mitnehmen würde, wenn ich das Land wieder verlassen würde. Ich sagte ungefähr Folgendes:

„Ich nehme viele Anregungen mit. Ich nehme aber auch eine wichtige Erkenntnis mit. Die Erkenntnis, dass die menschliche Gesellschaft keine gute Zukunft hat, wenn sie nicht lernt, den Anderen zu respektieren und ihm Gutes zu wünschen. Und daher wünsche ich mir für dieses und andere islamische Länder, wie für alle Länder dieser Welt, die Freiheit, die die Menschen brauchen, um frei und unvoreingenommen denken zu können; die Freiheit, die frei ist von Indoktrinierung und Unterdrückung; die Freiheit zu fragen, was man fragen will; die Freiheit zu forschen; die Freiheit des Handels und des Gedankenaustauschs; die Freiheit von Korruption; die Freiheit von religiöser oder politischer Tyrannei; die Unabhängigkeit der Bildungsinstitute und das Selbstbestimmungsrecht der Frauen.

Wenn die Menschen im Nahen Osten auf ihrem bisherigen Weg weitergehen, werden sie sich umsonst opfern für ihre Irrtümer, und ihr Wunschdenken wird ihnen auch nicht helfen, aus der tödlichen Spirale des Hasses, des Zorns und des Selbstmitleids, der Armut und der selbstauferlegten Unterdrückung herauszufinden. Aber wenn sie ihre Opferrolle verwerfen, ihre

12. Kapitel: In Peschawar

Streitigkeiten beenden und all ihre Fähigkeiten, ihre Kraft und ihre Ressourcen bündeln für einen kreativen Zweck, dann können sie den Nahen Osten zu dem machen, was seine eigentliche Bestimmung ist, zu einem blühenden Garten und einem wichtigen Zentrum der menschlichen Kultur. Diese Menschen haben etwas Besseres verdient, als das, was sie bisher bekommen haben."

Es war spät in der Nacht, als ich mich von den beiden Islamisten verabschiedete. Ein junger Mann wurde mir als Eskorte gegeben, wie man mir sagte, nicht weil es unsicher war, so spät in den Gassen Peschawars, sondern einfach, damit ich leichter ein Taxi finden würde. Draußen war es still und die Straßen waren gespenstisch leer. Am Ende der Gasse drehte ich mich noch einmal um. Niemand war mir gefolgt.

Als ich im Green`s ankam und die freundliche Atmosphäre des Empfangsbereichs wahrnahm, hatte ich den Eindruck, dass ich bereits hier in einer ganz anderen Welt war.

Am nächsten Morgen reiste ich ab. Ich bedauerte diese Stadt. Ich hatte sie als eine lebendige Stadt gesehen, die das Potential hatte, in vielerlei Beziehung eine große Stadt zu werden. Aber das war graue Theorie.